中國古代史學叢書

[清]顧炎武 撰 黃珅等 校點

天下郡國利病書

叁

天下郡國利病書（三）

嚴文儒　羅争鳴　方笑一　戴揚本校點

揚州府備録

揚譚

范守己

古揚州兼吴越而言。秦并天下，置九江、會稽二郡。漢武帝分置十三州，復爲揚州，領會稽、丹陽、豫章三郡，共六十一縣。後漢揚州領九江、丹陽、廬江、會稽、吴郡、豫章六郡，共九十二國邑，廣陵、江都諸縣不在其内。漢武分置徐州，領琅邪、東海、臨淮三郡，楚國、廣陵、泗水、六安四國，共一百八縣。後漢徐州領東海、琅邪、彭城、廣陵、下邳五郡，共六十二國邑，廣陵、江都諸縣，俱在部内。則今之揚州，乃徐州故地，不當云揚州也。古揚州先在歷陽，今和州，後治曲阿，今丹陽，最後治建康，又治會稽，尤與江都無干涉。

今揚州地，漢初屬淮南國，英布死後屬荆國，劉賈徙後屬吴國。劉濞滅後，景帝更名爲江都國，徙汝南王爲江都王。武帝更名爲廣陵國，立子胥爲廣陵王，領縣四：曰廣陵，曰江都，曰高郵，曰平安。其北爲臨淮郡，領縣二十有九：曰徐，曰取慮，曰淮浦，曰盱眙，曰厹猶，曰僮，曰射陽，曰開陽，曰贅其，曰高山，曰睢陵，曰鹽瀆，曰淮陽，曰淮陵，曰下相，曰富陵，曰東陽，曰播旌，曰西平，曰高平，曰開陵，曰昌陽，曰廣平，曰蘭陵，曰襄平，曰海陵，曰輿，曰堂邑，曰樂陵。內四縣屬今揚州，射陽、鹽瀆、海陵、輿是也。嘉靖中，盛儀作惟揚志，乃曰廣陵國屬縣無考。豈漢書地理志儀未之見耶？且以「惟揚」爲志名，亦可一噱。王莽改廣陵爲江平，後漢復爲廣陵郡，劉宋改爲南兗州，北齊改爲東廣州，後周改爲吴州。隋初爲揚州，大業間改爲江都郡。唐武德二年，復名南兗州。七年，改爲邗州。後又改邗州爲揚州，立揚州大都督府及淮南節度使，皆治江都，由是揚州之名，始在江都矣。今人呼揚子江，不知所由名。案隋江陽縣有揚子宫，遂名揚子鎮。唐改爲揚子縣。南唐改揚子爲永貞縣。宋復爲揚子縣，後陞爲真州，治揚子。政和七年，賜名儀真。揚子江之名以此。

泗州有水母廟，又有水母井，世謂爲龍母鎖于此井。案禹因淮水不寧，鎖支無祁于龜山之下，則是水禽，非龍母也。

淮安有桃源縣，縣内有桃園驛，不知所由名。唐宋以前，俱無此縣，想元以後所置也。或謂桃源即桃花源，陶靖節所記者，大謬。桃花源在常德府武陵西。或謂爲玄德結義處，尤謬。桃園在涿州。

揚州府志

賦役書

國家稽古定制，以版籍覆天下丁甲，而賦税一以田畝爲定。時海内甫平，民新出湯火，揚州土著僅十八户，已漸復四十餘户，其餘多流寓〔一〕。有軍民、匠、竈、力士、校尉、馬船户之屬，畢以其業爲籍。有司更十歲一清覈，按其户口登耗與事産田糧收除之數，以審均其徭賦。如令甲云，賦二等，夏徵夏税，秋徵秋糧。揚州歲徵夏、秋税糧三十五萬餘石，户工部所派存留、起運、該納之科，諸規則甚具。貢課或非任土所有，則以折徵。其役法，則有里甲均徭及雜泛諸役，悉倚辦于民。當是之時，淮南地博衍，凡田土民得以其實自占，多沃壤，諸塘蕩灘場茭收種殖之利，悉捐以聽民，不領于縣官經費。時則靡有旱涸淫溢之災，而國初法令嚴察，吏靡所緣爲奸，于税糧易供，即賦重而民不稱憊焉。然于時興化民孫關保挾諸富人睚眦，奏訐欺隱田地狀。事行，徙諸土民于涿州、良鄉，增興化浮糧二萬石。而泰州當揚十屬之一，歲賦當其什三，率田一頃，科糧六石有餘，于則壤不均已甚，二邑苦偏累矣。宣德中，令天下沿河商旅輳集處所設立鈔關，歲遣御史及户部官監收船料鈔，所榷本色錢鈔，輸内帑以備賞賚，或徵折色銀歸太倉，備邊儲。揚州鈔關之設自此始。而馬政一統于南太僕寺。先是，種馬未有定額，弘治中，以揚州隸江以北，論地畝養馬，視北直隸七府例。其制以一兒四騍爲群，立群頭；五群爲一大群，立群長。在江北，率田二頃，領兒馬一匹；三頃，領騍馬一匹。歲免其租入。每二歲責納一駒，解太僕俵散，以備騎操。凡種馬倒死及孳生不及數者責之償，而民間苦養馬甚。通州、海門地斥鹵，興化濱湖之鄉不宜馬，故無免徵田。及六安州、宣城災，乃令通州、興化代領養。民計丁授馬，馬死，至破産鬻子以償，芻牧解俵之費不與焉，又其孔亟者也。通州代六安養馬八百五十四，興化代宣城養馬五百四十四。每十丁養兒馬一，十五丁養騍馬一。自是以後，揚州數被水害，江、儀以南，東連泰州、如皋、通州、海門，田濱江者，苦江潮侵嚙無已時。而海門東北迫巨海，海上潮輒漂民廬産。江海交侵，壤地悉圮没，乃屢遷縣治于内地以避之。自元至元中，一徙禮安鄉，編里三十有七；已遷餘中場；已又遷金沙場，所存里僅十四。乃割通州清幹鄉之六里，與州民鹵丁錯壤而處。區區殘民遺土，以綴旒于荒烟草蕩之中，可哀痛矣。江都以北，高郵、寶應西逼汜光、白馬諸湖，以一縷堤爲扞蔽，而全湖水皆東注。自灣頭、運鹽河水東行者，時北注，而泰州之下鄉與興化受其委，秋水時至，或決防，或溢堤而上，諸郡縣環望皆大澤，歲籽粒無復望，民幾魚鱉者數矣，而縣官額徵夏秋税糧不可減。於是嘉靖初，海門知縣陳誨上疏言：「海門臨江枕海，三面風濤，額有田地，十坍八九，雖經歷年奏勘，多拘原額，不蒙開除，致使僻海窮民不沾聖化，包賠年久，愈加靠累，一遇徵收，啼哭載道。竊惟乘除消長，理數自然，若新墾者既合增科，則坍没者亦應除豁。今以既没之地徵先存之賦，剜有限之肉，應無窮之差，勢誠危急。若不蚤爲蠲豁，恐窮迫之下，致生他變。」疏上，未報。會巡撫都御史唐公龍奏准糧一石，折徵銀三錢，已又折徵輕價銀一錢五分寬之。先是，本府知府鄧文質奏准勘實海門被灘田地、草場一千五頃六十二畝九分，應豁糧五千一百四十九石零。題准每米一石，折銀四錢。嘉靖初，唐公龍又題減一錢，與小麥、豆每石各折銀三錢。雖減折輕價，其實小民望水賠糧。十五年，知縣吴宗元欽奉詔書内開各處水衝沙壓田地，負累人户賠納，曾經具奏者，撫按官查勘明白，照例除豁。申呈撫按，每石止徵脚價銀一錢五分，民困稍蘇。然縣地續坍幾盡，今存者無幾矣。詳見後。時興化民張孜等亦以浮糧困累，詣闕奏請均丈田畝，攤其糧于他州縣。議者以爲紛更病鄰，禁勿聽。而監察御史錢嶸通州人。爲通州疏言養馬之害曰：「臣按洪武年間，取勘地土養馬。通州、海門瀕江邊海，中復係運鹽河，故無派俵馬，亦無免徵田糧。永樂中，六安州災傷，暫令替養。地鹻水鹹，草土不服，雖稱種馬，並不產駒，瘦損倒死，十常八九。一經費補，動至傾家，起解赴京，百無一選。每年部司文移，不過令徵價前往北方收買解俵，費用不貲，艱苦萬狀。是通州民獨受養馬之害，朝廷實未嘗獲通州一馬之用也。臣請照海門縣先年奏准事例，一體除豁。先是，永樂六年，海門縣耆民張暹奏蒙依准除豁。如不得已，或照徐、豐等處通徵折色，止將種馬免養，以蘇民困。」部尚書張公瓚覆其議，於是通州種馬遂罷。而興化民援例上請，因併令種馬悉變賣，歲備用馬匹，仍照所坐本折徵解，他州縣如故。通州民德錢甚，爲立祠祀焉。蓋列聖休養生息，垂二百年，於民瘼靡所不軫念，蠲租減折之令，無歲而不下，即軍國大計，不能盡捐以便民，然德意深遠矣。今上初承大統，深念江淮咽喉重地，諸恩恤獨厚。三年，以養駒累民，令變賣輸銀。九年，以種馬變價太重，令諸存留種馬盡變賣，即上馬毋過八兩，每歲量徵芻料。而通州、興化以先蒙蠲免故，并芻料俱免徵。又明年，因革淮安壩税，嚴諭撫按官，查所屬有非税課正徵而爲無名徵課者，盡裁革之。十四年，興化縣災，准以臨清倉米萬六千石抵其兑運。二十一年，湖大決，高郵、興、寶諸縣被災甚，知縣歐陽東鳳上言：「州縣之被水者衆矣，未有如興化之盡爲污池，没及廬舍，連三月而不減退。横目之民，莫必其命，加以偏重之賦，其何以堪？」於是准興化浮糧二萬石，永改折色，蓋加意窮民如此。是後倭數蹂躪朝鮮，沿海所在設備，亡何而兩宫三殿災，大司農帑藏日殫屈。上方深居大内，艷心于瓊林、大盈之事。而淮南市猾亡賴以事潛京師，購諸中貴人，中貴人亦欲從臾上旨，以陰爲谿壑地，而關津榷税之使四出矣。二十五年，始遣中使榷兩淮鹽，歲增行鹽八萬餘引供内帑，而正鹽大阻，語具鹽法志中。未幾而儀真亡徒因羽林百户馬承恩上請：「儀真故有工部廠徵商税，裁革日久，若遣中官駐劄，歲可榷税銀六萬有奇，濟大工。」於是設儀真税監，督瓜、儀沿河商税。先是，抽分衙門起于景泰年間，題奉欽准于南京工部分委主事一員，駐劄于儀之磚廠，凡江南造甓上供者，總

天下郡國利病書（六）

黄珅校點

廣東備録中

韶州府

鎮三：翁源之鎮曰三華，在三華嶺下。隆慶壬申，南贛都御史李棠平諸寇，遂建鎮城以善後，行臺在焉，縣主簿領之。英德之鎮曰清溪，在清溪巡司上。成化中，巡檢彭驥立小磚城，周迴一百五十丈，遇警入鎮，地方賴之，年久漸圮。曰滄光。在縣西一百里浛洭縣廢址。洪武中置浛光巡司，歲久傾圮。正德元年，同知韓銑立爲鎮城，清遠、懷集猺寇至，則居民據鎮以守。

堡八：曲江之堡曰上道，曰白沙，曰總舖，曰鮮溪，曰黄金。已上七堡，俱防江邊，多盜。仁化之堡曰高岡，在縣東北十里長江。曰石塘，在縣西四十里石塘都。曰繁華。在縣東五十里古下。

營四十三：曲江之營曰中堂，曰蘇渡，曰亂石，曰魚梁，曰磨刀，曰白茫，曰簑衣，曰黄茅，曰烏石，曰高橋，曰小坑，曰連環，曰大嶺，曰白土，在城南五十里虎榜山左。曰濛瀼，在驛左五里。曰官村。

仁化之營曰平安，在縣東北五十里扶溪都。曰盤石，在縣東五十里扶溪都。曰厚塘，在縣東五十里扶溪都。曰水西。在縣北七十里康溪都恩溪。乳源之營曰白花。在縣北一百八十里瓦窑岡。英德之營曰金皂口，曰虎尾逕，清遠西山猺寇道出於此。嘉靖中立，今廢。曰魚梁埠，曰麻埠，曰燕石，在清泉都。曰大廟，在黎峒營下。正德八年，通判何昆立。三營前臨大江，後通山峒，最爲要害，上猺海寇賴以保障。曰殺鷄坑，曰流寨，在懷義都，近清遠境，今廢。曰鹿子磯，曰黄寨注一，當清遠猺寇出入之路。嘉靖中立，今廢。曰沙口埠，在三板灘下。曰三板灘，在清溪下。曰望夫岡，在縣東二十里。曰石尾，曰塘角，在洸口巡司下。正德三年，僉憲吴廷舉立。曰猺田，在象岡都。曰朱峒，在大陂都。並正德中通判莫相立。曰跌牛石，嘉靖中立，防東山猺寇，今廢。曰黎峒，在塘角營下，今移鎮隔江。曰太平，在懷義都，今廢。曰鬼子，在縣西一里許，今廢。曰縣前，在南山下。曰波羅坑。在白蕉舖下。

寨六：曲江之寨曰鷄冠，在府城北十里。曰古羊，在城北五十里。曰老龍，在城北三十里。曰上窑。在城西北三里。乳源之寨曰天德。在縣東十五里，一名石門寨，周迴石甃如城。元義士鄧可賢率衆守此。翁源之寨曰麻砂。在縣東南五十里宜陽鄉，一名横石寨。

關二：乳源之關曰風門，在風門山下。曰小梅在縣西三十里，地名馬頭泗。相傳唐開元前上京通路。

隘三十一：樂昌之隘曰黄土嶺，在縣東三十里，路通仁化境。曰龍山口，在縣東北三十里，通桂陽縣。曰銅鑼坪，在縣東三十里。曰象牙山，曰塘口，在縣西北一百五十里，通宜章縣。曰九斗嶺，在縣南五十里，通乳源境。曰企岡嶺。在縣東南五里，通乳源境。仁化之隘曰風門凹，曰赤石逕，在縣西四十里平山都。曰七里逕，在縣西六十里石塘都。曰長江，在縣北七十里扶溪都。曰城口。在縣北九十里康溪都。乳源之隘曰分水凹，在縣南一百二十里。曰平頭，路通湖廣宜章縣。曰黃金峒，路通宜章。曰月坪杉木角路通陽山。曰高車嶺，在縣西北一百七十里。曰平。在縣西梅花峒，俱鄉民守禦。翁源之隘曰桂丫山，曰南北嶺，去縣一百八十里長安。曰東桃嶺，去縣一百二十里懷德鄉。曰銀場逕，去縣一百五十里長安鄉。曰冬瓜嶺，曰佛子凹，去縣一百二十里。曰道姑巖，曰甲子磜，以上八隘，俱近江西龍南、惠州河源、南雄始興，多賊，故置。曰梅花，在長安鄉，去縣一百二十里，路通河源縣。曰畫眉，在長安鄉，去縣一百九十里，路通龍南縣。曰九曲，去縣二十里，抵曲江、英德。曰太平。去縣七十里，抵始興、曲江。英德之隘曰欖坑在甘棠下都。

阬治　銅岡銀場在乳源縣滃溪都。宋末廢元再啓釁，民不勝苦，復禁。大富鉛場在翁源縣東一百二十里懷德都。宋皇祐元年置，宋末鉛盡，故廢。大湖鉛場，在翁源縣西北四十里長安鄉。宋皇佑置，後以費大利小，遂廢。開陽里鐵場，在翁源縣北九十里長安鄉。宋皇佑置，後廢。梯子嶺錫場，在英德清泉都茌嶺，每採錫，流水傷稼，歷代隨開隨禁。

南雄府注二

堡五：保昌之堡曰脩仁。始興之堡曰界灘，曰斜潭，曰江口，曰水口注三。

隘二十：保昌之隘曰平田凹，曰不勞石，曰南畝，曰葉田等六口子，曰紅梅，曰北坑村子口，曰百步，曰芋頭嶺，曰趙坑口子，曰百順，曰林溪、石閑、塘源三口子，曰冬瓜，曰紅地村口子。始興之隘曰沙田，曰猪子峽，曰花腰石，曰河溪廟，曰桂丫山，曰涼口，曰楊子坑。

惠州府

鎮五：河源之鎮曰回龍，北四十里赤溪水口。曰平地。永順都漳溪。長樂之鎮曰南安南九十里。曰鑑興。南五十里。永安之鎮曰中鎮。

堡一：河源之堡曰石城。在古城。嘉靖二十一年，知縣劉錦立。

營二十七：歸善之營曰蜆殼岡，嘉靖三十年，歸、博二縣民自建。曰大皇港口，今廢。曰西涌，今廢。曰鬱頭，今廢。曰盤員，今廢。曰乾溪，今廢。曰碧甲。今廢。博羅之營曰橘子舖，曰南坑，曰橋子頭，三營地方俱界龍門第六、七等屯。嘉靖二十九年，僉事尤瑛立，以防流賊。曰檳榔潭。海豐之營曰油坑，在石塘都。曰河田，今廢。曰赤岡，與海豐、惠來連界，南離海三十里，北深山多盜。成化八年立。曰射道山，在縣南二十里。嘉靖十一年立。曰湖東澳，曰魚尾澳，曰南沙，曰南竈，曰長沙，即麗江浦，一名長沙港口，在縣南八十里。曰石山，曰大德，濱海。曰大磨。和平之營曰東營，東岳觀側。曰南營，南門外。俱僉事施儒建。曰西營，西門外。曰北營，北門外。曰中軍。兵備道前，俱僉事尤瑛脩建。

寨十四：歸善之寨曰富沙圍，縣東曠野數十里，南臨江，北阻金斗水。元季土豪劉守正據之，何真引兵環而攻之，數日乃克。曰周徑，郡城南，延袤數十里，中有腴田，其外岡阜環複，崖壁峭立。東口通麻莊，南口出中峒，北口抵橫江，西口接大嶺路，皆險峻。山後曲折，下流澗水，舊常屯兵於此，以援郡城。曰船澳。見故蹟。河源之寨曰三王。南四里。元末寇起，何真於此禦之。長樂之砦曰天柱，縣南九十里，其上容千人。曰高明，南五十里，洪武中立。曰黄洞。西南一百里。興寧之寨曰茅岡，東南二十里。曰龍母，西十里。曰揚塘，西十五里。曰留塘，西十五里，有水周環之。曰和山，在和山上。曰羅英，北二十里。諸砦皆前後吏民樹栅拒敵之所，然留塘、和山其險可據。曰武婆。西河外二里許。五代時縣嫗武姓者團合鄉落築城自衛，又稱武婆城。

關三：河源之關曰紅硃關注四、曰佛跡潭，曰塔下。三關在縣治南，延袤五里，今廢。

隘四十七：河源之隘曰南湖，在縣逕之外〔一〕，近赤溪、宋田。曰中村，在惠化上坪，與龍南爲界。曰古雲。在大洲都二段，諸鎮隘有驚，屯兵備禦。長樂之隘曰丹竹，曰桔洞，曰中溪。三營俱西賊淵藪，溪洞阻深，蹊徑岐錯。安遠丹竹樓、黄鄉堡賊巢鄰，勢相聯絡，加之以冶鐵之卒，雙頭、角上、高坑、九節狐等山烏合釀禍。邑南七十里猴子洞，漳寇入揭陽必由之。詔安、小段之賊，驀越饒平之小榕，或由大埔之苦竹，既入潮境，奔潰肆出。西北五花嶂、九連山數百里，荒墟玄徑，奸宄投竄其中。勅兵憲鎮於長樂，設詰奸簿一員，設十三都巡司於此，以扼吉、贛南侵；設水口巡司於南，以斷漳、汀入寇。東、西雖無官守，東以四都隘，西以大坪隘，皆民兵戍之注五。

和平之隘曰烏虎鎮東六十里，弘治十五年立，今廢。曰東水，西通翁源縣。曰驢子，南抵龍南。曰黄竹坑，北抵龍南。曰陽波，曰三浙水，東北八十五里，在岑岡、龍南抵界，嘉靖三十三年立。曰黎頭鎮，東一百二十里，廣三圖，三十四年立。曰古鎮，曰三角山，曰高車水，正德五年立，今廢。曰九連山，去縣一百里。曰銀坑，曰古樓坪，在泉沙埔，其逕通揭陽、興寧二縣及芙蓉、梅林等隘。曰榕樹，七都水口地方，上通梅林、赤竹諸逕及歸善、程鄉二縣。曰平塘，曰董源塘，曰大荊，曰芶竹嶂，去車塘隘十里，以安遠、興寧賊多出没，正德十二年兵備僉事顧應祥議立。曰曾田，曰梅林，在塘湖，通海豐及本縣綿洋、七峯逕、黄沙等隘。曰黄沙，上通塘湖龍村，下通黄流渡，左通海豐葵頭嶂，右通中鎮大逕地方。曰赤竹逕，曰隘頭嶺，琴岡都地方，通歸善，上通九丫樹，下通圍子固。曰滑石逕，琴岡都，通坡都下棉洋地方。曰七峯逕，曰分水凹，其逕通揭陽、潮陽、海豐諸縣，距本縣棉洋、留沙諸鄉十餘里，通海林、黄沙諸隘。曰鵝鼠嶂，琴江都上鎮，通十三都巡司。曰赤溪嶂。通海豐。興寧之隘曰四都，東四十五里。曰大坪，西北六十里，金北西。曰逕心，東五十里，久廢。曰筠竹嶺，西二十里。曰水口，東南四十里。曰龍歸久廢。曰羅岡，西北八十里，久廢。附縣志議：邑界汀、贛，僻於郡東北隅，山城孤立，勢若懸危；迤北九十里大望山盜，界連九縣，山高地廣，盜賊奔竄於此，官軍急難撲滅。永安之隘曰解沙逕，琴江都上鎮袁田。曰芙蓉逕，琴江都上鎮，通河源。曰象鼻逕，琴江都四圖。曰火戴逕，琴江都，地名秋溪。曰逃軍嶂，曰中溪嶂，曰大逕，曰下逕，曰青草湖，琴江都上鎮，通河源藍能都。曰公坑，琴江都。曰横排。琴江都。

烽堠十八：歸善之烽堠曰大星嶺，曰竹山嶺，曰潭洲角，曰西涌嶺，曰碧甲嶺。以上平海所。海豐之烽堠曰牛鼻，曰麗江山，曰麗江門，曰平安，曰新逕，曰小漠，以上六處，俱濱海地方，海寇出没之區。曰甲子港，曰青山，曰娘岡，曰銀瓶山，曰白沙湖，曰大磨山，曰東坑山。俱捷勝所。

海澳四　歸善之澳曰大星海，平海所。曰洵娘山。碧甲巡司對，屬東莞大鵬所地方，可藏賊船數百艘。嘉靖三十一年，巡檢孫鏞請於海道填塞可守。海豐之澳曰海豐所，曰甲子門。

潮州府

鎮五：海陽之鎮曰北關，在縣東南六十里。潮陽之鎮曰興安，在縣治三十里。其曰大場，曰夏嶺，曰新港。以上俱在鮀江，今廢。

堡三：海陽之堡曰潘田。在縣西一百三十里。饒平之堡曰竹林。在宣化都。大埔之堡曰烏槎營。在三河巡司。

營四：府營曰教場軍。在南門外。揭陽之營曰獅子。在霖田都。程鄉之營曰北營。在縣北門外。平遠之營曰石鎮在縣治一百里。

寨一：曰柘林。去府治一百三十里。

隘五十六：海陽之隘曰新關注六，在龍溪都。曰萬里橋，在大和都。曰湯田，在豐政都。楓洋。在歸仁都。潮陽之隘曰北關，在北郭。曰河溪，在縣北二十五里。曰門闢，在縣北六十里。曰河渡門。在招收村。

揭陽之隘曰桃山，在縣東。曰官溪，在縣南。曰藍田，在縣北。曰霖田。在縣西。程鄉之隘曰上井，在溪南都。曰松源，在松源都。曰馬頭，在萬安三圖。曰腰古，在義化都。曰圓子[注七]，曰山徑。在石室都。饒平之隘曰魚村，曰小榕，俱在縣東南。曰九村，曰嶺脚，俱在縣東北。曰黄崗，曰黄山坑。大埔之隘曰虎頭砂，在縣東北。曰平砂，在縣北。曰長窖，在縣東北。曰箭竹凹，在縣東。曰大麻，在縣西。曰陰那口，在縣西。曰鴉鵲坪，在縣南。曰莒村，在縣東南。曰天門嶺，在縣南。曰楓朗，在縣南。曰白猴。在縣東南。惠來之隘曰武寧，界潮陽。曰大陂。界海豐。平遠之隘曰石鎮村，在縣西南。曰九曲岃，在石窟都。曰崆頭障，在縣西北。曰俞田逕。在縣東南。普寧之隘曰北關，在北門右。曰南關。在學前右。澄海之隘曰冠隴，曰鮀浦，曰南洋，曰烏汀背。

論曰：潮郡十縣，皆阻山帶海，而最爲險害者，程鄉之徑，饒平、惠來、澄海之澳港，平遠之隘。山峒葱鬱，海濤噴薄，或連閩、越，或通廣、惠。瓊崖及外夷之屬，號爲水國，最霸勝矣。山川之氣，代有憑依，故治則賢哲藉以興，亂則鯨鯢藪之，狐兔穴之。其初漢一大縣爾，再析而四，又再而七，已又再析而十。行部典郡及防守之員綬，纍纍不絶，豈非有惕於歷年山海之氛，民莫必其命耶？邇來自任公整飭兵戎[注八]，兹土稍得息肩，後至者儻亦有當暑戒寒之思乎？語曰：「不恃無亂，恃在禦亂，恃吾無以生亂。」深慮哉！是可以長世。

兵防　兵署

鎮守總兵府，正統末，黄蕭養亂，設副總兵，賊平裁革。後以廣東界在江、閩，多警，復設總兵，駐劄程鄉、興寧。嘉靖四十三年，督撫侍郎吴桂芳奏移潮州駐劄。南澳總兵府，萬曆三年，提督尚書殷正茂奉部咨，據福建巡撫劉堯誨會題開設，駐劄南澳信地，以爲聯守兩省門户。參將府，原設，後因設總兵駐潮，遂改惠潮陸路參將，爲惠潮把總，後總督御史李遷題復。萬曆八年，總督侍郎劉堯誨題革。十一年，總督侍郎郭應聘題復。

礦冶

潮礦冶出海陽等五縣。每年聽各縣商民採山置冶，每冶一座，歲納軍餉銀二十三兩。前去收礦煉鐵各山座數不等，計通共餉銀一千兩。

海陽縣豐政都山場。約二十座。揭陽縣藍田山場。約一二座。程鄉縣松口山場。約五六座。大埔縣清遠、灤洲山場。約十座。平遠縣長田、義化山場。約十餘座。

鹽法

場鹽。潮鹽産於潮陽等四縣，招收等場竈户鹽丁納課糧，開埕漏曬鹽，收積在場，以待鹽商到場販賣，不得船載出百里外，即爲私鹽有禁。**潮陽招收場。饒平東界小江場。澄海西界小江場。惠來隆井場。**

榷鹽。廣濟橋商從本府管橋官領票到場收買，運至橋門，照依先納在庫餉銀，每商半名上鹽船一隻，每隻九艙，每艙二十八吊，每吊一百五十斤，實秤鹽一萬斤，對納餉銀七兩四錢一分六毫。秤加鹽一斤即爲挾帶，七倍行罰。掣放上橋，另領户部引目，照住三河發賣。

鹽餉。天順以前，歲徵三百餘兩。歷成化、弘治、正德間，知府談倫奏準鹽利代納南澳虚糧，遂增至四千兩。歷嘉、隆間，又增至一萬八千二百八十八兩九錢。萬曆十三年，又添增閏月餉五百八兩。十四年，因布政司追徵鹽鈔，遂增鈔商十名，徵銀二千六百一十二兩，抵納海陽等縣户口鹽鈔銀。十六年，又增埠頭菜鹽餉銀一千兩。通計共餉銀二萬二千三百九十六兩九錢。

橋商。原額七十名。萬曆十四年增鈔商十名，代納通府鹽鈔。本年内又增商二十名，足一百之數。每歲納餉上鹽，分爲六大班。至二十年，改爲四大班，分爲四十小班。每小班一名納餉銀五十六兩，上鹽三萬七千八百斤。一歲共納餉銀二百二十四兩，上鹽十萬六千斤。領引四十三道，每引帶鹽一千七百五十斤。萬曆十年以前，先納餉後賣鹽。近年以來，餉增路塞，今年納餉，明年賣鹽，商始稱困。餉期一至，有以數金貼人代納者。

行鹽地方。廣商從鹽法道領引到招收等場，照引幾道買鹽若干，由海運至南雄，踰嶺接賣淮商，從西關而下，直抵三姑灘，謂之「南鹽」。橋商領給軍門大票，到東界等場買鹽，聽管橋官掣秤上橋，領户部引目，至三河接賣。汀商踰嶺過贛州、袁、臨等府，瑞金、會昌、石城等七縣，從東關而下，謂之「汀鹽」。二路合賣。自正德四年起，各定地方。嘉靖四十五年，廣商侵賣過界，潮鹽路塞。隆慶二年又開。至萬曆十一年復塞，路塞餉增。是以十四年以後，尚有積餉在庫一萬五千零兩而未上鹽者。商民之困，至此極矣。

埠頭菜鹽。橋下海陽等七縣埠頭，先因商外奸民告餉二千兩，後被勢侵，其餉逋負。萬曆十六年，察院蔡夢説革去一半，尚存一千兩，責令橋商販納，每季納二百五十兩，每小班納二十五兩，餉通百商匀納，鹽輪二十商領示鎮埠發賣。

龍川和平鹽餉。橋上餉鹽運至長樂縣，過青溪嶺食，入龍川、和平二縣，原無另餉。萬曆十八年，因廣商射利，告納餉争賣，惠潮道從二縣民議，願食潮鹽，斷令潮商代納，又增餉銀二百一十一兩六錢八分，歲夏、冬二季追解。

衙鹽。道、府、縣儒學并諸職衙門所用細鹽，從百商上橋班數，抽銀販鹽煎送，歲困銀八十兩，在正餉之外。

冒起宗陽電山海信防圖説

陽電地方，北枕山，南面海，東接廣、肇，西通雷、廉，蓋嶺西二郡之咽喉也，水陸迂迴不下二千里。粤稽祖制，神電一衛以及陽江、海朗、雙魚、寧川四所，皆附於邊海；又設新興、陽春、信宜、高州、石城五所，皆附於邊山。水陸犬牙相制，有司從中協守，亦一尉一史之意哉。而泄泄至今日，僅存其名矣。試言陸信，北自新興捻村兵營，接藍坑營交界起，東自恩平官來逕，接新會信界起，歷琅瑀營，而西抵石城之高嶺營，與雷、廉接界止，郊洞遼曠，叢陰莽薄，計程一千二百餘里，設有恩平、陽電、高州、吴川肆兵營，分布信防，據險扼吭，此則陸信之大略也。以水信言之，東則自廣海寨、芒州接界起，西至白鴿寨、硇州交界止〔二〕，汪洋瀚海，寇盗出没，計汛凡八百里，設有海朗、雙魚、限門、蓮頭肆水寨，劄船分守，扼要哨防，此則海防之大略也。蓋海廣則隙多，地廣則險衆也。近年兵額日縮，餉額日虧，船額日減，軍額日缺，雖規制如初，而迹類象人塗馬，所謂指臂使而首尾應者，則茫乎未之講也。

冒起宗肇屬山海圖説

肇屬自新興而下，彌望荒巒，烟炊寥落。北自稔村兵營起，至石井營而抵恩平縣，則百三十里；東自官來逕至靖東營而抵恩平，則八十里。地當新會、新寧之交，山賊肆出摽掠，非嚴兵防禦，地方無安枕之期。若馬岡、倉步、開平等處，肩寧、會而枕封、慶，尤素稱逋逃藪。數邑錯壤，土孽竊發，雖開平屯額設官兵七十餘名，而去縣治則九十里矣。議者謂恩陽守備秋冬應移劄於恩平，豈無見哉。繇平南營而東至蓮塘，稍涉而南至長寧，凡百二十里，而抵陽江縣。自縣而南三十里，則有海殷寨，商賈輻輳，廛市星羅，越港門而歷銃城，是爲北津撫民，此所謂大要害也。自寨而東二十里，則有海朗所，去陽江僅五十里，有警呼吸可通，第所城孤懸，積弁與猾民作奸扞網，幾如南陽之不可問，非嚴約束之令，無以破海上接濟之囮也。繇陽江西門歸善營，歷麻橋、黄桐、蚺蛇、樂安、高嶺、平望而西上太墟，則爲陽電兵營矣。由太墟至儒峒，則爲電白縣界矣。由儒峒轉折而東上五十里，又爲陽江之雙魚寨，而所城在焉。去陽江一百七十里，去電白八十餘里，卒有緩急，能一呼而即至哉？是在當事者萬分毖飭，務令營寨合防軍兵夾護，庶陸可稱平壤而環海可恃爲長城矣。

冒起宗海朗寨所圖説

按海朗兵册，現在官兵計百五十四員名，戰船一十二隻，東接廣海，西界雙魚，樓船組練，雄據上游，屹然一天塹哉。第本港内通陽江、陽春等處，商賈輳集，奸宄易生。港中雖設有銃城，城設有銃臺三座，港門津要似可資控守。但港外無臺可振，勢既孤懸，由港門而越銃城，即北津撫民環居其地，此輩鷹眼未化，梟氣猶存，每以繒艚出海捕魚爲生，若邀劫，若接濟，若勾引，未可信其必無也，況乎土宄敢於扞綱，旗軍串青衿子復從而翼之哉？今協總許三才任事方新，應申嚴號令，凡漁舟出入，朝往暮返，不許遨遊逗留，致開釁隙，此爲捄時之第一要著。若本寨去縣城三十里，去所城二十里，所去縣城則五十餘里，所軍弱不能支，而銃軍少有可用，一值汛期，督發海朗陸哨官兵爲之犄角，庶幾孤懸者不至爲孤注耳。

冒起宗雙魚寨所圖説

雙魚寨設有寨城一座，内置發汛公署及寨署、哨捕、兵房，守險之制，亦云密矣。兵船一十二隻，官兵四百四十四員名，左哨派守雙魚港内，通雙魚所城，港門兩山對峙，銃臺三座，復有東山官兵據險而守，賊未敢卒犯也。去寨八里，則有雙魚所城，離陽江縣一百七十里，離電白縣九十餘里，聲援遼曠，實爲邊海孤城，外洋勢難遥控，覺察責在瞭軍。每歲春汛，除督發雙魚一哨官兵外，又例調東、西兩山各營兵協守所城并一帶海岸；若冬汛，則止雙魚一哨，虚應故事矣。右哨派守豐頭港，與海朗寨接界，港内通織篢墟五里餘，則至太平驛，防奸緝盗，未可刻疏。况龍高山夙號盗藪，山勢延綿，路通雙魚信海，奸宄窺伺疏防，常駕客船藏盗出入相應。嚴飭海朗會哨分防，毋以一港爲秦越可也。

冒起宗高欄山海圖説

自儒峒分界，電邑錯壤，於是有陽電營官兵接防。自大墟歷麻緦等營，皆地當要衝，時聞劫掠。歷營而西，至夏藍及麻西營，凡一百二十里，而抵電白縣，南有蓮頭海面在焉，港門遼闊，非他處可比也。自電城西出烏石，歷簕竹夾、吴川之那蓬等營，南至上廓，凡一百五十里，而抵吴川縣。去縣南二十五里，則爲限門寨，港門設有銃臺，新營設有戍卒，乃吴川一哨官兵爲之分防也。本港内通芷芓及梅菉墟，皆盗賊豕突之區。又自電城之烏石，歷苦藤營，西至平崗，北入高州勒菜營，而抵高州府城，乃陽電官兵信地，一百三十里也。高州而北，由狂邏營至淋水營，凡八十里，抵信宜縣，則與廣西之博白、陸川爲界，與猺獠雜居矣。駕馭隄防，惟以不疏不擾爲善策焉。高州而南，自滋田歷樟木等營，接陽電兵防而西，入化州，再歷兵營而至高嶺，凡一百三十里，西抵石城縣。深菁叢林，豺虎窟穴，非申嚴斥堠，不免西賊之衝突。自此西下三十里爲太安、中火，又西去五十里爲横山堡，皆雷州交錯之地，地方互相諉卸，每致疎虞。若西北之廉州三了、那網等處，以至息安堡、官橋、紅嶺一帶地方，原有高州官兵一哨守之，近日又移劄石城，遏入犯之西賊矣。統而論之，高郡南控滄溟，北負叢菁，故大小放雞、蓮頭、赤水、限門、海陵，皆高涼之唇齒，其新興、恩平、石城、信宜、陽春諸邑，則高涼之門户也。

冒起宗蓮頭寨港圖説

蓮頭港近在電白縣城之南，設有銃臺三座，戰船一十七隻，官兵分防信海，東接雙魚，西界限門，二百餘里。左哨則山厚港爲信，右哨則以赤水港爲信，各分領兵船五隻，而把總官則領兵船七隻，劄守蓮頭三港之中，蓋以蓮頭港門，遼渺無可據也。然銃臺雖設，僅可虛張聲勢，無能及遠，況港外海洋，如大小黄埕、雞山、博賀、青洲，皆環對城南，號海洋之最險者，議者謂築椿塞港，效往年故事，庶備電城一重之藩籬，是矣。然而水深港闊，未易用力，且言之易，行之難，行於有事之日易，行於無事之日難。爲目前計，惟應練舟師，習水戰，勤哨探，嚴汛防，多積糗糧，使士兵不敢私家，客兵不敢登岸，更整備快艦，遇賊必追，有警必應，何難虓小醜么麽之魄哉！今點驗大船，止存陸號一隻七號二隻，其餘盡改八號艟艚小船矣。原其將大改小之意，亦欲以櫓楫代風濤，捷於追擊耳。此可角勝於裏海波平浪静之處，非可施於汪洋萬頃長年袖手之處也。且本寨凡有突犯，必係廣料聯艅大船，樓棚高至二三丈，艟艚卑小，勢不及三之一，能仰面而擊之哉？至於海船火器，莫過班鳩銃，而現在所存者僅一十四門，尚不及海、雙二寨一船之器，計非增造五六十門不可。議者欲扣本寨官兵之糧，以備料價，鍼頭削鐵，不堪令賊聞也。再查本寨官捕兵原額四百四十員名，而懸額不補，虛伍充數者居其半。即見伍捕兵，皆捕魚土人，雖習慣不畏風波，而窮餒不堪鼓厲，且暮夜歸家，擅離汛守，誅之不可勝誅。今欲一兵得一兵之實用，非募廣、肇習水之客兵不可也。若夫岸賊則有窩主，海賊則憑接濟。在雹白海濱如蓮頭、白蕉、南海、山厚等村之民，專以捕魚爲業，中有一等奸民，凡遇有賊在海，便輕身投入，詐稱被擄，使家屬告案，假爲勒贖張本，公然多運酒糈與賊交通，使官兵不敢盤詰。教猱升木，導虎爲倀，勾連盤固，習爲固然，恐非五日京兆所能徹底破除也，敢以告後之君子。

冒起宗限門寨海港圖説

限門之要害，兩嶼夾峙，厥口水淺，屈曲如蜒，必俟潮漲，舟始放轉數回而後進嶼。寨防官兵共四百四十員名，戰船一十七隻，以八隻派守本港，上接蓮頭，下至限門。港口東西錯置銃臺四座，内通芷芋、吴川縣城以及梅祿墟埠并化州、高州一帶。港門離縣治僅三十里，每歲三四月間，閩艚販糴數百人，如風雨之驟至，人非土著，奸僞易滋，司是港者，塞萌杜漸，視之如敵至可也。右哨領船僅九隻，派防新門，接連白鴿寨信海，北港去吴川縣九十里，内通石城之梁家灘，奸宄不時竊發，外海尤極汪洋。該哨一官尤宜慎選，可令闒冗之庸材、鑽營之積猾充之哉？大都本寨據限門之險，扼銃城之要，大寇未易窺犯，絶内港導引，察外海情形，是在得人而已矣。

冒起宗石城所山海圖説

本所隸石城縣治。洪武年間，奉調雷州衛後千户所官軍鎮守，以邑在山峒間，猺獠編氓，錯壤雜居，且使節絡繹，商賈徵逐，爲四郡之通衢故也。城之北雉堞遶建於山巔，東百里抵化州，西百里抵樂安所，南七十里抵遂溪，北一百二十里抵廣西之博白縣，東北九十里抵陸川縣，東南一百五十里抵吴川縣，西北一百五十里抵廣西之舊林曹村，西北百餘里抵樂民所。所雖附縣，官軍以隔屬相推諉，刁疲散漫，城守空虚，故西賊時時突擾，截禦罔聞。查東北六十里有曰三合堡者，地接博白、陸川之邊界，猺狼盗賊，更番騷動，曾設官兵防守，旋復掣回，遂致乘瑕擣虚，歲無寧日，非仍復堡兵，無以杜鴟張也。其正西六十里曰横山堡，當廉路之衝，邃谷叢林，逃亡恃爲淵海。又西一百二十里曰吴浦墩，近博白縣之邊界，狼、猺逼處，地方土賊搆之出劫。此皆西隅原守之險要，亦有原守之軍兵，覈實而整頓之，則石城之封畛固矣。此外若東南之梁家灘，壤連遂溪商船灣泊；縣西之凌禄司，近枕珠池，尤劇盗横鶩之地，因並及之。

冒起宗寧川所山海圖説

寧川所即附吴川縣，東南瀕海，西北負山。縣城南去二十五里，有限門海港，有沙脊兩行，自外達内，凡二十餘里。賊若舍舟登岸，步抵芷苧，距縣所僅五里許耳。縣之側有墟曰梅菉，生齒盈萬，米穀、魚鹽、板木器具等皆丘聚於此。漳人駕白艚，春來秋去，以貨易米，動以千百計，故此墟之富庶甲於西嶺，宜乎盜賊之垂涎而歲圖入犯也。計本所見在旗軍屯駐郭内者，僅二百八十餘名，鶉形鵠狀，何足爲有無。惟合限門爲截禦，聯海港之偵巡，水陸交防，軍民協力，眈眈者庶有憚乎？

冒起宗信宜所山防圖説

信宜所附縣，同城，設居萬山，逼近羅旁，界連西粤鬱林、北流等州縣，穿溪絡谷，居雜狼、猺，叢林密箐之間，奸徒伏焉。旗軍僅三百餘，披破甲，持白挺，弱不堪守，無問戰矣。故近日屢創西賊，營兵之力居多。按正統九年間，曾設有狼兵五百九十餘名，給官田米五百七十餘石以餉之，居以資捍圉，行以應徵調，未嘗不資一臂。今逃亡故絶，僅存者皆亡命之流孽耳，間存真狼一二，説者又有非我族類之虞。然使撫綏駕馭得其道，詎狼心終不可化哉？儻更於懷鄉、北流之界，特設精兵一枝，北犨信宜之籓衛，西壯石城之聲援，外絶狼、猺之窺伺，内杜奸宄之勾結，是在縣所文武協力共圖之耳。

冒起宗海朗雙魚蓮頭限門四寨圖説

水汛東自廣海寨起，西至白鴿寨界止，合計四寨爲程共八百餘里，沿海置戍，雖稱鶴列，而所守者，不徒在險而在要焉。四寨情形，業各指其概矣，今更合而論之。電白蓮頭爲最衝，吴川限門次之，陽江海朗次之，雙魚又次之。信地中惟島嶼山灣賊船潛泊，如上自海朗，則有娘澳、大澳、海陵、戙船澳，若雙魚、蓮頭，則有獨州、青洲、大小黄埕、放鷄山，下而限門，則有新門、三合窩、硐洲、廣州灣等處，皆可劄船。賊每寄椗其中，窺伺貨艘往來，即爲掩襲剽掠之事。以故陽電特設一參將居中調度，儻不時申嚴各寨把哨，務令兵不離汛，更選備堅整快船數隻，多設熕椇銃器，精選慣歷波濤、善摇櫓、諳放銃之目兵共五六十名，一遇賊警，即飛駕出洋，衝鋒追截，而各兵船復合力夾攻之，賊未有不披靡就擒者。固封疆以安堂奥，其在廉勇之將領乎？

冒起宗恩平陽電高州吴川四營圖説

六信四營官兵，分防兩郡要隘，通計一千二百餘里。法曰兵無所不分，則備無所不寡。今每營多者一隊，少者止三四名，以之當隼擊豕突之賊，來不能禦，去不能追，徐徐蹣跚其後而已矣。然一二小醜，在在有之，又未可以噎廢食也。今查恩平之東，如蜆岡、官來逕一帶，北如田心、樓逕一帶，俱與新會、新寧錯壤，賊以羅漢山爲窟穴，官兵不敢越界窮追。相應詳請督府分撥標下精勇官兵百名，屯劄東路之要地，遇有警報，扼截歸巢，追兵夾追，一鼓成擒矣。其在陽電之大墟、麻緦等營一帶，路通陽春百足大山，盜賊潛踪伏劫，悉由逕口，其聚衆糾黨，則團劄龍高山。其假牧牛爲名入山裹糧接濟者，則附近之土人也。此應責成陽江縣嚴行保甲，杜塞盜萌，而又於太平等處屯兵百名，北可扼百足山逕之出入，南可斷龍高山之屯聚矣。此外如分營置防，戢小醜而張聲援，次而高州營，次而吴川營，棊布已周，毋容置喙。

冒起宗神電衛所官軍圖説

國初開郡設衛，立縣置所，合陸海而犬牙相制，有深意存焉。承平日久，軍衛廢弛，至於今而敝壞極矣。查神電一衛，原額旗軍四千八百餘名，僅六百六十有五；高州陽江等所，每所一千一百或二百名，僅各存一百五十或二百餘，最多者亦不過三百，莫可究詰矣。今以邊海伍衛所言之：海朗、雙魚偏守一隅，防禦情形已載二寨圖説。至於神電、陽江、寧川皆附縣城，頃閲陽江所軍，鶉衣百結，無異乞兒；神電衛皆豪右包充，名存實缺，甚則子衿攬買糧米，印官莫敢誰何。嗷嗷窮卒，歲無粒糈充腹，上下欺蒙，三尺不按，可謂非吾輩之咎乎？其附山伍所，若新興尚當要道，若高州猶近郡城，或可恃以無恐，他如陽春周城之一所，設居萬山中，去電白且三百餘里，天臺等處，土宄嘯聚，每從百足山逕口出入，肆行劫擄，一遇官兵，即走入百足内免脱矣。其出而號召，則皆團劄於陽春之龍高山中也。陽春雖設官兵一哨，哨官轄於有司，不受營將調度。相應請撥肇標勁兵五十名，扼駐太平，聞警即由捷徑疾趨至百足徑口，則賊之歸路絶矣。以上衛所皆附山邊海，嶺表要區，當事者極力整刷，何難漸奏敉寧？而前人推之後人，今日俟之明日，可爲長太息也！

冒起宗北津撫民協總圖説

北津即今海朗寨港也。先年海賊許恩受撫，因令插住港口海岸，且耕且漁，復給其子許應舉以協總名色，責以統馭撫民，協守北津。原議遞年將自造料船并漁船共十隻、目兵二百名往守𠕇船澳海面，口糧以出汛日起支，收汛日止。此澳孤懸大海中，係雙魚寨信地，賊船每拋劄其中，故以習慣之撫民守之。邇來撫民官亦久不到汛，海賊有無之情形亦無一字具報，浸尋成故事矣。但撫民一枝善鳥銃，出入蛟宫蜃宅若平地。今宜申嚴責成，令之備船練兵，出洋守汛，不時偵報，一遵受撫之初議，不則治以弛防梗令之罪，無少貸，野心狼子，庶不至以萬頃爲三窟矣。

正統六年九月，廣東陽江守禦千户所奏：本所上、中、下三坊隘所在海嶼中，猝有倭寇，難於飛報，乞於肇慶府陽江縣那貢、壽文二都，設渡船以備警急。從之。

高州府

營十一：茂名之營三：曰熱水，在縣東一百里。曰平鋪，曰沙田。在縣東六十里。電白之營曰龍門。在德善鄉。化州之營曰箬葉，曰水車。今廢。石城之營曰馬鞍，曰高樓，在縣北。曰兩家灘，在縣東南海澳。曰鼂子，曰青平。

堡九：茂名之堡曰舊電白注九。在平山巡司。電白之堡曰獅子，在德善鄉。曰三橋。即那夏驛。信宜之堡曰嶺底，在縣東六十里。曰忠堂。在縣東九十里。化州之堡曰梁家沙，在州東一百九十里。石城之堡曰橫山，在縣西四十里。曰三合。在縣東北五十里。

隘四：茂名之隘曰桃坰閘。電白之隘曰蕉林，在德善鄉。曰陀埇，曰三叉閘。

廉州府

諸峒：曰貼浪，在貼浪都思牙村。宋黄令鑑爲峒長。或傳馬援征交阯時，有黄萬定者，青州人，從征有功，留守邊境，其後子孫分守七峒，至宋俱爲長官司。元世祖以峒長黄世華討賊功，賜牌印。至國朝洪武初始收之，仍爲峒長云。曰時羅，在時羅都。宋峒長黄令岳。曰如昔，在如昔都思勒村。宋黄令德爲峒長。宣德間爲交夷所陷，峒長移居那蘇隘。曰博是，在如昔都丫葛村。宋黄令欽爲峒長。宣德間，峒長黄建與澌凛峒長黄金廣、鑑山峒長黄子嬌、古森峒長黄寬叛降交夷。嘉靖二十一年，莫登庸納欵，乃歸。曰澌凛，在貼浪都澌凛村。宋黄令謝爲峒長。隆慶五年，有趙元璧者，廣西上思州人，狡猾惑衆，襲殺峒長，並據博是、古森、鑑山四峒。知州李時英獲元璧，誅之，而其子良臣仍據其地，訓練精兵六百餘人，願捍邊境。知州董廷欽招撫時，蓋萬曆二十年也。二十二年，交阯鄭松犯邊，良臣與戰，大敗之，獻俘兩院，給以冠帶。然良臣暴酷，不能得衆，既死，土酋黄錫誘交人皆背等率衆攻峒，擄良臣妻子。知州王世守請兵誅錫等，四峒始定。今議以哨官防守其地，不復任峒長云。曰鑑山，在如昔都羅浮村。宋黄令宣爲峒長。曰古森，在貼浪都。宋黄令祚爲峒長。曰時休，近管界巡司。漢光武時，有禤純旺者，亦從馬援征交阯，賊平，留守邕、欽界。永樂間，時羅峒長以事革去，旺孫貴成始移守。時羅其地今屬有司。

營三十一：合浦之營曰北營，在城北濠外。曰新寮，在府東北五十里清和鄉，通廣西雲蘆六湖、蕉林等處。成化間建土城。曰山口，在永安所城外，與博白、化州、石城兼界。曰清頭，去永安城五十里。曰陸湖，在府東北。曰黄逕，去府四十里，在大洸港。曰木港，在府北三十里，後設丹竹營，今改爲鋪。曰城隍。去府治三百里，今改永平巡司。以上廢。欽州之營曰黄土，即舊防城營，在時羅都，交阯兼界。州廢，知州董廷欽復建，改今名。曰黄觀，在新立鄉。曰墰瓦，即舊總捕營，在州東北二百里。曰龍門，在龍門港。曰平銀，在州東三十里。曰濟時，在州東七十里。曰大暮水，在州北三十里。以上存。曰羅浮，在防城外一百一十里河洲村。曰思勒，在防城外九十里。初以河洲營去州治遠，餽運悉由夷界。又於江平地界設思勒、包冲二營，各相應援。包冲先廢，後軍兵因事逃散，復廢思勒。曰上扶龍，在貼浪都，通十萬大山，接廣西、交阯界。曰白皮，在白皮村。曰方家，在方家村。曰烟通，在烟通嶺，通龍門海口。曰溢坑，在烏雷嶺，北近海。曰陸眼。在永樂鄉。以上俱廢。靈山之營曰那暮，在縣南二百里博峩鄉。曰丹竹，在縣南一百七十里上安業鄉。曰山心，在縣北二十里宋泰鄉。曰管根，在縣西一百二十里下甲鄉。以上俱存。曰格木，在縣西一百里，今改爲公館。曰譚家，在縣東十五里上武安鄉。曰羊角，在縣西南二百三十里上殳鄉。曰團河。去縣一百九十里西鄉中寧都，舊調官軍防守，遷西鄉巡檢司於此。正德間廢巡檢司，亦遷還舊所。以上俱廢。

堡二：靈山之堡曰石隆，在合浦、靈山二縣兼界。曰洪崖。在縣北三十里。

關三：合浦之關曰東關。在府東北，今改名條風。欽州之關曰天板，在州西六十里。曰漁洪在州西北三十里。

隘四：合浦之隘曰新寮。府城東五十里，今廢。欽州之隘曰那蘇，在如昔都，接交夷界。如昔峒長黄鳳陽居此。曰稔均在那蘇南，相去七里，隘外即交阯大海。曰那隆，在那蘇東，相去十餘里，隘外即交阯大海。有小徑，奸民通夷由此路。

墩十五：合浦之墩曰山口，在府東北一百四十里山口舖旁。曰平鴨，在府東北一百里平鴨舖旁，今廢。曰珠場，在府東南七十里珠場港口。曰龍潭，在府南四十里龍潭寨。曰高德，在府西南三十里高德港口。曰獨江，在府南一十里獨江村。曰安寧，在府南十里近山村。曰西場，在府西五十里葛麻山西場寨。曰冠頭。在府西南五十里冠頭嶺上。欽州之墩曰茶山，在州東南十里茶山嶺。曰青鳩，在州西南十里木蘭村旁。曰金竹去州三十里，在金竹村，有水可通交阯。曰大鹿，在州南大海中，西近交阯界。曰小鹿，在大鹿墩下。曰羅墩。在州南黄土營，與交阯、永安州分界。

堠十二：合浦之堠曰川江，在府東南八十里川江村前。曰隴村，在府東南七十里隴村寨前。曰白沙，在府南五十里白沙寨。曰豐城，在永安城西海旁一里豐城寨前。曰白望，在永安城西一里白望村，今廢。曰丹兜，在永安城東北五里，今廢。曰英羅，在永安城東十里英羅寨前。曰武刀，在府南四十里武刀村。曰飲馬，在府西南四十里飲馬村。曰珠場，曰獨江，曰西場。俱見上。

珠池。珠池七：曰青鶯，曰楊梅，曰烏坭，曰白沙，曰平江，曰斷望，曰海渚。俱在冠頭嶺外大海中，上下相去約一百八十三里。守池巡司一：曰珠場。寨十七：曰烏兔，曰淩禄，曰英羅，曰蕭村，曰井村，曰對達，曰豐城，曰黄坭，曰川江，曰隴村，曰調埠，曰珠場，曰白沙，曰武刀，曰龍潭，曰古里，曰西場注十。

珠考。沈懷遠南越志：珠有九品。大五分以上至一寸八分，分爲八品。有光彩、一邊水平似覆釜者名璫珠，璫珠之次爲走珠，走珠之次爲滑珠，滑珠之次爲磥砢珠，磥砢珠之次爲官兩珠，官兩珠之次爲税珠，税珠之次爲芯符珠。

徐衷南方草木狀：凡採珠常三月，用五牲祈禱，若祠祭有失，則風攪海水，或有大魚在蚌左右。自蚌珠長二寸半，在漲海中。其一寸三分，其光色，一旁小平，形似覆釜，爲第一璫珠，凡三品；其一寸三分，雖有光色，形不圓正，爲第二滑珠，凡三品。

萬震南州異物志：合浦有民善遊採珠，兒年十餘，便教入水求珠。官禁民採，巧盜者蹲水底剖蚌，得好珠吞之而出。

菽園雜記：珠池居海中，蛋人没而得蚌剖珠。蓋蛋丁皆居海艇中採珠，以大船環池，以石懸大絙，别以小繩繫諸蛋腰，没水取珠，氣迫則撼繩，繩動，船人覺，乃絞取人緣大絙上。前志所載如此。聞永樂初尚没水取，人多葬沙魚腹，或止繩繫手足存耳。因議以鐵爲耙取之，所得尚少。最後得今法：木柱板口兩角墜石，用本地山麻繩絞作兜如囊狀，繩繫船兩旁，惟乘風行舟，兜重則蚌滿。取法無踰此矣注十一。

廉州府志

永樂七年夏四月，交趾萬寧賊寇欽州，巡海都指揮李珪討平之。交趾賊阮瑶舡至欽州如洪村，焚劫居民及長墩、林墟二巡司，廨舍寨栅殆盡。珪奉命以樓舡百艘，提兵萬人，自廣達雷而至，遣官軍追及交趾萬寧縣海上，破之，獲舡二十七艘，俘獲賊首范牙、阮邊及家屬男女一百六十人，送京師，誅之。

八年冬十二月，倭賊陷廉州，府學教授王翰死之。

十四年夏五月庚戌，增置欽州驛遞。交趾總兵官英國公張輔言：自廣東欽州天涯驛，經猫尾港，至涌淪、佛淘，從萬寧縣抵交趾，多繇水路；陸行止二百九十一里，比丘温故路近七驛，宜設水馬遞轉，以便往來。從之。設欽州防城、佛淘二水驛，寧越、涌淪二遞運所，佛淘巡檢司，靈山縣龍門、安遷二馬驛，安河、格水二遞運所，改天涯水驛爲水馬驛。

宣德二年冬十二月，棄交趾布政司，欽州澌凛峒長黄金廣等以四峒叛附安南。自交趾郡縣後，簡定、陳季擴、陳月湖相繼倡亂，皆英國公討平之。永樂十六年，土巡檢黎利叛。宣德二年，詭求立陳氏後，遣使詔諭，令具實陳氏子孫以聞，即與册封，如洪武舊制。而總兵官王通遂率三司府縣官吏還。交趾用是復淪於夷矣。欽州時羅、貼浪、如昔都七峒，北連左、右兩江，南接交趾，宋、元置峒長，轄峒丁，以保守疆境。元時黄世華等殺賊有功，始授以金牌印信，充七峒長官，子孫世襲。國初廖永忠取廣東郡縣，皆投款上印綬，仍給新印。七峒以蕞爾，不復給印，且革去長官，止稱峒長，以故諸酋各懷觖望。至是金廣等以澌凛、羅浮、古森、葛原等四峒一十九村二百七十户叛附安南，黎氏封經略使、經略同知僉事等官，仍世守其土，以屬萬寧州。

正統五年秋九月，巡按御史朱鑑奉璽書，率都、布、按三司官，至欽州揭榜，招叛民黄金廣、黄寬、黄子嬌、黄建等，不至，乃還。

景泰二年夏四月，山傜寇廉州、雷州二府。六月十三日夜，黄屋山賊黄公麗陷欽州。公麗，鬱林州人。

三年，賊掠石康。

天順三年秋八月，流賊寇靈山縣，僉事林錦、都指揮歐磐畫策平之。時廣西八寨諸巢賊糾合渡江，攻陷城池，擄掠人畜，占耕石隆堡民田，勢甚猖獗，民盡逃散。錦與磐畫策弭之。

詔禁欽、廉商人毋得與安南交通。先因獲安南盗珠賊范員等，有勑問安南國王，安南回奏迤東瀕海村人，潛與欽、廉賈客交通，盗汆珠池，已行懲治本處頭目。勑出榜禁約欽、廉瀕海商販之人，不許潛與安南交通。仍令廉州府衙巡視，遇賊盗珠，務捕擒獲究問，奏請發落。

五年，蠻賊流劫廉州府，知府饒秉鑑禦之，大敗其衆。是時廣西賊流劫，聚衆一千五百餘徒，掠百勞、大埇等村。先期秉鑑令所屬州縣編立火夫，委官督領以待，至是率民兵前後斬獲七百餘級。

六年春二月，流賊寇石康，知縣羅紳使其子鑑率民兵出戰，敗之。三月，流賊復掠石康東堂鄉，羅鑑率兵追之，戰於倒木嶺，遇害。時賊衆兵少，鑑以矢盡，爲賊所害。

冬十二月，賊陷永安城。廣西龍山賊寇靈山，太學生檀昭擊之，戰敗，遇害。

成化元年秋八月乙卯，大藤賊分寇陷廉州，僉都御史韓雍遣將削平之。

三年冬十月，流賊陷石康，知縣羅紳死之。十一月，賊犯靈山，把總滕漢督兵追之，奪回石康縣印。

七年，以石康縣併入合浦。時知府林錦具奏裁革。

十六年，僉事林錦征八寨諸賊。寨賊自天順以來，負固行劫，錦奏調官軍征之。知府劉烜撫之，分住永平諸山。

正德三年，寨賊黄師苟稱寇，僉事鄧概討平之。自知府劉烜安撫之後，八寨餘黨時爲民害，概以三府檄調兵討之，賊皆奔竄，命總旗王英、千户陳容以招撫誘之，凡擒六十餘人，至是稍戢。

七年，賊首廖公廣寇靈山、合浦，僉事李志剛誘而擒之。公廣以八寨餘黨居永平寨，占耕民田，不輸賦税，日益作孽。志剛聞軍門，以計擒之。

八年秋八月，安南入寇欽州，百户謝惠帥兵往禦，敗於淡水灣，死之。時官軍僅滿，百而賊兵多於我，惠不量彼己，遂敗没，免者四五人。上狀，當路匿不以聞。

十一年冬十月，交賊寇西鹽場，指揮范鎧擊敗之。

十四年秋八月，交賊入寇，舟至方家港，欽州千户趙瑾擊敗之。

嘉靖十年冬十二月，賊劫靈山縣庫，監生莫如勤率兵擒之。先是八年之間，劫庫者四，未有得賊要領者。至是踰城而入，殺巡捕百户邵經及民兵七人，攻開長春門而去。如勤率軍快尾之，至永淳縣獲賊杜德勝等五人鞫出黨類，送軍門斬之。

十六年夏，安南黎太陽、黄父命、黄父郡來奔。時莫登庸内亂。

十九年春，命兵部尚書毛伯温、咸寧侯仇鸞如廣陳議處安南。冬，安南莫登庸降，納之。十一月初三日，登庸素衣繫組，率小目耆士等，各以尺帛束頭，赴鎮南關投欵，遥望龍亭，恐懼制伏，脱履跣足，北面五拜三叩頭畢，隨向軍門再拜。時布政楊銓祀績，參政蕭曉、張岳、翁萬達，副使鄭宗古，僉事許路，總兵張純，參將李榮，都指揮石泫等，諭朝廷恩威，暫令待罪還國。登庸遣親侄莫文明、舊臣許三省等二十八人，奉表入朝，願請正朔，去僭號，歸欽州四峒侵地。伯温納降奏聞，詔從之。

二十一年夏六月，收復四峒民歸籍。

二十六年，安南夷裔莫正中、莫文明、莫福山率其家屬百餘人來奔。登庸等奔欽州投訴，解赴軍門。提督侍郎張岳奏發韶州、肇慶、清遠安住，給米有差。

二十七年冬十月，安南叛賊范子儀、范子流等率衆寇欽州，百户許鎮與戰於龍門港，死之。命都指揮俞大猷督兵勦之，伏誅。子儀、子流率舟師擁衆至欽州，詐稱宏瀷已卒，以迎莫正中嗣位爲名，圍城劫聚，殺傷官兵。提督侍郎歐陽必進請改福建指揮俞大猷於廣東都司，督調漢達士兵一萬禦之，生擒范子流，俘斬一千一百名級。子儀乘風遁走，既而宏瀷擒斬之，函首軍門。

四十年春三月，海寇至大石屯，登岸逼近郊，知府熊琦率官兵禦之，賊乘潮走。

四十四年冬，海寇吴平劫略，入廉州界，參將湯克寬、都指揮傅應嘉率舟師追之。

四十五年春二月，師次龍門，追及於交趾破之。

萬曆四年，海北兵備趙可懷上水利議，未果行。其略曰：廉州轄州一縣二，東一百餘里即廣西博白地，插入合浦之間；廣東開建縣雖屬肇，實梧之接壤。臣以開建宜轄於梧，而博白宜割於廉。然以博屬廉，非獨廉之利也。博去梧陸行六七日，至廉僅二日，由梧遡流至博，計十餘日，廉至博三日，此地利之便也。合浦至石城息安中間博白之界數十里，奸民嘯聚，伏路截徑，商旅驚心，官司捕緝，不能越境，其梗道之害又如此。博白人比合浦多强悍，往往劫掠，一越境無得詰問，況挾私仇以報復，遡上司以抵餙，每稱廉人禍己，雖郡縣吏亦付之無可奈何。臣閲審録内事多連博，勾攝公文，十無一繳，所産穀食多於合浦，合浦所産魚鹽陶冶，嘗轉貿博白，博吏以遏糴爲利藪，以魚鹽爲壟斷，若屬之廉，於民便，於政和也。

冬十一月，倭寇攻永安所城，指揮張本守之，遂及海川營，新寮開海兵備僉事督兵禦之，勢益猖獗，殺狼目韋真，官軍不能制。十二月，副總兵張元勳追倭賊於廉州香草江，大破之。

七年，靈山縣石塘狼賊黄璋弟、羅和尚搆黨作亂，海北兵備僉事熊惟學以推官劉子麒率兵討之，爲賊所獲。知府周宗武移檄諭之，乃還，遂益兵勦擒羅和尚，黄璋弟陷死。

八年，賊黨覃雲明就擒。先是鄉民寧經仇訐，經知其必來復仇，乃率衆斷其歸路，官兵擣其巢穴，雲明計窮食絶，乃獲之。知府周宗武撫其餘黨，令守石塘，請設山防官，得專提調，地方賴是以安。今石塘、犀塘平寧，皆知府周宗武之功也。

是歲，設山防通判一員，築城開市協守指揮一員。

十年八月，烏兔、那思蛋民盜珠，永安所千户田治督軍捕之，戰死。海北分巡兵備薛夢雷勦平之。

二十一年，夷人莫登讓爲黎氏所逐，携其妻僕來奔欽州，知州董廷欽納之，後潛遁他境。

三十五年冬十二月二十七日，交趾賊突陷欽州城，廉州指揮當弘謨將兵禦之。雷廉副總兵楊應春兵及欽州而還。澗州遊擊張繼科自永安發兵次葛蔴山，不進。交趾賊翁富搆黨，乘小舟百餘，衆至數千人，經龍門入州城，遂陷。百户吕朝烱狂走，吏目挺然被獲，隨釋。學正李嘉諭罵賊而死。楊應春但兵及欽境還。

三十六年正月，夷賊復侵欽州，圍其城，同知曾遇、指揮當弘謨力保孤城。有數十人望城指畫者，謨引兵射殺之，賊退。二十八日，夷賊復寇，中軍祝國泰、百户孔榕禦於龍門，大戰，死之。哨官朱子連戰於南屯之朱家巷，死之。是時守龍門哨百户孔榕、巡海中軍把總祝國泰率舟師截其歸路。是夜，霧氣黑蔽，官兵以銃砲擊之，賊死傷亦多。及天明，賊見我師船少，外無援兵，賊四面繞迫攻打，矢石俱盡，二將皆死。哨官朱子連戰於南屯亦死之。勑總督兩廣都御史戴耀，嚴督安南都統使黎維新併兵討賊。三月，令遊擊田豐押廣肇中營標兵〔三〕，併守東、西二山兵，剳廉州府，遣副總兵楊應春，詣河州，踏看屯兵營地，及進兵去處，歷四峒地方，撫峒民，募嚮導，得兵九千人。秋九月，命總兵官孔憲鄉行征夷將軍事，以海南兵備副使蔡夢説監軍，進兵勦賊。帶管海北兵巡道分守右布政使林梓留守欽州。推官李懋隨軍紀功〔四〕。是月，進攻花封巢，賊穴盤據石山，不充。兵及塗山，翁富莫知所之。兵船分四路，大海無踪，乃還。

三十七年十月，交南寇平。三十八年，命復欽州守備，增兵防守。

崇禎五年五月，流賊數百劫西塲。去城四十里而遥，迨官兵至而賊遁矣。

八年四月，海寇平。海寇劉香流毒三省，猖獗七年，致惠潮守巡道二參將登舟挾留。都御史熊倖示招撫以緩其勢，密檄福建五虎總兵鄭芝龍會勦。賊艫群繞死戰，芝龍奮力一鼓殲之，餘黨悉平。

九年三月，流賊百餘劫那隆注十二。

諸峒附

貼浪峒。在貼浪都思牙村。宋爲長官司，黄令鑑爲峒主。其孫黄世華在元世祖時以討兩江峒賊黄聖許功，授以金牌印信。國初收，罷爲峒長。

時羅峒。在時羅都。宋以黄令岳爲峒主。國初收印，罷爲峒長。永樂間以事革。相傳漢有禤純旺者〔五〕，從伏波將軍馬援征交阯有功，賊平，留守欽、邕二界，居時休峒，在管界巡檢司地。至是命其孫禤貴城移守時羅爲峒長。

思勒峒。在如昔都思勒村。宋以黄令德爲峒主。國初收印，罷爲峒長。宣德間，爲交阯所侵，以其地置金勒千户所，遂移守那蘇隘。

丫葛峒。在如昔都丫葛村。宋以黄令欽爲峒主。國初收印，罷爲峒長。宣德間，其孫黄建叛附安南。

澌凛峒。在貼浪都澌凛村。宋以黄令謝爲峒主。國初收印，罷爲峒長。宣德間，其孫黄國廣叛附安南。

羅浮峒。在如昔都羅浮村。宋以黄令宣爲峒主。國初收印，罷爲峒長。宣德間，其孫黄子嬌叛附安南。

古森峒。在貼浪都。宋以黄令祚爲峒主。國初收印，罷爲峒長。宣德間，其孫叛附安南。

按欽州七峒，本舊貼浪、時羅、如昔三都之地。洪武間，設如昔巡檢司，僉其民爲弓兵。宣德間，令黄金廣等領峒丁與弓兵協守丫葛關，而金廣等遂以澌廩、羅浮、丫葛、古森叛，因并脅思勒峒，及佛淘徑巡檢司九十九村，延袤二百餘里，以附黎氏。黎氏遂以如昔巡司爲萬寧州，丫葛關爲阿葛衛，以佛淘徑巡司徙永安州，以思勒村爲金勒所，於是蓋百二十年矣。茲登庸納款，願如知州林希元請，還我侵叛之地。時遣都指揮王相、指揮劉滋、知州文章、經歷姚明相〔六〕，爲畫定疆界。而夷情叵測，譎詐横生，於是不得已，爲立石定誓，鐵勒以潭鱗溪爲界，丫葛以茫溪江爲界，澌廩以三岐江爲界，古森以古森江爲界。要固當時委任之非人，而諸公輕忽彌縫之失，其責亦有所分矣。偶得浄峯張公岳、夢山翁公溥最後駁查公移，爲録於左，後或有考見於斯云。

氣候

廉瀕海，地卑土薄，故陽燠之氣常泄，陰濕之氣常盛。陽泄，故四時常花，三冬不雪，一歲之間，暑熱過半，窮臘久晴，或至摇扇，故人氣多上壅，膚多汗出，腠理不密。陰盛，故晨夕霧昏，春夏雨淫，夏連陰雨，即復凄寒，衣服器用，皆生白醭，故人類多中濕，間發流毒。人面目或手足，倏爾作瘇，癢而不痛，醫以流氣藥攻之不效，俗謂之「走馬胎」；時或漸移，惟以燈火環爆之；或男左女右，灸手尺澤穴即消；然得酒輒復作，蓋酒能行氣故也。陰陽之氣，既偏而相搏，故一日之内，氣候屢變，晝則多燠，夜則多寒。廉在宋徙今治，而山川夷曠，氣稍舒洩，瘴癘絶少，欽州次之，靈山又次之。土著之人，不聞有患者，中原之人至者，獨以道里險遠，征途日久，或觸熱感寒，飲食服不節以時，而霍亂痁瘧之疾一歇即發。霍亂吐瀉之病，多商旅氓隸之人，日夜征行，傷於饑飽，腹痛欲絶，俗謂之「急沙」。急以鹽擦背腹手足，炒鹽一合，沃以杯水，令飲之，大吐而愈。半日後甚饑，方與食。少不戒，米飲入口，死矣。所謂青草三月黄茅九月之毒，要亦不善攝生者固有以取之。諺曰：「急脱急着，勝似服藥。」是固衛生者所宜知也。

投荒雜録云：南方諸郡有颶風，颶風者，具四方之風也。按廉地薄海，夏秋間颶風或一歲累發，或間歲。初起而東，轉北而西，而南；或起於西，轉北而東，而南，皆必對時而後息。將起之前，海鳥群驚，投宿林木，皆向南作翻轉之狀。或海吼聲大震，天脚有暈如虹，俗呼「風蓬」，即嶺表録謂之「颶母」。或踰時即大作，暴雨挾之，撼聲如雷，拔木飛瓦，人不能行立，馬牛不敢出牧，是中州所無也。

經武

參將　成化壬辰，設分守嶺西左參將，管雷、廉、高、肇四府，并廣州府新會、新寧二縣隸焉，駐劄肇慶。嘉靖癸丑，巡撫應檟嫌遠轄不便，議以右參將管雷、廉，左參將兼韶、廣，兵部覆是之。

守備　廉州守備、景泰以來，委都指揮一員。成化以後革。永安守備、洪武辛酉，調雷州衛前所官軍，領以指揮一員，專駐哨守。弘治年革。靈山守備、天順初，調廣、惠二衛官軍六千，分上下班防守。成化十六年，掣回廣州衛。弘治十四年，掣回惠州衛。成化以前，間委都指揮，今以廉州衛指揮千百户各一員，領旗軍一百名防守，行糧俱本縣存留倉支給。欽州守備。宣德間，交寇黎利叛，始命廣東都指揮程瑒領軍於欽城南北，立四營以守。後因之，都指揮、指揮間用。成化六年以後，始專用指揮。

營堡　宋：海門鎮、太平興國八年建，即今廉州。南賓砦、天順元年建，即欽州。如洪砦、亦名如洪鎮，在欽州三十里，永樂鄉，今廢。居民云鳳江上有洲，洲上官署故址猶存，意即舊立砦處。咄步砦〔七〕、在欽州時羅都。如昔砦。亦名如昔鎮，在欽州如欽都。國朝改爲巡檢司，後没交趾，今復之。今營：標營。崇禎五年巡道劉之柱請建，以中軍一員轄之。

廉州府營俱剳教場。海川營、清湖營、隔一江廣西博白縣分界，至墋海三十里，至古立一百里，至高仰司三十里，上城隍四十里，下石康一百里。楊苗營、石康過去二十里。城隍營、一路上永平三十里，一路去石塘五十里，一路去古立三十里。古立營、在府二百三十里萬安鄉，東至石塘營五十里，去永平司三十里，下高仰司一百里，兵餉知府鄭抱素措給。北塞營。至武利林墟司二十里，至古立七十里，東南下高仰司三十里。古立、北塞俱禦博白、興業賊路。崇禎九年兵巡張國經建。

欽州營即教場。攘外、在那蘇及新開田近四峒。澌廩營、去州二百五十里防城之外營峒民，近交趾十里。防城營、在時羅鄉交趾界。正德元年，夷目范汝舟登界，與邦民黄全濟争田，始立營。那邏營。在州西一百五十里那羅埠，管下永樂一都，近上思州界。

靈山營　石塘營、與廣西興業縣分界，至永平三十里，至清湖營一百十里。管根營、縣西北一百七十里上、下殳地方，居宋太、那線、那峯之内地，今移風木、墟居三營之外。宋泰營、縣西北二百里，即宋太鄉，南寧交界陳阜江，三十里永淳縣界。那線營、縣西北二百里那線村，管上寧鄉，近南寧界。那峯營、縣三百五十里，管中寧、下寧二鄉，去西鄉巡司四十里，去南寧七十里。風木營，與横州八寨賊界，守此以防西賊之路。崇禎九年，知府鄭抱素建。蕩寇營，在武利鄉，合浦、靈山之界，去北塞三十里，上靈山八十里，小路至石康一百二十里。陸屋營，在縣西一百二十里下殳鄉，去格木營十里。洪崖營。縣東北三十里，高山深谷，横州猺賊出没之衝。

沿途小營　府城東路至雷州息安堡：清水營、蓬傘營、白水營、佛子營、新寮營、楠木營、閘口營、茅山營、山心營、張家營、横橋營、新興營、茅坪營、平鴨營、白沙營、窑羅營、海川營。已上諸營因沿路盜賊肆劫，往來公差使客不便，萬曆十七年廉州衛指揮蔡仕請議砍山立營，每營撥兵九名防守，道路賴以寧静。府城西路至欽州：上洋營、石橋營、那暮營。府城西北至靈山：馬長埇、石塘營、丹竹營、烏家營、福子營、木構營。

按營號雖多，兵數或只一二隊，蓋以哨官加把總名號，便於屯守耳。至於營地，因時改移，今昔不同者，隨寇盜出没生發之處，扼要而設耳。是以志古營并其地里於右，以待後之考稽。

古營　北營，在城北濠外。嘉靖三十三年，知府何御設，召狼兵防守，又建石橋，以便往來。達達營，在府治東北，僉事林錦建，安插召來達達，歲久圮壞，各達交領官修葺。清頭營，去永安城五十里，今廢。陸湖營，在府治東北新興里六湖峒，今廢。黄逕營、去府治四十里黄逕村大洸港，今廢。木港營、在府治北三十里。嘉靖十六年，知府張岳以既建丹竹營，遂改爲鋪。石隆營、在合浦縣歸德鄉，通廣西龍山八寨，乃木頭峒猺、獞出没之所，最爲地方咽喉。成化六年，僉事林錦建，今廢。靈山民快一十名兼狼兵守之。羅浮營、在欽州防城外一百一十里。嘉靖十九年，因安南獻回四峒侵地，後軍門議於河洲社立一大營，撥軍兵共二百名，以指揮或千百户一員統率，防守四峒地方。至二十八年，爲夷寇范子儀所燬，參將俞大猷以河洲深入夷界，呈請改建於此。思勒營、在欽州防城外九十里，至羅浮營二十里。嘉靖十九年，軍門議立河洲大營。以營去州治遠，軍兵糧餉往來悉由夷界，又於江平地界設思勒、冲包二小營，互相策應。每營各撥軍兵五十名，以千百户一員統領防守。後參將俞大猷議廢冲包一營。上扶龍營、在欽州貼浪都，通十萬大山，與廣西上思州接界，又西八十里到西牙、坂峒等村，與交趾思廪接界。嘉靖十年，爲上思州夷自趙盤、趙溥作亂，始立營於此，撥總旗一名，領軍五十名守之。知州林希元以非要地，議罷，分軍二十名守陸眼營，餘掣回守城。白皮營、在州東南白皮村，與合浦分界。正德八年，夷賊入寇，軍門命建之，守以軍、壯各二十五名。知州林希元爲有事安南復建，今廢。方家營、在欽州西方家村，乃海西停泊之處。正德十三年，夷賊於此登岸剽掠，知州李純始建防守，後廢。知州林希元爲有事安南復建，今亦廢。煙通營、在州南煙通嶺之陽，即沿海巡檢司舊址。水通龍門海口，海舟可至之處。知州林希元爲有事安南始建，今廢。埡坑營、在州東南烏雷嶺之北，原無。嘉靖十六年，有事安南，夷賊杜文莊泊舟烏雷下，以覘動息，官軍捕獲，知府張岳始立營，撥本衛旗軍五十名守之，後掣回。今安南事息，營隨廢。陸眼營、在州永樂鄉陸眼村，與廣西宣化縣武黎水口相接，密邇四峒狼賊，不時越境行劫。嘉靖十五年，知州林希元申議立營，撥官軍五十一名，并編宣化、靈山附近居民防守，後以有事安南，取回官軍，惟民守如故。十八年復申前議，撥上扶龍營軍二十名，以百户一員領之，重修其營，仍爲記。嘉靖二十六年，宣化縣太平等圖民與狼、猺復行肆劫，知州黃希白申議掣回軍士〔八〕，召狼兵三十，百户領之。黃觀營、在州新立鄉，狼兵九十名防守，以陸眼營百户兼統之。那迫營、在州菩提鄉，狼兵七十五名防守，以陸眼營百户兼統之。八角營、在州西鄉，召狼兵一百二十名防守，以百户一員領之。那羅營、在州西鄉召狼兵一百名防守，以八角營百户兼統之。團圍營、在州西鄉，召狼兵四十五名防守，以八角營百户兼統之。總捕營、在陸眼村新立等鄉，東跨靈山，西南跨欽州，北跨廣西宣化諸縣。以上六營，俱嘉靖二十六年知府黃希白因廣西宣化等縣民猺作寇，申議軍門建立，每歲於南寧、廉州二府推委衛指揮一員，帶軍六十名，上下輪流提調陸眼等六營官兵哨守。那蘇營、在欽州如昔都，與交趾萬寧州接界，如昔峒長黃鳳陽居此。知州林希元爲有事安南，於此建營，召雷州衛軍二百名守之。十七年，安南事息，掣回。鳳口營、去州治三十里鳳凰山下，今廢。團光營、在州永樂鄉。萬曆三十年新設，哨官領之。那暮營、在靈山縣東南二百五十里博峩鄉，僉事林錦建，年久傾圮。嘉靖三十三年，知府何御議復。格木營、在靈山縣西南一百里下安業鄉，欽、靈往來之衝。天順間，盜賊出没，僉事林錦建。後賊平，營亦廢，今改公舘。丹竹營、在靈山縣南一百七十里上安業鄉，爲烏家驛之交，險塞蒙翳，寇盜竊伏。嘉靖十五年，知府張岳建，掣新寮堡軍士二十名防守。二十三年，營被水衝崩。三十四年，知府何御改設於高阜處。譚家營、在靈山縣東十五里上武安鄉。天順六年，僉事林錦建。正德四年，僉事李瑾調永安所官軍防守。嘉靖十二年，僉事王崇以地方無事掣回。團河營、去靈山縣一百九十里西鄉中寧都。僉事林錦、都指揮歐磐同建，調官軍防守，以安寧上、中、下三都之民故也。正德後地方無事，營堡遂廢。今遷西鄉巡檢司於此。山心營、縣北二十里宋太鄉，猺賊出没處，與洪崖堡互相守望。管根營、縣西一百二十里下甲鄉，爲宣化縣五、六圖賊患而設。羊角營。縣西南一百二十里上殳鄉，近宣化五、六圖而設。

墩臺　川江墩、府東南八十里川江村前。隴村墩、府東南七十里隴村寨前。珠場墩、府東南七十里珠場港口。調阜墩、府東七十里黃稍村前。白龍墩、府南七十里前內監採珠衙門，居八寨之中，珠場巡司衙門東西八寨俱屬管。東鹽場巡司前時衙門亦在此，今遷東寨川江村，係管鹽丁。武刀墩、府南四十里武刀村。龍潭墩、府南五十里下村海崖邊，即龍潭寨。程徑墩、府南五十里許屋村前。望子墩、府南六十里高嶺之上，即冠頭嶺大海。石子墩、府南六十里龐屋村前。深路墩、府南六十里。安寧墩、府城十里，即西江水下，乾體哨兵舡住扎之所。草頭墩、府西南二十里獨江村前，先到草頭，次到高德。高德墩、府城南三十里高德港口。崩沙墩、府南四十里小嶺村西。珊瑚墩、府西二十五里，過上洋舖、中火向西，此墩在西門外，去過四江。白虎墩、府南五十里，係飲馬村前。箒捍墩、府西三十里烏寧村前。大樹墩、府西四十里箔寮村。爨港墩、府西五十里，係西場墟，此墩低，可遷西場後嶺上，望見鴉埇、連塘等處。那隆墩、府西五十五里，係西場之西那隆村前。葛蔴墩、府西六十里葛蔴村前。

新設墩　崇禎九年冬，巡道張國經議建。烏家舖、西賊常自馬頭嶺下三十里至此。鴉埇村、距烏家十五里。連塘村、距鴉埇五里。西場後嶺上、距連塘五里，此爲西場設也。進牛嶺墩。界府城石康之中，此爲石康設也。已上俱合浦。舊志云：按廉州墩堠總二十一所，曰安寧、獨江即草頭墩、高德、飲馬即白虎墩、龍潭、武刀、珠場係舊前所設。曰冠頭、白沙、隴村、川江，則知府張岳爲安南建也。內安寧、獨江、高德三墩，地方有警，只係村夫防守。冠頭即望子墩，本衛撥軍十名兼村夫防守。其餘各墩，平時則寨軍守之，有警則村夫協守。蓋邊海禦寇之地，故尤致重焉。茶山墩、州東南十里茶山嶺。嘉靖十六年有事安南，故立。青鳩墩、州西南三十里木蘭村旁。金竹墩、州西北三十里，水通交趾。

大鹿墩、在大海中，東欽州，西交阯。小鹿墩、在大鹿下。龕羅墩、在防城與永安界。以上俱廢。施家墩、州南三十里。尖山墩、州南十里。何家墩、州東南二十里。蘇藍墩、州東南五十里。烏雷墩、州東南百里。以上五墩，遞年各撥旗軍二名瞭守。俱欽州地。

關隘　東關、在府治東北，歲久傾壞。嘉靖十五年，知府張岳改砌門樓一座，曰風關。天板關、在州西六十餘里。宣德間，以本州千户所千户一員、軍十名守之。漁洪關注十三。在州東二里。宣德間建，以千户所旗軍五名守之。三關俱守備都指揮程瑒創立。弘治中，州民胡真以索財爲民害，呈革。新寮隘、在府治東五十里。成化六年，僉事林錦建。今廢。稔均隘、在欽州那蘇東南，相去七里，隘外即交阯，小港通入，有小徑，夷人塞。今廢。那隆隘。在那蘇東，相去十餘里，隘外即交阯，小港通入，東西居民二十餘家，有小徑，奸民通夷者，率由於此。今廢。

備倭　皇明洪武二十七年七月，始命安陸侯吴傑、永定張金寶等，率致仕武官往廣東訓練沿海衛所官軍，以備倭寇。是時方有備倭之名。天下鎮守凡二十一處，廣東曰備倭巡視海道副使一員、都指揮一員、衛指揮一員，專管巡海，聽廣東巡視海道副使、備倭都指揮節制。所轄永安、欽州二所，每所各官一員，督管軍船三艘，旗軍三百名，各分上下班，出海巡哨，以防倭寇。

潿州遊擊　潿州在珠母海中，當冠頭嶺之南，約二百里。每天將陰雨，輒望見之，晴霽則否。周圍七十里，昔爲寇穴。萬曆六年，移雷州民耕住其地。萬曆十八年，設遊擊一員鎮之。二十八年，移於永安所，距潿州一日之程，距廉州一百八十里之遠，呼吸難通。巡道張國經議移駐於冠頭嶺，俯瞰六池，爲廉門户，猶得臂指之用，而未果行。

珠池　烏泥池、至海猪沙一里。海猪沙、至平江池五里。平江池、至獨攬沙洲八里。獨欖沙洲、至楊梅池五十里。楊梅池、至青嬰池十五里。青嬰池、至斷望池五十里。斷望池。至烏泥池總計一百八十三里。

按珠池之事，漢、唐無考，自劉鋹置媚川都，宋開寶以還，遂相沿襲，置場置司，或採或罷，迄無定制。我洪武二十九年，詔採而已，未有專官也。正統初始令内官一員，分鎮雷、廉。正德年，又取回鎮雷者，總屬於廉。嘉靖年，巡撫林公富盡奏除之，專其任於兵備憲臣，此廉郡之大幸也。

海寨此營堡類也，當入經武志，乃附於此者，寨爲珠池設也。烏兔寨、至凌禄五十里，至烏泥池二十里，守軍五名。凌禄寨、至英羅一十里，至烏泥池十五里，守軍五名。英羅寨、至蕭村五里，至烏泥池十五里，守軍五名。蕭村寨、至井村五里，至海猪沙十三里，守軍五名。井村寨、至對達五里，至海猪沙十里，守軍五名。對達村。至豐城十里，至海猪沙十里，守軍五名。自英羅至對達，俱近海，有箔，只宜遷近，不可插遠。豐城寨、至黄泥十里，至海猪沙十五里，守軍五名。黄泥寨。在大廉港之北，去海猪沙愈遠，今無軍守。以上八寨，俱永安所地。川江寨、至調阜三里，至平江池十里，守軍十一名。隴村寨、至調埠三里，至平江池十里，守軍十一名。調埠寨、至珠場十里，至平江池十里，守軍十一名。珠場寨。至白沙二十里，至江池十里，守軍十一名。自川江至北，俱近珠池，不可插箔。白沙寨、至武刀十里，至楊梅池十里，守軍十一名。武刀寨。至龍潭十里，至楊梅池十五里，守軍十一名。本寨沙尾有箔五所，俱在池，不可插。龍潭寨、至古里十里，至青嬰池十五里，守軍十一名。古里寨、近冠頭，至青嬰池二十里，守軍十一名。西場寨。在大洗港東，去莒蔴江二里許，守軍十一名。

按：沿海建寨，蓋自今始，由西而東，而北，凡十七處，分軍巡哨，以防盜取之患。然法禁稍疏，軍士即玩，盜者有所賄，則得者不以聞，擇人而任，可不慎與！

銅柱考

水經注：楊孚南裔異物志：「昔馬文淵積石爲塘，達於象浦，建金標爲南極之界。」

林邑記：「建武十九年，馬援植兩銅柱於象林南界，與西屠國分漢南疆。」

晉地理志：日南郡象林注：今有銅柱，漢立此爲界貢金供稅〔九〕。

隋書：大業元年，行軍總管劉方經略林邑，逕馬援銅柱南，八日至其國都，刻石紀功。

唐南蠻傳：林邑南大浦有五銅柱，山形若倚，蓋西跨重岩，東臨大海，漢馬援所植也。至明皇時，詔何履光以兵定南詔，取安寧城及鹽井，復立馬援銅柱，乃還柳文。安南都護張舟復立銅柱。

酉陽雜俎：馬伏波壯還，留遺兵十餘家居壽泠岸南〔一〇〕，而對銅柱，悉姓馬，自相婚姻，至隋有三百餘户。交州以其流寓，號曰「馬流」〔一一〕，言語衣服，尚與華同。山川移易，銅柱入海，馬流人常識其處。

馬總傳：元和中，以虔州刺史遷安南都護，廉清不撓，用儒術教其俗，政事嘉美，獠夷安之。建二銅柱於漢故處，鑱著唐德，以明伏波之裔〔一二〕。

五代史：晉天福五年，楚馬希範平羣蠻，自謂伏波之後，立銅柱於溪州。

即歷代史册考之，則伏波銅柱當植於交趾、九真、日南三郡之外，所謂林邑界上者是已。今分茆嶺之銅柱已不可見，惟指近岸海中積石若丘阜處目之，不應表立漢界反在内地。

按：水經注言銅柱在林邑，不言在欽江，疑分茆銅柱，馬總所植也。

崇禎九年，張國經遣峒官黄守仁查訪銅柱遠近形狀，六閲月回，稱無有。到其地者有貼浪老叟，名黄朝會，謂萬曆二十四年親至其地而見之，其茅果分兩邊而垂下。分茅嶺去銅柱之所尚多一望之遠，頗斜向交趾。夷人年年以土石培之，今高不滿一丈，見者皮骨寒，不敢近前，其大不知幾許，字之有無亦不得知。問其道徑所繇，則曰自貼浪、扶隆至板蒙一日，板蒙至那蒙、那來一日，那來至觀狼、動羅一日，動羅至江那一日，江那至北欖一日，北欖至北癸一日，北癸至新安一日，新安至八尺石橋尚行八日，方見分茅銅柱。自過江板蒙起，沿途俱夷地，貼浪要十六日，欽州要二十日方到。守仁遂執筆記之，以報是銅柱一耳，未嘗有別銅柱也。

運道遺跡

合浦大洸港有潮西通，名九河江，江口有赤羊墩，蜑人取蠔於此，又名赤蠔墩。父老相傳，馬伏波征交趾時，合浦由外海運糧至軍，恒苦烏雷風濤之險，及海寇攘奪之患，遂以昏夜鑿白皮蜂腰之地以通糧船，乃東羊於鼓，係鈴於烏，置之墩上以疑寇。此河直通龍門七十二徑，抵欽城，其掘鑿處約長七八里，闊五六丈，深三四丈。其兩頭潮水尚通，但中間木植交生耳。此水一通，寔欽、廉舟楫之利。嘉靖己亥，太守張浄峯公與義民文通嘗親至其地踏勘，欲疏鑿之，不果。予以爲廉境之山，由東迤邐而南，直出海上，曰冠頭嶺；由西迤邐而南，直出海外，曰烏雷嶺。今二山對峙，相去可二十里，古謂「合浦」，爲「海門」，迨謂此耶？誠華夷之疆域，南徼之阨塞，附海之邦所無者。冠頭之東，地亦蜂腰，大潮亦没。假令二地以不便舟楫之故，皆可鑿之使通，皆可不必踏外洋之險，若爲邊圉久遠計，其無乃非先王設險守國之義耶？謾記諸此。

入交三道　一由廣東，自馬伏波以來，水軍皆由之。自欽州南大海揚帆一日，至西南岸，即交州潮陽鎮也。又云自廉州發舟師進都齋。一由廣西，至宋始開。廣西路亦分爲三：自憑祥州入者，由鎮南關一日至文淵州；自思明府入温丘者，過摩天嶺，一日至思陵州；自龍州入者，一日至平西隘。一由雲南，至元始開。雲南路亦分爲二：由蒙自縣者，經蓮花灘入交之石瀧；由河陽隘者，循洮江左岸，十日至平原州，然皆山逕難行。張輔則繇憑祥，沐晟則從蒙自以抵白鶴縣，皆不循伏波故道，彼用夾攻之策故也。

西南海道　嘉靖中，知府饒岳訪得廣東海道自廉州冠頭嶺前海發舟，北風順利，一二日可抵交之海東府。若沿海岸行，則烏雷嶺一日至白龍尾，白龍尾二日至玉山門，又一日至萬寧州，二日至廟山，三日至海東府，二日至經熟社，有石堤，陳氏所築，遏元兵者；又一日至白藤江口，過天寮巡司南，至安陽海口，又南至多魚海口，各有支港以入交州。自白藤而入，則經水旁、東潮二縣，至海陽府，復經至靈縣，過黄徑、平灘等江。其自安陽海口而入，則經安陽縣，至海陽府，亦至黄徑等江，由南策上洪之北境以入。其自塗山而入，則取古齋，又取宜陽縣，經安老縣之北，至平河縣，經南策上洪之南境以入。其自多魚海口而入，則由安老、新明二縣至四岐，遡洪江至快州，經鹹子關以入。多魚南爲太平海口，其路由太平、新興二府，亦經快州鹹子關口，由富良江以入。此海道之大略也。蓋自欽州天涯驛經猫尾港，七站至；若由萬寧抵交趾，陸行止二百九十一里。宋設砦二：鹿井砦，在欽州西南，控象鼻沙大水口入海，通交州水路；三村砦，在欽州東南，控寶蛤灣至海口水路，東南轉海至雷州遞角場。欽州西南邊有水口六：譚家水口、黄標水口、藏埇水口、西陽水口、大灣水口、大亭水口。

奏復屯田疏

林希元 知州

爲復屯田以省轉輸以足軍餉事。照得本州官民糧米原額二千九百二十八石六斗零，除無徵、停徵，實在只有二千四百九十九石，除解京師外，發永豐倉以給本州官吏師生及所官軍俸糧，只得二千八十石，僅供半年之食，尚欠糧一千八百石，例撥外州縣以足之。當其遠處，踰年乃至，官軍欠糧每四五月以爲常。按記稱無三年之積，則國非其國。今本州無半年之積，豈可以爲州哉？

臣始入州境，陸行三日始抵州城。見平原曠野，高可種黍，下可種稻，皆爲荒地〔一三〕，成田者十僅一二。所種只水稻一種，黍、稷、蔴、麥俱無。其田半没荒，禾稻十不七八。詢之耕民，皆不糞不耘，撒種於地，仰成於天，然猶畝收三四石，蓋其地極膏腴也，數歲力薄，則易其處，又數歲而復之，故熟田常少，荒田常多，要皆土廣人稀之故也。臣差官各處踏勘，拋荒田土所近城郭去處，則自往勘量，已得田一百頃。節蒙上司明文，踏勘荒田，招人承種，給與牛種。但本州僻處一方，生意微薄，少有流民；其土居無糧人户交怕差役，甘於佃耕人田，不肯承種官田，以此無可耕種。照得本州洪武年間，設立屯田六十二頃，坐落城東廂新立鄉、靈山縣下東鄉等處，撥欽州千户所百户二員，領軍出種。宣德年間，始罷田，歸有司給民耕種，辦納糧差。今查前項屯田民間開耕者固有，廢爲荒地者尚多。現各處拋荒田土無數，又不必原田之拘也，但承種之人當議處爾。

臣按屯田之法，古今不同，大要有三：有因兵旅久駐欲省轉輸之勞而屯種者，漢武帝立屯田於燉煌、趙充國屯田於湟中是也；有因亂後田荒而屯種者，東晉之簡流民屯田於江西、後魏籍州郡人户十之一以爲屯田是也；有因軍餉不足而屯種者，本朝撥各所衛之軍出野耕種是也。本朝屯田之法，今已廢壞，軍民逃亡過半，耕種之人多非本軍，皆民承佃。臣欲因今之法，參用之古，將勘過荒開田地及原廢未墾屯田，招人耕種，不拘軍餘、客居及無糧人户，但願承田者，悉與之。人給田三十畝，依欽州下則官田則例，畝科米一斗七升一合，該米五石一斗；仍撥田十畝與爲宅舍，不科其稅。十人爲一甲，甲有頭；五甲爲一屯，屯有總。一屯稻田一十五頃，共田二十頃，該米二百二十五石。一屯設老人一名，專理其事，給田四十畝，用酬其勞，不征其税。五屯之田，計一百頃八十畝〔一四〕，督責耕種，征收税糧。屯老責之甲頭，甲頭責之屯丁，以本州判官掌之，而總督於知州。無牛種者，給與牛種。今查得荒田一百頃八十畝，可作五屯，歲可得糧一千二百七十五石。已招得軍餘朱鏞、馮寧等六十人，客居廖達、章料記等六十人，尚欠八十人，方足四屯之田。查得本州額設民快一百八十名，除守庫、守監、守城、追捕、巡捕一百名，可撥八十名於附近新立二鄉屯種，以足四屯之數。今春夏在田耕種，秋成之後赴州操練，及春復歸田耕種。尚田一屯缺人耕種。臣查得欽州千户所歲撥軍一百名，分上、下班出海巡哨，常在孟埇海口駐劄，下班之軍月辦銀三錢，以備該所公用。臣欲於附近孟埇、茶山、木隆等處，撥田二十頃，令二軍朋種一分田，隨班上下更迭耕種，軍一百名可種田五十分，以足一屯。督耕徵糧，俱如民屯之法，主之備倭官，本州亦得督責之。一軍月減米五斗，軍一百名月減米五十石，歲減米六百石。屯糧、減米二者通計，一年可得糧一千八百七十五石。如此，則不待取撥於外，官軍之食可足矣。以軍餘、客居、無糧人户屯田，即東晉簡流民屯田於江西、後魏籍州郡人户十之一屯田之遺意也；以民快屯田，即唐府兵無事則耕、有事則戰之遺意也；以哨軍屯田，即漢人屯田燉煌、湟中且耕且戰之遺意也。

愚臣之法，似若可行。然此法也，軍餘、客户則利，軍官、糧户則不利；民快則利，官軍則不利。何也？各處荒田數多，軍餘、客户欲種而不得，一與之田，人皆樂受，故利；軍官弗得餘丁差使，糧户不得多占荒田更易耕種，故不利。民快苦於雜差，種田可以自逸，而租易輸，故利；哨軍習於安逸，今使耕田而又減糧，故不利。知其利害，不爲所摇，則法行矣。如蒙允臣所奏，乞勅該部行撫、按衙門詳議舉行，則轉輸可免，軍餉可足，一州之幸也。

廣鹽課議

張應宿 知州

昔漢之七國，吴以煮海獨富强。名山大川，總爲利藪。欽、廉之境，瀕海者半，而欽州之海澨，曾無一竈煮鹽。且州境西與北接壤西粤〔一五〕，其食鹽靡不仰給於廉，其鹽船靡不取道於欽。查得郡之鹽商，其子母之貲，僅以十計，即有金者尠，於長蘆、淮、揚擅貲鉅萬者天淵也；而視長蘆、淮、揚者利更饒更速，不兩月可子母全收，不必遠募商而市鹽者可輻輳〔一六〕。獨其額課，歸公家者什一，而旁落者什五。費用之孔多，浸魚之手衆，充邊餉者幾何，而入私橐者盈溢。蓋瘠下而上不肥，天地自然之利，國家竟不得盡賴其用也。竊謂合浦之白皮等處瀕海，欽亦瀕海，邊海即可産鹽，欽亦何獨不可産鹽？計民力，農隙儘多暇時；計道里，商運更便益。若無論其是否土著，是否竈丁，令得沿海增竈，儘力烹煮。山野多薪，不必如浙之計丁分草場也；閩、廣多商，不必如淮、揚、長蘆盡大商巨賈也；隨到隨中〔一七〕，隨掣隨放，不必淹滯停留費時曠日也。若然，則斥鹵可盡爲桑田，而課額足仰裨軍餉。以欽之利，供欽之費，以欽之餉，餉欽之兵，不加賦而可加兵，固足術也。不特此，今鹽商自郡而至欽，例先輸課於府，旋又輸於州，以額外夾帶者多而懼盤問，又私輸於長墩司。經幾多胥吏，費幾多需索，守幾多時日，故官課一而私課三。總之課也，總之充餉也，何不併歸一處，照條鞭一體投櫃，可省加耗之半。應解者解，應支銷者支銷，在州猶在府也。誠使裝載於斯，投納於斯，秤掣於斯，不踰日隨可放行，便商者多矣。若此，則於舊額之外，量增以益餉，彼亦樂從也，所裨於國家經費豈淺鮮哉？言利不稱善政，然不病民、不病商，第於公私上下間塞旁漏之孔，而裒多益寡〔一八〕，無亦彼此兩利乎？舍鹽於屯而欲求加兵加餉，是道旁之築舍，終爲説鈴畫餅而已，此必不得之數也。

雷陽志略

雷郡潮汐與廣州略同，其壯盛悉視月之朔望爲候，一月之間，再盈再虛。如前月一十五六潮長〔一九〕，至朔而盛，初三而大盛，後乃漸殺，新舊相乘，日遲一日。每歲八九月，潮勢獨大，夏至潮大於晝，冬至潮大於夜，此其大較也。雷地視廣尤近海，故潮輒先至。海康東、西之泉，俱自澗谷而下，至南渡，與潮水合。平時潮水利於田畝，惟颶發，則鹹潮逆起，稼乃大傷，故東洋田俱築堤岸以遏之。遂溪之潮，利害與海康同。徐聞最迫海，但其地稍亢，暴潮不能深入，田園灌溉，大半取資溪澗，罕鹹鹵患。其調黎東、西潮亦互異：調黎東每日兩潮兩汐，西一潮一汐；調黎潮東減而西滿，那黄潮西減而東滿。凡春則水小，不潮不汐者二三日；冬不潮不汐者或五六日，無常期。大潮大汐謂之大水，漁者集焉；不潮不汐，謂之小水，漁不取魚。其渡瓊者，亦視潮汐爲進退，潮吼而暴，舟檝戒止矣。

雷之語三：有官語，即中州正音也，士大夫及城市居者能言之；有東語，亦有客語，與漳潮大類〔二〇〕，三縣九所鄉落通談此；有黎語，即瓊崖臨高之音，惟徐聞西鄉言之，他鄉莫曉。大抵音兼角徵，蓋角屬東而徵則南也。雷地盡東南，音蓋本諸此耳。東語已謬，黎語益侏離，非正韻，其孰齊之？

田有夏、秋二米，起於宋天禧四年，頒示天下，勸農桑官，令所在州邑，農出秋糧，桑出夏税，其制遂定。國初有農桑絹，令天下農民率栽桑麻木綿，其不種者致之罰；尋照桑株起科納絹，久之分派於米。又立河泊所以榷漁利，歲有常額，其後逃絶過半，亦派其課於民户，按田每畝官税一斗七升起科，加耗一合二勺；民税二升起科，加耗七合一勺二抄。其賦甚輕，大率三十乃税一也，即間或加派，猶約而易供。至弘、正間，添征羽革漆藥諸料，其賦始重，且派不以時，民甚病之。嘉靖初，御史邵豳奏行均一，總其料價於糧，著爲定額。不數十年，復有四司鋪墊諸派，則又不翅什一矣。

本府官民田塘一萬三千三十一頃有奇，官視民居四十分之一。其重者，官田起科不等，每畝約米二斗九升八合，民田米正耗三升二合一勺，民米視官纔十之一。至派額及鈔役，民視官又居三之二。曩時官府召役，必問民米，役一而費十，則民米又不翅重矣。雷天順前役簡，民易以供。成化初大被猺患，田畝既荒，丁口亦耗，徭役仍前編造，丁糧不足充之，始別立四役，凡十年再周，而民滋病。正德五年，知府趙文奎始革四役，復爲十年一周，民稍甦。正德十年，知府王秉良復編作三等九則，上四則銀差多，力差少；中一則銀差少，力差多；下則俱力差。其法頗詳，民始便之。久之，銀之納索取輒倍，而民復病。嘉靖十七年，里老陳訴參議龔暹，乃令銀差悉照該役多寡折納，凡遇役作，官自支給，不復累民，即今循之。其丁之多寡，亦視糧爲率，無糧者或十人始承一丁。每歲丁銀，附里長科納，軍餉、京庫各倉米，及鋪墊、軍器等十七項折徵，俱從官民米派，而民爲重；均平、均徭、驛傳、弓兵、鹽鈔五項折徵，則從丁糧兼派；惟供應稅監，及偶加兵餉，始於原額外量派，事後撤之，不以爲例。大率官米一石，并加派，歲輸銀三錢有奇；民米一石，并加派，歲輸銀八錢有奇；丁每一，并加派，歲輸銀三錢有奇，而派額四差、鹽鈔俱在内，此一府徵納之總例也。派額十七項，前已具列，惟四差及鹽鈔詳於左。

均平爲正役。國初邑每一百一十户爲一里，擇其丁糧多者統之。甲内官吏、儒生及老疾爲軍者，皆復其身，餘悉輪役，凡十年而周。見役者追徵勾攝，餘則否。成、弘間，聽甲長隨丁田斂錢於里長，以供官府一歲之用，而歸其身於農，命曰均平。久之，有司繁費皆里甲直供。嘉靖十四年，御史戴璟定爲「均平録」，雷格而未行，參議龔暹申飭之，而雷始便。至嘉靖三十七年，御史潘季馴復增損之，名「永平法」，分三等，曰歲辦，曰額辦，曰雜辦，視其用之急緩以爲次第，徵銀在官，毋令里甲親之，爲役一。

均徭爲雜役。成弘以前莫考。正德後始定銀差、力差之例，本府銀差一百零七役，力差八十四役，凡一百九十一役。海康縣銀差六十六役半，力差二百三十九役，凡三百零五役半。遂溪縣銀差六十三役，力差一百八十三役，凡二百四十六役。徐聞縣缺載。久之，銀差輸至數倍，力差或不能親供，轉雇以應，其費亦倍。最後乃照丁糧科派入官，與均平例同，爲役二。

民壯亦雜役。國初簡民間勇力充之，每民壯一名，免糧五石、人二丁，器械鞍馬，俱從官給。三縣民壯計七百有奇，分領以總小甲，統以哨官，每歲冬操三歇五，餘月皆分派各衙門差用，遇警方遣海上巡視。舊皆親役，嘉靖間改用銀差，輸銀入官招募。今俱從丁糧派徵，與弓兵均徭例同，爲役三。

驛傳亦雜役。馬驛供馬，水驛供船。洪武二十六年定：馬分上、中、下，上馬每匹該糧一百石，中每匹該糧八十石，下每匹該糧六十石。點附近鄉村供應，不足則以次及之。户糧不滿百户，許衆户輳當，鞍轡雜物，各照田糧備買。舡設水夫十名，糧五石以上、十石以下，輳合輪當，不拘户數。後又於里役中歲僉二人典之，供億浩繁。嘉靖間，用御史戴璟議，始照糧派銀帶徵，按季給驛，而存其羨以待。每十年一編，近乃逐年派徵。凡所屬州縣，有無驛，及驛用多寡，通融協濟，其法尤便，爲役四。

鹽鈔其來已久。國初令府、州、縣男女成丁者，歲給鹽三斤，徵米八升。永樂二年，令天下官民大口納鈔一十二貫，支鹽十二斤，小口半之。正統三年，户口鹽鈔俱半徵，惟官吏并隨宦大口全徵。四年，幼男女及軍俱免徵。成化十年，錢鈔兼收，鈔一貫折錢二文；久之，鹽停給，鈔錢徵如故。嘉靖二十七年，鈔一貫折銀四釐，每口徵銀二分四釐。萬曆二年，酌定額銀，隨丁口多寡科派。

寰宇記：俗有四民，一曰客户，居城郭，解漢音，業商賈。二曰東人，雜處鄉村，解閩語，樂耕種。三曰深〔二二〕，深居遠村，不解漢語，惟耕墾爲活。四曰蜑户，舟居穴處，亦能漢音，以採海爲生。

大廉古珠官也，扼塞海北，遠鎮交南，視嶺外諸郡最爲樞筦。鑿山爲城，踐海爲池，有天險焉。颶風一作，百里震動。南登海角，西望天涯，海角亭在郡南，天涯亭在欽州。真南裔也。漢馬援既平徵側之亂，標於分茅嶺銅柱，以爲華夷之限，於今賴之。水經注：「昔馬文淵積石爲塘，達於象浦，建銅標爲南極之界。」俞益期牋曰：「馬文淵立兩銅柱於林邑岸北。」惟寧越四峒陷入交阯，守土之臣邀功喜事，直欲犁庭擣穴，郡縣之。賴我聖明，謝絶其請，憬彼荒夷，歸我侵地，嘉靖二十一年夏六月，莫登庸來降，收復四峒，民歸欽州版籍。民得免於湯火，誰之賜與？媚珠海寨，寶藏所興，領以内臣，雖嘗釐革，迄今未聞投珠於淵也。昔人以爲所獲不補所亡，近事足爲明鑒。嘉靖二十二年，詔採珠。二十四年，復詔採珠。廉州府知府胡鰲議得共用過官民銀九千餘兩，僅得珠四千兩，碎小喎匾，皆不堪用。若夫嚴永安之軍衛以防四達之衝，謹沿海之防以備倭夷之擾，復博白於我土以均道里之勞，皆安攘之不可廢者也。今兵備特剳於靈山達堡，增屯於衛北交寇峒獠，惟廉爲重，可以其僻遠而易視之哉？

高州府　舊通志

是郡也，山叢土厚，谿洞中聯。隋初馮盎盤據三世，跨有八州之地，形勢使然也。東南距海，電白、吳川。雖有沙帶限門之阻，而水深潮平，倏忽變生，備倭營堡，不容少弛。西南倚於博陸，化州、石城。山箐盤深，猺、獞伺隙，以虔劉我人民，胡可滋蔓？且於二廣爲衢術之交，寇攘竊發，則東西壤地斷絶矣，盍亦豫爲之圖乎？議者欲復高涼舊邑於電白廢基，以控諸寨，衛郡城，招募丁壯於信宜久失之地，以耕以守，庶幾寇虐可息，而齊民安矣。

雷州府

雷三面距海，東通閩、浙，北負高涼，有平田沃壤之利，然雷出而震，地濕而熱，蓋五嶺之地，南盡於此，積土薄而陽氣洩也。廉、雷之交，颶風最大，驅潮則鹹流逆上，挾雨則拔屋撼山。東洋之地，彌望渺漫，凶祲之至，不繫於人事矣。所恃以保障者，其捍海之堤乎？故西湖以瀦其澤，二渠以釃其派，然後斥鹵之地化爲耕桑，而雷之民亦可免於爲魚。堤防之飭，是在司牧者。他如永安、寧川以達石城，三道皆陸，所以衛遂溪，而守隘之禁，當嚴齊康、永寧海澳之衝也。備倭之責尤重，國初重臣經略之迹，猶有存者。安陸侯吳傑等。選練而簡稽之，以固沿海之防，非惟雷郡安，而廉、瓊亦資其控制之利矣。

瓊州府

自漢元封初爲朱厓郡，初元三年棄之，語在事紀。馬援南征交趾，復開郡縣，吳、晉因之。

隋開皇六年，平王萬昌之亂。唐高宗乾封初爲山賊所陷。德宗貞元五年，節度使李復討平之，判官姜孟京、崖州刺史張少遷攻拔其城。憲宗元和初，嶺南節度使趙昌進瓊管州峒歸降圖，蓋至是始復爲良民也。十四年，安南賊楊清攻陷都護府，以清爲瓊州刺史，賈師由爲瓊州刺史，當在清之先。其後張鵬平定賊寇，始建治績。宋慶曆中，廣西賊區希範攻破瓊州，轉運使杜杞討敗之，因大兵擒賊徒六百餘人，尋獲區希範，醢之，瓊州遂平。紹興間，瓊山民許益爲亂，黎人王日存母黄氏撫諭諸峒，無敢從亂者。儋民王高叛，臨高尉陳適徑造賊壘，諭以禍福，賊遂乞降。嘉泰四年，瓊州西浮峒逃軍作亂，寇掠文昌縣，瓊管遣兵討平之。元至順二年九月丙子，海南賊王周糾率十九峒黎蠻二萬餘人作亂，命調廣東、福建兵隸湖廣行省左丞移剌四奴統率討捕之。黎峒自是不靖。至元三年，萬安軍賊吴與期等聚衆三千人作亂，海南道宣慰司同知王英字邦傑，益都人。性剛果，有大節，膂力絶人，善騎射，用雙刀，人號「雙刀王」，按部，主賊皆就擒。至正十一年，臨高土人吴國寶等搆亂，焚掠沿海諸村，鄉人討平。十三年，文昌土酋陳子瑚搆亂，寇乾寧州縣，皆爲所有。子湖死，弟有慶踵其勢，與逆黨僞萬户袁元貴、鎮撫潘廕、經歷吴紹先、千户洪義等屯據瓊城。二十四年，萬州土酋符奴達、陳俊甥等，竊掠居民，峒首王麗珠、阮平、陳子瑚兄弟等又自備鞍馬兵器，抵巢追剿，奴達、俊甥悉平。二十六年三月，五原都人張賢與弟德等倡舉義兵，斬袁元貴等，恢復郡城，及萬州峒首王麗珠率民兵平復萬州。本朝洪武二年，元南建州知州王官子廷金結萬州王賢保作亂，攻萬州、定安等處。海南分司統兵征討萬州，峒首王麗珠、定安莫真成隨領義兵各剿平之。天順四年十一月，邵瑄竊發據城。瑄後所千户邵偉男兄玉襲，故瑄欲借職掌邵，指揮石鑑不允；瑄赴軍門報効，鑑又阻之，且令竊盗戴毛、許清、周鄺供攀。瑄積恨，乘本衛官軍外調，李翊領軍鎮化州，石政領軍欲往石城，周元領軍採珠。城池空虚，同毛等夜半越城，謀殺鑑，不獲，殺其子，奪衛印，遂據郡城，稱僞號，封黨與。州縣皆震動，馳報守備，高廉都指揮安福統指揮李翊等往討，閏十一月初二日，戰於大西門，賊衆走散，隨追往舖前賓宰驛，至水泡黎峒，剿平之。十二月班師，遣千户張政解首級獻俘。

按吾廣十郡，惟雷、瓊距海，餘皆多山，猺、獞、峒獠叢焉。陽春之西山、德慶之下城、羅旁、緑水，尤其要害也。連灘巡司介以三營，西營、連灘營、石狗營北接四埠，壘村埠、小刀埠、大刀埠、羅傍埠。然賊視之如無人焉。西山賊前數年劫高州，破城而入，有司素無防守之備，遂至於此。後雖剿平，而賊巢險曠。若調肇慶、廣州達官達舍入處其中，或今廣西目兵報効者居之，或立屯田屯兵以鎮之，否則招復業新民，編爲保約，聯爲鄉落，亦無不可者。四策審擇其一焉，則賊之生聚豈能復其舊哉？羅旁、緑水肆害將百年矣，逋誅爲寇，可緩討乎？誠使蒼梧軍門練兵以振上流之勢，然後調兵分駐鬱林、欽、廉、信宜、陽春，各一二千人，以遏其走路，乃調廣州兵從德慶入，新會兵從瀧水入；又號召鄉夫，使自備斧斤，隨大兵之後，凡賊巢林木，皆聽斬伐，旬日間可反掌平也。矧高要南岸至高凉列營十數，羅奇巡司左有白泥徑營、白馬堡，前有大石嶺營，又前左有降水營，又南有步雲營，近東山西鄉則有龍角營、雲青營，至東營則瀧水容縣之界也，與西營相望，以扼恩、賀、雲。稍東則新興、龍滑等二十四山，西則蒼梧、岑溪諸猺，有可招者，使之從征，夷自攻夷，殘黨可盡殲矣。茂名、石城連接鬱林，欽、廉等州上通廣西，山賊亦時出劫。參將駐於新興者，與蒼梧把總訓練兵快，相爲犄角，防守要害，相時雕剿，或搗其巢穴，或截其歸路，俾出無所得，入無所歸，亦其大略也。韶州六縣雖時有寇竊，不爲大害，惟嚴察巡捕官，贓濫不法者亟絀去之，易以智勇之吏，俾督捕時加防禦而已。廣州屬縣若連山、陽山，多交通桂陽、上猶、郴州諸盜，又多江右商賈，放債害人，激使從亂，此當以計銷之，不許久寓。若清遠、扶羅二山殘寇，乃廣、肇參將之責，宜與兵備道協力殄蕩，行馮拯括洞丁之法，以漸役屬歸於廣寧，毋令奸民投入，致生禍變。其連從化、番禺、增城、龍門巢穴者，近雖剿平，亦宜備其出没，隨宜翦之。東莞、順德沿海之民肆行劫掠者，多混編農，守巡加意防禦，良有司時常誘諭，保伍鄉校可弗舉行乎？新寧、新會之連恩平、陽江、瀧水者，多立防堡，法亦如之，化以詩書，當漸爲樂土矣。順德、香山防海民兵，不宜數易，有司截其工食，利其拜見，則流患可勝言哉！此守巡所宜察也。近來打手總甲羅世舉既叛，復招還，足爲殷鑒。惠、潮、程鄉之盗多通贛州，和平、大埔之盗多通汀、漳，凡鄉夫禦海寇有功者，使之互引勇士，立爲寨堡，各建社學，統以鄉約，教以禮義，而又訓練斥堠，以備山海之虞，工食以時給之。近日博羅令舒愚倏爲山賊所戕，然則養兵由食，可無信與？大抵寇由海入者，扼港以制之，而又設法斷其樵汲，則入寇無路矣。惟山賊荒忽往來，多有奸民與之内交，潛入邑治，則器械、衣服、米肉、酒食應時而備，故巡按御史戴璟議欲擇招主，舊時陽江、陽春等縣俱有撫猺主簿、巡檢，皆用土人。今陽春縣有招主伍經綸，長樂縣有撫猺巡檢陳廷爵，偵殺有功。但此輩因不可全托心腹，要在控御有方，故平時則用之以撫猺，剿捕則用之爲鄉導，譬之大黄之藥，不可常服，若欲通利，亦非此不可也。議者以既截通山，魚鹽莫入，今雖寧静，難保終不爲患，一經調勦，動費鉅萬；莫若責令招主，每月定賞魚鹽若干，又許伊將漆、蜜出山貿易，仍諭招主以身家禍福，免致挑弄作孽。此僉事李香曾以魚鹽之賞得靖二三年。司兵備者，其審裁可否行之。禁通猺，訪得各處有等奸徒，不務本等營生，耑一收買魚鹽，指以通山爲名，往來猺山，交結接濟，收買楠漆、黄蠟、皮張等物，甚至私買違禁軍器盔甲，入山貨賣；或誘引猺人越出藏伏各處河埠，窺伺客商船隻到來，撑駕桐槽船隻，攔江勾劫財物，殺傷人命；或探聽人村富庶，則又與之作眼，却坐地分贓，啓釁招尤，無所紀極。已將德慶等州縣通山賊脚龔貴、張馬兒等拿問外，但此弊在在有之，通合禁革。今後軍民人等，不許指以通山爲由，私藏違禁軍器等物，交結猺人，私通接濟，引惹釁端，爲患地方。如違，許諸人首告擒拿，從重問擬典刑。其言固可採也。嗟乎，民無信不立，若博羅令者，可弗鑒哉！

論曰：書言「蠻夷猾夏，寇賊姦宄。」雖唐虞勿能儆哉。然命臯陶，惟明刑以流宅，咨十有二牧，惟首言「食哉惟時」。信之所孚，翕然率服，而民自不犯，内治固而外患銷矣，此所以爲帝世也。今之粤寇不在海則在山，兵食亡信，不能戰守，而良甿代之就僇，方肆其剥，奚彼異哉？詩曰：「如蠻如髦，我是用憂。」北虜聲息，越在沙漠，猶可禦也；南蠻荒忽，寇在門庭，不可禦也。來則應敵無策，去則掣兵無律，兵亦終於寇而已。詩曰「不弔昊天，不宜空我師。」夫山深海鉅，出没往來，胡可測也。被束縛而索贖者，往往困窮，流徙爲隸，比及里耆冒死核實，既就獄矣，終以無贓仗而甘言詭脱，豈可勝道哉。詩曰：「君子信盜，亂是用暴。」盜之誣指逮扞者多矣，審讞莫辯，死且弗墐。而奸宄通山，談笑取富，未嘗犯於有司也，是以嶺表寇賊日滋。詩曰：「君子秉心，維其忍之。心之憂矣，涕既隕之。」然其機亦豈難圖哉？撫察旬宣之臣，淑問如皋陶而日諮察焉，漸括峒丁而時使薄歛以嘉惠之，佩犢之民，將日見其歸耕也。詩曰：「于疆于理，至于南海。」

瓊州府兵額　瓊崖參將部下營兵。中軍員役八十三。前營五百五十八，劄瓊州府城，并輪守防黎各營。左營四百七十二，派守定安、文昌、會同、樂會、萬州、清瀾諸城。右營三百三十九，派守崖州、感恩、陵水三城，并迴風嶺。後營三百六十八，派守儋州、澄邁、臨高、昌化四城，並那約營。舖前營二百二十七，防守舖前。防黎把總哨兵一千五百，派守毛塘、鹿宴塘心、略遶、頭平、金抛、太平、定全、那約、南定、那大等處。太平營一百四十九，防守太平嶺、門大坡、石辣等處。萬州長沙、坡心營一百一十一，分劄長沙、坡心二營。白沙寨欽總部下哨兵。官兵雜役共一千六百七十。欽總哨下哨官一員，督船二十一隻，劄白沙港；哨官一員，督船六隻，劄舖前港；哨官一員，督船二隻，劄石礐港；哨官一員，督船六隻，劄清瀾港，俱守正北面。左司分總哨下哨官一員，督船三隻，劄博敖港；哨官一員，督船六隻，劄桐棲港，俱守正東面。前司分總哨下哨官一員，督船七隻，劄三亞港；又船四隻，劄保平港，俱守正南面。右司分總哨下哨官一員，督船二隻，劄英潮港；哨官一員，督船四隻，劄新英港；哨官一員，督船一隻，劄博頓港，俱守正西面。

寨五：瓊山寨曰白沙。見兵制。澄邁寨曰永靖，在東陽都。曰保義。在新安都。崖州寨曰三亞，曰連珠。在回頭嶺。

營五十七：瓊山營曰揚威前營，見兵額。曰黃嶺，曰藤寨，曰南坤，曰大坡，曰大定。即塘心營。澄邁營曰分哨後營，見兵額。曰定全。兵五十。臨高營曰分哨後營，見兵額。曰南定，在番豹山，黎三百名更番戍之。曰獨木。在縣南。定安營曰南斗，在南雷，兵八名。曰黃竹，在會同分界，兵五，民壯十。曰南閭，曰南倫，民壯二十，今改嶺背營。曰坡田，曰大葵，曰金拋，即今大坡頭營，萬曆辛卯移立官坡，改名萬全，名色把總一、兵八十。曰五嶺。土舍兵八十。文昌營曰揚威左營，見兵額。曰教場分營，在縣北一里，官兵九十。曰舖前。見兵額。會同營曰分哨左營，見兵額。曰清平。在定安分界。樂會營曰分哨左營，見兵額。曰猪母嶺。在縣北五十里。儋州營曰揚威後營，見兵額。曰七坊，曰南巢，曰松栢，曰腰西，曰大羅，曰傕羅，曰可墨，曰槎鶯。上八營，各旗軍五、黎兵三十。昌化營曰烏坭。即分哨後營，旗軍七十、募兵十二。萬州營曰揚威左營，見兵額。曰貢田，曰張牙市，曰五香，曰太平，曰葵根，曰長沙，見兵額。曰沙牛壩。陵水營曰分哨右營，見兵額。曰軍堡，曰葫蘆門，曰黎庵，曰牙狼，四營俱清瀾軍守。曰南萬，官兵二十。曰牛嶺。弓兵三十、旗軍二十七。崖州營曰揚威右營，見兵額。曰迴風嶺，有營兵守。感恩營，曰分哨右營，見兵額。曰莪茶，曰陀興，曰必改。

堡十一：文昌堡曰楊橋。會同堡曰馮家。昌化堡曰吉家，曰漁鱗洲，曰小洲塘。萬州堡曰南頭，曰牛塘，曰蓮塘，曰烏石。崖州堡曰榆林。旗軍七十五。感恩堡曰縣門。儋州所軍一百。

瓊州府志

沿海衝要

府城北十里曰白沙港，宋設水軍，趙汝珞拒元兵於此。國朝隆慶初始設白沙寨，兵船防守，與海口唇齒相通，凡大舟商船皆住泊焉，是瓊治之咽喉也。

東六十里曰鋪前港，深廣可容商船，凡倭寇賊船常從此入，即李茂澳黨住泊爲患處，勢與白沙相倚，是瓊治之胸項也。

鋪前東去二十里，至文昌白峙澳，四十里至木蘭澳，五十里至急水門，八十里至抱虎灣，一百里至抱陵港，不數里至銅鼓角。一帶以來，常有賊舟灣泊，登岸取水，乘間暴掠。至於清瀾一港，海門寬闊，水道逶迤，内達文昌縣治，外通大海七洲洋，賊船倭寇順風南抵，此其先據，蓋瓊郡之肘腋，最宜加關防者也。

清瀾南去六十里至馮家灣，四十里至會同哆，南八十里至樂會博敖，屢被寇害，其爲要地，更當備守。八十里至萬州那鹿港，那鹿出外洋有南北二澳，賊船常於此取水。四十里至大塘灣，六十里至舊陵水，三十里至牛頭嶺，突出海口，六十里至桐栖鹽水港，六十里至黎菴港，四十里至玡琅澳，六十里至榆林港，常有賊船寄泊，遇警便於各處防之。惟三亞一港，東至萬州，西達昌化，東南風發時，有大泥諸番沿海登岸，搶奪濱民，最宜防守。

三亞一百二十里至崖州大蜑、保平二港，上一百二十里有黄流、抱駕二港，六十里至鶯哥嘴，數十里至吉家澈，八十里至感恩深田灣，又八十里至北黎港，三十里至魚鱗洲，皆屬三亞信地，距昌化英潮有百里焉。

府城西去七十里曰澄邁石礶，深廣可泊船，約五十里至馬裊，三十里至石牌，又百餘里至臨高縣博頓港，有兵船防於此。百餘里至儋州洋浦三牌石海口，入新英港，港口有二沙線，不識水道則壞舟，泊船雖穩便，但聞警出船不及，故海上多故，須輪哨船時出海口瞭守，亦瓊郡之腰絡，不可疏備者也。南去約八十里至海頭港，内岸石壁，難以進舟。一百里至烏泥港，逼昌化城，又三十里至英潮灣，俱賊船出没處。

按：瓊郡州縣俱附海濱，周迴數千里，時有倭寇番船之警。今設東西二路，左右前司分哨防守策應，而統領於白沙寨，兵家所謂星布碁置之勢，況加以天塹之險。第夷情叵測，風波靡常，尤當於衝要處整飭兵船，精選器械，查詰墩堠〔二二〕，巡察海道，始可保孤嶼之金湯也。故特詳之於篇，以備防海者採焉。

諸黎村峒

瓊山黎東曰清水峒，今爲東黎都。南曰南岐、南椰、南虛、環琅、南坤、居采嶺、平沙灣、居碌、居林峒。南岐七峒，今爲西黎都，惟沙灣三峒尚稱生熟黎，叛服不常。沙灣峒自平黎馬屎後，向化當差。

澄邁黎南曰南黎，今爲一都、二都，水土平善。西曰西黎，今爲一都、終都，尚囿於風氣，時出爲害。

臨高黎峒大率有八：曰墳營，曰坡頭，曰那律，曰番吉，曰略遶，曰番溪，曰松柏，曰重遶。八峒皆以番豹山爲險，祇容一人入。過此十里則西至重遶、坡透等峒，東至番溪等峒，南至番灑等峒，時出爲害。

定安黎南曰南閭峒，去縣三百里。地夷曠，民樂居之，見充里甲。惟光螺、在縣西南四百里。思河在縣東南三百里。原係黎峒出没之衝，時爲民患。文昌黎曰斬脚峒，治平已久，田地經丈入有司，將人丁尚屬土舍，隨軍聽調而已。附峒地多險阨，爲瓊文定、會遊賊往來之區。樂會黎曰縱横峒，去縣四百餘里。北接思河、光螺，南接萬州青山，聲勢相倚，馭失其道，嘯聚爲亂。

儋州黎視諸處最蕃。昔梁、隋間，儋耳歸附者千餘峒，指此。今生、熟凡五都，曰抱驛，曰黎附，曰順化，曰來格，曰來王。弘治五年招至桐横一處。嘉靖九年招至脩途、打松、番洋、下臺、那斧、大落、影打、爽水頭八處。東黎屬土舍峒首部領，南黎屬州部領，其餘自耕食，不屬州。昌化黎散處山谷，不相統攝，與民雜居，不爲寇害。舊有土職二員，以招黎爲名，而既歸有司，遂不復領於土舍。

萬州舊有民黎九都，熟黎九十三村。西南則鷓鴣啼峒，去州一百二十里。與陵水、黎停等峒潛通；北則龍吟峒，去州五十里。與思河、縱横二峒潛通，不復統於土舍，時出爲患。陵水黎北有黎亭去縣二十里。南有嶺脚。去縣三十里。嶺脚由葫蘆門而出，黎亭由黎羅而出。又有東北肖，有大牛嶺、小牛嶺，爲往來必由之路。黎人時出遮道爲寇。

崖州黎其地多於州境，其人十倍之，分東、西二界，生、熟、半熟三種，屢爲害，而州之户口日耗。凡百猺編取給諸縣膏腴田地，盡爲黎有，羅活、千家爲甚，德霞、抱顯次之。感恩黎附版籍者什九，不附者什一，與民雜居，無他志。患在崖之生黎切近，出没孔道有二：一自峨茶總路分入陀興、必改，一自滴麻嶺總路分入嶺頭、白沙，時出爲民患。

論曰：黎峒内抵五指，外界州縣者，不可勝計，此乃其大較耳。自梁馮冼氏收降千餘洞，唐採訪使諭五州首領，親詣其境，則當時通道之遠可知。至宋末，武略不競，犬羊梗道，復借途桴海，丁謂所稱再涉鯨波是也。迨國初，天戈所擣，直欲徑穿五指，而瓊、文洞落多齊編民，獨崖、儋諸黎愈越省地，其故何哉？蓋自永樂以來，以撫黎職之土人，借撫爲名，奪我熟黎。觀儋州抱驛首役，遂致南蛇之亂；崖州舊圖分轄，起於土舍之奸。如附郭董平三圖爲黎、邢、陳三土舍分管。故梁之崖州，隋之延德，唐之洛場、落屯縣，宋之盛德堂諸基，皆没於今黎圖中，侵可知矣。間有念王土者，未嘗不披輿圖而抱恨也。以故洪武時指揮張庸繼欲開五指縱横之路，及邵宗、李貴之徒亦厪長慮；即成化時，副使涂棐注意尤殷。使後居其位者，以前人之心爲心，犂庭開道，寢食在念，則古之書村書峒者，今皆爲都爲圖矣。何天順間感恩令羅鉉賣黎圖於土舍婁鑑，弘治末備兵使者副使王。貪賂邀功，賣久化之編圖，歸負固之土孽，致啓後來諸黎之尾大。吁，可惜也！

瓊山縣營

新舊凡十三堡寨：達子營　民壯營　揚威營　振武營以上四營，今廢。揚武前營即浙營。以上俱防海。張隘山營　黄嶺營　藤寨營　分踪營原名南坤營。大坡營　大定營即塘心營。大會營在居碌峒，即馬屎賊巢。水蕉營　紅花堡　藤寨堡　望樓堡　白沙寨。

澄邁縣寨二、營七：永靖　保義　分哨後營　籬謹營　營所　籬藏　判𡉏　居便　定全營。

臨高縣營八：分哨後營　那零　屯建　南略　獨木　羅壯　平郎　居啼。三營俱嘉靖初建，後廢，今移南略營於此。

定安縣營十一：鹿窟　留平　南斗　黄竹　南閭　南倫　坡田　大葵　楓木　大平　五嶺　石盤。

文昌縣營八、堡二：白延架　烏攬坎　赤岸　木欄　銅鼓　港門　揚威左營　教場分營鋪前　楊橋堡。

會同縣營二、堡一：分哨左營　馮家堡　清平營。

樂會縣營二：分哨左營　猪母嶺。

儋州寨二、營十七：歸姜　田頭　揚威後營　保吉　墳壊　蓬虛　七坊　南巢　松柏

腰西　大羅　催羅　可墨　槎鶯　那大　樂化　日南　清寧。

昌化縣營一、堡三：烏坭營即分哨後營。吉家　魚鱗洲　小洲塘。

萬州營新舊十二、堡四：新潭　蓮塘　揚威左營　貢田　張牙市　五香　太平　南頭
蒲芋　葵根　長沙　沙牛垻　南頭堡　牛塘堡　蓮塘堡　烏石堡。

陵水縣營十二、堡四：分哨右營　軍堡　葫蘆門　黎庵　牙狼　鎮南　馭北　絡繞　馬
騮橋　鴨塘　白茅營　南萬　牛嶺　膺修堡　石賴堡　嶺脚堡　黎亭堡。

崖州寨二、營十堡十：三亞分寨　連珠寨　揚威右營　牙刀　樂羅　否淺　抱活　羅蓬
半嶺　殘宇　椰根　錦卧　千家　抱懷　莪茶　迴風嶺　藤橋　樂安營　樂定藥弩營　樂平
營　深溝堡　郎鳳　多銀　抱拖　郎芒　石梓　高村　山麻　落機　高嶺東　高嶺西　望樓
榆林　多零　迴風門。

感恩縣營六、堡四：分哨右營　莪茶　陀興　必改　南北溝　白沙溝　深田堡　嶺頭
湳麻　縣門。

海寇

嘉靖四十五年，賊吴平寇昌化。五月，總兵湯克寬破吴平於崖州，擒其妻子。十二月，賊何

喬、林容等掠陵水，犯崖州。

隆慶元年，賊曾一本、何喬等掠文昌，犯臨高、陵水。十月，指揮石子方以計擒何喬。

三年七月，林容敗死，其黨蘇大、李茂等收集餘衆，九月犯清瀾，殺指揮崔世承。

五年八月，指揮高卓戰死於煎茶頭。

六年，賊許萬載犯澄邁，圍昌化；李茂犯萬州，攻樂會。漳寇莊酋引倭犯瓊山、文昌，李茂降，擊倭，走之。

萬曆二年四月，賊林鳳入清瀾，殺百户蔚章及軍民二千餘人。

十七年，游擊沈茂令珠賊供扳陳德樂、李茂盜池，誘擒之；其黨陳良德及茂家人那麽等復叛，犯清瀾、文昌、萬州，尋討平之。

黎寇

萬曆二十七年，瓊山居林等峒黎首馬屎倡亂，定安、臨高諸黎應之。雷廉副總兵黎國耀等率兵三路進攻，擒之，設水會所於馬屎巢穴，即水蕉村，築城屯田。

四十一年冬，崖州黎抱由、羅活等作亂，官軍敗績，陷樂平營，圍崖州，總兵王鳴鶴督各路官兵并西粤狼兵討平之。

吴會期奏議

黎居良民五之一，宜於兵威削平之際，開通十字大路於其間，大約以道里計之，自府至崖千里而近，自儋至萬六百里而遥，此四至逕之一也。細數之，自府至沙灣三百里而遥，自崖至羅活三百里而近，俱爲坦途矣。度其中未開通處，不過二百里耳。官軍屬武官領之，民兵屬有司領之，土兵屬鄉保長領之，通力合作，相其谿壑，易其險阻，假以數月，而瓊、崖之路可由黎峒中行矣。儋、萬視此，其工則又殺焉。四路交逵，度中建城，量地置堡，就堡立屯，以攻則取，以守則固矣。

海瑞奏略

臣竊觀瓊州黎、岐，譬之人焉，黎、岐心腹，州縣四肢。黎、岐爲寇，是心腹之疾也；心腹之疾不除，將必浸淫四潰而爲四肢之患。爲今之計，莫若敕羣臣中知識事機、力可大任、不貪富貴、志在立功者，以之充兵備副使，以專治黎之任。瓊去京師萬里，當事請裁，或致遲誤，設立縣所，限其大概，乘機審勢，聽其便宜。凡一切招民、置軍、設里、建學、遷創縣所、屯田、巡司、驛遞諸事，不許撫、按臣等從中節制。年年借用，許其調廣西土兵、廣東漢、達官軍、打手；值變故，許其調用約萬人，量撥一次大征銀糧之半以充其費。三年後考其成功，七年稽其變化之效。彼得專任之柄，寬其行事，而又功少不完，不遷其官，事少不效，必重其罪，欲不盡心力而爲之，不可得也。

上兵部七事

一、黎、岐所居之地，雖有高山峻嶺，而亦多平衍峒場，膏腴田地，其村峒可立縣所者甚多。今據大征剿平及人所常行共見者，則崖州羅活峒、抱顯村、感恩古鎮州、陵水郎温峒、瓊山大坡頭營、儋州七坊峒。凡立縣遷縣，必先置所移屯；其不必立所者，亦宜撥軍兵數百名防守，俟黎平後議撤。其凡陽、磨贊二村之間，乃東西南北之中，可立一大縣，遷海南衛并兵備道、參將府於中，使東西南北皆可以控制黎、岐，且與新立縣所爲虎豹在山之勢。

一、感恩土瘠，民苦耕作，亦非要害，可遷於古鎮州；會同、澄邁二縣，亦非要害，似可遷於附近黎峒。

一、各州縣巡檢司，非要害者，皆遷於新立所近地或衝要里社，以爲關防。

一、海南衛十一所屯田，正以防禦寇也。今其地附近黎登版籍，爲良民久矣，屯軍一無所爲，可撥其田爲民田，遷軍餘別營屯田於黎峒中。

一、崖州、昌化二所在州縣中，其旁州縣居民熟弓矢，常時皆能自禦海寇，無俟於本所官軍。今若遷崖州所於羅活峒，則去崖州止一百里；遷昌化所於古鎮州，則去縣止七十里，内可以制黎、岐，外亦可以禦海寇。

一、黎人獷悍，不肯歸化者，爲州縣遠，欲向化無由，并爲姦人所阻隔者亦多。今若區處羣黎，當先其易而後其難。既得其易，輒立縣所，則難者欲爲亂而無羽翼，我勢既壯，則彼當向化矣。

一、黎、岐歸化，當編其峒首村首爲里長，所屬之黎爲甲首，出入不許仍持弓矢，原耕居田地，聽從其便。其山林可開墾并絶黎田地，招外方無業民耕作，結爲里社，與黎、岐錯居。

參將俞大猷圖説

黎、岐居於三州十縣之中，與吾治地百姓，魚鹽米貨相通，鷄鳴犬吠相聞。出劫鄉村，最爲便易。我兵既集，千谿萬徑，皆可以適其巢穴，無一次不收成功。即今經戮村分，其遺類不甚多，能據其遺地，移吾兵民以雜居之，則其子孫耳濡目染乎吾民之言語習尚，皆可化爲百姓矣。惜乎自古以來，皆上首功於賊勢方張之時，而不能駕馭於摧敗之後；能捐大征之財數十萬於賊未平之先，而靳經略之財數萬於善後之際。彼其長養積聚之久，復如前日之盛，一有所激，復聚爲亂，仍動大兵以勦之。費用之多，殺戮之慘，元氣之傷，亦其勢之所必至耳。

本職歷遍各峒，備覽形勢，撫諭各黎，熟察其情，果見近經勦地方，如羅活峒宜立參將府，遷崖州千户所於其内，抱顯村宜增設一縣，古鎮州宜立屯所，各有絶黎田地，以收勦平之功。仍各築城穿池，以垂永久之規。又各不經勦黎峒，合大區處，以杜後日之患。於儋州之摧抱村，宜遷鎮南巡檢司，又撥儋州千户所官一員、軍一百名。陵水之嶺脚峒，宜遷藤橋之巡檢司，又撥南山千户所官一員、軍一百名。瓊山之沙灣，宜新設一巡檢司，及撥海南衛官一員、軍一百名。各協鎮之，以弭其將來之變。仍各築城穿池，以爲他日立州縣之基。又各城池之中，俱蓋參將衙門，以便周流巡視。若夫大路宜通者，則南北取直徑，過遷設驛遞以便官民往來。又羅活城宜暫團打手五百名，摧抱嶺脚沙灣城宜暫團打手二百名，各於鎮壓之中，寓招徠變化之術。間有梗化不馴之徒，相機設計去一二村，以警其餘。五年之後，事宜已定，漸次製其土舍，行令更爲里長，該管黎人就編屬之以爲甲首，納糧之外不得再加差役。其各州縣掌印官，務將管下黎人嚴禁童女不得如前披髮文身，男人務着衣衫不得如前赤身露腿，其首各要加帽包網，不得如前簪髻倒顛。各村黎童之幼小者，設社學以教之，使其能言識字。每一年間，守巡官查考各州縣官變化各熟黎幾村，招撫生黎爲熟者幾村，具呈撫按衙門，以爲殿最。如此經略，漸次舉行，熟黎既不得倚生黎以爲禍，土舍亦不得假熟黎以生奸，不數年間，皆登州縣之版。

語音

州城惟正語。村落語有數種：一曰東語，又名客語，似閩音；一曰西江黎語，即廣西梧、潯等處音；一曰土軍語；一曰地黎語，乃本土音也。其儋、崖及生黎與蜑、猺、番等人語，又各不同，或間雜胡語。若今呼小帽爲「古邏」，繫腰爲「答博」是也。

夫瓊，中國外境也，大海是環，番夷四達，廣袤三千餘里，西南雄郡，無逾此者。且邊海之饒，見稱往古，史志：「越處近海，多犀、象、瑇瑁、珠璣、銀、銅、果、布之湊。」韋昭曰：「果，龍眼、荔枝之屬；布，葛布也。」風潮雖異，而氣候無惡，方輿志：「周歲皆東風。」寰宇記云：「瓊海之潮，半月東流，半月西流，潮之大小隨長短星〔一三〕，不係月之盛衰。」漢人所謂鱗介易我衣裳者，豈其然乎？隋、唐之際，馮、冼内屬，荒梗之俗，爲之一變。明興，聖諭稱爲南溟奇甸，有華夏之風。御製文集勑勞海南武臣曰：「南溟浩瀚，中有奇甸數千里。」又諭海南臣民曰：「海南習禮義之教，有華夏之風。」自是鼎臣繼出，名滿神州，至誠前知，信有徵矣。歷惟俚峒盤據腹心，而我之控制反在其外，生熟雜糅，屢爲榛梗。元時俚寇，海南盡陷，止餘瓊耳。五指、珠崖，最稱險惡；文昌、萬州，尚易馴制。特以諸邑營戍，寖成廢弛，恣其趦趄耳。沿邊海防，尤爲諸夷觀望，名存而實亡者，不獨瓊管爲然也。嘗聞之：珠崖之變，起於髮髠。應劭風俗通曰：「珠崖之廢，起於長吏觀其好髮，髠以爲髲〔二四〕。」方今香蠟、藤葛、皮毛、齒革取辦於瓊者不一，故齊民腹背受敵而息肩亡繇，柔遠能邇，盍豫圖之？

羅定州

兵額　中路前營，兵五百四十六名。中路左營，兵五百四十六名。東路前營，兵四百七十九名。東路左營，兵四百七十九名。東路右營，兵四百七十九名。東路後營，兵四百七十九名。西路前營，兵五百八名。西路左營，兵四百九十七名。西路右營，兵四百九十七名。西路後營，兵五百八名。防江兵船。十二隻，每船小甲一名、水兵十二名。

營堡五十二：羅定之營堡曰金逕，在州西五十里。曰羅鏡崗，在州西八十里。曰洒上，去羅境七十里。曰雲卓去洒上五十里。曰大樟根，去雲卓八十里。曰白石，去大樟根四十里。曰水逕，去州東五十里。曰思賀，去水逕三十五里。曰鎮安去思賀三十里。曰平賨，去鎮安七十里。曰掘峒去平賨六十里。曰馬櫃。去掘峒六十里。曰合水去馬欖一百六十里。東安之營堡曰羅溪，在州東九十里。曰鐵場，去羅溪三十五里。曰荔枝峒，去鐵場五十里。曰仗峒去荔枝峒九十里。曰安樂去仗峒五十五里。曰思藥去安樂六十里。曰南鄉，去思藥九十里。曰縣治，去南鄉六十八里。曰雲嶺，去縣治二十五里。曰黄沙，去雲嶺六十里。曰富禄，去黄沙五十里。曰棓陂，去富禄六十五里。曰馬塘去棓陂五十五里。曰龍埇，去馬塘一百九十里。曰相思胡峒，去龍埇四十里。曰歌村，在縣西五十里。曰白梅。去縣西四十里。西寧之營堡曰菴羅，在州西五十里。曰黄坭，去菴羅五十里。曰古蓬，去黄坭三十五里。曰思藥，去古蓬五十里。曰大刀，去思藥七十五里。曰羅旁去大刀三十里。曰縣治去羅旁七十里。曰車滘，去縣治四十里。曰封門所去車滘七十里。曰雲稍去封門所七十里。曰新樂，去雲稍五十五里。曰思慮，去新樂六十五里。曰梅峒，去思慮四十里。曰車田，去梅峒九十里。曰譚章，去車田七十里。曰扶合水尾，去譚章六十里。曰排埠，去扶合水尾七十里。曰分水嶺，去排埠八十五里。曰函口所，去分水嶺二十里。曰懷鄉，去函口所六十里。曰白石，去懷鄉六十里。

廣東御史龐尚鵬撫處濠鏡澳夷疏注十四

竊惟廣東一省，西北聯絡五嶺，東南大海在焉。蠻夷雜居，禁網疏闊，山海之寇，嘯聚不時。詩曰：「迨天之未陰雨，徹彼桑土，綢繆牖户。」夫智者鏡幾以先圖，勇者乘時以自固。此何時也？

而諉之曰陰雨未至，可乎？臣生長海邦，習聞已久，除倭夷山寇出没擾攘，見在經略者，臣不敢煩瀆外，謹摘其禍切門庭，履霜堅冰者，著爲論列，竊效詩人桑土預徹之義，惟陛下試垂聽焉。

廣州南有香山縣，地當瀕海，由雍麥至濠鏡澳計一日之程，有山對峙如臺，曰南北臺，即澳門也。外環大海，接於牂牁，曰石峽海，乃蕃夷市舶交易之所。往年夷人入貢，附至貨物，照例抽盤。其餘番商私齎貨物至者，守澳官驗實，申海道，聞於撫、按衙門，始放入澳，候委官封籍，抽其十之二，乃聽貿易焉。其通事多漳、泉、寧、紹及東莞、新會人爲之，椎髻環耳，效番衣服聲音。每年夏秋間，夷舶乘風而至，往止二三艘而止，近增至二十餘艘，或倍增焉。往年俱泊浪白等澳，限隔海洋，水土甚惡，難於久駐，守澳官權令搭蓬棲息，迨舶出洋，即撤去。近數年來，始入濠鏡澳築室，以便交易，不踰年多至數百區，今殆千區以上，日與華人相接濟，歲規厚利，所獲不貲，故舉國而來，負老携幼，更相接踵。今築室又不知其幾許，而夷衆殆萬人矣。詭形異服，彌滿山海，劍芒耀日，火炮震天。喜則人而怒則獸，其素性然也。姦人則導之凌轢居民，蔑視澳官，漸不可長。若一旦豺狼改慮，不爲狗鼠之謀，不圖錙銖之利，擁衆入據香山，分布部落，控制要害，鼓噪直趨會城，俄頃而至，其禍誠有不忍言者，可不逆爲之慮耶？

議者欲於澳門狹處用石填塞，杜番舶潛行，以固香山門户，誠是也。然驅石塞海，經費浩煩，無從取給，舉事當待何時？或欲縱火焚其居，以散其黨，爲力較易。然往年嘗試之矣，事未及濟，幾陷不測，自是夷人常露刃相隨，伺我動静，可復用此故智耶？議者又欲將澳以上、雍麥以下山徑險要處，設一關城，添設府佐官一員，駐劄其間，委以重權，時加譏察，使華人不得擅入，夷人不得擅出；惟抽盤之後，驗執官票者，聽其交易而取平焉，是亦一道也。然關城之設，勢孤而援寡，或變起不測，適足以爲鴷鷙之資，豈能制其出入乎？

安邊者貴消禍於未然，懷遠者在伸威於既玩。臣愚欲將巡視海道副使移駐香山，彈壓近地，曲爲區處，明諭以朝廷德威，厚加賞犒，使之撤屋而隨舶往來。其灣泊各有定所，悉遵往年舊例，如或徘徊顧望，即呈督撫軍門親臨境上慰諭而譬曉之，必欲早爲萬全之慮而後已。若以啓釁爲憂，則禍蘖之萌亦當早見，而預待之。況有舊澳見存，皆其耳目所親見聞者，彼將何從執怨乎？番船抽盤，雖一時近利，而竊據内地，實將來隱憂。黨類既繁，根株難拔，後雖百其智力，獨且奈何。或謂彼利中國通關市，豈忍爲變。孰知非我族類，其心必異，此殷鑒不遠，明者覩未萌，況已著乎？急則變速而禍小，緩則變遲而禍大。惟督撫軍門加意調停，從議酌處，毋逆其嚮慕中國之心。就於通事中擇其便給者，優以殊格，使掉其舌鋒爲説客，開示禍福，以陰折其驕悍之氣。自後舶入境，仍泊往年舊澳，照常交易，無失其關市歲利；復嚴布通番之令，凡姦人之私買番貨、畔民之投入番船，及略賣人口、擅賣兵器者，悉按正其罪，俾人皆知有法之可畏，而不敢爲射利之圖。區畫既定，威信潛孚，查往年所以禁制而防禦之者，悉遵舊例施行，諸夷自將馴服而默奪其邪心，即禍本潛消矣。伏乞勅下該部覆加詳議，轉行督撫衙門，參之輿論，酌以時宜，如果臣言可採，即便舉行，此豈獨嶺海一隅之福，實宗社無疆之福也。

或有爲臣私憂者，謂事關地方休戚，今海島晏然，恐無故而發大難之端，誰執其咎？建言者殆禍不旋踵矣。臣竊念督撫重臣，威名動夷夏，每孜孜焉爲海邦萬世計，熟思詳處，已非一日，若不及今早圖，將來孰有能任之者？臣揆諸事勢如此，若復有所顧忌，緘口待時，是徒計一身之利害，而忍忘全省之安危，視天下爲一家，恐不若是也。此臣所以披瀝盡言，不敢卷舌藏聲，坐待滔天之禍。

【原注】

注一　一名「烏石營」。

注二　保昌縣關二，曰橫浦，在大庾嶺絶頂。曰鹽。在太平橋南。天順二年，巡撫都御史葉盛奏設，榷鹽稅以資軍餉。

注三　舊通志：保昌隘八：冬瓜、白石崗、南畝、平田、芋頭、百順、紅梅、百順側。始興隘七：黄田、花腰石、猪子峽、沙口、楊子坑、上臺。

注四　舊通志：海豐關一：甲子。

注五　舊通志：長樂隘十一：銀坑、古樓坪、榕樹、平塘、解紗逕、芙蓉逕、象鼻逕、董源車塘、平塘、大荊、秋溪火載逕。

注六　舊通志：隘四：海門、東隴、闢望、楓洋。

注七　舊通志作「團子山徑」。

注八　兵備副使任可容。

注九　府東北四十里。

注十　成化初，内官管珠池，採一萬四千五百餘兩，大約三石五斗。次年，採九千六百餘兩，每百兩餘四五兩，大約一升重四十六七兩。次年，大者五十餘顆，計一斤重，云價近白金五十兩。此偶然之數也，少時所得不償所失。御史召洪云。

注十一　兩廣都御史林富奏停採珠疏，革珠池内臣。疏俱見廣東通志。

注十二　去府城僅十五里。

注十三　舊通志：漁洪在州西，又有茶陵在州東。

注十四　嘉靖四十三年。

【校勘記】

〔一〕在縣逕之外　「逕」，數文閣本作「境」。

〔二〕西至白鴿寨硇州交界止　「硇」，原作「硐」，據濂溪堂本改。

〔三〕令遊擊田豐押廣肇中營標兵　「豐」字原脱，據（道光）廣東通志卷一百八十八前事略八補。

〔四〕推官李懋隨軍紀功　「懋」字原脱，據(道光)廣東通志卷一百八十八前事略八補。
〔五〕相傳漢有禓純旺者　「禓」，原作「榻」，據粵閩巡視紀略(文淵閣四庫全書本)卷一改。
〔六〕經歷姚明相　「姚」，原作「嬈」，據敷文閣本改。
〔七〕咄步砦　「步」，原作「哱」，據敷文閣本、武經總要前集(文淵閣四庫全書本)卷二十邊防改。
〔八〕知州黄希白申議掣回軍士　「申」，原作「中」，據濂溪堂本改。
〔九〕貢金供税　「貢」字原脱，據晉書卷十五地理志五補。
〔一〇〕留遺兵十餘家居壽冷岸南　「壽冷岸南」，今本酉陽雜俎卷四(傳世藏書 文史筆記一，海南國際新聞出版中心一九九五年出版，下同)作「壽洽縣」。
〔一一〕號曰馬流　「流」，今本酉陽雜俎卷四作「留」。
〔一二〕以明伏波之裔　「明」，原作「名」，據新唐書卷一百六十三馬總傳改。
〔一三〕皆爲荒地　「地」，原作「服」，據敷文閣本改。
〔一四〕計一百頃八十畝　敷文閣本於此句旁有小注：「核與一老人四十畝數不合。」
〔一五〕且州境西與北接壤西粤　「壤」，原作「攘」，據敷文閣本改。
〔一六〕不必遠募商而中鹽者可輻輳　「中」，敷文閣本作「市」。
〔一七〕隨到隨中　「中」，敷文閣本作「收」。
〔一八〕而裒多益寡　「裒」，原作「衰」，據濂溪堂本、敷文閣本改。
〔一九〕前月一十五六潮長　「一」，原作「二」，據敷文閣本改。

〔二〇〕與漳潮大類 「潮」，原作「湖」，據敷文閣本改。

〔二一〕三曰深 「深」，明一統志卷八十二廉州府作「俚人」。今本太平寰宇記無此語。

〔二二〕查詰墩堠 「詰」，原作「喆」，據濂溪堂本、敷文閣本改。

〔二三〕潮之大小隨長短星 「大小」，原作「生」，據圖書編卷五十六潮考（文淵閣四庫全書子部十一類書類）改。

〔二四〕「應劭風俗通曰」以下四句 今本風俗通無此語。語出三國志吳志卷八薛綜傳。薛綜傳「覿」作「覩」，「髡以爲髮」作「髡取爲髮」。

廣東備録下

廣東通志

猺獞

南蠻下要服一等。島夷在唐虞猶與之要質，故曰要服；蠻則頑於夷矣，以荒憬不可與語，故置諸荒服以遠之。夏商之時漸爲邊患，暨於周世，黨衆彌盛，故詩曰「蠢爾蠻荆，大邦爲讐。」至楚王時，蠻與羅子共敗楚師，殺其將屈瑕。楚師復振，遂屬於楚。及吴起相悼王，南并蠻越，遂有洞庭、蒼梧之地。按水經：浪水出武陵鐔成縣北界沅水谷〔一〕，水出辰州府黔縣，故鐔城也。南至鬱林潭中縣，與鄰水合，今謂之移溪。又東至蒼梧爲鬱溪，又東至高要縣爲大水。即今西江。蠻越之衆自此踰嶺而居溪峒，分猺、獞二種，猺乃蠻荆，獞則舊越人也。

猺本盤瓠之種，産於湖廣溪峒間〔二〕，即古長沙、黔中五溪之蠻是也。其後生息蕃衍，南接二廣，右引巴蜀，綿亘數千里，椎髻跣足，衣斑襴布褐，各勺遠近伍，刀耕火種，食盡一山則移一山。俗喜仇殺，猜忍輕死，又能忍饑行鬭，左腰長刀，右負大弩，手長鎗，上下山險若飛。戰則一弩一鎗，相將而前，執鎗者前却不常以衛弩，執弩者口啣刀而手射人，敵或冒刃逼之，鎗無所施，釋弩，取口中刀奮擊以救。度險則整其行列〔三〕，遁去必有伏弩。主軍弓手輩，與之角技藝，争地利，往往不能决勝也。兒始能行，燒鐵石烙其跟蹠，使頑木不仁，故能履棘茨而不傷，其頑獷幼已成性，不啻如野獸然。喪葬則作樂歌唱，謂之「暖喪」，其情乖戾可知矣。

獞性質粗悍，露項跣足，花衣短裙，鳥言夷面，自耕而食，又謂之山人。出湖南溪洞，後稍入廣西古田等縣，佃種荒田，聚衆稍多，因逼脅田主，占據鄉村，遂蔓延入廣東。其初來尚以聽招名色，佃田納租。與猺人種類不同，時相仇殺，有司及管田之家，頗賴其力以捍猺人。及後勢衆，亦與猺人無異。肇、高、廉三府與雷州之遂溪縣、廣州之新會、四會、清遠暨連州，在在容有之，徵之則罔功，招之則致悔，於今誠有可慮者矣。

本朝洪武十二年，瀧水縣猺人劉第三者，自元末爲害，已非一日。是年復聚衆寇掠，朝廷命指揮劉備討平之。

十六年，廣東猺亂，命中國公鄧鎮討之，語在事紀。

二十八年，命將討平廣東譚源諸峒。

三十一年，西山猺人盤窮腸爲暴，官兵擣其巢穴，設立猺首，統領撫猺總甲每歲來朝，賜之鈔幣，自是回面向化，潮州亦有稱畲長者。

永樂四年春三月，高州府信宜縣六毫峒下水三山猺首盤貴等朝貢方物，上嘉其慕義，賜齎遣還，仍勅有司免其賦役，自後猺首猺總來朝貢者皆如之。六月，高州、肇慶二府猺首趙第二、盤貴來朝。先是化州吏馮原泰、陳志寬言：天黄、大帽、曹連、茶峒、石栗諸山猺人素未歸順，今有嚮化之心，遂遣人賫勅，同原泰等往撫諭之。至是第二等籍其屬二千五百餘户，凡七千五百餘口來朝，賜鈔幣襲衣，命原泰爲瀧水縣丞，志寬爲信宜主簿，專撫諸猺。

五年冬十一月，畲蠻雷文用等來朝。初潮州府衛卒謝輔言：海陽縣鳳凰山諸處畲遁入山谷中，不供猺賦，乞與耆老陳晚往招之。於是畲長雷文用等凡百四十九户，俱願復業，至是輔卒文用等來朝，命各賜鈔三十錠，綵幣表裏紬絹衣一襲。賜輔、晚亦如之。

六年夏四月甲申，德慶州猺首盤永用來朝。先是州民陳朵朵招撫永用等，至是來朝，貢方物，賜鈔幣及紬絹衣。

八年二月，德慶州新落山猺首駱第二來朝。初令瀧水縣丞馮原泰招諭向化，計户百六十、口五百餘，至是來朝，賜鈔幣襲衣。

十年春二月，信宜縣根竹峒猺首陸仲八等來朝。貢方物，賜衣及鈔。

夏六月，陞瀧水縣丞馮原泰爲德慶州判官，以其善撫諸猺也。

十一年春二月庚午，新興縣猺首梁福壽等來朝。肇慶府學增廣生廖謙招携新興縣山峒猺首梁福壽來朝，貢方物，凡招猺人五十餘户，以謙爲新興典史以撫之，賜福等衣鈔。

十三年秋八月丙辰，德慶州猺首周八十來朝。貢方物，賜衣鈔。

十四年冬十一月癸巳，高要縣猺首周四哥來朝。籍其屬八十七户、男女二百二十四口，願入版籍，供賦役，賜鈔遣還。

十五年夏四月，信宜縣猺首盤龍福等來朝。貢方物，賜鈔幣。

冬十月，化州猺首黄應廣等來朝。貢方物，賜鈔幣襲衣。

十七年五月，電白縣佛子等山猺首黄蒲山等六十人來朝。貢降香等物，賜鈔幣遣還。

宣德間賜諸猺勅諭，數十年間，稍得休息。其作亂則始自正統間鎮守内臣阮能，因其朝貢，多索方物；知其所畏，惟達舍狼兵，乃與兵部尚書陳汝言交通，凡上官統領狼家者，百端剥削，襲蔭必須厚賂；又奏將達官盡數取回，既而科道諸臣議以煩擾不便，乃止。於是寇賊四起。

十一年，瀧水猺賊趙音旺與德慶猺鳳廣山作亂。鳳廣山聽撫，趙音旺合諸山叛猺大肆殺掠。都御史馬昂調廣西狼兵及獞人直抵猺巢，斬獲甚衆，餘黨語見事紀。

廣東舊無總兵、參將名目，景泰初始設以分捕民猺寇賊。景泰三年，左都御史王翺總督兩廣軍務，威望素重。猺賊聞其至，大懼，聽撫。奏用招撫猺老、獞老人等，令其歸峒生理，而整兵以防之。於是嶺海肅清。

天順元年四月，瀧水猺賊鳳弟吉作亂，攻掠縣治，巡撫都御史葉盛討平之。先是瀧水縣逍遥等山猺賊鳳廣山恃險爲惡，官兵莫能制，廣山死，弟吉〔四〕，其子也，襲父之惡，僞稱「鳳二將軍」，招集各山賊首猺蠻，編爲旗手殺手，劫掠鄉村，攻圍城邑，殺害人民，敲殺官軍，燒燬房屋禾倉，搶虜牛羊牲畜，不可勝計，陷殺指揮等官、陳廣聚等官軍。至是，盛等會調兩廣大軍，水陸並進，於連灘立爲總營，節制號令，督行都指揮胡英在陽春魚子水，韓瑄在岑溪思慮、新樂，徐昇在雞骨嶺，韋俊在羅旁水口，各進兵。副總兵歐信、左參將范信各親督兵，斬箐伐木，開通道路，齊力夾攻，直搗巢穴。各賊累次迎敵，官軍奮勇，擒斬首從賊徒鳳弟吉等三百四十五名顆，殘黨多各餓死。招撫脅從回山住種，及於附近營堡添兵固守，而以弟吉等十五名獻俘於京師，地方始平。

秋七月，河源縣猺首梁志山等來朝。貢方物，賜鈔及綵帛表裏襲衣有差。

九月，清遠等縣撫猺把總袁珍等來朝。貢方物，賜絹紗。

二年四月，陞肇慶衛指揮使田積爲署都指揮僉事，分督屯田，從副總兵翁信奏也。

五月，陽江縣南河都官峒等山猺首彭震等來朝。貢方物，賜綵幣紗絹有差。

五月，昌化縣故土官縣丞符應乾、弟元春來朝。貢方物，賜綵帛紗絹。

六月，太傅安遠侯柳溥奏：即今虜寇侵掠邊境〔五〕，調軍徵剿，而涼州、莊浪二處倉儲甚少，宜召商中鹽納糧以備〔六〕。户部議宜允其請，納涼州廣儲倉糧者，廣東鹽一斗五升，納莊浪倉糧者，廣東鹽二斗五升。

秋七月，龍川縣猺首陳萬通等，陽江縣猺首黄勝富等，高要縣猺首鄧鉞等俱來朝。貢方物，賜鈔及綵幣表裏有差。

三年夏四月，瀧水縣逍遥山猺賊鳳弟吉糾合廣西流賊，劫虜人民，敵殺官軍，巡撫右僉都御史葉盛討平之。已而雞籠嶺獞賊合廣西流賊攻破開建縣，殺知縣等官，劫庫而去，命副總兵歐信等勦賊。

六月，瀧水縣猺賊鳳光山等七人僞稱總管，焚燬衙門，劫掠鄉村，殺虜人財，被擒，械送至京，法司坐凌遲處死，從之。

秋七月，英德縣猺首夏永安來朝。貢方物，賜鈔及綵帛段表裏等物有差。

秋七月乙巳，翁源縣撫猺總全善清等來朝。貢方物，賜紗幣有差。

四年秋九月壬寅，翁源縣撫猺頭盧振成來朝。貢方物，賜紗幣有差。

成化初，猺賊犯雷州，官軍不能禦，會僉都御史韓雍至，恩威並著，猺人畏服，郡縣賴之以安。後立秋調法，用狼兵雕勦，肇慶自羅傍、緑水至懷集，高州自西山、茂名、石城至鬱林、欽、廉等州，以及廣西山賊，皆預先哨探其巢穴及出劫道路；而又移檄嚴督守巡及參將、把總、守備等官，時加訓練兵快，防守要害，賊或出没，即時雕勦，或搗其巢穴，或截其歸路，俾出無所得，入無所歸，策至良也。雍去法廢。

迄弘治以後，賊益猖獗。至正德初，則狼兵亦不聽調矣。督府與鎮守總兵，後多貪賄。狼兵每遇調，輒以賂免。田州土官岑猛每忿且笑之曰：「三堂正如三隻狗，以片肉投之，即去矣。吾何憚焉！」今之狼兵非復王、韓之時矣，有警則用打手禦之，又支給不時，屯膏吝賞，亦爲盜。

正德七年，分巡嶺西道僉事汪鋐督兵進討，以石緑獞子爲向導，獞潛與猺謀，引入深險，被傷甚衆，始知爲其所賣，自是不敢言用兵矣。

正德十年，白飯坑、耽坂嶺等猺，截路殺人劫財，知縣黃寬率鄉夫討滅之，始通人行。

十六年，封川、開建、賀縣猺亂，提督都御史蕭翀、總鎮太監王堂、總兵官撫寧侯朱麒討平之。先是，封川縣石硯、大和、雞峒山猺龐古子盤古義，糾合開建縣大玉、小玉、大臺，賀縣峒金、上峒、下峒山猺，大肆流劫，殺虜人畜，敵傷官軍。至是翀等調集漢、達官軍士兵一萬三百□十員名，分三大哨，中哨副總兵張祐、副使張祜，左哨左參將趙丞序、左參政章拯、僉事陳綱，右哨都指揮卜玉、許英、僉事楊必進，分道討之，俘斬六百一十九名顆，地方始平。

嘉靖三年四月，參政羅僑榜示禍福，招出猺目梁烏皮等三百餘家復業。七年，分巡僉事李香臨縣，招出投猺二千餘人，還新興、陽江、新會各處復業，邑賴以安。

八年，封川、石硯等山猺亂，提督兵部右侍郎兼右僉都御史林富、總鎮太監張賜、總兵咸寧仇鸞討平之。先是，石硯、都羅、雞峒、勒根、廖峒、都混、歸源山賊首盤古子、侯弟晚等，恃險負固，荼毒生靈，地方受害。至是富等議遣副總兵張祐督調漢、達官軍士兵執古子等誅之。

九年，石硯、斷藤峽、七都、板塘、古雍、古風蠻弗靖，總督兵部侍郎兼都御史林富討平之。廣西桂林之七都、板塘、邊山，平樂之府江、樊家屯，梧州之東安、長行，潯州之斷藤峽、龍山，柳、慶之古雍、古風、荔枝、三都，廣東肇慶之西山、羅旁、緑水、石硯，廣州之會寧、白水、長塘等處，俱係稔惡賊巢。先是有事思、田，未暇加兵，以致前賊猖獗，肆行摽掠，哨捕官司，報警不絕。至是富會同總鎮太監張賜、總兵官咸寧侯仇鸞，行委副總兵張祐勦石硯，參將張經勦斷藤峽，副總兵李璋勦七都、板塘，參將沈希儀勦古雍、古風，共俘馘首虜千有餘級，餘黨俱畏威聽撫，寇患暫息。疏聞，賜金帛有差。

十年，賊首趙林花、黎廣雄等一千七百餘徒，攻陷高州，提督都御史陶諧同總兵仇鸞請兵七萬，分部督進，誓師於正月十五日，奏凱於四月十五日，巢穴汛掃，種類無遺，而又實以良民一千餘家，田賦一百三十九頃九十一畝零。猺田　雲廉山田，税米一十石一斗五升。參峒山田，税米二十石七斗。北河峒田，税米一十石二斗五升。黎滂峒田，税米九石二斗九升。通根山田，税米三石四斗。霖倒山田，税米五石三斗三升。增城瓦寨田，税米二十七石八斗。那刁、雙峒、高嶺、南埇等田，税米一十六石四斗三升。那位、那到、那林、雙敢田，税米一十七石。大龐峒田，税米十三石七斗。下雙田，税米六石七斗八升。吊潤、東水山田，税米七石三斗五升。古牛田，税米一十七石。中療山田，税米八石。湖峒田，税米二十六石三斗七升。相思峒田，税米五石一斗。鐵峒山田，税米一十三石五斗。小龐峒田，税米二石。蒙村峒田，税米一十五石。合水峒田，税米十石。木欄山、謝腮峒田，税米一十一石五斗。唐逕峒田，税米五石。謝存峒田，税米二石八斗四升。雙窖峒田，税米十石五斗。千歲峒田，税米二十六石二斗七升。許容峒田，税米九石五斗。丹峒田，税米二千三石五斗一升。寨脚峒田，税米八石七斗九升。旱峒田，税米十石。峒尾峒田，税米六石。那銅、腰蒙峒田，税米五石八斗。那寧峒田，税米五石一斗。山仔龐峒田，税米八石。黄稿、大小水、茶塲峒田，税米六石四斗五升。西岸峒田，税米八石三斗。上瀧田，税米二十四石六斗。小水、大葥、陳村峒田，税米八石四斗四升。大湴峒田，税米三石。石橋峒田，税米四石二斗。

二十四年，封川猺民亂，提督右都御史張岳、總兵平江伯陳圭討平之。封川縣歸仁、文德二鄉大滑腦、洪秋、南吉、大貨、黑石、麒麟、白馬、蓮花等巢，山徑多岐，崖峒延袤，深林疊嶂，窮險莫測，自古爲猺、獞所居。至是賊首蘇公樂、張公蒞、李公請、陳公黨、左公珠聚衆爲亂，時出鄉村攻劫。岳等調集漢、達官軍士兵四萬八千六百餘名，分爲左右二大哨勦之，俘斬二千五百餘名顆。

二十七年，提督軍務都御史歐陽必進嚴山禁。照得國家通山之禁，法制甚嚴。今查各處報到賊情，皆係鄉村奸民爲之倡率嚮導。又各賊盔甲器械，俱各齊備，究其所自，皆由營堡官軍與地方人等，縱容奸民與之往來，通同分利。如上年肇慶府蘇祥之事是也。又有招主相信，隱匿官廪，透引奸商，爲之影射。又有守土掌印巡捕、守備等官，假以饋送上司名色，取討貨物，或以脩理衙門爲由，濫派竹木。如此，則山禁安得不疏，猺人安得不肆？若使守土巡捕官知嚴禁地方，哨守巡司官知嚴禁軍兵，無一奸民敢與相通，魚鹽布貨之利，非聽撫者不得相濟，則導率無人，兇器無備，魚鹽布貨之利，又足以制其生命，又安有猖獗之患耶？

三十年，提督都御史周延撫定嶺南等道。先是歐陽必進討平海南黎那等賊，民有調運之困。至是嶺南、海南、嶺西郡縣凶荒糴貴，民之疾苦流離者甚衆。時延適入鎮，悉心撫處，賑恤有方，猺獞屏息。明年，海豐、平海寇亂，又討平之。時賊首何亞八等聚徒數萬，乘大艦劫掠於平海、海豐間，聲勢猖獗，濱海諸城，門閉不敢開，村郭騷擾，生民奔竄，或脅從者，遠近嚮應。有司告急，令作戰艦，乃簡指揮王沛，面受方略，率募兵利水戰者數百，一鼓而俘斬二百名顆，餘黨多溺水死，亞八僅以身免。嶺東洋海既靖，時强寇糾合猺賊，流劫香山涌，聞風宵遁。嶺表黎庶，咸賴更生，地方底寧。

三十八年，提督都御史鄭絅、巡按御史潘季馴用肇慶通判劉用章議，税德慶猺山楠、漆等物，以補虛糧，民以爲便。德慶州南山田地，多被猺人侵占，糧累民賠。用章掌州事，詢民疾苦，查得猺山産有楠、漆，每年納數萬石，官不抽税，俱屬奸民妄冒經紀，每擔抽銀五分，每價銀一兩又税銀三分。今擬每漆一石税銀五分，以裨概州虛糧之額，出示曉諭，不許奸民仍冒經紀名色，重復索騙。晉康鄉田土，向被猺占失業，除已奏請蠲糧，并準納輕賫外，尚有猺占失業荒糧四百三十二石三斗零，未經申準折納經賫，歲派小民賠貱，不能完納，已行查勘明白。隨據廂鄉呈稱猺山出産，不止楠、漆，此外尚有砂仁、黄臘、蜂糖、皮張、黄藤、竹木等項花利，呈乞申請併抽，以補荒糧。嶺西道行府覈實，於瀧水江口，聽物貨自至，帶同商人到州投單，委官盤驗，照例抽納，具數登記循環，按季繳道稽查。及令該州印給號票，商人執照，使上下水巡司收驗。如無號票，即係私通，按問如律。撫按詳允施行。然種類既多，每乘時竊發，攻城邑，掠吏民，縛男女，以需收贖，或旬月屯聚，不復畏憚，其久爲患敢恣肆者，乃本境交通之流賊也。既行僉事李香之法，魚鹽貨市，嚴禁交通之人；又倣成化間故事，命參將駐劄石城，往來巡督高、肇、雷、廉地方，則有以扼各府之咽喉，而絶猺獞必經之道路；於新興及胥江巡司，如丘文莊公所論，立營駐劄，以捍蔽廣城之要害，與石城鼎立，分界而守。

三十九年，用肇慶同知吕天恩議，移廣肇參將府於新興縣塘宅堡。先是，三十六年，平扶羅大賊。後肇慶府通判吕天恩議，以塘宅堡地方，乃新會、新寧、新興、恩平各縣適中之地，四面崇山峭壁，盜賊淵藪。先年大征，曾建置衙門駐劄，便於區處，牆圍公廨，尚存規模。宜令官往守，估計砌磚城一圍，建置參將衙門，專坐分守高、肇、韶、廣參將官，在彼駐劄。遇有警報，會寧、新、恩各縣守土官兵，并地方千百長、排年、鄉夫人等，悉聽本官訓遣殺截，毋分嶺西、嶺南，彼此牽制推調。其日逐合用廩給口糧，俱於附近獨鶴驛支應。賞功花紅等項，查得塘宅堡舊有牛判觔角銀兩，就於此項支應。至於隨捕官兵行糧，週年共米一千六百餘石，就彼建立倉廒，遞年專委新興縣常豐倉倉官一員，督徵帶管，將新會、恩平、新興三縣派定存留倉米，分撥附近長居、静德、照會、雙橋、登明、古博等都圖，責成徵運前該倉收貯，月終就令本官放支，按季造册繳查。則官不必備，事無肘掣，得就近制馭之宜，而盗賊或可消弭。具呈分守參政王國禎會議，查得先因韶、廣、高、肇四府地方多盗，議設參將一員，令其遇警往來截殺，且建立衙門於肇慶府城駐劄。但查清遠、大羅、德慶、瀧水等處，雖曰群醜出没靡常，然二道兵備駐劄各該地方，已足控制，參將衙門復設該府，似未適中。今通判吕大恩奉委軍前，親歷其地方，相度事勢，謂宜於該堡改建參將衙門，控扼要害，兵馬糧餉，假以事權，便於調遣，不惟四邑殘寇可以坐弭，而本參將往來各府提調，亦得利便。况責任不分，事機不失，緩急俱益，委爲扼吭拊背保障長策。呈奉提督府會同總兵官俱奏，乞敕該部再加查議，令該府縣查支官銀，創建城垣、衙門、公館，行令分守高、肇、韶、廣地方左參將，專一在彼駐劄。上令兵部覆議，看得所議新興縣塘宅堡地方，爲廣、肇二府喉舌之衝，猺賊出没之地。先年調募軍兵二百名，委武職一員在彼防守，緣賊衆兵稀，不能控制，遂致滋蔓，禍延四境。近雖動兵勦平，然久安長治之策，尤當預處。乞要將塘宅堡舊址修築城垣，創建衙門，行令分守高、肇、韶、廣參將鍾坤秀，屯兵一千餘名，有警督調該堡官兵，并該地方千百長、鄉夫人等，併力截殺。其官軍廪糧，賞功花紅等項，悉如議處。未盡事宜，務要從長區畫，以爲地方經久之規，毋得虚飾目前，致遺後議。奉旨準擬。時天恩以功已陞同知，至是始營建築城。嶺東將鎮，亦方建議云。

廣州府清遠縣傜山一百有六。

自東南至從化縣白水坑界，猺山三十三〔七〕：瓢湖新巢、三坑巢、觥竹平巢、低徑巢、鷄公坎巢、西坑巢、風門巢、香蘆坪巢、楊梅坑巢、大茅坪巢、由柞田巢、小水巢、滴水岩巢、車頭逕巢、忠岡巢、走馬畉巢、黄華岡巢、狗犬坑巢、逕口巢、乾坑巢、老人松巢、黄坭坎巢、大塘艮村新占扛板嶺巢、水逕巢、青龍岡巢、大塘尾巢、梅坑巢、三畉田巢、良峒二巢、朱溪巢、砝下巢、蕉坑巢。

自北至連州界猺山三十八：宿沙坪巢、飛橋坑巢、上坑巢、打鼓坑巢、下逕巢、黎頭𦢊巢、石砆巢、長流水巢、龍潭巢、西坑巢、蔡坑巢、樟峒山巢、文峒山巢、黃藤峽巢、黃坑巢、雙坑巢、白樓巢、蒲溪巢、羊橋坑巢、蘇榔巢、黃皮四巢、斗樹獞巢、黃岐塘巢、黃妮塘巢、隴下巢、新峒巢、西坑巢、羅地坪巢、鐵坑山巢、橫水山巢、新村獞巢、黃田巢、古磜坑巢、張坑巢、坎頭嶺巢、響水巢、蚄楜巢、糜石坑巢。

自西北至四會縣界猺山三十五：南田巢、丙水巢、黃涖榔巢、大姨坑巢、小姨坑巢、減竹坪巢、豺狗坑巢、白水砆巢、龍脛巢、大楜巢、大荒巢、小荒巢、大小荒巢、白茫逕巢、葫蘆坑巢、天塘逕巢、上下板峒巢、鵝叫山巢、均坑山巢、石川坑巢、白茫山巢、籬梗坪巢、芋莢塘巢、蛇坑巢、白藤坑巢、南涌巢、新峒巢、黃竹水巢、梅子坑巢、大容山巢、小鷂山巢、大鷂山巢、羊子寨巢、封坑山巢、大山巢。

從化縣猺山三十五：烏石山巢、牛屎分巢、若襖伯巢、仙羊溪巢、東桃山巢、東峒巢、永安峒巢、北坑巢、咄溪巢、苦竹脚巢、糜石坑巢、斗潭巢、膳溪巢、硃砂坑巢、玉溪巢、黃竹田巢、風竹榔巢、聖堂前巢、相公峒巢、磄碓坑巢、鶴門隶巢、沙羅窩巢、大姨巢、小姨巢、東圃巢、惡源水巢、蘇峒巢、車頭巢、車頭埕巢、白沙田巢、大圃巢、開口石巢、官塘歷巢、大水邊巢、鍾峒巢。

新會縣猺山一：皂幕山。多向化猺人居之。

連州并四會縣界猺山十二：馬鷂塘巢、川石材巢、河田村巢、黄峒巢、連水獞巢、下浦坑巢、上浦坑巢、南坑巢、魚潭巢、丹竹園巢、白花蘭巢、白花榔巢。

韶州府曲江縣猺山四：幽溪、烈溪、葵溪、西山。

英德縣猺山二：杉木角流猺、黄茶山猺。盤姓者三十餘家，别姓者百餘人。永樂間，猺首陳朝亮以殺流賊功，除猺官，世襲。

惠州府龍川縣山猺：猺人俱别境來者，居深山中，聽征調，納貢獻，有官長爲之撫領。

潮州府畬猺民有山輋，曰猺獞，其種有二：曰平鬃，曰崎鬃。其姓有三：曰盤，曰藍，曰雷。依山而居，採獵而食，不冠不履，三姓自爲婚，有病没，則并焚其室廬而徙居焉。俗有類於夷狄，籍隸縣治，歲納皮張。舊志無所考，我朝設土官以治之，銜曰輋官，所領又有輋。「輋」當作「畬」，實録謂之畬蠻。

肇慶府高要縣猺山九：林田山，近都騎都，西至德慶州悦城巡檢司界。大凹山，近思辨都，西至德慶州一百里。陸湖山，近楊柳都，西至德慶州一百里。花頂山，近都幕都，西至本縣白坭埠界。石狗山，近楊柳都，西至德慶州一百里。牛嶺山，近都騎都，西至德慶州一百里。大臺山，近楊柳都，西至德慶州一百里，悦城巡司界。欖坑山，近樣源都，北至四會縣一百二十里，羅坑徑界。老香山，近横崗都，南至新興、高明界。

四會縣自北至清遠縣界猺山一十有五：深坑山、黄竹塘山、冷水山、黄崗山、葵峒山、蒙坑山、黄峒山、三連山、小逕山、銀坑山、大逄山、石羊山、白磜山、東漏山、茶峒山。近大路營。

自西北至懷集縣界猺山一十有二：峽頭山、三宿山、清水山、桂木山、茶尞山、高望山、水源山、源坑山、大朝山、白花山、黄牛嶺山、大貝山。

自東至石康縣界猺山三十有一：蘆荻坑山、那禾村、平坡村、水袁村、木蔴村、張公村、白沙村、槲蒲村、新莊村、到勾村、横塘村、雲巢村、水頭村、繞平村、旱峒村、奈何村、竹蒙村、石預團村、西林村、蘇村、槲弼村、楓木村、李村、六才村、六難村、賈村、大菓村、那圍村、土地塘村、夾口村、木村。

新興縣自西路連德慶州界猺山二十有八：雲齊山、闢村、舊村、石碧山、雲無山、歐峒山、思雲獚村、葫蘆山、鐵塲上圍、鐵塲山、鐵塲中圍、鐵嶺山、鐵塲下圍、黄三坑、下欖山、叮嚀山、大洞山、馬頭崗、黄沙山、小那山、欖埇山、小洞山、雲扶山、馬頭山、沙木塘山、石人背山、到掛平山、下欖山、西坑山。

自西北連德慶州界猺山七：下洞岐山、降底山、長烏崗山、冷水猺山、上洞岐山、烏蛇山、竹逕路。

自西至横茶橋界猺山三：龍骨山、三灑山、白石燈掛山。

自東至倉步水界猺山四：大胡山、大帝山、寫頭山、雲箇山。
自東南至獨鶴驛界猺山七：東坑山、西坑山、賢嶺山、曹田山、門門山、肇慶田山、蔡坑山。
自南至陽春縣界猺山四：筆架大山、佀洞山、雲敏山、雲魁山。
自南西至東瓜嶺猺山一：下禮山。
陽春縣自西北方界連瀧水猺山九：參澇村、北河村、雙王白鶴峒、通根山、木槎嶺路、雲廉鷄六峒、十二鷄頭嶺、參峒山、那性山。
自正西方連瀧水賀山界猺山六十有二：栗子山、横石山、豹村山、林列山、北合山、車田村、漆水山、大田村、瓦寨村、那刀村、雙峒村、高峒山、都面村、雙敢山、那到村、那位村、那驢村、淡蕩山、吉洞山、高嶺山、湖峒山、雲霧山、坐雲山、相思山、錢鑿嶺、大河山、麻侯山、南埇山、横嶺、百踏坑、雙牌嶺、硇砂山、大埇山、古弼埇、文埇、塘埇山、坐邏山、硤石山、山龐峒、合水山、寧水山、蒙村、廟廊山、鐵峒山、石川山、那陳山、國埇山、黄沙山、東戈山、峽頭山、雙牌嶺、上下欖、下雙山、古牛山、十二峒、中寮山、那畛、吊澗山、高田村、大龎峒。
自西南方界連電白縣猺山二十有三：陳村、石坡山、饅頭逕村、崗觜峒、那象、角塘尾、大葫等三村、茶塲西岸山、上雙鑾婆峒、小水、雲峒大湴、那寧山、白坭山、石忠、青湖黎坑、謝腮山、塘逕山、許容丹峒、旱田寨脚、千歲山、榕木山、黄麖山。

陽江縣猺山十有三：隋峒山、翼峒山、馬啣山、合溝山、秀石山、合門山、那湖山、香爐山、蘇峒山、南坑山、三龍山、接思平界，猺人約六七十徒。杳峒山、接思平界，猺人約八九十徒。濕逕山。近陽春樂安驛界，猺人約五六十徒。

恩平縣猺山七：君子山，去縣西北三十里，山甲盤一通，猺總莫朝圭；大人山，去縣西三十里，山甲方宗貴，猺總莫朝圭；茶山，去縣西北三十里，山甲黄觀清，猺總莫朝圭；良車田，去縣南三十里，山甲唐仙，猺總梁汝安；白鶴水，去縣東北八十里，山甲雍静山，猺總謝文恭。天路山，去縣北七十里，山甲盤觀山，猺總吴明達。鳳凰山，山甲唐仙。

德慶州金林鄉猺山三十有七：大雅山、師姑山、白沙山、跂嶺山、和埇山、薄竹山、天堂山、井埇山、金斗山、西演山、青容山、雲浪山、平地山、崗底山、大或山、大柱山、槲馬山、周埇山、大降山、埇袍山、飯題山、斗子山、龍教山、大塘山、蘭金山、高嶺山、石脚山、蔞埇山、埇坎山、三禮山、藍吊山、平埇山、藜嶺山、茶嶺山、芙蓉山、界頭山、石羊山。

悦城鄉猺山十有二：槲猺山、崗腦山、大水山、柑石山、雲峒車峒山、清水車牛山、金坑山、蘆荻山、高山、小峒山、顆惟山、槲翁山。

都城鄉猺山二十有八：埇黨山、烏蓉山、羊欄山、金叢山、何禄山、村背山、栳槨山、都槨山、埇箭山、野鴨山、高坐山、都合山、古樓山、雙埇山、石埇山、何埇山、竹埇山、黄埇山、踏嶺山、胡獨山、疊村山、大力山、薄竹山、埇聽山、埇禄山、埇分山、文政山、藜蘺山。

晉康鄉猺山七十有五：牛嶺山、南蛇山、大嶺山、風門山、清水山、火燒山、古模山、柴坑山、大臺山、北埇山、黑尖山、三江山、水山、打鼓山、峒村山、木衣山、山栢山、峒袍山、丹竹山、石狗山、逍遥山、該路山、筋竹山、楂埇山、不漏山、太平雙埇山、平臺山、道州山、婆黎曾對山、深灣山、白石山、崩塘山、藜蘿山、崩塘山、水源山、木梗尖鼻山、埇黄山、下砲山、金星山、煙底塘埇山、山塘佛子山、金布山、山塘佛仔山、石村美草山、冷水山、蓮塘山、下峒黄沙山、藍清山、馬頭峒山、譚公山、蔡嶺山、鄧四山、桑峒山、伏峒黄山、甘塘山、周埇色埇山、埇兒粤振山、溪水退埇山、大林蘆荻山、羅夷古螺山、雲稍大地山、大散破脚山、黄九黄埇山、黄嶺沉返山、南埇上霍山、雲龍埇譚山、黄五白土山、黄弟埇虎山、大船雲秀山、雙櫓箇簍山、譚炭上狄山、竹塘梅崗山、柴背平埇山、大塘趙嶺山。

封川縣猺山二：石硯山，猺人「盤古地」種類；歸仁鄉，獞人「陳公集」種類。

瀧水縣自東南至高要縣、新興縣界猺山十：平菵山、思賀山、十二界頭山、雲羅山、參峒山、雲濂山、埇岑獞寨、陳逢嶺、界分山、水絅山。

自南至電白縣界猺山七：乾坡山、排步山、抱峒山、下風山、平荳山、葵峒山、乾埇山。

自西南至信宜縣界猺山一十有二：清水山、雲濟山、金龍山、竹峒山、北永山、黄連山、分界山、温湯山、羅磨山、石碑山、羅蛇山、深底山。

自西至廣西梧州府岑溪縣界猺山二十有三：上賴山、天子馬頭嶺、龍屈山、金斗山、下賴山、茶湯山、新蓉山、綏水山、運糧山、黄嶺山、亟墨山、雲致山、都門山、山心山、上河山、埠合山、排步山、石埇山、平地山、譚草山、天荒山、天井山、黄茅山。

自西北至連城、岑溪界猺山六：思盧山、雙荳山、車田山、白玉山、竹塘山、梅崗山。

自北至本州大灣村界猺山三十有三：大合山、百片山、陳化山、天平山、龍腦山、埇便山、大傍種寨、白梅山、新樂山、北梨山、陳觀埇山、黄五山、鷄暴山、譚添山、趙龍山、譚眉山、金青山、路盡山、石羊厦門、高樓山、陳賊山、康猺山、黄九山、雲稍山、佛子嶺、羅夷山、井峒山、兩月山、揭羅山、下霍山、觀田山、獨竹山、茅尖山。

自東北至本州新興縣界猺山一十有六：鎮峒山、揭種山、上霍山、大傘山、上抱、下抱山、容草山、埇黄山、永信山、黄沙山、歷峒山、黄麖山、下圍獞寨、沙田獞寨、奄羅獞寨。

自東至陽春縣界猺山一十有一：紅豆山、鐵場山、葵峒山、雲清山、魚子寨、陂心寨、大灣寨、里陂寨、大峒寨、獨竹寨、譚蒙寨。

開建縣一都猺山八：似龍山、招埇山、圓珠山、小王山、大王山、大王歸源山、蓮塘山、圓塘山。

二都猺山一十有三：九源山、圍塘山、梅塘山、黎水山、大王黄坭山、黄坭山、大主山、勒塘山、廟水山、廟塘山、入步山、觀冲山、私木山。

三都猺山四：野埇山、大水山、箕水山、羊梯山。

四都猺山十：聖埇山、譚白蓮山、象源山、羅山、羅西山、烏禄山、南令山、大埇山、金石山、圓塘山。

高州府所屬州縣山猺，依棲山箐，有聽招，有背招，有險惡。每山有總有甲，領其兵目。聽招者有相信，撫猺領之。聽招者，調之攻守，納糧當差，與民爲一，謂之良猺。背招者，勢窮則降，稍利則攫。險惡者，賊不可與化。

化州聽調猺共五十一山，撫猺三名，領兵約五百二十四名：門村山、兵九名。北埇村山、兵十三名。水車山、兵十五名。牛埠山、兵七名。高棖山、兵十一名。排村山、兵十名。水口山、兵九名。山底山、兵十二名。南頭山、兵十三名。麻子山、兵十名。白石山、兵十五名。含牛山、兵十八名。揖良山、兵九名。羅霧山、兵九名。全埇山、兵十三名。謝凌山、兵二十一名。北峒山、兵十五名。平陽山、兵十三名。清水山、兵八名。謝半山、兵十三名。木脚山、兵十名。山扶山、兵十六名。風村山、兵十三名。謝護山、兵二十名。闢塘山、兵十八名。山田山、兵九名。黎山、兵十三名。六龍山、兵二十名。香山、兵十六名。塘蓬山、兵八名。平斜山、兵七名。多荔山、兵七名。大鷄山塘落村、兵六名。黄那山、兵五名。那僕山、兵五名。

文黎山呆數住、兵五名。天井大嶺、兵五名。大嶺那僕、兵五名。六王山、兵六名。羅霧山、兵四名。竹子山、兵四名。文弄璋埇山、兵五名。那平蘇村、兵五名。北南山、兵三名。南埇山、兵五名。六王山、兵九名。清水山、兵十名。運塘村、兵九名。尖崗村、兵十名。大塘村、兵十名。甘村。兵十名。

茂名聽招猺共三十一山，撫猺七名，領兵五百三十五名：端黎山、兵七名。雲盧山、兵四十四名。南清山、兵三十六名。楊坑山、兵二十九名。以上撫猺一名。涼桐山、兵九名。譚坑山、兵八名。藤水山、兵八名。陶井山、兵十一名。黄坑山、兵六名。週逕山、兵六名。張坑山、兵十名。以上撫猺一名。東埇山、兵二十四名。單張山、兵三十三名。蕉林村、兵二十三名。以上撫猺一名。木梨山、兵十一名。白飯山、兵六名。羅平山、兵七名。火煙山、兵八名。郭埇山、兵十三名。高嶺山、兵十一名。馮岸山、兵二十七名。車田山、兵六名。彭峒山、兵六名。大峒山、兵六名。石碑口、兵十名。碗窑大峒、兵七名。以上撫猺二名。北昊山、兵七十名。里道山、兵二十七名。調馬山、兵二十名。蒙村山、兵二十六名。以上撫猺一名。雙覩山。兵二十名。撫猺一名。

背招猺共十三山，撫猺三名，亦兼領之，約兵一百四十一名：寧坑山、兵七名。蘇坑山、兵十一名。石脚山、兵六名。張村山、兵十一名。石栗山、兵四名。那蓬山、兵八名。曹連山、兵十五名。以上撫猺一名。龍灣山、兵十二名。馬例山、兵五名。大淩山、兵七名。馬匱山、兵十二名。周坑湴峒山、兵二十名。以上撫猺一名。玄石峒三角灣地界山。兵十五名。撫猺一名。

信宜聽招猺共十五山，撫猺二名，領兵二百三十名：大花山，兵十七名。鹽田山，兵十名。六蒙西村山，兵十七名。高陂山，兵二十名。黎沙山，兵二十名。石平山，兵二十名。沙灣山，兵二十名。觀山，兵十二名。黎峒山，兵八名。狂峒山，兵二十名。木坑山，兵十二名。六猫蓬甕山，兵三十名。盛峒山，兵十七名。沙底山，兵十名。竹瓦山。兵五名。

背招猺共十二山，撫猺二名，領兵三百五十二名：十三峒山，兵五名。木格山，兵二十名。白石山，兵二十名。大塘山，兵二十名。桄榔山，兵二十名。石峒山，兵三十名。北峒山，兵二十二名。錢牌山，兵一百名。掘峒山，兵七十名。校峒山，兵二十名。雲黎山，兵十名。甘依山。兵一十五名。

險惡猺共五十八山，約兵一千三百八十五名：校杯山，兵十名。披峽山，兵十名。亟口山，兵十名。鹽田山，兵十名。林水山，兵十名。雲雷山，兵七名。合水山，兵十名。坡脚山，兵十名。貴子山，兵十名。甘坑山，兵十五名。莆坑山，兵十五名。南坑山，兵十名。東坑山，兵十名。莆合山，兵五名。牌埠山，兵三百名。陰坑山，兵五名。容垌山，兵三十名。勃垌山，兵一百名。雲卓山，兵一百名。竹峒山，兵十名。蛇灘山，兵二十名。牛垌山，兵三十名。大謝山，兵三十名。羅林山，兵九名。佛水山，兵五名。在頭山，兵十名。文子山，兵三十名。兜勾山，兵五十名。羅湖山，兵十名。雲誓山，兵十八名。砒灘山，兵二十名。龍化山，兵十名。常川山，兵三十名。埠頭山，兵四十名。青翠山，兵十名。背嶺山，兵二十名。六回山，兵十五名。古同山，兵十三名。鷄卵山，兵十名。黃沙山，兵十名。石根山，兵十五名。良鼐山，兵十五名。黃峒山、兵九名。欖頭山、兵十名。扶龍山、兵十名。六叉山、兵十名。山心山、兵二十名。番稿山、兵六名。風垌山、兵六十名。古了山、兵九名。東埇山、兵九名。洪官山、兵十五名。坡頭山、兵十名。平田山、兵十名。小健山、兵十五名。付曹山、兵十名。燕古山、兵十名。候垌山。兵十名。

電白聽招猺共二十一山，舊志：附近猺山四：曰河峒山，曰高簡山，曰青水山，曰石狗山。接茂名縣界猺山一，曰水底山。撫猺三名，領兵九百四十二名：望夫山、兵十五名。蛟潭山、兵十名。甘坑山、兵十名。大水山、兵五名。花山、兵四十六名。黄淡山、兵五十六名。河村山、兵三十八名。石窟山、兵二十八名。大石山、兵四十九名。埇原山、兵三十七名。石灑山、兵三十八名。水頭山、兵三十八名。花山、兵三十八名。大籬山、兵一百零三名。浮山、兵七十五名。蕨菜山、兵六十八名。大水山、兵五十七名。茶山、兵六十八名。高簡山、兵四十八名。浮山、兵四十九名。東隨山。兵四十五名。舊志：附近猺山三：河峒山、青水山、石狗山。其接茂名縣者一，曰木底山。

信宜縣猺山四十有一，自北至岑溪縣，接鬱林州界：浦頭山、石弗山、古角山、那林山、木欄山、黄橋山、掘峒山、相思山、勾頭山、掘水山、玉掌山、志紹山、丢鷄山、青山、竹峒山、南思山、千歲山、錢牌山、六朴山、右邏山、東瓜山、王狗山、鷄卵山、石鈎山、藤犂山、甘草山、校盃山、林伍山、大帽山、那零山、天堂山、下木山、斷竭山、馬櫃山、大淩山、白石山、六卜山、佛水山、羊屎山、公鷄山、石羊山。

廉州府東北路抵鬱林州，猺人二種：曰白花猺，離本府約四百餘里，此處向化猺人團結住，山路險峻，人烟稀少，僅可結步相通。曰六隆猺。

靈山縣猺村二十六，俱在東，連石康縣界：盧莊村、那和水村、平波村、水表村、水麻村、張家村、白沙村、槲蒲村、黑泥村、新莊村、到勾村、横塘村、黄巢村、茶山塘、統平村、旱塘村、奈子村、六財村、六難村、價村、大菓村、那圍村、地塘、白石村、大員田、槲落村。俱係向化猺獞所在。

見今爲患山巢，德慶州西山、羅傍等處地方。

石圭等山巢約四十餘處：石圭、埇菜、埇凍、埇塞、玉埇、埇豆、百片、峒尾、思律、護木、神塘、所底、雲好、蓉艸、鎮峒、崩塘、下抱、水源、金嶺、大葥、都局、金叢、都大、罠水、白石、埇虎、三田源、踏嶺、只邏、馬鞍、埇戮、箭埇、風樓、車教、埇琴、河埇、破白、埇强、沙頭、埇連。

冷水等山巢約五十餘處：冷水、塘埇、雙坡、欄凳、龍掘、龍馬、雙境、埇境、藍埇、掘埇、埇傍、逕口、野護、小源、黄埇、泊竹、護埇、石硤、大力、古樓峥、半嶺、水瓜、馮一源、塘表、桃枝、倒峒、深灣、地煉、右逢、小信、逍遥、都鵝、黄埇、大葵、駱窩、楊梅、筋竹、改路、木衣、牛欄、塞峒、藍清、崩塘、下抱、水源、金嶺、力峒、李冷、黄埇、鷄埇。

瀧水縣古種山巢九：松栢、上橋、蓮塘、所底、石頭、黄沙、三楞、白泥、大塘。永信山巢十二：官田、峒尾、甘塘、決萊、木京、望天、蘆荻、大埇、沙冷、上雙、大水、石才。雲稍山巢六：分界、大地、黄九、山心、大散、南埇。新樂山巢十六：白梅、天平、譚羅、大峒、雙荔、水尾、平地、埇便、六合、木護、雲就、黄伍、菵村、鷄暴、疏底、天賊。思盧山巢二十一：長桑、沙上、雙墳、河叉、譚槽、雙櫓、趙就、黄沙、果冚、木古、蘆荻、馬寮、譚碌、譚崩、土瓜、白竹、司背、高樓、竹塘、田了、梅峒。金青山巢四：譚漆、譚眉、路盡、石埇。坎底山巢七：上河、都門、南山、鎮南、排步、雲陽、洞看。新容山巢七：雙利、橋頭、坎崩、譚禘、林河、龍屈、車籬。雲致山巢六：雲致、黄嶺、暖水、陂頭、埠合、山心。亟口山巢六：羅磨、金斗、茶塘、上賴、下賴、六都。紅豆山巢六：雲青、勒巨凹、大村、沙瀝、馮埇、深埇。鐵塲山巢二：鐵塲、沙菵。

德慶州東山、南鄉，新興縣黄三坑地方，東山巢三十二：葵嶺、譚翁、東涌、石牛、大崩、清水、石狗、弼黎、道州、思藥、上下臺、赤土、歐塘、柴杭、太平、古模、火燒山、下埇、蓮塘背、雲洋、南蛇、丹竹、大嶺、大水、封門、牛嶺、大崗頭、茆坑、楊樹、桐村、伏芋、塘邊、竹根。南鄉山巢二十一：交埇、山猪、木衣、大竹根、半崢、桄榔、埇角、北埇、黄沙、上三江、下三江、大凹、冷水、白雲、大降、大臺、水尾、大黄底、崩塘、大水、石背。三坑山巢二十：石壁、黄沙、大郭坑、裏雲、石峽凹、欖埇、沙木塘、龍骨、降底、三灑、燈掛、西坑、長烏崗、馬頭崗、竹峒、木乍坑、山諫、崩塘坑、牛湖、崖流。

信宜縣甘埇等山巢約一百三十餘處：甘埇、沙底、陰峒、坡陝、古了、付曹、小健峒、紅官、燕古、鳥壦、頂坑、蒲駝、鹽田、平田、廉峒、木嶺、牛峒、勃峒、大洞口、那富、雲誓、埠合、風峒、容峒、甘衣、喉埇、雲犂、坡頭、六義、艸遶、李吾、番稿、南埇、羅譚、雲卓、錢牌、大破、梭埇、六難、六龍、木格、六猫、木統、犂沙、桄榔、白石、大塘、石埇、六卜、竹峒、蛇灘、沙底、嶺脚、盛埇、西村、六毫、桐尾、大花、藍田、高卑、上掘埇、下掘埇、誑峒、犂埇、觀山、里氏、沙灣、石平、上下北埇、白鷄、嶺脚、扶龍、雲羅、十里、廟背、蝦塘、茅田、六域、平欄、六蒙、六稍、佛水、雙峒、仙埇、埠頭、黄藤、龍代、雙底、石求、雲墨、漏村、大聖埇、大謝、古伴、燕水、背嶺山、右同、棠梨、萬料、茶山、雲特、歐坑、鷄卵山、石根山、流湖山、横埇山、龍化山、常川、龜門、澗白、羅林山、載頭山、交杯、亟口、合水、雲雷、冷水、河口、欖頭、硃砂、第六峒、根竹、大雙山、蚊子、鳥村、尖山、兜勾、青翠、六回、大水、表山、六舌、浹頭山。

狼、獞者，高州府所屬州縣，先年節議招取廣西耕守狼兵共一百三十一村，寮兵一千七百六十三名，獞九寨，兵二百二十名。

化州狼共二十村，招主二名，領兵一百九十四名：文弄村、兵十三名。上雙下雙村、兵八名。平鄧村、兵九名。譚溶村、兵八名。三則村、兵七名。平曲村、兵九名。蒼坡村、兵十一名。羅婆村、兵七名。平禾村、兵七名。羅甕村、兵六名。張平村、兵十名。那留村、兵十二名。大樜村、兵十八名。那良村、兵十四名。西屯大寨村、兵十名。那德村、兵九名。雷嶺村、兵九名。木格村、兵九名。謝路村、兵九名。牌界村。兵九名。

茂名狼二十七寨，招主三名，嶺兵八百三十九名：石壁寨、兵三十二名。東岸寨、兵二十名。李觀二寨、兵八十二名。白鶴寨、兵二十名。平圃寨、兵二十名。大雙寨、兵五十一名。甘竹寨、兵三十一名。黎峒寨、兵二十名。馬子寨、兵三十一名。井埇寨、兵二十名。牛皮寨、兵三十一名。大朝寨、兵五名。以上招主一名。潘龍寨、兵三十二名。平眠寨、兵十一名。高嶺寨、兵二十一名。黄嶺寨、兵十名。金坑寨、兵十四名。以上招主一名。雙花二寨、兵一百零三名。黄塘寨、兵五十一名。周垌寨、兵五十一名。清湖寨、兵五十名。以上招主一名。大囮寨、兵二十一名。洗坑寨、兵十名。大屯寨、兵四十一名。竹潮寨、兵十名。水坑寨。兵五十一名。獞七寨，招主二名，領兵約八十五名：桐油寨、兵十三名。永安寨、兵十一名。以上招主一名。博馬寨、兵十六名。張村寨、兵十一名。東瓜寨、兵十一名。馮村寨、兵十二名。觀珠寨。兵十名。以上招主一名。

信宜狼四十七寨，招主六名，領兵約一千三百一十七名：銅鼓寨、兵五十六名。西村寨、兵四十四名。南曹寨、兵三十五名。登邏寨、兵十八名。六哨六嬰陳村寨、兵三十五名。部参寨、兵三十九名。何峒寨、兵三十三名。以上招主一名。甘雪寨、兵三十九名。雙峒寨、兵三十一名。都黎寨、兵二十一名。譚利寨、兵三十八名。七里寨、兵三十九名。譚坡寨、兵二十九名。那貢寨、兵三十八名。石砒寨、兵七十一名。六觀寨，兵六十二名。歐坑寨，兵五十三名。古樓寨，兵二十五名。高城寨，兵十九名。佛垌石聖寨，兵二十五名。龍山安寧寨，兵四十九名。以上招主一名。木定寨，兵十四名。招主一名。長樂寨，兵三十二名。積基寨，兵十一名。平山寨，兵十三名。萬峒寨，兵二十三名。羅卧二寨，兵三十二名。以上招主一名。六蒙寨，兵二十五名。黎峒寨，兵二十八名。莊峒寨，兵二十五名。部峒寨，兵三十二名。以上招主一名。石馬寨，兵二十二名。招主一名。金峒寨，兵四十三名。聖積寨，兵十一名。坡腰寨，兵二十三名。南屯寨，兵二十五名。以上招主一名。六坑寨，兵十六名。石嘴埕峒寨，兵二十三名。軍田寨，兵八名。六糞寨，兵九名。六梒寨，兵十一名。石鳳寨，兵二十四名。高仰寨，兵十四名。白花寨，兵十九名。石槽寨，兵二十一名。思漏寨。兵一十四名。雷白獞二寨，獞目三名，領兵約一百三十五名：羅霍屯，兵一百一十四名。獞目二名。博馬屯，兵二十一名。獞目一名。信宜流猺共一百二十五名：龍山大棹山，兵十一名。那馬良坑山，兵十三名。以上撫猺一名領之。嶺底寨。兵九十五名，聽調防守本寨，猺總一名領之。

峒獠

峒獠者，嶺表溪峒之民，古稱山越。唐、宋以來開招寖廣〔八〕，自邕州以東，廣州以西，皆推其雄長者爲首領，籍其民爲壯丁。其餘不可羈縻者，則依山林而居，無酋長版籍，亦無年甲姓名，以射生物，凡活蟲豸能蠕動者，皆取食之，謂之山獠。虞衡志所謂「蠻之荒忽無常者也」。其酋長有版籍者，頗知婚姻，每以奴婢各一人爲聘，無則以銅鏡當之。攻剽山獠及博買嫁娶所得生口，男女相配，給田便耕，教以武伎，世世隸屬，謂之家丁；以漸役於馬前牌總，謂之峒丁。淳化中，馮拯知端州，奏允盡括諸路隱丁，更制版籍，於是嶺西之獠，多爲良民。而廣州以西，時復生亂，有司加意招徠，雖暫向化，但終亦荒忽無常云。

周命楚子熊惲鎮定夷越，其後吴避越，越避楚，其子孫皆遂蠻獠而居，至於南武城遂爲揚粤之都。秦并天下，略定揚越，置東南一尉，西北一侯，開南海以謫徙民，故粤人遂避中縣華風，西與巴渝，南與駱越相合。漢置交趾部，吴分廣州，其治去南武城五十里，曰番禺縣。漢書所謂浮牂牁，下灕津，同會番禺，蓋乘斯水而入越也〔九〕。公孫述時，牂牁大姓龍傳君董氏與郡功曹謝暹保境爲漢，乃遣使從番禺江奉貢。晉刺史鄧□築壩以杜牂牁之水〔一〇〕，今溪洞東南近海，有沙灣紫坭。蠻獠恃富稱峒主，每睚眦忿起，輒帥衆執人烹之，謂之湯，投其骨於海。蓋廣州諸山並俚獠，種類煩熾，前後屢爲侵累，歷世患之。故有二水：其一水南入者，鬱州分派，逕四會入海；其一即川東別逕番禺城，爲古壩所遏。隋末南平獠猶通番禺爲患，節度使或封南平王以鎮之。宋、元時或合西山爲寇。本朝永樂中置鎮守内臣。正統末武職亦多侵漁，諸峒盜發。景泰初副總兵董興、參將武毅多受賕贜，獠益猖獗，都御史王翱討平之。正德中，紫坭港黎野航等爲峒首總領，殺人作亂，官軍擒之。雖有衣冠雜處，不能化也。村氓與蠻獠相雜，有士夫之家，亦不能制。東北山谿綿亘，介乎增城、清遠之間，其上山諸峒，赤薯峒。咄溪。料安峒。沙羅窩，東峒。大、小茅平，水尾峒。寶鴨潭，雈門槼，稿木，平鰲坑，苦竹脚，亞姨寨，黄龍，砵醋峒。箭竹，聖堂前，楊梅坑，相公峒。槽碓坑，楓木望，黄竹，田陳峒。茶嶺，仙羊溪。長槼，基菜平，上一溪。牛屎，分烏塔，平地，茅田，下寮，上、下禾峒。土肚灣，三條橋，辣菜坑，斗潭，石碓坎，馬口寨。下山諸峒，松子槼，冬瓜田，柿樹下，苦菜塘。南海縣溪峒，西南有十三村。有緑柳浦、光角遠等名，餘不能悉記。蠻獠出入行劫，有盧包水爲捷徑，遇春夏則三江水、巴由水，皆汎入其中，漲溢可行，舟至清遠，減一日之程，冬則乾涸難渡。村民連結横潭諸峒。弘治初，蠻首譚觀福作亂，既討平後，立從化縣治於上游。始在横潭，後徙馬場田，近下山諸峒。正德初，胥江附近居民猶被盜侵掠，乃置指揮一員，以都指揮行事，領兵二千，守把盧包水。十四年，我師勦平之，後餘黨悉就招撫，其所居巢穴在上下山者，悉皆革面。於是盧包水革去官軍哨守，惟令百户一員，兼同胥江巡司，駐劄巡邏。嘉靖中，布政使徐乾檄所屬州縣舉行所定保甲之法，使鄉村相爲聲援，亦防禦之一端也。而諸山新民，則督撫猺里長，令其旬朔一至縣庭，禀受法令，俾其自相約束，無得侵犯；其願就民居者，亦聽其移徙，則狙獷之習可以少變，而地方亦奠枕矣。

東莞縣大奚山在縣南大海中，有三十六嶼，周三百餘里，舊志云：居民不事農桑，不隸征猺，以魚鹽爲生。宋紹興間，招降其人來祐等，選其少壯者爲水軍，老弱者放歸立寨，寨水軍使臣一員，彈壓官一員，無供億，寬魚鹽之禁，謂之醃造鹽。慶元三年，鹽司峻禁，遂嘯聚爲亂，遣兵討捕，徐紹夔等就擒，遂墟其地。經略錢之望與諸司請於朝，歲季撥摧鋒水軍三百以戍，季一更之，然兵戍孤遠，久亦生亂。慶元六年，復請減戍卒之半，屯於官富場，後悉罷之。今有姓萬者爲酋長，因名爲老萬山，過其境者，悉與魚鹽云。蒼梧軍門志。

新會縣潮居都白水諸峒，自正統七年春正月，盜起剽掠鄉村，時巡按三司官遣指揮朱端、知縣陶啓招撫，不能息，復遣指揮王英領軍勦捕，賊首周義長、温覿彩等繫官，後竟以賄賂詭計獲釋。由是諸賊益熾，水陸攻劫無所忌憚。

十四年春二月，文章都大嶺村賊首黄汝通起兵應之，五日之間，衆至三千餘，剽掠船頭、石灑、上冲等十二村。是時人心洶懼，計無所出，率乘舟逃竄，日則海洋中，夜則泊岸。既而群盜益熾，岑子華起鐵爐坑，譚保起陂頭，黄三起南坑，大白蠻起那西，各統兵二三千，竟往陽江諸縣剽掠，本地稍息，浮船者漸次還家。四月十二日，鎮守安鄉伯張安遣僉事宫安、知府聶好謙、把總指揮席斌，領官民兵合三千餘，水陸勦捕。僉事宫安屯舟斗峒滘，指揮席斌進兵紫霞海。時賊首黄三等據大柴峒等山險阻立砦，席斌等統軍分三哨直抵賊巢，賊人依險滚木飛石，軍士不能敵。左右三哨千户李霖、楊盛畏縮不前，軍遂敗，斌與旗甲邢端九人俱被殺。檄聞，僉事宫安等皆大懼，迺進兵上塘，督令各民兵悉力擒賊，前後約獲八百餘人，即杖殺之。黄三等依險爲固，衆軍懲前敗，終莫敢進取。是年八月十八日，遇赦，各官遂引還，席斌之冤，竟不能雪。因此賊益猖獗，師還不數日，悉下山剽掠。時黄蕭養僞稱東陽，黄三、周義長、黄阜匠等俱受僞命，封爲侯伯、總督、都元帥等官，各據山立寨，煽惑諸村。愚民罔不摇動，思欲爲亂，秋冬間下山剽掠，村落屋宇燒燬殆盡，鷄犬爲之一空。自後賊益猖獗。

景泰元年春正月，參政黎璉等往守新會，招撫而還。二年春，各賊復起，縣民劉顯等奏請勦捕。三年春二月，鎮守廣東户部左侍郎揭稽及巡按三司奉命往新會討勘，官以寧靖報，竟坐奏者以罪，民大失望。夏五月，僉事蔣敬出兵捕之，至松栢山，賊乃遁去。景泰元年春正月朔，周義長、李丙統賊三百餘徒，圍冲翼村，擄張凱、張寅妻子，盡殺之。寅妻蘇氏有美色，周義長欲留妻之，蘇氏不從，竟罵賊投水而死，聞者哀之。閏正月初八日，賊首區蛋家、黄三、温觀彩駕船五百餘艘，泊曹婆渡，從獅子山劫掠黎峒村，居民俱走薛公巖。時總甲曹桂林等設策，密令家各置藥酒，俟賊入飲之，纔行，統衆追之。賊人藥發，山路險阻不能走，死者二百餘人。時參政黎連、都指揮張玉已於正月間統軍一千守新會城，候大軍未發，城外居室先爲區蛋家燒燬，人民奔竄入城，鄉村逃難至城者，俱無止踵，流離不可言，多叛從賊，受僞官，攻城劫村，大肆猖獗。二月初四日，黄蕭養既攻廣城，殺死指揮王清，敗没安鄉伯官軍，遂乘勝連本縣賊首王三等船一千餘艘，衆至三萬餘，急攻新會城，欲取之。黎、張二公勢迫，乃開城門引兵出汾水岡，與賊大戰數合，互有傷敗，官軍死者六十餘人，賊鋒大衄，死傷者不計，由是稍退。四月十一日，都督董興統在京、江西、兩廣等處都指揮武毅、姚麟等官軍三萬餘。敵至廣城，遂率諸軍乘船五百餘艘，由波羅廟旨蜆滘至州前海面，與賊交鋒。賊既爲黎、張所挫，鋭氣頓沮，至是遂大敗，斬馘淹水者不計。舍人董宗、千户譚賢、軍人黄建德生擒黄蕭養回，至五羊馹而死，斬首解京，餘賊遁散。五月二十九日指揮馮英等官統兵至新會，仍屬參政黎璉提督。時既殺黄蕭養，各官意怠，諸賊縱詭計行間緩兵，主者遂蹈其策，乃以招撫爲名，遷延不進。至六月十二日，諸軍徐至獨崗、斗峒等處，仍行招撫。至十九日，始進兵百鋒山、下塘田等處，官民兵共六萬五千餘，分扎十二營。其時諸賊黄三等各潛入大柴峢等山立寨，連日抵巢招撫。七月初九日，惟黄三受招下山，其餘諸賊劉積、温觀彩等竟不服招。八月十三日，各官皆引還。民間相傳以爲黎璉納其賄遺，故不加兵云。景泰二年春，各賊復發，晝夜剽掠，居民不勝荼毒。劉顥、伍崇長等一百六十名赴京具奏。十二月，准行勦捕。景泰三年二月，鎮守廣東户部左侍郎揭稽并巡按御史、三司等官親臨新會，時衆議以山原險阻，難以用兵，草間寇竊，勝之不武，失反傷威，由是遂令官吏林炟等虚作寧靖保結抵罪，奏入而返，民人含寃，諸盜縱横日甚。時有童謡云：「壓倒生民，入於貝戎；人死不顧，虚鎮廣東。」是年夏，前賊復作，往陽江縣剽掠。時巡按御史王瑾見其猖獗日甚，不得已，乃遣僉事蔣敬、都指揮胡英領兵合諸縣民兵四千餘勦捕。五月二十九日進兵，直抵松栢山、那虔等處，及圍上、下二峒，悉力擒捕，賊徒盡數勦戮，捉獲人畜無算，由是各處盜賊聞風遁散。時蔣敬意在剪除間，忽因都督董興遣人追回議事，遂各引還。是時諸村少平。

聽招諸賊復出剽掠。景泰五年冬十二月，總督軍務都御史馬昂命將大征。七年春，始破黄坭岬等山寨，遂圍白水、洋冲二峒，奏捷而還。縣丞陶魯立鄉老以約束之。於是新會乃平。景泰五年春，前賊復作，都御史馬昂復遣都指揮徐恭、參議朱英、副使顧侃等親臨擒捕。各官猶踵前失，惟住新會城，遣人招撫間。衆賊復剽掠鄉村，殺害葉宥奴等人口六十餘，本縣亦欲息兵，竟匿不聞。各官不知，又親抵巢招撫，由是諸賊狎玩，略無畏忌，受招未幾，旋復剽掠。自春至冬十月之間，官兵往返縣鄉，旋招旋叛者五，人民荼毒，官府疲於奔走，勢不能已，方大圖征勦。十二月初二日，都督翁信率三司等官，統廣東軍駐新會，僉事成功等統廣西等處軍駐蜆崗，都指揮張通等駐材峒，參議朱英等駐天湖葫，刻期進兵，分據各賊要害塘田、油灆步等處，大小三十餘營，官軍士兵計一十餘萬，戰船及運糧船隻共四千餘艘。景泰七年正月初四日，遣都指揮干羽、胡英等統領各軍進山，先破黄坭岬等山寨，生擒劉三仔父母妻子及各賊妻子，又破曲水、圍鰲塘等處山寨。是時賊勢大挫，雖有木石排栅險固之設，驚見軍威，各自潰散，束手就擒，斬獲賊首劉三仔等首級，盡收其妻子、資財、器械。十六日，都指揮胡英圍白水、洋冲二峒，斬獲賊首張陳保、曾四古等首級一百餘，盡獲其資財無算。都指揮馬圍蔣峒等村，斬獲賊首温三廣、温康二、温祖奴等首級二十餘，及沉水淹死、生擒人口不計。渠魁既盡，各官乃解軍引還。尚遺殘寇，留指揮王英、新會縣丞陶魯相機勦獲，及安撫諸村良民。是年七月，魯遍歷諸村，設立鄉老，置木牌，開寫各户丁口，逐月開報諸村動息，每五十家仍立總甲一名，管東出入，互相勸戒。自是盜賊斂跡，居民始獲安堵云。

天順元年三月，賞新會縣斗峒等處官軍民壯人等一千四百七十人綵幣表裏布絹鈔錠，以本地殺賊有功也。

弘治十二年，設新寧縣，後猶出峒爲盜。正德十五年春，兵備副使王大用討之，斬獲羊公逕、上下平山諸賊，各賊復圍城。嘉靖二年夏，撫、按調集狼、達官軍四出剿之，破連堂、石鼓等寨，擒斬無算，振凱而還，餘黨復聚。弘治十二年設縣以後，温邊、白石諸村小民猶習故爲盜。正德間寇劫浸甚，知縣張文造設鄉村長以約之，朔望關報其村之動静，有爲非，輒覺察擒獲，時頗畏服。踰年，張卒，盜如故。是後益横。正德十五年三月，兵備副使王大用統兵勦捕，以盜攻盜，諭以功贖罪，由是先殄其甚者，羊公逕、上下平山盜賊授首，餘皆喪膽，捕人至，即自投歸官，無敢亡命，前後捕獲凡六千餘人。大用見其威易行，欲盡圖温邊、白石，不克。十二月初五日，遂至圍城數日，既而招撫散兵。典史鄭翱獨守孤城。自後賊首許車保起於白石，陸四起於大葫，聲勢大肆，剽掠鄉村，歲無寧日，居民逃竄流離，猶甚景泰間。貧而不能自存，亦併起爲盜，猖獗日甚。時知縣胡綸初任，勢力不能支，曲就招撫。嘉靖元年六月，知府簡沛率生員張茂才、劉慶祖沿村招撫，藤峒、狗逕諸寨人跡所不能到者，皆親至其地，備歷險阻，悉心撫諭，終不能服，剽掠如故。撫按官具奏以聞。嘉靖二年閏四月，乃調集土兵合官民兵一萬餘，右布政使章拯駐新會，參政葛浩、參將李璋駐新寧，副使王大用駐恩平，知府簡沛駐海晏，遣兵四出剿捕。先是累年征剿，只用民兵，諸賊玩習無忌。及是狼兵已至，賊猶未知，先抵連堂、八帶、羊公逕、石鼓山諸寨，各賊妻子戲笑自若，咸相呼出寨，曰：「今日看殺這民壯仔。」以故狼兵突至，得盡戮諸賊妻子，遂乘勝追殺温邊、白石等處，群盜望風喪膽，竄走百鋒山諸處藏匿。時章在新會，凡獲盜，令於路中識别同類，隨賊所指，即執而戮之。沛在海晏亦多殺戮。渠魁陸四兵敗亡命，沛輒指平民藏匿，因緣爲利，凡客居海晏者，咸受其辜。惟葛浩用兵有紀，淑慝詳明，民多賴之。時有諺云：「遇葛、李則生，逢章、簡必死。」後陸四竟不獲，旋師之後，如縣胡綸始用盜羅九之計，以老人岑益入寨爲質，誘出殺之。當是之時，各寨渠魁授首，黨與幾盡，所餘者，惟陸四數人而已。使能少止期月，則禍端可絶，惜其旋師太驟，不旋踵，餘孽陸策等復作，招集各鄉逃叛及通西山賊，入境圍村，捉擄人口，殺人報仇，尤慘於前五年。后備副使徐度遣縣丞林應總統民兵征捕，不能平，猖獗猶故。七年冬，兵備副使徐乾復臨寨招撫，亦不能息。十年，兵備僉事莫相乃復調狼兵入境剿戮。時西方大隆等處已平，而東方黄坭[山州]猶不能克，上下亦厭苦於兵，遂散師招撫，令各該管里長，領帶隨鄉安插，分給牛種，其已經征剿空絶都里，乃招貧民耕種，其田立爲民屯之法，自是漸次寧息。

賊首許文盛等竊發，有司捕盗，有獲者指使攀陷良民，由此賊益得志。

嘉靖十五年，新會賊首許文盛、鄺悦敬等潛據張邊，糾合背招賊徒鄒田等，並起東瓜冲、冷水坑等處，剽掠劫殺，歲無寧日。十七年夏五月，兵備僉事李文鳳發兵剿捕，遂平張邊，而東瓜冲、冷水坑等寨許、鄺諸賊俱逃竄，姑從千户劉晃計撫安。秋七月，許、鄺背招復亂，知縣劉曉許獲首賊許、鄺，殺之，郡黨屏息。數歲，盗復竊發。二十五年正月，恩平鄭文遠、橋頭黄谷峒口黄聖任、鐵冲吴孔清、良舍伍良佐五百餘衆，捉擄人口，上錐木頂、金雞諸山爲質而取財。典史洪鎰、千户劉晃率領軍兵及嶺西哨土兵，屢攻不克，曲就招下竹源村安插，實肆劫如故。假令控御有方，猶可苟安。知縣王臣去任，署印增城主簿何汲、典史洪鎰倚盗害民，每捕一盗到官，指使攀陷良民數十，賫緣媒利。竹源諸賊日入城市，捉局取財，下材尤甚，莫爲鈐制。自是玉懷陳孔榮、陳孔宜、簕冲區文嶺輩，聞風效尤，聚黨響應。那西方鼓等寨，陰行交通，大肆剽掠。二十六年春，兵備僉事諸敬之調指揮余德、千户江祖洪領打手五百來縣哨守。夏四月，諸賊劫葫尾、都斛等村，洪鎰領民壯鄉夫，江餘領打手，劉晃領軍餘，起集招撫新民，遇敵奔北，劉晃墜馬，爲賊所執，勒銀三百兩釋歸。後新民各歛銀倍其數以償劉。二十七年，署印順德縣丞李□明貪黷，與洪鎰無異，復踵前弊，民皆怨曰「捕盗而反爲盗」云。時顧以招撫平寧申報，以故盗益肆無忌。二十八年春，知縣張國器知指扳延禍不小，盡行痛革，但禍膽已成，不可支吾。兵備僉事王德設鄉團保甲之法，鄉間善惡清雜，竟不能遵行。夏四月，吴孔清、區文嶺及恩平五崖風，新會何老猫、鄧四等，蜂起二千餘徒，流劫蜆崗驛官吏財物。巡撫張經、兵備陳梧嚴飭各哨守官員，住俸戴罪平賊。通判王輅出令，但執渠魁，脅從罔治。知縣張國器置牌數面，書令其中，遣民壯執牌，沿寨曉諭。自是竹源寨殺賊首區文嶺，石鼓寨殺賊首許松林，生縛黄谷數人解官。二十九年秋，新會知縣尹照督同典史吴一鶚、總甲鍾英學，計誘吴孔清、伍良佐等出寨，殺獲四十餘級。知縣張國器乘機督同典史洪鎰、千户劉晃、百户王永爵、龐人傑等，統兵夜抵竹源寨，生擒雷子隙等十二名，斬獲黄應任等三十餘級，俘獲賊屬四十六名，并其牛馬稻穀入於官。自是竹源寨獲平。當此時，石鼓、那西、苔村諸寨正可清剿，惜因循不舉，以致諸寨復起，招納亡叛，及因扳陷破家者，亦併起爲盜。嘉靖三十一年春二月，首賊陳赦招集三百餘家，屯據上峒、雞頭、鈑籮崗立寨。陳孔榮、陳孔宜招集四百餘衆，屯據苔村、懷寧立寨。鄭文遠、陳蕩國招集五百餘衆，屯據盈峒、大塘立寨。新會首賊李朝興投石鼓寨，自稱兵備，上橋聞元亮自稱西山侯，曾黄九自稱都堂，石鼓鄧汝安自稱知府，冷水坑葉尾自稱把海指揮，筋竹坑李以祥、張邊朱子潰、楊逕白子富各立名號，互相應稱，聲勢聯絡，聚衆四千有餘，立寨八十有七，晝夜流劫，甚至掘塚挖棺質贖，以致各有喪之家，停棺不葬，或聚居城市，或流移異縣，貧富俱不得其所。三十一年，提督軍務都御史應檟、巡按御史郭文周議行征剿，兵備僉事杜聰目覩賊勢猖獗，恐難成功，計誘李朝興、何老猫數賊解報，厥議遽寢，民失所望。嗣後盜賊得志，黨類益滋，遠近無賴之徒，日見烏合，上至東莞、增城，下至新興、陽江、陽春，揚旗肆劫，白日横行。官兵束手，莫展一籌。危城破堞，獨寄蠻隅賊寨之中，邑治陸沉，城門盡鎖。已而里排蔡基等具呈當道，委官緝弭，卒未能静。

嘉靖六年，新會、新寧民賊亂，都御史姚鏌、總鎮太監鄭潤、總兵撫寧侯朱麒討平之。先是新寧、新會蓼塘、□塘、長塘等處民雷骨子、林子祥、湯孛等聚衆流劫，地方蒙禍。嘉靖癸未，曾經大征，漏誅復出，流劫斗峒、大巷、潮透等鄉村。至是鏌等行委嶺南道守巡副使徐夔、左參議周震、督備都指揮王蘭，督領打手一千三百餘名，分道夾攻，俘斬三百七十名顆，餘黨始平。

九年，會、寧民賊復亂，提督兵部右侍郎兼右僉都御史林富、總鎮太監張賜、總兵咸寧侯仇鸞討平之。先是會、寧各巢劇賊據險有年，流毒無極。正德之末，猖獗尤甚。嘉靖二年，徵兵大舉，斬獲首級雖以萬計，而那潮、墩寨、康梔、藤峒、九逕、雷坑、大隆山賊首曾友富、丘區長、廖悌奴、林仲貴，長塘、平田、相峒賊首宗英、方長皆未遭兵，復聚衆流劫鄉村，爲亂歲久。至是富等調集漢、達、土官軍兵三萬一千九百餘員名，分爲二大哨，分道進勦，俘斬一千八百九十名顆，餘黨招安復業。

三十五年夏六月，提督都御史談愷始討平之。是年二月，八十七寨賊起，劫掠鄉村，逼近城市，勢不可遏。知縣江汝珪乃激切上懇巡撫鮑象賢、巡按郭文周會同三司具奏，准議調兵征勦。時以江浙倭寇有警，方募兵北援，二廣兵食不繼，未即舉事。嘉靖三十三年三月三十日，巡按御史郭文周題據分巡嶺南道僉事杜聰查勘得廣州府所屬會、寧二縣，除賊巢小者未計，其大者如石鼓、茅舍、苔村、石人、崊峒、横嶺、蓮塘、羊公逕、倉下、那西、冬瓜冲、上峒、飯籮崗、鷄頭、懷寧等寨賊首李朝興、陳孔榮、陳赦、林紹統、許君禄、白子富、林蝦等，所統賊衆約四千百餘，且與嶺西之恩平、新興、陽江、陽春等縣巢穴相聯，盤據流劫，節年爲害，不時突越擾掠東莞、順德等縣地方，殺人市威，捉人取贖，群徒肆志，節年爲害，霸據山地，分列頭目，僭稱侯將霸王、督兵指揮、破陣將軍、統督大將、兵備等號，擅竊服飾，置造兵器，蓄買硝磺、火藥，開張旗牌，放打銃炮，攻劫鄉村，禍延肆志，流毒一方，戮毀民居，姦辱婦女，其爲荼毒，有不忍言，誠神人之所共怒，天討所當必加者也。譬之疽癰之在人身，若不及時攻治，必至潰肺腹，其勢有不得不亟爲之圖者。痛思民患，深求病源，蓋如昔人所謂盜賊之日熾，由於招撫之太濫。近禍未艾，往鑒可徵，故職不敢爲再撫之説以誤地方。即今會、寧之民，莫不願大舉征勦，以快一朝之忿。疏上，奉旨准擬行令勘議征勦。已而提督軍務兵部右侍郎兼僉都御史談愷會同總兵官調取漢、達、土官、狼目、軍兵、打手人等，分定哨道，行委兩廣三司等官監督總領，刻期抵巢進勦。嘉靖三十四年十一月，首賊曾黄狗、陳赦、陳尚錦、葉尾、朱仕清等各率其黨八百餘徒，流劫海晏，殺死鹽塲署印經歷秦鄉，劫擄日肆，警報夜傳，遠近騷動，皆不自保。提督府乃密檄知縣江汝珪召貢士陳善道、排年蔡基赴軍門，詢訪時機，善道等各陳當勦之狀，於是議定，以三十五年正月十四日，下令誓師啓行，分爲嶺南、嶺西二哨，西哨出恩平、新興，南哨出新會、新寧。越十九日，兵備副使畢竟容寔總會、寧之兵，駐節境上，以便宜行事。參將鍾坤秀統兵一萬，自南海直抵新會壁山寨。都指揮王麟統兵二萬，自石門直抵苦艸逕。又分左、右翼，一略百鋒十二寨，一略石鼓十五寨。旁午移兵，攻黄沙坭、倉下寨，殺獲五十餘級，夜進茅舍、梅樹崗等寨，殺獲一百餘級，獲財畜甚多。賊大敗，突圍走牛角峒，乘勝追殺，又獲三百餘級，俘獲賊屬一千名口。越數日，屯營督哨，搜山擣巢，甫一月，計八百餘級。惟時土民利賊貲貨子女，乘機窩藏，竟容偕汝珪出令，許其殺獲解官準罪。自是窩家懼罪，各生縛賊首曾黄狗、鄧汝安、劉繼宗解報，官兵又追殺賊首余五、雷世雄等一百餘級，間有隱蔽殺死者，不可勝計。三月初三日，王麟進勦盈峒、大塘諸寨，鍾坤秀進勦那西、上橋諸寨，又分兵自牛眠、沙進勦苕村、懷寧諸寨，所向無阻，群賊投首。惟上橋數寨賊乘夜潰圍，奔入那西諸山。於時山蹊險絶，草蔓蔽寨，迨曉追捕無獲。次日，王麟移兵羊公逕、三合水，鍾坤秀移兵那西、山坂譚，身先士卒，載緝載弭，各有所獲。已而軍門分委通判汪應奎下縣，發奸摘伏，緝獲到官，治之如法，其有爲人所誣者，亦盡開釋。六月十二日班師，諸將奏凱而還，大慰民望。乃設立更鼓、那西、三合、金雞頭諸營，各署千百户一員，并留報效目兵，分方防守。至十一月間，乃有賊首陳赦、朱仕清、風擺柳、劉不憂等一百餘名，竊據大隆、百鋒諸山，出没爲患，劫擄新會，遠近復震。知縣潘相乃令相時緝捕，生擒賊首朱仕清；又用秀計，生擒陳赦，解赴軍門，前後獲賊黨一百餘人，渠魁相繼就縛，脅從亦已撫綏，於是新寧乃平。

新會縣西南近海，有古兜大山，水陸四達，渦田環繞，蠻獠聚焉。順德、東莞群盗附之，西與香山、新寧爲鄰，南則聯接瀧水鄉。諸村氓多與之交通，出没爲盗，民有群不逞者，將投賊，謂之入山，指古兜、石鼓諸峒也。

嘉靖三十一年春，嶺西新寧賊首譚進等劫掠得行、登名、古博、石碑等都，據白石型之險，官軍討之，無功而還。乃招撫進等，各安插於古勞宅村、碌子坑。聽招之後，仍復爲盜，不時出没，皆屯劄五坑逕或石壁、尖觜等山。兵備僉事王德至縣，議在古博都水口山擇地立中軍營，設一總制官，使之西控蜆岡、長沙塘，東控良村等營；又於五坑逕、遊魚山、鬼子窟、金釵、牛仔闌等處立爲小營；復欲擇崑崙、常德二鄉界中立一大營，總扼平康、登名二都之衝，以爲山南諸村保障。德親督官軍民兵戰於白石峢，無功遂還廣城。所立中軍營既無定説，而小營諸兵畏勢孤難守，遂圖别調，五坑逕等營遂鞠爲賊巢。自是賊每一駐其地，動經旬月，數都居民，殆無寧宇，被害不可勝言。夏五月，嶺西賊劫掠平康等都，僉事杜璁遣兵戰於北獵山，破之。

三十二年，賊首李朝卿等伏誅。是時歲饑盜起，猾賊李朝卿假以招撫爲名，調用於官，潛通古兜山寨，反爲賊耳目。璁至縣，誘朝卿而誅之，併戮其黨四十餘人，邑民稱快。於是賊乃屯於壁山。府通判汪應奎署縣事，調集兵食，出千户周紹武於獄，援以方略，帥官軍民兵二千七百人以往。三十三年元旦，兵抵壁山下，賊方燕飲，不虞兵至，放佛郎機銃，擊中穿紅賊首一人，其夜賊遁。

先是外海村民陳文伯等假以報効爲名，自備工食，充打手總甲，有司信之，每戰繫白帶爲先鋒，謂之白帶義勇。謝邊村有奸吏謝大用，爲賊首作亂，文伯協同五坑逕、鬼子窟等營兵，破之於金雞頭大山，斬大用。已而平康之樓岡民何二與恩平鄭清等爲盜，據長潭，文伯帥兵又破之，斬何二，累以功自矜。癸丑大饑，文伯煽動饑民爲亂，擁衆海上，肆行劫掠，官兵捕之，反爲所殺。應奎令人賫榜往諭，不聽。乃選精卒千六百有奇，令典史馮卿造神機銃、螺螄箭，合諸邑兵五千有奇，帥舟師往討之。戰方合，文伯中銃死，餘黨皆降，賊勢益孤。

三十五年正月，提督都御史談愷乃舉大征出師，南由新會趨新寧，越新興而北，復轉而南會於恩平界，又西由恩平望陽江歷新寧而南，復轉而北，會於新會界，敗賊於石鼓，又敗之於關村，以至牛角㟍、懷寧、古餘，入於巢，窮追於山，凡破寨二十有奇，斬獲萬級有奇，餘悉面縛以降，復命撫之。

增城縣甘泉都與東莞縣二十都爲鄰，洪武中湛菜峒獠蘇友輕反，攻劫增城，官軍累爲所敗，久乃克之。正統中增城峒獠多稱苗兵作逆，經赦乃散。大抵增城、龍門與清遠皆連接賊巢云。

連州北連荆、湖，西通臨、賀，多峒落蠻獠，陽山猶甚。洪武中，南雄侯趙庸討平潭洞諸寨。天順四年十二月，巡按廣東監察御史吕益奏廣西流賊四千餘徒，越境攻破連山縣，戕殺官軍，已而復劫殺陽山縣及連州諸村寨。兵部請令兩廣總兵官武進伯朱瑛、都督同知歐信等調兵勦捕，從之。

五年，連山縣被賊占據，都御史韓雍既平大藤峽，遣偏師會湖南兵討之。知縣孔鏞撫輯流移，修復縣治，民以安業。

六年冬，賊破清遠縣城，擄去守備等官。右布政使張瑄督軍自潮、惠還，聞之，徑往四會邀賊歸路，奪回所擄，移守三水。

明年春，朝廷聞賊勢猖獗，慮官軍弗用命，特遣錦衣千户金璋往督戰。瑄偕都督歐信往四會擊敗賊衆，還守三水。八月，賊攻破新會外郛，瑄往援，賊退，督修其郛，濬池湟，周圍數十里，城守益固。先是賊據陽江之黄江屯者七八年，雷、廉、高、瓊路阻往來，由海道遭溺益衆。巡撫等官奏會廣西官軍土兵勦之，瑄復往從事。甲申正月，自肇慶發哨，冒雨雪，兼程而進，寒甚，衆多凍餒死者，而土兵恣横，總戎事不能戢，瑄力諭利害，稍知警懼，追殺黄江屯賊，斬首千餘。瑄單騎行陣，數犯危險，所過掩骼埋胔，問民疾苦，人人感悦。值淫雨，上淋下浸，如是者五十餘日。由肇慶至陽江、神電、高州、化州、石城、石康、廉州、靈山，道出廣西横州諸郡縣，皆被賊殘破，供餽缺乏，饑飽勞逸，感而致疾。三月始回司。八月，西賊復出，瑄乃趨肇慶、德慶一帶，督兵守禦。十一月，偕總戎梧州會兵，還至四會，聞賊破梧州，復還守肇慶。成化乙酉，賊越過始興，瑄急趨韶州，截其歸路，賊退還司。

正德五年，連山賊首李公旺以獠兵攻州城，知州張書鯉禦之，乃退。

十二年秋八月，峒賊龔福全等流劫連州、連山、樂昌及郴、桂諸處，據險負固，殺官劫縣。巡撫都御史陳金與巡按三司會奏，命兩廣漢、達官軍進勦，斬獲四千餘級，餘黨遁歸諸寨。

十三年，連州峒獠羅富喜作亂，參政蔣曙等奉命討平之。

十六年夏六月，連山賊首吴萬山抄掠鄉村，兵備副使王大用調勦，大捷，賊黨遁歸於峒。

嘉靖三年春三月，連山賊首蘇政、蘇晚等寇掠三省，知州徐相撫勦，乃散。

十四年春三月，莫廷舉等聚衆作亂，提督都御史陶諧與巡按三司會奏，奉命集漢、達、狼兵，遣參將、守、巡等官，攻破六寨，平之。冬十月，連州賊文興隆等亂，提督兵部左侍郎兼左僉都御史陶諧討平之。先是江西客人在於連州揚旗、白頭、楊柳、大帽、東平、岩塘等寨，放債逼利。興隆與馮隆林、宗福林、晚仔、陳昂等聚衆殺之，懼官追捕，因合流徒，僭稱名號，團結一十六營，嘯聚三千餘衆，擁入青、梅二水，占據村峒爲亂，凡五六年，屢撫屢捕不能平。至是諧調漢、達官軍士兵二萬八百餘員名討之，俘獲二千餘名顆，餘黨悉平。

二十六年，連山賊首李金等作亂，提督都御史張岳命分守嶺東參議朱憲章、都指揮梁希孔帥師討之，遁去。議者謂陽山、連山二縣峒獠多交通桂陽、上猶、郴州等盜，又多江西人在地方放債，害人激變，良民甘於從盜，禁諸未發之先，庶可弭也。

韶州府仁化縣，洪武末賊首鍾均道糾合諸峒蠻作亂，韶、湘多被剽掠，既降復叛，官軍竟莫能獲。翁源縣僻居東南，多惠、潮流賊，有六關隘，將軍逕、綿竹洞、猿膝逕、馬蹄寨、佛子隘、麻沙隘。皆獠區也。永樂二年四月甲午，勑諭廣東都司、布政司、按察司官曰：「往歲都督韓觀奏鍾均道已死，朕即不復究理，今布政司言其尚在，欲調兵勦捕。事之未明，不足深究。爾等但盡撫綏下人之道，無爲多事以擾害之。夫上有愛民之實，將下無失所之民，民既得所，自不爲患。且人孰不願爲善，亦有出於不得已者，既能改過，亦務容之，無絶其自新之路。若此人果在，能不爲非，即聽其安生樂業，不必究問。今九夷八蠻自昔未歸附者，皆來朝貢，隨其大小，授以名爵。若鍾均道果不死，能幡然悔過，來歸，朕亦謹遵太祖高皇帝待杜回子之道處之，豈忍使其終身栖栖偷生山林，而不在吾化育之内哉？」鍾均道建文中常作亂，尋遁去，及是有言其未死者，然終無實驗云。

南雄府境聯二省，常爲贛賊所擾。始興與龍南相邇，關隘若東則花腰石、猪子峽、沙口，西則楊子坑，堠斥不嚴，則龍南寇至矣。洪武末，峒獠李仲可嘯聚，郡民多流徙避之，當時有副千户葉榮提兵擒之。府知事歐文通於龍南等縣，招回二邑流民，六百餘户。往事可豫防也。今之守禦千户所固在，官軍老羸，其可用乎？

惠州府惟長樂近南贛，多立關隘。始自弘治時，峒賊黄恭長等相聚爲盜，立羊角山、連塘、包溪、塘坑等四寨，主簿楊文典、史危楚帥兵擊破之，遂設整飭嶺南道兵備兼分巡僉事於長樂。十六年，猺寇起於興寧大帽山，調大兵勦平之。正德三年，峒賊復發。七年春正月，提督都御史周南集各道兵夾攻大帽山諸巢賊，平之。

時江西、閩、廣三省交界山谷，賊首張番壇、李四仔、鍾聰、劉隆、黄鏞等聚徒數千，流劫鄉村，攻陷建寧、寧化、石城、萬安諸縣，支解平民，捉擄官吏，僭號稱王。福建鎮巡等官請征之。於是以都御史周南巡撫四省諸郡，南至密，調集兵糧，刻期於是月甲子，江西兵從安遠入攻，破巢穴七，曰丹竹樓，曰淡地，曰雙橋，曰黄竹湖，曰項山，曰寒地，曰甑背，擒斬賊首何積欽、羅得清、黄璘，并其徒一千五百一十三名；廣東兵從程鄉入攻，破巢穴九，曰大帽山，曰大障，曰甕濆，曰五子石，曰十二歪，曰香爐障，曰鸕鷀角，曰軍山筆，曰圓子岩，擒斬賊首李四仔、張番壇、黄鏞、張玉瓚、黄櫪保，并其從二千七百一十九名；福建兵從武平入攻，破巢穴八，曰岩泉，曰上赤，曰中赤，曰下赤，曰懸繩峰，曰掛坑障，曰黄沙，曰大劉畲，擒斬賊首謝得珠等二千四百一十九名，總計擒斬首徒七千有奇，俘獲賊屬一千八百有奇，奪回良善一百四十有奇，贓伏一千一百有奇。捷聞，頒賞有差。秋七月，大帽山殘寇犯龍川等縣，參政方良節往捕，大捷。大帽山殘寇侯景秀、藍廷福等竄入南雄及惠州、龍川、河源等縣，方良節督官兵捕之，盡獲其衆三百四十五名。十年冬，復寇海豐等縣，官兵剿平之。十月癸亥，大帽山之寇雖平，然逋黨尤時出寇鈔，至是復與他寇聚剽海豐、揭陽官署民家散歸。縣命民壯分捕之，生擒斬級共四十餘，中渠魁三四。曰林滿山者，有妖術，常僞稱御史，衣命服，馳文書行事，事露而遁，人稱爲「假御史」，久在逋籍，至是獲斬之，并得僞製司、府、縣印三。

十二年，南贛都御史王守仁行十家牌法，立鄉約。語在鄉禮。

十三年春正月，都御史王守仁執浰頭峒獠池仲容，遂發兵剿滅之，乃立和平縣。龍南、龍川接壤之所曰浰頭水，其旁皆崇山絶壑，諸不逞者盤據其間。正德以來，有酋池仲容者，俗呼「大鬢」，兇惡尤甚；其次者四十餘人，皆有徒數百，四出鈔掠，而龍川、翁源、始興、龍南、信豐、安遠、會昌以邇巢，受毒最數。丁丑，守仁至，首征漳寇詹師富等，威名大著。龍南宿盗黄金巢等各震怖投招。仲容聞之，亦遣弟仲安赴焉。十月，桶岡之役，仲容遣仲安以其徒二百人助師，功成，還至上猶縣。適龍川民盧珂狀仲容夙惡，守仁佯怒珂，械繫贛獄。仲安大喜，乃紿之曰：「汝隨征有功，彼乃汝嫉耳，宜急持予符去，呼汝兄及凡爲珂誣者偕來，當爲汝白之。」仲容信焉，率其衆四十餘人，以閏十二月二十一日至，皆珂所訟渠首也。守仁乃密檄諸省以期會兵，乃諭贛賊平宜大張樂戲爲樂，使人管伴仲容等觀之，以遲其歸。明年正月三日，乃入仲容等於庭，令以序受犒後先出，出至路折處，灰其目而鑽之，亂以金鼓，俾不相聞。須臾賊盡殲焉。七日，率兵詣浰，而諸省兵已集，遂擣其巢，滅之。

嘉靖改元，僉事施儒始居守於長樂，夷險阻，遏亂略，儒之功居多。二年夏四月，儒計平惠、潮流賊。賊首梁八尺聚衆四百餘人，潮之海陽，惠之歸善、龍川，並受其害。至是，提督都御史張嵿檄儒等進攻，誅之，嶺東始寧。

三年，割海豐地，立惠來縣。是年，儒與分守參議徐度討平歸善峒賊李文積。文積，歸善桃子園居民，招集奸宄，習武藝，市戰馬，僞作關防，擅用儀仗，流劫鄉村，奪占民田，官民捕之，久弗克。至是，都御史張嵿等調漢、達官軍鄉夫七千餘，委嶺東參議徐度、僉事施儒等往剿之，俘斬千餘賊，始平。

四年，流賊江文生等作亂，提督都御史姚鏌討平之。惠、潮二府與福建汀、漳，江西南贛，延袤數千餘里，自昔流逋爲患。文生等本烏合之黨，白晝流劫，饒平、潮陽、長樂諸縣，並受其害。乃檄僉事施儒、參議汪思督兵討之，擒文生，餘黨遁去。歸善撫盜賴貴叛，伏誅。貴本李文積之黨，文積誅，貴率其黨降，至是復叛。都御史姚鏌乃督指揮高英等擒貴斬之，賊始平。

六年，和平撫盜平。先是，池大鬢等倡亂浰頭，都御史王守仁討平之，奏立和平縣。至是賊黨曾蛇子、盧源、鬼吹角、黄尚琦等背招倡亂，流劫河源、翁源諸鄉村，都御史鏌乃檄嶺東、嶺南守巡及惠、潮、南韶守備督兵會南贛官軍夾攻之，俘斬六百三十有九，巢穴悉平。

七年，歸善民王基等作亂，提督兵部右侍郎兼右僉都御史林富討平之。先是，基與王眷、王雲皆歸善縣民，始以賭淫蕩産竊盜，其兄王三戒之，爲所殺。自此日肆獷猂，聚徒奪業，占據一方。既而私造兵器，張旗爲號，流劫上寮、沙瀝、黄田心、罾步、鷓鴣塘、董屋、湴沅、平湖等村，二縣地方受其荼毒。至是，富等督行嶺東道兵備守巡僉事劉喬、右參議汪思、守備都指揮程鑒、嶺南兵備守巡僉事徐乾、吴廷翰、左參議胡宗明集兵討之〔一一〕，俘斬二百二十四名顆，餘黨解散。

潮州府饒平縣多山峒，惟絃歌都復有蠻獠。弘治十四年，鳳凰村民蘇孟凱自稱斗老，聚衆千餘作亂。縣丞倪禄往捕被殺，孟凱亦死。其子隆尤善戰，兵備副使涂昇督兵往討，隆以計送賂，昇納之，班師而歸。十五年，分守參議馮良輔繼至，遣兵破其巢穴，隆敗走歸峒，猶時出肆掠。三年，義民余文重獲隆，誅之。

大埔之隘凡二十有奇，皆山海要區，枕吭撫背之防，未可一日緩者。惟黄岡巡司隸饒平，通福建詔安、政和。峒谷邃險，兩地肘掣，營堡罔濟。議者欲於潮增設捕盜通判，挈家駐之，環以墩戍，兼鎮南北，而裁饒丞及諸冗員以易之，一舉固三得矣，若小靖山獠。今大靖隘。

永樂六年，百家畲恃險奔突，騷擾屬邑，命監察御史謝孚與都指揮趙德勦捕。孚乘傳至潮，先行招諭，復徵惠、潮官軍勦捕，畲盜遂平。

成化間，曾秉寛等爲亂，知府謝光捕獲之。初秉寛及鄭金龍、鄭金牛皆小靖土民，搆衆百十人，據岩峒，嘗出没流劫饒平黄崗等村。知府謝光見其勢日猖獗，乃檄巡檢魏志率總甲盧仕雍、鄉約正饒永九統引鄉兵，擒獲渠魁九十餘名，解送總督府誅之，地方稍寧。

正德二年，上漳溪盗朱秉瑛作亂，官軍討平之。初秉瑛與林李傳共爲竊盗得志，遂聚黨與劫掠鄉村，燒燬神泉市廬舍，驅擄婦女入山中，殺傷鄉夫。三年，督府檄僉事胡恩等率兵征討，悉滅其黨。

六年，清遠山獠張白眉等作亂，官軍討平之。初，白眉及其黨雷震、賴英、蔡成、温火燒等數百人，起自本都平迴、進灌，復與連境漳浦流賊合，延蔓作亂，依山谷結營壘，分隊流劫漳、泉等州，潮、揭等縣。各郡乃上其事於監司。正德十二年，參議張簡等約兵征勦，生擒張白眉等首惡五人，凌遲於三河市，其黨悉平。

十一年，山寇曾鈀頭作亂，潮陽知縣宋元翰平之。山寇曾鈀頭擁衆千餘，流劫州縣，出没無常，江西、閩、廣三省挨捕，不獲。正德十一年，劫掠潮陽縣鄉都，劄營北山驛。時驛路阻絶，官民惶怖，軍民莫敢抗敵。潮陽知縣宋元翰雇募士兵，分截要害，四面夾攻，斬俘酋長及諸賊徒數百，賊遂駭散，多被各處捕獲。知府張景暘上其功當道，牒呈有云：「曾鈀頭之平，雖收功於程鄉，寔破巢於潮陽。」民至今思之。

嘉靖四年，流賊執致仕知州饒金至三河驛而還。金居大背湖村，莊筀竹寨及程贛流賊數百人，繞出大背湖山，遂圍繞金宅，獲金。虜船至三河，復登東門埔村大肆劫掠，焚廬舍，格殺數人。新寨社總甲急集鄉夫，追至萬江峽中，賊示欲殺金以挾，鄉夫不敢擊，與守至夜分，賊乃釋饒金而走。次日，大麻村被掠尤甚。後過長樂旗潭地方，遇官兵，滅之。

二十一年，小靖獠賊謝相、傅大滿作亂。二十二年，知縣曾廣翰捕送軍門斬之。初，謝相以驍悍知書，爲鄉人所推，遂與傅大滿聚衆據險，屢令其黨四出流劫。是年，自率衆潛寇福建地方。冬十二月，走歸小靖巢。永定典史莫住追至箭竹凹，被鎗死，謝相、傅大滿等遂遁。二十二年春，總督府移檄本縣擒捕，時署縣事教諭劉寓春奉檄捉獲賊黨二十餘人，械送寘法，謝相猶未成擒。及知縣曾廣翰到任，毅然以除元惡爲己責，設法稽謀，緝捕愈急，於是謝相就縛，傅大滿及餘黨十數亦隨捕獲，俱械繫解送軍門斬之，其地悉平。廣翰乃爲設社學，教訓其鄉子弟，復立隘於神泉市，點鄉兵輪直守扼，以塞筀竹寨賊路，縣境無虞。都御史虞守愚嘉其功高，屢行奬異，及手書勞勉焉。

二十三年秋九月，礤坑、看牛坪盜劉全等率其黨來降。先是，上杭縣三圖筀竹寨民世習爲寇，我埔礤坑、看牛坪二處延袤與鄰，亦多其人雜居，漸染作亂，勢相掎角。至是，三圖賊首楊世聰被擒，其黨又聚衆臨程鄉縣境挾取。事聞督府，欲興兵勦之。知縣廣翰慮其引誘二處宿盜成其羽翼，先整飭武備，僉點鄉夫，以爲豫防之計。乃遣人詣其巢，諭以禍福利害，宣布威信，於是劉全等率其衆數百人來伏庭下，稱不敢復叛，尤願竭力以禦三圖南侵，有事則用命。曾公復慰諭迎勞，遣還其黨與，使改過自新，又立保甲法，使相糾勸。其衆感激悦服，地方少安。

肇慶府瀧峒等獠，大率與猺賊同徒。惟陽春爲浪賊所害，蓋依山險阻，出没不測，轉掠靡常，吾民歲苦侵暴。天順二年，獠賊出没，巡撫兩廣僉都御史葉盛奏守備德慶州都指揮同知馬震數肆貪冒，以致獠寇，命巡按廣東御史白侃執震問之。

成化五年，值廣西流賊攻破邑城，兵備僉事陶魯率兵來援，殺傷甚衆，餘黨逃遁。

弘治四年，瀧水後山賊亂，總督右都御史秦紘、總鎮太監王敬、總兵官伏羌伯毛鋭討平之。

先是，後山諸賊爲患有年，乍服輒叛。監司議謂彼速天誅，罪不可宥。紘等乃調取漢、達官軍、土兵、義勇、民壯，行委湖廣按察使陶魯統領。時魯帶管嶺西道，用事軍門。魯誓於衆，曰：「先平瀧水，而後後山可破也。」即行參將陳皞、都指揮白玉、馬義，統督各官兵進攻瀧水，捨舟登陸，深入石狗、紅荳、雲陽、白梅、火燒、風門、鐵場諸山，分守要害，擒斬首從賊徒五百三十九名顆，奪回被擄男婦三十一名口，俘獲賊屬一百四十名口，賊從器仗三百六十七件，瀧水悉平。自是順流而東，駐扎太平營。魯行廣州府知府林泮，勘畫地圖，給領旂榜。魯遣都指揮馬義、李敬、何清，率領指揮孫璧、李寅、謝謙、楊玉等官軍并土官目兵，分爲四哨，攻破野鴨山、員魚坑、藍糞山、青芒、黄峒、鐵峒、白雲、禾谿、乍坪、小長江、金坑、黄竹、長坪等，擒斬首從賊人首級一千八百七十四名顆，俘獲賊屬一百五十七名口，奪回被擄男婦二百零七名口，脅從盡釋，地方始平。

五年，猺賊八十餘竊入城中，燒燬縣治，劫掠庫藏，總旗徐洪奮身出戰，死之。其後賊勢益猖獗，鄉村被害尤甚。

正德十四年，恩平賊蘇萬里等亂，總督都御史楊旦、總鎮太監王堂、總兵官撫寧侯朱麒討平之。先是，萬里與陽江縣賊馬文廣等合夥數百，流劫恩平、陽江、陽春、新寧諸縣地方，屯聚蓮塘、樂安之間，道梗不通。守巡該道右參政章拯、僉事陳綱議調肇慶、陽春、新興、恩平府縣民壯、打手、鄉獞兵，委知府黃瑗、都指揮卜玉、通判毛鵷、余龍、推官金鶚、指揮黑明、費銘、知縣黃寬等督領，分道勦之，擒斬九百七十名顆，俘獲賊屬二百八十四名口，地方始平。

嘉靖二年，陽江賊首嚴阮聚衆侵掠本境。十一月，兵備副使王大用追於龐峒，擒之。十二月，監督參政羅僑率兵繼至，斬獲甚衆。嗣後屢犯屢遁，卒無寧歲。

十二月，陽春、新興、德慶賊亂，提督兵部左侍郎兼左僉都御史陶諧、鎮守總兵咸寧侯仇鸞討平之。先是，陽春縣西山、雲廉、參峒、湖峒、坐羅、下雙、茶塲賊首趙林花、唐觀政、唐朝用、盤勝富、郭安富、何總管、禤文安、黎廣雄，德慶州東山、南鄉蔡嶺賊首鳳二、全師安、盤僧堂，新興、黃三坑、石壁等巢賊首盤晚太、鄧大弟、盤世寬，皆恃山險，聚衆剽掠鄉村，殺擄男婦，嘗攻高州城庫，敵殺官兵，居民被其騷擾，已數十年。至是，諧等調兵六萬三千，分爲三大哨，分道並進，攻破巢寨一百二十五處，擒斬三千七百九十九名顆，俘獲賊屬三千七百二十名口，他物稱是。

三十三年，浪賊麥長裙攻劫陽春縣，知縣謝復生討擒之。先是，長裙及黎汝誠、顧本通等，越劫思良等村，知縣謝復生躬自督捕，奪回被擄男婦□□餘人，復立賞約，計令招主嚴群玉密同猺人□□眼等抵巢，擒獲長裙，送軍門誅之，當道各加勸獎。三十四年，顧本通復仇，仍從黃三坑越劫順陽、思良等村，復生仍督南韶兵追捕，復請兵備道發遣指揮舒喚帥狼、達官軍勦散。

三十五年春，新恩賊亂，提督軍務兵部右侍郎兼左僉都御史談愷、總兵安遠伯王瑾討平之。先是，新恩、黎源、沙峒諸猺賊糾結浪賊，剽掠要明、新恩地方，勢極猖獗。巡按御史郭文周疏其罪以聞，命討之。至是，愷至，決策調集漢、土官兵萬計，以兵備僉事林應奎爲監軍，分守參政王國禎督糧賞。既而應奎聽調去，國禎兼領之。諸將分布哨道，咸有成畫。正月，克黎源、沙峒等巢，餘賊走雙石頂，據險以拒，厓石壁立，兵不敢入。忽嵐霧四塞，我師扳厓援磴，直抵巢穴。二月克塘茶，四月攻良塘，拔之。凡斬獲以數千計，兵威大震。我師乘勝，欲盡勦背招諸賊，勒兵以請。乃檄通判呂天恩、知縣陸湯臣詣營，議勦撫方略。天恩、湯臣誘解青藍、布平十四村，賊首僭號「靖江侯」朱尖、「遊天王」鄭仕明、「鐵蛇將軍」馮貴等以城降。六月振旅還，而新興平。

三十六年，都御史談愷發兵討扶溪、大羅山諸賊，大敗其衆。夏，兵部右侍郎兼僉都御史王鈁繼至，平之。

四會縣扶溪、顧水等山寨，與清遠縣大羅山相連接，巖峒深峻之木翳阻，延袤數百里，西北通湖廣，東南達廣西，峒落綿亘，星分棊布，人不敢入，窅然一幽曠寰宇也。成化、弘治間，衆未盈千，歲一流劫，謂之借鹽布，民久苦之。嘉靖中，生齒日繁，歸附漸盛，恣肆出没爲患，撫之則陽從而陰畔，勦之則東突而西奔。壬子冬，賊首馮天恩、李汝端詐稱天書降，遂移檄自號羅、扶二山應天承命左右都元帥，指斥乘輿，諭民從亂。以陳汝高、李子厚、羅國相、陳日進爲副，以陳仕魁、蘇朝泰爲破陣先鋒，大羅山酋長則莫天亮、鄧祖勝、龍國育、歐勝清等皆稱公侯將軍。先有渠魁陳世豪者，居龍潭大巢，嘗僭號「中山王」，後陽就招撫，自比撫猺峒長，然性實桀黠，陰則招集徒衆。督府諭令自新，負固不服，擁衆萬餘，虔劉人民，焚蕩廬舍。迴岐巡檢楊慶、驛丞戴以文被劫，而虜殺其家屬，霸耕民田八千餘石，屠掠之慘，無月無之。於是致仕知州李道全及里耆士民朱正色、盧世用、蘇伯簡數百人具狀聞於守巡，申請軍門興師征討。提督都御史談愷會同總兵靖遠伯王瑾奏聞，報可，乃調廣西鎮安、思恩、泗城、向武各府州土官目兵，并選調兩廣漢、達官軍，嶺西、嶺南各分左右二大哨，由四路以進。嶺西則左參將鍾坤秀、右參將朱昇分領兵三萬六千有奇，僉事鄭東白監之，分十小哨，以攻扶溪、磨刀、鄧坑、螺殼、葵峒、梅峒、大水坑、黃茅坪、禾倉坪、茶坑嶺。嶺南則遊擊將軍鄒繼芳、都指揮王麟，分統兵四萬六百有奇，僉事賀鏤監之，分十小哨，以攻大羅山、龍潭、何峒、石砍、蕉坑、黎峒、陳峒、興仁鄉、池水尾、歌堂村。豫行蒼梧道及湖廣該道，防遏惟謹。適巡按御史徐仲楫至，復委分守嶺西，參政黄國禎、嶺南參政張英督餉，按察副使林懋舉紀功。肇慶府通判吕天恩協理軍務，兼把截儹運，凡經畫運籌，皆其謀猷，地方賴之。三月甲子，四哨並發，期以丙寅兵抵賊巢，卯時奉行開刀之令。嶺西左哨朱昇督指揮何懋及中軍指揮姚允恭二哨，直抵上、下礶峒。賊迎敵，敗之，追至禾倉坪，斬獲頗多。指揮馬懷信連破數巢，追入扶溪，至鄧坑，斬獲一百七十級。賊敗走，奔聚螺殼、蓮花、礶心等山。會都指揮宋俊攻陂頭、磨刀、汶水，賊亦敗遁。已而千户楊式督田州目兵至，併力攻之。時值風雨，賊巢三山鼎峙自固，兵阻溪漲，作筏以渡，奪據高崗，賊奔入，排柵五重，我兵次第破之。已而宋俊攻破蓮花、礶心，式兵亦至，共斬獲百餘級。懷信哨復攻破螺殼中巢，斬馮天恩。賊失大酋，恇惶失措。何懋哨合俘馘益多，宋俊哨亦斬賊酋鄧財銀、馮天禄、盧宗富。於是賊遁聚螺殼山頂，周圍峻壁，惟有石門，中通一隙。我兵連日挑戰，置辦竹笆，潛探路徑，傳諭各官兵，有能透頂破巢，定以奇功論賞。鎮安府土官男岑緣計令族目岑伯岱等，選精兵由後壁菁崖扳藤潛奪頂寨，以銃爲號，四面伏兵齊攻，各賊滚放摽石，各兵力戰數合，賊陣敗亂，諸哨合擊之，斬二百餘級，墜崖死者不可勝算。右哨鍾坤秀兵方發時，中途峽徑遇賊，即擊走之。丙寅，都指揮楊燁攻葵峒，斬獲頗多。指揮盧金攻梅峒，遇大雨，賊據高山，兵由溪徑，山水漲溢，奮前急擊之。思恩官目黄達斬其執旗者，賊皆退走，斬獲十餘級。指揮孫廷槐攻大水坑、黄茅坪，賊擁衆出戰，千户慕宏奮前衝之，被賊摽死，軍士郭振往救，亦死。中軍指揮武尚文麾兵應援。適指揮舒焕督領東蘭州目兵由石仁逕進，協同楊燁諸哨入葵峒，大破之，斬其大酋李汝端及先鋒陳仕魁、蘇朝泰等，乘勝連破六丁茶坪嶺，所向皆捷，焕遂進剿梅峒諸巢，皆殲之。會鄭東白以考察調任，改委僉事經彦寀監督，申明軍令，十小哨益多斬獲。嶺南左哨鄒繼芳前進剿何峒、石坎賊，先據險立寨累石，聚衆迎敵。所部指揮馬鎮先破何峒，遂至白石坑。泗城州土官岑嵩先登陷陣，斬獲頗多。指揮鄭金、程從龍破石坎，次之。麟右哨方進，而賊奔迸大巢，所部指揮陶金督同向武土官知州黄仲金探得其處，取路直上絶嶺，擊之，賊即縋下，斬獲十餘人。值雨，待霽追至扶溪飛橋，又斬獲十數人。夾擊分戰，目兵有陣亡者。李守破黎峒，尹紹德破陳峒，斬獲皆數人而已。達官楊寬破蕉坑，斬獲首從一百五十有奇。賊氣少奪，且戰且走。馬鎮、岑嵩追至黄峒口，斬獲又十餘人。鄭金等小哨乘之，賊衆奔入天堂、黄峒諸阻。鎮、嵩急攻之，斬獲首從四百有奇。鄭金擒斬副酋李子厚。餘哨陶金等陸續斬獲凡一千五百有奇。四月愷報罷，詔以提督南贛都御史王鈁代之，即申嚴號令，督責成功。於是經彦寀報二哨近日斬獲二百餘級，合前凡二千二百有奇。賀鏤躬督二哨，分兵窮追，斬獲凡一千六百有奇。五月乙丑，前督府起行，給賞諸有功者，官軍感奮，勇氣益倍。嶺西左哨斬獲一百八十餘級，右哨一百五十餘級。肇慶府通判呂天恩等各督把截，官兵共擒斬賊人賊級并窩主共二百九十九名顆。大羅山陳世豪陽稱願招，鏤知其詐，亦陽聽之。賊乃立柵四重，屯聚十餘里，鏤與繼芳諭知縣何應宿誘世豪擒之，其黨未知也。乃密示尅期分遣馬鎮哨衝其前，陶金等哨遏其後，鄭金哨翼其左，楊寬哨擊其右。丁丑入大羅山，己卯攻龍潭，賊聞銃聲乃覺，出戰皆敗。於是連破芋莢塘、仙姑萠、石榴花等柵，獲賊首歐勝清、龍國育，斬之。鏤與繼芳誘陳汝高至，又斬之。官兵歷克二百七十餘巢，併清遠撫猺湯紀等，生擒賊首何南陽及各把截擒斬凡一千四百有奇，凡嶺西俘馘三千有奇，嶺南俘馘四千有奇，奪回被虜人口及獲賊牛馬器械無算。所至巢穴，擒絶賊屬，殘黨悉平。捷聞，兵部奏行陞賞，詔王瑾廕一子爲錦衣衛百户，王鈁廕一子送監讀書，談愷陞右都御史致仕，賀鏤陞二級，經彦寀、鍾坤秀陞俸二級，呂天恩陞本府同知，照舊捕盜。

三十七年春，提督都御史王鈁、巡按御史徐仲楫用肇慶知府盧璘議，令同知呂天恩往勘四會縣，分設縣治於潭圃。璘言前代南綏州，今在柑欖都右澗村，領縣四：化蒙縣在於太平都東鄉村，新招縣在於柑欖都新招村，化注縣在今柑欖都緑水村，化穆縣在大圃都康殼村，厥後併爲四會縣九十二里。緣山多地廣，政令不及，遂爲猺據，今僅存四十二里。以此觀之，必增立縣治，方爲久安之計。於是撫巡行藩臬會議，既定，乃令呂天恩偏歷諸巢，以縣南一百三十里地名潭圃，地勢平衍，山水環抱，民居稠聚，四方道路又適其中。諸於附近太平、柑欖、大圃三都，分割太平一圖、三圖、四圖、五圖、十圖、十三圖、十四圖，圃三圖，共十一圖，户口田糧俱據黄册扣算。其北五十五里有龍口水，最爲要害，立屯田千户所，移四會後千户所以爲守禦，專令居中策應保障，以護耕種。肇慶衛前所、中所，原有屯田細糧五百餘石，各將屯軍二百名，盡撥依屯耕守，免其差調。其有空餘屯田，聽從民往開耕居住，以助兵威。此一舉而軍民兩便也。東八十里有雙車圖，界連清遠，切近葵、梅諸峒，移金溪巡檢司居之，掣青艸、大逕、大坑三營兵二百六十六名協同守禦。其南綏一營在龍口水東五里，雙車西五十里，乃盗賊出入之衝，宜仍其舊，掣黄沙、古竈二營兵二百九十一名湊入戍守，使西應龍口，東接雙車，聲勢既張，雖南綏有急，亦有所恃而自固矣。龍口西三十里有扶落口，乃白芒、鵝叫、扶黎、顧水諸巢咽喉也，移扶溪巡檢司居之。鷺鷀坪在扶落口三十里，接近蓮花、礌心、螺殼山及廣西懷集諸惡峒，若欲扶溪安枕，先於此立營，招回原被逼出慣戰鄉兵二百名墾田居住，月給行糧四斗五升，以資耕守，候田畝成熟乃止。移出黄桐、峽逕、雀爪三營兵壯一十五名，合營併勢以壯軍威，而扶落一帶耕守可以無虞。凡此乃形依唇齒，勢成犄角，以後公署建而道路自開，墟市立而商賈自聚，開墾盛而流移自復，惟在上者加意而已矣。於是守巡定議，分割十一圖大小人户一千一百有奇，官民米共四千六百三十八石九斗九升五合五勺，屬其統轄。後有清出賊田、開荒餘土，俱附入併管。官屬照裁減衙門事例，縣設知縣、典史，學設教諭、訓導各一員，仍隸肇慶府統轄，布、按掌印信官詢謀僉同。適總兵官豐潤伯曹松、巡按御史潘季馴繼至，乃題奏以聞，奉旨該部知道。

秋八月，遣官軍及那地等州狼兵往剿德慶、高要等州縣，賊首盤永賢、劉世正、梁德業等至雲扶大山，平之。新興縣紅嘴山，四會縣扶溪山諸賊已平，所遺者尚有德慶、瀧水、陽春、高要、高明、新興、恩平等州縣，連界黄三坑、鐵塲、石人背、山棗坪等巢，盤據萬山之中，岩谷險峻，林菁叢密。賊首盤永賢、劉世正、梁德業等皆稔惡渠魁，招集浪徒，流毒無已。嘉靖癸未及壬辰兩次大征，官兵失利，故久不征剿。是年，調廣西那地等州狼兵往潮州協剿倭寇。同知吕天恩多方踪跡各賊，得其所在，及取有鄉導見在，因言狼兵自高要入，惟一百餘里，自德慶入亦不滿二百里，銜枚疾走，一夕可到，出其不意，賊可成擒。軍門行嶺西道會同統督參將鍾坤秀分定所部爲三哨，令監統右哨都指揮蔡禎由瀧水江、沙田登陸，進剿山棗坪五巢；中哨都指揮胡有名由肇慶南岸登陸，進剿鐵場六巢；左哨指揮張機由肇慶南岸登陸，剿石人背巢。仍起集鄉夫、打手、民壯、猺丁、獞夫。及行陽春、瀧水、高明等縣，多集鄉夫，於賊行私路裝伏，以防奔逸。分布周匝，督率三哨官兵尅期以八月初三日抵巢，開刀撲巢。時賊壘石插箛，據險迎敵，官兵攻破之，擒斬七十七名顆。賊奔集雲扶大山，豎柵自衛，又督兵併勢攻之，斬獲賊首盤永賢、劉世正等一百二十八名顆。裝伏兵夫共擒斬二百六十九名顆，俘獲賊屬及奪回被擄男婦數多，奏凱而還。

三十八年秋九月，詔於潭圃立廣寧縣。户部覆議所奏，將四會縣分割十一圖，於潭圃立爲縣治，官員印信銓選鑄給。仍將守禦四會後千户所官軍，并肇慶衛中、前二所七軍，移置龍口水，依屯耕守，立爲屯田千户所，免其差調，鑄换印信，及移金溪巡檢司於扶落口，無非先事預防，杜殘猺萌孽之漸。議勘相同必相度得宜，詢謀已定，地方有賴，民心樂從者也。所據縣名及設官鑄印，領賚掌管行事，奉聖旨：是縣名與做廣寧，欽此。改調茂名知縣韋弁知縣事，知府徐鵾方經營之。

高州山峒接近廣西。景泰二年，廣西强賊越境流劫化州，嘗奏營守。高州府知府楊仰譽奏：照得景泰二年十二月日期不等，節據化州并梁沙巡檢司及茂名、吴川二縣申該民里老李永中等告稱（一二）：節被廣西强賊越境前來打劫州縣陵羅、銘信等鄉，地名馮塘、登教等村，燒燬房屋，殺擄人口，即刻通報都指揮僉事孫旺、指揮同知黑爽、李福、操守指揮僉事劉靖等，速調官軍，及委檢校蘇芳部領民丁土獞，協同官軍剿捕。近今景泰三年正月十三日，據檢校蘇芳呈稱：與賊交鋒對敵，殺獲賊級九顆，餘賊散入大山去訖。呈送功級，通行梟掛賊路。續據化州并茂名等縣申景泰二年十一月日期不等，節被廣西北流、陸川等縣，羅卞等里民賊，波河等猺賊，糾引潯州等府大藤峽、炭山等處强賊，各從北流等縣地方，竹聽箚、白米、文黎、扶來等山村，越過梁家沙、白梅、竹山等營堡地方入境，分宗流劫州縣鄉村，累報各該守哨官軍，不能設策截敵，强徒得勢，兇暴猖獗，殺人放火，捉擄男婦，有銀者贖脱，無銀者虜回去訖。見今駐屯原居山峒不散，人民驚疑遠避，久無復業等因到府。除節次備呈巡按廣東監察御史、布按二司等處，及仰州縣存恤被賊人民，令其復業安居，量免差役外，臣等切思廣西陸路接通本府地方，俱有軍堡巡司截把，又有哨捕官軍，縱容强徒連年越過通合、北流等縣，交通民猺，顯是前賊在於該管衙門符同揑稱生理別故〔一三〕，告給引文照過搆集爲盜〔一四〕。及本府原設梁家沙、白梅、竹山等堡，俱奉議調神電并高州等衛所軍三百、二百不等，各有指揮千百户等官郭禎等督備守把廣西賊行要路，今却往往躲避，任賊越入境内。照得被劫大并等村，俱各附近信宜、電白、高州、化州、寧州、神電等衛所，各處又有委官指揮黑爽等官在彼守備，俱屬都指揮僉事孫旺總督。各官職專其事，明知累報强賊，不肯親自領兵，止使承調官軍敵捕，遇賊無謀，罷陣退走，殺害軍民，强賊得肆，民遭荼毒，存者驚散，難以安生。若不設法剿除固守，恐後搆集，遂成大患，貽累邊方城池，殘害生靈，寔難保備。如蒙准奏，乞勑廣東、西總兵鎮守撫按三司官計議，合無趁今强賊未散，惟俟秋晴，多調精銃官軍，尅期抵巢，盡數剿滅，絶其根孽。兩廣交界原設營堡，照舊存留，仍乞添撥官軍守把。今將緣由具本，耑差典史曾禄親賫具奏。時化州知州鄧敏、茂名縣丞廖清亦各有奏，通政司俱奏，奉聖旨：兵部知道。

景泰三年，按察副使項忠按部高州，諜報賊携男婦數百流劫村落，請發兵。忠曰：「流賊無携家理，慎無妄殺。」及訊其俘，果皆良家被掠者，盡釋之。

成化元年九月，流賊及峒獠寇高、肇、雷、廉等府，都御史韓雍遣副將范信、布政使張瑄合漢、達、三廣官軍勦之。時高、肇、雷、廉爲流賊所劫掠，百里無人烟。督府調湖廣茅岡土兵號「鈎刀手」，與廣西田州泗城土兵，不律尤甚，往往殺擄平人報功，希重賞，收匿被擄人口不發。督府遣瑄偕信將之。瑄痛加裁抑，間諭以善言。夷性雖生拗，亦皆愧服，其弊盡革。賊衆狡黠，東西出没不常，瑄隨同官軍往來奔走陽江、新興、獨寉、神電、高州諸處，不啻數千里，率以三鼓行營，晡時而止。新興、長居、静德等三村民鄧李保等作耗，劫殺人幾二十年。瑄與信欲乘此兵力剿除，議者二三其説。

瑄言去惡不力，是謂貽患，復往潯州督運紀功。丁亥四月回司，九月復往梧州。戊子三月回司，四月轉左布政。己丑十一月滿九載。未滿前數月，巡撫、巡按、總兵、鎮守合疏保留，自是始專任司事。又三年，始以遷秩去，而賊終不能平。後知府孔鏞始平之。

成化二年，廣西流賊殘破高州。以連山知縣孔鏞爲試知府，討平化州叛賊，招諭峒獠相率來歸，特陞按察司副使，仍守其地，賜璽書褒獎之。士民立生祠祀鏞，紀其功爲六事：

其一，招茅峒賊。茅峒去高州城十里許，四山環合，中有隙地，平衍可以藏兵。昇平時，有居民之廬舍焉。當山缺處，一逕透迤通神電以西諸路。成化二年春，有賊首鄧公長者，率衆萬餘，來劄山間。公長於群盜中最稱劇賊，常跳梁新會、陽江諸處，隳城殺將，其來也氣燄甚熾。時公新到郡城中，軍民數不滿十百，又皆喪敗之餘，無可禦敵者，上下惶惶無人色。公從容無異平日，人莫測其所爲。既而不謀諸寮友，不告諸妻子，呼四疲卒舁肩輿直抵賊營。前此，守倅以境内多賊之故，雖平時擁衆千百，不敢出近郊，忽報太守來，賊衆大驚且喜，迎之入營。坐定，公乃爲陳禍福，傾營拱聽。公長恃其常勝之威，有驕蹇不服意，公知其不可回，乃巡歷營中，遍訪賊倅之豪者而諭之，人人感悟下泣，以爲遇公之晚，遂與約降，護公出營。既歸，是夜漏下四鼓，忽見賊營中火起，火燄燭天，光明照城，軍民戒嚴，武將擐甲嬰城。公笑曰：「無慮，可待旦開門納降，止須費府庫財賞勞耳。」平明，果釋甲納鎗刀求降者近萬人，開門迎之。公長大衆已散，勢難孤立，亦降。系以詩云：「成化天開第二春，蠻方尤未洽堯仁。忽驚五馬宣威德，十萬豺狼頃刻馴。」又詩云：「郡守賢勞何處尋，忠誠開布賊傾心。祇今茅峒山邊過，已有雞鳴桑柘陰。」

其二，平梁定賊。梁定者，化州降賊，胡公威黨也，復叛，聚徒五百餘，西向剽掠。參將王英以大軍於雷州敗失所部將及麾下不勝計。未幾，賊復入化州西北界，勢甚猖獗。參政黃公檄公部領所招降向化會丁，協同都指揮滕漢討賊，屯兵畬禾嶺，與賊相值。賊憑高據險，公與滕公計曰：「賊先得地勢，且專一面以拒我，其鋒不可當，宜分其勢，乃可取勝。」乃兵爲兩翼而進。賊亦分哨來敵，公領會丁衝其中，賊衆大敗。時梁定先以走他所爲官軍所殺，餘黨悉散。系以詩云：「遺孽偷生已半年，更將殘命送皇天。黄堂建策功尤異，白羽揮兵勝獨全。」又云：「假息遊魚自納生，笑持銅虎發州兵。捷聲雋報畬禾嶺，奏凱歸來平定營。」

其三，敗馮曉賊。馮曉者，亦降賊黨也，既而殺胡公威，叛入廣西山中，聚黨近千餘，時出化州西北界爲寇。此賊乃遁地復叛，州人多爲之耳目。公得報，秘不發，但召兵詭言備他盜，至夜，勒兵潛進，星行四十里，去賊營半里許止，遣部下蒙浩率敢死二百，潛行遶出賊後，期炮響，前後夾攻。時漏下四鼓，賊睡不覺。蒙浩等於山後舉火，前軍應之，賊衆大驚失措，棄妻子衣甲器械而遁，俘擒無算，幾獲馮曉，而州人之爲耳目者脱之，乃繫其妻子以歸。系以詩云：「千山殺氣夜凄凄，猛士啣枚馬不嘶。驀地一聲山下炮，賊投湯火命如雞。」又云：「奇兵勒進五更初，醜類酣眠尚自如。陡覺捧頭皆鼠竄，那能回首顧妻孥。」

其四，攻遊魚寨。遊魚寨，北流山中土人避賊之處，爲賊鄧辛酉所據，時出侵擾高州屬邑。公領向化會丁，隨同僉事陶公追之，由信宜進抵其巢。自兵興以來，廣東軍民兵未有踰廣西界殺賊，以故賊不虞全火在寨中。忽聞官兵至，彼皆劇賊，又知死地，人人必死戰。官軍林立環視，無敢犯寨門者。時日過午，稍延入夜，則有衝突之患，勝負未可知矣。陶公急募先登陷陣及能焚營寨者重賞，卒無一應。高州會總林雄首應先登，陶公即卸身甲授之，公亦自脱頭鍪與之。雄奮勇鏖戰而前，勢若崩山，殲其渠魁七人，雄亦身被數十鎗，賊氣少歛，三軍乘之，遂克寨門以入。神機火亦自營中起，烟燄障天，賊皆焚死，雄亦死於陣。是捷也，人以高州兵爲首功。部憲韓公有親製祭林雄文，今見第六卷。系以詩云：「連營烈火燄騰騰，戰鼓如雷士氣增。全勝歸來功賞遍，我民誰念最先登？」又云：「桓桓漢達萬官軍，狼顧狐疑倚寨門。獨有我兵先陷陣，官軍隨踵策奇勳。」

其五，招馮曉賊。馮曉既失妻子之後，爲無賴賊，遇人即殺，化州西北一帶甚苦之，失業者二年。先總戎政者以窮寇不與較勝負，按兵以圖全勝，而未得其機便，被其欺侮者數焉。公知其不可卒滅，乃存恤其妻子以招徠之。成化四年夏，曉復寇石城。公與分巡僉憲陳公議持都憲韓公榜文，躬親詣營撫諭，賊皆羅拜，因詢其妻子無恙，乃曰：「公恩德不可負。」遂降，得衆五百人。系以詩云：「金印當年掛總戎，書生談笑却收功。化城西北今安枕，民棄干戈只務農。」又云：「宣布臺臣招撫誠，頑兇解甲頓輸情。勳勞次第無人識，只羡軍門賞賚榮。」

其六，却侯大賊。侯大六者，博白叛賊，其宗最强盛。成化四年冬，擁衆千餘，屯信宜界，聲言東攻高州，公率所部禦之。時兵少，見賊衆，不敢進。公呼部下議之。會總符瓊云：「大六始叛，即來高州，意在輕我，必不爲備，宜因其始至而挫其鋒，彼則氣奪。不然，相持日久，使彼得以覘我之虛實，爲患大矣。」公恐瓊恃勇輕進，急趨後兵來。瓊於是夜私戒所領百人，啣枚潛抵賊營。時夜五鼓，賊方酣眠，瓊卒百人突入營中，就枕殺八十人，被傷者甚衆，賊大驚潰。符瓊亦爲亂兵所殺。始有賊首十人，是夜殺死五人，賊懲創遠遁云。系以詩云：「半夜曾提一旅兵，直探虎穴搗連營。只今賊遁深山去，鶴唳風聲也自驚。」又云：「五更老魄睡如羊，首殞刀前葉殞霜。近向蠻中訪消息，每論兵勢説高涼。」刻録以傳。鏞後累遷至工部右侍郎。

成化四年，神電衛指揮馬貴奏遷電白縣治附衛城中，詔從之。自是猺賊出入之路，官兵不能控制。嘉靖十二年，西山賊首趙林花遂劫府庫。大征既平，巡按御史戴璟奏言舊電白縣址已立爲堡，宜復置高梁縣，併割神電衛一所以附之，詔議不果行。高郡之地，東、北、西三面聯屬猺山，而獅子坡、舊電白及信宜中道函口等處，寔爲要害。自漢設高梁縣，梁置電白郡，國初仍宋、元之舊建電白縣，以控制猺人出入之路。彼時兵威尚振，以故李馬斌、唐文清等賊勢雖强，終不敢長驅徑入府城者，懼此縣之躡其後也。孔鏞既去，神電衛指揮馬貴奏將縣治遷附衛城中，以寬目前之憂，於是百姓謂官兵遠避，我何敢居，乃多逃竄。自此田野不闢，人民不聚。至是趙林花直指府庫，如履無人之境矣。東北一帶，雖有獅子、電白二堡，而兵力單弱，不能救援。及大征西山諸賊，雖已頗定，而數十里人烟斷絶，遺黎一二在途織草爲居而已。信宜雖有驍勇守城，而西通博白，北及陽春，萬山聯絡，賊黨日蕃，矧舊電白雖立爲堡，地廣人稀，猺賊出入如紼，若非擁强兵開重鎮以遏之，他日螳螂鼓臂，斬關而入，如趙林花者，不能保其必無也。巡按御史戴璟至郡，策問諸生吴守貞等，皆謂舊電白亟宜添設縣治，以控西山三路咽喉，鎮以將府，併擣信宜近境巢穴，爲地方至要。於是會守巡兵備等官，僉謀皆協，乃奏請宜分割茂名、電白二縣地共八里，增設縣治，仍於神電衛四所官軍内割一所遷附以守之，如漢高梁縣，屬高州府管轄。後不果行。

廉州府自漢元鼎六年置合浦郡，與交趾郡爲鄰境。建武十六年春二月，交趾女子徵側反，合浦蠻應之。安帝元初以後，合浦蠻反，遂合交趾、烏滸爲逆。及交趾反，又與合浦相仇殺。晉武帝時，會兵合浦，以擊交趾，自是兵集則民受擾害，而諸峒亦多爲寇。

劉宋大明中，合浦大帥陳檀歸順，拜龍驤將軍。檀表乞官軍征討未附〔一五〕，乃以檀爲高興太守，遣前朱提太守費沈、龍驤將軍武期南伐，并通朱崖道，並無功，輒殺檀而反，沈下獄死，語在事紀。

隋末，南平獠西接南州，有寧氏世爲南平渠帥。陳末以其帥猛力爲寧越太守。陳亡，自以爲與陳叔寶同日而生，當代爲天子，乃不入朝。隋兵阻瘴不能進。猛力死，子長真襲刺史。及討林邑，長真出兵攻其後，又率部落數千從征遼東，煬帝召爲鴻臚卿，授安撫大使，遣還，又以其族人寧宣爲合浦太守。隋亂，皆以地附蕭銑，長真部越兵攻丘和於交阯者也〔一六〕。

武德初，以寧越、鬱林之地降，自是交、愛數州始通。高祖授長真欽州都督。寧宣亦遣使請降，未報而卒，以其子純爲廉州刺史，族人道明爲南越州刺史。六年，長真獻大珠，昆州刺史沈遜、融州刺史歐陽世普、象州刺史秦元覽亦獻筒布。高祖以道遠勞人，皆不受。道明與高州首領馮暄、談殿據南越州反，攻姜州，寧純以兵援之。八年，長真陷封山縣，昌州刺史龐孝恭椅擊暄等，走之。明年，道明爲州人所殺。未幾，長真死，子據襲刺史。馮暄、談殿阻兵相掠，群臣請擊之，太宗不許，遣員外散騎常侍韋叔諧、員外散騎侍郎李公淹，持節宣諭，暄等與溪峒首領皆降，南方遂定。

德宗貞元十年，黄峒首領黄少卿反，陷欽州，語在事紀。德宗遣中人招諭，不從，自是叛服不常。元和間，又有黄承慶、黄少度、黄昌瓘繼起。長慶初，以嚴公素爲經略使，復上表請討。韓愈以貶潮州刺史，移袁州，繼入爲祭酒，上黄家賊事宜狀，以三事爲請。略謂見往來過客，并諳知嶺外事人，所説至精至熟〔一七〕，其賊并是夷獠，亦無城郭可居，依山傍險，自稱洞主，衣服人語都不似人；尋常亦各營生，急則屯聚相保。比緣邕管經略使多不得人，德既不能綏懷，威又不能臨制，侵欺虜縛，以致怨恨。蠻夷之性，易動難安，遂至攻劫州縣，侵暴平民，或復私讐，或貪小利，或聚或散，終亦不能爲事。近者征討起於裴行立、陽旻。此兩人者，本無遠慮深謀，意在邀功求賞〔一八〕。前後所奏殺獲，計不下一二萬人，儻皆非虛，賊已尋盡。今賊猶依舊，足明欺罔，百姓怨嗟，如出一口。陽旻、行立相繼身亡，人神共嫉，以致殃咎。今所用嚴公素者，亦非撫御之才，不能别立規模，依前還請攻討，如此不已，臣恐嶺南一道，未有寧息之時也。三事者，其一，併邕、容兩管爲一道，深合事宜。其二，比者所發諸道南討兵馬，例皆不諳山川，不伏水土，遠鄉覊旅，疾疫殺傷，今所存者，四分纔一。若令於邕、容側近，召募添置千人，便割諸道見供行營人數糧賜，均融充給，所費既不增加，而兵士又皆便習，長有守備，不同客軍，守則有威，攻則有利。其三，自南討以來，賊徒亦甚傷損，察其情理，厭苦必深。大抵嶺南人稀地廣，賊之所處，又更荒僻。假如盡殺其人，盡得其地，在於國計，不爲有益。容貸羈縻，比之禽獸，來則捍禦，去則不追，亦未虧損。若因改元，赦其罪戾，遣一郎官御史，親往宣諭，必望風降伏，讙呼聽命。仍爲擇選有材用威信諳嶺南事者爲經略使，處置得宜，自然永無侵叛之事。

宋太宗太平興國中，討交趾，兵由廉州□，而欽、廉二州，迭爲所陷。南渡以後，頗爲寧靜。淳熙元年，交趾入貢，由欽州路以歸。迄元至正十二年，兩江峒賊黃聖許反，寇欽州。欽州路總管府記賊攻略州城及靈山、安遠二縣，時羅、貼浪七峒人民，亡散殆盡。大兵征討，賊竄入深峒。

本朝洪武中，廣州衛指揮僉事楊景討賊，至欽州。語在事紀。安南由廣東入貢，却之。自是貢路由廣西憑祥縣。

永樂二十年，伐交趾，轉運欽、廉二州糧餉。

宣德二年，棄交趾布政司，欽州澌凜峒黃金廣等以四峒民丁叛附安南。欽州時羅、貼浪、如昔都七峒接連，左、右兩江溪峒并接交阯界。宋、元以來，設立峒長，專一管束峒丁，保守疆境。元世祖時，因峒主黃世華等殺賊有功，始授以金牌印信，充七峒長官職事，子孫承襲。及至我祖洪武元年，平章廖永忠、參政朱亮祖統兵取廣東雷、廉等處，大小衙門俱送印信，赴朱參政軍門投款，給授新印。彼時以七峒地方，人民不多，不復給與新印，革去長官職事，仍復只稱峒長。以故峒長内懷觖望。至宣德二年，復封安南國。黃金廣等以思廩、羅浮、古森、葛原等四峒一十九村二百七十户叛附安南，邀求官職。黎氏封黃金廣爲經略使、經略同知僉事等官，世襲，仍令把守本峒地方，屬彼國萬寧州。金廣死，子黃進襲。進死，子無害襲。無害死，子伯銀襲奮略將軍經略僉事。

正統五年九月巡按御史朱鑑奉璽書率都、布、按三司至欽州，揭榜招叛民黄金廣、黄寬、黄子嬌、黄建等，不至乃還。時鑑同三司官至時羅、都登灘、淩山，建黄旗，揭榜招黄金廣等，俱不至，復命於朝，亦未有處分。景泰四年，思牙峒長黄應朝等又以其事奏聞，行户部，未能議處。

天順二年二月，陞雷、廉等處都督僉事歐信爲都督同知，充副總兵，鎮守廣東。時巡撫兩廣右僉都御史葉盛極言信廉勇，民獠率服，故有是命。尋坐與侍郎揭稽交惡，罷之，召還。

四年，廣西流賊充斥高、肇、雷、廉、南、韶間，而瓊賊邵宣因採珠之擾，乘機作亂，督府命官軍次第討平之。

五年，蠻賊流劫廉州府，知府饒秉鑑禦之，大敗其衆。是府居兩廣交界之中，軍民久受廣西流賊之害，秉鑑因令所屬州縣人民編立火夫，委官督領以待賊。至是，賊一千五百餘徒，分投劫掠百勞、大埇等村，鑑督率所編，前後斬獲七百餘級。巡撫右僉都御史葉盛以其事聞於朝，旌異之。

成化三年，流賊寇石康。八年，併石康入合浦。

十五年，安南與老撾讐殺，國王黎灝將兵七萬自往滿剌加邀擊，殺其衆三萬，有敗卒奔至欽州者。

十六年，征剿八寨諸賊，至弘治中，猶出没爲亂。

正德三年，八寨賊首黄師苟稱寇，僉事鄧概討平之。自天順三年負固奏勦後，餘黨猶未平，至是稍戢。

七年，賊首廖公廣寇靈山、合浦，僉事李志剛誘而擒之。

八年秋，安南入寇，備倭官軍禦之，敗於淡水灣。

十一年冬，安南賊復登岸劫掠，廉州衛指揮范鎧率兵敗之。

嘉靖十六年，安南莫登庸作亂，黎大陽、黄父命、父群三人來奔。

十九年，登庸來降，歸欽州四峒侵地。

二十一年六月，收復四峒民丁，歸籍貼浪。貼浪峒在貼浪都思牙村，宋爲長官司，黄令鑑爲峒主。元世祖時，兩江峒賊黄聖許反，其孫黄世華討賊有功，授以金牌印信。國朝收印罷官，仍爲峒長。時羅峒在時羅都，宋黄令岳爲峒主，今收印罷官，仍爲峒長。如昔峒在如昔都思勒村，宋時黄令德爲峒主，今收印罷官，仍爲峒長。宣德間爲交趾所侵，置金勒千户所，移住那蘇隘。嘉靖二十一年，復歸欽州。博是峒在如昔都丫葛村，宋時黄令欽爲峒主，今收印罷官，仍爲峒長。宣德間其孫黄建叛降安南，授以經略使。嘉靖二十一年，其孫黄音率民復歸版籍。澌凜峒在貼浪都澌凜村，宋黄令謝爲峒主，今收印罷官，仍爲峒長。宣德間其孫黄金廣叛降安南，授以經略使。嘉靖三年，其孫黄伯仁率民復歸版籍。鑑山峒在如昔都羅浮村，宋時黄令宣爲峒主，今收印罷官，仍爲峒長。宣德間其孫黄子嬌叛降安南，授以經略使。嘉靖二十一年，其孫黄資率民復歸版籍。古森峒在貼浪都，宋時黄令祚爲峒主，今收印罷官，仍爲峒長。宣德間其孫黄寬叛降安南，授以經略使。嘉靖二十一年，其孫黄福添率民復歸版籍。時休峒在管界巡檢司地，世傳有禤純旺者，從馬援征交趾有功。賊平，留守邕、欽二界，然歷年既遠，意亦如宋時時羅七峒耳。永樂時羅峒長以事革，其孫禤貴成始移世守時羅峒。按欽州七峒叛附安南者四，其一爲安南所侵，今僅存貼浪、時羅二峒而已，然以中國故地没入於夷，蓋百二十餘年矣。兹者莫登庸納款割四峒以還我朝，則文明之化敷，寇裳復舊，生民其大幸矣。

雷州府乃五嶺極地，秦、漢以來，夷越雜居，三面距海，或罹黎賊、颶風之災，惟北連高州，峒獠時至，頃復寧息。宋始築城，鎮以澄海兵。元設廉訪司，以統海北、海南六路三軍，一州爲一道，而宣慰司都元帥亦分道以治海南。

至元時，同知元帥東安張温以兵革偃息，乃令軍士浚渠築堤，以備寇盗。迨延祐中，廣西猺賊寇掠，都元帥賈閭相機制禦，雷民賴之。時有平河門軍校王成者，以奮勇戰死，軍民塑像祠之。成素驍勇，號「帽兒」，廣西猺賊侵境，成常戴皮帽破陣衝擊，當其鋒者必潰，人或有戴其帽臨陣者，賊亦驚駭挫鋭。至正壬辰，猺賊侵境，元帥張不兒罕孛温領兵出境邀擊，而賊乃間道徑至城下，攻擊燒犯西門，甚爲猖獗，城已危矣。官軍還追，近城十餘里，前賊出敵，成持刀先馳，連斬數馘，賊知爲成，即時大潰，城賴以安。成恃勝卸甲，不意餘賊藏伏，發毒矢中成而死。軍士塑其像，立祠於黑神堂之側。後黑神堂廢，其祠亦隨廢矣。

至正末，盗賊並起，海北、海南宣慰司府僉都元帥張成山西萬泉人。發兵擒其酋，賊徒皆潰。

時賊酋有稱「掃地統兵」者，寇掠郡境，屯於西山坡。成夜伏兵西湖橋下，比曉出，與賊戰，佯敗，引賊渡橋，伏兵齊發，擒賊酋烏馬沙等三十名，衆賊皆潰去。後海寇麥伏來寇城，成脩葺城池，於東南城外樹立排栅，選精鋭守之，民賴無恐。然大勢垂亡，一人不爲力矣。

本朝洪武元年，雷州衛指揮同知張秉彝湖廣石首人。招徠撫諭，歸附日蕃；間有餘寇竊發，復率千户王清擒斬七十餘人。四年，收捕高州叛賊羅子然，由是海北安集無事。開築城池，建立衛所，分列屯營，刱砌濠橋，皆秉彝功也。八年，陞水軍衛指揮使，遮留載道。其後指揮僉事采石楊豫、右所鎮撫鳳陽陶鼎，俱備倭有功。

成化元年，博白猺賊胡公威流劫至雷，文爐、大桂山賊繼至。千户王燧率軍日戰夜守，以功陞指揮僉事。賊聚日久，城中疫作，死亡者十之七。

正德十一年，賊劫遂溪縣，并虜官民。

嘉靖三十一年五月，番賊海寇嘯會瓊、雷，水陸阻塞，官軍討平之。

古昔伊尹正南方獻令，有所謂「里」焉。里者，蠻之别落，後漢時謂之俚人，南裔。異物志謂俚在廣州之南，俗呼俚爲「黎」，義取山嶺則生黎，自古居瓊崖之中者是也。質性樸悍，善弓矢，據險好殺，然而慎許可，重契約，麕儦豕趨，棧居蓬處，其猶有太古淳龐之遺質乎？但錯處郡邑，時出入以虔劉我民人，孰黎從而釁焉，其孽滋甚，固有鳴劍抵掌而欲殄滅之無遺育者矣。君子曰：王者一視同仁。然則黎亦吾中國髮膚也。昔人有合胡越爲兄弟者，由余、子臧是也。況吾廣爲仁邦，而欲傾無量之費，役無辜之兵，以快豺狼之憤，可乎？孟子曰：至誠未有不動者。又曰：「仁者無敵。」吾取以爲法焉。是故勞之、來之、柔之、誨之，敷惠彌深，覿德彌厚，縱有野心難馴，而畏威者慴，慕德者至矣。其或不悛，然後整旅殲魁，拔木通道，就其中建爲帥府，以時撫綏焉，則仁明義立，文不匱而武不弛，雖「羅施鬼國」之爲貴州，亦可引冀也，是在擇於二者而已矣。雜蠻類附其後。

俚户

漢武帝元封元年，始略地爲儋耳、珠崖郡。民皆服布如單被，穿中央爲貫頭。師古曰：「著時從頭而貫之。」男子畊農種禾稻紵麻，女子桑蠶織績。亡馬與虎。民有五畜，師古曰：「牛、羊、豕、鷄、犬。」山多麈麖。師古曰：「麈似鹿而大，麖似鹿而小。」兵則矛盾、刀木、弓弩、竹矢，或骨爲鏃。漢地理志。

珠崖嫁娶，皆須八月引户人民集會之時，男女自相可適，乃爲夫妻，父母不能止。吴薛綜傳。

黎峒，唐故瓊管之地，在大海南，距雷州泛海一日而至。其地有黎母山，舊名「俚婆」。黎人居焉，内爲生黎，外爲熟黎。范成大虞衡志曰：黎，海南四郡島土蠻也。島直雷州〔一九〕，出徐聞渡，半日至。島之中有黎母山，諸蠻環居四傍，號黎人。其山極高，常在雲霧中，黎人自鮮識之。久晴海氛清廓時，或見翠尖浮半空，下猶洪濛也。山水分流四郡。熟黎所居，已阻且深；生黎之巢，外人不復有蹟。黎母之顛，則雖生黎亦不能至。相傳其上有人，壽考逸樂，不與世接，虎豹守險，無路可攀，但覺水泉香美絶異爾。蠻去省地遠，不供賦役者，名生黎；耕作省地供賦役者，名熟黎。方輿志：生黎各有峒主，嚚頑無知，不識姓名。貝布爲衣，兩幅前後爲裙，長闊不過一尺，掩不至膝，兩腿俱露。椎髻額前，鳥言獸面。結茅爲屋，如覆盆狀，上居人，下居畜。射獵爲常事，男文臂腿，女文身面。用貝綿紡線，以色絲綢成若錦，縫成圈套，從頭穿下，至腰結住爲裙，名曰「黎桶」。足迹不履民地，而自相讐鬥。居民入其地，仗熟黎以鹽魚貿易，惟儋、崖、萬有之，在瓊則少熟黎。相傳其先本南、恩、藤、梧、高、化人，多王、符二姓，言語皆近彼處鄉音，因從征留居，長子孫焉。峒各有主，父没子繼，夫亡婦代。性習凶横，讐殺無親，若制服得宜，則不爲變，否則聚兵作亂。其男子着短衫，花幔纏頭圍腰，戴藤六角帽，或兩耳垂環，懸雙帶如刀狀，垂裙兩幅。婦人戴花箬篼，文領露胸。老幼坐，無尊卑。病則搥牛祀鬼，喪葬則斬牛待客。春則韆韆會鄰峒男女，粧餙來遊，携手並肩，互歌相答，名曰「作劇」，有乘時爲婚合者，父母率從無禁。婚姻不避同姓。

各以所邇，分隸瓊、儋、萬、崖四郡。皆椎髻跣足，弓刀未嘗去手。豪富兼并，役屬貧弱，時出與郡人互市〔二〇〕。

虞衡志：常插銀、銅、錫釵，腰繚花布，執長靶刀，長鞘弓，以竹爲弦，荷長鎗，跬步不捨去。熟黎能漢語，變服入州縣墟市，日晚鳴角結隊以歸。

婦人繡面，服緦緶〔二一〕。績木皮爲布，陶土爲釜器，用瓠瓢。人飲石汁，又有椒酒，以安石榴花着甕中即成酒。

婦人高髻，釵上加銅環，耳墜垂肩，衣裙皆五色吉貝，無袴襦，但繫裙數重，製四圍合縫，以足穿而繫之。群浴於川，先去上衣自濯，乃濯足，漸升其裙至頂，以身串入水，浴已則裙復自頂而下，身亦出水。繡面乃其吉禮。女年將及笄，置酒會親屬女伴，自施針筆，涅爲極細蟲蛾花卉，而以淡粟紋徧其餘地，謂之「繡面女」。婢獲則否。女工紡織，得中國綵帛，拆取色絲，和吉貝織花，所謂黎錦、黎單及鞍搭之類，精粗有差。海槎餘録：黎俗男女週歲即文其身，自云不然則上世祖宗不認其爲子孫也。身穿花厚布衣，露腿赤足，頭戴漆帽，傍贅尺許雉毛兩莖，披肩領間可耻也。男子家富者，兩耳復贅盞口大銀圈十數爲富侈，此所以爲雕題離耳之國也。寰宇記有嚴皮榴花酒。**居有欄房，定婚折箭，卜葬以卵，藏物以殷。**虞衡志：居處架木兩重，上以自居，下以畜牧。婚姻折箭爲定，聚會亦椎鼓歌舞。親死不哭，不粥飲，惟食生牛肉，以爲哀痛之至。葬則舁櫬而行，令一人前行，以鷄子擲地，鷄子不破處即爲吉穴。海槎餘録：凡深黎村男女衆多，必伐長木，兩頭搭屋各數間，上覆以草，中剖竹，下橫上直，平鋪如樓板，其下則虛焉，登涉必用梯，其俗呼曰欄房。遇晚，村中幼男女盡驅而上，聽其自相諧偶；若婚姻，仍用講求，不以此也。自婺嶺以北有一種遐黎，習俗又與黎大異。居常以椰瓢蔽體，更闌習弓矢，父母年過五十則烹食之，尤人不忍聞者。若尋常黎俗，藏置酒、米、乾肉、衣、布之屬，不於其家，必擇一高坡之地，離家百步内外，以草樹略加繚繞迴護，葦置其中，名曰「殷」。雖村家叢雜，亦不相混〔二二〕。間有盜之者，每犯輒獲，法曰「跙痕」，即足跡也。余初不信，因彼自服而後然之。**善射好鬭，性喜報讐。**虞衡志：客來，未相識，主人先於隙間窺之，客儼然矜莊，始遣奴布席於地，客即坐；又移時，主人乃出，對坐，不交一談；少焉置酒，先以惡臭穢味嘗客，客食不疑則喜；繼設中酒〔二三〕，遂相親，否則遣客不復與交。會飲未嘗捨刀，三杯後各請弛備，雖解器械，猶置身傍也。一語不相能，則起而相戕。性喜讐殺，謂之「捉拗」。所親爲人所殺，後見仇家人及其洞中種類，皆擒取，以荔枝木械之，要牛、酒、銀瓶乃釋，謂之「贖命」。海槎餘録：黎人善射好鬥，積世之讐必報。每會聚親朋，各席地而坐，飲酣，顧梁上弓矢，遂奮報讐之志，而衆論稱焉。其弓矢，蓋其祖先有幾次鬥敗之耻，則刻箭幾次，射於梁上以記之，故云。飲醉，鼓，衆復飲，相與叫號作狗犬聲，輒二三夜。自云本係狗種，欲使祖先知而庇之也。以次則宰羊肉臠禳散，就近村落無不踴躍接受，尅日起兵。讐家鬥之，亦如此法，募兵應敵臨陣。遇有州縣公差人役，樂請觀戰。兩家婦女亦各集本營，當退食之際，婦女争出營認箭，兩不拘忌。其俗云男子讐只結於男子面上，若及婦女，則其父母家更添讐怨矣。其勝敗追奔，亦各有程度，不少踰之。數中罹鋒鏑死者密瘞之，父母妻子諱不悲泣，恐敵知其不武也。**借貸責償，人不敢欺；貿易射獵，以利爲喜。**虞衡志：土產沉水、蓬萊諸香，漫山悉檳榔、椰子木，亦産小馬、翠羽、黄蠟之屬。與省地商人博易，甚有信，而不受欺紿〔二四〕。商人有信，則相與如至親，借貸所有不吝。歲望其一來，不來則數數念之。或負約不至，自一錢以上，雖數十年後，其同郡人擒之以爲質，枷其項，關以横木，俟前負者來償，乃釋。負者或遠或死，無辜被繫，累數歲月，至死乃已。復伺其同郡人來，亦枷繫之〔二五〕。被繫家人往負債之家痛詬責償，或鄉黨率斂爲償，始解。凡負錢一緡，次年倍責兩緡，倍至十年乃止。本負一緡，十年爲千緡，以故人不敢負其一錢。客或誤殺其一鷄，則鳴鼓告衆責償曰：「某客殺我一鷄，當償一鬥」。一鬥者，雌雄各一也。一雄爲錢三十，一雌五十。一鬥每生十子，五爲雄，五爲雌，一歲四産十鷄，併種當爲六鬥，六鬥當生六十鷄，以此倍計，展轉十年乃已。誤殺其一鷄，雖富商亦償不足。客其家，無敢損動其一毫。閩商值風水，蕩去其資，多入黎地耕種不歸，官吏及省民經由村峒，必舍其家，恃以安。海槎餘録：黎村貿易處，近城則曰市場，在鄉曰墟場，又曰集場。每三日早晚二次會集貨物，四境婦女擔負接踵於路，男子則不出也。其地殷實之家，畜妻多至四五輩，每日與物本，令出門貿易，俟回收息，或五分、三分不等，獲利多者爲好妾，異待之，此黎、獠風俗之難變也。二月、十月則出獵，當其時，各峒首會遣一二人赴官告知會。但出，每數十村會留壯兵一二十輩守舍，男婦齊行。有司官兵及商賈並不得入，入者謂之犯禁，用大木枷頭及手足，置之死而不顧，何其愚也。獵時，土舍峒首爲主，聚會千餘兵，携網百數番，帶犬幾百隻，遇一高大山嶺，隨遣人周遭伐木開道。遇野獸通行熟路，施之以網，更參置弓箭熟閑之人與犬共守之。擺列既成，人犬齊奮叫鬧，山谷應聲，獸驚怖，向深嶺藏伏。俟其定時，持鐵砲一二百，犬幾百隻，密向大嶺舉砲發喊，縱犬搜捕，山岳震動，獸驚走下山，無不着網中箭，肉則歸於衆，皮則歸於土官。上者爲麖皮，次者爲鹿皮，再次爲山馬皮。山猪食肉而已，文豹則間得之也。

熟黎之地，始是州縣。大抵四郡各占島之一陲，其中黎地不可得，亦無路通。朱厓在島南陲，既不可取徑，則復桴海循島而南，所謂再涉鯨波也。四郡之人多黎姓，蓋其裔族，而今黎人乃多姓王。生黎質直獷悍，不受欺觸，不服王化，亦不出爲人患。熟黎貪狡，湖廣、福建之姦民亡命雜焉，侵軼省界，常爲四郡患云。文獻通考。下同。

珠厓黎氏三世保險不賓。德宗朝，嶺南節度使杜佑討平之。

咸通五年，命辛、傅、李、趙四將部兵擒黎峒蔣璘省於瓊山南境，今定安西南黎峒中。置忠州。

宋李崇矩太平興國間爲瓊、崖、儋、萬四州都巡檢使，時黎賊擾洞，崇矩悉抵洞穴撫慰，以己財遺酋長，衆皆懷附。

至和中，黎人符護者，邊吏嘗獲其奴婢十人，還之。護亦嘗犯邊，執瓊崖州巡檢慕容允則及軍士，至是以軍士五十六人與允則來歸。允則道病死，詔軍士至者貸罪。

政和間，筦帥郭曄乞置澄遇西峯寨、臨高定南寨，以隘阻黎人，由是道路無梗。

乾道二年，從廣西經略轉運司議，詔海南諸郡倅守慰撫黎人，示以朝廷恩信，俾歸我省地，與之更始。其在乾道元年以前稅賦之逋負者盡赦免之，能來歸者復其租五年。守倅能慰安黎人及收復省地者，視功大小爲賞有差，失地及民者有重罰。史蠻夷傳。文獻通考：乾道二年，廣西經略轉運司言，欲下瓊管及三軍守倅措置説諭黎人，示以朝廷德意威命，使之自新，退復省地。能説諭收復者，量功立賞，任內有侵犯省地或逃失省民，亦重責罰。其先省民逃居黎峒之人，守臣招誘復鄉，蠲其逋稅。詔從之。

六年，黎人王用休爲亂，權萬安軍事同主管本路巡檢孫滋等招降之。

九年八月，樂會黎賊劫省民，焚縣治爲亂。黎人王日存、王承福、陳顏招降之。文獻通考云：

九年，樂會縣黎賊劫省民，焚官舍，瓊管安撫請於朝，黎人王日存、王承福、陳顏等招降復寨有功，借補官資，彈壓邊面。義兵統制黄文廣屢戰有功，並欲推賞。以澄邁縣巡檢權移駐劄樂會縣，控制黎人。其省民久陷歸業，蠲賦已責。從之。

淳熙元年，詔承節郎王日存等許子孫承襲，以瓊州言其祖父居蔭元係入貢，又自宣和以來能撫諭諸黎，彈壓有勞也。十月，五指山生黎洞首王仲期率其傍十洞丁口千八百二十歸化。仲期與諸洞首王仲文等八十一人詣瓊管司，管司受之，例詣顯應廟，研石歃血，約誓改過，不復鈔掠，犒賜遣歸。瓊守圖其形狀衣製，上經略司。

八年六月，瓊管司言承襲宜人三十六峒統領王氏稱其祖本化外州〔二六〕，皇祐、熙寧間歸順，彈壓三十六峒，捍禦隘口，正係瓊管咽喉之地；三世受朝廷告命，至母黄氏承襲彈壓，邊界用寧；紹興間，又説諭化外黎人各安生業，莫肯從亂；乾道七年，受告封宜人；今年老無男，有一女，欲依例承襲。詔王氏襲其後，又以王氏之姪黄間補官守寨，彈壓黎峒。嘉定九年，詔復許宜人王氏、吴氏承襲。虞衡志：「王二娘者，瓊州熟黎之酋，有夫而名不聞。家饒財，善用衆，能制服群黎。朝廷封宜人。瓊管有號令，必下王宜人，無不帖然。二娘死，女能繼之。其餘三郡强名小壘，實不及江、浙間一村落。縣邑或爲黎人據其廳事治所，遣人説謝，始得還，前後邊吏惴不敢言〔二七〕。」

九年，管師韓璧出入阡陌，勞來不倦，期年成化。黎人感慕，願供田税。

十二年正月，樂會縣白沙洞黎人王邦佐等率賊衆五百爲寇，殺掠官軍。保義郎陳升之撫降其衆，俘獲林智福等，瓊司上其功。

淳熙末，崖守周鄘遣熟黎人諭招撫得五十餘洞，每遇寅、酉日，出城市貿易。慶元初，通判劉漢脩崇郡學，講明道要，激勸生徒，創建社學，延師訓導，損帑廪給。黎獠獷悍，亦知遣子就學，衣裳其介鱗，踵至者十餘人。

端平初，劉椿知萬安軍，買扶諸峒黎以椿紹定間曾平黎寇，聞風相率至瓊納欵，願隨土貢獻。

咸淳三年，二兇盜陳公發、陳明甫竊據崖州臨川鎮，潮、惠、廣、欽、廉、雷、化歲被劫掠，瓊黎乘亂出峒爲盜。六年，犯邊，迫近城堞。憲司薦欽州守馬成旺征之。成旺偕子撫機來，間關數十戰，恢拓省地。八年秋，詔以成旺顓筦寄，乃命撫機諸將戍邊，諜黎情僞，截其出没，諸峒惕息不敢肆。

元設黎兵萬户府，統十三翼，兼管民兵，黎峒萬、千、百户，俱以土人爲之，致黎亂終元之世。至元十六年，朱國寶爲海南四州宣慰使，更弊政，訓兵息民，黎人降者三千户，蠻洞降者三十所。十八年，招降居亥、番亳、銅鼓、博吐、桐油等十九洞。二十八年，本路安撫使陳仲達詣闕，陳平黎策。五月戊戌，授以海北海南道宣慰使、都元帥。命同廉希恕等將蒙古、漢軍順化軍七千史誤作二千。二百人。世祖紀：至元二十八年五月戊戌，以參知政事廉希恕爲湖廣等處行省右丞，行海北海南道宣慰使、都元帥。瓊州安撫使陳仲達海北海南道宣慰使、都元帥。湖廣行省左右司郎中不顏于思、別十八里副元帥。王信並同知海北海南道宣慰司事、副元帥。並佩虎符，將二千二百人以征黎蠻獠屬皆從仲達辟置〔二八〕。十月丁丑渡海，益民兵一萬四千，收諸黎所未附兵將集而卒。十一月壬子，行湖廣行省平章闊里吉思以分省督師至〔二九〕，命仲達子謙亨領萬户統諸兵，副元帥王信、伯顏于思，萬户教化孫韓旺、楊顯祖，副使林應瑞，副萬户秦彪，千户蔡有聞，鎮撫高祐，廣西宣慰楊廷璧等分兵統剿。自本月庚午發師，至又明年癸巳七月辛酉被召還朝。乃以餘賊付都元帥朱斌統兵深入人跡不到之處，黎巢盡空。明年甲午春，刻石五指黎婺而還。是役凡三歷年，勦平各州縣清水等峒符十九、符察、陳萃、梁六犢、王郎、王嗣、陳子淵、黎福平等渠魁，降附者不可勝數，得峒六百户，口二萬三千八百二十七，招收户口一萬三千四百九十七。從省幕烏古孫澤議，立寨學訓諭諸峒。奏置屯田府，立定安、會同二縣，萬全一寨。唐胄論曰：是役也，自開郡以來所未有，然計兵僅二萬一千二百人，計時雖二十六月，然實用兵纔十三閱月爾，專島蠢醜已無遺穴。人言瓊黎黨涣易剗，信然。使繼制之以良材，則瓊今日尚有黎乎？奈何以統制休之，駕毒士人，僅數年間，餘黨王文河、王應嘉復起，釀成至順之禍，先沿亂以俟元亡，痛哉！史世祖紀載：命廉希恕、別十八里將兵同征。而舊志及碑文皆不及，豈非以他故不果來，故允仲達在道之請，而速督之以闊里吉思歟？

天曆初，瓊山黎多招引亡命爲嚮導，時出行劫，主簿譚汝楫請於大府，歛鄉兵得五千人討之，軍次居□。洞有賊二千，突出欲戰，以方樹柵，令士卒皆解鞍縱馬卧，賊疑不敢進，乃引去。遣兵五百乘之，賊伏發，遮其後，復遣千人之弗能前，乃自以兵擊走賊，拔出其衆，射中其酋腹，賊遂退，復徵近地兵萬五千人。賊有九峒，而居野、居中爲最大，周回百二十里，草木蒙密，不可入。汝楫先令萬人除道周其山，暮復以萬二千人啣枚圍之，夜樹栅三重爲壁，壁外布竹釘以防奔突，内五步編竹爲屏，伏卒以避流矢。明日，出萬人赭其山，布陳以待，漸移栅近之。十日圍逼居野止三十里，八洞之蠻盡入據之，復益栅數十重以守，賊窮蹙不知爲計，乃縱兵夷之，得其酋六十一人以歸。

天曆二年，海島生黎叛服不常。海北、海南道宣慰使按攤威望素著，夷人帖服，生黎王高等二十餘洞皆願輸貢。

至順元年，黎獠既陷三軍，王官福等復寇乾寧界。總兵都鎮撫譚汝楫沿江自南建至番誕渡，置堠障，與司帥及萬户劉其分守之。明年，賊數萬寇石山、新村、梁陳渡，汝楫與子康力戰，康遇害。三年，賊寇乾寧西山界，都元帥闞闞軍水尾失利，汝楫與別將拜住擊敗之。後賊衆，汝楫復敗，闞闞不援，遂陷。澄邁王六具亦寇臨高，逼南寧界，軍判羅伯龍結村援兵禦賊，敗□。明年春，六具遣其徒王吾數千人掠北關，伯龍義兵誅之，乘勝遂退，斃傷者不可勝紀。夏官福賊五萬復由東入寇，汝楫渡江出救，守將阿剌護世之圍大敗賊，斬首四十一級，獲軍器輜重不可勝紀。

元統元年，南寧軍達魯花赤特穆實招降江花、落基諸峒首符富等一百九十名向化。

是年秋七月，詔行參知政事完澤會諸道兵進討瓊黎。初，至順元年，黎賊王馬同反，陷會同、樂會、萬州、文昌，王六具寇臨高、澄邁，王觀福據定安，東西諸黎皆應，僅存瓊州。民王用糾亦率十九峒作亂。二年秋七月，乃命湖廣行省右丞劉耳刺領江西、湖廣二省兵。九月，復調廣東、福建兵共討之。以耳刺武功未集而卒，至是始命澤督諸道兵及廣西獞兵討之〔三〇〕。譚汝楫請先死戰以絶其根株，澤因下受賊金以間，竟納降而歸。

二年十月，胡廣行省咨海南僻在極邊，南接占城，西鄰交阯，環海四千餘里，中盤百洞，黎獠雜居，宜立萬户府以鎮之。中書省奏准依廣西屯田萬户府例，置黎兵萬户府。

本朝洪武元年，大將南征，師駐廣東，遣使開諭海南諸部，南寧軍土酋陳鷹官等望風降附。先，元至正十八年，土豪吉天章逼昌化縣尹黄半山，奪其印，自尹其縣。二十二年，鷹官稱元帥，始追出縣印，令其下曾洪山據之，至是乃降。

二年永嘉侯朱亮祖師擣雷州，威聲所至，民黎首目絡繹奔走聽諭，惟樂會小踢峒酋長王官泰頓兵不散。亮祖統指揮耿天璧等將大軍抵其地，敗走其衆，招諭諸賊迎降。自歸附後，各峒熟黎屢效順出官附籍，認供租税，惟深峒生黎尚恃險阻未歸。繼而萬州卑紐、黎芓等峒熟黎王賢保、王賢俊、王琪、王觀保、王觀禄等復梗，花僭之大村、峩低、七方、新塲等峒黎首符均勝、符鳳、符方抄等，崖之抱懷、多簡、千家等村羅豈、羅跪等，瓊山之符進福、王觀磨，文昌之王伯琪，澄邁之王四官、王觀平，臨高之番緩、居芓等村符陳、符九等黎賊，又復不時竊發，廣東都司及海南衛官旗節次領軍收捕之。

洪武初，盡革元人之弊，土酋主郡者元帥陳乾富以降免罪，徙爲廣西平樂通判；州縣各另除官，不用土人，兵屯子孫，盡革爲民，以峒管黎。

六年，指揮張仁收平儋州黎寇。初，洪武二年己酉，諸黎歸附之後，文昌抵萬州黎峒嘗梗化，累征討不服，至是儋州亦陷，仁始領軍削平大村、七方等峒。又方輿志：洪武初，指揮張信收捕儋之黎首符那欽，及平峩底、落梅、新洋等峒。

十年，會同等縣及感恩、抱來等峒；十七年，崖州多簡等村；二十五年，會同麻白等處，僞千户蔡斌，古鎮州等黎迭亂，官軍隨即討平。

二十七年，澄邁多簡等村，儋州新洋等峒復亂，指揮牛銘、曹源等討平之。

二十八年，崖州千家村、定安、光螺、樵木、文昌、白延等處黎亂，廣東都指揮花茂同本衛指揮石堅、牛銘、千户崇實等討平之。

二十九年，昌化浮鵝峒黎賊符公魂等亂，指揮石堅率儋州千户徐真統軍討平。時萬州鵬鴣啼王得隆亦寇亂，隨收捕之。

革除，庚辰三月壬辰，廣東公差大理寺丞彭與民等奏言：瓊州府所屬周圍俱大海，內包黎峒，民少黎多。其熟黎雖是順化，上納秋糧，各項差役俱係民當。其生黎時常出没劫掠，連年出鎮征剿，爲害不息。今詢訪各處熟黎，俱有峒首，凡遇公差役，徵納秋糧，有司俱憑峒首催辦，官軍征捕，亦憑峒首指引。今所屬各有防黎及備倭巡檢司，如將各處峒首，選其素能撫服黎人者，授以巡檢司職事，其弓兵就於黎人内僉點應當，令其鎮撫熟黎當差，招撫生黎向化，如此則黎民帖服，軍民安息矣。詔如所請。明年五月十一日，瓊州府寧遠縣、藤縣巡檢司添設副巡檢黄旗，通遠巡檢司添設副巡檢黎讓。十月十一日，萬寧縣蓮塘巡檢司添設副巡檢王錢，陵水縣茁山巡檢司添設副巡檢符森。其後永樂中雖復洪武官制，獨兩廣及荆南土人爲副巡檢者，仍權留云。

永樂二年冬十月，太學生崖州人潘隆本建言招黎頂，請行。十二月，授隆本以知縣職名，齎勅撫□□□府黎峒生黎〔三二〕。

三年春三月，隆本引本土人邢萬勝等赴京，復同領勅招撫。勅諭黎峒民人：朕奉天明命，嗣守太祖皇帝，四夷萬國悉來朝貢。尚念爾等以蕞爾之地，遠處海南州郡之中，仰慕聲教，蓋亦有年。第因有司不能招撫，無由自達。今特遣知縣潘隆本，土人邢萬勝、陳胤、符添成、蒲幹、符添慶、黄歪頭賫勅往諭：爾等體朕廣愛之心，共相議讓數人同使臣來朝，朕即頒給賞賜，俾回田里以安爾衆，使爾子子孫孫永享太平之福，故諭。

夏四月辛卯，廣東都司奏瓊州府屬縣七方等八峒生黎八千五百人、崖州抱有等十八村一千餘户俱已向化，惟羅活諸峒生黎向未歸附。上命禮部：已歸附者令有司善撫綏，未歸附者仍遣人招諭。禮部遂奏遣梧州府通判劉銘賫勅往諭之。

秋七月，巡按廣東監察御史汪俊民言：瓊州府周圍皆海，中有大、小五指、黎母等山，皆生、熟黎人所居。比歲軍民間有逃入黎峒，甚至誘引黎人侵擾居民。今朝廷遣使招諭，臣愚以爲黎性頑狠，招諭之人非其同類，未易信從；又山水峻惡，風氣亦異，中國之人罹其瘴毒，鮮能全活。臣訪得宜倫縣熟黎峒首王賢祐，舊嘗奉命招諭黎民，信從歸化者多，況其服習水土，不畏瘴癘。臣請追還使命，仍召賢祐至京，量授以官，俾招諭未服黎人，戒約諸峒無納逋逃；其熟黎則令隨產納税，一切差徭悉與蠲免；生黎歸化者，免其產税三年；峒首則量其所招民數多寡，授以職事。如此，庶幾黎民順服。從之。

四年三月，瓊州屬縣生黎峒首羅顯、許志廣、陳忠等三十人來朝。初以生黎多未向化，遣通判劉銘賫詔招撫，至是向化者萬餘户。顯等從銘來朝，且乞銘撫其衆。上從之，授銘瓊州府知府，專職撫黎。仍授顯等知縣、縣丞、巡檢等官，賜冠帶、鈔幣遣還。自是諸黎感悦，相繼來歸。仍勅陳忠等歸諭村峒人民，免其供應差發。勅諭瓊山縣南岐村首黎陳忠等：恁每都是好百姓，此先只爲軍衛有司官吏不才，苦害悉上頭，恁每害怕了，不肯出來。如今聽得朝廷差人來招諭，便都一心向化，出來朝見，都賞賜了回去。今後恁村峒人民都不要供應，差發從便，安心樂業，享太平的福。但是軍衛有司官吏軍民人等非法生事，擾害恁的，便將着這勅諭，直到京城來説，我將大法度治他，故諭。夏四月戊子，瓊山、臨高諸縣生黎峒首王罰、鍾異、王琳等來朝。

命罰等爲主簿、巡檢，賜冠帶、鈔幣。

六年春二月，瓊州府撫黎知府劉銘率生黎峒首王賢祐、王惠、王存禮等來朝，貢馬，命賢祐爲儋州同知，惠、存禮爲萬寧縣主簿，賜冠帶、幣鈔，俾專撫黎人。先是封川歐可誠以吏員遥授縣丞，隨梧州通判劉銘委差撫黎，尋陞爲知府，可誠爲推官。銘卒，以刑部郎中黄重代之。

七年秋八月庚寅，萬州萬寧縣土官主簿王惠等率其峒首來朝。招諭生黎四百二十四户，賜鈔幣。

十一年春正月庚子，瓊山縣言東洋都民周孔珠招諭包黎等村黎人王觀巧等二百三十餘户，願附籍爲民，從之。秋七月甲申，黎首王聚、符喜等來朝。臨高縣民黄茂奉命招諭黎峒那呆等二十四峒生黎，至是率黎首王聚、符喜等來朝貢馬，黎人來歸者計户四百有奇。蓋自初至今，招撫諸黎來歸者千六百七十處，户三萬有奇。

十三年二月，瓊州府生黎峒首羅廣壽等來朝。籍其屬歸附，凡三百三十七户，七百五十九口，賜廣壽鈔幣有差。

十四年夏六月乙亥，儋州土官同知王賢祐率生黎峒首王撒、黎佛金等來朝。貢馬，賜幣鈔遣還。上謂行在禮部臣曰：黎人遠處海南，素不霑王化，今慕義來歸，而朝貢頻繁，殆將困之，非常撫之意。自今生黎土官、峒首，俱三年一朝，著爲令。

十五年秋八月乙未，感恩縣土官知縣樓吉福等率生黎峒首來朝。貢馬及方物，賜之鈔幣。

十九年春正月，寧遠縣土官縣丞邢京率生黎峒首羅彬等來朝。貢方物，賜鈔及文綺有差。

二十一年，瓊州府土官縣丞符添慶等率諸峒黎首來貢方物。賜幣帛有差。唐胄論曰：撫黎土官，其百餘年之禍根乎？永樂初，勑諭不給於招者，而給於所招之黎，職名之加，則戒以專一撫綏，不得與州縣事，皆防微杜漸之深意。及來歸後，果詒奪其勑以威己，干列銜座以敵縣，皆踰制命矣。此程瑩奏革，所以爲便也。然土官雖革，而土舍隨後養成，惡逆犯□數多，不可以不裁抑明矣。然唐之首領、宋之峒首統領，皆以黎人主黎，故其侵郡也，乘其衰而後發。今之土官，則以郡之奸人爲之，故其掠郡也，皆在盛時而不憚。土舍縱肆於已革土官之後，張威如其祖考，苟爲不問，終干天討，則宗祀且不能保，況糊口之小利乎？此兵憲之責也。

洪熙元年，定安黎賊王觀苟等叛，燒燬縣治，都指揮程袒率指揮黃瑀等督軍討平之；繼移兵征樂會等縣上郎等村，王莫等寇隨平。

宣德四年，以峒黎侵擾不利，革去撫黎流官。

正統五年，瓊州府知府程瑩奏革撫黎土官，黎人自是總歸於府，民黎稱便。

十年，知府程瑩、指揮陳英諭撫崖州黎首符危向化，招回逃民羅計等四十八名。

成化五年，儋州七方黎符那南叛，都指揮王璲討平之。初，那南等與土舍王賦搆亂。二年春，都御史韓雍以平大藤峽蠻賊，俱剥皮抽腸，凌遲處死。曉諭令改過自新，各安生業，俱免其死。掛榜通衢，恬不爲意。後賊欲侵那南等地，逐出同伊弟弼居住。諸黎蓄恨，乘賊往臨高祭掃，逃回刻箭截殺，賊敗走，於地名河洛舖駐劄。那南因散擄劫，自號南王。十一月，都指揮王璲統軍征勦，賊憑險阻，屢敗我軍，相持月餘，後乘雨夜夾擊。十二月乙亥，始破上、下多邦山口寨，那南敗走。明年正月丁酉，追至落賀峒，平之，因剗餘黨姜花等峒符英等。三月壬午，擒之。

戊申，班師。

八年，署都指揮王璲委指揮李泰督萬州、樂會統軍，招撫鷓鴣啼、太平等六十七村峒，生黎巴旺、巴島等五百八十七名向化。

十一年，儋州落窑峒黎符那推亂，兵備副使涂棐、都指揮李祐統漢、達官軍及黎兵機快進討，軍法嚴整。土舍趙瀧領兵來遲，斬於軍門。風聞王道乾漏機，亦綁出，將斬，賴州衛爲辯救而釋。十一月壬戌，攻破窠穴。明年二月，平之。

十二年，副使涂棐、都指揮李祐招撫千家村、古鎮州黎賊符那王等向化。

二十二年，瓊州府通判丘瑞同指揮李泰招撫加凌等村黎那允等一百四十四村向化。

弘治三年，陵水縣黎亭等峒黎陳邦洋等作亂。冬十月，兵備副使陳英、參將姚英統漢、達官軍進討。甲辰，抵加枕山。十一月丙辰，至大播山，與賊對敵，平之。乙亥，班師。

十五年冬十二月癸亥，儋賊符南蛇、平南蛇者，七方峒黎也。先成化初，土舍王賦欲併七方，致符那南之亂。官軍平後，其姪符那月者，率南蛇父族定欽等諸黎，皆告出州供徭役吞併者，裔惡其異己，且懼所部或效之。十四年七月丁未，以官役頻繁事，唆南蛇等讐殺那月，不獲。賊因劫殺作耗，刻箭傳遞，諸州縣黎峒聞風響應。閏七月丙申，擁衆萬餘，圍儋，指揮周遠嬰城固守。八月丙辰，圍昌化，千户王韶大開門受敵，賊懼不敢攻，鄉落逃難者得入依附。九月丙戌，分兵攻臨高，指揮張詡孤守危甚。丁亥，都指揮湛鉞聞急奮援，賊大敗而退，諸黨喪氣。未幾卒，賊復肆出。十二月庚子，省軍抵儋州，都指揮河清駐劄於州之保吉孤營，無備。甲辰，爲賊所劫，兵不得列戰，參議劉信遇害，死者不可勝計。自是賊威益熾，郡城爲之驚動。至是伏羌伯毛鋭以兩廣總兵統漢、達官軍、狼、土兵十萬至儋。甲子，嚴令誓師，參將馬澄等用命分軍進擊，破其中堅。丙寅，南蛇獨擁精鋭出敵，指揮周遠奮戰，督家人周賀、周紀斬賊將先鋒二人，氣奪小却。南蛇中箭赴水死，餘黨以次削平，州縣大安。

正德二年，崖州千家村峒黎惢横爲害。三月甲子，副使王倬親領儋、昌、崖軍土兵討之，賊倉皇奔竄，無敢禦者，遂焚巢穴而歸，勅旁峒無得匿逋。次日，纍送軍門者無數，倬憫其衆，盡釋之，州境大安，民爲立祠報祀之。

七年春，兵備副使詹璽征萬州黎賊。初，儋賊符南蛇叛，萬州諸黎皆響應。後儋既平，萬未經過師，故鷓鴣啼、龍吟等峒黎鄭那忠、巴休等復出。至弘治甲子，殺督備指揮谷泰，後愈搆樂會縱横、斬對、陵水、黎亭、嶺脚等黎會應，勢日昌熾。督府因被害民王昕等奏聞，至是始委璽統官軍快黎等兵約五千征剿。三月癸未，遣指揮王琥等四路分進，期癸亥會哨於中地草唱。爲土舍泄機，賊多屯匿於樂會縱横峒壇口村大連山麓。乃故導西哨指揮趙槃由曲坂難兵地眩賊，懼之。金哨因曳兵走出熟黎長沙村，逗遛不進。東、南二哨指揮高焕、周世英，千户王韶等是日亦止遠營於地名太平村。隨征指揮陳振入覓空村，見數賊，先馳歸，倩隨旗軍王佐、吳朝京等衆遇害。既夕，賊乘劫民兵等營，殺傷數多，煥等遂掣往南山路出。惟北哨指揮王琥如期抵會所，見賊空巢，焚之。時璽駐劄於地名張牙市，聞太平營爲賊所劫，遂散師而歸。唐胄論曰：嗚呼，黎賊連年肆寇，然時或少懼者，以大軍之未臨也。今而此舉，命不能用之於將師，反驚散於賊，黔驢技露，而猛虎愈無所忌矣，孰若不征之爲愈也。今言黎患，多歸罪於弘治末年之備兵者。由此觀之，則所以積大而釀長之者，豈皆彼之罪哉！

嘉靖元年，督府鵰剿羅活峒，群黎皆望風屏竄。有□官欲專功者〔三二〕，緝賊所在，躬督部下窮搜。賊憤怒，襲殺我軍數十人，甲胄器械滿野，爲賊所得。自是賊知軍弱，始無忌憚，自是鵰勦遂不足恃。

二年，已誅賊符南蛇從子崇仁、文龍争立，起兵讎殺，因而扇動諸黎陰助作逆。兵備副使胡訓執二人繫獄，命儋州同知顧玠撫之。事寧，玠善事督府，掩爲己功。奏聞，玠陞二級，得擢南安府通判。海槎餘録：嘉靖初，符蚺蛇從姪符崇仁、符文龍争立，起兵讐殺，因而扇動諸黎，陰助作逆。余適拜官蒞其境，士民皆憂危蹙額道其故。余答曰：「可徐撫之。」未幾，崇仁、文龍弟男相繼率所部來見，勞遣之。余知二酋已獲繫獄〔三三〕，故發問曰：「崇仁、文龍何不親至？」衆戚然曰：「上司收獄正嚴。」余答曰：「小事，行將保回安生。」衆欣然曰：「謝。」郡士民聞之，駭然曰：「此輩寬假，即漁肉我民矣。」余不答。既而閱獄，縱繫囚二百人，州人咸賞我寬大之度。彼黎衆見之，盡闔首祝天曰：「我輩寃業當散矣。」余隨查該峒糧俱無追納，示喻黎老各出長計，轉請海道明示黎衆，争相告乞辜保其主。余諭之曰：「事當徐徐，此番先保各從完糧，次保其主何如？」衆曰：「諾。」已而得請從黎俱縱回。前此士官每石糧徵銀八九錢，余欲收其心，先申達上司，將該峒黎糧品搭見徵無徵均照京價二錢五分徵收，示各黎，俱親身赴納。因其來歸，人人撫諭，籍其名氏，編置十甲。辦糧除排年外，每排另立知數協辦小甲各二名，又總置總甲、黎老各二名，共有百餘人，則掌兵頭目各有所事，樂於自專，不顧其主矣。日久寢向有司，余密察其情，却將諸首惡五十餘名解至省獄二千里外，相繼牢死，大患潛消。後落窑峒黎聞風向化，亦告編版籍。糧差訖，州倉積存聽徵糧斛，準作本州官軍俸糧，敷散地方平妥。余後復從事西廣，竟有加俸二級恩命，檄未下，而已轉官南安矣。

十三年三月，瓊山縣沙灣、居林等峒渠酋黎福二作亂，夜劫守兵營，殺死典史、千、百户各一員，并殺擄兵士甚衆。知府蕭晚聞於督府，都御史陶諧、總兵咸寧侯仇鸞會巡按御史戴璟檄同諸司勘處，於是晚謀諸兵備副使游璉，設捄虜繫、誅渠魁、威群醜三策。乃令經歷顔吉、縣丞高明督土舍許承宣招降，旁酋出虜者皆至。晚厚賞，授以方略，俾誘渠酋，設伏擒之。璉遂督指揮王守臣集兵。七月，分哨抵巢，群醜皆遁，乃焚其聚落，奪其穀畜，屯兵搜捕。適時霖潦泛溢，軍亦疾疫，乃下撫令，群醜願月朔赴道聽令。九月旋師，磔福二於郡市，餘黨悉平。瓊州續志。

十八年，萬州鷓鴣啼峒大抵村黎酋那紅、那黄叔姪争田，叔不勝，乃投陵水軍堡村莊千户萬人傑爲報怨。人傑率兵以捕獵爲名，襲大抵村，盡奪其妻孥資産而有之。黎酋積憤，糾合黎停、嶺脚二峒陳任等攻劫陵水縣九十六村，掠奪殆盡，惟存附郭港坡一村，賊屢合攻，知州黎巽屢敗之。人傑頗有謀勇，用計讒巽罷罪去，士論大拂，巽訴寃，人傑亦被逮，仰藥而死，於是賊益猖獗。

二十年，崖陵、郎温黎酋陳那、任那紅等糾結萬、崖諸黎搆亂州邑，虜掠村民，寇陵水縣，時督府適有事安南，未遑也。官軍半月以前虚聲致討，北哨至，既招又剿，既降又誅，誅又復招，威信不立，賊不復聽招，惟肆攻掠。海南衛指揮僉事張世延帥兵禦之，戰於多崩河，兵敗被殺。都御史蔡經奏請征討，命下，會師十萬，與安遠侯柳珣駐雷陽，令參政周擇運餉。九月，分兵爲三哨，參將程鑒所部四萬五千人爲中哨，參政張岳監之；參將董廷玉所部三萬一千人爲左哨，副使陳茂義監之；都指揮武鑾所部二萬六千人爲右哨，僉事商大節監之；參將劉經提餘兵設伏張翼。中、左二哨先進，賊僞遯設伏，戰頗不利。大節持重，武鑾引兵合程鑒躡左哨後，已而分界，俟其矢石少息，乃超距争先，鄧嵒大敗之，賊潰，所破峒二百七十有奇，斬五千五百餘級，登黎婺山顛而還。十二月凱旋，官軍頗亦傷折，右哨頗完。捷聞，進經爲兵部尚書，珣加太保。

二十八年，崖州止强、石訟等村黎酋那燕、那搼、符門欽等作亂。判官黄本静科索無厭，燕等遂逼崖州，圍感恩。先是崖陵、那紅諸黎甫平，而知州葉應時、都御史歐陽必進、總兵平江伯陳圭奏請討之，受命調兩廣狼、獞、漢、達官軍十萬餘，令副總兵沈希儀督守巡、兵備等官，分三大哨，直抵巢穴，俘斬首從五千三百有奇，悉剿平之。

三十七年，分巡海南道憚涉鯨波，駐於雷州，峒黎始無忌憚。三十九年，分巡復至黎，乃復寧。

瓊山村峒凡一百二十六：

居碌村、居林村、居碌南廩村、牛皮三家村、加品村、新芋村、加卯村、新寨村、加西抵灰下村、死蛇村、南吉平兆村、南蛇村、離竹村、南記村、黄緑村、林雷村、燒鹿周敦村、灣頭村、三家村、岑芋村、水尾村、加地村、加莫典村、平兵村、嶺倍村、上下沿江村、南細村、加林村、黄昏村、三家村、孫喝村、始社大社村、番陀村、包没村、低灰村、長秀村、多雷村、黎東村、勘寨村、墨彎村、鹿壯村、南盈村、南犀村、南岐峒、盤答村、南墟居敦村、下水坡村、大嶺村、南般村、盧迪田頭村、黎瓊村、藤寨村、南坤村、南陀村、白頭迦遶村、塘心村、居完村、頭平峒、嶺平峒、荔枝村、陶良村、黄泥村、莫村、茅坡村、白嶺村、水綿根村、番錯村、尋村、大塘村、木械根村、埇嶺村、羅村、山田村、猫舌村、北岸村、苦藤村、沙件村、溢鐵村、荔枝椰、扶南村、鴨塘村、蔫牛村、瓦屋村、石并村、藤村、沙坡村、檻埇村、龍教村、獨田村、曹村、東衡村、坡藤村、塘石村、邁葛村、南椰村、尖嶺村、張村、龍天村、石化村、鴨塘村、嶺上村、水泡白石村、山口村、張村、大木根村、加凱村、宋寨村、胡换村、墨芋村、江邊加般村、深梵村、番六村、居癸村、田邊新村、山口村、山深村、坡尾村、黄竹村、岑村、大窩村、馮家丁寨村、周村、多剿村、李爪村、南敲多加村、黄家大峒村。

澄邁村峒凡一百三十七：

探都村、滴呂村、新村、陶弄村、大小白石村、居透村、瓊鎖村、上田村、居坎村、田尾村、山坡村、求地裏村、黑臉村、相思根村、白水母村、東西嶺村、甘謟村、加忽村、毬村、舊村、滴凍村、大嶺村、落峒村、窮詣村、石榴村、居白村、落咀村、泰魯、石嶺村、大田村、檀木村、滴羅村、居潤村、求執村、泉眼村、居眼村、下水村、坡養村、牛窩村、内絞村、茅坡村、崖村、落血村、潘徑村、居鳳村、居雀村、求池村、觀遠村、八温村、南絞村、大塘村、脚猫村、十五寨一村、滴初村、毛巴村、透龍村、滴坑村、宋凱村、宋凱新村、大江村、竹根裏村、北乖村、居岸村、窮蘭村、北絞中廩村、大小居疊村、黎獻村、下水村、居洪村、滴堀村、南茂村、淺石村、嶺下村、大小嶺村、判甕村、大小居蔽村、荔枝眼村、莊罕村、山吕村、山尾村、花嶺岸村、玭玶村、石嶺上村、南濫上水村、細嶺村、耀瓦村、黎村、道眼村、上賈村、南藝村、加俸村、嶺邊村、南突村、溪口村、擎灑小村、大鵲坡村、及崖村、和句村、提滴村、充遥村、麻戀其村、棲存村、那郎村、冲潮村、枕罰村、番大村、催村、番乍村、番那村、番奴村、雅崖村、番多羅村、雅包村、雅叉村、譚漢村、雅近村、譚滴上下村、乂縣舊村、屯後村、反陣村、波路村、黎祭村、番寨村、番縵乍田村、番佛村、從記村、番定村、大那永村、績縵江村、居滴村、甘痛村、居潤祚村、高嶺村。

臨高村峒凡二百三十九：

南逢大村、南逢小村、姑堤村、南逢村、墳敗大村、婆貝村、墳敗小村、石若村、譚章村、羅便江頭村、堤把村、南順村、提南村、番任村、番奠村、從遶村、捕投村、重加村、墚和村、番縵村、麻戀其村、番奴村、慢提村、羅隨村、番凱村、牙眼村、牙眼上村、牙眼下村、羅騫軒村、僕盛村、居綿村、叫梗村、多坦村、頓也村、辰隨村、居軟村、譚欖村、羅僯上村、羅僯下村、瓦閏村、略高村、武黄村、公姑村、武順村、羅軒村、滴莊村、帶馬村、買湊村、僯村、武滴村、武寵村、頭全村、羅軒下村、東田村、甘黎村、居樽村、郎歛村、武籠村、林蛇村、滴濁村、滴經村、皮白村、羅檜村、羅遶村、郎墨村、番縵羅村、南瀑大村、南瀑小村、姑提奴村、居巖大村、番郎麻床大村、番郎床小村、番郎床上村、番郎床下村、番住村、僕頭東村、僕頭西村、那軒龍古村、背腰村、白若村、南暴小村、羅穴村、檀白村、番盎村、滔爹大村、番林村、僕頭縵村、蟲窑村、李弱村、那活村、墳臺村、樬賴村、那崖上村、那崖下村、那崖大村、那崖中村、那崖小村、番奥村、滴雜村、番亂村、那附律村、江高村、買愁村、婆傑村、滴又村、略閃村、遷栲村、番濁村、那丟村、番又滴村、番忍村、番吾村、番油亞村、那拗村、符効村、羅勇村、白瞻村、南甫村、推峯村、茶談大村、茶談小村、推方大村、推方小村、潛藏村、低流村、高地村、羅畔村、墳峒村、郎秋村、南暴村、郎忌村、郎墨村、道貪墳郎遊村、番京村、武丁村、敦木村、郎來村、坎首村、初呼村、武戴村、即武頓、武小武左村、郎藍村、多舍村、羅屯村、計央遠史村、周白村、武丁村、打治村、郎巖村、郎僯村、墳誕村、重羅村、提乘村、羅便村、南恨村、張叉村、符具村、重白村、羅偏墳臺村、那打符圖村、那打重而村、那打甲衣村、武陳村、武述村、那打道羅村、我然僈村、墳曹僈村、那否村、曹僈小村、番衙陳村、僈那賴村、墳曹門小村、茶藍村、番佛村、武曹村、插胡村、滴軍村、番蒲村、那邑村、那鋪村、那又村、番優紅邊村、南謀村、白華村、郎管村、神白村、番優村、買傑村、屯建村、番優打蛇村、略屯村、道探村、低樓村、道圖村、墳曹村、道壽村、羅也村、亥迦頓墨村、番優王周小村、大安村、南善村、居著村、神白小村、武頑小村、郎管小村、羅盆村、武銀村、郎貫村、具沙村、道搜村、大江坎村、居門嶺低村、恒南村、郎巖番閃村、番佐橋良環村、居投番在村、番打崇村、陳受村、從賀路奏村、波没村、夾具村、番迍村、番軸村、那客村、白麻村、白牛村、棲簪村、夏炎村、番移嶺背村、番袍陳村、夏江爐村、番玄大村、番玄小村、居芋村。

安定村峒凡一百一十二：

胡换村、茅夾村、山村、沙灣村、山廖村、麻根村、南墩村、大木村、南峯村、新掃村、對峯村、居匪村、窮欄村、金救村、居倫村、新廖村、下泥村、驚介村、外匪村、沙田村、高臺村、沙波村、坡村、嶺掘村、筒奏村、石嶺村、間浪村、榕木村、下水村、下榕木村、萬延村、那凑村、坎村、婆村、奴計村、坡村、蘇量村、李寨村、居谷村、竹根村、居啓村、居烈村、李鷄村、客木村、居蓼村、籬竹村、長塘村、居堦村、山村、林遍村、居墮村、麻根村、嶺村、烈口村、石麻村、紛雲村、玉奴村、蛇寨村、今抱村、郎戊村、黄茅村、黄口村、蓼頭村、墨揆村、水表村、羅旦村、南號村、山村、嶺脚村、居章村、丹臘村、大火村、透冷村、南迍村、居鄧村、樵木村、斬彩村、高嶺村、番透村、山心村、上塘村、郎戊村、長彎村、黃祿村、黃坭村、嶺背村、大郎村、北藤村、叫降村、歛萬村、黑石村、中心村、南呑村、坤骨村、黎秋村、曹掘村、夢細村、保加村、崖陀村、南汶村、南川村、長安村、居坐村、馬透村、大坡村、大付村、大水村、黎討村、平山村、水平村、山村、居馬村。

文昌村峒凡三十五：

陂底村、雷珠村、白壇村、荔枝村、黃草除玖村、麻陂村、爽寨村、斬脚村、拐根爽村、山鳥村、斬脚尾村、沙埇曹家爽村、多習村、多容户村、多餘村、楊村、郭村、苦仔村、白沙村、大埇村、湴陂長田村、買車村、水西大陂村、杵村、何嚴村、黃家埇村、偷狗村、唐來村、大寨村、李村、荔枝莫寨村、馬嶺寨脚村、墳梈村、買陂村、下寨苦藤村。

樂會村峒凡五十三：

縱横上村、羅雲前村、雲羅後村、葵根上村、葵根下村、石橋村、上坡村、下坡村、加略上村、加略下村、三令村、賀賴南村、賀賴北村、小郎村、坡尾村、坡頭村、黎新村、石盤東村、石盤南村、秤溪村、油梅村、新寨東村、新寨西村、露懷村、南杯村、官梅村、竹根小村、大郎村、縱横大村、墨石村、竹根大村、皮沙村、清安村、皮英村、羅環村、嶺坻村、羅梅村、上摇村、下摇村、新寨大村、新寨小村、上石樸村、南茅村、大水村、小水村、加歷村、蒼呆村、斬對東村、斬對西村、加石上村、加石下村、黎磨村、水口村。

儋州村峒凡二百九：

煙莪峒、途何峒、峩郎峒、過甘峒、過吟峒、大羅村、牛頭村、水尾村、峩好村、過洋村、那江村、坤雄村、和橋村、甘根村、兒栲村、落禍村、苗村、那瓦村、峩郎村、峩娘村、峩樓村、過茫村、差泮村、婆包村、羅不村、考確村、打金村、可卜村、係抱村、婆媒村、峩邦村、峩南村、峩加村、峩爹村、可妙村、可邦村、上過潭峒、下過潭峒、途邦峒、蓬萊峒、同横峒、山口峒、過邦峒、夫底峒、新洋峒、過譚大剌峒、火落窑峒、富盈峒、差番村、落隸村、徒板村、落勿村、落閑村、英豪村、桃華村、徒雅村、大小落蔓村、墟坊村、逢邦村、富雙村、落臺村、南村、那羅村、和奉村、過陀村、徒邦村、徒欽村、南丹村、浮峩村、落苗村、落深村、大落賀村、小落窑村、差横村、甘桴村、墳碑村、南華峒、那板峒、潺白峒、那横峒、雲渠峒、那擔村、鞋皮那邊村、那喃村、番真村、羅條村、那横窑村、那順村、墳横村、那父爹村、南新村、小墳日村、陀横大村、陀横小村、懷巢村、催誌村、副濯村、擇催村、曹奴那續村、催風上村、催風下村、催風中村、曹縵上村、曹縵中村、曹縵下村、那勞大村、那勞村、南絹州村、催勿村、富濁上村、富濁下村、富濁中村、富賀大村、富賀小村、富寧村、甘弓村、那茶村、富孚村、波孚村、從加重伯那針村、從加重伯那六村、從加重伯那梼村、從加重伯那論村、從加重伯那白吾村、從加重伯那機村、從加重伯那賞村、禽讚村、富居村、路忍村、白吾大村、白吾小村、番登大村、番登小村、墳該村、銀村、抱嵩村、落條村、條貧村、那忻村、那崩村、南統村、南勞村、茅密村、喉白村、峩勾村、峩律村、小頭小尾村、婆眉村、磨凌村、過仰村、峩那夏村、峩雅村、車同村、過邦村、峩横村、浮榮村、峩玉村、㒂沽村、浩不吼村、那富峒、蓬峩村、保平峒、富催村、横村、布曹村、那訥白沙村、投蓬打村、多坤村、白姑村、番輕村、貪瑶村、那吉村、那灑村、牙西村、牙番村、牙歷村、晚吉村、石村、惟圖村、白勿村、牙成村、白平村、坎陶村、白風村、滴鹿村、逢陀村、絶滴村、弟茶村、牙秋村、牙麻村、墳不勿村、通三村、婆骨村、南勞村、正顔落乍村、番洋村、落横村、妻抱催查村、落便村、落閑村、烏鴉村、妻玉村、墳臻村、痴歇村、那便村。

昌化村峒凡三十三：

峩高村、峩掠村、居炭村、陀外村、磨庵村、居律奪村、那邊村、陀巒村、峩淡村、居喝村、包泊村、盤嫌村、那憐村、包橋村、峩吟村、峩娘村、陀查村、哥炭村、徒蘂村、無飄村、南保村、峩義村、初血村、群白村、峩表村、餘雍村、峩俺村、廣香村、峩旺村、峩哥村、上下協村、峩爹村、峩玉村。

萬州村峒凡九十三：

龍彎村、居勞村、黄籬村、僊家村、坡頭村、四馬村、番根村、芭芒村、催臻村、爹寨村、妻巒村、白包上村、白包下村、孚陀村、孚陀小村、墳旦村、牙密村、牙巴村、墳盡村、潘郎白村、那根村、白包村、番花村、那打調機村、那堅村、浮徒村、白包村、符花村、番墳村、千敲村、那爹村、番奴村、番陳村、富孝村、牙南村、甫貪番閏村、那甫白村、麻江壊村、墳餘村、小曹慢村、落乍村、那班村、番伄村、那班白村、從化村、磨思印村、貪貝村、番蓉村、峩沙村、番文村、番論村、牙殺村、閏儂村、防村、那隨村、遐貧閑村、剛華村、千斬村、那甫村、富郡村、小富群村、符番村、那喃村、卑孕村、平石村、窮頭村、居引村、南頭村、加□村、卑休村、郭村、陳婆苧村、青塘村、居狄村、加村、橋頭村、北大水村、菩提村、高石寨村、北嶺脚村、番鳳村、加扶村、南對村、排補村、木尼村、西大水村、買猛村、大翁村、新村、石水村、西嶺村、晉禮村。

陵水村峒凡三十：

多龍村、港婁村、多艾村、港莫村、羅渺村、滴侯村、艾村、多旺村、加錢村、多賢村、滴油村、正站村、多麗村、草宇村、低富村、多莫村、加除村、加皂村、多昧村、七帶村、到奏村、五指村、保坎村、保白村、羅信村、鈔鍋村、北羅村、低岐村、滴鼎村。

崖州村峒凡九十二：

羅活峒、龍灣村、鷓鴣啼村、大婁村、長沙村、南丘村、黎看村、唐村、木綿皮村、太平村、提底村、大蟲村、羅村、胡南村、水表村、良薑村、鹽服村、羅圍村、加拜村、正站村、多累村、羅宇村、黑梅村、多梅村、加間村、加訓村、提提村、案信村、頂對村、抱班村、石松村、抱勸村、抱好村、多併村、金契村、多間村、南淫村、抱井村、抱霸村、抱懷村、枕橫村、抱毫村、盈儛村、抱也村、抱貧村、大擁康村、黄侯村、節落刀村、抱耶村、小擁康村、多爹村、抱柞村、佛棲村、侯到村、返歆村、抱到村、大抱侯村、小龍村、多傑村、多於村、多鑿村、抱改村、抱繼村、多港一村、遷家一村、湳略布打村、龍村、浮村、嶺村、日村、透村、祝村、躭村、碩村、講紺村、翁俸村、布那二村、多頭村、講學村、而盈村、布那下村、瑟體村、羅縵村、蔓禎村、猪母村、多近村、那打村、足親村、多來村、嶺頭村、礙吾村。

感恩村峒凡四十一：

峩茶村、拂顯村、峩頭村、那邊村、峩陸村、陀皓村、雅也村、陀寧村、抱道村、也皓村、皓首村、抱白村、大定村、抱透村、陀牙村、羅横村、峩詐村、峩勤村、抱蔓村、陀横村、抱陀村、北鮓村、北言村、也逆村、陀累村、北道村、抱萬村、抱匪村、大道解村、陀賴村、符若村、陀逵村、湳漲村、陀淺村、曹咬村、陀烈村、□也道村、小抱村、解村、淺一村、峩傾村、抱道村。

瓊州府萬州夷獠，名曰岐人，即隋志所謂「㐌」也。有二種：遠控黎峒，不服王化者爲生岐；近傍黎圖，稍知羈縻者爲熟岐。舊志：熟岐本南、恩、藤、梧、高、化，音語皆同。昔從征至此，迫掠上黎，占食其地，種落寖蕃，自立峒首頭目，分掌村峒。校之生岐，性習無異，腥穢兇狠，鳥言夷面，無姓名，但以村爲號。生方成童，教以弓矢，以所擄人口，赤剥而繫之樹，令其子老弱射之，謂之習射，中，老父大悦。每食以大缽貯飯，男女圍聚，用匙瓢食之。男子著短衫，名爲「黎桶」，腰前後兩幅，掩不至膝，兩腿俱露。文其臂，綴耳以銀環，髻堆額前，用牛骨爲簪拴之，飾以鷄毛。婦女亦着黎桶，下圍花幔，髻垂後，刺涅口腮爲紋。茅屋簷垂地開門，屋山頭内爲水棧居之，離地二三尺，下養羊豕之類。男女未配者，隨意所適交，唱黎歌，即爲姻婚。刻箭結藤爲信，斬牛歃血爲盟。木弓、竹箭、鐵鏃、無羽刀柄長尺餘。弓箭不釋手，雖父子動輒持刃相加。每出劫，謂之討草、討菜，不避風日，草行露宿，登高履險，躍步遠跨，其疾如風生。習麄惡類如此，説者謂比之禽獸而能言，比之虎狼而有翼者是也。

永樂三年，設土官統之，後革。弘治中，始爲寇。正德七年，按察副使詹璽討之，敗績。嘉靖以來，肆行殺掠，至今不靖。漢、唐、宋、元至國初，岐獠皆自耕，與民互市，間或潛盜頭匹而已。永樂三年，設土官統之，後革土官，而土舍寖以生弊。弘治十五年，儋蛇賊亂，始效尤，群起爲寇。十七年，戰殺督捕指揮谷泰。正德初，督捕指揮王琥禦之，勢稍沮。七年，副使詹璽進官軍剿之，以土舍泄機，敗績。由是賊勢愈熾，戰殺百户李廷傑、總小旗軍潘偉、沈宗善等二十四人。所過村落，西自巴頃、香根、加小、横嶺，北自嶺脚、五鄉、南里、黎興數十餘村，人亡財盡，掠無所得，却乃長驅東南陸連、土丁、横山、亦土隴等村，横行無忌。黎民有王走岐、王策、王祐、王那弄、王那邁、王那拯附居衡路。前此賊出，斬牛與之，借路投爲嚮導，王走岐等潛透消息，候賊出入，餉以酒食，謂之晚存。自號百户名色，人口被掠者托爲贖之，每口取牛若干隻，銀若干塊，鍋鐵、刀鋤、布幔之類多寡不等，皆與賊分贓，而還其人。間有軍民奴囚逃入，黨與通行，賊勢益大。嘉靖六年，劫殺良民楊文啓等一十餘家。七年，殺鄉老林鳳鳴，焚其尸，擄妻子，并劫殺佃民二十餘家。八年，殺生員蔡國卿，尸不獲葬；擄民王普良、蕭司員等男女數十人。邇者越出高橋、窩村、荔枝山、頭坡、長水等村，離城僅七八里，劫殺無等。自黎禍以來，人口被掠者近千餘人，田園荒蕪者近千餘畝，牛馬屠戮者約萬餘隻，錢糧消耗者約萬餘緡；而所得富家子女以爲奇貨，嬰兒老叟輒手刃之，禾倉廬舍付諸烈焰。生靈之災，此其極矣！

按「俚」訛爲「黎」，聲之轉也久矣。自生黎聽招歸附，以入版籍，則熟黎與土官之所爲也。其後土官益多，生黎未附，已竊俚户以肥己，變詐百端，反招生黎爲寇。人知永樂初潘隆本倡爲禍首，故瓊臺志遂書隆本後以無功伏誅，稽諸實録，則無有也。與其授以知縣職，豈若授以副巡檢之易覊哉？「乇」復訛爲「岐」，即黎之遐者。定安楊理嘗入婺嶺，始知分有二種，生黎之外，五指之中，歷代不化者爲岐；然黎所懼者岐也。生岐疆界由瓊抵崖，不過三百餘里，自儋達萬不過二日餘程。候彼三、八月饑荒，分兵四面，開示信義，彼必聽從，乘此開路，可立衙門，岐既從而黎服矣。惟崖黎最强者曰羅活，曰抱宥，曰多澗，曰千家，而密邇官道，爲諸黎門户者千家也。

成化丁未，征千家村及陵水嶺、脚峒之陳那洋。征後黎人惴慄，見軍即跪，而軍欵眇其愚騃，無故笞詬〔三四〕，哨守等官，則又凌虐困辱之，何怪其未久復叛也。

正德丁卯，千家、羅活等村復横，兵憲王檵招撫犒賞，其惡愈肆。及崑山王倬至，伺知其非〔三五〕，調儋、昌、崖官軍黎兵鵰剿千家村，不費斗粟，不遺寸鏃，數日即歸。隨諭旁峒逃入界者，擒斬解報，群黎莫敢違令。賊死既多，乃下令撫定之。自是崖之封内，牛畜被野，盗賊絶跡，此崖民所以報德立祠者也。

弘治十六年，瓊山主事韓俊奏言革去土舍峒首，立州縣屯所，量撥在外軍民雜處，在中防引。

闢開五指山十字道路。偏立吏甲，禁持弓矢。

嘉靖十九年，工部郎中吴會期復言之。黎居良民五之一，宜於兵威削平之際，開通十字大路於其間。大約以道里計之，自府治至於崖州千里而近，自儋州至於萬州六百里而遥，此四至徑一之大凡也。細數之，自府治至於沙灣三百里而遥，自崖州至於羅合三百里而近，俱爲坦途矣。度其中未開通處，不過二百里耳。大集官軍，屬武官領之，民兵屬有司領之，土兵屬鄉保長領之，通力合作，相其豁壑，易其險阻，假以數月，而瓊、崖之路可由黎峒中行矣。儋、萬視此，其工則又殺焉。四路交達，度中建城，量地置堡，就堡立屯貯食，以攻則取，以守則固矣。

二十八年，督府都御史歐陽必進奏剿崖州、昌化、感恩地方。吏科給事中鄭廷鵠上言：

瓊自開郡以來，迄今蓋千六百餘年，無歲不遭黎賊之害，然未有如今日之慘者也。蓋其盤山踞峒，其中之州縣反爲之外捍，是彼無外寇也。食飽棄餘，狼悍豕突，至虔劉我人民，坑陷我官軍，是我有内憂也。其地彼高而我下，彼膏腴而我鹹鹵，其勢彼衆而我散，彼無外寇而我有内憂，則州縣之兵罷於奔命，何日而有息肩安枕之地哉？

臣生長地方，竊嘗訪之故老，得之征人，聞其出戰之時，人挾數矢，以一當百，無不應弦而倒者；矢盡力窮，遂竄身荆棘中，獸奔鳥伏，故我軍至，有臨險欷歔而止爾。故前日倡亂，不過止强、石訟諸賊，其勢尚孤，今連昌化、感恩之寇，其黨日熾，若進兵，非調狼目，募打手，加立數萬人不可。

臣聞成功在勇，圖揆在謀，克捷雖難，經略爲上。臣嘗考今昔剿除黎患者，見二大舉焉。元至元辛卯，黎叛。十月，渡師；又明年七月深入，黎巢盡空。又明年春，刻石五指、黎婺山而還。中間雖二經變故，而謀不亂，卒以成功，可謂捷矣。但元夷俗得則棄之，猶能奏置屯田府，立定安、會同二縣，至今衣冠文物，稱爲名邑，此以知其可經略也。又前嘉靖十九年，黎叛，後軍陷没，請兵討之；明年，大渡師徒；十二月，直破其巢，崖州諸峒無處不至，未嘗不大捷也。但班師太早，漏網數多，誠有如前奏各官所言者。當時識者見賊巢德霞、平荷可耕可守，擬建州縣，招集新民，以絶異日之患，然一時失議，遂爾毁成。故黎賊一聞兵出，相率歸巢，兵散於前，賊聚於後，謂官軍能捷而不能守故也，欲其不爲今日再舉之害，其可得乎？此以知其不經略之害也。

故臣不患成功之不早，惟患圖揆之未周，不患克捷之無日，惟患經略之無術。何也？蜋臂徒張，其扶有限，蟻封雖密，其險可夷，徒以激於有司殺人無數，遂以肆行無忌爾。今文武之臣，戮力同心，一旦大軍臨之，勢如破竹，但願先事要在圖揆，後事要在經略，深以前車爲戒，始不貽後日之悔也。

何謂圖揆三事？崖黎地方大勢，南出崖州，西出感恩，西北出昌化，北抵凡陽。黎岐東通郎温、嶺脚二峒，然二峒實萬州、陵水之衝，地形外險，内實坦夷。賊若被攻甚急，其合二峒以擾我陵水必矣。爲計當先分奇兵，由陵水以攻二峒，彼二峒之賊自救不暇，然後大兵直擣崖賊巢穴，使其黨涣於東，勢分於西，莫知端倪，自相疑貳，而風霆之下，悉可擒也。此其所當圖揆者一也。

前奏又云元惡那燕等已入凡陽，搆集岐賊，此或有之，但恐其所搆集，或即郎温、嶺脚之賊也。蓋此賊十九年陷我軍，不數日，羅活賊黨即傳箭崖州，徵納百牛，抱宥賊黨即傳箭九所屯亦然，其與之搆禍通謀久矣。此賊嫁禍黎岐，以多方誤我，或聲言揺惑以堅黎岐助逆之心，皆未可知。此其所當圖揆者二也。

黎賊原無奸細，其消息動静，出於所轄土舍，故百年之禍，皆土舍釀成之。黎將附籍州縣，百計沮撓，有司或失黎心，多方煽惑，既成禍變，又走泄軍機。若使嚮導我軍，遂道迂迴險阻以致陷没，如成化時之王道乾、前歲之符文龍是也。防杜之術不可不謹。又發軍興制所貴不擾，而首功之數不可預定，此則用兵之事，所當圖揆者三也。

何謂經略三事？一曰一勞永逸之計。夫瓊人與此賊共此土也，數年一反，數年一征，雖往往克捷，所傷多矣。天地之心並生育，豈若馴以緤籠，置之莊嶽，易介鱗而爲衣冠，是誠有望於今神武之化也。獻馘之後，願招集新民，定以約束，因其勢而利導之，多興學宫，禁挾弓矢，使不得復爲狼豕之態，則堯舜之世尚復有黎哉？尚復有反且征者哉？若徒得而棄之，不復經略，如前歲所爲，反滋今日之禍，則興兵動衆，終無寧時，真大鑒也。

二曰破方啓土之功。臣按崖州輿地本自數百里也，故西一百五十里有隋延德縣址，東南一百三十里有唐臨川縣址，東五十里有唐落屯縣址，西一百里有漢樂羅縣址，感恩東北七十里有宋鎮州址，原附郭有鎮寧縣址，今俱在賊中，所當恢復者也。況又有德霞之膏腴，千家、羅活之饒足。招集之後，願建州縣，因以屯田，且耕且守，務廬其居而東南其畝；又由羅活、磨斬開路，以達安定，由德霞沿溪水而下，達於昌化；道路四達，屋廬相望，井里既定，豈不爲國家增拓輿地哉？

三曰久任責成之道。漢建武十七年，馬援既平嶺南，所至即置城郭，興水利，條建封溪諸縣，又申明漢律，傳爲馬將軍故事。至二十年秋始還，貴綏定之術乎？願乘之餘威，震懾山谷，建參將府於德霞，聯絡州縣；亦如馬援故事，治城郭，興水利，條奏便宜事務，以鎮安人心。其新附之民，尚有異志者，設法遷徙之，或於海北地方屯田，或於附近衛所入伍，如漢徙潛山蠻七千餘口於江夏，以永絶禍本。徐求仁明之長，慈惠之師，奏留久任以終其事，其庶幾乎瓊人萬世瞻仰，在此一舉。

臣待罪諫垣，以言爲職，知而不言，罪也；況切臣鄉土，聞見且真，言而不詳，亦罪也。故敢干冒天威，伏望勅下兵部，再加詳議。

此皆撫綏者之所當深長思也，故詳録之。

然黎峒中盤，州邑外列，民雜蜑、猺之異，夷分生、熟之殊，其情狀當咨訪而周知也。

熟黎洪武初年歸附報籍，在西路臨高等界，則鄉音與廣西藤、梧等處相同；東路瓊、澄等界，則鄉音與福建漳、泉等相同。東、西二路惟樂會、澄邁之黎熟者多，與瓊山、定安之黎爲易治爾。凡自祖躬耕省地爲良民，但因住近黎山，諳曉黎俗者，則納糧當差；或深居黎村，耕作省地，與黎田交雜，半在羈縻，急難呼喚者，則納糧不當差。永樂初用監生潘隆本奏言，命梧州府通判劉銘除來本府撫黎，尋陞知府名色，專一撫黎。因是謀分府權，奏將周圍三千里内近山都圖版籍糧差者，并累代各省從征不歸落土耕田通名爲熟黎者，悉與所屬管黎官作眼招撫生黎爲由，就據以爲本管。而土人借知縣、縣丞等職者，自比雲南、廣西，稱爲土官。永樂十年，造册收入，熟黎未報丁口，報作新招歸附黎户名爲「梗化」者，亦納糧不當差。暗分州縣人民，立作二萬餘户、四萬九千餘名口，以致躲差奸民投作梗化，此非舊制也。宣德、正統以來，革去撫黎知府等官，而管黎知縣等官，子孫不得世襲。節奉勘合熟黎歸屬有司，革官子孫毋得占管，仍回州縣當差。弘治十七年，又撥作梗化，其中多有耻者，亦有無知之徒樂爲梗化，得免差猺。其儋州屬黎，雖與生黎無異，然其間一半願爲良民，一半樂爲梗化，遂致謀害相殺，馴致攻州陷縣。大征之役，誤及方面，可爲永鑒也。熟黎以裏則生黎、岐人也，散處鷓鴣啼、居林、思河、羅活等三十六峒，盤據五指、黎婺崇山之中，不時出没，劫掠附近村分，實爲腹心之疾。初以熟黎爲藩籬，有土舍峒首以管束之，事久玩愒，反以黎、岐爲利。如弘治年間，符南蛇作耗，損失官軍，糜費錢糧鉅萬，自後近黎州縣，節被搶掠，而萬州特甚。有被害民蕭傑、王璽等，奏行查勘，屢年未見完報。臣常詢有識士夫及老成涉歷之人，皆謂其地南北約七百餘里，東西四百餘里。初生黎服招者，永樂四年俱赴京朝見，蒙賞，仍勅各黎首歸峒安生樂業。時招主見勅諭全不霑己，乃誆生黎歸取勅書，各家收蓄以爲己物，因而竊柄。今革官子孫收藏者，必須追出，給還其家，則生黎不致土舍生事侵擾，得安其生矣。然臨高、儋、昌、萬、陵之黎，倚山爲勢，各據强弱，互相欺凌，崖、感之黎，尤散相角敵，至於讐殺，比比皆然，則黎性之常。細扣其由，其間有父子繼世結怨報讐者，有公孫相傳被陷未伸者，有俟隙乘機取利者，有應該主峒而弟姪侵奪者，有所主軟弱而致欺凌者，有所主剥削而激讐害者。雖有守備官軍，彼云報讐，莫敢誰何，以此禍延省界，歲無一寧，皆因統者不令故也。土舍能撫戢以爲本，等身役在有司，決不可以土地人民輕易借與，以長亂階，此固祖宗成法，不容變亂者也。

土舍之先僭名土官，實與西廣、雲、貴羈縻者事體不同。矧洪武舊制，革去元弊，土酋主郡如陳乾富猶降徙遠郡通判，兵屯子孫盡復民役，或爲峒首，僅授副巡檢，州縣得以制之。今之土舍峒首，豈敢復如昔日土官之僭，與有司分庭抗禮哉？然黷貨者反倚之以幹囊篋，則乘機嫁禍自此始矣。正統年間，革官子孫如臨高王紹祖因襲不得，乃假官坐縣，立萬人屯，截路禁行，欲謀不軌，李僉事計至杖死；儋州劉秀叛殺田表、水西等村，巡撫韓雍貴榜開諭。以故鄉官同知王佐著珠崖録，拳拳在抑土舍。後儋之土舍峒首，搆成符南蛇之禍，可不決去之哉？然成化年間，感恩土舍婁鑑賄囑知縣羅鉉，私將近黎民人符進禄等三十六村撥與管用，因而故爲鳥言裸體，到處劫掠，鄉村受害。後蒙兵備副使涂公撥回村峒，征除强梗，前弊始除。積今數十年來，貪横之心，非獨革官子孫，聿起奸刁，見土舍間有衰弱，竊據數黎，遂自立號角敵。有本峒首，今乘盛欺壓而争雄長者；有本奴隸，今背主自立而稱峒首者；或黎首附籍州縣，而所主積恨異己者，以此互相侵奪，或引誘出没，使其罪坐所主；或左道讐殺，俾其利致旁收。邊患由斯釀大，非獨一儋而已，皆因此輩乘機嫁禍，侵漁黎利之故也。必行查其自祖迄今所招而造册以審之，行查土舍峒首伊父祖所招黎人村峒，至今有服管者若干，背拗不服者若干，其人地方抵於何人交界，某村峒原係借倩版籍糧差熟黎〔三六〕，某村峒原係服管無役生黎，某村峒原係歷代不向化黎岐，各令時常帶率出官，如有冤枉，許其訴理，若有溷包霸占他人村峒在内者，從令各要自首改正。待其有功通道路以换魚鹽，而後量以冠帶給之。近時探有陽春峒，其峒在五指下，東南爲郡中黎，居以千計，自不爲惡；南有滴他、香根、竹茂、竹擁，皆係反黎。西南有萬家、羅活、磨岸、磨魁等村，東有思河等峒，東南有縱横、斬兑等峒，北去定安，東南出萬州、陵水，西北至儋州，程俱六日，惟西至昌化，中阻大溪，須桴筏乃濟。聞之始通之人，入自思河，僅六日，前半路頗崎嶇，後愈入愈衍。岐、黎欽奉，情極卑謹。其旁呼爲百姓峒者，乃天順間邵賊餘黨潛住，生息甚繁，話皆東語，比岐猶勤耕作。由此觀之，則無險阻可知矣。必須翻然改悟，守法循規，開諭黎、岐，各安生理，不行剥削之擾，不事勾引之謀，則瓊、崖庶其靖矣。不然，則湛鉞之討南蛇，何其危也！湛鉞，廉州衛借職指揮，陞廣東都指揮僉事，性英俊，有文武才略，好用奇策，忘其勢位，每與下官有謀者共議。弘治十四年夏六月，瓊郡儋州七方峒黎賊符南蛇謀殺峒首符那月，占奪地方，搆黨反亂，刻箭傳約三州十縣黎賊，各皆領箭，有同時反者，有觀望成敗以爲向背者。因攻圍儋州，陷感恩、昌化、臨高三縣，人民死者十七八，閭閻灰燹，赤地數百里；澄邁、定安，其害半之。瓊州西界一千餘里，道路不通，海南幾危。是秋九月，鉞領兵討賊到瓊，當見其然，不信宿，戒行就道。至澄邁西峯驛，適臨高縣走報賊首南蛇令州賊黨符那攬、那樹約會本縣賊黨王琳、王細保等，分領賊兵合萬餘，刻期來攻本縣。那攬等兵數千，已至城下，攻西北門，垂陷；約王琳等攻東南門，兵數千，亦垂到。指揮張詡領孤軍，與知縣林彦脩誓以死守，危在朝夕。邊山人民大半陷没，邊海者無路逃生，扶老携幼，待投水死。據報，時漢、達官軍不滿三千，後軍未至，衆皆有懼色，而鉞勇氣自倍，遽傳令止軍，命士卒舉火，作二日糧，密詢賊營所在，親率共事者領奇兵由間道晝夜兼程馳，奪臨高賊先，而反遶出儋賊之後，地名拳藍，擣賊老營，盡殺守營者百餘級。賊方攻城，遥聞鬨聲，咸歡呼相賀，以爲黨與之來相應也，攻城益急。已而聞官軍舉礮聲，驚知老營已破，官軍扼其歸路，遽掣衆退，敵來勢洶湧，鉞曰：「賊方在死地，且彼衆我寡，未可迎敵。觀彼大衆一退，勢必不復能止，宜缺圍卸出其半，而中邀殺之，取威滅賊，在此一舉。」戒軍士如令，已乃躬率精鋭，衝斷賊陣爲二，賊前後不復相顧，漢、達官軍從而摧之，又復斬首七百餘級。城内軍復出，乘其後，賊衆大潰，散走相失，軍民兵擒獲不盡，亡匿草野中，鄉民荷鋤奮挺，擊殺無算，連六七日解功不絶。生擒賊首符那樹，而那攬者，先時乘憑死尸，奉頭竄去。軍聲大振，前項赴約賊徒，中道聞風，棄兵遁走；領箭群賊已反者，舉皆奪氣退縮；觀望成敗者，皆願出聽招撫；而攻州賊首符南蛇，亦遂解圍歸守窟穴。鉞以二千精兵破强賊萬衆，救臨高一縣垂陷之城，全萬家垂死之命，威風四達，三州十縣莫不引領望治；無何以因晝夜兼程時途啗宿食，復冒雨苦戰，致疾以死。海南軍民遠近相吊，如喪親戚。前賊聞知，又復處處紛起，後事難言矣。

嘉靖甲午之役，黎福二已虜千户杜盛、百户楊榮，非得土舍誘其峒首，功決不可成也。辟則大黄附子湯，炮以制之，皆良劑也，可盡棄哉！

雜蠻

海獠，凡浮海自東、西二洋而來者，皆是也。南有八蠻：曰天竺，曰咳首，曰僬僥，曰跛踵，曰穿胸，曰儋耳，曰狗軹，曰旁春。凡此八者，自有荒服以來，名號不知其幾變矣。周官設象胥掌之，其語言固可譯而知也。然其名號之變，史不能詳，惟漢明帝時，天竺浮屠胡法始入中國，其俗捨身焚尸，謂之「荼毘」。至今僧學佛者猶然，小民火葬效之，華風壞矣。永平十七年，儋耳、僬僥等國貢獻，由元帝先此棄朱崖，故儋耳復爲島夷。今則已屬瓊州，皆中國人居之，聲名文物，化於華夏，無復緩肩鏤頬之狀，而西北賈胡有鐻耳垂環而至者。山海經：儋耳之國在大荒北，任姓，禺號子〔三七〕，食穀，北海渚中。郭璞注云：「其人耳大下儋，垂在肩上，朱崖儋耳〔三八〕，鏤畫其耳，亦以倣之也。」僥僬乃永昌徼外夷，其人長三尺，而諸番黑小厮或充貢物。而咳首等種，大氐皆海獠也。日南徼外占城，以至西域默德那國，其教專以事天爲本，而無像設，其經有三十藏，凡三千六百餘卷。其書體旁行有篆、草、楷三法，今西洋諸國皆用之。又有陰陽、星曆之類。其地雖接天竺，而與佛異俗，重殺非同類，殺者不食，不食豕肉，謂之回回色目教門。今懷聖寺有番塔，創自唐時，輪囷直上，凡十六丈五尺，每日禮拜者是也。然亦有占城諸國人雜其間，多蒲及海姓，漸與華人結姻，或取科第。宋余靖嘗言越臺之下，胡賈雜居。岳珂桯史則謂爲番禺海獠云。桯史：番禺有海獠雜居，其最豪者蒲姓，號「白番人」〔三九〕，本占城之貴人也。既浮海而遇風濤，憚於復反〔四〇〕，乃請於其主，願留中國，以通往來之貨。主許焉，舶事實賴給其家。歲益久，定居城中，屋室稍侈靡踰禁〔四一〕。使者方務招徠，以阜國計，且以其非吾國人，不之問，故其宏麗奇偉，益張而大，富盛甲一時。紹熙壬子，先君帥廣，余年甫十歲，嘗游焉〔四二〕，今尚識其故處，層樓傑觀，晃蕩緜亘，不能悉舉矣。然稍異而可紀者亦不一，因録之以示傳奇。獠性尚鬼而好潔，平居終日，相與膜拜祈福。有堂焉，以祀名〔四三〕，如中國之佛而實無像設，稱謂聱牙〔四四〕，亦莫能曉，竟不知何神也。堂中有碑，高袤數丈，上皆刻異書如篆籀，是爲像主，拜者皆嚮之。旦輒會食，不置匕箸，用金銀爲巨槽，合鮭炙粱米爲一，灑以薔露，散以冰腦。坐者皆寘右手於褥下不用，曰此爲觸手，惟以溷而已；群以左手攫取，飽而滌之，復入於堂以謝。居無溲匽，有樓高百餘尺，下瞰通流，謁者登之，以中金爲版，施機蔽其下，奏廁鏗然有聲。樓上雕鏤金碧，莫可名狀。有池亭，池方廣凡數丈，亦以中金通甃，制爲甲葉而鱗次，全類今州郡公宴燎箱之爲而大之，凡用鉟錠數萬〔四五〕。中堂有四柱，皆沉水香，高貫於棟，曲房便榭不論也。嘗有數柱欲狃於朝，舶司以其非常有，恐後莫致，不之許，亦臥廡下。後有窣堵波，高入雲表，式度不比它塔，環以甓爲大址，絫而增之，外圜而加灰餙，望之如銀筆。下有一門，拾級以上，由其中而圜轉焉，如旋螺，外不復見其梯磴，每數十級啓一竇。歲四五月，舶將來，群獠入於塔，出於竇，啁哳號嘑，以祈南風，亦輒有驗。絶頂有金鷄甚鉅，以代相輪，今亡其一足。聞諸廣人，始前一政雷朝宗濛時〔四六〕，爲盜所取，跡捕無有。會市有窶人鬻精金〔四七〕，執而訊之，良是。問其所以致，曰：「獠家素嚴，人莫闖其藩。予棲梁上，三宿而至塔，裹麨糧隱於顛〔四八〕，晝伏夜緣，以剛鐵爲錯，斷而懷之，重不可多致，故正得其一足。」又問其所以下，曰：「予之登也，挾二雨蓋，去其柄。既得之，因天大風，鼓以爲翼，乃墜平地，無傷也。」盜雖得，而其足卒不能補以至今。他日郡以歲事勞宴之，迎導甚設，家人帷觀，余亦在，見其揮金如糞土，輿皁無遺，珠璣香貝，狼籍坐上以示侈。帷人曰：「此其常也。」後三日，以合薦酒饌燒羊以謝大僚〔四九〕，曰：「如例。」龍麝撲鼻，奇味不知名，皆可食，迥無同槽故態〔五〇〕。羊亦珍，皮色如黄金，酒醇而甘，幾與崖蜜無辨。獨好作河魚疾，以腦多而性寒故也。余後北歸，見藤守王君興翁諸郎，言其富已不如曩日〔五一〕，池匽皆廢云。成化四年，都御史韓雍脩寺，以所留達官指揮阿都剌等十七家居之。番言「阿都剌」爲「滿剌華」，言師父也。達官本蒙古人，雜領色目始此。

番商者，諸番夷市舶交易綱首所領也。自唐設結好使於廣州，自是商人立户，迄宋不絶，詭服殊音，多留寓海濱灣泊之地，築室聯城，以長子孫。使客至者，往往詫異，形諸吟詠。宋時商户鉅富，服餙皆金珠羅綺，器用皆金銀器皿。有凌虐土著者，經略帥府輒嚴懲之；華人有投充番户者，必誅無赦。淳化五年二月癸卯，南海商人獻吉貝布，畫海外蠻國及猩猩圖、玉帶，上於北苑召近臣觀之。天聖後，留寓益夥〔五二〕，夥首住廣州者謂之番長，因立番長司。大食國舶主蒲希密屢貢，詔賜黄金，準其所貢之直。禁網疏闊，夷人隨商翱翔，城市至有蠻媪賣藥。投荒録：在番禺，端午聞街中喧唉，訝召之，乃蠻媪荷山中異草，鬻富家婦女爲媚男藥者，或抽金簪、解耳璫償其直。熙寧中，其使辛押陀羅授懷化將軍，乞統察番長司公事，詔廣州截處，具後辯告户絶。龍川略志：廣州商有投於户部者，曰：「番商辛押陁羅者，居廣州數十年矣，家資數百萬緡，本獲一童奴，過海遂養其爲子。陀羅近歲還番，爲其國主所誅，所養子遂主其家。今有二人在京師，各持數千緡，皆養子所遺也。此於法爲户絶，謹以告。」李公擇既而爲留狀，而適在告，郎官謂予曰：「陀羅家貲如此，不可失也。」予呼而詢之曰：「陀羅死番國，爲有報來廣州耶？」曰：「否，傳聞耳。」「陀羅養子所生父母、所養父母有在者耶？」曰：「無有也。」「法告户絶，必於本州縣，汝何故告於户部？」曰：「户部於財賦無所不治。」曰：「此三項皆違法，汝姑伏此三不當，吾貸汝。」其人未服，告之曰：「汝不服，可出詣御史臺、尚書省訴之。」其人乃服〔五三〕，并召養子所遣二人，謂之曰：「此本不預汝事，所以召汝者，恐人妄摇撼汝耳。」亦責狀遣之。然郎中終以爲疑，予曉之曰：「彼所告者，皆法所禁，不訴於廣州而訴於户部者，自知難行，欲假户部之重以動州縣耳。」郎中乃已。遂立番坊，夷人有居瓊管者，立番民所。投荒録：瓊管夷人食動物，凡蠅蚋、草蟲、蚯蚓盡捕之，入截竹中，炊熟，破竹而食。頃年在廣州番坊，獻食多用糖蜜腦麝，有魚俎，雖甘香而腥臭自若也，惟燒笋一味可食。先公至北虜，日供乳粥一椀甚珍，但沃以生油，不可入口，諭之使去油，不聽，因紿令以他器貯油，使自酌用之，乃許。自後遂得淡粥。大率南食多鹹，北食多酸，四夷及村落人食甘，中州及城市人食淡，五味中只苦不可食。洪武初，令番商止集舶所，不許入城，通番者有厲禁。正德中，始有夷人私築室於灣澳者，以便交易，每房一間，更替價至數百金。嘉靖三十五年，海道副使汪柏乃立客綱客紀，以廣人及徽、泉等商爲之。三十八年，海寇犯潮，始禁番商及夷人毋得入廣州城。

俚賊在廣州之南蒼梧、鬱林、合浦、寧浦、高凉五郡中央，地方數千里，村落長帥恃在山險，不用王法。自古及今，民俗惷愚，惟知貪利，無有仁義道理，不愛骨肉而貪寶貨及牛犢。若見賈人有財物及水牛者，便以其子易之，夫或鬻婦，兄亦賣弟。父子別業，父貧乃有質身於子者。有負其家債不時還者，其中子弟愚者謂曰：「我爲汝取錢，汝當善殯葬我耳。」即折野葛根數寸，徑到債家門下，謂曰：「你負我錢不肯還，我因食野葛死於門下。」其家便稱寃，宗族人衆集其家曰：「汝不還我錢而殺我子弟，今當擊汝。」債家慙懼，因以牛犢財物謝之數十倍，死家乃自收屍去，不以爲恨。刻木以爲符契，言誓則至死不改。最貴銅鼓，鑄初成，懸於庭中，置酒以招同類。來者有豪富子女，以金銀爲大釵，執以叩鼓，因遺主人，名爲納鼓釵。風俗好殺，多搆讐怨，至相攻擊，輒鳴此鼓集衆，到者如雲。有是鼓者極爲豪强，號爲「都老」，群情推服。本於舊事。尉佗於漢自稱蠻夷大長老，故俚人猶呼所尊者爲倒老也，言訛又稱都老云。所異於瓊峒者，以雜於諸蠻故也。然人能識之，俚人則質直尚信，諸蠻則勇敢自立，皆重賄輕死，惟富爲雄。巢居崖處，盡力農事，大氐輕悍易怨以變。唐韓愈送鄭權尚書序：嶺之南其州七十，其二十二隸嶺南節度府，其四十餘分四府。府各置帥，然獨嶺南節度爲大府。大府始至，四府必使其佐啓問起居〔五四〕，謝守地不得即賀以爲禮；歲時必遣賀問，致水土物。大府帥或道過其府，府帥必戎服，左握刀，右屬弓矢，拍馬袴韡迎於郊。既至，大府帥入據館，帥守屏，若將趨入拜庭之爲者。大府與之爲讓，至一再，乃敢改服，以賓主見。適位執爵皆興拜，不許，乃止，虔若小侯之事大國。有大事，咨而後行，隸府之州〔五五〕，離府遠者至三千里，懸隔山海，使必數月而後能至。蠻夷輕悍，易怨以變，其南州皆岸大海，多洲島，颿風一日踔數千里，漫不見蹤跡。控御失所，依險阻，結黨仇，機毒矢以待將吏，撞搪呼號以相和應〔五六〕，蜂屯蟻雜，不可爬梳。好則人，怒則獸，故常薄其征入，簡節而疏目，時有所遺漏，不究切之，長養以兒子。至紛不可治，乃艸薙而禽獮之，盡根株痛斷乃止。其海外雜國，若躭浮羅〔五七〕、流求、毛人、夷亶之州，林邑、扶南、真臘、于陀利之屬〔五八〕，東南際天地以萬數，或時候風潮朝貢〔五九〕，蠻胡賈人舶交海中。若嶺南帥得其人，則一邊盡治，不相寇盜賊殺，無風雨之災、水旱癘毒之患，外國之貨，珠香、象犀、玳瑁、奇物溢於中國，不可勝用，故選帥常重於他鎮。非有文武威風，知大體，可畏信者，則不幸往往有事。長慶三年四月，以工部尚書鄭公爲刑部尚書兼御史大夫往踐其任。鄭公嘗以節鎮襄陽，又帥滄、景、德、棣，歷河南尹、華州刺史，皆有功德可稱道。入朝爲金吾將軍、散騎常侍、工部侍郎、尚書。家屬百人，無數畝之宅，僦屋以居，可謂貴而能貧，爲仁者不富之效也。及是命，朝廷莫不悦。將行，公卿大夫士苟能詩者，咸相率爲詩，以美朝政，以慰公南行之思。韻必以「來」字者，所以祝公成政而來歸疾也。自嶺以西，俚人漸貧，至或鬻髮於市。投荒録：南海新州俚人男婦皆美鬒髮，每沐以灰投流水中，就水以沐，以豕膏滋其髮。至五六月稻未熟，民盡髡鬻於市，復取豕膏塗之，至來歲又可鬻也。自蜆岡以南，瀕海種蔬，水上爲圃。玉堂閑話：廣州番禺縣嘗有俚民牒訴云：前夜亡失蔬圃，今見在某處，請縣宰判狀往取之。詰之，則云海之淺水中，有荇藻之屬，風沙積焉。其根厚三五尺，因墾爲圃，以植蔬。夜爲人所盜，盜之百里外，若浮筏故也。婦女不知蠶績，惟治庖厨。投荒録：嶺南俚俗不教女子針縷紡績，但教之善庖厨，治醯醢。或責之，則謔曰：「我女裁袍補襖則灼然不會，若脩治水蛇黄蟮，一條必勝一條。」聞者絶倒。村市多有屠婆解牛。投荒録：南海解牛多俚婦，謂之屠婆。屠娘皆縛牛於大木，執刀數之曰：「某時牽汝耕田不得，某時乘汝渡水不即行，今何以免死？」即斬之。及作變，則無論男婦，皆能軍云。

莫猺者，自荆南五溪而來居嶺海間，號曰「山民」。蓋盤瓠之遺種，本猺、獞之類，而無酋長。隨溪谷群處，斫山爲業，有採捕而無賦役，自爲生理，不屬於官，亦不屬於峒首，故名「莫猺」也。嶺西、海北人呼爲「白衣山子」。欽、廉邇來亦有墾田輸稅於官願入編户者，蓋教化之漸被也。

蛋户者，以舟楫爲宅、捕魚爲業，或編蓬瀕水而居，謂之水欄，見水色則知有龍，故又曰龍户，齊民則目爲蛋家。晉時廣州南岸周旋六十餘里，不賓服者五萬餘户，皆蠻、蛋雜居。晉書陶璜上疏。自唐以來，計丁輸課於官。洪武初，編户立里長，屬河泊所，歲收漁課。然同姓婚配，無冠履禮貌，愚蠢不諳文字，不自記年歲，此其異也。東莞、增城、新會、香山，以至惠、潮尤多，惠州志：蛋長又稱蛋家里長，其種不可知。考之秦始皇使尉屠睢統五軍，監禄鑿河通道，殺西甌王，越人皆入叢薄中，與禽獸處，莫肯爲秦，意者此即叢薄之遺民耳。宋蘇子瞻有「蠻烟蛋雨」之句。今在歸善者皆土著，服食與平民類，婚姻亦略與下户相通，但其籍則繫河泊所。在興寧者則編屬縣下六都，立其中甲首甲以領矣，然課額猶稱河泊焉。曰蛋民，乃水居者也。隻船支槳，衣不蓋膚，計舟納課，又且代賊逃亡者。彼蛋長每徵課料，則通同旅人稱債主計日行利，每錢一文，明日二文，又明日四文，雖至百文猶不能已。於是每每爲盗，推厥原由，旅人、里長罪之魁也。嘉靖中，知府李玘已設法嚴禁。潮州志：潮州蛋人有姓麥、濮、吴、蘇、何，古以南蠻爲蛇種，觀其蛋家神宫蛇像可見。世世以舟爲居，無土著，不事畊織，惟捕魚裝載以供食，不通土人婚姻，嶺東河海在在有之。本縣舊立一户，國初置河泊所轄之，歲輸魚課米。洪武二十四年，籍其户爲南廂，里甲輸糧之外，惟供船差，不事他役。至雷、瓊則少。廣中近年亦漸知書，或登陸附籍，與良民同編，亦有取科第者矣。然罾門多爲勢家所奪，蛋民亦行劫盗。番禺沙灣、東莞布衝、新會金星門至奇獨澳，每蛋船一大九小爲一甲，官軍至，即九小併爲一艘，□魚鮮不受即戰。官軍盤之，則有尚書主事批文。近日清查土豪所占，皆退出在官造册，尋爲有力者總領，他日合於倭寇可占矣。

盧亭亦曰「盧餘」，在廣州城東南百里，以採藤蠣爲業。男女皆椎結於頂，婦女許人及嫁，始結胸帶。相傳爲盧循遺種，故名。躶體，能伏水中數月，此其異於蛋而類於魚者也。月山叢談：晉賊盧循兵敗入廣，其下泛舟以逃居海島上，久之無所得衣食，生子孫皆赤身，謂之「盧亭」。嘗下海捕魚充食，其人能於水中伏三四月不死，蓋化爲魚類也。其捕魚，使人張罾，則數人下水引群魚入罾内；既入，引繩示之，則舉罾并其人以上，亦有被大魚吞者。正德中，香山縣獲一人，驚以爲異，執以赴官，將以上聞，或識之曰：「此盧亭也。」蓋其人入水時，偶值颶風，不能起，潛游數月至香山，見罾以爲己地，乃坐其中，爲人所獲。初獲，言語不通；久之，曉漢語，詢之，信然。

馬人本林邑蠻，隨漢馬援流寓銅柱，後隨衆來附者也。始十户，後孽衍至三百，皆姓馬。其人深目猳喙，散居峒落中，獻歲時至軍府聽令。猺、獞不與同群，自爲一種，今亦不可復辨矣。唐韓愈詩：「衙時龍户集，上日馬人來。」謂元日也。

烏蠻，烏滸之蠻，能噉人者也。在南海郡之西南，安南都統司之北。裴淵廣州記：在晉興，今南寧鎮南關。古損子産國。生首子，輒解而食之，謂之「宜弟」；味旨，則以遺其君，君憙而賞其婦。娶妻美則讓其兄。其國有烏蠻灘焉。其後國廢於漢建武中，民各爲族，常取翠羽採珠爲産，又能織斑布，可以爲帷幔。以鼻飲水，口中進噉如故。當交、廣之界，恒出道間，伺候二州行旅，有單逈輩者，輒出擊之，利得人食之，不貪其財貨也。地有棘，厚十餘寸，破以作弓，長四尺餘，名孤弩。削竹爲矢，以銅爲鏃〔六〇〕，長八寸，以射急疾，不凡用也。地有毒藥，以傅矢金，入則撻皮，視未見瘡，顧盼之間，肌肉便皆壞爛，須臾而死。尋問此藥，云取諸蟲有毒螫者，合着管中，爆之既爛，因取其汁百煎之。如射肉，在其内地則裂〔六一〕，外則不復裂也。烏滸人便以肉爲殽俎，又取其髑髏破之以飲酒也。其伺候行人〔六二〕，小有失，輩出射之，若人無救者，便止以火燔燎食之；若人有伴相救，不容得食，力不能盡擔去者，便鏦取手足以去，尤以人手足掌蹠爲珍異，以飴長老。出得人歸家，合聚鄰里，懸死人中堂，四面向坐，擊銅鼓，歌舞飲酒，稍就割食之。春月方田，尤好出索人，貪得之以祭田神。其後稍變，族類同姓有爲人所殺，則居處伺殺主，不問是與非，過人便殺，以爲肉食也。楊孚紀之，志爲南裔異物云。

鬼奴者，番國黑小廝也。廣中富人多畜鬼奴，絶有力，可負數百斤，言語嗜慾不通，性淳，不逃徙，亦謂之野人。其色黑如墨，唇紅齒白，髮鬈而黄，有牝牡，生海外諸山中，食生物。採得時與火食飼之，累日洞泄，謂之換腸。此或病死，若不死，即可久畜。能曉人言而自不能言。有一種近海者，入水眼不眨，謂之「崑崙奴」，唐時貴家大族多畜之。永樂四年，娑羅國東王、西王各遣使來朝，以黑小廝充貢物。海語：圓目黄睛，性絶專慤，木食如猿猱，近烟火，淚目死。出暹羅。

畬蠻，嶺海隨在皆有之，以刀耕火種爲名者也，衣服言語漸同齊民。然性甚狡黠，每田熟報税，與里胥爲奸，里胥亦憑依之。近海則通番，入峒則通猺。凡田墠礦塲有利者，皆糾合爲慝以欺官府，其害憯於甲兵。廣、惠、雷、廉罹其毒蠹而事不發者，里胥庇之也。按周官：「土訓：掌道地圖，以詔地事，道地慝，以辨地物，而原其生，以詔地求。」謂昔有而今無、似利而實害者，皆爲地慝。惠之歸善、海豐，廣之從化、香山皆有銀礦。畬蠻招集惡少，投托里胥，假爲文移，開礦取銀，因行劫掠。如香山縣恭常都雞拍村銀涌角，宋初産銀〔六三〕，取上供，屬廣州宜禄場。大觀中，廣東廉訪使黄烈奏言：礦內苗脈微甚，而浮冗之人以納官爲名，發毀民田，騷動邀販。詔罷宜禄場，令官封之，違禁者誅。逾三百年，人無敢發者。正德中，順德豪民勾引勢家，糾集逃叛及白水賊徒，僞捏朝旨執照，乃開礦採煎。村民初猶拒之，其後力不能勝，盡被屠戮，而淫其妻女，使供炊爨。每歲得銀漸至千餘兩。嘉靖甲辰，苗脈已盡，賊徒乃散，然其地雞犬桑柘亦俱盡矣。邇來海寇滋多，皆此曹也。又南三竈山抵海洋番國，有田三百餘頃，極其膏腴，玉粒香美，甲於一方。在宋爲黄宇上下二圍。元時海寇劉進據之。洪武初，屬黄梁籍居民吴進添通番爲亂；二十六年，都指揮花茂奏討平之，悉遷其餘黨。詔虚其地，除豁田税，永不許畊，歲令官軍千人防守。正德中，南海勢家以新會虚税影占，亡命之徒附之，招合畬蠻，立爲十里，聚衆盜耕。嘉靖十五年，該都里排贖爲己業，已而有錢備者索通番舶，倚强占奪，與畬蠻霸畊，僞立文案，與里排分上下圍管業。知縣鄧遷申明上司，丈量餘田歸官，歲收租穀歸預備倉。里排與通猺畬蠻仍復侵據，號召海寇，大爲民害焉。「誦訓：掌道方志，以詔觀事。掌道方慝，以詔辟忌，以知地俗。」謂毒蠱之類皆爲方慝。周官：「庶氏：掌除毒蠱，以攻説禬之，嘉艸攻之。」其禍之來久矣。粤地山林川澤之阻，虎狼虺蝮雖或害人，然毒莫如胡蔓，蠱莫如藥鬼者。胡蔓，草也，葉如茶，其花黄而小，一葉入口，百竅潰血，人無復生。邇來品彙益盛，花葉異常，不獨郊外，雖邑内在在有之。兇民將取以毒人，則招摇若喜舞狀，真妖物也。或有私怨者茹之，呷水一口，則腸立斷。或與人鬨，寘毒於食，以斃其親，誣以人命者有之。知縣鄒驗嚴加禁約，乃少悛云。藥鬼者，愚民造蠱圖利，取百蟲，器置經年，視獨存者，能隱形，與人爲禍。隋志載其法：五月五日，聚百種蟲，大者至蛇，小者至虱，合置器中，令自相啖，餘一種存者留之。蛇則曰蛇毒，虱則曰虱毒，行以殺人。因食入人腹内，食其五臟，死則其産移人。蠱主之家三年不殺人，則蓄者自鍾其弊，累世子孫相傳不絶，亦有隨女子嫁焉。凡屋宇净無塵蝟者，即其鬼所爲也。又名挑生，於飲食中魚肉果菜皆可挑，人中其害者，胸腹攪痛，十日其蠱能動，腫脹如甕，九孔流血而死。初中蠱，嚼黑豆，不腥，易以白礬，其甘如餳，治之以歸魂散、雄砞丸。在胸膈急宜飲麻油及食蜜冬瓜，生或田鼠，差驗。嶺南衛生方：治胡蔓草毒，急取抱卵未出鷄，仔細研和，以清油斡口灌之，乃吐而甦。其蠱毒挑生在上鬲者，膽礬半錢，投在熟茶内，候溶化服之，以鷄翎攪喉令吐；其下鬲者，鬱金末二錢，飯湯調下即瀉出。至於麻藥，富室誘小民寘酒中，飲後昏不知人，貨財皆被奪去，然醒後不死，亦惡物也。慝始畬蠻而齊民效之，是在有司加意禁治而已。

飛頭獠者，嶺南溪峒中往往有飛頭者，故有「飛頭老子」之號。頭將飛一日，前頸有痕，匝項如紅縷，妻子遂看守之。其人及夜，狀如病，頭忽生翼，脱身而去，乃於岸泥尋蟹蚓之類食。將曉飛還，如夢覺，其腹實矣。一曰占城有尸頭蠻者，本是婦人，但無瞳，人爲異。其婦與家人同寢，夜深飛頭而去，食人穢物，飛回復合其體即活。如知而封固其項，或移體别處則死矣。人有病者，臨糞時遭之，妖氣入腹必死。此婦人亦罕有，民間有而不報官者，罪及一家。番人戲之，觸弄其頭，必有生死之恨，蓋即飛頭蠻也。又有鑿齒花面、白衫赤裩之屬，不可勝紀。

論曰：俚户其猶有樸略之風乎？重契箭，謹信約，毫髮弗爽，雖士人不過也。使撫得其道，則盡入版圖久矣。始也土著奸宄授官，與縣抗衡，雖盡革去，而其子孫指其舊屬，猶曰吾百姓也。染其風者亦凌役下户，如奴隸然，俾不得與齊民齒，此朱崖録裁抑土舍，實根本之論也。昔者商大節嘗爲予言：嫛嶺之役，深入其阻，不用嚮導，則清樾鳥道曠若無人；少駐侍炊，箭從葉出，其發如雨，雖狼、達亦莫能禦避。謀諸土舍，使探路乃行，故獨不肖得全師而歸。由此觀之，可盡革哉！擇而用之，招諭有功，然後官之，必如洪武末年止授副巡檢，則受制州縣，雖奸宄無所售矣。今也彼雖弗售，而州縣非人，嚴刑峻罰，肆其饕餮，或爲鼷鼠，甘口以朘削膏脂者有之；或爲飢狼，毒吻以血人於牙者有之。趨事兵憲，日逐馬塵幰影間，部使輒止雷陽，惟呈手册而文卷皆匿焉〔六四〕。雖有張弛平反，未之或遵也。恣其慆淫，笑與秩終，此族内地且然，而矧珠崖之荒乎？故嫛嶺之畔，貪戾激之也。嗟乎！雜蠻可化也，彼何人斯，不可化也？誠令長吏皆循，則交趾至今一藩司也，嫛嶺遐遈，又奚畔之有！

海寇

本朝洪武四年五月，海寇鍾福全、李夫人等寇海晏、下川等地，廣州左衛僉事楊景追捕至陽江，平之。福全僞稱總兵，與李夫人、徐仙祐等叛於海晏、下川、大儋、文持等地，景即同指揮范懷率舟師勦捕，至陽江海陵山并上川鷩惶門，遇賊船二百艘，擊敗之。

十四年，海寇饒隆作亂，邑人蕭子明捕之。海陽縣三饒賊首饒隆起，程鄉縣萬安都人蕭子明募民兵追捕之。

二十年，海寇周三作亂，邑人蕭子明討平之。安遠縣賊首周三寇程鄉縣，吴都指揮帥兵駐於境，縣官遣子明領民兵協力討平之。又黄壽山、曾必長於永樂間聚衆山海，剽掠揭陽人民，旋討平之。

二十六年八月，命安陸侯吴傑、永定侯張金率致仕武官往廣東訓練沿海衛所官，以備倭寇。

永樂七年四月，海賊阮猺寇刼長塾、林虛二巡司，焚廨舍，毁寨栅而去。巡海副總兵李珪遣雷州衛官軍追擊敗之，獲賊船二十七艘，生擒賊屬男婦一百六十人。

八年冬十二月，倭寇陷廉州，教授王翰死之。

九年三月，倭寇攻陷昌化，殺千户王偉，命副總兵指揮李珪等討之。廣東都指揮使司奏：比倭賊攻陷昌化，千户所王偉等戰敗被殺，軍士死亡甚衆，城中人口、倉糧、軍器皆被刼掠，而副總兵指揮李珪及南海衛所遣領兵指揮千百户徐茂等初不嚴兵備禦，賊至又不救援，賊去亦不追勦，罪當死。上曰：「此不可宥，姑令捕寇贖罪，如寇不獲，皆斬。」

十九年正月辛巳，珪於潮州靖海遇倭賊，與戰，殺敗賊衆，生擒十五人，斬首五顆，并所獲器械，悉送北京。戊子，兵部言廣東都指揮李端捕倭失機，已就逮。上命選能幹官往率兵禦倭。

二月辛丑，命都督僉事胡原充總兵官，都督僉事梁銘都指揮使，薛山爲副，率原調廣東都司所屬官軍五千人巡捕倭寇。

正統十二年，海寇陳萬寧作亂，潮陽知縣劉源洪禦之。漳州海寇陳萬寧攻劫潮陽知縣劉源洪修城扞禦。

十四年八月，海賊從黄蕭養攻廣州城，不克。後蕭養伏誅，海賊皆遁。

景泰三年四月，海賊寇掠海豐、新會，參政謝祐遣指揮張通攻走之。

天順二年三月，廣東副總兵都督同知翁信奏：海賊四百餘徒犯香山千户所，燒燬備邊大船。其都指揮張通總督不嚴，是致失機，乞正罪。章下都察院，請逮問如律，别委武臣代之。上曰：「通罪本難容，但今用人之際，姑宥之，仍令殺賊以贖前罪。」

十二月，陞廣東備倭都司指揮同知張通、按察司僉事謝瓛及官軍十人俱一級，一百二十五人賞有差，以斬獲海賊故也。

七月，海寇嚴啓盛寇香山、東莞等處，巡撫右僉都御史葉盛討平之。先是啓盛坐死囚漳州府，越獄，聚徒下海爲患，敵殺官軍，拘留都指揮王雄，至廣東，復殺總督備倭都指揮杜信，至是招引番船，駕至香山沙尾外洋。盛廉其實，會同鎮守廣東左少監阮能、巡按御史吕益，命官軍駕大船衝之，遂生擒啓盛，餘黨悉盡，海患始平。

三年，海寇羅劉寧作亂，潮州知府謝光討平之。羅劉寧，程鄉盜也，天順間作耗海陽，甚爲猖獗，知府謝光討平之。

海寇黄于一、林烏鐵等作亂，潮州知府周宣討平之。黄于一、林烏鐵、魏崇輝俱海寇爲亂，正統間首亂，五年，殺敗海陽官軍，益肆劫掠，所過無不殘害。知府周宣以奇計誘烏鐵而誅之，于一等益肆亂，燒劫揭陽縣治，而下夏嶺等二十四村，皆被脅從。當道檄宣捕賊，宣親督兵，據險劄營，凡七所，與賊相距四十餘日，擒殺渠魁，餘賊不敢出。宣謂盜魁既得，餘可撫而下也，乃出榜令鄉儒陳驥等入賊中張掛，而自詣賊營撫諭，各賊皆釋甲羅拜乞降，且訴從賊非本心，皆出於被脅不得已。因遍歷各村，放回被擄男婦五十三名口，拘收大海船一百五十艘，撫過從良民一千二百三十七户。繼而山賊羅劉寧等復集衆入海爲亂，燒劫惠州府興寧、長樂等縣，當道復檄宣捕賊。宣潛起從良民黄伯良等，出賊不意，搗其巢穴，大破賊衆，擒斬陳聰、馬信、歐瓊等，并獲妖婦羅法娘、羅劉寧母、妻與其男真千等六百六十名，奪得各賊馬五十匹，取回各府被擄男婦楊呵孫等一百二十一口。時湯田、黄寨等處皆從賊，省臣欲乘勝盡滅之。宣謂脅從罔治，乞貫免，其得復業户七千，全活命數萬。賊平，當道以宣漳人，漳、潮相密邇，逋逃互相藏匿，難以行事，奏改調宣。宣聞命，即日引道，民遮留不得，相與涕泣，乃集二百餘人赴闕上疏，乞還宣。疏未上，而新注太守出京矣。頃而海寇復大亂，攻圍縣治，劫掠居民，殺死指揮劉琛、通判劉恭，又掘破海隄，淹没軍民房屋萬餘區，城門晝閉，官吏束手無策。鄉儒陳驥等白當道曰：「事亟矣，必周守復來，其事乃定。」因令具書請宣。宣慨然爲來，入境，軍民胥慶。宣白當道開城門，納逃難諸良民。時府縣學舍、寺觀及宫廊曠閑處所，皆聽棲宿，病者給醫藥，死者給棺椁，貧乏不能自存者皆設法賑濟之，潮人大悦。當道欲遽發兵，宣曰：「彼雖爲賊，良心猶存。況未窺其虚實，萬一損吾威重，則事去矣。不如先招之，招之不服，發兵未晚也。」乃出榜約日招降，至期各賊駕船數百艘來，皆被堅執鋭，魁渠服色僭擬侯王。宣謂曰：「若等既欲從良，何爲乃爾？」於是皆投戈釋甲，去僭服，相與羅拜。宣爲慟哭，衆亦哭。當日單騎親詣賊巢，因而偏歷二十四村，且慰且諭，歸被擄男婦七百餘人，賊船三百餘艘，送當道處悉燒燬之，其未有燬者，皆鑿沉之。海濱有淫祠，賊卜神以爲從違，既約日入降，而復猶豫，宣問之，曰：「卜神不吉。」宣夜抵神祠，告曰：「民欲從良，神何告以不吉？再告不吉，是神不知有順逆，吾當别作處分矣。」次日，賊復往卜，報曰「吉」。然賊雖得吉卜，而終猶豫，曰：「使人覘之，團營結寨如故。」宣告當道曰：「賊可滅矣。欲降而猶豫，衆不爲用矣。」遂出兵一鼓而滅之，潮地悉平。事聞，朝廷遣官賚表裏賞勞，厮役以下併及焉。

四年，海寇魏崇輝作亂，僉事毛吉等討平之。魏崇輝、許萬七竊據海陽下嶺等村，與程鄉山寇羅劉寧、黄阿山聲勢相倚，民罹其害，僉事毛吉、知縣陳爵奉命討平。

弘治中，海寇蘇孟凱作亂，潮州知府葉元玉討平之。蘇孟凱，饒平人，弘治間聚衆山林，以革十爲名，因而劫掠海陽村落，民罹其害者數年，知府葉元玉討平之。

正德二年，海寇朱秉英作亂，官軍滅之。上漳溪賊首朱秉英、林傳聚衆劫掠大埔縣鄉村，燒燬神泉市，奏聞，總督府檄胡僉事、黄指揮、張知府等官征勦殄滅，地方稍寧。

五年，海寇陳玉良等作亂，安遠侯柳文討平之。賊首陳玉良、梁世昌、張士錦等嘯聚山林，程鄉縣義化、石窟等都，擾害鄉邑，總兵官安遠侯柳文等督兵討平之。

六年，海寇李四仔等作亂，都御史林廷選討平之。賊首李四仔、黄鏞、張時旺嘯聚石窟、義化、松源等都，寇亂汀、漳、惠、潮。正德七年，總督右都御史林廷選、總兵官安遠侯柳文、總鎮太監潘忠等督兵討平之。

十二年，海寇黄白眉等作亂，平之。清遠都箭灌賊首黄白眉、雷震、賴英等作耗，流劫福建漳、泉地方，二省奏聞，總督府調兵檄守巡張參議、顧僉事、黄都指揮征勦，地方始寧。

嘉靖元年，海寇丘泥金作亂，平之。丘泥金，饒平人，嘉靖元年作耗，流劫海陽鄉村，捕盗通判周箕討平之。

二年，福建賊流劫惠、潮，提督都御史張嵿、總鎮太監韓慶、總兵官撫寧侯朱麒討平之。先是福建上杭賊首江小、范四等集徒搆亂，糾合鄰界江西安遠、廣東程鄉無賴梁八尺、黄萬山、賴廉等流劫漳、泉，官兵追敗，突劫程鄉等縣鄉村。至是嵿等調發漢、達、土官目兵打手二千餘名，委達官都指揮李翶、嶺東分巡僉事施儒、右參議孫懋、守備都指揮楊懋分道與福建官兵夾攻，俘斬五百餘名顆，地方始平。

五年，海寇曾阿三作亂，平之。魯阿三，程鄉人，寇掠海陽數年，嘉靖間，知府張景暘平之。

十年，海賊黃秀山等亂，提督兵部右侍郎兼右僉都御史林富、總兵咸寧侯仇鸞討平之。秀山與黎國璽皆東莞縣民，乘船出海，勾集潮、惠、雷、廉、閩、浙亡命，屯據海洋，妄自稱號東西二路，沿海鄉村、居民、商船屢被其害。至是，富等嚴督海道副使江良材、嶺南守巡左參議王積、副使楊濂、嶺東分守右參議翁磐、守備都指揮王蘭分守雷、廉、高、肇，左參將程鑒、總督備倭都指揮陸桓調集兵船，分道把截夾攻，俘斬首從二百餘名顆，秀山等戮於市，海道始寧。

十一年，海賊許折桂等亂，提督兵部侍郎兼左僉都御史陶諧、總兵咸寧侯仇鸞撫平之。折桂與陳邦瑞、曾本亮、周廣等皆東莞等縣民，先是從黃秀山等出海爲盜，秀山伏誅，折桂等遁交阯。執曾本亮等殺之，而折桂等復回，聚黨沿海剽掠，拒敵官兵，爲患日熾。至是，諧等督責海道副使楊濂、兵備僉事莫相統領官兵，俘斬首從五十九名顆，生擒周廣等，戮於市。而折桂乞降，首送違禁器物船隻入官，歸還脅從被擄一千七百餘衆，海道始清。

三十三年，提督兩廣兵部侍郎鮑象賢、總兵官征蠻將軍定西侯蔣傳討平廣東海賊。先是，賊首何亞八、鄭宗興等潛從佛大坭國，糾合番船，前來廣東外洋及沿海鄉村，肆行劫掠，殺虜人財，拒傷官兵；脱往福建等處，收納叛亡數千，輳同陳老、沈老、王明、王五峯（即王直）、徐碧溪（即徐銓）及方武等，分宗流劫浙江嘉、杭、寧、紹、台、溫一帶，地方均受其害。亞八等仍又遁向廣東地方打劫。軍門督行巡海副使汪栢，委指揮王沛、黑孟陽等統領兵船，分東西哨隨往剿捕。王沛擒獲何亞八等於廣海三州環，共一百一十九名，斬級二十六顆，溺水燒死不計。餘黨駕船脱走，四散劫掠。新會賊首陳文伯等乘機崛起，嘯聚千餘，隨即撲滅，撫其脅從三百餘人。而徐銓、方武等又自福建流劫突至於潮，又爲黑孟陽所破，斬徐銓於海。其各道守巡兵備等官督併官兵，陸續於潮州柘林、碙洲、烏猪洋，新會、雷、瓊等海面，擒斬賊黨共計一千二百餘名顆，俘獲賊屬，奪回被擄人口各有差。何亞八、鄭宗興、方武、陳時傑等俱解軍門，磔於市，海島始平。初，海南栅有天妃廟，凡放洋往還皆敬事之，且降箕神驗。亞八欲寇廣州城，往禱，令二童子扶箕，久不降；亞八躬拜告禱，乃降書一「死」字；亞八大怒，斷神首併執二童子殺之，其黨知其必敗矣。比行，所居大舶包以牛革，用防官軍潛鑿，及是舶碇每聞鑿聲。曉霧溟濛，天明不霽，及兵至，猶以爲所遣賊徒得掠而歸，遂至於敗。亞八，東莞人。

三十七年正月壬午，倭寇自漳、泉入揭陽縣劫掠，官軍擊敗之，復攻劫饒平縣，破黄崗民鎮。提督都御史王鈁至潮州，調集漢、達、狼兵、打手、鄉夫，副使林懋舉、僉事經彦寀、參將鍾坤秀、知府李春芳各帥師大敗其衆，俘馘無算，倭寇退走。先是，嘉靖壬子，倭寇初犯漳、泉，僅二百人。真倭十之一，餘皆閩、浙通番之徒，翦頂前髮，而椎髻向後以從之，然髮根不斷，與真倭素禿者自別。且戰雖同行，退各宿食，此其異也。徽人王直號五峯者，始爲倭經紀，後統率往浙，破黄巖尚書黄綰家，以報私怨，遂至寧、紹、蘇、松大掠，焚殺甚憯。總制集湖、貴鈎刀手及廣州打手擊敗之，直遂就擒。其黨毛老、許老等遁入舟山，至是犯潮州，大船一十三艘，其徒八百餘人，大都皆漳、泉、温、紹産也。突入揭陽縣大家井村劫財殺人，房屋盡燬。至蓬洲千户所，從崩城擁入城中，殺死百户李曰芳等。報至，海道副使林懋舉先往潮州，提督都御史王鈁調集漢、達、狼兵并募廣州新會、順德打手未至，知府春芳豫集鄉夫禦之，及僉事經彦寀、參將鍾坤秀統督官兵至，共擒斬真倭、從倭共一百七十名顆。鄉夫之功居多，狼兵沿途恣肆，官目不能制禦，徒張聲勢而已。十月甲子，倭賊三百餘徒自焚其舟，登岸攻劫塼頭、北塔等村，大肆焚掠，守備指揮楊篚被殺。凡官軍斬獲，必奪其屍去，不得杙功，篚因杙功致死。報聞，廣城戒嚴，三司往請軍門移鎮。已而寇集海豐縣，潭衝土賊從倭行劫洋尾四村，焚掠男婦，死者數千人，哭聲徧野。懋舉、彦寀多方禦之，民恃以無恐。已而倭酋帥衆千餘，自漳州突入饒平縣，攻劫黄岡民鎮，破其城，入居之。彦寀、坤秀及春芳鄉夫與官兵併力擒斬一百四十六名顆。三十八年二月，適軍門駐潮州，軍威大震。肇慶府同知吕天恩與監督協謀，沿海鄉夫皆賈勇，擒斬益多。寇自饒平間道趨揭陽縣，圍其城，彦寀以兵救之，寇皆敗走南洋灣，鄉夫尤勇斬倭酋金盔甲者一人，其衆大敗，俘馘無算。會彦寀報罷，僉事殷從儉代之制禦，乘勝每戰皆捷，黄岡鎮團聚者悉出，遁走還閩。於是軍門遂歸蒼梧，奏以坤秀統師守之。

三十八年十月乙丑，倭寇復入潮陽縣，參將鍾坤秀會按察副使張子弘、嶺東分守參議馮臯謨、僉事殷從儉統督官兵禦之，屢敗其衆。會提督王鈁擢南京都察院右都御史，兵部侍郎鄭絅代爲提督，即檄官軍嚴討。

三十九年二月，海道副使鄭維誠至。四月，殷從儉報罷，嶺東分巡僉事齊遇至，又屢敗之。

倭賊先在福建和平、詔安二縣，與饒平黄岡鎮隔界屯聚。時守將鍾坤秀領原調南丹州官族莫善目兵一千九百餘人，指揮陳鶚領原調田州報効官族黄真目兵一千人，於饒平險要茅山分水立二營防截。三十八年六月，倭報漸近，會委百户朱鉞領募兵五百人、鎮撫羅萬麒領團操打手三百人協守，俱以指揮馮良佐統之；復調備倭指揮高拱部領官軍及鎮撫余盛領募兵共七百餘人防守黄岡鎮城。通行各縣，諭令小民歸併大村，起集父子丁夫互相防守，其附郭人民俱移入城内。仍行饒平、大埔各集鄉夫，委官部領，把截要害。狼兵秋毫有犯，僉事從儉即治以軍法，所至肅然。十月乙丑，蓬州所報倭船二艘，約賊三百餘人從潮陽海口燒船登岸，劫掠錢岡村水哨，備倭指揮孫敏擊斬倭級二顆。十一月庚午，又有倭賊千餘從招寧巡司河渡磊門登岸，同海賊許老等三百餘徒攻海門所城，官軍用銃箭擊死倭賊數多。壬申，目兵莫善等追至石牌，水陸並進，併孫敏又擊敗之，賊遁還和平。丙子，許老等自海門所至潮陽縣南，縣丞范楠鄉等率兵壯鄉夫擒斬十九名顆，併接濟陳毡、林世儼四名，奪回被虜二十餘名口，賊遁回和平合夥。丁丑，又有賊三千餘徒，分三哨從饒平分水關至黄岡鎮城外。高拱及府衛署印通判翁夢鯉、指揮李榮、知縣熊炅、林叢槐率兵截捕。己卯，賊屯於南洋灣，馮良佐統目兵黄真、莫善分爲二哨，千户黄昇等領各募兵打手合爲一哨，南洋三灣諸鄉兵又協助之，擒斬三十八名顆，奪獲接濟三名，併被虜人口、贓仗、馬驢等物，乃搶船而奔聚於闢望港口，官兵追至楓洋對岸。甲午，賊出揭陽蓬州都外沙村焚掠，官兵擒獲七名顆，有陣亡者，隨募兵及烏汀背、大家井村鄉夫協剿之。而提督交代新令益嚴。守備指揮陳學翦亦至，武生詹弘道等亦督兵獲功。十二月己亥，賊往寇隴外莆都，官軍斬獲二十名顆，會庠生謝弋鳳家丁一百名爲軍門取用，以千長蕭善文領之。援例典膳秦金製造火藥子母砲、九龍鎗、神枝箭各數百枚，亦領兵至。辛丑，賊自和平營於赤寮村劫揭陽棉湖寨，軍門發目兵五百餘人，令學翦截捕。丁未，新倭賊自福建雲霄突入黄岡，余盛哨禦之，至有殺傷賊遁往東嶺。戊申，賊自闢望出營往彩塘，官軍斬獲二十七名顆。甲寅，新倭合闢望大夥官兵營於源頭、塘湖，適海道，副使鄭惟誠至，會督水路官軍指揮武尚文部領兵船亦至，張子弘回司。己未，賊自闢望出劫官軍，目兵鄉夫共斬獲併獲奸細共六十七名顆。秦金領鄉夫銃手一千人，仍起集三灣鄉夫一千人，多給藥銃，協同防捕。甲子，軍門發目兵六百人、打手三百人續至，賊自棉湖寨突往蘆清，官軍生擒從倭土賊二名，并馬一匹。三十九年正月癸酉，賊移營往潮陽貴山都屯，府縣督鄉夫及官軍斬獲十一名顆。秦金等官兵用銃擊死數多。丁丑，武尚文水兵斬獲六名顆，賊又移營於古埕，官軍追之。乙酉四鼓，賊船自闢望港口往南灣登岸，攻圍危急，秦金兵及鄉夫用銃砲火箭擊死尤多。官軍急赴援，協力大戰，自寅至午，擒斬三百七十三名顆。賊潰走渡河，官兵于英、謝弋鳳及鄉夫邀擊之，擒斬七十四名顆，俘内有自嚙舌死者，餘俘及被虜譯字、小厮、胡器解赴軍門。戊子，賊出營祭江，誓與南洋灣復讐；武尚文等官兵擒斬五十二名顆，于英等擒斬四十二名顆，鄉夫斬獲六級，其在古埕者斬獲一級。壬辰，賊在闢望者出營修船，官軍擒斬二十四名顆。甲午，賊自古埕出劫，官軍擒斬二十一名顆。二月戊戌，賊復回和平沙嶺，官軍斬獲一級，奪回被虜男婦數十人。己酉，賊遁走，至大滘橋，目兵邀擊之，斬獲頗多。戊午，賊分哨四百餘徒，乘馬百十餘匹，守備兵擊之，擒斬三名顆。賊大潰，官軍乃得杙功，凡俘馘八百有奇，被虜走回者二百餘人，獲賊馬十餘匹，器仗無算。四月，殷從儉致仕疏允。適嶺東分巡僉事齊遇至與海道參將會師，擒斬三百六十名顆，殘賊悉遁。

按東莞南頭城，古之屯門鎮，乃中路也。縣有烏艚船，號子弟兵者，東、西二路防守，莫不用之。舊規：每歲春末夏初風迅之期，通行督發沿海府衛所縣捕巡備倭等官軍出海防禦倭寇番舶，撫巡定議動支布政司軍餉銀五千兩，給發東莞縣貯候支用。雇募南頭、福永、西鄉等處驍勇兵夫與駕船後生共一千五百名，查取烏艚船每年三十艘。分撥一千名駕船二十艘，分兵於南頭海澳及佛堂門、伶仃洋等處；又發五百名駕船十艘，往高、雷、廉等處緊關海澳，俱聽各備倭官員部領防禦巡緝。每月支給工食銀六錢，口糧三斗，於附近倉分關支，若非調遣，不給口糧。如不敷，於潮州府民壯七百八十三名數内二百八十三名工食銀兩徵解東莞縣貯候雇募支用，其五百名工食銀兩，行該府委官選募本處慣經水戰打手與駕船後生共五百名，工食口糧照前數就於大城所關支。查取海陽等縣艚船往柘林等處海澳，協同東路備倭官軍防守。前項船俱驗裝載，如十萬以上給銀一兩五錢，十萬以下給銀一兩。東莞縣雇募於軍餉銀内支用，海陽等縣船隻於該府庫貯無礙官錢支領。俱待九月終旬風迅寧息，海洋無事，方纔掣散。

嘉靖十四年，按察僉事吴大本議以東路柘林澳爲瀕海要害，精選兵夫，以中路海道咽喉，用六百名；東路爲門户，用三百名；西路頗静，用二百名。四月初旬上班，九月無事掣班。定以柘林爲堡，以阻寇變。蓋兵貴精而不貴多，食宜豫而不宜匱，儲選有常而兵食必足，戰守有據而要害必備，則三路之海防不爲虚設矣。然前此柘林民吴大等已嘗聚衆劫掠惠、潮，沿海居民被害甚憯。嘉靖五年，潮州衛指揮賴俊始督民兵驅滅之。是寇非外至也，海濱獨信、寧都、黄芒諸村尤爲僻遠，居民接濟番舶，劫掠行舟，遇荒尤甚，嘗拒敵官軍，勢甚猖獗。方議大征，分巡僉事雍瀾至，乃行招撫之令，檄知縣羅胤凱往開諭之，置社學，立保約，擇其子弟十餘人聚於邑庠，於是海表盜賊日消。然海賊嘗劫蕭廷昌矣，擒獲大半，皆潮陽之土著也。矧漳人先以糴穀爲名，而奸民因之爲市，賄結軍哨以卵翼之，而土著豪强利其貨物，交通啓釁，豈能盡察哉？中路佛堂門、十字冷水角、老萬山、伶仃洋、屯門、雞栖海澳最多，故用六百名；東路雖柘林要害，而海豐、長沙、碣石等處亦宜巡緝，故用三百名；西路頗爲僻静，故用二百名。若倭寇有警，增募四百名，以足一千五百之數。潮州民壯工食於本府軍餉支給，兵夫惟選三百名，餘留守城，有警則雇增二百名，以足原額五百之數。每艚船四艘，一官統之，每月更替，倣南京操江事體，將三路兵船編號定甲，使船水手教以接潮迎風之法；凡長兵、短兵、弓射、弩射，必常時演習，使之出入往來如神。海道官嚴加比練，以行賞罰。仍通行各縣，責令沿海居民各於其鄉編立船甲長、船甲副，長、副不拘人數，惟其船之多寡，一依十門牌内循序應當。船上各懸字號，若無字號者，長、副鳴鑼追逐。備倭官毋得多帶兵壯下鄉，查點總小甲及捕魚船，取執結以索銀兩。有假稱巡河總甲生事嚇騙者，俱行嚴究。凡沿海居民量地隨宜，起蓋敵樓，互相防守，一遇有警，前後策應。凡捕魚小船，各在本港，不許駕出外洋；若遠出不回者，地方報官，治以接濟之罪。

癸丑八月，海賊數十艘已寇揭陽矣，鄉夫追殺，自桃山至大井，僅馘十餘，而被虜男婦多溺死，蓋兵非素養，不得地利故也。兵法曰：「置之死地而後存。」又曰：「無恃其不來，恃吾有以待之。」打手、狼兵虚名而已，烏艚船、子弟兵昔自中路首擒何寇，子弟兵俗呼「莽仔」，其商販頗類淮海鹽徒，而無對障相劫之惡。何亞八亂時，詣縣報効，蓋因寇阻其商販之路也。知縣何价不許。及海道用之，素熟地利，竟從指揮王沛擒亞八，成奇功。南洋灣鄉夫今在東路屢勝真倭，南洋灣鄉夫所居背水，正如韓信背水陣，置之死地而後存者，不拆命敵愾，必爲寇所殲，故能往往取勝，此東路所用之兵也。此皆所宜素養者也。編號定甲，更番作息，無事則隨宜農商以養其財，聽用則時使休閒以養其力，有警則豫給工食椎牛釃酒以養其氣，而威惠相濟，務得其心，有不戰，戰必勝矣。此經略之上計也。

採珠

嘉靖八年八月，兩廣提督林富言：邇者詔下廣東採珠，臣聞祖宗時率數十年而一採，未有隔兩年一採如今日者也。蓋珠之爲物也，一採之後數年始生，又數年始長，又數年始老，故禁私採數採，所以生養之也。自天順年間採後，至弘治十二年方採，珠已成老，故得之頗多。至正德九年又採，珠一半老，故得之稍多。至嘉靖五年又採，珠尚嫩小，故得之甚少。今去前採僅二年，珠尚未生，恐少亦不可得矣。五年之役，病死溺死者五十餘人，而得珠僅八千八十餘兩，説有謂以人命易珠。今茲之役，恐雖易以人命，而珠亦不可得矣。今嶺之東西，所在飢民告急，申訴紛紛，盗賊乘間竊發，廼復以採珠坐派府縣，恐民愈窮，斂愈急，將至無所措其手足，而意外之變生矣。臣聞内庫尚有扁小餘珠，猶可備用，未至甚乏，如少俟數年，池蚌漸老，民困少蘇，徐取而用之，其於愛民之仁、用物之節，似爲兩得。

四十四年二月，諭内閣曰：「累年詔户部訪取龍涎香，至今未足三四斤數，此常有之物，只不用心耳。昔梁材誹爲世無之者，皇祖永樂大典内有此品。且昨斤兩不足，虛費價值，燿嘗加恩，如何似此忽諸？」於是户部尚書高燿皇恐，特請遣使廣東、福建趣撫按官百方購之。上曰：「香品舊例用製萬歲香餅，非因齋修，梁材誹慢，爾等何爲效之？其實訪取真品，每次以三五斤進用已，燿先購一斤八兩進之。」

按龍涎香出蘇門答剌國，西有龍涎嶼，峙南巫里大洋之中，羣龍交戲其上，遺涎焉。國人駕獨木舟伺採之，舟如龍形，浮海面，人伏其中，隨風上下，傍亦用槳，龍遇之亦不吞也。每一觔值其國金錢一百九十二枚，準中國銅錢九千文。嘉靖三十四年，下户部取香百觔，徧市京師不得，下廣東藩司採買。部文至，臺司集議，懸價每觔銀一千二百兩，僅得十一兩上進；内驗不同，姑存之，亟取真者。部文再至，廣州夷酋馬剏别的貯有一兩三錢，上之，黑褐色。密地都密地山夷人繼上六兩，白褐色。細問狀，云：「黑者採在水，白者採在山，皆真不贋。」尋有密地山商再上，通前共得十七兩二錢五分。次年進入内，辨驗是真，許留用。自後夷舶聞上供，稍稍挾來市，始定價每一兩價百金。龍涎之爲用也，入香合和，能收斂腦麝清氣，雖數十年香味仍在。得其真者，和香焚之，翠烟裊空不散。涎沫有三品：曰汎水，曰滲沙，曰魚食。汎水則輕浮水面，善水者伺龍出取之；滲沙則凝積年久，氣滲沙中；魚食則化糞於沙磧。惟汎水者可入香用。又言魚食亦有二種：海旁有花，若木芙蓉，春夏間盛開，花落海，大魚吞之，若腹腸中先食龍涎，花嚥入，久即脹悶，昂頭向上吐沫，乾枯可用。惟糞者不佳。

六年，兵部題國初於閩、廣、兩浙設三市舶，不徒督理貢事，亦以牽制事權，意固深遠。尋以浙江多故，旋設旋罷，惟閩、廣二舶尚存。而廣南番船直達省下，禁令易行；福建市舶專隸福州，惟琉球入貢，一關白之，而航海商販盡由漳、泉止於道府，告給引文爲據。此皆沿海居民，富者出貨，貧者出力，懋遷居利，積久弊滋，緣爲姦盜者，已非一日。今總督凌雲翼議將下番船舶一一繇海道掛號，驗其文書丈尺，審其貨物，當出海回籍之候，照數盤驗，不許夾帶違禁貨物。巡撫福建劉思問疏，一謂漳州澳船，須令赴官告給船繇文引，并將貨物登記。二謂泉、漳商船，無可辨查，要行該有司將大小船隻編刻字號，每船十隻立一甲長，給文爲驗。三謂沿海居民，間有通賊接濟，宜立保甲，互相稽查，如一家接濟，則九家報官，敢有容隱，則九家連坐，其中保長，另行重處。四謂南日山寨新移吉了巡司之旁，道里不均，應接不及，須移置平海衛南哨澳地方，以便策應。臣竊見近日劇賊林道乾、林鳳等遁逃島外，尚漏天誅；更有黠猾豪富，讬名服賈，勾通引誘，僞造引文，收買禁物，藉寇兵而齎盜糧，爲鄉導而聽賊用，誠有如督、撫二臣所言者。伏乞勅下閩、廣該地方官，查照前議，斟酌施行。得旨：「海禁事宜，着該省撫按官會議停當具奏。」

七年五月，刑部題廣東珠池之盜，有司因無律例，概以强盜坐之，似屬過重。今議捉獲盜珠賊犯，俱比常人盜官物，併贓論罪免刺，仍分爲三等：持杖拒捕者爲一等，不論人之多寡，珠之輕重，不分初犯再犯，首從俱遠戍；若殺傷人，爲首者斬。雖不曾拒捕，但聚至二十人以上，珠值銀二十兩以上者爲二等，不分初犯再犯，爲首者遠戍，爲從者枷號三月，照罪發落；人及數而珠未及數者，亦坐此例。若其人與珠俱不及數，或珠雖及數而人未及數者爲三等，爲首者初犯枷三月，照罪發落。若假以盜珠爲由，在海劫客商船隻，或登岸劫人財物者，各依强盜論。依擬著爲令。

沈懷遠南越志：珠有九品。大五分以上至一寸八分，分爲八品〔六五〕：有光彩，一邊小平似覆釜者名璫珠〔六六〕，璫珠之次爲走珠，走珠之次爲滑珠，滑珠之次爲磥砢珠，磥砢珠之次爲官雨珠〔六七〕，官雨珠之次爲稅珠，稅珠之次爲蔥符珠〔六八〕。

南方草木狀：凡採珠，一旁小平，形似覆釜，第一珠母肉正白，人民以薑虀食之。

徐衷南方草木狀：凡採珠，常三月用五牲祈禱，若祠祭有失，則風攪海水，或有大魚在蚌左右。自蚌珠長二寸半，在漲海中。其一寸二分，其光色，一旁小平，形似覆釜，爲第一瑠珠，凡三品。其一寸二分，雖有光色，形不圓正，爲第二滑珠，凡三品。

萬震南州異物志：合浦有民，善游，採珠兒年十餘，便教入水求珠。官禁民採珠，巧盜者蹲水底，剖蚌得好珠，吞之而出。

雜記：珠池居海中，蜑人没而得蚌剖珠。蓋蜑丁皆居海艇中採珠，以大船環池，以石懸大絙，別以小繩繫諸蜑腰，没水取珠；氣迫則撼繩，繩動，舶人覺，乃絞取，人緣大絙上。前志所載如此。聞永樂初尚没水取，人多葬沙魚腹，或止繩繫手足存耳。因議以鐵爲耙取之，所得尚少。最後得今法：木柱板口兩角墜石，用本地山麻繩絞作兜如囊狀，繩繫船兩旁，惟乘風行舟，兜重則蚌滿，取法無踰此矣。

五金之礦，生於山川重復、高峯峻嶺之間。其發之初，唯於頑石中隱見礦脈，微如毫髮。有識礦者得之，鑿取烹試，其礦色樣不同，精麤亦異。礦中得銀多少不定，或一籮重二十五斤，得銀多至三二兩，少或三四錢。礦脈深淺不可測，有地面方發而遽絶者；有深入數丈而絶者；有甚微，久而方闊者；有礦脈中絶，而鑿取不已，復見興盛者，此名爲過壁；有方採於此，忽然不現，而復發於尋丈之間者，謂之蝦蟇跳。大率坑匹採礦，如蟲蠹木，或深數丈，或數十丈，或數百丈，隨其淺深斷絶方止。舊取礦，携尖鐵及鐵鎚，竭力擊之，凡數十下，僅得一片。今不用鎚尖，惟燒爆得礦石，不拘多少，採入碓坊，舂碓極細，是謂礦末。次以大桶盛水，投礦末於中，攪數百次，謂之攪粘。凡桶中之粘分三等：浮於面者謂之細粘，桶中者謂之梅沙，沉於底者謂之麤礦肉。若細粘與梅沙，用尖底淘盆浮於淘池中，且淘且汰，泛颺去麤，留取其精英者。其麤礦肉，則用一木盤如小舟，然淘汰亦如前法。大率欲淘去石末，存其真礦，以桶盛貯，璀璨星星可觀，是謂礦肉。次用米糊搜拌，圓如拳大，排於炭上，更以炭一尺許覆之，自旦發火，至申時住火，候冷，名窖團。次用烰銀爐熾炭，投鉛於爐中，候化，即投窖團入爐，用鞴鼓扇不停手，蓋鉛性能收銀，盡歸爐底，獨有滓浮於面。凡數次，爐爬出熾火，掠出爐面滓，烹煉既熟，良久，以水滅火，則銀鉛爲一，是謂鉛駝。次就地用上等爐灰，視鉛駝大小作一淺灰窠，置鉛駝於灰窠內，用炭圍疊側，扇火不住手。初銀鉛混泓然於灰窠之內，望泓面有煙雲之氣，飛走不定〔六九〕；久之稍散，則雪花騰湧，雪花既盡，湛然澄澈；又少頃，其色自一邊先變渾色，是謂窠翻，乃銀之笞〔七〇〕； 煙雲雪花，乃鉛氣未散之狀。鉛性畏灰，故用灰以捕鉛，鉛既入灰，唯銀獨存。自辰至午，方見盡銀，鉛入於灰坯，乃生藥中密陀僧也〔七一〕。

採銅法：先用大片柴，不計段數，裝疊有礦之地，發火燒一夜，令礦脈柔脆。次日，火氣稍歇，作匠方可入身，動鎚尖採打。凡一人一日之力，可得礦二十斤，或二十四五斤。每三十餘斤爲一小籮，雖礦之出銅多少不等，大率一籮可得銅一斤。每烰銅一料，用礦二百五十籮，炭七百擔，柴一千七百段，顧工人八百餘，用柴炭粧疊燒兩次，共六日六夜，烈火亘天，夜則山谷如晝。銅在礦中，既經烈火，皆成茱萸頭出於礦面，火愈熾，則鎔液成駝；候冷，以鐵鎚擊碎，入大旋風爐，連烹三日三夜，方見成銅，名曰生烹。有生烹虧銅者，必碓磨爲末，淘去麤濁，留精英，團成大塊，再用前項烈火，名曰燒窖。次將碎連燒五火，計七日七夜，又依前動大旋風爐，連烹日晝夜，是謂成鈲。鈲者麤濁既出〔七二〕，漸見銅體矣。次將鈲碎用柴炭連燒八日八夜，依前再入大旋風爐，連烹兩日兩夜，方見生銅。擊碎，依前入旋風爐，烰煉如烰銀之法，以鉛爲母，除滓浮於面外，净銅入爐底如水。即於爐前逼近爐口鋪細沙，以木印雕字作處州某處，銅印於砂上，旋以砂壅印，刺銅汁入砂匣，即是銅磚，上各有印文。每歲解發赴梓亭寨前，再以銅入爐，烰煉成水，不留纖毫深雜，以泥裹鐵杓，酌銅入銅鑄模匣中，每片各有蜂窠，如京銷面，是謂十分净銅，發納饒州永平監應副鑄。大率烰銅所費不貲，坑户樂於採銀而憚於採銅。銅礦色樣甚多，烰煉火次亦各有異，有以礦石徑燒成者〔七三〕，有以礦石碓磨爲末如銀礦燒窖者。得銅之艱，視銀蓋數倍云。

【校勘記】

〔一〕浪水出武陵鐔成縣北界沅水谷　「鐔成」，原作「鐔城」，據水經注卷三十七浪水改。原案：「成」，近刻訛作「城」，下同。

〔二〕產於湖廣溪峒間　「峒」，原作「洞」，據廣東通志卷五十七嶺蠻志改。

〔三〕度險則整其行列　原無「則」字，據廣東通志卷五十七嶺蠻志補。

〔四〕弟吉　「吉」，原作「佶」，據上文及敷文閣本改。

〔五〕即今虜寇侵掠邊境　「今」，原作「令」，據敷文閣本改。

〔六〕宜召商中鹽納糧以備　「中」，敷文閣本作「市」。

〔七〕傜山三十三　「山」，原作「水」，據敷文閣本改。

〔八〕開招寖廣　廣東通志卷五十七嶺蠻志作「開拓寖繁」。

〔九〕蓋乘斯水而入越也　「而」，原作「西」，據水經注卷三十七浪水改。原案：「而」，近刻訛作「西」。

〔一〇〕晉刺史鄧□築埧以杜牂之水　據（雍正）雲南通志卷十八上秩官，□，應爲「嶽」。

〔一一〕左參議胡宗明集兵討之　原闕「胡」字，據（道光）廣東通志卷一百八十八前事略八補。

〔一二〕「節據化州并梁沙巡檢司」句　原闕「沙」字，據于謙集奏議類（中國文史出版社二〇〇〇年十月版，下同）之四南征類補。

〔一三〕顯是前賊在於該管衙門符同捏稱生理别故　「符」，原作「扶」，據于謙集奏議類之四南征類改。

〔一四〕告給文引照過搆集爲盜　原闕「告給文引」四字，據于謙集奏議類之四南征類補。

〔一五〕檀表乞官軍征討未附　原無「表」字，據宋書卷九十七蠻夷傳補。

〔一六〕長真部越兵攻丘和於交趾者也　「丘」，原作「兵」，據新唐書卷二二二下南蠻傳改。

〔一七〕所説至精至熟　原無「至精至熟」四字，據韓昌黎文集校注（上海古籍出版社一九八六年十二月版，下同）第八卷補。

〔一八〕意在邀功求賞　「求」，原作「行」，據韓昌黎文集校注第八卷改。

〔一九〕島直雷州　「雷」，原作「宵」，據范成大筆記六種桂海虞衡志志蠻（中華書局二〇〇二年九月版，下同）改。

〔二〇〕時出與郡人互市　「互」，原作「在」，據敷文閣本改。

〔二一〕服緦緶　「緶」，原作「綆」，據宋史卷四百九十五蠻夷三改。

〔二二〕亦不相混　原闕「相」字，據海槎餘録（顧氏四十家小説）補。

〔二三〕繼設中酒　「中酒」，原作「酒中」，據范成大筆記六種桂海虞衡志志蠻乙正。

〔二四〕不受欺紿　「紿」，原作「詒」，據范成大筆記六種桂海虞衡志志蠻改。

〔二五〕亦枷繫之　「枷」，原作「加」，據范成大筆記六種桂海虞衡志志蠻改。

〔二六〕「瓊管司言承襲宜人三十六峒統領」句　「三」，原作「二」，據文獻通考（中華書局一九八六年版）卷三百三十一四裔考八改。

〔二七〕惴不敢言　「惴」，原作「端」，據范成大筆記六種桂海虞衡志志蠻改。

〔二八〕僚屬皆從仲達辟置　「僚」，原作「獠」，據元史卷十六世祖十三改。

〔二九〕行湖廣行省平章闊里吉思　原闕「章」字，據敷文閣本、元史卷一百六十三烏古孫澤傳補。

〔三〇〕至是始命澤督諸道兵及廣西獞兵討之　「獞」，原作「撞」，據敷文閣本改。

〔三一〕齎勅撫□□□府黎峒生黎　明史卷三百十九廣西土司三：「知縣潘隆本齎敕撫諭。四年，瓊州屬縣生黎峒首羅顯、許志廣、陳忠等三十三人來朝。」據此,「□□□」,似爲「諭瓊州」。

〔三二〕有□官欲專功者　「□官」,廣東通志卷五十七嶺蠻志作「裨將某」。

〔三三〕余知二酋已獲繫獄　「余」,原作「餘」,據敷文閣本改。

〔三四〕無故笞詬　原闕「笞」字,據國榷(中華書局一九五八年版)卷二十六正統十二年四月補。

〔三五〕伺知其非　「伺」,原作「詗」,據敷文閣本改。

〔三六〕某村峒原係借倩版籍糧差熟黎　「某」,原作「其」,據濂溪堂本、敷文閣本改。

〔三七〕禺號子　「禺號」,原作「號禺」,據山海經海經卷十二大荒北經乙正。

〔三八〕朱崖儋耳　原闕「儋耳」二字,據山海經海經卷十二大荒北經補。

〔三九〕號白番人　「白」,原作「曰」,據程史卷十一番禺海獠(中華書局一九八一年十二月版)改。

〔四〇〕憚於復反　「復反」,原作「反復」,據程史卷十一番禺海獠乙正。

〔四一〕屋室稍侈靡踰禁　「稍」,原作「少」,據程史卷十一番禺海獠改。

〔四二〕嘗游焉　「嘗」,原作「常」,據程史卷十一番禺海獠改。

〔四三〕以祀名　「祀」,原作「記」,據程史卷十一番禺海獠改。

〔四四〕稱謂聱牙　「聱」,原作「聲」,據程史卷十一番禺海獠改。

〔四五〕凡用鋌錠數萬　「鋌」,原作「鏗」,據程史卷十一番禺海獠改。

〔四六〕始前一政雷朝宗溹時　「溹」,原作「澴」,據程史卷十一番禺海獠改。

〔四七〕會市有窶人鬻精金　「窶」,原作「屨」,據程史卷十一番禺海獠改。

〔四八〕裹麨糧隱于顛　「裹」，原作「裏」，據桯史卷十一番禺海獠改。
〔四九〕以合薦酒饌燒羊以謝大僚　「僚」，原作「獠」，據桯史卷十一番禺海獠改。
〔五〇〕迥無同槽故態　「態」，原作「熊」，據桯史卷十一番禺海獠改。
〔五一〕言其富已不如曩日　「日」，原作「月」，據桯史卷十一番禺海獠改。
〔五二〕留寓益夥　「夥」，原作「顆」，據敷文閣本改。
〔五三〕其人乃服　「服」，原作「伏」，據龍川略志（中華書局一九八二年四月版）卷五改。
〔五四〕其佐啓問起居　「佐」，原作「坐」，據濂溪堂本、敷文閣本、韓昌黎文集校注（上海古籍出版社一九八六年一二月版，下同）第四卷改。
〔五五〕隸府之州　「之州」，原作「知府」，據濂溪堂本、敷文閣本、韓昌黎文集校注第四卷改。
〔五六〕撞搪呼號以相和應　「搪」，原作「塘」，據敷文閣本、韓昌黎文集校注第四卷改。
〔五七〕若躭浮羅　「躭」，原作「沈」，據濂溪堂本、敷文閣本、韓昌黎文集校注第四卷改。
〔五八〕于陀利之屬　「于」，原作「子」，據濂溪堂本、敷文閣本、韓昌黎文集校注第四卷改。
〔五九〕或時候風潮朝貢　「候」，原作「及」，據濂溪堂本、敷文閣本、韓昌黎文集校注第四卷改。
〔六〇〕以銅爲鏃　「鏃」，原作「鏇」，據敷文閣本改。
〔六一〕在其内地則裂　「内」，原作「云」，據敷文閣本改。
〔六二〕其伺候行人　「伺」，原作「同」，據敷文閣本改。
〔六三〕宋初産銀　「宋」，原作「守」，據濂溪堂本、敷文閣本改。

〔六四〕而文卷皆匿焉　「文」，原作「人」，據敷文閣本改。

〔六五〕分爲八品　本草綱目（文淵閣四庫全書本）卷四十六真珠作「者大珠」。初學記（中華書局二〇〇四年版）卷二十七寶器部「八」作「大」。

〔六六〕一邊水平似覆釜者名璫珠　「釜」，原作「金」，據粤閩巡視紀略（文淵閣四庫全書史部七傳記類）卷一改。「小」，原作「水」，據廣東通志卷五十二物産志改。

〔六七〕磦砢珠之次爲官雨珠　「雨」，原作「兩」，據廣東通志卷五十二物産志改。

〔六八〕税珠之次爲蔥符珠　「蔥」，原作「芯」，據廣東通志卷五十二物産志改。

〔六九〕飛走不定　「走」，原作「久」，據菽園雜記（中華書局一九八五年五月版，下同）卷十四改。

〔七〇〕乃銀之筲　菽園雜記卷十四作夾注「乃熟銀之名」。

〔七一〕乃生藥中密陀僧也　「中」下原衍「藥」字，據菽園雜記卷十四删。

〔七二〕鉱者龘濁既出　原無「鉱」字，據菽園雜記卷十四補。

〔七三〕有以礦石徑燒成者　「徑」，原作「竟」，據菽園雜記卷十四改。

廣西備録

全州志[一]

全在粤西，稀警矣，然非去兵國也。戍籍日耗，編民協防，號曰打手。打手應募，不皆土著之民，受直則數存，應敵則勘寡。舊五百零五名，今省其半，勢亦單弱。且建鄉逼白面諸猺，先年時見侵侮，西延七里，半多流寓，今雖寧帖，然猺性易煽而競細利。議者欲移州倅一員于今巡檢司，以資彈壓，巡檢改移義寧界。此桑土之籌，貴在得人而已。

灌陽之寇，密邇恭城北鄉，且與南江源、勢江、東寨、青水諸峒巢近，故時時剽掠。然寇至必由東鄉入唐黄，過陶川江，經平原、臺塘、大畔源，乃尋山徑，肆害於灌。百里曠土，裹糧有限，寇來去無置足之地，不過栖息草莽，踪跡易露，則我亦易追襲，彼安敢長驅數犯哉？聞之洪武初，邑未有猺、獞也。永樂間，邑人薛昌、黄秉仲輩始招致二三耕作，無敢寇害。自正德乙亥，賊大猖獗，其徒占據遂繁。而恭城田主潘欽輩廣爲招集，湖北諸種幾遍臺塘。灌之富人又引占田獞、夾板猺，散布田間，名則藉力耕種，實陰通群寇，爲害不細。今耕作既久，林翳漸盡，山原曠土，偏布藍種；民饜山澤之利，結廬侯守，遠近相望，無復昔日梟獍之慮。

峒寨

宋峒凡三十有一：曰小車，曰小地，曰白竹，曰水昶，曰小喉，曰龕石，曰茶坪，曰半嶺，曰侃塘，曰大水，曰滑溪，曰上、下白石，曰蟾蜢，曰湛底，曰扶水，曰梅子根，曰樓子，曰水尾，曰姑油，曰黄嫩宅，曰俸水，曰大木，曰龍塘，曰雄江，曰歌陂，曰盆田，曰蓆源，曰大、小李，曰横溪，曰大、小藏，曰石家。

寨凡七：曰硤石，曰磨石，曰獲源，曰長鳥，曰禄塘，曰香煙，曰羊狀。

營堡

國朝營二：曰西關外營，在城西二里，防守打手四十一名。北關外營。在城北二里，防守打手四十一名。

堡十二：曰板山堡，在城西南七十里，防守旗軍八名，打手十三名。烈水堡，在城西南八十五里，防守旗軍八名，打手十二名。里山堡，在城南六十里，防守旗軍二名，打手十四名。魯塘堡，在城西南九十里，防手旗軍二名，打手十二名。

石塘堡，在城南五十里，防守打手十二名。蓮塘堡，在城南八十里，防守打手九名。源口堡，在城西四十五里，防守打手十二名。八十里山口堡，在城北八十里，防守旗軍四名，打手十三名。白塘堡，在城西六十里，防守打手九名。楊梅堡，在城西二百里，防守旗軍十名，打手十一名。鎮湘堡，在城北六十五里，防守旗軍六名，打手十名。羅口堡。在城南四十五里，防守打手五名。

灌陽營二：曰東關外營，在縣城東一里，防守打手三十四名。西關外營。在縣城西一里，防守打手三十四名。堡四曰：獅子堡，在縣城西二十里，防守狼兵十八名。三峯堡，在縣城南五十里，防守狼兵十八名。新安堡，在縣城西六十里，防守打手十九名。栗木底堡。在縣城東六十里，防守打手八名，狼兵四名。

新設寨五：岩寨，月山寨，春立寨，掛子寨，李公寨。堡十：杉木堡，峯山堡，仁山堡，江東堡，傳山堡，板橋堡，赤岩堡，文村堡，官莊堡，木老堡。内峯山、板橋要害。

永寧州

州南三十里曰鳳凰，有兵營。西南二十五里曰穿巖，有兵營。五十里曰桐木鎮，有土、漢兵住守。七十里曰富禄鎮，有土兵。一百二十里曰常安鎮，有土兵。西三十里曰蓮塘，有兵營。北十里曰安息，有兵營。二十里曰三隘，有兵營。二十五里曰牛河，有兵營。有官渡一隻，以濟往來。三十五里曰小蕩，有兵營。四十五里曰興隆，有公館，爲出州中火之所。小蕩、大長江各撥兵一隊看守。五十五里曰大長江，有兵營。原有公館一所，今廢，而營復遷於此。六十五里曰都狼。本州往省之路與臨桂交界之所。上七里，下九里至都狼堡，設公館一所于其中。

險要

都狼隘去州六十里。本州往省之路上七里，下九里，嶺上有一泉水可食。鳳凰巢賊首韋銀豹據爲穴。張山隘 胡原隘 潮水巢 猪羊隘 諸狼隘 盆峒隘 大博嶺 大晏嶺 擺嶺 總甫嶺 石城隘 鷄冠嶺 羊徑嶺 白藤徑 雙塘巢 古望嶺 思鵝巢 石村徑 古城巢 高厄低厄 君師巢 蓮塘隘 水頭巢 金龍徑 古底巢 思馬巢 王武巢 古洛巢 石盆巢 石低巢 陰山巢 龍角巢 三門隘 三千巢 横山厄 木村徑 老莫巢 藤浪巢 古洛巢 馬騮寨 思美寨 頭口巢 水頭寨 川嵓巢 龍坑嶺 墩嶺 金竹嶺 火嶺 天鵝巢 苦累巢 蔴行巢 扶臺巢 馬浪巢 天堂巢 西洋巢 以上諸巢處，多爲先年蠻賊盤據巢穴。

户口

論曰：兹邑自宋、元以來，喁喁向風，與他邑埒。今之里獞，非其土著也。先是柳、慶歲大祲，有奸民者，招諸猺就粟以千計，既而種落蕃衍，遂驅屠居民，雄踞其境。今雖就撫綏然，鄙野狼戾，難以卒化也。顧一入編户，即爲赤子，安問獞與民耶？且獞之奉貢賦，垂七十餘年，夷盡變而夏矣。加意撫循，夷漢同風，是在司牧者哉。夫生齒蕃息，泰徵也，亦姦藪也。

兵防

見存狼兵一百名。每名給田十五畝，共一千五百畝。該鎮原田一萬五百畝，今裁革，除給狼兵外，餘田俱没官納禾，荒田另召人開墾。

論曰：今之議三鎮者，輒云狼所以制獞也。愚以爲患不在獞而在狼。官族皆夷種，罔知漢法，近皆罹網矣。獞小有釁，或粗給衣食者，輒統狼兵拘執之，俗謂靴禁，滿其欲，纔得釋。及至仰拘盗賊，賄輒縱焉，狼且爲虐于地方矣。然未可遽議革也，狼子野心，一有恫疑，且肆不逞。是當議補流官一員於桐木，以司提調，至其耕田，則當清出原額，召募補伍，庶三鎮捍蔽，不至單弱乎？夫何聽其久侵而不問！今没爲護衛之用，異日催徵，倘或未善，尚有不可言者，能不爲隱憂哉！

風俗

城郭軍民雜處，俗頗淳樸，民知力田，士知向學。郭千里外俱獞夷，椎髻跣足，間通漢音。

架棚爲室，寢處其上，其下雜畜牛馬犬豕，不避腥穢。疾病不事醫藥，專信巫鬼，殺牲宰牛，罄竭所有。答歌爲婚，不禁同姓。男婦專事耕種，無别生活。秋收稍餘，則鄰里親戚日招呼往還，恣其飲啖，逮春則啜糜以耕，借貸度日。少遇荒歉，則賣男鬻女，苟活一時，甚則竊盜劫掠，無所不至。性喜讎殺，好鬭輕生。其婦女專畜蠱毒殺人，其男子出入帶刀自衛，或遇忿争拘提，則用以格鬬拒捕。蓋誠不容純以漢法治者也。然其性猶朴魯，畏見官府，詞訟稀簡，錢糧亦肯完納。惟守土者加意撫綏，行所無事，禁戢差役勿肆侵漁，而各武職衙門亦無致多方需索騷擾，則庶乎可保百年無事也。若重徵十里積年包收錢糧之弊，勿聽衙役緝訪民間大小事情，此二者最爲喫緊。

小民苟不遇荒歉，萬無敢欠錢糧者，當清其弊藪，弊藪伊何？催徵時十里每差一總催，此十總催者，赤手而借重債，賄官，賄户吏，賄差頭而得票，計一人所費二十餘金，十人共費二百餘金，倍利償債，約有四百餘金矣。至于排年有包收，里長有侵匿，皆公家物也。小民完納十分，有加五在内者，有加倍在内者，俱爲包收者自飽，而因以飽總催。及至正項完納時，總催又侵收焉，户吏又侵收焉，其在庫者，庫吏又侵收焉，且有挪借焉。層纍而上，層纍而下，所餘幾何？宜歷年之拖欠不完。清此源頭，催徵無難事矣。

四里向有陋規承應官府，白米老酒，鷄鵝魚鴨及查盤禮，官府備酒備嗄程各項。老人於秋收時先期科派禾把，約有二百八十餘兩，而承值、學齋、捕衙不與焉。夫日用口腹，所需幾何，累此小民煩費，兼爲奸人藉口漁獵乎？余刊示各里各户給炤〔二〕，永杜騷擾。願後之君子，有同心焉。又愚獞畏見官府，一涉詞訟，差人執票拘提，匿不敢出，於是差人恣行魚肉，飽其欲而歸。間有與承行吏剖分者，官票則置之高閣矣。官府少察，則擬一罪名送官府，原、被、干證無一至焉。官受其污名，差飽其鯨腹，永俗往往如此。司土者須於此留意。

以上三則，皆平常無甚奇異，然推誠而力行之，亦未必無補於地方云。馬光識。

梧州府志

郡事

宣德二年，以都督山雲充總兵，鎮蒼梧。

景泰二年，寇燬梧州城。

四年，總督都御史王翔檄廣東僉事李觀智撫五屯、龍山諸賊，平之。

天順二年夏四月，石康賊陷博白縣。殺典史、巡檢及軍民六十餘人，擄男婦千人。巡撫都御史葉盛討平之。

四年，藤縣民胡趙成作亂，伏誅。成先遣成宥回，造妖搆集大藤峽等山猺賊，攻陷諸縣，殺擄官民，掠去竇家寨巡檢印。巡撫葉盛督左參將范信、分巡蒼梧道副使留復、都督指揮韓瑄、指揮張錦、王銘等進討擒斬成等獲印回。寇燬北流縣城。

六年，寇燬博白縣城，總督都御史葉盛請設帥府於梧州。初，兩廣守將不相統攝，盛請建帥府，命征蠻將軍總鎮梧州，兩廣各設副總兵及參將，分守要害，悉聽節制。

七年，大藤賊陷梧州城，蒼梧鄉紳布政使宋欽巷戰，死之。大藤寇何敬陷陸川城。

成化元年，左僉都御史韓雍、征夷將軍都督趙輔、游擊將軍都督和勇等，調兩京、江、湖漢、達兵討侯大狗，克之。先，景泰中，猺酋侯大狗作亂，聚至萬人，墮城殺吏，勢甚猖獗。久之，鬱林、博白、信宜、興安、馬平、來賓響應，所至丘墟。起浙江左參政韓雍爲左僉都御史，督諸軍討之。至全州，擊陽峒、西延苗賊，斬失機指揮李英等四人，軍威大振。先破修仁，窮至力山，擒斬八千餘。十月，至潯州，專擊藤峽，爲左、右二軍，分十三道進，以千户李慶隨參將孫震結五屯，截其奔路，雍等開府高振嶺，以督諸軍，以十二月朔並發夾攻，連破石門、道袍、屋厦、紫荆、竹踏等巢，賊遁九層樓，據險立栅以抗，滚木礧石而下，毒矢如雨。雍麾死士刊山開路，發火箭焚其營栅，聲震天地，日色晝冥。賊大驚潰，擒侯大狗等，擣大小峒寨九百，斬首四千有奇，俘男女三萬餘，而逃墜凍死者無算，群賊望風皆散。先是峽中有大藤，延亘兩崖，諸蠻蟻渡，故曰大藤峽，至是斷之，改斷藤峽，刻石山頂以紀雍功。明年二月班師，奏設東鄉等九巡司，以土人李昇等爲副巡檢；又設武靖州于碧灘，以上隆州知州岑鐸掌州事，設藤縣五屯千户所，李慶掌所事；土人覃仲英世襲吏目。

二年，大藤賊鄭昂攻陷容、藤二縣，總督韓雍四面集兵追捕之，昂伏誅。昂，侯大狗之黨。

六年，始設總督府于梧州，起復韓雍鎮之。

十六年，鬱林州木頭等峒蠻賊叛，總督都御史朱英、總兵官平江伯陳鏡討平之。

十八年，岑溪、連城獞陳永受、謝利等叛。

二十年，猺賊黄公定寇掠陸川，副使陶魯討平之。

正德七年，六青賊李通寶寇掠鬱林、北流、陸川、岑溪州縣，知府曹琚偕參將金鏜，調容縣千户所覃德玉捕之，殺通寶於洞心山。洞心，容縣水源里地。

八年，討岑溪六十三山，不克。

十六年，初置盤鹽廠於梧州。

嘉靖元年，老君峒焚，家屯賊亂，總督都御史姚鏌以田州回師剿平之。

六年，田州土目盧蘇與思恩王受等反〔三〕，上以新建伯王守仁兼兵部尚書，總制江、湖四省軍務，降之。田州土目盧蘇糾思恩王受等挾邦相以反，兩江皆震。御史石金劾都御史姚鏌攘夷無策，上大怒，以璽書切責鏌落職。而吏部尚書桂公萼言提督兩廣〔四〕，非新建伯王守仁不可，上從之，勅守仁兼兵部尚書，總制兩廣、江、湖四省軍務。公至梧，諸夷聞其先聲，皆股栗。而公益韜晦，見田州事形未可猝滅，恐以其故或損兵餉，乃以明年七月至南寧，使人約蘇、受降。受許諾，但言見時必陳兵衛，公許之。受入軍門，兵衛充斥，公數其罪，命杖一百，杖時受不免甲，諸夷皆驚，竟莫測公秘算。於是公乃上疏言思、田構禍，荼毒兩省，已踰二年，兵力盡於哨守，民脂竭於轉輸，官吏罷於奔走，地方桯杌，如破壞之舟，飄泊風浪，覆溺之患，不待智者而知之。必欲窮兵雪忿，以殲此一隅，未論不克，縱使克之，患且不守。況田州外捍交阯，内屏各郡，深山絶峪，猺獠盤據，盡誅其人，異日改土爲流，誰爲編户，非惟自撤其藩籬，而拓土開疆以資鄰敵，非計之得也。今岑氏世効邊功，而猛獨詿誤觸法，臣謂治田州非岑氏不可，請降田州爲州治，官其子邦相爲判官，以順夷情，分設盧蘇等爲土巡司以殺其勢，添設田、寧流官知府，以總其權。上皆嘉納從之。公既罷田州之役，遂移兵攻八寨賊，破之，至今地方藉以安。

九年，石硯、東鄉、長行賊平。三巢界蒼梧、封川地，首賊盤古子等恃險負固，比乘思、田之亂，益肆剽掠，督府林富遣副總兵張佑督達兵捕誅之。

十一年，征七山，諸蠻悉遁去。六埇、思連、攬佃、古磊等七山，壤接梧、藤，猺民唐宗欽等恃其險衆，出劫仁封、須羅等鄉。督府陶諧調兵萬餘，分二哨進剿，賊覺先遁，僅斬二百級。

十八年，大師征斷藤峽諸蠻，悉平之。

二十一年，容縣塘仲山猺作亂，劫掠六王等村，千户覃德王尋捕斬之。

三十一年，征七山賊。七山三十七巢，據蒼、藤、岑之中，周遭二百餘里，屢征不克。督府應檟與參政張謙定計調兵，以左參將王寵、右參將朱昇分統之，徉爲征西兵，至潯陽，旋師兼程而進，晨及賊境，賊覺始奔。乃下令曰：「賊今據高，其氣方鋭，不宜仰攻，但謹守使不得逸，俟其敝擊之，可破也。」賊果窘，饑死强半，擒斬二百二十名顆，籍其田廬。

三十二年，七山猺酋盤宗昌叛，時分守鄭公綱討平之。

三十九年，兵巡僉事章熙疏容江道。容江當梧郡西南孔道，逆自良而上，有馬騮、白馬、三洲諸灘，水涸石出，舟行最險。而陀田、石稔、山鷄等窠猺賊藏匿林箐，襲人于水滸，以迴流激石爲羅網，虔劉鈎劫，無有已時。間一創懲，後復如故。兵僉章熙按縣，廉得其狀，白督府選師徒，親詣各洲，刊木掘根，日坐江舸督之，立三洲上，勸山棗等營，汰馬騮、長岐、古辣冗兵，賊遂遠遁，往來民商咸賴。八寨賊吴宗顯等襲容縣，掠帑金去，尋捕獲之，設城北營。

四十五年革梧鎮總兵。給事中歐陽一敬奏議裁革勳臣總兵，用流官陞都督職銜移鎮。

萬曆二年，設鹽運提舉司于梧州。以舊遞運所改建提舉署，設副提舉二員，轉輸西粵官鹽，遞運所附府門驛。

容縣横山猺劉德厚暨冬瓜那留等、山猺張刺等寇掠容縣大營、魚産三十餘村。

四年，老君峒諸猺復亂，尋撫之。

五年，七山、下城、連城、北科諸猺歸順。時諸猺惕羅旁兵威，各願歸就編民，始計田入賦。老君峒猺復亂。賊首李金亮引深埇等巢劫掠東安鄉殘殺百餘人。

六年三月，六十三山獞賊潘積善乞降，許之，移潯、梧參將駐岑溪，始置五鎮。先是岑溪六十三山連城鄉猺賊潘積善自稱平田王，與北流之那留山、容縣之横山冬瓜、蒼梧、藤縣之七山、平盤諸巢，共七千餘黨，互相糾結，爲羅旁後户，占據民田，流劫兩省。適羅旁大舉，士民詣督府淩雲翼言狀請征。時以勢難即及，遣官入山榜諭，願撫者聽，暫羈縻之，俟羅旁事定，移師順剿。積善等爲先聲所奪，率黨投赴軍門，願出兵二千殺賊自贖，尋背約。及羅旁班師，督府檄蒼梧守巡會廣東嶺西道計議剿撫，諸巢聞風恐懼，咸詣乞降。督府乃免積善死，以軍法責其調兵失信，俯首聽命，願爲編户，歸我侵田不敢復反。復奏請移潯、梧參將王德懋駐岑溪彈壓，選指揮千户五員，提兵三千，分設五鎮：蒼、藤曰七山，容縣曰六雲，岑溪曰北科，又曰連城，懷集曰五里。蒼梧三丁甘世廣率六圍獞兵三百人破藥埇等巢。設岑溪大王營，并左、右兩江營。撫定九山、二十八都、六便山、横山、那留山等處猺獞，悉附編民。

七月，岑溪左營兵陳進、吕子和等作亂，尋討平之。

七年興業木頭峒寇亂，尋討平之。木頭峒枕近八寨，號曰八寨賊，聚衆數千，流劫鬱林、富民、撫康等鄉，警聞，督府劉堯誨命參政王原相討之會粵東監司犄角並進。賊殊死戰，乃紿亡命入賊壘，計縛其酋首二人。東粵統領將官見戰克，欲徼首功，深入其阻，幾被圍困。既乃東西剋期，出其不意，直擣巢穴，賊黨盡縛。

八年，置哨江船，募水兵。從蒼梧知縣龐一夔請也，各于要害巡緝江道。

築大峒城，招獞民屯種北科。先征羅旁六十三山，諸猺願受約束，師還，又復負固不服，乃議築城于大峒，而以潯、梧參將握重兵彈壓之。又于四面要路，分布官兵，以護往來。城中爲參將署，前列中軍左右營房田，招獞民百餘人耕守。

大師征十寨蠻，克之。十寨本柳郡遷江縣永安所地，先止八寨，後殺龍哈、咘咳二長官司，擴爲十寨，倚山負固，抄擄司藏，賊害藩臣，聲勢甚熾。總督劉堯誨、巡撫張任、御史顧銓暴其逆狀討之，分五哨並進。而蒼梧副使侯國治督夷江一哨，軍興糧餉舳艫，悉取辦于梧。

十二年十一月，懷集峒蠻嚴秀珠、鄭明端等糾衆流劫，討平之。懷集與賀、開建三縣峒蠻聯絡，賊首嚴秀珠、鄭明端等糾集三百餘黨，掠寧峒、下埠，流劫開建、封川，殺戮居民。時方進勦府江，總督吳文華會巡撫吳善，調選東西精兵六千餘，會梧鎮，聲言西援，令蒼梧兵巡僉事來經濟、嶺南兵巡副使王泮督諸軍。以明年二月各哨並進，勢如破竹，克松鵝、古城、深埇、龍塘等峒，俘斬嚴秀珠、鄭明端八百有奇，餘黨悉定。

調大峒兵戍守金鵝。懷集縣峒蠻既平，金鵝猺賊出入之區，調大峒營兵三百名戍守，以百户一員統領。

十五年，始闢府江陸路。府江一帶，菁林亂石，猺賊出没淵藪。賊平，三院會議開闢陸路以通往來，蒼梧、府江二道經理其事。自蒼梧抵昭平界，治道造橋，建三公館，漢埇、簕竹、兒寨。

大峒營兵梁一貴等倡亂，尋伏誅。

二十四年，岑溪七山猺寇亂，兵備戴公燿討之。時公備兵蒼梧，會岑溪猺寇趙宗亮等連結六十三山諸猺作亂，奉督府陳公檄，徵各路精兵討平之。捷聞，上大悦〔五〕，擢公巡撫西粵，尋晉兵部尚書兼都察院右副都御史，總督兩廣。時思明叛目陸佑勾引賊黨擄官劫印，勢甚鴟張。公請旨進勦，一月間擒斬無算，元兇授首，黨與解散。未幾，交夷劫掠，欽州被殘，公調土、漢兵深入搗巢，全師凱旋。猶慮戎心叵測，議請固防禦，重彈壓，復峒官，禁互市。上皆嘉悦從之。

二十七年，造哨船，巡緝江防。梧江上接昭平、簕竹，下抵封川、思蒲，南至平南、白馬，東自藤縣、江口界至北流。原設哨堡歲久玩弛。守道朱東光議設船隻軍兵巡守，委官統領。

二十八年，添設羅山營，抽兵防守。藤縣羅山嶺路通三丫等六十三山，上至七山，諸猺雜居，盜賊出没，知府淩嗣音允知縣劉炅之議，抽哨船兵二十二名，湊同羅襖營兵十八名，共四十名，分立羅山。議設三洲番風堡，復於白花嶺立營。容縣白花隘，盜賊出没要區，守道孫有敷詳允番風營兵二十八名，掣三洲堡一十六名，復白花嶺立營。

四十八年，設容縣西山、水源巡江營哨。源去縣遠，于六雲鎮缺兵内抽四十名，設立二營，仍修復四哨。

兵防

國初會城咸置衛所，要害則置巡檢司〔六〕，在軍曰旗軍，在司曰弓兵，皆食於官。别置民兵萬户，無事訓練，有事以戰，事已即休。美哉，寓兵之良法也！自旗軍脆弱不足恃，而後資戍於湖廣，永樂二十一年。借雄於達騎，成化七年，韓襄毅奏留達官舍。輪守於東粤之兵。坐營司統兩廣上班官軍。自弓兵虚冒不可用，而後爲打手之雇，嘉靖間，督府張嶺議行。撥田之狼，成化間始。折銀充餉之議。隆慶五年。自民兵隊伍不復存，而後爲民壯之募，正統十四年。爲三丁之編，嘉靖四年。爲千百長、保長門牌之法。

營鎮

梧州府：守城營　茶山　靖夷營　蒼梧縣：大塘營　府江哨　沙牛營　七山鎮

藤縣：藤江哨　神塘營　安静營　浪口營　容縣：六雲鎮　巡江哨　北門營　西山水源

岑溪縣：北科鎮　奇營　大峒營　連城中軍營　懷集縣：金鵝營　五里鎮　松岡營

鬱林州：左哨　右哨　中哨

博白縣：縣東營　界排營　坡心營　蘇立營　東莞營　圓珠營

北流縣：六静營　大車堡　漊廟營

陸川縣：六潭營　左哨　右哨　中哨　陸潭哨

興業縣：興平營　西營　橋墟營

等營

目兵

按粤志：粤土司兵故精勁，每遇警徵之，國家亦不愛名器金帛之錫以鼓舞其心。自總督王文成公始議更番戍守之法，除戍桂、柳外，戍梧者四千名，皆由泗城、歸順、都康、思明、遷隆、向武、奉議、上林、安平、忠州、龍英、太平、恩城、萬承等土司，各有差等，一年一戍，週而復始。萬曆十七年，總督劉題減一千名。三十二年，總督戴題減一千名。四十五年，左江道詳允抽四百名，防守上思州地方，糧食仍在梧州府支解。四十八年，總督許議全撤，尋復議調。今戍梧正數止一千六百名，每年不到者常三四百名，所從來遠矣。其差等則有散兵、馬上鎗兵、步下丫兵、步下鎗兵、腰牌兵、弩手、鳥銃手、火兵、散手、旗手，有戰馬，有先鋒小頭目，有官族大頭目，而總坐營司統之。平時不隨操，每操則于官兵外執一竿排站，名曰擺圍。每五日，大小頭目赴道叩首。以其出自土司，故曰土兵。以其有頭目管之，曰目兵。又以其多狼人，亦曰狼兵。其糧賞，每月糧鹽，大小頭目散各折銀一錢九分七釐五毫；每季犒賞，大頭目每名八錢，小頭目每名一錢，散兵每名五分；每年犒賞，大頭目每名一錢，小頭目、散兵每名三分，俱于府貯餉銀支給。其安插地方，昔年散處郡城外各山巔水濱，今住大教場垣外，自蓋茅屋，數名共一間，去則焚訖。其自萬曆三十二年題減一千名，即于各土司前數内三分減一，而左江道所議抽四百名，即于每年戍梧目兵過南潯時揀去。本道近日所點，乃歸順、都康土兵。其歸順大頭目，則岑康、黄金桂；都康大頭目，則馮士剛；與各小頭目，皆戎裝通漢語。其兵則有姓名者少，無姓有名，以番、父、永爲姓者多。番、父、永，亦上駟、中駟、下駟之義。歸順有番、父無永，都康有父、永無番，不通漢語，通漢語者非真夷也。其馬一匹，則抵兵三名。其器械有鎗，有刀，有弩，有牌，有銃，無盔甲弓箭、空拳者居多。第其捐室廬親戚遠來，窮年外處，而月餉無幾，殷厚精壯者多不樂役。其來也，或以老弱具數，或以犬馬抵數，或不能足全數，或不如期至，或至中途稱病而逸，至梧則正數已縮。註名後或逸去，或稱病，或稱死，或雇前次之願留者長戍，或雇本地之願代者暫點，或告不服水土，或稱營工鄉閭，或稱打柴山中，甚或有收宰盜牛者，有爲盜者，有横行者，居常不聽點，點輒譟而去。其敝有最難言，今欲爲更新調停之法，别有説焉。

班軍

按成化間，督臣韓開府梧州，始議調撥廣東廣州等衛所官軍一萬員名戍梧，派廣、韶、肇三府屬糧五萬石解梧，以備行糧。嘉靖間，因惠、潮海寇，議留碣石等衛所官軍三千九百餘員名，兼以歲久消耗，逃亡日多，萬曆二十四年，廣州等衛所戍梧官旗軍止三千零五十名，分春秋二班。官雙月支本色米九斗，軍四斗五升，官單月支折色銀三錢六分，軍一錢八分，俱于折糧銀内支給；年終犒賞，官每員三錢，軍每名一錢，俱軍餉銀支給。二十五年，御史章議免戍，督臣吴覆稱兩廣相爲唇齒，梧郡實爲咽喉，論一統大同之誼，則東西聯爲一鎮，戍守莫非土土；論輔車相依之勢，則梧鎮之捍禦既周，東省之藩籬自固；論事體緩急之宜，則東省兵防已密，無庸撤回，梧州所軍虚弱，不得不藉東軍，還以仍舊爲便。近來戍兵，俱奉督院牌發，多寡不一。至萬曆三十九年，尚近三千名，除三百名戍封川、德慶外，餘俱戍梧矣。尋以總督張議撤封川、德慶戍軍，募兵防守，遂減調四百餘名。四十一年，以留守城池，復減調廣州等衛每班二百名。今每班尚存旗軍八百有奇，奉督院牌撥，大略半守梧鎮，半守江道，而所撥埠堡軍數，或先班多，後班少，原無常額。余姑以天啓二年秋班見數志之。

陳熙詔曰：目兵以文成始，班軍以襄毅始。當年作法，慮自深長。年來習于承平，遂成枝駢，於是或議留，或議去。夫白面借箸，談何容易，因噎廢食，將必傷生。假令專主者時簡教，檄驍勁而飽之，勿論狼心可戢，蔡人皆吾人，即使猶然習弛，而經百年勤王之土目，不憚征繕以固吾圉，亦告朔之羊也，可輕去乎？若班軍則有不然者。班軍在國初，其用足恃，沿至今日，市人等耳，其才不足于超距，其伍無裨于干城，計月而來，更番而去，徒糜官錢數萬，茍欲簡而練之，何似以官錢募市人，猶省往還之僕僕也。余謂班軍則去之便，然要折衝尊俎，安危有備，毋徒紙上陳言。積弊日深，捉襟見肘，此其時也歟！

猺峒 土狼附

蒼梧縣猺獞：七山東連下城，南接岑溪、藤縣等猺，精悍可千人。 大雍 平田 古磊 六埇 大

腦　三山　黎口俱在長行鄉。　上鄧　大爽　白板　陳塘　孔密　大倫俱在須羅鄉。　埇漢　員塘　桂嶺　曇艨　孔良　埇企俱下城界。以上諸猺先叛服不常，今輸賦齒編民，又設七山大營以鎮之。　石硯居九山十二峒中，在蒼梧、封川、開建界。嘉靖年願來屬蒼梧，約八百餘人。　羅峒　思貸　思馬　歸源觀埇　三洲　都平　都羅　萬埇　都混　迪田　料峒先年糾合焚家、東安等流劫。嘉靖十年，編立排甲耕佃。　老君峒六寨連東安、賀縣、懷集、賢時與深源、焚家、北陀爲害，近立大塘營彈壓之。　大片　石坎　長水其善惡皆視老君峒，今願。守把白鳩、野狸二鬧。　北陀　東岸　西岸在縣西北多賢、思德鄉，原係獞賊，今稍知斂。

六圍與七山相近，其獞多良，所耕盡下城界兩廣交通路，號險塞。　大圍　曇疊　顔村　曇特　零居若空

藤縣猺獞：　大水　山木　突山　小山　滑石　盤石俱在永順鄉猺，坐落二十一二都。　雲野　饅頭　平盤　三丫　蒙高　古稔　六含　六篤　大水俱永化鄉猺，坐落二十五、二十八都。以上兩鄉猺糧，共五十兩零三分。　大黎里　楊峒里　大任里以上三里俱係五屯所十三年新招，納糧七十二石二斗。

容縣猺獞：　羅龍一里　沙田　佛子　六律以上皆六便山所屬，約四十餘家，李積藤最雄。諸猺近議則賦，頗馴服。　六肥　肚村　黃坭　月田　深埒　六喳　周村以上皆龍墳山所屬，約百餘家，盤朝壅稱最驁。近革心願効力助守。　都盤　六王　山蔴　六鵝以上皆鷄籠山所屬，約六十餘家。　駱廷鳳倚山剽掠，凡數年，始克招服。　波羅里　河頂　鴨谷　河口　六思以上皆六青所屬，約百餘家，尋服尋叛，今革心知就童訓。　藤螺　塘埇　石田以上皆東葉山約三十餘家歸化已久。　羅面里　山心　馮塘　大埇　思頡以上皆東瓜山所

屬，約五十餘，山巢崎險。萬曆六年，曾廷旺如叩縣庭，願歸順，今則畝入常賦，與猺學矣。慶垌　何木　大何塘

六振　六奎　黄稍　燈盞以上皆石羊山所屬，幾二百家，生齒視各山最衆。萬曆六年叩縣入賦。山塘　黨入

以上皆横山所屬，約三十餘家，道途惡險。先年流劫，勢甚悍驁。萬曆六年，劉德厚始叩縣願編户入賦。其長曰盤景，客居止弗，常伐木自給，木盡則之他，所謂刀耕，近授以田。

岑溪縣猺獞：連城鄉　上里平河等二十村獞目潘積善舊據其地爲賊首，今已聽撫。中里大峒等四村　下里佛子等五村。孔亮　六十三山　石脚　陀山　雲爛　科田　大甕　孔札　分水　⿰扌哥水　深公　逍遥　竹堇　水濁　横峒　李村　甘羅　中村　松崩　黎洞　上蓋　上林　三襟　飯埇　古皮　上、下乃平　恩里　蚺蛇　山心　大藏　桑園　大枉　闢塘　銅油　黄嶺　古攬　下泊、企陽等　魚脩　白碟　六袍　大香　車埇　葵山　三髻　六葵　六勾　細峒　太公　鷂平　崩墈　橋石　乃蓬　峒尾　石田　竹蘭　勝峒　乃辣　個堆　桃枝　水井　下埇　隆樹　松塘　高蘭　木瓜　青山　石黄　深塘以上諸猺，蟠據六十三山，久爲民害。近設連城、北科等大營鎮之，少息。

懷集縣猺獞：銅鐘　古城　金鵝　松柏賊之門户。三江　石田爲諸山適中，各巢穴出没必經之所。近議添立守備，以制七縣之猺。七星　馬鹿以上各峒征勦後田盡入官，撥兵耕守。

鬱林州土狼　李四山　石埇　牛欄　地佛　六壤　白梅在州治東北，抵大容山，去州四十里，在北流縣界，去縣止二十里。先年爲患，征勦稍寧。

納糧。

博白縣猺：陶鼓　零青　㕍鷄〔七〕　山子縣東鄉二十里，西抵廣東廉州府合浦縣石康地，俱佃食民田，向化納糧。

北流縣猺獞：鷄兒坡　南禄　茆田　那留　沙洞　龍塘　大羅　安樂　黄稍　志宇　相思　古苛俱在縣治南，其茆田、那留外稱向化，内爲招引，近奉招撫，編立總目統之。

陸川縣土狼：文龍　四賀界北流及陸川温水鄉村，附近廣東信宜縣，南至石城三合堡，每年東省撥兵哨守本堡要路。

興業縣土狼：黄葉峽　芋蒙峽　雙頭嶺興德鄉三圖，路通横州、南寧等處地方。　番車嶺峽興德鄉二圖，近廣東木頭峒横嶺墟，與鬱林富民鄉木威黎境坊止隔一嶺。先年已經征勦，近撥狼田耕字輸糧。

按猺有三種，曰盤龍，曰戴板，曰平地。獞惟一種，深山者不問，在外峒者與民雜居。狼則因正德間流賊劫掠，調狼人征勦，鄉民流徙，廬畝荒蕪，遂使狼耕其地，一藉其輸納，一藉其戍守。蒼、藤、岑、容、懷、北等山多猺獞，鬱、博、陸、興多土狼，中固有向化輸糧者，要在御得其道，狙詐作使，豈有他焉？

廠税

梧州盤鹽廠，每季委官輪管，抽收上下水客商鹽税、雜税。每年額銀，惟鹽税無定，不入額内。其雜税額銀，春季定二千六百八十兩零五錢六分四釐，夏季定二千二百二十七兩零二分七釐，秋季定三千六百二十七兩九錢六分三釐，冬季定四千四百五十五兩八錢二分五釐，共額銀一萬二千九百九十一兩三錢七分九釐，俱貯梧州府庫，專備梧鎮兵食。其廠貨貴賤，定有則例。

鹽政

按自宋熙寧間，初置梧州商務，興廢靡常。國朝正德十六年，置盤鹽廠于梧州，迄于嘉靖，今例已減其三之一。舊志不載，余特采之，較今于昔，猶爲寬政矣。然猶自算舟車，榷子母也。夫鹽政則經國長利，邇以私販公行，課額寢失，昨年引滯而不來者，約一萬五千，虧餉且一萬三千有奇，概舉歷年，將不下數十萬矣。蓋奸借東餉之名，漁西郡之利，三百餘餉，其護身之符也；化州、北流兩埠，其蚕食之窟也。近當事裁餉裁埠，至詳且覈，而奸商猾胥，猶不免掩耳盜鈴，何也？一舉而振刷之，在當事者留意焉耳。

謝君惠曰：郡州縣十，始蒼、藤、容、岑、北流行梧鹽，而懷、集、鬱林、博白、陸川、興業俱食東鹽，然皆赴蒼梧道掛號而後發，則猶然梧鹽也。後來議認引認餉，又議增引增餉，於是立化州埠，立北流埠，已又北流併化州爲一埠，奸商告訐，日新月異，而梧之鹽額詘而餉額亦詘矣。夫梧屬仰梧餉而不行梧鹽，非計也。況潯、慶、南、太皆仰梧餉，而不行梧鹽，尤非計也。今日便畫，無如聽各處分引行鹽，而總歸其餉於梧，則不問化鹽、廉鹽、欽鹽，皆梧之鹽；亦不問舊餉、新餉、增餉，皆梧之餉。要在當事者從國家起見，不從區域起見，司鹽者兩粤視若一體，行鹽者六府協爲一心而後可，然而難言之矣。

大學衍義補

曰：左、右兩江，地方二三千里，其所轄狼兵無慮十數萬，今設爲府者四，爲州者三十有七，其府州正官，皆以土人爲之，而佐貳幕職，參用流官，故今百餘年間，未聞有屯聚侵掠者。而所以爲州縣害者，皆是不屬土官管束之人，錯雜州縣間者。其間雖或亦有有司帶管，及設土官巡檢者，然流官無權，彼知其不久而輕玩之；而所謂土巡檢者，官卑力薄，不足以相鈐制。臣愚以爲今日制馭馴服之策，莫急於立土官，請用左、右兩江之例，而微寓夫設立軍衛之意。蓋左、右兩江府州之設，專以其地屬之一姓，所謂微寓設立軍衛之意者，衆建官而分其權也。凡今猺、獞與編民雜居州縣之間，但彼依山箐以居耳。今宜特敕内外大臣，躬臨其地，召集其酋豪，諭以朝廷恩威，將授以官，如左、右兩江土官例，俾其子孫世享之意。有能率其種類五百名以上内附者，即授以知州之職，四百名以下，量授同知、判官、吏目等官。其官不拘名數，亦如衛所之制，既授，其投詞不須勘實，官給以冠服，遣官屬以騶從鼓樂送歸所居，徐俾其擇地，立爲治所，合衆力成之。既成，具奏請印，俾推其中一人，爲衆所信服者掌印，則彼受朝廷爵命，必知所感慕，而其同類咸尊敬之。有不伏者，彼仗國威，併力除之不難矣。積久成俗，彼皆慕華風，習禮教，而知殺掠之爲非，況衆設其官，勢分力敵，自足相制，不能爲亂。而其中不能無自相争訟者，須至申上司，奏朝廷，則國家之勢益尊，不勞兵戈，而一方安靖矣。然所慮爲後日患者，地界不明，異時不能無争耳。宜乘其初，即遣官會同土酋，分立地界，或以溪澗，或以山阜，就於界上立石爲識，大書深刻于上曰：某至某爲有司界，至某爲土官界。其中民地，有深入其境者，即以外地無徵者與民易之，隨其廣狹，不復丈量。其土酋所領地，就俾其認納税糧，定爲額數，日後不得有所加增，如此處置，庶幾其永無患乎？

水經：「溆水出武陵鐔成縣北界沅水谷〔八〕，南至鬱林潭中縣〔九〕，與鄰水合。又東至蒼梧猛陵縣，爲鬱溪。又東至高要縣，爲大水。又東至南海番禺縣西，分爲二，其一南入於海，其一又東過縣東，南入於海。」「員水又東南一千五百里，入南海。」今按一統志考之：辰水出三峿山，南流爲沅水谷，則在鐔成縣北，後爲黔陽縣移溪城，一曰郎溪；自黔陽南流至潭中縣，今之潯川也，鄰水則潯水也；其逕靈川縣東北爲浪江，入灕水，南歷潭中，注于潯水，合繡江水，又東至藤縣北（古之猛陵也），合鬱溪，亂流逕廣信縣，是爲鐔江，俗呼藤江。大氐浪水出自鐔成，往往以「鐔」名之，「鐔」又訛爲「潯」耳。鬱溪又合桂水，爲梧州大江，東流至廣州番禺縣西，其一南注入於海者鬱水，分浪南注，即今之鬱水，靈洲乃南江也；其一又東，别逕番禺城下，去廣州城南五十里，漢建安末交州移治于此，吴分交州爲廣州，亦治于此。漢書所謂浮牂柯〔一〇〕，下灕津，會番禺，蓋乘斯水西入越者也。今之沙灣紫泥港是矣。浪水又東逕懷化縣，入于海，則今之石門江合流溪諸水入海者也。其餘又東至龍川縣東江，爲涅水，屈北入員水。而浪水枝津衍注，自番禺東歷增城縣，合增江，又逕博羅縣西界龍川，左思賦所謂「目龍川而帶坰」也〔一一〕。員水如練，東歷揭陽縣注于海。此三江合浪水之始終也。「浪」與「垠」同，水歷地埒崖岸之義。世訛作「浪」，又訛作「郎」，皆非。蓋三江合一，大浸連空，廣州呼爲西水，以其自廣西至，故云。然至必以春夏之交，迄盛暑而後消，消則高要峽江旋東爲大水者，留溢渦塘，皆有魚㸔躍其中，人恣取之，有鉅至數十斤者，家累數百金。而南海下流達于新會、香山、東莞，通潮之衝，漁子高下爲泥筌竹罶，其内者皆得蟹焉。西水退盡，蟹亦退殻，拾之如土芥。然諺云：「西水漫漫，魚蟹滿盤。」蓋澤國之利，皆由浪水，不可不知。

廣西全省疆域〔一二〕

東抵湖廣道州界，西抵雲南特磨界，南抵廣東高州界，北抵湖廣武岡界，東北抵湖廣永州界，東南抵廣東封川界，西北抵貴州都匀界，西南抵交趾界。

歷代沿革

廣西，楚越之交。春秋時越伐吴，并其地，北伐齊，西伐楚，與中國争疆，自荆以南，皆屬于越。周顯王時，楚滅越。吴起相楚，南并蠻越，遂有洞庭、蒼梧，是時越諸邊疆皆屬于楚。其後越人散處江南海上，各爲君長，有甌越、雒越之屬甚蕃，故曰百粤。以揚州南境，又曰揚越。秦始皇帝利粤之犀、象、珠璣，乃使尉屠睢統五軍，監禄鑿渠以通糧道，殺西甌君譯吁宋。越人皆入叢薄中，與禽獸處，莫肯爲秦者，陰置桀駿以爲將，夜攻秦人，殺尉屠睢。秦乃發適戍備之。後王翦滅楚，乘勝略定揚越，爲南海、桂林、象郡。粤以東屬南海郡，粤以西屬桂林郡，而慶遠、思恩、太平以達交州俱屬象郡焉。秦末趙佗遂王粤地，漢因封之。漢孝武帝平南越，佗孫光降，以其地爲蒼梧、鬱林、合浦郡，屬交趾部，其北爲零陵郡，屬荆州。吴仍漢制，分領于荆、交二州，其後析合浦以北、蒼梧、鬱林郡屬廣州。晉以始安、臨賀屬湘州。宋、齊因之，亦間有增改。梁分湘、廣之交爲桂州。迄于陳、隋，州郡因革紛如，莫之勝紀。唐以其地隸嶺南道，後分爲嶺南西道，領州郡三十有三；又開拓諸蠻峒落，置羈縻州郡數十。五代時入于南漢。宋平南漢，以屬廣南西路，領州二十、府二、軍五。元改爲廣西道，領路十有五、府一、州四。明分其地爲府八、土官府四，領諸州縣，後改思恩府爲流，田州府降爲州，而憑祥縣、歸順峒、下雷峒俱改爲州，共領府九，轄州十二、縣四十六，土官府二、土州三十四、土縣七、長官司四。

山川志

宋范成大氏作桂海虞衡志，謂粤千峰特立，玉笋瑶篸，森列無際，其奇勝甲天下。余謂西北諸山，華、嵩、泰、岱，屹立中原，如王公貴人端拱廟堂，蕩蕩乎大觀矣。東南諸山，吴、越相錯，三江五湖，隨山下上，如綽約嬋娥，綺心墨客，扈蘭茝而褰若英，亦綽有風致哉。粤西僻在一隅，不得與于五嶽四瀆之觀，而怪石參差，幽洞玲瓏，十洲三島，庶幾近焉，蓋亦羽客緇流之勝已。然山多膚立而少草木，食土之毛者什不得一；三江諸水，勢若建瓴而注于東渤澥，故其民類不能逐倍稱之息而鮮藏。蓋重以恒暘爲政，沮洳不修，金石爲焦，維束手以聽命諸天。豈巧拙故殊，亦限于山川，而莫爲之倡耳。昔周禮職方氏藪澤原隰之利，昭然臚列，而遂人之職，溝洫畛域，獨爲加詳，其所重故有在矣。

兵防志

漢時五嶺之南，兵志多略〔一三〕。唐天寶後始設經略清海二軍，至移淮、泗之兵戍焉。宋稍多故，而兵制迭更，募雄略，選澄海士丁峒丁時隸尺籍，而兵終不振，則積弱之勢然也。國初以武功定天下，衆建衛所，用相夾輔。是時粵西蹶張之士至十萬有奇，豈不稱烈焉！及調征安南，官軍存者什無二三，于是議戍兵，復議民兵。然戍兵離鄉井，暴風露，水土不習，逃亡相踵，則戍兵不足恃也。民兵筋骨脆弱，斬木揭竿，左之不左，右之不右，則民兵不足恃也。不得已而召募耕兵之議起矣。二十年來，櫜弓卧鼓，躰韋跗注之夫，耻談兵革，日以盤辟爲容，甚者朘卒伍以惠私家，任其虚籍而莫之問，兵制陵夷，大官之庾，月費千鍾，而釋殳弛戈，徒共欸段之奔走，一旦有警，將安賴焉？夫竭民力以養軍，又竭民財以養兵，至軍與兵交受其敝，奈吾民何！余因詳其始終之變，令談經略者有所考云。

田糧

粤西自元以前，田額無徵。國朝洪武十四年，編賦役黄册，州縣各以實。自占田分官民，米分秋夏，田之没入公家者謂之官田[一四]，官挈以授農人而歲收其入，故其賦重而役則蠲；田之屬私家者謂之民田，民自相鬻買以爲恒産，官不得多科，故其賦輕而役則重。夏税多産於地，秋糧多産於田，而其賦其役視其則之高下爲重輕。至洪武二十六年，册籍始定，其田賦可得而考云。時上方重農桑，令天下農民，凡有四五畝至十畝者，栽桑、麻、木綿各半畝，十畝以上倍之，惰者有罰。嗣是定麻每畝八兩，木綿每畝四兩。至是年定民間桑株照則例起科，絲綿十八兩折絹一匹，樹株果價兼收錢鈔。正統八年，令不出蠶絲地方，絲一匹折銀五錢。自是廣西絲絹隨地派米，登之正額矣。景泰四年，令廣西人民被賊劫殺遺下田土者，有司取勘撥給。而是時峽賊方猖獗，梧州蹂躪尤甚，蕪田相望，督府韓雍覈實以聞，遂停荒田賦，人多賴之。萬曆九年，令有司履畝清丈，而有司奉行太過，以加額爲功，曩時荒田已經奏免者，盡數編賦。十三年，復行覆丈豁虚糧，而有司奉行不一，間有闒茸不事事者，吏書之蠹窟穴其中，甚有一邑而存二三千虚糧者，雖欲均之，庸可冀耶？今一省賦役，大都以覆丈爲據，計畝定賦，而農桑絲絹俱在其中。

鹽法

漢元狩四年，斡山海之貨，置鹽官二十八郡，而蒼梧居其一。唐劉晏始行常平，鹽官自爲市，歲得錢百餘萬緡，而軍饟官禄皆仰給焉，官之鬻鹽，蓋自此始。宋時二廣之鹽皆屬漕司，量諸州歲用而給之。廣東地沃民饒，商人輻輳，故行商鹽。廣西廣莫而凋瘁，食鹽無幾，商不樂趨，故官爲搬運。紹興間，議易二廣鹽法。安撫胡廷直欲俱行客販，轉運司主管文字徐夢莘争之，廷直違其議。不三年，商賈毁業，民苦無鹽，自是官搬如故〔一五〕。是廣西之行官鹽，自宋然矣。元至正間，也兒吉尼以中書省平章政事兼肅政廉訪使〔一六〕。時紅巾賊入湘南，嶺表震動，吉尼議甃石城以扼險要，遂捐官俸貿易海鹽，獲倍稱之息，版築經費，計銀二十餘萬，皆取給鹽利。四年，始克終事，民不告勞，粤至今賴焉。

國初行鹽，專以利民，其後則以佐軍興，商自爲轉輸，而官税什一，其利頗鉅。洪武二十八年，兵部尚書唐鐸言長沙、寶慶、衡、永四府，郴、道二州，倉鹽甚艱，廣東積鹽有餘，而廣西新立諸衛，糧饟不足，若將廣東之鹽，運至廣西中納，軍民交利，其於計便。上從其議，命廣東提舉司運鹽八十五萬引至廣西桂林，以給商人之入粟者。於是粤東之鹽，始達之粤西、湖南矣。

隆慶初，都御史殷正茂平古田，議增營伍，爲善後計，而歲費不貲，左藏稱詘，因請之于朝，倣元也兒吉尼故事，而綜理加焉。其督鹽則用指揮，其運鹽則用旗軍，其鹽運則屬府佐。其數則每歲廣東買鹽七千五百引，每引重一千七百五十斤，分十四包，每包重一百二十五斤。每舡一隻，裝鹽三百五十包，共二十四引。官買三百包，運軍帶五十包，以償其勞。其運船則官自爲造，其買鹽及廠税一如商鹽之例。其運鹽往返，以四月爲期，歲可三運〔一七〕。其湖廣行鹽之價，則與時低昂。官鹽商鹽，互相搭配，各居其半。除工本諸費，其利息一歲多可二萬，少不下一萬五千。後以衛卒不習水道，而武弁多藉爲奸利，因改民運，改上船爲中船，改官旗爲水甲，而以府官督之，水手所帶鹽包，以漸殺焉。然府江灘高，水道蹇澀，昔之三運，僅可併爲一運，而計一運之利，與三運大略不甚相遥，粤西左藏，自是稍贏矣。

顧曩時販商，俱粤東富家子，而韶、連諸邑，楚商私販往往相屬，自行官鹽，商利漸殺，私販重繩，商人造爲浮言以撼當道。而總督都御史劉堯誨，衡人也，遂極言官商不便，欲于韶、連二路量增引目；粤西撫臣郭應聘、按臣胡宥亦以情聞。上下大司農議曰：「廣西運鹽之議，原爲新添兵餉而設，一日不可無兵，則一日不可無食。若西省官運之鹽，旋行旋罷，兵食俱乏，地方坐困，咎將誰諉？似不可以一時商人之私便，而忘地方將來之遠圖也，宜從舊議。」上曰：「這兩廣都是朝廷地方，軍餉比之通商，干係爲重。這鹽運只着遵照近奉欽依事理行，不許再議紛更。」然兩粤之議，呶呶未已，宦東者則左袒東人，宦西者則左袒西人，而東粤薦紳家亦起而争之。上從科臣言，行督臣郭應聘覆議，如殷中丞指，由是官鹽始通，而衆喙少息矣。嗣是按臣行部，每更一官，輒更一議，所以革奸剗蠹至詳矣，而罔亦少密焉。邇年直指疏請官鹽百包，許帶私鹽六包，重以押運之官，朝更而夕改，官非正涂，船無統紀，市利者相煽，争利者相攻，長年諸役，靡所顧忌，故夾帶之禁益嚴，而鹽滯益甚，稍遭旱涸，即減一運之半矣。

夫民之趨利，若水之奔海然，不隄之則潰，而過隄之則壅，世未有不利於下而能專利於上者也。當殷中丞首議時，每鹽三百包〔一八〕，許運軍帶五十包，今且殺其三之二矣。彼見待軍之如彼，而待民之如此，安能俛首而甘心者。况其衝凌于狂波巨浪之中，奔走于嚴霜烈日之下，一遭蕩耗，輒令陪償，利少而害多，彼獨非人情乎？故水手之不可不優也，勢也。或謂曩之官軍，自食其力，今之水手，已給之工食以恤其私，似未可例論者。不知官軍有月糧，有行糧，未嘗不爲其身家計；即水手之運半于官軍〔一九〕，則夾帶者亦可半于官軍，不應遽若是懸也。今縱不可復中丞之舊，而就中劑量，以百包帶十包，此外有夾帶者，必置之法，彼樂於加斤之利，而惕于没官之害，誰敢以身試法哉？

然欲禁私鹽而不更官艇，是導其源而欲塞其流也。查之舊例，木馬船只容二百包，今之船且十二艙，即三百包猶寬然有餘，是名更而寔不更也，彼安得不滿載而歸也？今當委官督造，長至八艙爲止〔二〇〕，每船只許容一百五十包，而又多造小船，在平樂郡限以官鹽，報税之後即駁之小船，則私販者既無寄頓之地，而駕艇者不病往來之艱，未必非通商足課之一助也。

夫郡首事之人長慮却顧，故其法似寬而行之可久，更事之人以剔弊爲功，故其法常嚴而莫必其後，夫豈獨鹽筴然哉！

楊慎禹穴考

司馬子長自叙云：「上會稽，探禹穴。」此子長自言徧遊萬里之目，上會稽，總吴越也；探禹穴，言巴蜀也。後人不知其解，遂以爲禹穴在會稽。而作地志者，以禹廟旁小坎如春臼者當之〔二一〕。噫，是有何奇而辱子長之筆耶！按蜀之石泉，禹生之地，謂之禹穴。其石杳深，人迹不到，頃巡撫儀封劉遠夫修蜀志，搜訪古碑，刻「禹穴」二字，乃李白所書，始知會稽禹穴之誤。大抵古人作文，言簡而括，若禹穴在會稽，而上云「上會稽」，下又云「探禹穴」，不勝其複矣。如禹貢曰：「雲土夢作乂。」雲在江南，夢在江北，五言而括千餘里。又曰：「蔡蒙旅平。」蔡山在雅州，蒙山雲南，今名蒙樂〔二二〕，山上有碑，具列其事，亦四字而括千餘里。鄭玄〔二三〕、孔穎達、蔡沈、夏僎皆所未至，而繆云蒙山亦在雅州。

顏真卿鮮于氏離堆記

閬州之東百餘里有縣曰新政，新政之南數千步有山曰離堆。斗入嘉陵江，直上數百尺，形勝縮矗，欹壁峻肅，上崢嶸而下迴洑，不與衆山相連屬，是之謂離堆。東面有石堂焉〔二四〕，即故京兆尹鮮于君之所開鑿。

【校勘記】

〔一〕全州志　濂溪堂本、敷文閣本均無「志」字。

〔二〕余刊示各里各户給炤　「炤」，據文意，疑爲「照」字。

〔三〕田州土目盧蘇與思恩王受等反　「蘇」，原作「受」，據下文、敷文閣本及明史卷一百九十五王守仁傳改。

〔四〕而吏部尚書桂公萼言提督兩廣　「尚書」，原作「侍郎」，據敷文閣本、明史卷一百九十六桂萼傳改。

〔五〕上大悦　「悦」，原作「悗」，據敷文閣本改。

〔六〕要害則置巡檢司　「檢」，原作「簡」，據敷文閣本改。

〔七〕㕣鷄　「㕣」，敷文閣本作「占」。

〔八〕泿水出武陵鐔成縣北界沅水谷　「成」，原作「城」，水經注（上海古籍出版社一九九〇年版，下同）卷三十七泿水原案：「『成』，近刻訛作『城』。」據此改。

〔九〕南至鬱林潭中縣　「潭」，原作「鐔」，據水經注卷三十七泿水改。下同。

〔一〇〕漢書所謂浮牂柯　「牂」，原作「牂」，據漢書卷六武帝紀改。

〔一一〕左思賦所謂目龍川而帶坰也　「坰」，原作「垌」，據文選（上海古籍出版社一九八六年版）卷五吴都賦改。

〔一二〕自此篇起，至顔真卿鮮于氏離堆記，原本未載，見濂溪堂本、敷文閣本一百六册廣西一。

〔一三〕兵志多略　「志」，原作「制」，據粤西文載（文淵閣四庫全書本）卷五十二兵防志序改。

〔一四〕田之没入公家者謂之官田　「没」，原作「設」，據粤西文載卷十六廣西田糧賦役志改。

〔一五〕自是官搬如故　「搬」，原作「般」，據敷文閣本、粤西文載卷十六廣西田糧賦役志鹽法論改。下同。

〔一六〕「也兒吉尼」句　「也兒吉尼」，粤西文載卷十六廣西田糧賦役志鹽法論作「額爾濟納」。下同。

〔一七〕歲可三運　「三」，粤西文載卷十六廣西田糧賦役志鹽法論作「二」。

〔一八〕每鹽三百包　「包」，原作「已」，據敷文閣本、粤西文載卷十六廣西田糧賦役志鹽法論改。

〔一九〕即水手之運半于官軍　「運」，原作「募」，「半」，原作「倍」，據粤西文載卷十六廣西田糧賦役志鹽法論改。

〔二〇〕長至八艙爲止　「至八」，原作「以入」，據粤西文載卷十六廣西田糧賦役志鹽法論改。敷文閣本作「長以八艙爲主」。

〔二一〕以禹廟旁小坎如春臼者當之　原無「坎」字，據丹鉛總録（文淵閣四庫全書本）卷二禹穴補。

〔二二〕今名蒙樂　「蒙」，原作「夢」，據敷文閣本、丹鉛總録卷二禹穴改。

〔二三〕鄭玄　「玄」，原作「言」，據丹鉛總録卷二禹穴改。

〔二四〕有石堂焉　「石」，原作「名」，據敷文閣本、全唐文卷三百三十七改。

雲南貴州備録

形勢

雲南雖稱荒服，而綢繆防禦不可不周者，以滇、黔與楚、蜀輔車唇齒之勢也〔一〕。說者謂雲南山川形勢，東以曲靖爲關，以霑益爲蔽；南以元江爲關，以車里爲蔽；西以永昌爲關，以麓川爲蔽；北以鶴慶爲關，以麗江爲蔽。又云雲南要害之處有三：東南八百、老撾、交阯諸蠻，以元江、臨江爲鎖鑰；西南緬甸諸蠻，以騰越、永昌、順寧爲咽喉；西北吐蕃，以麗江、永寧、北勝爲阨塞。識此三要可以籌雲南矣。元史言雲南之地，東至普安路之横山，西至緬地之江頭城〔二〕，凡三千九百里；南至臨安之鹿滄江，北至羅羅斯之大渡河，凡四千里。其迤東、西二十郡，大抵以滇池而分；南、北所畫爲界者，則在兩江，東北爲金沙，西南爲瀾滄。先儒以爲即禹貢梁州之黑水也。司馬遷史記稱滇池旁地肥饒，巴、蜀民或竊出商賈，取其筰馬、僰僮、旄牛，以此巴、蜀殷富。而范蔚宗後漢書亦稱滇池河上平敞，有鹽池、田漁之饒，金銀、畜産之富，人倍豪汰，居官者皆富及累世。由是觀之，滇固非瘠土也。唐天寶以後，蒙氏以一隅之力，累抗王師，此即財力雄富之一驗。今山川形勢與古不殊，體息勞徠，墾田積粟，使其民成饒裕之俗〔三〕，是在良有司矣。

沿革

漢置益州郡，領縣滇池、雙柏、連然、俞元、穀昌、昆澤、葉榆、律高、不韋、雲南、嶲唐、賁古、勝休、來唯等，共二十四。屬越嶲郡，縣遂久、青蛉〔四〕，共二〔五〕。屬牂牁郡，縣且蘭等〔六〕，共四〔七〕。

東漢仍爲益州，領縣：勝休、律高、昆澤、建伶等，共十七。永昌郡領縣：哀牢、博南等，共八。

蜀漢改置郡：建寧、雲南、興古，共三。

晉置寧州，領郡：雲南、興古、建寧、永昌，共四。屬縣：雲平、鐔封〔八〕、漢興、新定、談稾、修雲、泠丘、永壽、雍鄉、南涪等，共四十五。太康以後改置郡：益州、晉寧、平夷，共三。

宋仍爲寧州，領郡：建寧、晉寧、牂牁、西河、東河、河陽、雲南、興寧、興古、梁水等，共十。縣：同樂、談稾、萬安、新定、新興、萬壽、晉樂、丹南、成昌、建安、雲南、雲平、西安、句町、南興、梁水、西隨、新封、鐔封等，共五十二。

南齊爲寧州鎮，領郡：建平、梁水、建寧、晉寧、興寧、西阿、平樂、永昌等，共十四。屬縣：同樂、新定、晉樂、綏寧、丹南、梁水、西隨、驃封、永豐、綏雲、遂安、臨江、雙柏、雲平、都陽、晉綏、新城、成昌、西中、南興、新豐、益寧、安寧、永安、雍鄉〔九〕、西城等，共七十二。

晉、宋、齊寧州所領郡邑，皆不止此，今止録在今境内者。

唐置雲南郡，領縣：姚城、瀘南、長明，共三。

元置雲南諸路行中書省，爲路：中慶、威楚、武定、鶴慶、雲遠、麗江、孟傑、普安、澂江、普定、建昌、德昌、會川、廣西、元江、大理、柔遠、茫市、鎮康、鎮西、平緬、麓川、木邦、孟定、蒙兀等，共三十七。府：仁德、柏興，共二。屬府：北勝、永昌、騰衝，共三。州：嵩盟、開南、威遠、順蒗、蕖永、寧通、安蘭、巨津、羅雄、建安、瀘禮、里闊、邛部、隆姜、昌德、威龍、普濟、武安、黎溪、會理、麻龍等，共五十四。縣：楊林、邵甸、威楚、南甸、易龍、石舊、臨西、芳華、通泉、交水、石梁、羅山、普舍、研和、邑市、爲美、歸厚、中瀘、沾閏、鹽金等，共四十七。

皇明改置布政司，領府十二：雲南、大理、臨安、楚雄、澂江、蒙化、廣西、景東、廣南、順寧、永寧、鎮沅。軍民府八：永昌、曲靖、鶴慶、姚安、尋甸、武定、元江、麗江、武定今去「軍民」字。州三：北勝、雲州、今改屬順寧府。新化。今改屬臨安府。長官司一：者樂甸。其羈縻府二，宣慰司六，宣撫司三，州四，長官司二〔一〇〕。

滇志

國朝置雲南布政司，治于昆明城，括二十郡，左右分畫，左曰迤東，右曰迤西，界以大江，東北曰金沙，西南曰瀾滄〔一一〕。金沙自北入東海，瀾滄自南入南海，幅員不越萬里。官軍從大將軍南下，及五方之人，或以戍，或以徙，或以僑寓不歸，是曰漢人。其生夷地〔一二〕，是曰夷人。夷有二種：居黑水之裏曰爨，居黑水之表曰僰，爨屬郡縣，僰屬羈縻。總計夷漢，漢人三之，夷人七之；又分計兩夷，僰人三之，爨人七之，天所以限華夷也。

大事考

洪武初，段寶遣段貞奉表歸欵。

五年，遣翰林待詔王禕，八年，遣中書省參知政事吴雲，先後招諭雲南，不下，死之。詔謚禕忠文，雲忠節[一三]，建祠春秋並祀。

十四年，命潁川侯傅友德爲征南將軍，永昌侯藍玉、西平侯沐英爲副將軍，帥師征雲南，平之。

十五年，改行省爲雲南等處承宣布政使司，領諸府州縣司；置都指揮使司，領諸衛所；置提刑按察司，分巡安普、臨元、金滄、洱海四道，兼察諸府州縣司衛所。

十六年，以雲南所屬烏撒、烏蒙、芒部三府隸四川布政司。

征南將軍傅友德等送故元雲南右丞觀音保、參政車里不花及酋長段世等至京師，各賜衣服，命觀音保爲金齒指揮使，賜名李觀，以段寶二孫爲永昌衛、鴈門衛鎮撫[一四]，賜名歸仁、歸義。命長興侯耿炳文詔諭潁川侯傅友德等班師，留西平侯沐英鎮守雲南。

十七年論平雲南功，進封傅友德潁國公，永昌侯藍玉、西平侯沐英等予誥券世襲，餘各陞賞。

十九年，雲南左布政使張紞奏請中鹽商人照舊納米穀于金齒，詔從之。

二月，命傅友德、耿炳文再征雲南、貴州諸蠻，平之。

二十一年，麓川百夷思倫發反，西平侯沐英遣都督馮誠督兵禦之，賊大敗。尋遣人訴奏，諉罪其下，詔通政司經歷楊大用齎勑往諭，宥之。

六月，東川諸蠻叛，命潁國公傅友德爲征南將軍，西平侯沐英、普定侯陳桓爲左、右副將軍，帥師討平之。

六月，越州土酋阿資叛。命友德、英等討之，築堡平夷。阿資遁奔普安，土官普旦與資俱降。

二十二年，僉都御史黄政從征雲南。還次普安，遇寇，及其子琬皆死之。

二十三年，置景東、蒙化二衛。

二十四年，阿資復叛，平羌將軍何福率兵討之，阿資降。

二十五年六月丁卯，西平侯沐英卒。十月，追封黔寧王，謚昭靖。子春襲爵，鎮守雲南。

二十八年，阿資復叛，沐春討誅之。

三十年，平緬蠻刀斡孟叛，逐宣慰使思倫發，發至京具訴。詔遣沐春、何福、徐海率兵討之，擒刀斡孟正法，令思倫發仍長平緬。

永樂元年，車里宣慰司刀暹答入寇，擄威遠州知州，西平侯沐晟請討之。上命先行撫諭，暹答悔懼，歸州官及入貢方物謝罪，釋之。

三年二月，寧遠州土官刀吉罕奏安南侵奪猛慢等七寨，命禮部遣使諭之。

四月，勅西平侯沐晟伐安南。

雲南西南諸夷大、小古剌等部落入朝進貢。

詔置宣慰司二、長官司五統之。

六年，平安南，降其郡四十有八。封沐晟黔國公，世襲。

宣德七年，八百大甸土官刀之雅入貢，請討波勒，不許。

九年，勅都督沐昂贊輔黔國，以馭蠻夷。

正統二年，馬龍他郎甸蠻爲梗，都督沐昂討平之。

十月，麓川夷思任發叛，侵掠騰衝、南甸。

四年，遣刑部主事楊寧往諭思任發，不聽。

閏二月，命黔國公沐晟率都督沐昂、方政討麓川，次潞江，方政戰死之，沐晟帥師還至楚雄，卒。

詔追封沐晟定遠王，謚忠敬，方政謚忠毅。

六年，思任發遣使入謝，太監王振力主討議，侍讀劉球諫，不聽。命定西伯蔣貴爲征夷將軍，兵部尚書王驥提督軍務，征麓川太監吉祥監督軍務，侍郎徐晞督軍餉。

十一月，總兵蔣貴等大破麓川，思任發遁。總兵蔣貴遣指揮萬誠等率兵擊敗蠻賊韋郎羅于維摩州，宣諭廣南、富州土官儂郎、沈政。

七年，論平麓川功，進封蔣貴定西侯，王驥靖遠伯，陞郎中侯琎爲禮部右侍郎，楊寧爲刑部右侍郎。

十月，思任發復叛，復以定西侯蔣貴、靖遠伯王驥兼兵部尚書，提督軍務，征麓川、緬甸。

八年二月，靖遠伯王驥等至金齒，大敗緬人于鑾江，思任發復遁。

九年四月，督麓川軍餉左僉都御史程富還京，賜白金紵絲，陞左副都御史。

五月，命侍郎楊寧參贊雲南軍務。

十月，巡撫侍郎楊寧遣使入緬，詰問思任發事，緬人懼，函任發首以獻。

十二年十月，麓川思任發子思機發、思上發據孟養以叛。

十三年，命靖遠伯王驥督軍務，都督宫聚爲總兵，張軏、田禮爲副，率兵討之。

十一月，靖遠伯王驥等督兵破思機發于孟養寨。河西縣學教諭詹英劾驥老師費財，濫行爵賞。召驥還，乃班師。麓川事兩志所載略有異同。舊志載正統六年以後事，是年，權閹王振專政，遣都御史王驥統東南兵十五萬征麓川思任發，任發逃，獲其妻妾、象馬、寶玉無算，官陞功職四百餘員。明年，麓川降。明年，定西侯蔣貴、靖遠伯王驥以征麓川爲名，再入雲南。明年，緬人獲思任發，函其首獻于軍。又明年，靖遠伯王驥帥師會諸道，復征麓川，詹英劾之，乃已。玩其語意，似歸咎於權璫。迤西近地，仁甫氏去昔未遠，尚有傳聞於故老者乎？

成化十二年，更置臨安、瀾滄、金騰、曲靖四兵備道。

十四年，罷尋甸、廣西土官知府，設流官。

十九年，命僉都御史程宗撫諭木邦，設猛密安撫司。

弘治五年，詔查録開平王曾孫常復于臨安戍所，授南京錦衣衛指揮使。

五月，麓川夷酋思楪因禁罕乞法搆兵，巡按御史張泰檄諭各土漢兵臨思楪境，取還乞法，楪懼，因械其首禍者三十餘人。

七年置賓川州。

正德二年，雲南屬夷阿本叛，巡撫吴文度率兵討平之。

嘉靖元年，改金齒指揮使司爲永昌軍民府，仍置永昌衛；改騰衝指揮使司爲騰越州，仍置騰衝衛。二年，添設大理府督捕通判，駐白崖。

七年，武定、尋甸土酋煽亂注一，兵部尚書伍文定討平之。

九年十一月，大學士張璁請革雲南鎮守内臣，從之。

十六年，勅雲南鎮巡會討安南。

二十三年，添設姚安府督捕通判，駐赤石崖。

二十四年，添設洱海守備。

三十年，元江那鑑殺姪那憲，奪其印，巡撫石簡率兵往討，左布政使徐樾死之。

四十五年，巡按御史劉思賢請罷臨元參將，設守備，從之。

武定土酋鳳繼祖叛，命巡撫兵部尚書吕光洵發兵討賊，賜之劍。兵備僉事張澤率尋甸兵與賊戰，敗績，賊執澤以歸。巡撫尚書吕光洵視師境上，兵備參政盧岐嶷、副使楊守魯、陸綸、朱袗等分道進剿，屢敗之，賊渡江遁。賊勢孤，要挾求撫，歸僉事張澤，不許。賊以兵逼原執兵備僉事張澤，不屈，死之。官兵渡江，追賊于七州地界，逆賊繼祖爲其下所殺，餘衆悉降。

隆慶三年，添設鄧川州流官知州。

四年，復設臨元參將，罷守備。勅雲南巡撫都御史兼制建昌、畢節地方。

五年，黔國公沐朝弼以病具疏求致仕，請以其子沐昌祚帶都督銜掛印代鎮，從之。

六年，巡撫鄒應龍論劾黔國公沐朝弼，奉旨逮問革任，安置南京，以其子沐昌祚襲黔國公，鎮守雲南。

萬曆元年十一月，巡撫都御史鄒應龍勦平鐵索箐屢叛夷寇羅革等。

二年二月，迷蒙牳獛等賊叛，劫不已，應龍會昌祚，并發兵鵰勦，悉平。

五年，廣南儂賊叛，巡撫王凝會鎮守沐昌祚撫定之。

九年，罷臨元參將，復設守備。

十一年冬十月，隴酋岳鳳、耿酋罕虔勾緬叛，巡撫劉世曾、御史董裕會黔國公沐昌祚，疏遣參將劉綎、鄧子龍討之。

十一月，莽應裏會孟養、猛密、車里、八百等兵，併衆入犯。巡撫劉世曾遣參將鄧子龍破之，擒罕虔于攀枝花，遊擊劉綎擒岳鳳及子曩烏于隴川，獻俘京師。

十三年，論平岳、罕功，加巡撫劉世曾右都御史兼兵部右侍郎，照舊巡撫，沐昌祚加太子太保，各廕一子。

添設金騰參將、姚關守備；罷順蒙參將，改設守備；罷臨元守備，復設參將。

十五年，羅雄酋者繼榮叛撫鎮劉世曾、沐昌祚鵰勦，斬繼榮，羅雄平。改設流官，賜州名羅平，所名定雄。羅平餘黨董仲文等復叛，官兵進勦，平之。

密堵、送速二城久歸緬，迤西、思威、思化、思順以兵復之。按察使李材、遊擊劉天俸乘勝助兵，斬千餘級。巡撫劉世曾以捷聞，尋陞材右僉都御史，巡撫鄖陽。巡按御史蘇酇疏論迤西功多僇屍抵級，命逮材、天俸等下詔獄，削巡撫劉世曾籍。甚哉邊事之難言也！遠如滇，强如緬，尤難之難也。言語不通，憑象胥之口，傳宣任意，多變幻其詞。將官以首功爲奇貨，又不獨滇與緬也。李公以理學鳴，似無此舉動，而蘇公抗疏數千言如嚴霜凛冽。神宗怒不測，一切救疏如不聞。每歲夏秋讞獄，怒移西曹諸司，奪俸者數矣。久之，御史薛繼茂上疏救，始下部覆，奉恩旨改戍。或又謂公在鄖陽與中貴有郤，或飛語入官，借滇事爲辭，未可知也。

十六年，裁銀塲道，分屬四守道；改分巡安普道爲兵巡安普道。勅臨元參將兼治霑平守備事。

十九年，丁苴、白改夷、普應春等叛，撫鎮吴定、沐昌祚討平之，題設新平縣。改新化州隸臨安府。

二十年，特旨增貢金一千兩。

二十一年，設蠻哈守備。

二十二年，緬賊搆黨復入寇，巡撫陳用賓遣把總官黄龔移文暹羅國襲之。築八關、二堡于三宣要害，戍緬，并議屯田。

復增貢金一千兩。

二十四年，猛卯酋多亨勾緬搆亂，巡撫陳用賓檄木邦罕欽滅之。築平麓城，議屯田。

四月，黔國公沐昌祚致仕，以子叡爲都督僉事鎮守。

二十五年二月，順寧土酋猛廷瑞與大侯奉赦搆殺，巡撫陳用賓以分守臨沅參政李先著同金騰副使邵以仁、參將吴顯忠提兵勘處，先著議撫，以仁徑襲擊廷瑞，平之。因請改順寧府爲流官，大侯州爲流郡賜名雲州。先著繇是被誣，逮繫死于獄。

二十六年九月，順、大餘孽歪轟、猛思賢等復叛，撫鎮陳用賓等再討平之，奏以順寧府改隸金騰道。

猛密婦罕烘率孫思禮内附，置芒市。適緬潰，遣兵送思禮歸，仍長其地。

二十八年，矣堵十三寨莽亢等復叛，再討平之，順、大始定。命雲南撫鎮協討播酋楊應龍，巡撫陳用賓移鎮曲靖，都督沐叡移鎮霑益。用賓、叡遣參將謝崇爵會廣南知府黄字，督中軍張澍、指揮沐粲等，率兵至烏江，與賊戰，勝之。賊衆數萬陡至，我兵敗奔争渡，橋折，督陣官何天慶、甘靖、方朝宗、楊玉、王彦偉俱陣亡，全軍象馬盡没。總督李化龍論崇爵罪，以賜劍斬之。

二十九年，太監楊榮奏開寶并於猛密，巡撫陳用賓上疏争之，至三十三年，奉旨封閉。

五月，論順、大功，陳用賓晉右都御史兼兵部右侍郎，沐叡晉右都督，各廕一子。

三十年三月，思陀甸長官司土舍披額等糾合儂兵，殺護印土舍李泰華，攻劫納更、納樓二土司，官兵剿平之。

六月，築順寧右甸所城。

三十一年九月，建雲州城。

三十二年，緬攻猛密，徵兵于思轟。參將王廷光止轟毋發，轟從之，縛獻其使。緬怒，攻轟，轟敗死，都司王萬年救之不及，酋長思華據其地。

原奏開採官張國臣被殺，疏聞不報。

三十三年，巡撫陳用賓遣副將陳寅擒緬目多罕，復蠻莫界。思正弟衎忠隨爲思綫奪據，衎忠奔于蠻洒。

九月，遣參將張名世討平舍勒毋寨夷賊，即其地建城。

十二月緬犯木邦，副將陳寅等不救，木邦失，撫按論罷之。

三十四年正月，指揮賀世勳、韓光大等圍内監府，從外舉火入，殺太監楊榮，焚燒府第輜重，殲其從役，縊樹投井乞死者百數十人。自榮入滇，百姓被其害者什之九，戎伍不什一耳。指揮樊高明直宿不赴，榮撲責之，群弁攘袂而起，關於撫鎮，一時不無委曲調停。因即夜登舟，見直指于昆陽，又得滇人懦弱等語，以爲當路授意微矣。適值兩夜順風，往返迅速。是日早，二弁率軍張守志、阮廷忠、張聯科等，一呼而集，撫鎮聞變，咸出署坐。遣他人從城上望〔一五〕，但見火光炎炎，府中柏樹無風自摇，慘毒不忍言。疏聞，皇祖震怒不食，賴聖母慈聖太后力爲解，司禮亦有後唐張承業不任受旨。時山陰朱公在政府，傳布所上揭奏，謂陛下無以一人故變動一方，若欲票擬，尤當有禹、湯格言。又數日，旨出，髣髴記憶，大都謂榮死不足恤，但不知紀綱何一旦至此。其他一切寬綱，惟薄罰地方官，罷中使不遣。所論首事者，群弁以序歸之二弁，世勳斃于獄，光大戍邊。大哉聖人之能容乎！若萬一不測，一騎入金馬關，恐滇人之憂别有所在。此惟同時知其微者知此語矣。

二月，順寧、雲州、右甸城成。請建學順寧并右甸守禦所，改雲州隸府。

七月，蒙自、新安等夷臨城劫殺，遣都司張名世、參將張榜率兵鵰剿，賊敗遁走。

三十五年十一月，武定夷酋阿克叛，攻破府城，殺指揮金守仁、千户王應爵併男婦四百五十餘人。千户梅應時、黄桂、鎮撫金榮高力戰，死之。

十二月戊辰，阿克率鄭舉等擁推官白明通，以兵隨其後，直抵會城，明通至城下，求入，不許，隨進公移，請以冠帶印信給賊。

己巳，賊率兵從北城外遶西南而東，分道四掠，沿村鎮市，焚劫一空，寺觀廟宇及軍兵營房，僅存十之三四，民老穉不及避者殺之，壯者鹵而歸。

庚午，賊率衆南指，有若攻城之狀，須臾，舍而西，坐索武定府印，良久不已，許之，乃去。

辛未，賊復來西城下，縋城得印，熟視，各上馬，負印而前，即日拔營歸去。是役始於激成，終於無備。阿克一羯夷乳臭子，夷所用事託重而恃力者曰馬頭，凡四十有八，而鄭舉獸稱豪有力，州郡每歲供億所取給，舉不啻强半業藏怒而不言。尤不堪者，五伯無名無已之求，又每遇巡方檄下，搜除奸宄，展轉變易，無歲無其名，每一經訪，煩費罪罟，倍加于漢人，一旦憤發，有如潰癰。時郡守挈符入賀，問各賊發端之繇不知也，已而徑抵會城，勢莫可遏矣。

尋甸夷目大理保、楊禮、召補、夷婦海冲等叛，攻破嵩明署印知事李性先棄印逃出城，吏目韋宗孝、儒學學正龍旌死之，宗孝闔門殉節賊進逼楊林。

守臨元道按察副使康夢相、參將張名世、統寧州等土兵入衛省城，賊已先去，即命夢相監其軍，追賊于武定。

都司汪如淵率祿崇功、李鳳等兵救楊林，賊退。

時巡按御史周懋相候代，駐曲靖，就近調霑益安紹慶土兵，檄同知孫台督赴監軍按察副使羅希益聽部署，諸路合兵並進。

是月除夕前二日，大理保等攻尋甸城殺指揮諸藩裕、千户陳萬國、戚貴卿、土舍黄有能。紹慶與戰，敗之。除夕、元旦二夜復來劫營，又大敗之，賊遁。

三十六年正月，行左布政使彭應時、右參政楊俊臣、副使陳裪、都司范繼斌、遊擊將軍段宸督、守備裴希度、王之瑞，率漢、土兵分道追剿阿克、鄭舉等。鄭舉等復破禄豐，知縣蘇夢暘率民兵力戰，死之。

六月，諸路合兵追賊，陣擒阿克親兄恩弟、鄭舉男國賢、鄭文子宗舜、丘相魯男祖堯等十一名，阿克、鄭舉逃入東川。官兵壓東川境，東川土司禄哲縛阿克、鄭舉，解獻軍門。

左布政使彭應時于黎溪州擒獲鄭文、鄭宗舜。

參政楊俊臣督廣南儂兵及官兵，與海冲戰，擒斬有差。

副使羅希益督同都司汪如淵，率安紹慶兵，斬楊禮男楊成，俘妻妾四口，斬賊黨阿白。遊擊段宸前後斬獲有差。

致仕黔國公沐昌祚具疏報武、尋失事狀，語侵其子沐叡，詔逮叡并巡撫陳用賓，繫法司獄，相繼病死。

巡按御史周懋相論劾臨元參將張名世擅殺良民報功，并前報斬阿克不以實罪狀，下部勘覆。

十月，巡撫都御史薛夢雷疏題武、尋致變失事始末，詔逮武定知府陳典、推官白明通、元謀知縣毛文彩，解京師候訊。

題報兩路賊平，請處分逆犯阿克、鄭舉、丘相魯、偰堯司、鄭宗舜、楊禮、丘仕魯、鳳恩弟、鄭國賢等九名，奉旨解京，聽法司會審正法，免獻俘。

三十七年二月，巡撫周嘉謨題請補鑄武定府印信，去「軍民」二字。兵部覆巡按御史周懋相疏，行撫按提解張名世赴京，聽法司覆問定罪。

三十八年，隴川宣撫多安民叛入緬，巡撫周嘉謨屢遣招諭，不聽。十二月，檄金騰兵備按察副使黃文炳、副總兵董猷策討之，殺安民，隴川平。

三十九年正月，巡撫周嘉謨條上隴川善後，立多安民弟安靖管隴川事。五月，隴川夷目糾落獻隴川宣撫司金牌信符。

四十年十月，叙隴功，陞周嘉謨兵部右侍郎，賜金幣，餘以次陞賞。

四十一年，水西、霑益以讎搆兵。二月，安堯臣以兵萬人入霑益境，逼安紹慶巢穴，殺傷無限，侵及官道，并虜男女，索厚價取贖。巡撫周嘉謨備述具疏題參行兩省會問。

四十二年，巡撫都御史周嘉謨請改設雲龍州流官，裁革五井提舉，以鹽課歸雲龍州。割浪穹山後地六里屬雲龍州。

四十三年四月，建水州土酋刀春琪搆引交兵入犯，攻破五邦等地方，土舍沙源率兵堵截，勝之，斬交人僞封侯伯三人，擒斬交兵有差。

四十八年，蕎甸寇刧掠郡縣，巡撫沈儆炌招撫之，設守備官，營法古甸、龍峒等營。

雲龍州土酋段進忠殺其姪應襲段嘉龍，巡撫沈儆炌檄瀾滄兵備按察副使熊鳴岐誘擒，械繫省城，殺之，改設流官。雲龍原設土官知州一員，段氏世襲，流官吏目一員，掌州印，幅員三里，夷民輸賦銀二百。比段進忠殺應襲段嘉龍，事平善後，改土設流，裁冗割地，裒益焉。先經巡撫都御史周嘉謨、巡按御史鄧渼議題，至是得請。

北勝州土舍高蘭與高世昌争襲讎殺，巡撫沈儆炌檄兵備按察副使熊鳴岐徵麗江土官木增兵攻之，蘭仰藥死，仍梟示各土司。

六月，巡撫沈儆炌題以遼餉措解難，前奏蠲前加金之數。得旨：「先帝即位之初，軫念畿省凋瘵，首罷税務以蘇民困。今既稱地方加派遼餉，措處煩難，朕心憫惻，特允所請，准將每年貢金蠲免二千兩，仍進三千兩，以備成造各大典禮錢糧急需，以昭朝廷恤念小民德意，户部知道。」貢金之數原二千，萬曆十八年，特旨加三千，時在京仕紳往白司徒郎關中楊君應宿唯唯。詰旦，入署，言于大司農蒲坂楊公俊民曰：「雲南增貢金事，某職掌也，當力争。」楊公即令具疏上請，有旨免一千兩，再有瀆陳，仍如數增。大司徒謂彼此相傳，姑無言。竟以言者未已，仍增爲五千。其詳具賦役志中。節經撫按請免，不報。至是，俞撫臣言。

八月，題裁大理府白崖督捕通判一員，金齒、打牛坪、雲龍甸巡檢三員。設守備一員于蕎甸，統兵三百，爲四小營，防守禦寇。

天啓元年九月，四川永寧土酋奢崇明、奢寅、貴州土舍安邦彦相繼逆叛，兩省各移白便宜發兵赴救。

十月，巡撫沈儆炌調合省土兵于曲靖，以按察副使黄似華監紀，並援黔、蜀。

十二月，遣都司李天常、指揮王懋勳、張神武等，統寧州嶍峨漢、土兵四千援黔，師次安莊衛疊水岩，官軍陷没，天常死之，懋勳、神武俱被害，嶍峨土官禄崇功子培被執。

二年正月，遣都司楊明廷統兵三千援蜀，師次畢節，會烏撒土酋安効良以助逆先伏兵阻截，我兵敗績，明廷並中軍程坤死之，指揮蔣藩屏、百户盧應藩、奉差指揮朱家相、張聯斗縋城出走，弗及，俱爲賊所殺。參將尹啓易統兵四千次烏撒，聞効良叛，退保交水。

二月，霑益土婦設科、惡目補鮓、奈科、李賢、期曲等叛，焚劫霑、倘、炎、松、交、白六站堡。設科、李賢等陷平夷，殺管操指揮曹三捷及軍民數百衆，失衛所伍印，掌印指揮唐九官、千百户等被創奔逃。

武定夷目張世臣糾小東川夷賊千餘，攻陷他頗、補知二營，殺管營武舉官陳竭忠。巡撫沈儆炌便宜起原任參將李思忠督兵赴武定防守。

三月，添設武、尋遊擊一員，倘甸守備一員，其霑、平、蕎甸守備俱改遊擊。

東川土酋禄千鍾及禄阿伽、張世臣率兵數千，與設科等合攻嵩明，知州王育德率軍民固守，官兵先至者犒賞安插，便宜留之。

巡撫沈儆炌便宜起原任參將袁善，督守備金爲貴、土官沙源至果馬，爲貴衝鋒，首敗賊衆，斬級十餘，賊退。袁善又計擒倘甸夷目阿托搜獲爲美縣印一，有元至正年號。賊攻嵩明，袁善督沙源等兵至狗街，大戰，斬東川七州土官一人，其餘首功一百五十餘級，賊屢經挫衄，回巢，遣夷目出倘甸乞降，許之。

設科等率兵入陸涼州境，焚劫各鄉，知州郭俊義統兵出禦，兵敗死之。

武定賊張世臣、阿歹、阿堯、張拱漢等，脅撒裡等夷民叛，攻府城，知府胡其愷率兵民守陴，參將李思忠領寧州禄溥、禄洪等漢、土兵與戰，大敗之，斬首四十餘，師進撒甸、撒麻邑、撒裡、環州等寨，追剿各賊，并各叛夷，前後擒斬一百餘級，各賊就擒，惟張世臣遁匿。張世臣最號兇悍，與東川、烏撒有婚姻之好。阿歹等，鳳克之餘裔也。是役寔爲尋甸犄角，且以我爲不能兩應耳。一戰勝後，迎刃而解。世臣雖鼠竄，實遊釜之魚耳。

四月，遣參將尹啓易、守備李加培、周嘉映自交水督兵進霑益，安効良親統水西、烏撒兵拒戰，我兵陷没，奪去貢象三，加培、嘉映俱死之。

七月，補鮓、安應龍等攻陷亦佐，焚燬縣治民居，知縣封存章逃赴廣西府。

八月，補鮓攻越州，焚劫關廂村屯，巡撫沈儆炌發曲靖兵往援。

九月，補鮓、阿九、安應龍等賊攻羅平州所，署印通判梅守聘、千户傅畀重等率兵民守城，賊焚關廂，攻城六日不克，引去。

十月，安効良兵入霑益，軍民降附奔逃，同城烏撒衛後所千户劉受禄等棄城投交水。

交岡犯安南長官司竜古哨，土官舍沙源等與新安所官軍堵截，斬交兵戰象，交人遁歸。

十二月，阿九、安應龍等圍羅平，兩月不解，州官縋城以血書告急，巡撫閔洪學遣同知吕聲揚統土官龍在田等兵往援，遣參將施翰統土官沙源等兵策應。

三年正月，補鮓、阿九、安應龍等攻破阿邦等寨，復攻師宗城，聲揚等力禦勝之，賊退劄偏頭山。

二月，官兵攻阿邦、比得等寨，斬賊四百八十餘級。

賊首補鮓、阿九、安應龍等復攻州城，官兵斬賊七十餘級，賊敗退，應襲白醇如、土舍吾必奎追之，各斬賊有差。

是月，奉旨暫停本省貢金，候事平仍進。

三月，巡撫閔洪學遣副使黄似華于羅平監軍，遣遊擊李思忠于師宗策應。

檄施翰等兵鵰剿補兆、偏頭山等賊，斬獲二百餘，擒魯邑叛首施恩遠。

四月，計誘羅平賊首阿九父子等于法干寨，殺之。

是月巡撫閔洪學檄參將施翰乘勝追剿補鮓、安應龍等，至亦佐，擒酋婦隆氏，拔歸順、坎者、蘆塘三營；至普安，擒賊從安氏三隴應麒及安應龍妻屬，斬馘三百餘級。師還，勒石，除羅平苛政七十二款。羅平各夷之亂也，繇有司横徵無藝，歲額之外，溢千三百餘金，而歇户諸色横索尤甚。民不堪命，亂所從來矣。勒石除苛政七十二欵，夷漢相慶可知〔一六〕。

巡撫閔洪學遣參將袁善率兵恢復平夷衛城并白水站，收招流散，屯種如故。

五月，建交水城，移平夷右所官軍守之。

改安寧提舉司爲琅井提舉司駐琅井。安寧鹽課附州徵解。

水西、普安賊兵萬餘攻平夷，守將袁善用銃擊賊，斬級無數，賊焚屍野祭而去。善又督兵躡之，繇羊腸、亦佐、越州，賊復遁。七月建平夷衛城及白水站土垣。

八月，巡撫閔洪學發兵兩路援黔，左布政使謝存仁督兵，繇黄草壩新城，馬乃安南所進，沿路剿撫，斬級五十餘，參將袁善督裨將王聘選、張雲鵬等，統兵繇亦資孔、普安進襲土官營，斬八十八級，擒賊首段二。

九月，袁善兵抵安南，圍解，守將許成名、楊文炳郊迎犒師，出帑銀一千三百兩賑城中軍民。

十月，水西、歸濟、比恰并普安賊萬餘，截滇兵於江西坡。土官守備沙如玉單騎衝鋒，賊敗，官兵乘勝掩殺，斬賊一百三十餘級，奪器械無算。

閏十月，收復新興、普安併平夷、樂民等城，亦資孔等站。

十一月，攻破八納山，斬普安賊首尹王保及餘賊七十餘級。

霑益叛首設科、李賢就擒。設科，安邦彦之妹，安効良與之通，李賢爲之用，破霑益、平夷、炎方等州衛驛站，戕職官，殺官軍百姓無算。至是兵備右參議王鍈、參將尹啓易計擒之，枷科，械繫賢，就外法司獄，候題請處分。

檄經歷魏天命之亦佐縣，收招流散、被虜人民七百有奇，撫定夷寨一千六十有奇，取其親子爲質，補三年逋負，築城守之。

四年二月，遣副總兵袁善督兵鵰勦霑益哈馬谷，斬賊三十級。

三月，水西賊入普安界，副總袁善督兵堵截於簸箕、羅朋、七家等寨，斬賊級四十有一。

四月，鵰剿霑益革泥法、隨以、那冲等寨，擒斬俘獲共二百餘。

七月，檄武舉官李瑗率兵襲叛首張世臣於他頗，賊黨勢孤，斬世臣，執其妻及子，武、尋賊平。

八月，新化州新平縣賊首魯魁、魯克等潛伏山箐，巡撫閔洪學檄分守臨元副使胡其慥、遊擊劉崇禮分兵搜捕，俘斬三百名顆有奇，餘黨悉降，就地安插，立十二哨，戍之而還。

十一月，巡撫閔洪學遣裨將吾必奎等統兵恢復炎方驛，招集其民。

十二月朔，黔國公沐昌祚卒。

是月，烏撒土酋安效良縛亦佐縣賊首安應龍并貴州烏撒衛經歷司各印信來獻，勞其使而歸之，還至曲靖府城外，被殺。

五年二月，巡撫閔洪學遣副總兵袁善統兵復霑益州城，修復松、炎、霑、倘四驛站堡。

三月，安効良糾來獻功人見殺，又因我兵進復霑益，遂糾水、藺二酋擁衆入犯。我兵止六千人，賊數甚夥，分兵一圍霑益，一攻炎方。副總兵袁善督宣撫沙源力戰，勝之，賊不能窺霑益，守備吾必奎堅守炎方以老其師，袁善等乘勝間出炎方，内外夾擊，又勝之於炎方。前後五戰，計斬級三百四十餘，他死鳥銃者無算，賊遁去。

四月，發兵霑益，剿捕賊黨竜更，斬賊級八十有奇，俘賊屬牛羊有差。

五月安效良復糾水西兵入寇，巡撫閔洪學檄左布政使謝存仁、副總兵袁善合尹啓易，督守備郝太極、宣撫沙源率兵堵截。是月戊午，賊前鋒遊騎至馬龍，與我兵適相遇，賊騎見戰象而驚，我兵襲擊，賊自蹂躪授首。己未，戰於磨盤山，至甲子，首尾五日，斬賊級共二千有奇。賊從間道走尋甸，官兵追及，戰於鳳梧山下，殺傷相當。賊遂踞山頂分兩路遁走，我兵又躡其後，又伏兵截其歸，斬數千。賊假道東川，因東川斫樹塞路不與通，遂取别路而歸。是役，賊負山連營，聲言十餘萬，我兵僅萬人，又阿遣馬酋竜戈資齎金投賊，爲之鄉導，賊縱横曲、馬之間，及敗走尋甸，度龍勝江，或從船，或從七星橋，又途窮於鳳梧，路塞於東川，而指示逕竇，導之出疆，皆戈資之爲也。比調集景東兵象如千、廣南銃手如千，及赤石崖毒弩手，俱入會城，黔兵已入滇境，而賊一夕遁去矣。賊退，遣人齎金奬諭東川，購戈資獻軍門，數其罪逆，斬之，傳首諸夷。

六月，從撫按之請，以沐啓元爲征南將軍黔國公，鎮守雲南。

沿革論

粤稽五典，已見三苗，及乎夏后、殷、周而降，或稱萬國來朝，而南方乃有百國，是爲百濮。鄯闡國，滇也；昆彌國，大理也；句町國，臨安也；牂牁國，烏蒙也。其他九十餘，多不可考。汲冢書獻令曰：西南産里、百濮，以象齒短狗爲獻。産里，即今車里，周公作指南車以導之歸者是也。春秋時，叔熊逃難於濮，而蠻楚蚡冒始啓濮。戰國仍屬楚，襄王使將軍莊蹻略巴、黔以西，以兵威定之，會秦擊楚，道塞，歸報不能得，因以其衆王滇，變服從其俗長之，滇有楚俗之始也。秦使常頞略通五尺道〔一七〕，置吏。漢元狩間，彩雲見南中，遣使跡之，雲南之名此始〔一八〕。滇王當羌對漢使語不遜，武帝惡之。時白崖有天竺白飯王之後名仁果者，稱白王，爲衆所戴，天子册爲滇王，仍治白崖，蹻世乃絶，白人之名此始。元封中，司馬相如入西夷，友人盛覽從相如學〔一九〕，歸授鄉人，滇之文教此始。是年，郭昌、衛廣平其未服，滇王降，請置吏，入朝，以爲益州郡，賜玉印，益州之名此始。建武中，楪榆諸羌叛，劉尚連破之。元和中，滇池有神馬、甘露、白烏之祥，乃建學立師，滇有學較此始。蜀漢建興，改益州郡爲建寧，又分建寧置雲南郡，即今雲南縣地。雍闓附吴，孟獲誘煽諸夷，武侯斬雍闓，服孟獲，四郡皆平，乃收用豪傑。時仁果十五世孫龍祐那者，能撫其民，號大白子國侯，仍以其地封之。晉、宋、齊、梁、陳、隋皆以守令治其人，酋長世其官。唐貞觀册建寧白國長張樂進求，時哀牢夷細農邏耕于蒙之巍山〔二〇〕，有祥異，所居成聚，樂進求懼，遜國農邏，爲奇王，自是蒙族分立爲六詔，六詔之名此始。唐置姚州，南詔賂王昱，合六詔爲一，册爲雲南王，南詔之名此始。天寶間，南詔殺張虔陀，取夷州，鮮于仲通擊之，敗績。南詔北結吐番以自固，後爲吐番所苦，請内附，仍封之，以韋臯爲安撫使。臯以南詔兵破吐番，取鐵橋十六城，俘其五王，南詔獻地圖、土貢，賜金印，吐番不復爲雲南患此始。宋王全斌既平蜀，以圖獻，太祖以玉斧畫大渡以西，曰：「此外非吾有。」雲南幾爲絶域。元世祖繇麗江入大理，定鄯闡爲中慶路。皇明置雲南布政使司，聲教之盛始此。上下數十載，興衰之跡，有如傳舍。夫亂不極則治不生，孟子辭楊、墨而闢之曰：「一治一亂。」然中國之治亂也，繇堯、舜至于戰國，中間聖聖賢賢，猶迭興未乏之絶，而滇之治亂，則繇戰國至於今也。天將使此土化部婁爲高陵，化荆棘爲松柏，化雞犬爲鹿鶴，化濁惡爲清凉，非聖人不能，故挈而畀之，至是正朔始有定奉，歷年二百六十以來如一日，雖有小警，旋爲大定，盛矣！

交易用貝，一枚曰莊，四莊曰手，四手曰苗，五苗曰索。按許氏説文曰：「古者貨貝而寶龜，至周而有泉，至秦乃廢貝行泉。」漢書曰：王莽時，大貝四寸八分以上，二枚爲一朋，直二百十六。壯貝三寸六分以上〔二一〕，一朋直五十。么貝二寸四分以上〔二二〕，一朋直三十。小貝寸二分以上，一朋直十。不盈寸二分，不得爲朋，每枚直錢三。是爲貨貝。繇是觀之，漢時錢貝並行，秦亦不能盡廢之也。貨殖傳貝五種：大貝、壯貝、么貝、小貝、不成貝。不成貝者不用，惟大貝直錢多，餘三種皆今所用也。然則漢末天下尚用之，今所用者，小貝之尤細者。晉郭璞貝贊云：「先民有作，龜貝爲貨。貴以文采，賈以大小。簡易則資，犯而不過。」蓋用錢則有揀選，用貝則枚數而已，五尺童子適市而人不欺者，其以此耶？故曰「簡易則資」也。秦滅六國，惟楚公子莊蹻王滇，故楚獨存。秦雖使常頞於滇中略五尺道，然未嘗屬秦，故貨貝之在南中獨不變者，豈秦法未嘗入滇耶？於此亦可以考世矣。嘉靖乙未，滇人掘玉案山，得大黄布刀，製如磬折，衡重三錢，考之泉志，蓋王莽時鑄也。然則漢世之泉，固嘗行於滇矣。然泉不若貝之簡易不欺，故泉不永而貝至今以爲貨。

滇之産，或鑿竅於山，縱斧於石，或泅水而入龍蛇之幽宫，或跰足而走嵐瘴之鄉，冒虎狼之險，貿而得之，皆長物也。滇人無所用之，五方良賈，賤入而貴出，利之歸本土者十不一焉。銅以供天下貿易，近爲圜法之府，而本地又自以兼金易紫貝，其價日益月增，欲滇人無貧，不可得也。又其半則四方行脚、方士、釋子募緣者取給焉，曰宇内一切真人，一切出世佛，皆繇滇出，欲滇人無好佛好玄，不可得也。

東坡詩紀所經温泉，天下七處，以驪山爲最。予在南中所見，又不止七處也。滇中寧州、白崖、曲江、德勝關、浪穹、宜良、鄧川、三泊、江川、羅次，所在有之，不止數十處，而安寧爲最。凡温湯所在，下必有硫黄，其水猶有其味，獨安寧清徹見底，垢自浮去不積，且無硫黄氣，不知何理也。舊有人見其竅出丹砂數粒，迺知其下有丹砂。傳聞徽州黄山温泉亦類此。後周王褒温湯銘云：「白礬上徹，丹砂下沉。華清駐老，飛流瑩心。」乃知温泉所在，必白礬、丹砂、硫黄三物爲之根，乃蒸爲暖流耳。

古者女子出門，必擁蔽其面。後世宫人騎馬，多着羃䍦，全身障之，猶是古意。又首有圍帽，謂之席帽，垂絲網之，飾以珠翠。至煬帝去席帽，戴皂羅巾幗，而以席帽油御雨云。唐永徽中，皆用帷帽，施裙到頸，漸爲淺露。開元初，宫人着胡帽〔一三〕，靚粧露面，古制盡矣。今山西蒲州婦人，出以錦帕覆面，至老不去，雲南省城亦然。大理婦女戴次工大帽〔一四〕，亦古意之遺也。

隋書志云：江南之地多蠱，以五月五日聚百種蟲，大者至蛇，小者至蝨，合置器中，令自相啖。因食入人腹内，食其五臟，死則其産移蠱主之家。若盈月不殺人，則畜者自踵其害，累世相傳不絶。自侯景之亂，殺戮殆盡。蠱家多絶，既無主人，故飛遊道路之中則殞焉。今此俗移於滇中，每遇亥夜，則蟲飛出飲水，其光如星，鮑照詩所謂「吹蠱痛行暉」也，予親見之。

蠱毒在上則服升麻吐之，在腹則服鬱金下之，或合升麻、鬱金服之，不吐則下。宋李巽巖侍郎燾爲雷州推官，鞫獄得此方，活人甚多，見范石湖集。

丘文莊公曰：自漢南越入中國，始有南海，然西海竟不知所在。今祀東海於登州，祀南海於廣州，皆臨海而祭，西海則望祀於蒲州，北海則望祀於懷慶，蓋因宋都汴而懷慶在其北，是時失幽、燕，無因至遼、薊之間，而北望以祭之可也。國朝都燕，而乃往南以祭北海，可乎？古謂青州爲北海郡，今京師東北乃古碣石淪海之處，於北立祠爲宜〔二五〕，滇之極西，百夷之外，聞有大海通西南島夷，即西海也，宜於雲南城望祀之。慎按王莽立西海郡于西寧之地，亦妄也。今滇西百夷之外有大海，在今阿瓦地。沐璘爲都督，曾至其處，有詩云：「蛇首樓船十丈長，船頭鐃鼓樂笙簧。蒿師百櫓齊摇去，阿瓦城邊水似湯。」即西海無疑矣。又按王充論衡云：「漢得西王母石室，因立西海郡。」而漢書不載其事，今其地没於匈奴矣。柳子厚鐃歌題云「李靖滅吐谷渾西海上。」

賦役志

包氏志草云：

雲南漢夷相錯，其地沃瘠相半，所入不過曰賦役，曰礦，曰鹽，曰税課，數者始未嘗不蕩佚簡易而後稍疲累也。夫計生齒不加繁，田土不加闢，膏腴半屬巨室，徵輸獨煩編户，俗窳賤農，召夷佃作，刀耕火種，潦旱時有，而賦額虧。鑿穴椎巖，萬死一生，砂脈漸微，懸課益逋，而礦額虧。一線之井，非池非海，淋滷甚艱，再榷孔亟，而鹽額虧。物力大耗，征斂無經，闤門晝閉，商旅日稀，而税額虧。又足之以割股充腹之喻，而歸于慎德轉移之一言，具矣！庸夫閣筆踟躕，因念今昔不同時，常變不同局，煩簡不同用，舊貫改作，裒益多寡，不同規畫，而四虧之故，可反覆推矣。果若所言，横索之懼擾乎？而今盡官徵矣。惰農不力，雨暘弗若乎？而陂塘堤備在在咸有矣，胡爲乎額尤虧于賦也？椎鑿不釋，金氣衰微乎？然孤虚旺相，上應乎天，有退而成功者，必有進而將來者，胡爲乎額尤虧于礦也？負鹽出井，舉滇而咶之，非有聚傭煮海之利，出浮于入乎？然再榷之令罷數歲，復隆開而作鹹非一井，盗淋鹵者日聚訟矣，胡爲乎鹽額尚虧也？物力耗，征藝苛，闤門晝閉，商旅不行，此可籍口于萬曆之季，而今頓改矣，即道途多梗，取償物價，不翅相當，而稅額何尚虧？

論理財者曰：「不在官則在民。」乃有不在官而在庶人之在官者，不在民而在奸民者。此兩種人，內不出，外不入，則窮鄉無坐索之里胥，徭役無偏累之貧户，小民之樂輸，且先于有司之督責矣。又有在奸民、在游惰之民者。夫民不見可欲，不相往來，攘攘熙熙而不絕者，以利言也。東野之叟，年七十餘，無子，每歲走諸銀場如鶩，猶曰其人忠實，官司不肯縱舍也。良家子廢業，人奴竊其主，及四方亡命逋逃，一以此爲淵藪，其狡黠與强有力，久而起家者皆是也。一復隆井耳，復隆之人能辨之，乃會城市魁往之，求登壟，陰報鹽丁名於官，而以士夫名合士夫姓，假士夫子弟衣冠投刺，冒百金以歸。有親見而密告者，又懼結業，畏之如虎，不敢爲左證，卒也道遠力詘，付之無可奈何已矣。四方之貨一入滇，慮無不售，其道愈遠，其來愈難，其于入貨者愈有辭，于出貨者愈有利。試問數十年來，揚揚大都〔二六〕，何計然、程、鄭之多也？如是而四賦果在官乎？果在民乎？抑亦出于官與民之外乎？

今天下多事，度支力竭，算及猥細。議者曰：「與其開利孔，不若清弊竇也。」不塞不流，不止不行，司計者無爲四虧所惑，而徐綜覈焉，庶滇猶不至坐困。不然，外有不即除之叛夷，內有不即去之征繕，捉襟露肘，左枝右梧，即事定功成之後，閭左日蕭條而莫知所究竟也。

貢金

原無正額，嘉靖十三年始派解二千兩。每年春夏辦足色金一千兩，價銀六千三百六十三兩，秋冬辦成色金一千兩，價銀伍千五百六十七兩，俱于布政司濟用庫秋糧差發各項銀内措處動買。萬曆二十二年，奉旨每年加足色成色金三千兩，共五千兩。繼以閣臣王錫爵疏免，准減成色金一千兩，立限每年七月十五日解進。復以撫臣吴定疏免，仍增一千兩。繼以部臣楊俊民疏免，復准減一千兩。又復以科臣王德完疏請召買，復增一千兩。是後雲南撫按相繼請免，章不啻數十上，一切不報。至今上即位，允撫臣沈儆炌之奏，除免加增。頃又以疆埸多虞，暫免解進，民稍稍息肩。

寶石

原非額賦，間奉勘合給發司府庫銀易買。萬曆二十七年，專勅太監開採，巡撫陳用賓上疏力請，尋奉詔停免。是物也，產于猛密，謂之寶井。或曰如廉州之珠池，泅水得之；或曰以鈎鐮入水取之。其始甚大，經風而碎，皆不可知。但傳聞近年夷人與外人交易久，見其揀擇，日知石之高下美惡。今出之權在彼，不如昔之任意擇取，得價而已。是以其價益貴，其好者愈難得。又夷方多置毒藥，旅途多盗，近有避税取逕路行者，受禍愈酷，此寶石之大略也。然京師賈人所聚寔多，即有旨取，内供足以供之。

象隻

原係土司進貢。萬曆六年、二十六年，節奉勘合于夷方買進，每次三十隻，每隻價銀六十二兩伍錢。金之累在于本土，象之累在于客途。是役也，象人以爲奇貨，百相索也，百相應也。入其疆，如芒刺之在背；出其疆，如重負之息肩也。先期半載，于永寧具舟，蓋此路平衍，舍此無他途。而今不敢言矣，即兵燹寧定，恐非歲月可以望坦坦者，況馴象所尚未稱乏，或不遽倚辦于厥貢乎？

屏石

奉勘合尺寸，于大理蒼山採進。六七尺者，採挖運解俱艱，議照先年以五尺以下折算充數，然物重途遠，即太平猶難，況今日乎？

兵食志

天下皆有衛所，皆有軍，皆有屯，然而兵食之寄不與焉。滇前志列三端，如日月星辰，無以易者。志草於軍實下附募兵矣，然讀至終篇，竟無一語，豈著書者漏略，抑爲人芟除也？從來用兵，所用皆土司兵，而土司兵亦不在論中，豈謂官數軍實具而兵足乎？屯種之數具而食足乎？今日朝端之咨議，士大夫之樂談，何非兵將戰馬、兵器火器、號衣紙甲及設法理財，請内帑供軍儲兵餉乎？何不聞一處取諸衛所軍屯也？

頃四五年中，蒐羅將才，大者或起之乎廢閑，或借之于就近，有間關捧檄，不遠萬里，直是從天而下；小者亦多得諸草澤，自相薦引，于行伍中什不得一。至索健兒于十軍之外，則曲、交之征人，實抽騰、永之戍卒，所至効用而奏功者，土司兵耳。土司兵在安攘備考所列，俱出迤西，近沙、普諸路，又出迤東。以上種種，茫不得其要領。又念滇事最急，孰過此二端？不能寥寥。

間請于滇撫閔公，辱承裁答，大都謂兵屯與時遷化，桑田滄海，多非故我，所稱不能爲有無，信然也。屯糧爲胥史窟穴，殽亂之極，不得已，徹底清釐，殫兩年之力而成書，尚恐非實録。土兵先年用迤西，今用迤東者，先年防緬，近年防交。干戈相尋之處，則死士出焉，其習然耳。時下沙、普二兵最勁，沙可六千，普可五千。此外廣南銃手似精，但其酋闒弱，兵無紀律。元江兵派之夷寨，脆弱不堪。寧州、景東可各三四千，不甚勁，而土官並恭謹。寧州尤切近，足備緩急。嶍峨兵不滿千，不足恃。石屏可一千二三百，銃手亦精。又云：滇賦歲額出入之數，歲無餘剩，惟省府城衛縣三倉本色，年該四萬。向來收支之數，院司不一過而問之，每四五月，倉無粒米。

自某受事，親置簿登記，故陳陳相因，運曲靖絡繹不絕，皆是物也，然歲所得不過一萬六七千而已。蓋二百言，而大都已囊括矣。已又遺募兵大數，及土司略節，及新定屯糧，一一取以爲據，庶幾此書不至寥落。至於土司風土遠近情僞彊弱之詳，仍於羈縻志中足之，可以參互並觀。

此外別有鄉兵，所謂牛叢也者，前撫沈公從郡人姑蘇學博王來儀之議，行之會城，得兵近萬，雖不敢謂盡可用，然緩急時有「君子代匱，備而不用」，茲是謂乎？今附原議于後，以俟來者。

志草之策衛所曰：「清黃於結襲之始，調能於考選之日。」策士著曰：「時揀練以習其技藝，優月糧以厚其賞賚。」策屯田曰：「復陂塘以有備於水旱，懲豪右以無慢其經界。」竊以爲粱肉藥石，因其時而用之。今日之滇病矣，其無酌所調劑者存已乎？

洪武制外衛軍七分屯種，三分操備，蓋以七人所種之穀養三人也。但初則一軍授田二十畝，種穀三石二斗，歲徵穀五十石入屯倉，每月支穀二石，歲支二十四石爲家小糧，支三石二斗爲種穀，是徵五十石入倉，其實在官止二十二石八斗也。後官吏爲姦，屯倉既遠，漸不可支，七分軍歲納穀五十石，益困，每告訴，皆云莫可改。後都指揮張麟精審其弊，遂爲奏改，名曰與除，謂以家小食穀二十四石，及種穀三石二斗，皆與軍而除其歲徵之穀也。然穀之納亦多弊，遂照例以米四斗，折穀一石，使歲納米九石一斗二升，于是軍不困而官易徵，迄今便之。

沈儆炌請蠲貢金疏

滇土府、土州、土縣壤地千里，小者數百里，所輸僅差發銀二三十兩，多者五十兩，或百兩而止。其流官州縣，得數百金遂了一州一縣之額，若歲入有一二千金者，便以名城鉅邑稱矣。

旅途志

郡國未有以旅途記者。滇在天末，東有黔中諸夷間之，北有蜀之裔土，南有粤之羈縻屬縣間之，道途通塞，命脈係焉。昔楚莊蹻泝沅水，略地至滇池，其轉戰逐北經歷之地，未有紀也。秦常頞通五尺道，漢唐蒙治夜郎道，司馬相如治靈關道，其所鏤山刻木之地，未有紀也。劉尚之擊摷蠶，孔明之擊雍闓，皆渡瀘水。李雄僭蜀，遣李釗攻寧州刺史王遜，進軍繇小會。隋史萬歲之討爨翫，自蜻蛉川經大、小勃弄。元世祖之伐大理，自忒刺分三路，或繇宴當，或繇白蠻，或繇滿陀城，而其師行所過，止宿警蹕，未有紀也。公孫述時，句町大姓保境爲漢，遣使自番禺江奉貢，而其間道所趨、閱歷何所，未有紀也。

惟唐志載：貞元十四年〔二七〕，遣祠部郎中袁滋與内給事劉貞諒使南詔，自戎州開邊縣，繇曲州石門鎮、鄧枕山、馬鞍渡、蒙夔山、諭官州、薄哷州〔二八〕、界江山、荆溪、谷瀲、湺池、湯麻、頓柘、東城、安寧井、曲水、石鼓、佉龍至羊苴咩城〔二九〕。貞元十四年〔三〇〕，遣内侍劉希昂使南詔，自巂州清溪關，繇大定、達仕二城，西南經箐口、永安、木瓜嶺、臺登城、蘇祁縣〔三一〕、羌浪驛、陽蓬嶺〔三二〕、會川、河子鎮，渡瀘水，至姚州。又載安南經交阯太平、峯州、南田、恩樓縣、忠城、多利州、朱貴州、浮動山、天井山，山上夾道皆天井，間不容跬者三十里；又經湯泉州、禄索州、龍武州，皆爨蠻、安南境；又歷儻遲頓，入平城洞澡水，至曲江劍南地。然其山川之險易，物情之變幻，未有紀也。

國朝通滇爲列藩，其入覲之路，置傳設驛馬，曰東路；間道走蜀者，曰西路。頃歲安氏衡決，烏酋吠聲，東西道斷，因北走金沙、大渡，曰建越路。建越多夷患，復不能以時開通，又南問道粤西〔三三〕，自廣南達南寧，其分岐而合於廣南者，通曰廣南路。廣南在滇之南，折而東北，始達南寧，其道迂，又有繇東直走羅平、安籠以達田州者，曰羅平路。一一撮其亭徼焉，覈其遠近險夷，考其人情焉。東路繇黔以達於沅州，始爲楚郡，故止於沅州。志普定、興隆路，并志黔，志黔，亦以志滇也。黔之腹心，滇之咽喉也。志清浪、晃州路，并志楚，志楚，亦以志滇也。楚之邊徼，滇之唇齒也。西路繇黔西以達納谿，建越路繇會川以達滎經，始爲蜀邑，故止於納谿、滎經。

志烏撒、建越路，并志蜀，志蜀，亦以志滇也。蜀之藩籬，滇之門户也。廣南、羅平，至於南寧，始爲粤郡，故止於南寧。志歸順、田州路，并志粤，志粤，亦以志滇也。粤之窮荒，滇之阸塞也。諸路皆繇陸，惟金沙有水道而未通，故以金沙江附焉。山川書其歷，不書其望，艱難險阻、迂怪謡俗咸書，以補他志所不及云。

陸路

普安入黔舊路

雲南治城三亭而達板橋驛，近郊有金馬關。

板橋達楊林所，號三亭，實六亭。者察、赤水鵬。

楊林所達易龍驛，有木密關守禦所。號三亭，納禧、羅傍。實七亭。羅傍山、沈楊林、海子方如支郡三城，有漁舟百十艘，有黄坡，沿海阸塞，昔殲騰、永叛卒於此。

易龍達馬龍州，號三亭，趙福、白塔、昌隆。實八亭。途經小關索嶺、古城堡、魯婆伽巡檢司，夾路多鬭瑒花，丹素二采。

馬龍三亭而達南寧驛，馬始用昆蹄。昆蹄者，範金飾馬蹄以禦石齒。爾雅曰：昆蹄善升甗。郭璞曰：甗，山形如甑。或曰：周公通九夷時所制也。有響水關。

南寧達白水，號三亭，阿幢橋、分水、交水。實八亭。交水平川可走輪，阿幢橋有大道走曲靖府，號三岔路，有鐵溝哨。

白水達平夷，六亭。多羅、響水、石層。有茶花箐，多盜。路有清溪洞，面溪流，中窅深，苣火入之，有浮屠、龍象、芝朵、雲英之像，皆石乳溜結者。有桂花洞，有桂花一本百尺，根盤洞底，枝出洞外，秋華時香徹他山。

平夷衛六亭，火燒、東堡、平夷。而達亦資孔驛，枕石象山。中路有棹楔曰「滇南勝境」，還觀山平天闊，東望則箐霧瘴雲，此天限二方也。有平夷所、馬鬃嶺、硝洞。

亦資孔驛達普安州，號六亭，實八亭。蒿子、海子、大蒿、莪娘。有番納牟山，土人稱雲南坡，陂陀相續，行石齒中。

普安州達新興驛，號六亭，板橋、革剌、撒麻、水塘、高麗。實八亭而畸。出城有狗場坡，民無編户，土酋號十二營長，其部落有玀玀、仲家、犵獠、僰人，言語各不相諳，以僰人譯之。夷俗有火炬二節，丑未月之念四日，是其辰也。是節擊鮮以祭，小兒各持火喧戲於市，若中州上元然。撒麻亭有八部山，地名舊普安，唐盤州遺址在焉。有軟橋坡，其水爲盤江之委。板橋坡地廣黄壤，樹多青松，土人燧松梯以代燭。堡站實枕新盤山。

新興達安南衛，號六亭，芭蕉、沈納、牛場、臘茄、鳥鳴。實八亭。有新興坡、芭蕉關、分水嶺、江西坡、沙子嶺、上老鴉關，沙行者十六，石行者十四。衛城南閩有尾灑井，清甘可茗，因以名驛。夷言「尾灑」，華言「水下」也。

安南達查城，號六亭，尾灑、水洞、窒甸、盤江、黄土坡。實十亭而遥。有哈馬章、倒馬坎、盤江坡。至盤江，江出烏蠻，匯於廣西者。香江即左江。饒瘴癘，草青之日，有緑烟騰波，散爲宛虹駮霞，觸之如炊秔菡萏，行人畏之。江岸乃靖遠伯南征喪大師之所，每水溢時，多化爲異物。過江有癩石坡、黄土坡、西關坡，山幽箐邃，吐霧彌天，不分咫尺，行者前後相呼。

查城四亭而達關嶺。安龍箐、白口堡、關嶺。兹東路險絶首程也，有白口坡、東坡、安龍箐坡，有胡椒凹，有象嶺石，右皆崖箐萬仞，中僅有道如梁，行者慄汗。有香樹坡、小箐口坡，草多芝，鳥多山呼，獸多熊，中途懸巖有吕公像。舊自查城至白水，路賒馬痛，萬曆中葉，當事者請移郵傳於關嶺所，執政誤讀嶺爲山嶺，遂承旨爲關山嶺驛。

關嶺四亭雞背、白水、阿橋。而達安莊衛。關嶺四十三盤而下，有鷄公背，與關嶺相對，兩山之趾，界以溪澗。至白水，有懸崖疊水，飛流瀑布，自山端下注，二崿相承，下爲深潭，神蛇宅之，見者必嬰重疢；又謂有水犀，時出巖谷，後徙去，夏漲時噴沫如雲霧，冒數里。

安莊五亭龍泉、馬場、楊家橋。而達普定，實兹荒徼名都。舊永寧、安順、鎮寧三州同城，今移鎮寧於安莊，永寧於安南，而擢安順爲軍民府，自威清以西皆隸焉。地稍平衍，山如髻鬟。城南閩有塔山，浮圖標其顛。兵使者署中有石化樹，可四五尺，碧葉紫花，結實紅而黑，其本猶石也。浙藩司之後，園亭佳勝，相傳賈似道別署有樹化石，石根猶古松也，其類是與？

普定六亭沙作、飯籠、龍窩、阿箬、樂得。而達平壩衛。

平壩四亭而畸，阿冬、鎮夷、狗場、的澄。達威清衛。有的澄橋，其水黝湛，夾堤多簝葉。

威清五亭而達貴州治城。阿江、小箐、倒樹、六寨。山稍夷，類崤、澠，夾路多野橙，以春冬之交華。治城近巒之秀者曰鳳凰，帶城有襄陽橋，林多貴竹，有貴竹長官司，因竹以名州。野產紫芝，土人呼菌王，解菌毒。城市以猴、兔二辰爲易。

貴州五亭高寨、獨脚、畢堡、龍洞。而達龍里衛。

龍里六亭乾溪、甕城、新安、巃嵸、麻子。而達新添衛。路夾長澗，有長谷坪、空洞坡、野猪洞、巃嵸坡。野猪洞猪穴之。石崖截立千仞，盤回復迮，人騎弗戒，恒有隊者。新安對亭有埭，峭立而上平，下有洞深靚，九龍觀標其顛。

新添達平越衛號六亭，崖頭、冷溪、黃絲堡、西陽、谷子。實十亭而遥。經望城、江西、玀玀、酉陽、倒馬、五坡，有谷鑾闗、龍場、蛇場，路皆石齒，馬升甗昆蹄，踏聲鏗然，火星出地。箐有苗穀，行者側足焉。

平越達清平衛，號六亭，三郎、羊場、楊老、胡資、鷄場。實九亭而遥。陟梅嶺闗，度麻合江，津人乃木獠夷。江涘苗人以石壆就水澤髮，獠家夷女罶鰍鰕以供臘祭。地有羊場、鷄場，實諸夷互市，以十二辰相遞，歷十二日一市，每場歲三十市，歲暮即場醵會，持牛角爲觴，吹蘆笙爲樂。

清平達興隆衛，七亭而遥。落燈、羅衝、重安、周洞、黄猴。渡重安江，江色如渥靛，岸樹亘桓，絙纜絶之，舟循纜以渡。有雲溪洞，可隱千室。望香爐山爲岊三城，其高敞霄，下肆無景，上有瀵流一溪，沃疇千甽，聚落千部，時出禦貨戕人。官兵來討，輒泄水下注，酉陽土兵環之，弗克攻，有隕自崖者，獲之，詢之，江佑也，舍之。苗俗以長至爲歲朝，考鼓擊扑，羣飲醉卧，土兵尾江佑以登，闞其關，殺其關焉者二人，急撚金，羣帥悉登，盡殲之，遂城香爐爲官，戍其降苗於黄猴、落燈之間。

興隆衛五亭而達偏橋。履垣、東坡、王五。途經東坡，有巖洞，類梵壁普陀境，垂乳結溜，象雲朵芝英，懸泉淙然。

偏橋衛達鎮遠府，六亭而遥。白羊、九曲、望雲、劉家莊、青岡。渡河而東，有相見坡、望城坡、望雲關、九曲關、油榨關。沅水泝流，舟通鎮遠而止，近決石梁通至偏橋。

鎮遠達清浪，號四亭，宛溪、焦溪、梅溪。實十亭。途經草鞵坡、鷄鳴關。

清浪四亭而遥，丙溪、楊埤達平溪衛。中渡沅江，有峨眉、太平二堡。

平溪六亭而遥，關灘、宋槁、鮎魚甕、西溪、陳二、平溪。達晃州。州廢名存，土人相傳此地爲古夜郎，無據焉爾。後漢書曰：夜郎東接交阯，其地在湖南。君長本出於木，以竹爲姓。唐志：夜郎隸夷州。宋志：隸彌州，今廢。古夜郎城在貴州石阡府葛彰長官司西六十里，與晃州絶，不知土人何因傳訛也？李白流夜郎，寔未至夜郎而返，其詩云：「夜郎萬里道，西上令人老。」又曰：「五色雲間鵲，飛鳴天上來。傳聞赦書至，却放夜郎回。」又曰：「昔去三湘遠〔三四〕，今還萬死餘。」意者太白上夜郎，泝三湘，至晃州，聞命而返，遂以晃州爲夜郎歟？途經南寧、鮎魚二堡。山産石墨，道皆黝泥。

晃州驛五亭而遥，新村、冷水、波州、對大。達便水。再亂沅江，途亘蜈蚣關，山速道迮，形如其名。樹多樺，土人燧樺膚以代燭。

便水驛達沅州，號四亭，栗子、冷水、巖田、竹坪。實八亭。州臨江，江繞明山。自沅以西，亭徼荒漫，記里多倍而遥，徂宵兩燎相積，跋炧乃至。路經栗子關，地産玉泥可陶〔三五〕，陟阪石滑，捨騎乃躋。

自雲南至沅州一千八百九十里爲東路。

太史楊莊介公得罪南竄，自公安至博南，爲滇程記，亭徼之遠近，山川之夷險，盡此矣。今取其自會城至沅州者，稍增損，志東路。西路而下，不揣固陋，摹擬續之。

烏撒入蜀舊路

繇交水西北五亭而達松林驛，平陂相半，舊名普魯吉，今以名堡。

松林七亭而達炎方驛，有火忽都堡，途經松韶關。

炎方八亭而達霑益州，與烏撒後所同城，始食蜀鹽。西有崇山，連亘數十里，曰石龍山，土酋安氏所居。有水箐坡、馬鞍哨，士兵守之，皆隸安氏。

霑益八亭而達倘塘驛，有倘塘站，隸黔中，實黔、滇、蜀錯繡地。自倘塘至納谿縣，皆貴州都指揮馬燁所開路。

倘塘達可度，五亭而遥。有大谿出山谷中，清而駛，梁以巨木横溪上，曰可度橋，因以名驛，隸四川烏撒府。其站曰普德歸，有石牙，有石井中哨。石巖路漸峻，滇疆止於石巖。

可度九亭而達烏撒衛，有四川烏撒府與衛同城。烏酋所居曰鹽倉，去城一舍，中道停驂之所，有古松四株，其險道有楊橋三灣。

烏撒八亭而達瓦店，有榿木林，横長十餘里，縱莫知其極。樹多梨，以地險多夷寇，行人莫敢取，鹽倉酋縱馬其中食之。其阨塞有磴子坎，每月以午未日聚行旅千餘，嚴兵乃過。

瓦店七亭而達黑張。自烏撒以西，山地瘠，不宜稻，惟此地有稻田數百雙，烏撒、瓦店皆仰食焉。有天生橋，産銀礦。

黑張七亭而達周泥。至野馬川，即望周泥在面山下。至山趾，陟七星關山顛，窮日乃至。七星關水瀦於陸廣，水勢湍涛，爲滇、蜀要津，昔梁王追明玉珍於此。有橋，懸崖架木爲之。

周泥九亭而達畢節衛。黔西諸驛皆隸蜀，惟畢節驛隸黔。國初都督馬燁鎮貴州，裸撻水酋婦奢香，欲激之叛，因盡薙羅鬼，開水西爲郡。有宣慰同知宋欽妻劉氏間道走金陵訴之。高皇帝命劉召奢香與子婦奢助至宫，約令刊山，開龍場九驛，自貴州至畢節；乃徵燁，殺之。香遂設九驛，廪餼馬匹，皆水酋供之。

畢節七亭而達層臺所，舊有衛，今廢。有木稀巡司、倒馬坎。

層臺六亭而達白崖。有相見坡。

白崖五亭而達赤水衛。衛在雪山關，下臨赤虺河。河源出芒部，冬、春以纜連舟爲浮橋，夏、秋泛溢奔流，津人飭篙柁，乃濟。

赤水七亭而達摩泥所。躋雪山關，嶺頭饒瘴霧，鮮晴旭，行淖濘中，人馬苦之。

摩泥七亭而達普市。有一碗水坡，泥行如雪山關，行人謡云：「摩泥普市天，三日無雨似神仙。」大抵黔中爲古牂牁郡，古志云：「上值天井，故多雨潦。」信然。夾路皆深茅，多戾虫，不可瞑行。

普市十亭而達永寧衛。藺酋與衛夾江而居，水至納谿縣達於江。國初景川侯曹震奉命庀工開之，其灘一百九十五，名灘八十二，石之大者鑿之，水之陡者平之，舟楫通焉，刻石於江門大灘上。

永寧五亭而達永安。

永安驛七亭而達江門。

江門驛七亭而達大洲。

大洲驛六亭而達納谿縣。沿江有九溪十八口，刊山鑿石，崱屴多不可騎。江中有三層峽、天子磴，至渠壩，有馬閻王七空橋，今廢。馬閻王，即馬燁，燁鎮黔，果於殺戮，諸羅憚之，故云。

自交水至納谿一千二百一十里爲西路。

昔天兵南下，以西平督東師，戰普定，潁川督西師〔三六〕，戰烏撒。南土既定，遂以兩路置傳，爲神京孔道。滇人之出也，自交水十五日而達永寧，順流大江；其歸也，挽舟爲難，則遡沅水，取道貴筑。邇年滇師西援成都，烏酋爲二陵之禦，遂破畢節，墮烏撒，可渡以外，無復人境矣。夫滇人西出而東歸，若兩息出入然，無四衛，是無滇也。亂後輪蹄絶跡，津渡日迷，即旦暮再闢，亦不能無師老馬矣。

建昌路考

谿雲南治城西北達富民縣，可八亭，有河環流縣治，即滇池之流也。河有輿梁，途經妙高坡、清水關。

富民西北十二亭達武定府。有鷄街子坡，趾夷而頂峻，東南爲雲南，西北爲武定，官兵征鳳繼祖，敗績於此。踰坡有小甸關，阨要可守。

武定西歷烏龍洞、躍鷹村、高橋村，至馬鞍山，七亭。村落十餘，皆枕山面流，川原平衍，廣二十餘里。有徑路，涉高橋水，徑一亭，冬、春乃通。

踰馬鞍山西九亭達元謀縣。歷黑箐哨，陰翳多淖。出箐至虬蜡哨、乾海子，林杉森密，猴猱扳援，不畏人。崇山複嶺，澗有積雪，氣寒冽。下馬頭山，始平衍，氣始炎，樹多木綿，其高干雲。有金剛鑽樹，碧幹，蝟刺，漿殺人，土人密種以當籬落。地宜甘蔗、芝麻，有微瘴。虚仁驛在中道，今郵傳俱廢，止存板屋二十餘家。

元謀北六亭達黄瓜園。舊有環州驛，今廢。歷馬街子、龍海落，地皆平原而荒，人皆僰夷，繇龍海落西渡河，有苴林村。繇苴郤達姚安，秦、蜀賈人繇越、建來者，繇此入迤西諸郡，其地無關察，可以逋税。

黄瓜北四亭達江邊，金沙北渡有三：一繇賓川渡江，至北勝、蒗蕖，可通鹽井衛，地屬番夷，不可行；一繇大姚縣魚鬧渡至黎溪；一即此。江水駛奔，挽舟里許，乃横舟亂流而濟。江北無居民，惟南岸有巡檢司，傍而居者百餘家。

按謝在杭氏滇略：「金沙江，一曰若水，源出旄牛徼外，在麗江西北。東南至於麗江、鶴慶、北勝、姚安諸界，水濱産金沙，故名。山海經曰：黑水之間有木，名曰若木，若水出焉。水經注曰：若水南經雲南之遂久縣。今金沙江巡檢司是也。又東流合繩水、孫水、淹水、瀘水，注於馬湖，諸葛亮南征渡瀘，即此。昔黄帝長子昌意德劣，不足紹承大位，降居斯水爲諸侯，娶蜀山氏女〔三七〕，生顓頊於若水之野，是其地已。」

渡金沙江北五亭達姜驛。初行谷中，緣溪而上，十里升火焰山。其高三十里，峯回路轉，陡絶之處，翼以木棧，至山顛三里許，即姜驛。驛久頹圮，近署茅屋三四家。後有夷寨，羅婺居之，昔從克酋叛，今雖就縻，尚兇獰可畏。江外地皆逼東川七州，蜀令不行，滇稜莫震，中闢通道，亦蜂腰之勢也。

姜驛北八亭達黎溪站，初行三里，有石鐫行都司界，滇徼盡此。三十五里有松平關，松杉參天，其密如錐，行松陰中盡日不絶。山産白銅，品上者曰白缺，可入丹藥。

黎溪北七亭而達鳳山營。有五里坡，險隘多盜，七州夷寨，夾路臚焉，昔擒克酋於此。鳳山營設於山顛，下有二營，曰火燒，曰觀音，聯絡山麓，鈐拆相聞，寔要地云。

鳳山北五亭而夷，達會川衛。中道曰緑廠，有銀礦，閉久。其岑樓俯睎皆平蕪，山川明媚。

會川西北五亭達大龍站。道始嚴，行旅千百人結隊而行，營哨之兵前驅，每月放行人兩次，曰送哨。

大龍北六亭至巴松營，始遡孫水。漢志云：孫水出臺登縣，南至會無，入若水。臺登，即瀘沽；會無，即元謀也。夾岸皆崇山，羊腸百轉，遡流而北，高下因山，縈曲因水，陵谷間絶者，爲危橋以度，水蝕山趾，石齒狰獰者，不可通輪蹄；或行水中，夏、秋暴漲則道斷。山水稍衍之地爲營哨，環重垣，塹深隍，爲草屋以居戍卒，恒有火災。水之東爲猓，西爲番。猓屬皆椎髻被氈毼，持刀盾。番屬居碉房，髡頂，挾弓矢，劫掠無時；掠貲貨，并縛人入其寨，以繩繫兩趾，環以火，索重賂以贖，不爾，則賣之遠夷，每一人償以十牛。稍就覊縻者曰熟蠻，偕官兵偵捕，官給資糧焉。

巴松站北六亭達白水。歷甸沙關、滋泥坎、公母營、凹腦營，皆隘道，人騎貫魚行。夷患處處有之，而甸沙、滋泥爲毒。將至白水，有金川橋，一木横溪，闊三丈許，俯瞰水面，百丈如碧瑱，窅澄不見其流。

白水六亭而達阿庸。歷觀音營、半站營，其橋曰小高橋。河西有德昌所，産美材，賈人販之，一版十金者，至江南可百金。又山中産不燼木，其物得於山谷石脈中，掘深丈許，非石非木，堅而且白，鑿之綿綿不斷如絮，績以爲帨，投火不燼，名曰火毳。漢桓帝時，梁冀作火浣布單衣，會賓客行酒。神異經曰：「南方有火山，長四十里，廣四五里，生不燼之木，晝夜火燃，得烈風不猛，暴雨不滅。」此其類也。將至阿庸，有松盤頂，枝葉蘢嵸，如偃翠蓋，因名其地曰一把傘。

阿庸北九亭達禄馬。山水展拓，平疇千畝，而人民稀少蕪穢。太平河西爲鹽井衛，歷沙灣、黃連堡，沙行二十餘里，時有颶風，揚塵沙蔽天。其厲揭而涉者曰潢水河，河源有海，方廣二十里，梁而度者曰大高橋。

禄馬北折而東七亭，達建昌衛，即古邛都，阻重山，面邛池。八部志曰：「邛河縱廣岸二十里，深百餘丈，魚長一二丈，頭特大，遥視如戴鐵釜。」東南十餘里土官村有徑路，繇涼山可達水西，産馬，頸長而身短，善升峻阪。

建昌東北五亭達禮州所。

禮州東北七亭達瀘沽驛。一路盡蓁莽，少烟火，寇盜視前更劇。曰關王廟，曰猫兒坎，曰溪隴站，曰三道溝，曰大灣，曰梁甫墳，皆桐槽諸番伏莽之地，非厲兵不得過。

瀘沽東五亭達冕山所。有瀘沽峽，豎崖環水，劖削一徑，繞山腰如帶，仰視壁立干霄，俯瞰無際。旁有小徑，皆桐槽夷賊出入之路。峽共長十五里，出峽至銕廠，踰通濟橋，折而東，始脫孫水，漸望冕山，有奇峯如巫山。

冕山北八亭達通相營。歷小相公嶺，盤幽谷而上，可三十里，逼近夷巢，出没之途，千谿萬徑，列營數十，聚兵幾千，猶時有梗塞之患。踰嶺冬月多冰槽，滑不可步，稍失足，即墜深崖，雨雪甚，必懸車束馬而下，險與瀘沽埒。行旅度瀘沽、相嶺，則相慶脫險云。

通相營三亭達越巂衛。有棹楔，標「南中第一關」。

越巂北六亭達利濟驛。踰青岡嶺，迤東行空山中，諸夷環向，大創之後稍戢。

利濟北八亭達鎮西驛。地酷寒，無五穀，居民皆仰食河南。中有徑路達峨眉縣，可避大相嶺、大渡河。亭卒單弱，遂爲番夷所據。

鎮西北八亭達河南站。歷鎮西所，有隘道，行陰岩中，循水而下，其水曰河南溝，歷危橋二十餘。

河南北六亭達富林營。登曬經關，關頭有曬經石，方闊五尺餘，外澤而中空，相傳玄奘歸自西域，暴經石上。下關濟大渡河，河源出吐番，急流注下，險惡倍於金沙，夏、秋之交，瘴毒甚厲。又有流沙河，不可以舟，人馬皆徒涉。

富林北八亭達黎州安撫司。有大渡河所，其城三面依山，臨深谷爲隍，可數十丈，一面通大相公嶺。途經古漢原縣高山，有良田千甽。有啞泉，其出無方，人馬飲之輒死。西入天竺，茶商行之，至打箭鑪而止。

黎州東北九亭至箐口驛。度大相公嶺，即邛崍山，王陽所歷九折阪也〔三八〕，而嶺名「相公」，蓋以武侯得名。西南至黎州，東北至箐口，其山乃竟。山頂有孔明廟，久圮，石像存焉，行者過之，相戒無譁，不爾，必有颶風颶雪磚雪瓦傷人。華陽國志曰：邛崍，一名邛筰，故邛人、筰人界也。巖阻峻回，曲折乃至。山上凝冰夏結，冬則劇寒。有長嶺弄棟八度之難，楊母閣峻，並坂名〔三九〕。黄泥堡有七縱橋，太史楊慎過之，改爲七擒，以孔明將略在擒不在縱也。有詩鐫石碑，在川主廟前，今碑已斷，仆道左。

箐口三亭達榮經縣。經川主廟，爲孔明初擒孟獲處。

自雲南至榮經縣一千八百六十里爲建越路。

元謀在滇西鄙，自姚、楚入則徑，自滇上入則迂。故武侯渡瀘，取道白崖；萬歲南伐，轉戰勃弄。本朝建會城於善闡，以西偏爲屬縣，郵傳商旅，未有不經會城者，茲路雖設，僅有空名。環州、姜驛，郵卒無委積之供；大渡、金沙，津吏闕沙堤之築。遂謂遊邛都者皆迴車，過瀘沽者必微服。其寔火焰以北，盡率江滸，禄馬、禮州，原可走輪。兩嶺非有關索之峻，兩津非加槃河之惡也。東西不靖，兹寔上游，謂宜招集驍勇，補營堡之單弱；剷削巉岨，開道路之鬱紆。又禮州、德昌，盈盈一水，順流數日，可達金沙，皆當乘時開道，永利百世。況兹荒徼，番猓跳梁，闢通道於中，則盤錯之險盡失，而金銀、丹漆、僰僮、筰馬之屬，絡繹於雅、黎、嘉、眉之間，非惟滇賴，蜀亦利焉。若任其幽阻，罔思後圖，恐滇道一斷，而五衛失輔車之依，蜀且患鞭長之莫及矣〔四〇〕。

粤西路考

谿雲南治城金馬之南，歷狗街，至大漁村，爲呈貢境。遵滇池東岸梁王山麓，至馬軍鋪，爲歸化境。又二亭達晉寧州，可九亭而夷。

晉寧東南循松子山澗行，路濱谿水，峯巒如列戟。至河澗鋪，登關索嶺，西瞰滇池，東觀澂水，爲迤東阨塞。漸下至茨桐鋪，踰石關，達江川縣，九亭。

江川東循星雲湖上行，有海門橋，撫仙、星雲之通津也。度橋而南，過甸苴關，踰二山，皆寧州地。又循杞麓湖上行，至通海縣，號七亭，寔六亭而夷。

通海南至曲江驛，江有流沙甚深，策馬亂流可濟，稍駐足，有陷者，秋水突至，即爲巨津。舊有渡舟，恒苦漂溺，巡按御史沈正隆捐俸建橋三成，沙走無着力處，窮人力掘沙見土，而後甃以巨石，首尾三年乃落之，號八亭，寔九亭而畸。

曲江南至臨安府，氣漸炎，夷險皆半，可九亭。

臨安東南歷漾田安邊哨，有三轉灣坡，多盜。坡竟，至阿迷州，通十二亭。

阿迷東踰橋至東山關，有崇山，躋山必窮日力乃至山顛，爲馬者哨。土酋普氏據其地，重柵守之，居者百餘家，夷多於漢，可四亭而畸。自阿迷東入夷巢，無亭徼止宿，天明行至日中而稅，多野處。

馬者東歷矣馬驛，至多梚鋪，六亭，羅夷居之。去多梚里許，有石洞幽邃，泉水出焉，水清冷，流石成渠，有淙淙聲，居人以甃瓮負水出諸洞。二、三月間，流涸，汲者窮其源，或深入數里。

多梚鋪東南歷木瓜鋪、永寧哨，至羅台驛，四亭。矣馬、羅台舊有驛，今俱廢，驛記藏之廣西府。地俱爲普氏夷寨，雜以四方流移漢人數家。踰山有架衣莊，産堅甲。木瓜鋪綿芋可百里，西北枕山而蒞者爲新城所，地高乾無可種蒔，其産木綿、馬金囊。

羅台驛踰山而南經倒馬坎，林深磴險，谿徑雜出，昔有普者輅者爲夷賊巨魁，荼毒行旅，今就擒其地隸普氏，而沙、儂溷處，夷患時有，普氏設哨守之。夾路多松，土人劈爲木片以代瓦，大風雨則不能禦。至隴希寨，共四亭。

隴希南至新哨，儂、普二氏分疆之所，嘗爲㹀㹚所焚，有旁徑滋寇，共六亭。至彌勒灣，山稍平夷，一望沙磧皆戰場，疆理隸彌勒州。以漢官久不至，儂氏斥境至此，而又遠不能制水下陸詔，沙、普諸酋互争之，戎馬紛沓，居民望風逃匿，無寧日焉。

彌勒灣東踰山，有竹子箐，荆棘叢生，莽有伏戎。過楊屋、戈勒、禨舍三寨，臨俺排江，循西岸而進。江出兩山中，瘴毒不可邇，清明後爲酷，觸之無治者。江東有大八百、小八百二寨，皆儂氏屬夷。至俺排寨，有公署建於寨之下，誅茅爲屋六楹，環以木柵，共計八亭而遥。自公署度板橋，絶江，循東岸，歷革雷寨、馬鞍山、六朗、者莫，至者豹公署，號八亭，寔六亭。

者豹東南歷小者馬寨，有徑路，通季達賊。又南歷省茅、者兔、羅幹、速徵，皆有溪流沃田，耕省而穫多，路出田中，共六亭。至速爲寨，舊有速爲驛，今廢。

速爲東南歷毋忙寨，至木鋏，下有公署，上有儂夷寨數十餘家，路坦夷，可四亭。

木鋏南歷那竜、那堵、者圖、大者馬，有高山深林。四亭至廣南府，夷、漢雜處，可千餘舍，居民皆樓居，以竹爲椽柱，覆以松皮，去地三四尺，人居其上，畜溷於下，中設地爐，懸稻穗其上，薰令極乾，每日舂而食。編竹籠若魚罶，纍纍數十，置西南隅以祀鬼。甘犬鼠，非上賓不設。萬曆末年，儂氏兄弟争立，糾交阯入犯，兵燹之餘，民居皆草創，田野蓁蕪，未復業焉。有楊廣廟，昔狄青部將楊文廣追儂智高至此，土人立廟祀之，在治西三里許。

廣南南至寶月關，連山皆峭壁，不可通，惟此鑿石通道，儂氏設關其上，嚴啓閉。踰關至公署，可五亭。

寶月關公署南經可王寨，至西洋江五亭，有崇山峙江岸，江之淺者可揭而涉，爲廣南、富州界。廣南之夷曰儂人，富州之夷曰沙人，氣類略同，而沙視儂爲勁。渡西洋江，有崇坡，躋坡至羅貢箐寇盗叢箐林中，南往者必索西洋兵，北來者必索富州兵爲導。富酋李氏與儂氏搆隙，兵不越境，或伐巨木横箐中以絶往來。兩氏禍未豸，則羅貢道斷，或取道歸朝焉。出箐至羅貢寨，共四亭。

羅貢南歷沙斗、位來踰山，上下可十里，至布戛寨，共四亭。

布戛南五亭至富州，居民千餘家，習氣類廣南。酋沈明通孱弱不振，州治爲其下李天保所據，明通出奔歸朝，天保内修兵甲，外結交阯，傲睨歸朝，廣南、歸順間稱勍敵焉。

富州東南三亭至板崙，田疇廣沃，人民殷富，實荒徼奥區。有公署，災於火。

板崙東三亭至納桑寨公署，去寨二里許。

納桑南入納桑箐，地隸廣西鎮安州，寔滇、粤甌脱地。箐林類羅貢，而嶮巇過之，萑苻取人，多扼於險。出箐至鎮安州四亭，民居多依峭壁，搆竹樓，覆以黄茅，爲團倉以囷穀。參差茅舍間，徑路僅容一人。其下皆腴田，行人野宿田中，侵晨啓行，寨夷必焚其籍草以辟鬼。州南有交阯寨，莫氏以官監之，鎮安酋長岑氏半服役焉，每年納氈毼數十領以當賦税。

鎮安東行川原中，原窮登嶺，南入茍把箐，其長三十里，林莽倍密，實交、粤棄地。夷寇之來，莫知其踪，行者以土兵夾衛。出箐爲箐口寨，共六亭，寨隸歸順，居民稍就平原。

箐口東踰嶺，下至茍把寨，有照陽關石壁峭立。半壁有石洞，穴山而過，路出其中，可十畝。入關西望朝曦出自洞中，故曰「照陽」。上下有石隘，磴石崚嶒礙車馬，税輗軏，解鞍韉，乃躋。

關至安得寨，共四亭。

安得東歷打濫箐，草棘亂生，木多桂，竹多棕，有山呼鳥鳴林中，谷響相答。自此多石山，拔地突起，山環若城，中有平疇者曰硐，路出其中，出入之所皆有石隘。良田美池，一年耕穫，嘗足支二三年。伐竹構居，績綿爲布，居民有老死不踰硐，如避秦人者，見車馬駱繹，聞華人言，皆聚觀驚咤。男子能華言，巾櫛，短衣，皮屨，婦人椎結，跣足，長裙。其硐曰打濫，曰平岩，曰細村。

自安得至細村，六亭。

細村東歷六硐、那馱，至歸順州，六亭。有石山，三峯奇峭，如蘇氏木假山。地氣温煖，草木四時常青。土酋尚禮法，馭下以嚴，闔境無盜，商賈凑集，如中州焉。州治北有險砦，下有徑，一日而達交阯高平府。

歸順東有河度，輿梁一，徒杠二。歷花硐至霸籠墟，六亭而遥，有石隘三。

霸籠東歷湖運關，有河出交阯，達左江，湍瀉石中，不可以舟。循河行，有上雷州在河之右，下雷州在河之左，厲揭而涉者一，徒杠而度者二。其地陰凝陽泄，明發寒氣浸人，亭午即炎炎如坐炊甑，隆冬猶汗浹背。其人皮冠而絺衣，詢之云：煖其首，則諸疾不作，氣使然爾。稻田兩熟，竹有刺，可作籬落。自霸籠至下雷州，六亭。

下雷州六亭，有高山公署，竹旅止宿，苦無水。踰石隘，有三脚村，茅屋數家，皆兇狠不能華言。

三脚村東歷石隘四五處，倍高險，六亭而達龍英州。環州石峯削而鋭，如笋刺地而出。酋所居背負一峯，高出諸峯之上。

龍英東有關，爲太平州界，其地去交阯僅二亭。漸上高岡，下至聳硐六亭。

聳硐東過養利州，盡日行硐中，平衍可方軌，樹生石上，根蜿蜒入於石。四亭而遥，至七村。

七村至左州，三亭，始有城郭，民始平居華言。州枕左江，舟行十日而達南寧。

左州東達馱蘆，四亭。

馱蘆東亂左江，至新寧州，四亭。

新寧東至牛岡，六亭。

牛岡至南寧府，再亂左江，五亭而遥。

繇雲南治城東歷水海子、黄土坡、七甸，至湯池，九亭。湯池歷老大坡、宜良縣、一碗水土官哨、白山屯，至路南州，八亭而畸。有陳家渡水，出陸涼州，達寧州。

路南東南歷板橋屯、小色朵、大色朵、林馬硐，至發矣哨，七亭。有革泥巡檢司、毋伏矣哨，多石。

發矣哨東南歷馬矣哨、龍鋪、六豐、上馬州，至彌勒州，八亭。

彌勒東南歷彌南哨、横水塘、青水哨、石子哨、矣勒新村、習干中哨、龍潭、芭蕉村，至竹園村，七亭。其途坦平，可通輪。

竹園村東南歷石牛坡、拖正舊哨、新哨，至江邊，共八亭。江闊六十餘丈，水通曲靖府阿幢橋。岸有坡崎嶇，地隸土酋普世隆，其疆止於大百户，渡江上坡亦崎嶇。歷大百户，有普世隆寨。又歷懷遠哨，至阿小寨，隸普國禎。山後有砦，共八亭。

阿小寨東南歷卜洪寨、大勒八、到二哨、矣堵村，至三鄉城，九亭。

三鄉歷歸德哨，至彌勒灣，七亭。　谿彌勒灣會於廣南路。

谿彌勒州入廣西府，歷龍甸村、吉雙鄉、矣明村、阿平、阿朝、即歪、鴉迫，至竜得哨，七亭。龍甸村有龍甸橋，矣明村有草子山。

竜得村東南歷小寨、小江橋、大江渡、象鼻嶺、沙人寨、布榮寨、矣夷寨、石頭寨、小河，至密勒勒，九亭。自廣西府至江邊，道路新闢，可通輿馬。江外皆土舍昂氏地，密勒勒有昂氏砦。

密勒勒東南歷大黑布沼、小黑布沼、八倒哨、矣堵哨、山白村，至三鄉城，三亭。昂氏地止於小布黑沼。八倒山趾有水田，有馬者竜鄉，矣堵有阿寧鄉、龍騰宿寨，山白村有大勒哨山、草海子，皆平衍。三鄉北達交水，南入廣南，寔東偏名區。土酋阿機員固叛，官兵盪之，以廣西府經歷鎮其地，漢官畏瘴毒不敢入，酋長龍騰宿、普國祥輩，搆兵如亂繩焉。自三鄉縣會密勒灣，入廣南路。

谿寶月關東分岐至阿用寨，七亭。

阿用寨東循西洋江，至老太莊，七亭。

老太莊東歷打魚莊，入富州界，過板溯寨，度西洋江，沿江道迮崖峻，山後有那齊寨，寔盜藪，共九亭。至花甲硐地界，有野處之所。又九亭至耿牙寨，去花甲硐二亭。花甲有硐官羅氏，服役廣南、富州之間。

耿牙東至高山公館，八亭。

高山東至東坡，七亭，有野處之所。

東坡東至歸朝，七亭，富州酋沈氏居焉。其地負崇山，面河，寨夷千餘家，沙、猺兼有之，遠望有雲氣如絮罩其上，炎熱多瘴。

歸朝東七亭，至架村。

架村東歷莫村，昔爲交阯僞王莫氏地，歸朝酋新得之。盡日行箐中，十亭而達鎮安州。

繇富州有徑路，東南二日可達歸朝，亭里未詳。

繇歸朝有徑路，東南四日可達歸順州，道里未詳。

繇歸朝東至四亭，地名。六亭。

四亭地名。東至者散，四亭。

者散東至者令，四亭。

者令東至博隘，三亭。博隘有大江，舟行達田州四日，又八日而達南寧府。

谿廣南府東，歷鋪兵村、弄董，抵弄魯、下賽利，十二日而達田州。道谿泗城州，有土酋岑天章與父紹勳搆兵，東行者皆閉泗城。

自雲南谿臨安、彌勒灣、廣南、富州、歸順至南寧府，二千一百二十里。

谿宜良、彌勒、三鄉至彌勒灣，七百二十七里。

谿彌勒州、廣西府至三鄉縣，一百九十五里。

谿寶月關、歸朝至鎮安，七百一十里，并歸朝至博隘，廣南至泗城、田州，通爲廣南路。

昔兩路之通也，仕宦商賈間出廣南，其人聞華言，則相視而笑，遺以食鹽、梹榔、金絲烟，喜出過望，以米薪、豚酒酬焉。行旅野宿，無盜賊之虞。頃歲滇、粤往來者踵相接，有亡命竄其中導之。初以數人持刀盾伏於箐，伺行者，譟而出，行者大駴，奔去，委二簏於地，發之皆兼金也。其後每劫必大獲，有聚數百人要於路者，羅貢、狗把、納桑爲淵藪。諸酋中歸順最賢，北來皆索其兵，而其下必索重賄，乃呵護出疆。鎮安酋苛求無厭，而仕宦爲甚，拂其欲，無得免者，行旅以廣南爲畏途矣。噫，諸夷，渾沌也，重利以啓之，奸人以誘之，竅之不鑿者鮮矣，豈特廣南一路爲然哉！

緜雲南東至宜良縣，十二亭。途經湯池，有老大坡。
宜良東至天生關，七亭。關右有天生橋，寬平丈餘，可容車馬。
天生關東至趙誇，四亭。
趙誇東至師宗州，九亭。路出夷砦中，時有摽奪之患。師宗東至羅平州，九亭。
羅平東至三板橋，六亭。
三板橋東至江頭，七亭。
江頭東至黄草壩，八亭。地寔黔壤。昔普安陷於賊，州民羣聚於此廬焉。
黄草壩東至鄭屯，八亭。有江，褰裳可涉。
鄭屯東至楼革，四亭。
楼革東至安籠所，四亭。安籠地隸粤西，粤師援黔，道出此。關路寬衍，止宿之所有公署，今俱廢。
安籠所東至板屯，六亭。
板屯東至壩樓，四亭。過江，有舟可度。自安籠至此，沿江多瘴，峻嶺隘道，夷寇出没無時。
又三日至安隆司。
安隆司東至芭蕉關，四亭。關險峻，扼諸夷之吭。

芭蕉關東至潞程，九亭。自此至田州，道俱坦夷。

潞程東至王店，九亭。

王店東至歸樂，九亭。界泗城、田州，有夷患。

歸樂東至榮莊，九亭。

榮莊東至田州，九亭。州臨右江，舟行八日而至南寧。

田州東至舊州，九亭。

舊州東至上林縣，五亭。

上林縣東至果化縣，五亭。

果化縣東至隆安縣，五亭。

隆安縣東至大灘驛，十二亭。

大灘驛東至南寧府，六亭。

谿安籠所北九十里，至羊場軍屯，歷魯溝山箐。

谿羊場軍屯歷窑上灰渣軍屯，至水橋軍屯，四十里。水橋隸貴州安南衛。

水橋歷播者，過普渡河、朵渡寨，行山箐中六十里，至羅運。

羅運有小箐，五十里至打罕，舊爲永寧州治。其地酷寒，土人呼爲膽寒，訛爲「打罕」。

按鄭旻牂牱江解略曰：余弭節蓋度盤江〔四一〕，江廣百餘步，沿江上下，絶擊汰之迹，水勢批巖滀汩，土人謂水漲時漂巨木撞舟〔四二〕，峭壁箐嵐，人跡罕入，下流至打罕，聯泗城界，舟船始通焉。則打罕當在查城、安南之南，第云舟船可通，其視田州、博隘、放流更捷矣。然迄無行者，豈剷夷未加，嬰筏盤剥爲苦乎？抑夷獠呰窳，不欲漢人出其地，故榛蕪難闢乎？姑記之以俟知者。

打罕五十里至羅架，有小箐，有泗城頭目居此。

羅架五十里至火烘，舊鎮寧州治此，今泗城、鎮寧分屬焉。其地炎多瘴。

火烘歷高補籠寨，有寨夷爲盜，行者必以火烘兵衛導。又歷猪塲壩，爲安順十三枝，地無定屬，夷寇寔多。共三十五里至康佐長官司扁擔關，爲土酋余騰龍地。全黔叛，惟騰龍効順，闢此路通滇。

扁擔關歷長冲窑，上接土酋薛氏境。繇高磨堡、石堡軍屯、普定伍官屯，至平壩，五十五里。

其地軍屯衛士，皆參將范邦雄攝之。雄有勇略，爲水酋所憚，諸屯賴保聚焉。

自湯池繇羅平、黄草壩、安籠所至南寧府，一千六百九十里。

自安籠所分岐，至平壩衛，達東路三百三十里，通爲羅平路。

漢番陽令唐蒙風曉南粵。南粵食蒙枸醬。詢之蜀賈人，知夜郎臨牂牁江，江廣數百餘步，足以行船。南粵以財物役屬夜郎，西至桐師。遂上書欲發夜郎兵浮牂牁江，出不意以制粵。今按牂牁郡屬縣至句町、臥漏，則羅平、黄草，大略皆夜郎地。所云浮船制粵，非即博隘、田州之間乎？田酋殺父妻母，狙喜鬭，殺人如芟草芥，行旅逢其怒，多罹害。又安籠以東，有行竟日無水，多至數十人，則無米可易者，是以出其途者鮮少。或識其道里而山川闕焉，然視廣南，則徑矣。火烘、打罕故爲二州，漢官不涖其地，僑寓二衛，諸酋雜處。頃歲槃江東西盡叛，惟余酋効順，滇、黔借徑通聲息，始識此路，因併志之。

水路

金沙江考 附圖

江源出吐蕃共龍川[四三]，東至巨津、寶山，三面環麗江；至鶴慶，受漾共江諸水；又東經北勝，受桑園、龍潭、程海諸水；又東經姚安，受蜻蛉、大姚、龍蛟諸水；又東經楚雄定遠縣，受龍川江諸水[四四]；又東至武定元謀縣，受苴寧河；又東至禄勸州，受滇池、海口、青魚塘、甸基、武七、三泊、始甸、螳川、後甸、松坪、禄脿、雨竜、羅次、石門、五道河、羅畝、大石壩、富民、赤舊、普渡河、廣翅塘諸水；又東經會理州〔四五〕，受寧遠、越溪、雙橋、長河、瀘沽、打沖、束河、熱池諸水；又東經東川濟慮部，過烏龍山，受尋甸牛欄江、谷壁川〔四六〕、齒化溪諸水；又東經烏蒙南，又東經馬湖，受尼溪、大、小紋溪諸水〔四七〕；又東至敘州府，入於江。

前僉事王惟賢議：自雲南海口開，至安寧、羅末、富民、只舊、你革、達吉〔四八〕、普渡、安革、法干〔四九〕、土色、江邊、納木姑，共十三程，內土色有疊水〔五〇〕。自武定金沙江巡檢司，至罵喇毋、白馬口、燦喇則、五曲革、直勤則、卓剌、除魯、圭寧、抄答甸〔五一〕、沙吉、撒麻村，至土色大河、阿納、木姑，凡十四處，內則卓、沙吉有疊水。

近莊按察使祖誥議：自巡檢司開，繇白馬口歷普隆、紅巖石、喇鮓，至廣翅塘，皆祿勸州地。其下有三灘，水溢沒石，乃可放舟，涸則躋岸，纜空舟以行。又歷直勒村、罵喇、土色，皆會理州地。其下有鷄心石，石如堆者三，纍江中，舟者相水勢緩急可行。又歷踏照、亂得、頭峽、喇鮓，至粉壁灘、甚駛，皆東川地。又歷驛馬河、新灘，至虎跳灘、陰溝硐，皆巧家地。虎跳湍瀉陡石，不可容舟。陰溝二山頽集，水行山腹中，皆從陸過灘，易舟而下。又歷大、小流灘，爲蠻夷司地。又歷黃郎、木鋪、貴溪寨、業灘，至南江口，爲烏蒙府地，始安流。自廣翅塘至南江，木商行之可十日。又至文溪、鋏索江邊數灘，歷麻柳灣、教化巖，爲馬湖府地。又歷拽灘、蓮花三灘、會溪、石角灘，至敘州府。

按：金沙經營滇北，合江、漢朝宗，爲南國紀。昔在草昧，尼落雄睨南土，憑恃斯險，負固抗衡。今車書大同，極滇西鄙，遠及窮髮，轍跡俱遍，而其通道要津，反棄之以與烏蠻、巧色，俾滋蟠踞，非所以弘一統也。考之紀載，漢武先擊勞浸、靡莫，以兵臨滇池，而僞王偎首。華陽國志云：「自僰道至朱提有水道步道，水道有黑水及羊官水，至險難行。步道度三津，亦艱阻。而行人爲之謡曰：『猶溪、赤水〔五二〕，盤蛇七曲；盤羊、烏櫳，氣與天通〔五三〕。』」今烏櫳在東川，即絳雲弄，其山多雪，四時不消，金沙繞出其下，羊官、黑水，非指兹江乎？元至元十四年，詔開烏蒙道，愛魯帥師擊玉連州，所過城砦盡下之，水陸皆置驛傳。今烏蒙有羅佐關，其下有羅佐橋，爲入滇要路，則水陸皆在東川、烏蒙間，即所稱勞浸、靡莫非乎？覈形勢，商利鈍，未有不先闢此險而能控荒服、破砦窳者。壅塞磯怒，漩洑瀑瀉，地之險也。畫州啓道，崇伯子之智可師也。陰陽詞説，盜弄兵甲，人之險也。三表五餌，懷王傅之略可彷也。兹江苟通，則滇池之輕舠，可挽而之晋渡；建、越之艨艟，可汎而下瀘沽。通滇、蜀筋脈之會〔五四〕，續長江衣帶之勢，是使諸夷不長纓而繫，十五郡可裘領而挈也。大哉高皇帝之言曰：「關索嶺非正路，正路當在西北。」猷之遠矣〔五五〕。

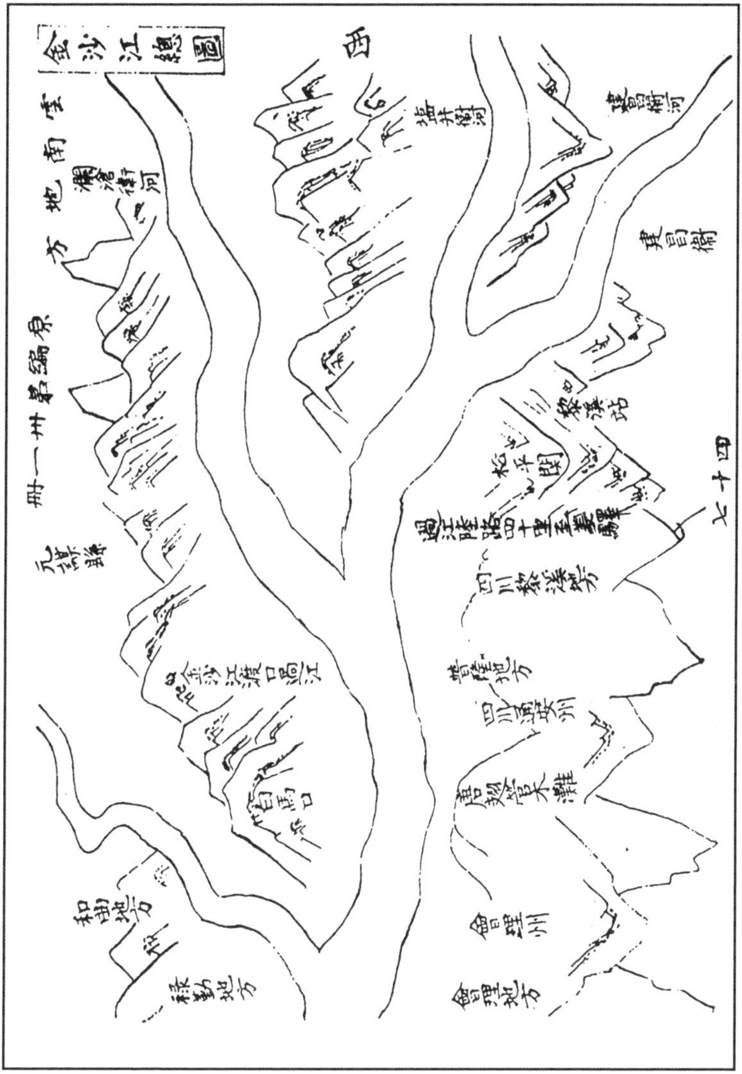
金沙江總圖
西
雲南地方
鹽井衛河
建昌衛河
建昌衛
黎溪站
松平關
四川黎溪州
四川通安州
會理州
會理地方
金沙江渡口過江
白馬口
祿勸地方

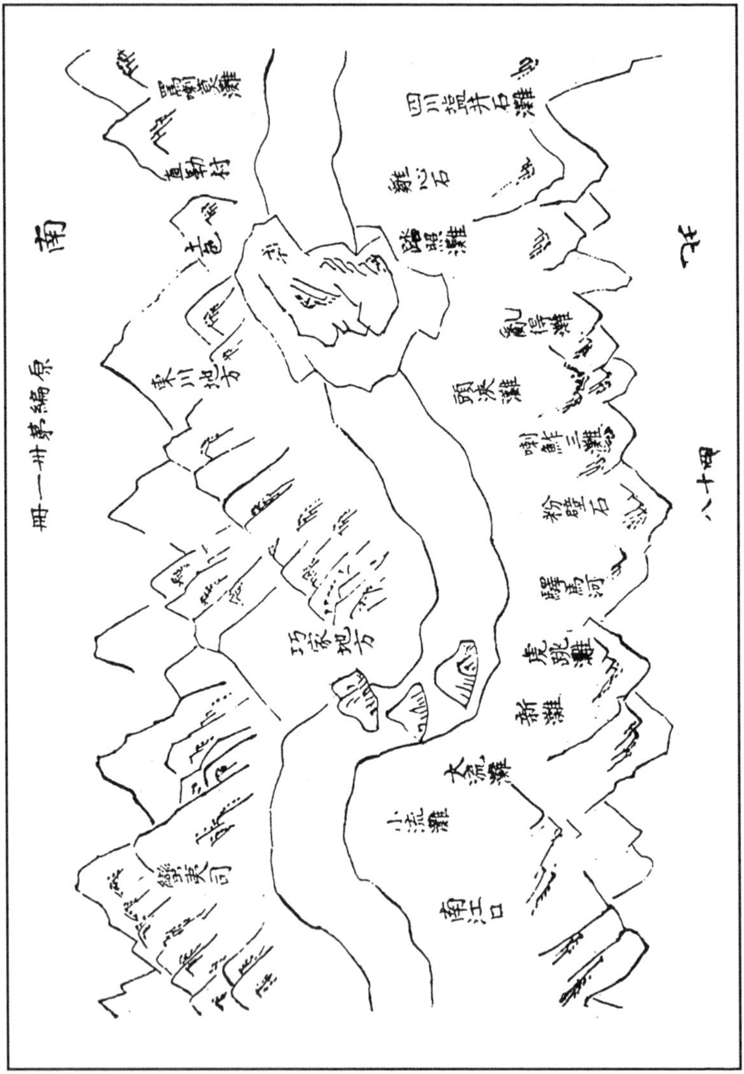
北
南
四十八
雞心石
頭浪灘
粉壁石
躍馬河
虎跳灘
新灘
小流灘
南江口
巧家地方
東川地方

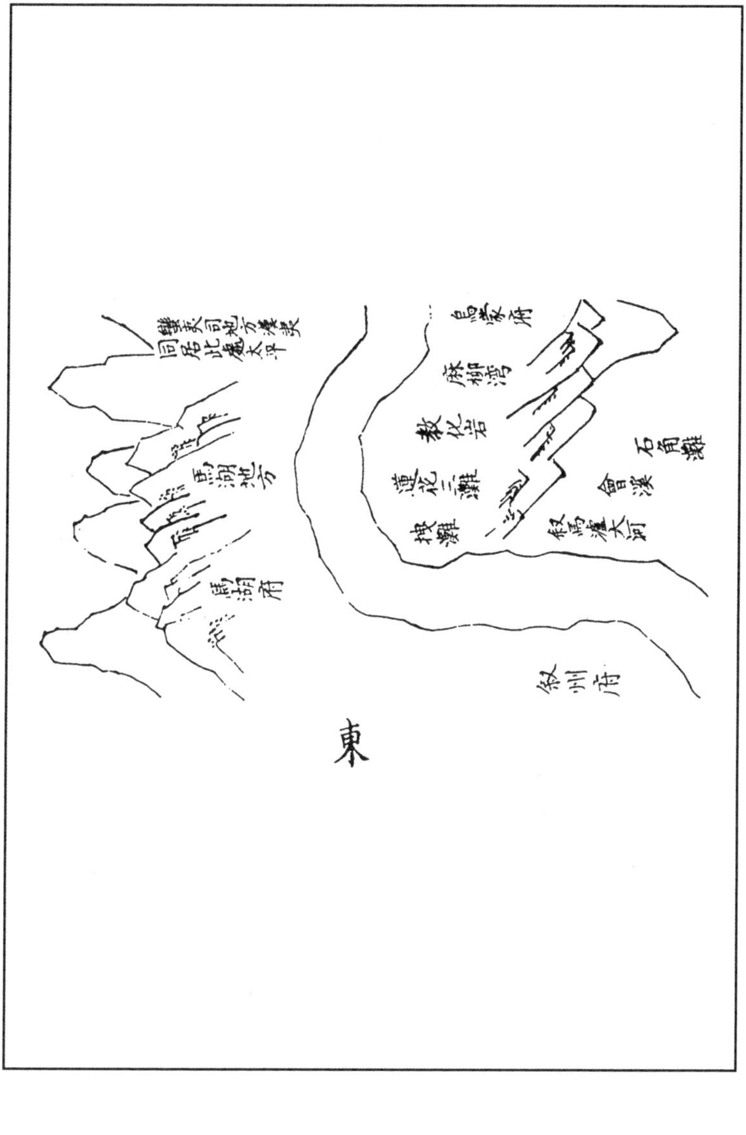
東
叙州府
石角灘
會溪
叙馬瀘大河
烏蒙府
麻柳灣
教化岩
蓮花三灘

南金沙江源流考

張　機

按大金沙江發源崑崙山西北吐蕃地，即夏禹所導黑水也。雖與雲南小金沙江及瀾滄、潞江，皆發源吐蕃，然大金沙江之源，較三江最荒遠，且其源于三江源，邈不相近，其下流亦十倍小金沙江及瀾、潞二江之水。按禹貢：「華陽黑水惟梁州」，「黑水西河惟雍州」。周文安辯疑録云：甘肅志：甘州之西十里有黑水，流入居延海。肅州之西北有黑水，東流荒遠，莫窮所之。是其源入雍州之西，流入梁州之西南，其正西別流，遶西極之外，而無所據見。地勢西北最高，故能經西而西南也。

雲南志載：金沙江出西番，流至緬甸，其廣五里，徑趨南海。得非黑水源出張掖，流入南海者乎？河源在中州西南，直四川馬湖蠻邦之正西三千餘里，雲南麗江宣撫司之西北一千五百餘里，愚觀黄河源近雲南地，則大金沙江源自番、雍之地，南入緬海。論雍、梁間水，惟此大耳。此水爲黑水，無足辨矣。朱子云：天下有三大水，曰黄河，曰長江，曰鴨緑江。此語無怪也。宋初斧畫雲南，南渡又偏安一隅，朱子又從何知有此江之長廣于江、河哉？

黄真元又云：考大金沙江、瀾、潞三水，雖皆入南海，大小遠近迥不同，瀾僅潞四分之一，大金沙三倍于瀾、潞。瀾、潞所出地名在鹿石山，在雍望，俱可窮源，上流亦狹。大金沙江之源則遠出番域，上流已闊，澄若重溟，黝然深碧，夏、秋漲溢，江色不變，若比于楊子，浪滄一小溪，即詩語大金沙江之長廣又可知矣。其註云：「傍多松，有琥珀，自孟養地來。」孟養正在金沙江之濱。今瀾滄不聞有琥珀，大理志指瀾滄爲黑水，亦不深考耳。相傳大金沙江上源近大宛國，自里麻茶山至孟養極北，不聞有所往，號「赤髮野人境」，峭壁不可梯繩，弱水不任舟栰，土人惟遠見川外隱隱有人馬形似，殆西羌之域也。

今姑略其源，惟自其經流、支流入海可見者言之。水流至孟養陸阻地，有二大水自西北來，一名大居江，或云大車江，一名檳榔江，二水至此合流，又名大盈江，今騰越州人總甸内諸水，亦曰大盈江，殆竊侈其名也。江流至此，夷人方名其爲金沙江。江中産緑玉、黄金、鈿子、金精石、墨玉、水晶，間出白玉，濱江山下出琥珀，舊志以琥珀、緑玉出在瀾滄江者謬矣。昔年王靖遠、蔣定西追麓川叛賊思機發、思卜發弟兄，造船飛渡孟養，及復與思禄盟誓，江乾石爛，乃許其過江者，皆此江也。滇人相傳名大金沙江，若以别麗江、北勝、武定、馬湖之小金沙江耳。自此南流，經宧猛、莫噉、莫郎，至猛掌，有一江西來，入大金沙江；又南下昔朴、怕鮓、猛莫、猛外，經蠻莫，有一江源自騰越大盈，經鎮夷、南甸、干崖，受展西、茶山、古湧諸水，伏流南牙山麓，出經蠻莫，入大金沙江。江又經蠻法、魯勒、猛拱、遮鰲、管屯、大菖蒲山峽、小菖蒲山峽、課馬、孟養、怕崩山峽、户董、鬼哭山、戛撒。昔年緬人攻孟養，以船運兵餉到戛撒，爲孟養所敗者，此江也。正統中，蔣雄率兵追思機發，爲緬人所壓，殺於江中，亦此江也。大約江自蠻莫以上，山竦水陡，正統中，郭登自貢章順流不十日至緬甸者，亦此江也。下流經温板，有一江源自騰越龍川江，經界尾高黎共山，隴川、猛乃、猛密所部莫勒江，至太公城、江頭城，入于金沙江。下流又經猛吉、準古、温板，又名温板江。温板又名流沙河，相傳唐僧取經過此渡，故名，皆金沙江也。猛戛、馬嗟喇至江頭城，江中有大山極秀聳，山上大寺。又有一江源自猛辦、洗母戛南來，入大金沙江。又經止郎、龍大、馬革底、馬撒、蹟馬入南海。其江至蠻以下，地勢平衍，江闊可十五餘里，舊志云五里者，非也。經南江益寛，流益慢。緬人善舟，又善泅水，操櫓楫者如涉平地。至是江海之水，瀦爲一色矣。文選載佛經云「拔提河，一名金沙池，脱履金沙」云云。金沙江亦名拔提河矣。

今再附考蒙化府志：瀾滄江與漾濞江〔五六〕，蒙人謂之大、小二江，合西洱河、勝備河，至順、蒙交界處，土人謂之羅擦聚，日出水光蕩射可觀。不二十餘日，至錦龍江，即水下流，海客船多會易于此，漸漸至南海。

永昌府志：潞江，一名怒江，水經注云瀘江。楊慎云：瀘江，今訛爲露江，源出吐番，流經芒市，至木邦地，名喳哩江，又流經八百、車里地，至擺古東，入南海。自木邦以下，即可通舟楫。昔年隴川多士寧前往擺古，見莽瑞體，皆繇此江順流而下也。舊傳潞江流至洪門、車里，沙磧浸散，與近騰越志以爲入大金沙江，皆非是。

愚嘗謂三江皆可舟可航，夷人欲據險隱塞，不使通行，豈知天地設此三江，正爲本朝制馭西南緬甸諸夷設，當事者誠不可忽而不講求也。異日聖天子問緬甸諸夷久不朝貢之罪，則此三江者，固漢家樓船下番禺出奇制粤之牂牁江也。

北金沙江源流考

前　人

按金沙江源出吐番共龍川犁牛石下，謂之犁牛河，又名犁水；訛「犁」爲「麗」，又名麗江，即古名麗水；蓋以其江内産黄金，故名金沙江。元憲宗取大理，用革囊爲筏以濟金沙江者，即此江也。其流經吐番鐵城橋，東經麗江府巨津、寶山二州，又東經鶴慶府、北勝州、姚安府，又自武定府北界，經黎溪州。蒙氏僭封爲四瀆之一，亦即此江也。又自武定下流入濟慮部，夷人鑿桐槽船以通往來行旅，遂又名金沙渡。又西過四川東川府，一名黑水，一名納夷，然皆金沙江别名。又經四川行都司會川、建昌、德昌、打衝等衛所，又經烏蒙府，又經馬湖府蠻夷長官司，與馬湖江相合，下流至叙州，入岷江矣。

今自其支流者言之：大理賓川大江北入金沙江；鶴慶漾共江，東南至龍珠山，入石穴，伏流復出金沙江；三莊河與漾共江會流，入金沙江；北勝州桑園河經州西南桑園村下，流入金沙江；龍潭泉有九眼，下流入金沙江；程湖南入金沙江；姚安府青蛉河，西經大姚縣，東入金沙江；龍蛟江一名苴泡江，合姚州連塲、香水二河，入金沙江；安寧州螳螂川即滇池所洩，下流瀠迴州治，上過昆陽州，下經富民縣，入金沙江；楚雄府龍川江，西合諸水，爲峨録川，又東合諸水，經定遠縣黑鹽井，下流入金沙江，考安寧、楚雄二水雖小，皆可通舟楫；武定府西溪河，經楚雄府，至元謀縣西，入金沙江；又勒夷水、普渡河俱入金沙江。以上皆雲南之水，朝宗于東海，順流于中國者。

四川東川府牛欄江，源出尋甸府，入金沙江；辟谷川源出尋甸府白津河，西入金沙江；越巂衛大渡河，源出吐番，下流合馬湖江、四川行都司寧遠河，西南合瀘水，入金沙江；懷遠河南合瀘水，入金沙江；鹽井衛越溪河，東合打冲河，入金沙江；雙橋河流經打冲河，入金沙江；會川衛瀘沽河〔五七〕，河出小相公嶺，入金沙江；打冲河千户所打冲河，蠻名黑惠江，又名納夷江，源出吐番，下流入金沙江；晃橋千户所東河，源出小相公嶺，會瀘沽河，入金沙江；四川行都司南瀘水，源出吐番，南入金沙江。元史云：「水深廣而多瘴〔五八〕，鮮有行者；冬夏常熱〔五九〕，可焬雞豚。」諸葛武侯五月渡瀘，即此水也。元李景山云：益州記、水經俱以瀘水在永昌不韋縣，寰宇紀以爲在巂州會川縣。景因出使越巂，考瀘水源，蓋建昌瀘川驛有孟獲城，又有瀘古州，孔明渡瀘，繇巂州入益，即滇池，此名「渡瀘」爲有驗。今水出吐番，過建昌、會川，合金沙江，夾岸多高岩叢葦，故下渡如經甑釜，炎蒸雍鬱，多感瘴癘，至今猶然。或以金沙江即瀘水，誤矣。

雲南之水，迤東可通中國者，如雲南府大城江，自陽宗明湖，經宜良，入盤江；臨安之瀘江、曲江、婆兮江，入盤江；澂江府之巴盤江、鐵赤河，入盤江；廣西府之八甸溪，入盤江。盤江至府境水爲大，曲靖府之瀟湘江、白石江，合盤江，經交水，至彌勒，入平伐横山寨下，經廣西静江，入于海。廣南府西洋江，入廣西田州府右江，南汪溪亦入右江；尋甸府阿交合溪入霑益州界。北在經理廣西田州水陸者，安可忽之哉！如大理府西洱河，下與漾備江合流，入瀾滄江。漾備亦名神莊江。瀾滄江源出吐番，自西而南，至于麗江、蘭州、雲龍，過永昌、楚雄、臨安、車里、大甸七十城門，至交阯入海。趙州白崖瞼江，一名赤水江，下流至定邊，名禮社江，合瀾滄江。臨安府西有禮社江，入納樓茶甸界，爲禄豐江，經合蒙自，爲梨花江，注于交阯清水江。楚雄府馬龍江，源自蒙化境，繇定邊、碍嘉，合白崖瞼江，南入元江。景東瀾滄江大河，源出定邊，入馬龍江。景東府杉木江、馬湧江，合南浪江，入威遠州界。永寧府羅易江，北過府境勒汲河，入四川鹽井衛界。順寧府備溪江、西洱、漾濞二水，合流至本府鐵場山下，入瀾滄江，故名。元江府禮社江，一名元江，源出白崖瞼江，合瀾滄江諸水，入交阯。新化州摩沙勒江，即禮社江，下流至元江，入交阯。者樂甸長官景東河，源出景東，經本甸，下入馬龍江。北勝州羅易江，入永寧府白角河，入西番界。永昌府瀾滄江、銀龍江，入瀾滄江。勝備河入備溪江。潞江，一名怒江，經芒市、木邦、八百，下流爲喳哩江，經擺古，入南海。檳榔江出吐番，遶金齒百夷，經干崖、阿昔，下合大車江，至江頭城。騰越大盈江，一名大車，入南甸，爲小梁河，至干崖，爲安樂河，西流爲檳榔江、龍川江，下流至緬甸大公城，合大盈江。雲南府安寧河，出安寧，經富民、羅次，爲沙摩溪；至禄豐，爲大溪；至易門，爲九渡河，入元河。又星宿河出武定，經禄豐，過易門，入元江。蒙化府陽江，出郡西北甸頭花判澗，南至甸尾，過定邊，與迷川、禮社江相合，過元江，入海。瀾滄江與漾濞江，蒙人謂之大、小二江，至順、蒙交界處，土人謂之羅擦聚，二水相交，日出水光蕩射可觀。不二十餘日至錦龍江，一名九龍，船行會海客于此，漸至南海。

愚謂雲南通緬甸諸夷水路，舊惟知有金沙江可通大舟，不知潞江、噎哩一派，可通擺古，瀾滄、銀龍一派，可通八百、交阯，皆可舟可船之水，經理緬甸者誠不可不講求也，故附及之。

升菴集

孔明出師表「五月渡瀘」，今以爲瀘州，非也，瀘州古之江陽，而瀘水乃今之金沙江，即黑水也。其水色黑，故以瀘名之爾。沈黎古志：孔明南征，由今黎州路。黎州四百餘里至兩林蠻，自兩林南琵琶部三程至嶲州，十程至瀘水，瀘水四程至壽棟，即姚州也。今之金沙江在滇、蜀之交，一在武定府元江驛，一在姚安之左郤。據沈黎志，孔明所渡當是今之左郤也。琵琶一作㼚琶，兩林今之邛部長官司也。

議開金沙江書

楊士雲

按志：金沙江古名麗水，源出吐番界共龍川犁牛石下，名犁水，訛「犁」爲「麗」。東經巨津、寶山二州，三面環麗江府；東經鶴慶，受漾共江諸水；又東經姚安府，受青蛉、大姚、龍蛟諸水；又東經武定府，受元謀、西溪諸水，又受滇池、螳螂諸水；又東經東川府，西入滴濾部〔六〇〕，受尋甸、牛闌、谷壁喟〔六一〕、嚙化諸水〔六二〕；又東經烏蒙南，又東經鹽井、建昌、會川、越嶲諸衛，合瀘水，受懷遠、宜遠〔六三〕、越淇〔六四〕、雙橋、長河、瀘湘〔六五〕、大洞、魚洞、羅羅、打冲、東河、熱池諸水；又東至馬湖府，受泥淇〔六六〕、大、小汶諸水；又東至叙州府，受大江。此南中西北之險，蒙氏僭稱比瀆者也。

按史：漢武帝遣馳義侯開越嶲郡，尋遣郭昌等開益州郡；諸葛武侯渡瀘南征，斬雍闓，擒孟獲，遂平四郡，定滇池，皆先奪此險也，始通西南諸夷。歷晉迄隋，通壅靡常。至唐蒙氏世爲邊患，至酋龍極矣，屢寇黎、雅，一破黔中，四盗西川，皆繇據此險也，遂基南詔亡唐之禍。宋太祖鑒此，以玉斧畫大渡河，曰「此外非吾有」，棄此險也，遂成鄭、趙、楊、段氏二百餘年之僭。元世祖乘革囊及筏渡江，進薄大理，擄段智興，破此險也，遂平西南之夷。國初梁王拒命，我太祖高皇帝命將征討，神機廟算，悉出聖裁，諭潁川侯等曰：「關索嶺路本非正道，正道又在西北。」蓋謂此也。班固謂皆恃其險，乍臣乍驕；范曄謂馮深阻峭，紆徐岐道；宋祁謂喪牛於易，患生無備，誠確論也。

夫雲南四大水，惟金沙江合江、漢朝宗於海，爲南國紀，天設地造，本爲天下用也。歷代乃棄諸夷酋，資其桀驁，雖建立城戍，僅僅自守，時或陷没。豈知天有宿度，地有經水，人有脈絡，禹貢於每州末，必曰浮某水，達某水，入某水，逾某水，蓋紀貢道達帝都，著天下大勢，以水爲經紀也。孰謂滔滔大川，可浮可達，反舍而陸，乃北至永寧，東至鎮遠，不亦勞乎？禹外薄四海，各迪有功。夫一勞久逸，暫費永寧，執事之議詳矣，爲國家慮深且遠矣。所謂計費吝賞，責效讒言，斯固古今之恒態，不可成天下之事者也。然英傑見同，必有繹之者。纘神禹疏鑿之績，恢四海會同之風，息東西兩路之肩，拊滇雲百蠻之背，昔爲絶險奥區，今爲掌中腹裏，皇明大一統無外之治，億萬年無疆之休，實在于此。凡有識者咸曰望之，庶幾見之，惟執事留意，幸甚。

疏通邊方河道議

毛鳳韶

竊照雲南地方有水路，直抵四川馬湖府，初以遐僻，爲禹跡所不到，遂爲土人所據，至我國家，始郡縣其地，同于華夏。然貢獻之物損，官使之行李，軍民商賈之物貨，擔負萬里，筋力已疲，而土官土舍，因見道路阻絶，每懷異志。及今國勢强盛，不行開通，將來之悔，不敢謂無也。本道訪據武定府揭帖，内開本府有迤東通四川水路，自雲南海口，至安寧、羅次〔六七〕、富民、只舊、你革、達吉、普渡河、安革、法干、土色至大江，俱本省地方。大江至四川東川地方，大江邊阿納木姑，共一十三站，内土色有疊水，又有迤西通四川水路。自雲南陸路至富民、武定、虚仁、環州，至金沙江巡檢司，凡五站。本司金沙江水路下船，至罵剌母、白馬口、燦剌、則五、曲革、直勒、則卓、剌除、魯圭、寧抄、答甸、沙吉、撒麻村，亦至土色大江阿納木姑，凡一十四站，内則卓、沙吉有疊水等情。

又據金沙江巡檢司應襲巡檢土舍李朝宣禀帖，内開金沙江上至麗江、瀾滄，至姚安府、武定府，下至東川、烏蒙、芒部、上江。弘治、正德間，馬湖府安監生放杉板，嘉靖十七年，王萬安亦放杉板，俱係拖梢五板大船經過〔六八〕，或十餘隻，或八九隻。建昌行都司奉欽取大木、寧番、越嶲、鹽井、建昌等五衛，俱在上江、打沖和三江口，并德昌千户所地方，或劄簰，或散放，會川衛在下江、科州採砍。查審開江船行，若問灘水險阻，魯開、虎跳灘、天生橋十分不爲險阻等情。

又審據本府姜驛驛丞梁松禀稱：本驛設在金沙江巡檢司之西，過江五十里，與四川會川衛抵界。每見客人來販木〔六九〕，劄成簰筏，自本司江流而晝夜六日，即抵馬湖。隨簰下船，或一二十隻，裝載糧食。有養豬畜客人，跳簰擲船，如履平地。離本司江下五六十里，有大、小虎跳灘，俱是金沙江〔七〇〕，至冬春水落之際，可以施功開鑿等情。

又據本府揭帖，内開據經過建昌客人何松，執稱建昌衛管下德昌守禦千户所洗迷村伐木下江頭，一程至白水站，一程至會川衛管下甸沙關，甸沙關一程至梅易千户所，三程至武定府和曲州金沙江等情。隨喚何松，亦稱馬湖、建昌等處客人，採取大小板枋，俱自德昌下河〔七一〕，從金沙江巡檢司經過，直至馬湖、敘州。令伊畫圖，各到道，爲照前項河道。武定、迤東，極爲捷徑，且甚便益，但訪得河内間有巒尖石，兩邊崖石生合成橋，水從石縫流下，未委虚的。若迤西金沙江，則水面洪闊，四時横流，客商通販，前後不絶，中間雖有虎跳二灘，然皆沙石易鑿，此則斷然可通而無疑者也。

先年巡撫都御史黄衷曾議開修，取金沙江巡檢司曠愛招集馬湖、横江客人，俱到布政司，舉行間，以陞遷中止。近年巡撫都御史汪文盛，亦曾委官踏勘，以征南中止。事功之會，人咸惜之。合無批行總司，會同布、都二司，從長計議，先將東、西二道，各委能幹文武重職，帶同屬官，多給官銀，督同本處土官土舍，俱優其廪給，帶領木、竹、石、鐵等匠，厚其口糧衣鞋，沿途用銀，僱倩熟知地利鄉導人役隨帶小船，及沿河採買竹木，劄爲簰筏，乘載通行，逐處踏勘，直至馬湖大江而止。中間要見舟楫無礙經行者幾處，危石可鑿者幾處，幾丈幾尺，如有絶險，人力所不能施者，或作兩截盤運；沿河陸路可通者幾處，不通者幾處，應合開闢者幾處，幾里幾十步；及沿河有無人烟稀密，堪立驛遞鋪分哨堡等項。各計合用夫力工匠若干〔七二〕，錢糧若干，悉心料理，勘估明白，畫圖帖説，并將用過官銀，具繇造册回報。然後擬議奏請，行委三司堂上官親詣督理，開通施行，則不獨一時一方之利，實國家久安長治之計也。

仁甫氏舊志曰：梁州黑水，今蘭滄江是。此江所經峽壑深塹，兩山夾流，原非禹鑿。元張立道使交阯，繇黑水入三崇山，蘭滄經其麓，今其地蓋有黑水祠。乃永昌諸生黄貞元又以黑水歸金沙江，謂有兩金沙，而非李氏以蘭滄爲黑水；以江内外分夷、漢，又非樊綽以麗水爲黑水，非程氏以西洱爲黑水，非地里志以南廣爲黑水。語詳騰越志中。

大學衍義補

雲南地漢時已入中國，謂爲西南夷。唐末爲南詔所據，後爲蒙、段二氏所有，自爲一國，宋竟不能有之。元世祖始平大理，以其地内屬。本朝立爲藩府，命黔國公世守之。今其雲南、楚雄、臨安、大理等府，設置如内地，而更以元江、永昌之外麓川、車里等處爲西南夷，亦猶漢時自成都而視滇池也。國初止立麓川、車里二宣慰司，今則爲宣慰司者凡七焉，七者皆百夷之地，而惟麓川最大且要。正統中，以思任發梗化，降爲隴川宣撫司。大抵雲南之地，其南以元江爲關，以車里爲蔽，而達于八百；其西以永昌爲關，以麓川爲蔽，而達于木邦；西南通緬甸，底于南海；東南通寧遠，而境乎安南；西北盡麗江，而通乎吐蕃。所以制馭之者，與南蠻北狄不同，蓋彼去中國遠甚，其有叛亂，不過梗化，虧欠歲貢而已，不足爲中國輕重也。爲今之計，宜擇一要害地，或景東，或騰衝，命將一員，統軍於此守備，嚴禁中國客商，不許擅入其地，則彼不知中國虛實，而不爲人所煽惑引誘；設爲互市，有所交易，許其移文通譯，齎載以來，使彼知中國之貨難得，則不敢輕自棄絶矣。

自金齒過蒲縹，將至怒江，有屋牀山，乃雲南、百夷界限也。高山夾箐，地險路狹，馬不可並行。過是山三里許，即怒江渡，此江即百夷地也。沿河下數十里，上高黎共山，即今之通衙也。高黎共山路亦頗險，上二十里，下一陡澗，復上三十里，至山巔，夷人立栅爲砦，過砦復下四十里許平地，乃麓川江上流，過此則無險隘之地矣。一路從怒江西上，二日程至騰衝府，七日許到麓川；一路從雲南白崖，過景東，從木通甸至彎甸渡河，入茫施，約十日程到麓川。自怒江上流蒙來渡至景東，沿河小渡十數處，皆可入境也。

鎮守

沐英，直隸定遠人。以西平侯克平雲南，詔留鎮守。洪武二十五年卒，追封黔寧王，謚昭靖。子春襲。

春，英長子，襲西平侯，繼鎮。洪武三十一年卒，謚惠襄。無嗣，弟晟襲。

晟，英次子，襲西平侯，繼鎮。以征安南功，加陞黔國公。正統四年征麓川，班師卒，追封定遠王，謚忠敬。子斌襲。

斌，晟長子，初名儼，上賜名斌，襲黔國公，繼鎮。景泰元年卒，謚榮康。子琮襲。

琮，斌子，襲黔國公。成化元年繼鎮，加太子太傅佩征南將軍印。弘治九年卒，謚武僖。姪孫崑襲。

崑，參將誠長子，以武僖公無嗣，襲黔國公。弘治九年繼鎮，加太子太傅。卒贈太師，謚莊襄。子紹勛襲。

紹勛，崑長子，襲黔國公。正德十六年繼鎮，加太子太傅。卒贈太師，謚敏靖。子朝輔襲。

朝輔，紹勛長子，襲黔國公。嘉靖十六年繼鎮，加太子太保。卒贈太保，謚恭僖。弟朝弼襲。

朝弼，紹勛次子，以恭僖公二子融、黌俱優給病故，繇弟襲黔國公。嘉靖二十六年繼鎮，被逮卒。子昌祚襲。

昌祚，朝弼子，襲黔國公。隆慶元年繼鎮。萬曆二十四年以病乞休。子叡以都督掛印代鎮。叡卒，仍以原官起用，屢進少傅兼太子太傅。卒，孫啓元襲。

叡，昌祚子，萬曆二十四年以父昌祚乞休，授都督僉事繼鎮，陞都督同知右都督，被逮卒。

啓元，叡子，襲黔國公。天啓五年繼鎮。

土司官氏

雲南府

昆明縣赤水鵬巡檢司土官阿喇馬丹，洪武中從劉侍郎使車里，後從征陣亡，録其子馬速魯麻爲巡檢，沿至馬時升襲。

清水江巡檢司土官李保，永樂中以通事譯夷語，宣諭八百諸酋，授巡檢。洪熙中，有李賢者入貢，褒以勅諭，進將仕佐郎，沿至李國柱襲。其地控昆、富二邑之交，武夷累犯省城，恒經之。李氏所轄地有篾浪九村。

羅次縣土官楊大用，寧州人。洪武中歸附，潁川侯録其功，表爲景東府知事，累官右參議。其後有楊正者，自請録用，初爲鄧川之上江巡檢，後調楚雄之沙橋，尋授羅次土知縣，世其官。米魯、安銓、那鑑之亂，咸徵其部兵，至五百而止。今沿至土舍楊耀德。

煉象關巡檢司土官李者，本縣昆石鄉夷人。初仕元爲防送千户，洪武中率衆從征，殁于陣，録其子李阿白爲土巡檢。弘治中銓注煉象官兵討武定鳳氏及他役，李氏咸以兵從，多或至一百人。沿至今土舍李世膺。

安寧州土官董通，洪武中率衆從傅潁國爲鄉導，供資糧。後元遺孽作亂，通保境拒之，乃録其子董節奉訓大夫，安寧州土知州。設流以來，政歸有司，每徵調，則倩鄉氓充行伍焉。今沿至應襲董九成。

禄豐縣南平關巡檢司土官李矣，洪武中以甲首宣諭收招各酋，授巡檢。阿克之變，有李印者死于陣。今沿至李惟賢襲。

宜良縣湯池巡檢司土官馬奴，以通事屢偕諸使臣入三宣，後又導諸夷貢方物。正統中，以其子馬祺爲巡檢，從諸夷酋之請也。鳳繼祖之亂，發其兵三百人。近以薔甸不靖，復徵其衆戍昆陽，今沿至馬羲徵襲。

大理府

鄧川州土官阿這，羊塘里民。洪武十五年蠻賊高生與故元右丞普顏篤之亂，惟這執忠不屈，爲西平侯所旌，後以擒高生等功，授土知州世襲。所部皆爨屬，强者依山，弱半附郭。嘉靖中，阿國禎以兵一千奉調征安、鳳，後又以兵一千從督撫鄒侍郎蕩赤石崖，論功欽賚如例。萬曆中，阿榮以八百衆護餉征岳罕，建隴川土城，又以六百衆搜捕尋甸賊李賢輩。其後矣堵、蠻莫、五井諸役咸在行間，稱用命焉。

青索鼻巡檢司土官楊良，波溯邑里人爲元蒙化州判官，天兵克大理歸附，招叛民，累功土巡檢。所部兵不滿百，每鄧川出兵，則楊氏以所部從。今沿至楊胤龍冠帶巡捕。

浪穹縣土官王藥師，初以芻粟餉大軍，授鄧川州吏目，後以征普顏篤功，改浪穹典史，世襲。官兵討鐵鎖箐及米魯、武、尋，咸以兵從阿氏，備一隊。今沿至王夢祖冠帶管事。天啓壬戌，霑益亂，亦調其衆，犒以銀牌。

蒲陀崆巡檢司土官楊順，浪穹縣坊長里民。洪武中，指揮周能典大理衛事，以順充通事，招撫蒙化、白崖，傅潁川表爲土巡檢。其後屢從阿氏建功。今沿至楊鳳階冠帶署事。

鳳羽鄉巡檢司土官尹勝，鄧川州玉泉鄉人。元末爲木邦府判，天兵克大理，歸命和門，西平檄授土巡檢。安、鳳之亂，從阿氏攻李鎖飛、李牙保等寨。今沿至尹世忠聽襲。

上江嘴巡檢司土官楊信，劍川州人。初爲村長，以芻糗餽大軍，後累功于三營、佛光、寧北之間，授世襲土巡檢。常從阿氏討叛。今沿至土舍楊廷舉。

下江嘴巡檢司土官何海，浪穹山後里人。倡義率土民歸順，授土巡檢，世有其職。今沿何養正冠帶聽襲。把事張心，浪穹寧北鄉人。方天兵入境時，招其鄉民歸附，餽糧無乏，錫之冠裳，以把事鈐其衆。後安、鳳、蕎甸、鐵鎖箐諸役，咸効驅除，稱勇敢焉。近征隴川、耿馬，調集或至三百人。沿至張軫聽襲。

定西嶺巡檢司土官李清字〔七三〕，趙州彌只里民。元爲彌只防户，洪武中歸附，授土巡檢。沿至李齊月襲。其部夷嘗土而耕，約信不爽，從未聞征戰之役。

德勝關驛土官王義，太和縣人。國初附大將軍招集高奴、李珠等五百衆，授驛丞。今沿至王紹恩襲。

洱西驛土官張鑑，元時爲提舉，率衆來歸，屬于指揮周能，獲故元左丞、伯、都督等，又築外城，累勞授驛丞。沿至張從德死，無嗣。

雲南縣土官楊奴，在城僰夷。元時典邑，以縣降，授土縣丞。初僉土兵一千五百名，其後麓川、蠻莫、木邦、尋武，咸効行間，多至六百名而止。近阿克、楊禮叛，其部所向克捷，大略皆徒跣裹氈，無部伍，其長技以勁弩毒矢爲迤東諸夷所憚，居平與洱海衛軍雜耕相安。沿至楊如檟，以鄉賢崇祀。今其子楊淇襲。

張興，阜民鄉柒百莊僰民。元爲品甸千户所土官，大軍至楚雄，興首効順，爲指揮脱列伯鄉導，至品甸招諭甸民，歸附者累千，以甲馬獻，後又攻石寨，有功，授土主簿，世襲，與楊氏分土而居。順、大之役，徵其兵五百名，鄭舉之役三百名。今沿至張綱聽襲。

楚場巡檢司土官楊波日〔七四〕，元右丞不花顏之裔。洪武中選爲百夫長，造金沙渡舟，及築城運鹽，累勞勣，充冠帶把事。卒，子木嗣。木卒，子僧壽嗣。僧壽有武勇，從征麓川、佛光、蒲窩、鎮康，累功給勘合，管辦巡檢司事，尋具奏實授土巡檢。後東川、武定、鐵索諸役，或戮力行陣，或護餉餽軍。今沿至楊階聽襲。

你甸巡檢司土官李義〔七五〕，本甸僰民。國初招故元左丞李歩、右丞賽因帖木兒、不花大王捌思鑑，俱聽命，論功授土官巡檢。今沿至李尚松聽襲。

安南坡巡檢司土官李納麟，趙州人。洪武中招白崖頭目高添惠等户口五百，皆歸附，授土巡檢。今沿至李相聽襲。

雲南驛土官袁奴，雲南縣站户僰人。洪武中招故元同知自羌、萬户自白，及本處夷民三百户歸附，復以餽糧累勞，授土驛丞。至征麓川，徵其兵二百。是從本縣土官楊氏奉令討叛，袁氏皆以所部從。

賓川州賓居巡檢司土官董保，太和縣城北廂里民。元時順寧司經歷以象馬來降，授大理經歷。沿至董禄，降土巡檢。後董鑑以兵二百從征鳳朝文。今沿至董達襲。

金沙江巡檢司土官得力玉石〔七六〕，昆明人。從大軍攻烏撒、金齒，累功授曲靖阿幢橋巡檢，給繇調金沙江。後累効戰功于武、尋、赤石崖，然其衆不滿百。今沿至得富襲。

雲龍州土官段保，洪武中以州來歸，授土知州。沿至段綬卒，子嘉龍襲，其妻縱虐失夷心，族舍進忠計誘漕澗夷，殺嘉龍而篡之。庚申秋，道府誘禽進忠，械繫省城，論死，以其地爲流官治。給嘉龍子綵冠帶，鈐束其衆，所部夷、玀二種，夷弱玀强。其三崇山後又有野蠻，嚚戾好殺。

箭桿場巡檢司土官字忠，元時爲土官以衆來歸，授土巡檢，與世襲。後字廷宣屢從鄧川阿國禎討安銓、鳳朝文、蕎甸諸賊。天啓初，以巡司改屬雲龍州。沿字顯道襲〔七七〕。

師井巡檢司土官楊勝，鄧川州玉泉鄉人。洪武中率衆來歸，以糧濟師，授土巡檢。後楊時從征安、鳳効力。今沿至楊勳襲。天啓初，改屬雲龍。

順盪井巡檢司土官李良，元時管軍百户，倡衆歸義，從鶴慶知府董賜入朝，除土巡檢。後以罪失其官，尋復之。蕎甸、安銓、鳳朝文諸變，咸以功著。萬曆初，從征岳鳳，亦與力焉。今沿至李繼武襲。萬曆四十五年，改隸雲龍。

上五井巡檢司土官楊惠，劍川州江東鄉民。歸誠從戎，討鄧川楊奴及佛光寨之叛，授浪穹縣主簿。後楊信以麓川功，得世襲土巡檢。又有楊世勳者，從征那鑑，死焉。今沿至楊世恩襲。萬曆四十五年，改隸雲龍。

十二關巡檢司土官李智，鄧川州玉泉鄉民。洪武中歸義，授土巡檢。後亦効力于尋甸、蒿甸間。今沿至李應朝聽襲。四十五年，改隸雲龍。

十二關長官司土官李羅賽，直隸真定府趙州人。在元爲防送千户，洪武初以招附品甸大王及頭目自𡖅等功，授副長官。沿至李弼，出兵一百于馬頭山攻安、鳳之黨，禽沙凹、者烏輩獻馘。李國出兵三百，擣赤石崖、俄喇諸寨，招收阿曲朋夷民百六十餘衆。其後加兵蒙化、大候、矣堵、奉赦、罕虔等，比奉調遣，然其兵多不過三百。鳳克叛，亦以三百衆衛姚安。今沿至李祚昌襲。

臨安府

寧州土官弄甥，元土官普提之後。洪武初歸附，授土知州。沿至普奉，以專横伏法，遂設流官治州事，賦訟盡屬有司，而徵調則土官以部夷行。嘉靖間改禄姓，有禄世仁者爲同知，禄紹先爲知州。傳至禄華誥，討羅平有功，晉秩至運同。華誥卒，子厚襲。厚卒，子溥襲。溥卒，弟洪襲。石屏有禄嘉懋，阿迷有禄嘉瑞，蒙自有禄有道，皆其族，分出捕禦盗賊。修攘考稱其士馬精强，遵紀律，倘忠勇不替，可備全滇緩急云。

嶍峨縣土官普浄，郡志作「禄侑」。國初歸附，授縣丞，尋以功陞世襲知縣。弘治間，專任流官，而以土官巡捕。沿至今禄崇功襲。所居去縣治五里許，轄部玀玀、窩泥二種，幅員可五百里，徵調之衆不滿千人。

王添祥，正統間以軍里功陞主簿，傳至俊、錙、錡、欽，皆有其官。今沿至王烈聽襲。

阿迷州土官普柱，洪武中爲土知州，後設流，録其裔覺爲東山巡檢司土巡檢。沿至普維藩，與寧州禄氏搆兵，師殲焉，維藩死。子名聲幼，兵道畜名聲城中，令郡諸生教之，既長，召諸寨夷共立之，以延普氏。名聲收集其衆，勇於攻戰，天啓元年十一月，奉調剿逆，至今所至輒以衝陷聞。

部舊村巡檢司白氏，世爲土巡檢，沿至白麟應襲。

納樓茶甸長官司土官普少，羅羅人。洪武初歸附，授副長官。傳普定喜、柱宗、明微、星安、銓安、正普、鼎禄。今沿至普延齡襲。司治在從仁鄉他負白村，所轄有僰夷、玀玀二種。部内鑛塲，曰中塲，曰鵝黄，曰摩柯，封閉已久，而亡命逋其中竊取之。

溪處甸長官司土官束充，和泥人。洪武中歸附，授副長官。其後見于傳記者，有赤渴、角嵩、粤成、覺定、覺明、覺棋、覺鳳、恩海、禄寬、恩貴。本無姓，亦不知冠帶，自知府陳晟授以趙姓，今沿至趙恩洪死，子趙恩禧聽襲。其司又有土官錢姓者，其始不可考，今沿至錢覺泰聽襲。治在左作寨村。舊有部酋名賀磔，訛爲和泥，本一部，後蠻酋官桂兄弟分爲三部，溪處其一也，部夷僰夷、窩泥二種。

教化三部長官司土官蕎乍，和泥人。洪武中授副長官，傳至張澤未襲，土舍張德勝用事，子張明聽襲。司治在瓏村大教化，衆山連絡，一山中峙，土官公署與居民皆在其巔。推官江魚行部至之。部夷曰馬喇，曰沙人，曰玀，曰儂人，曰野蒲，曰喇記。

思陀甸長官司土官遮比，和泥種。洪武中授副長官。遮虧傳虧習，虧習傳習宗，習宗傳宗白，宗白傳白祥。今沿至土舍李泰華。司治在瓦吴陀寨村，部夷皆窩泥種。

虧容甸長官司土官阿普，洪武中授副長官。其後有阿睿廿宗。今沿至孫承祖襲。司治虧弓村，地濕熱，多瘴癘，勝國安置罪人之所。部夷唯光頭百夷一種。

左能寨長官司土官獵豆，沿至龍勝安死，子龍上登襲。龍氏素以桀驁不聽道府鈐束，每有文移，輒稱都司八寨長官司，屢厘戒諭。其治在崇府寨，高山連亘，崖谷之險，倍于他司。部夷惟窩泥一種。

王弄山長官司土官阿頒，洪武中授副長官。其後有阿乍，傳至烏珀、烏志、得烏、騰鳳死，今其子有烏高舉。其地層巒幽阻，魯部河自禮社江流至司境入于交阯，蓋夷夏要衝云。所部儂人、玀玀、㹀鷄、樸喇、沙人、阿成，凡七種。

落恐甸長官司土官他有，和泥人。洪武中授副長官。其後有少珪廷秀。沿至陳國誥，爲溪處錢覺平所殺，檄元江那氏爲之處。今其子有陳汝忠。司治在落恐寨，部夷惟窩泥一種。

諸甸皆藏匿山林，群聚雜處，喜人怒獸，一言不合，則機弩引弓相向，死則以財物償之，非德化所能懷柔。各長官俱本土羅羅，和泥人，原無姓名，各從族彙本語定名，或隨世遞承其父名之末字，更接一字相呼。弘治初，知府陳晟以百家姓首二句，司分一姓，加于各名之上，唯約樓未受。其地在郡西南，遠者不下二百里，近者百里，沐西平入安南，蓋取道于此。今蓮花灘之外即交夷，而臨安無南面之虞者，諸甸爲之蔽也。惟是流官憚瘴，久不履其地，諸酋不襲而自冠帶，且始相犄角而漸相傾危，遂日尋干戈。數十年來，廣南沙、儂以征戍竊據其地，窩泥弱而無謀，爲所并吞，官兵討之，不得志，各長官寄食如棲苴耳。

安南長官司，正德中廢。今王弄山沙伏誠子沙源，萬曆三十八年以部兵斬賊，當事者委以王弄副長官事。四十三年擒交南僞勝智侯，生獲阮文美等，因以安南司地界之，令阻截交路。

天啓二年，奉調征勦，給印掌管。

納更山巡檢司土官龍政，和泥人。成化間授土巡檢。其後有龍覺、龍成、龍準。沿至龍統死，子龍升聽襲。治車人寨禮社江自虧容東流至此，出寧遠州，俗呼河底。其撒果山下有隴墩渡，七寶山下有蠻板渡，哈剌山下有蠻汪渡，所謂納更三渡也。

新化州摩沙勒巡檢司土官巡檢普，傳至普榮，死無嗣。

新平縣南硐巡檢司土官易，傳至易體乾，被殺，子易儒以他事斃獄，叔易體宣聽襲。

永昌府

潞江安撫司土官安撫線氏，今沿至聽襲土舍線世祿；副長官尹氏，今沿至聽襲土舍尹紹堯；千夫長尹氏，今沿至尹祥；把事額氏、線氏，今沿至額思敬、線禮。

鳳溪長官司土官正長官莽氏，把事張氏，今沿至莽成龍、張世祿聽襲。

施甸長官司土官正長官莽氏，今沿至莽崇德聽襲。其地平衍饒沃，可爲郡邑，部民驍悍不畏死，遇戰鬥則裸跣以從，鄰夷避之，不敢犯其境。

甸頭巡檢司土巡檢莽氏，沿至莽甕聽襲。水眼巡檢司土巡檢莽氏，沿至莽雲蛟聽襲。

騰越州龍川江驛土驛丞王氏、百夫長刀氏，沿至王來聘、刀承爵聽襲。

保山縣有十五喧二十八寨，諸夷有大㰅、蒲人、峨昌，其酋長或以百夫長稱，或以千夫長稱，或以實授百户稱，皆奉命令，服徭役，第性勇悍，不能驟格，又爲市儈所誘，漸習奸僞耳。今其見于尺籍者，敢頂喧罕氏，早納喧線氏；石冊寨、施甸東山寨、下騰塲寨、金齒東山寨、甸頭寨、保塲寨、烏邑寨七莽氏，皆副千夫長也。古里喧早氏，盪習喧孟氏，蠻雲喧早氏，西牙喧線氏，波艮邑寨、木瓜郎寨、阿思郎寨、南窩寨、周冊寨、信邑寨、瓦窑寨七莽氏，北衝寨、羅明寨、羅古寨、羅板寨四早氏，潞江寨左氏，皆百夫長也。蠻岡喧掃氏，錦邑寨、老姚寨、交邑寨、牛旺寨、山邑寨五莽氏，皆實授百户也。蒲縹寨莽氏，火頭也。其見于郡志，以「喧」稱者，有曰蠻寛，曰空廣，曰蠻塲，曰喇倫，曰蠻養上，曰蠻養下；以「寨」稱者，有曰枯柯，曰明邑，曰茶山，曰乾海子，今或以他事失其官耳。

永平縣土官馬氏，世爲土縣丞，今沿至馬一駉襲。又有楊氏，未著其官，沿至土舍楊喧。其部夷素純謹，每徵調其衆，可五百人，罕岳、順大諸役皆在焉，近大理討段進忠，亦調及之。

永平驛土官李氏，世爲驛丞，今沿至李國臣聽襲。

打牛坪驛土官楊氏，世爲驛丞，今沿至楊騰鳳聽襲。

打牛坪巡檢司土官蒙氏，世爲巡檢，今沿至蒙英聽襲。

右甸守禦千户所蔣氏土官二，一爲正千户，沿至蔣浪，一爲副千户，沿至蔣從智。

楚雄府

鎮南州土官段氏，領州同知，沿至段欽；陳氏領州判官，沿至陳國試。

鎮南關巡檢司土官楊氏，領巡檢，沿至楊恩。

英武關巡檢司土官張氏，領巡檢，沿至張九思。

阿雄關巡檢司土官者氏，領巡檢，沿至者安仁。

沙橋驛土官楊氏，領驛丞，沿至楊儀。

楚雄縣土官楊氏，領縣丞，沿至楊紹先。楊氏領巡檢，沿至楊應雷；冠帶通事寇氏，沿至寇列恂；通把李氏、張氏，沿至李惟棟、張思顔；把事何氏、李氏、楊氏，沿至何仲文、李舍、楊東。

廣通縣土官段氏，領主簿，沿至段一機。

回蹬關巡檢司土官楊氏，領巡檢，沿至楊光寵。

沙矣舊巡檢司土官蘇氏，領巡檢，沿至蘇什得。

定遠縣土官李氏，領主簿，沿至李文；把事王氏，沿至王輔。

黑鹽井土官樊氏、楊氏、李氏，俱領巡檢，沿至樊可亨、楊德隆、李緒。

定邊縣土官阿氏，領縣丞，沿至阿天民；把事邵氏，沿至邵崇仁。

諸族自國初歸附授職，居州縣幅員之中，事權在有司，居平衣食租稅，卒有疆埸之事，則發魚書，令帥其部曲以從戎，然皆編氓也。或曰羅婺，或曰和泥，或曰僰，或曰玀。州可出兵四百人，縣可二百人。

曲靖府

霑益州土官安舉宗，在元爲曲靖宣慰使，其後有禄哲。大兵平南，哲妻實卜與夫弟阿哥歸附，卜授烏撒府知府，哥授霑益州土知州。志草作「阿索」。傳至安九鼎，世絶，妻安素儀典州事，因以烏撒安紹慶繼，實禄哲七世孫、禄墨次子、烏撒酋安雲龍弟，此霑益絶而烏撒繼也。其後雲龍爲烏人安國正所殺，復以紹慶次子効良爲烏撒土知府，此烏撒絶而霑益繼也。紹慶死，長子効忠先卒，沿孫安遠襲。効良弟効賢娶于水西，曰設科，水藺之變，與効良合，其法墮落，竜瓦、歹木洞諸營長以叛，遠不能制，尋死。遠弟邊，初贅亦佐酋婦隆氏，今以繼遠，而諸營陰陽于水、烏間爲滇寇，邊寄空名而已。土官營栅坐石龍山，險阻四塞，介蜀、黔之境，所部四十八營，以勇健稱，其衆三倍烏撒云。

陸涼州土官阿納，國初内附，樹功授知州，綰州符焉。延及資曹，以功陞府同知。萬曆中，夷婦昂氏傳其姪資世守，以罪戍邊，姪資國効應襲。世居州治中，部曲在强弱之間，遠遜霑益。

舊越州土官龍海，洪武中歸附，以其地爲越州，以海知州事。二十八年，分其地屬霑益、陸涼、亦佐，海之子阿資尋以罪誅。永樂三年，資之子禄寧詣闕奉貢，有詔授寧土縣丞，以官護之，令鎮巡安插，乃置之亦佐，與沙氏分土而居。後有海潮者，以功加土州判，稱舊越州。沿至海現圖死，妻資氏署事。今土舍海現祥應襲。幅員南北逕百二十里，東西倍之。士馬强悍，征調或至三千人，武、尋等亂咸調之。

亦佐縣土官沙普，元爲縣酋長，洪武初歸附，世領縣事，後以罪降縣丞。萬曆中，沙騰蛟以姪繼伯，死，子運泰襲。運泰死，妻隆氏襲。居舊縣東，士馬柔弱，自霑烏喪亂以來，益不能自振拔矣。

安插土官恭項，初爲麓川宣慰司人。天兵四十萬討思任，項以萬兵爲鄉導，每戰先登，俘思任、思機妻孥八十，象十三，斬首萬餘，復發私積餉軍三月，費不貲。麓川既定，靖遠伯請改宣慰司爲隴川宣撫司，即以項爲宣撫，尚方與冠服、金帶，并鑄印畀之。後與其下刀木立不相能，搆兵焚司治，項奔省城，鎮巡復發天兵討之，木立懼自經死。朝廷以民不與恭氏，而不欲泯其前功，仍以宣撫使安置曲靖，令世其官，至今食宣撫租不替。沿至恭華國襲。

楊光，初爲騰衝守禦千户所吏目，思任屠騰衝，獲光去。二年餘，自麓川脱歸，以賊中情形來言，因以金帛令小旗楊壽齡，結麓川百夫長刀烏猛，期與合兵圖賊。光先攻陶孟板，殺其酋長，遂與烏猛合攻江東西刀剛、貢曩諸寨，皆下之，奪其浮橋，大師畢濟。麓川定，改守禦千户所爲指揮使司，因陞光府知事，遷曲靖府。沿至楊繼祖襲。

松韶關巡檢司土官李英，平蠻鄉民。宣、正間以捕盜著能。麓川之役從征，累功巡檢，後以畢節夷亂，從大兵解赤水圍，俾世其官。沿至李舒和絶。

南寧縣白水關巡檢司土官李檜芳，以行伍從指揮李觀克大理、烏撒，累功授土巡檢。沿至李承恩世絶。

澂江府

路南州土官秦普，洪武十七年以降附授州同知，永樂中陞知州。普生禄，禄生福，福無子，有二女，曰玄貞，曰慶姐，相繼典州事。至成化中設流，遂失其官。沿至土舍秦世文，世澤未斬，徵調尚及之，然皆編民耳。今世文死，子秦國選攝捕盜事，益削弱不振，故近時徵調不及。其屬夷皆玀玀，性頑，然每土官至，争迎于家，擊牲以飲，率婦人羅拜于下，執理甚恭，殺之不怨。

新興州鐵爐關巡檢司土官王爵，本州白城鄉人。初爲通事，以麓川功授巡檢，後以昆、新之間，時有寇阻，因建關于鐵爐山，以扼其要，授爵世官。正、嘉間，礦塘、通海、一碗水諸賊爲亂，屢征調。後有王德隆，亦從征鳳繼祖。傳至王鑰，以罪戍邊。今土舍王世久聽襲。

江川縣關索嶺巡檢司土官李實，本縣星雲里民。宣德元年，設巡司于嶺上，以地險，流官鮮能其職，邑中公舉實，因以爲土官巡檢。弘治中，李厚奉調征貴州香爐山、米魯、福祐、豆温鄉。正德中，征安南長官司叛夷那代。今沿至李敏聽襲。

安插土官刀門倴，初爲鎮康州土知州。正統中，大兵討麓川，應募攻剋上江，深入灣甸，後軍饟不給，館穀者三月，因直擣緬地，獲思任、思機，累功陞孟定府知府，以其子刀班線爲鎮康州知州。後門倴入貢如京師，思氏餘孽思咲糾木邦攻鎮康，殺班線，掠其金牌印信；復攻孟定，門倴次子刀孟不能支，挈家奔永昌。時靖遠伯班師未久，不能復征，因安置門倴于澂江。傳至刀鎮國死，子天廕襲。

蒙化府

土官左禾，蒙城鄉摩牙里人。其先有左青羅者，元爲順寧府同知，傳至禾，爲九部火頭、順寧司通事。洪武中平雲南，仍以禾爲火頭，後大兵征高天惠等逃竄，禾遂招諭蒙化州人，得授州判官。永樂中，左伽嗣以兵與麓川戰于大候，功第一，累陞中憲大夫、臨安府知府，掌州事。正統中，晉州爲府，遂真授知府。今沿至左近嵩襲。世居城北隅，江内部夷柔而守紀，江外數枝以勇悍每應征調，多野戰而無行伍。

樣備驛土官尹義，本府僰民。洪武中從征佛光，授驛丞。今沿至尹國祐聽襲。

鶴慶府

土官高海，其先高賜，元時爲本府土千户，傳至海，于國初歸附，從征佛光寨有功，授千夫長。世居郡城西北隅，部夷附郭者馴而柔，山後烏蠻、玀玀依附險阻，獷悍好殺，調以赴敵，無所短長。沿至高玉死，子高藩臣襲。其以百夫長稱者，則有楊通、王保、王祥、李清、寸賜、李奴、王公、張生、趙宗，皆郡人，以征佛光、石門及守城、餽餉功，得世其官。今其裔有楊勷勛、王屏、王從震、李得麟、寸汝玲、李一龍、王寧、張世立、趙國瑞，皆未能襲其先世之官，僅以土舍署事而已。

高信，郡人，以資糧鎧仗從征普顔篤，論功授土知事。今沿至高棠蔭聽襲。

觀音山驛土官郭生，本府山外民，大軍征佛光，助順，授土驛丞。今沿至郭維藩。

在城驛土官田宗，郡人，以芻粟供軍儲，克佛光寨，授土驛丞，兼高仲下把事。今沿至田得惠聽襲。

觀音山巡檢司土官王友〔七八〕，山外民，國初以軍功授土巡檢。沿至王之和聽襲。

劍川州土官趙氏，洪武初歸附，尋有功，授土千户。今沿至趙瞻死，子國麒幼，族舍趙晛暫攝之。每徵調兵，皆出編民，多脆弱。其以佛光討賊運餉功授百夫長者曰施保，今沿至施應忠；曰李善，今沿至李承恩；曰趙堅，今沿至趙添爵，俱已襲其世官；曰楊忠，今沿至楊繩武；曰楊保，今沿至楊永鎮；曰楊惠，今沿至楊伯春；曰楊均，今沿至楊受枝；曰楊惠，今沿至楊朝儒；曰段祐，今沿至段開先；曰楊海，今沿至楊大兆；曰李隆，今沿至李楝，俱以土舍聽襲。

順州土官子與，其先有子日、子希，元時爲世襲知州。天兵平南，以州同知待之，俾束部夷。今至子如璧襲。其部曲武健，每徵調，恒與順寧並驅争先。

姚安府

土官高壽，本高泰祥之裔，世居姚州。元爲姚安路總管，子高寺納土歸附。自久叛，奪其印信虎符，西平奏以高保爲土同知。後自久攻姚州，殺知州田本、吏目楊信，保挈印奔洱海。馮都督進兵討之，以保爲前鋒，敗賊于白鹽井，救官吏熊以政等，又捕賊于東山箐，獲僞元帥張光，遂招諭人民于白石的村。賊來夜劫營，又敗之，獲其頭目高昌漸，蹙賊于馬哈山、蘆頭山，禽其部酋阿普、楊通、普只，賊勢衰止。遂召復業人民，定租税，建城郭宫室，開府治。保死，子孫世其官，所部居崇山，盡力隴畝，家有常給，控制番人，鷙悍喜鬥。每奉調征不庭，或至二千人，遠之麓川、芒部、師宗、豆温、阿堂、鳳繼祖，近之隴川、丁改、罕岳、克舉諸役，皆與焉。而銕索箐之討，自三岔河進兵，衆至八千人。萬曆中，高金宸以征緬功，晉秩四品服。金宸死，高光裕襲。光裕死，妻高宗姒攝職，麗江木氏女也，以帷簿不修被殺，子高守藩聽襲。

姚州土官高義，在元爲土知州。子高惠，國初歸附，授州同知，與府同知高氏同域。每徵調，則二氏並驅，其戰士可三百人。今沿至高應麒聽襲。

廣西府

師宗州土官阿的，本州恩榮里人。其先世有普恩者，在元爲武德將軍，世有其地。至的歸附，授州同知，協州事。世居治左之恩榮寨。的孫曰瓏哥，遂以瓏爲姓。正、嘉間，沿至瓏節，時有事于南安、那大、十八寨、阿勿，及武、尋、蕎甸，咸徵其部三四百人。萬曆中，沿至瓏有光死，妻妾秦氏、昂氏分攝之。諸夷無統紀，益以恣肆。今沿至瓏耿聽襲。

彌勒州土官昂氏，初有普德者，率衆向化，授土知州，尋陞知府。成化中，昂貴以不法事革知府，以冠帶置彌勒州，住州治東，食其地，事在有司。徵調之衆，鹵掠無紀律，故近不用。其在部龍鄉土舍曰昂尚才，子欽，在永安寨，孫世英，在曰者鄉。尚有部束鄉之普世隆，石洞寨之李世華，俱以土舍稱。禄慶里寨之竜得升，阿營里寨之普承宗，來車寨之鳳鳴山，俱以營長稱。

維摩州土官資氏，領州事。設流後，資高、資金相繼作祟，州治爲墟。其後資金爲家奴所殺，祀亦絶。萬曆中，流民李應輝據之，素獰悍，聲教阻絶，州雖有流官，僅僑寓晝諾耳。

土官高仁義，初爲姚安府土同知高賢族兄，以兵從定西伯攻麓川、上江，累功姚安府照磨。賢死，其子高貴繼，于仁義爲從子，而官居其上，以爲嫌，因調廣西，世職巡緝。沿至高齊嵩死，世絶，仍于姚安取其親枝高文啓至郡，承其職。

尋甸府

土官安氏，國初爲仁德府知府，以高明、馬龍二州，爲美、歸厚二縣土官屬焉。沿至安洋、安廼相繼煽亂，乃改高明爲嵩明，屬雲南，馬龍屬曲靖，併歸厚、爲美二縣爲二十馬，改郡名尋甸，設流官莅之，安氏降爲馬頭。嘉靖初，知府馬性魯以督徵糧税，繫安氏餘孽安銓，并其妻裸撻之，銓憤激，遂作亂，攻破府治，合武酋鳳朝文，直逼省城。朝廷命尚書伍公文定集大師討之，滅其族，而其屬未盡革面。萬曆戊申，阿克叛，有大理保楊禮者響應，又有阿遣馬頭竜氏亦助逆，官兵討而誅之。竜氏餘孽曰竜戈資，頃復導水、烏諸寇走尋甸，寇退，就禽，斬于市。其他觀望懷豖心者，猶費撫綏之力云。

木日，本麗江府土官木森子，成化中，與其兄木嶔争立，安插尋甸府。隆、萬中，木遇春從征罕岳、羅雄，以功授千夫長。沿至土舍木可棟。

易龍驛土官奄索，初爲尋甸府把事，洪武中從征，資兵餉，授土驛丞。沿至奄榮，世絶。

武定府

土官鳳氏，其先曰弄積，妻商氏，倡衆歸天朝，授土知府。正德間，弄積三世孫阿英改姓鳳，潛畜異謀，其子朝文叛，後孫繼祖復捍天網。巡撫尚書呂公光洵滅之，疏于朝，改設流官，授鳳曆府經歷，以永其嗣。後每朔望，夷目輩咸稽首于府幕，知府劉寅坐廳事見之，懼其爲後患也，乃請于巡撫陳公大賓，以它罪殺之，鳳氏遂絶。萬曆丁未，阿克自稱鳳氏餘裔，復捲土屠府城，尋躙省城，脅取府印而去。官兵四路捕之，生得，獻闕下，法司論罪，磔于西市。其部有十八馬頭，江内者漸被王化，江外者接壤東川七州，砦窳盤錯，雖連年縱尋斧焉，而終不能以犬馬畜也。壬戌，霑曲大擾，有張世臣者，幾搆大釁，今幸就網，羈靮之御，猶不能無致意云。

元謀縣土官阿吾，元土知縣廣哀之子，本僰夷種。天兵南下，于金馬山歸命，遂令招諭縣民，得世襲土知縣，後以設流革除。安銓、鳳朝文之變，其裔吾大用効順殺賊；克舉之變，其裔亦以三百衆同官兵恢復縣治。今吾必奎報効討霑、平，累功名色守備。

金沙江巡檢司土官李安吉奴，大理人，初以部尉從觀音保出降，後從西平攻烏撒，討永昌謀叛土同知段惠，又從征越州，累功巡檢。今沿至李齊楠聽襲。

劉保山，昆明人，亦以觀音保部曲歸附，論烏撒、永昌、越州功，授摩耳山巡檢，尋裁本司，亦銓金沙江。沿至劉銀哥聽襲。

景東府

土官俄陶，本府人，其先有阿只魯，在元爲景東土知府，統威遠州及案井母、龍猛統、阿籠三甸，賜以金牌印信，陶仍其職。洪武大兵至楚雄，以通事阿哀從軍納款。大理既平，遣柳指揮宣諭景東，陶遂與柳俱至楚雄，獻鎧仗馬匹，并元所給牌印，因以陶爲景東府知府，頒印，世其職。後與思可戰不敵，奔白崖，以奏章請于朝，調神策衛鎮其地，是爲景東衛，乃漸以流官綰符蒞之。尋頒錫金帶，上鐫「誠心報國」四字，及銀幣甚厚，令通政司經歷楊大用賜陶。陶死，子陶幹嗣，後遂世姓陶。沿至陶瓚，偕景東衛官兵攻麓川、者章、羽牙，殺奉撒等，晉大中大夫資治少尹，其祖母阿曩太淑人。沿至陶金，以罪稽其襲，會者樂甸刀儀、刀重搆兵奪印去，金以兵攻之，斬刀儀，得其印以歸，乃令陶金襲。今沿至陶明卿。其部僰夷性本馴朴，而流民逋其中。兵習弩射，以象助威，泝鐵索、米魯、那鑑、安銓、阿堂，以至鳳繼祖、烏撒諸役，咸發其戰象夷兵。先年每調兵二千，必自効千餘，餉士之費，未嘗仰給公家，今不然矣。

姜固宗，鎮南州人。先以把事隨阿哀輩，齎金牌印信降，尋以象馬入貢，以從馬都督攻磑嘉功，得冠帶。卒，子姜嵩，宣德中陞猛緬正長官，復改本府知事，遂世其官。凡發陶氏象兵，姜氏咸以服屬從。今沿至姜可久聽襲。

楊勝，本府人，世爲把事。宣、正中，屢以麓川魄餉及者章、羽牙功，得冠帶。弘治中改三岔河哨爲巡司，以當寇賊之衝也，勝之裔司其于陬，後又以一碗水、九窑坡、二哨多寇，并責楊氏鈐之。今沿至楊立程襲。

陶暹，本府人。初爲頭目招岡，宣德中貢象入京，銓保甸巡檢，又從征馬龍他郎甸、者章、羽牙寨，累功縣丞，後世世爲巡檢。陶氏奉調出師，暹之子孫咸在焉。今沿至陶國臣護印聽襲。

阿賽，初爲俄羅鋪村頭，以諳夷語送迎，得賓旅心，授枝橋驛土驛丞，左右流官。賽死，子阿哀嗣。哀死，子哀徐嗣。徐死，子雲漢嗣，遂以雲爲姓。今沿至雲必高護印聽襲。

元江府

土官那氏，國朝洪武初，那中率衆歸附，授世襲土知府，尋設流官，興學校。嘉靖中，那鑑争立，篡殺爲亂，布政徐樾率諸路兵討之，鑑毒江上流，人馬飲之輒死，師少却，縱象馬躝我兵，徐公中流矢卒，鑑懼而自殺，遂革其官，收印信，令臨安衛指揮一人往署之，而印猶懸那氏之家。每官書移白指揮取其印，必以夷兵蜂擁環伺之，署訖，復擁去。今土酋那天福，鑑之孫也，篡兄自立。其地左環禮社，右浸瀾滄，鎮以寶山自樂，天炎兩熟，帶甲萬餘。然僰夷懦而畏寒，惟安其土，不便征繕，惟是流官僑寓，紈袴代割，以致威德梗閡，土酋雖停襲，故傲焉雄長也。

麗江府

土官木得〔七九〕，在元爲麗江宣撫司副使。本朝洪武初入貢歸附，後以克石門寨，論功授世官，爲土知府。又從吉安侯征巨津，捕阿奴聰于吐蕃，斬僞元帥朱保，及西平征景東、定邊，咸在行間。得死，子初襲，值白交山及僞平章賈哈喇、麓川思任之亂，咸有戰功。其後世居西陲，捍吐蕃。每有徵調，則輸軍餉而兵不出。沿八世至木增，代有錫予。增在任，值北勝酋搆亂，以兵禽首逆高蘭；又值遼左軍興，輸餉二萬于大司農；殿宫鼎建，亦輸金于邦土；陳言十事，下部議可。朝廷嘉其忠誠，特與晉參政秩，賜璽書，榮其先世。尋請老，子懿襲。木目，本府人，以統兵從征麓川，累功授本府照磨。沿至木苴刺，未襲而死，世絶。

通安州土官高賜，鶴慶人，在元爲義兵萬户。洪武十五年，天兵平南，賜從征佛光寨，招諭未附者，以軍儲餉大師，授通安州同知。沿至高元襲。元死，高岑又土舍護州印聽襲。

蘭州土官羅克，本州人，亦仕元爲萬户。至本朝洪武中，率衆來歸，以軍功授土知州。其後有羅牙者，從木初征伯夷、刀干孟，亦著戰功。沿至羅萬象襲。萬象死，羅燦以土舍護州印，未經承襲。

巨津、寶山二州原無土官，巨津有流官知州，寶山有吏目，俱不入其地，俸入取給于土府，人民服屬于木氏。

廣南府

土官儂郎恐〔八〇〕，元時爲宣撫。有二子，長不花，次禎祐。不花生儂郎，天兵南下歸附，授土同知，死無嗣，禎祐襲，後以他事罹罪死。洪武二十九年，鎮守臣請官其子儂郎舉，高皇帝曰：「儂禎祐犯事，在大赦已前，饒他。兒子儂郎舉，土人你們既保他也好，吏部行文書着他知道，等他來朝時與他官職。」至仁廟時，鎮臣具疏再請，得旨，准國公説，着儂郎舉做廣南府通判職事。郎舉死，子胤祖襲。正統中，以征麓川功，陞同知。嘉靖中，儂承恩從征元江，殿後有功，死無嗣，四門族舍目兵百姓，咸推儂文舉以冠帶署事。阿堂之役，率兵三千助征；鳳繼祖、别者竜之討，皆以功奬；其後征河底，亦以功著。萬曆七年，遂實授同知。後征罕岳，亦建功焉。文舉死，子應祖繼。二十一年，官兵征三鄉，應祖親獲叛首阿機魯、柝阿則，俘于軍門，欽賞白鏹百鎰。二十八年征播，徵其兵二千，授之職。三十六年征尋甸叛目，獲大理保、楊禮，旌以四品服。應祖死，子紹周襲。自禎祐伏法設流官，儂氏之澤斬矣，即舉得襲，實四門舍目之力，故至今沿爲例，凡儂氏替襲必繇之。土官之政多出四門，租税僅取十之一，土官貧弱以此。道險瘴惡，知府不至其地，郡篆以臨安衛指揮一人署之，指揮以他事遠出，則篆亦塵封一室，土酋取入其宅，必有瘟疫死亡。萬曆末年，儂紹湯争立，糾交阯兵象入郡，焚掠一空，迄今瘡痍未甦。

富州土官沈郎先，元時爲富州、安寧二州土官。子沈永秀，梁王署爲元帥。洪武中，永秀令通事何容等至西平侯送款，給以文書，令守州土。永秀死，沈大忠嗣，守邊有功，西平請于朝，授以知州。其後子孫微弱不能襲，多以土舍護印。萬曆初，沈仁挈印逃奔泗城，委官勘處，竟未歸。有沈鋭者，取其印以歸。沿至沈世禄死，子明通繼。

通寧府

土官猛閧，國初歸附，授知府。六傳至猛廷瑞，干紀罹法，遂設流官。

雲州土官奉氏，其先從靖遠伯建功，世爲大候州知州。沿至萬曆中，有奉赦、奉學分兩署，自號上下二衙。學居下衙，不受制于赦，惟恃女夫廷瑞據雲夢，頻年搆兵。萬曆二十五年討平之，議以雲夢置新州，而赦守大候如故。赦之子奉光不樂設流，與其族猛麻、奉恭搆兵抗命。二十六年再征之，朝命改州爲今名，猶官奉光子國恩爲土州判。

猛緬長官司土官，其先不可考，萬曆二十一年，刀奉曆遣人上書，自言其祖奉和，曾從王尚書軍功授長官，今自願納糧乞冠帶，當事者從其請。奉曆死，子奉昇肆虐，爲頭目奉墮所殺。弟奉鼎、奉星争立，鼎奔孟璉，星恃耿馬，而木邦、猛猛從中助兵。巡撫周嘉謨檄金騰道爲之解紛，令鼎、星分食其地，而以其母陶氏護印。

猛猛巡檢司土官奉正，萬曆二十七年題授土巡檢。

猛撒巡檢司土官罕存，與奉正同授巡檢。謝公滇略曰：「猛猛、猛撒、猛緬，所謂三猛也，附近順寧。而猛猛最爲强勁，部落萬人，時與二猛爲難。其地田少箐多，射獵爲生。猛緬地雖廣衍，而民柔怯，酋長忠順。猛撒微弱，近折而入耿馬矣。」

永寧府

土官卜都各吉，洪武中以故元永寧州部民來歸，授土知州。死，子各吉八合嗣。永樂三年，率香羅、革甸、瓦魯之、剌次和四部番夷火頭板必他、布郎吉、分阿、只苴等入朝。上嘉之，陞永寧爲府，授谷吉八合中順大夫，賜鈒金花帶，鐫四字，曰「克篤忠誠」，更以香羅、革甸、瓦魯之、剌次和爲長官司，授板必他等副長官。後八吉老疾，替襲于其子卜撒，爲四川鹽井土官剌馬非所侵，父子俱被殺。卜撒妻訴于鎮守三司，逮剌馬非赴京，道卒。因疆理其地，以卜撒弟南八嗣其職。正統中，鹽井諸酋侵據之，土官不能制，乃請設流官同知、經歷各一，治署于瀾滄衛，握郡符遥制之。其地密邇麗江，故數以侵漁爲辭。然永、麗以金沙江爲界，畫地而處，原自分明，經幕府委勘後，争端稍息。今在永寧稱土知府曰阿銓。

鎮沅府

土官刀平，其先有中旺者，仕元爲元江路總管。洪武中，傳至平，與兄那直率衆歸附〔八一〕。有旨元江練兵聽調，中旺自任出民兵四千，以那直子榮辦府事，而令刀平掌兵聽調，遂以西平之請，授千夫長，後領兵招諭六谷三十六寨，諭其火頭沙羨等出官任差發，因令鈐束。後勦刀猛混及猛漊、遺定、案板等寨，設鎮沅州，以平典州事。永樂中，從征八百，又從内官都術、楊安、趙忠等攻石崖、者達寨，外夷整線來降〔八二〕，又以方物入貢，詔陞鎮沅爲府，平以知府領云。其後子孫多以冠帶署事。嘉靖中，傳至刀寧息，奉調以兵征安銓者一千人，其子刀仁奏勘准襲，復以兵一千征那鑑，克魚復寨，據之，至今互懷吞併之志。初鎮沅印爲那氏所奪，于是始得獻藩司，乃令經歷劉廷秀給之刀仁焉。今沿至刀明泰襲。

北勝州

土官高斌祥，本州四城鄉僰夷人，任元北勝府知府，累官雲南行省右丞。洪武中，以北勝地在邊徼，改府爲州。二十三年，斌祥子高策以軍功授知州。其後高䄙以征麓川功，晉府同知；

高嵩以征安鳳功，加階朝列大夫；高世懋以征順、大功，亦加四品服。世懋死，其族高藺以罪蒙誅。今沿至高世昌襲。

章吉帖木兒世爲元北勝土知府。天兵克大理，以部民及順州民人來降，并納所握印，及麗江宣撫司印、三珠虎符。西平令其子章觀音奴從軍，兵逃于伍，乃殺其爵，爲州同知，與高氏翼居州治左右。其兵蓬跣無部伍，裹氈而戰，悍勁不避衝突，木弩藥矢，是其長技。今沿至章成文聽襲。

蒗蕖州土官阿的，洪武初以夷兵歸附從征，西平奏授土知州，屬于瀾滄衛。其後有阿朝佐者，征鳳繼祖，斬其部酋普古、者樂輩，以功稱首。及征鐵索箐、老姚關、順寧、武定，咸發其所部番兵五六百衆往，輒有功。今沿至阿永成聽襲。

者樂甸長官司

土官刀氏，洪武末内附，世領司事。其地山險瘴多，介于鎮沅、元江、景東之間，日事攻戰，鎧械犀利，兵寡而勁，諸夷咸憚之。今其酋乃刀安。

【原注】

注一　張志淳尋甸府城記：「嘉靖丁亥，安氏裔孫銓作亂，入之，遂刜嵩明，鏺楊林，齕木密，聘馬龍，搆武定鳳朝文，直逼雲南，爇西門市舍。戊子三月，徵兵四集，始殲之。」

【校勘記】

〔一〕以滇黔與楚蜀輔車脣齒之勢也　「黔」，原作「點」，據濂溪堂本、敷文閣本改。

〔二〕西至緬地之江頭城　原本「西」上有「其」字，據濂溪堂本、敷文閣本删。

〔三〕成饒裕之俗　「俗」，原作「倍」，據濂溪堂本、敷文閣本改。

〔四〕青蛉　「青」，原作「蜻」，據漢書卷二十八下地理志八上改。

〔五〕共二　敷文閣本作「十五」。漢書卷二十八下地理志八上作「縣十五」。

〔六〕且蘭　「且」，原作「苴」，據漢書卷二十八下地理志八上改。

〔七〕共四　敷文閣本作「十七」。漢書卷二十八下地理志八上作「縣十七」。

〔八〕鐔封　「鐔」，原作「鐔」，據晉書卷十四地理上校記：「『鐔』，各本作『鐔』。宋本及音義作『鐔』。今從宋本。」水經注（上海古籍出版社一九九〇年版，下同）卷三十六温水亦作「鐔」。據此改。

〔九〕雍鄉　「雍」，原作「壅」，據敷文閣本、南齊書卷十五州郡志下改。

〔一〇〕「皇明改置布政司」至「長官司二」　明史卷四十六地理志七所載與此有所不同。

〔一一〕西南曰瀾滄　「瀾」，原作「蘭」，據敷文閣本改。下同。

〔一二〕其生夷地　「其」，原作「并」，據春明夢餘録（臺灣大立出版社一九八〇年影印古香齋本）卷四十二兵部一雲南改。

〔一三〕詔謚褘忠文雲忠節　明史卷二百八十九忠義傳載：建文中，「詔贈（褘）翰林學士，謚文節。正統中，改謚忠文。」「弘治四年五月，贈雲刑部尚書，謚忠節。」

〔一四〕以段寶二孫爲永昌衛雁門衛鎮撫　「永」，原作「武」，據明史卷三百十三雲南土司傳改。

〔一五〕遣他人從城上望　「遣他」，原作「近地」，據敷文閣本改。

〔一六〕夷漢相慶可知　濂溪堂本、敷文閣本「相慶」下有「不問」二字。

〔一七〕秦使常頞略通五尺道　原無「頞」、「略」二字，據敷文閣本補。

〔一八〕雲南之名此始　「此始」，敷文閣本作「始此」。下同。

〔一九〕友人盛覽從相如學　「友」，原作「上」，據西京雜記（三秦出版社二〇〇六年版）卷二改。

〔二〇〕細農邏耕于蒙之巍山　「細」，原作「納」，據敷文閣本、滇略（文淵閣四庫全書本）卷一改。

〔二一〕壯貝三寸六分以上　「壯」，原作「牝」，據敷文閣本、漢書卷二十四下食貨志四下改。

〔二二〕么貝二寸四分以上　「么」，原作「公」，據敷文閣本、漢書卷二十四下食貨志四下改。

〔二三〕宫人着胡帽　升菴集（明楊有仁編、張士佩刻本，下同）卷六十九雜類「人」下有「馬上」二字。

〔二四〕大理婦女戴次工大帽　「工」，原作「上」，據升菴集卷六十九雜類改。

〔二五〕於北立祠爲宜　「北」，原作「此」字，據升菴集卷七十六地理類改。

〔二六〕揚揚大都　「揚揚」，敷文閣本作「洋洋」。

〔二七〕惟唐志載貞元十四年　「元」，原作「觀」，據敷文閣本、新唐書卷二百二十二南蠻傳改。

〔二八〕諭官州薄哰州　敷文閣本二「州」字均作「川」。

〔二九〕至羊苴咩城　「苴」，原作「首」，據敷文閣本、太平寰宇記（中華書局二〇〇七年版）卷七十九劍南西道八、新唐書卷二百二十二南蠻傳上、升菴集卷七十六地理類改。
〔三〇〕貞元十四年　「元」，原作「觀」，據敷文閣本、存研樓文集（乾隆九年張耀先編校本，下同）卷七打煎爐改。
〔三一〕蘇祁縣　「祁」，原作「祈」，據敷文閣本、存研樓文集打煎爐卷七改。
〔三二〕陽蓬嶺　原無「陽」字，據敷文閣本、存研樓文集卷七打煎爐補。
〔三三〕又南問道粵西　「問」，敷文閣本作「間」。
〔三四〕昔去三湘遠　李太白集（中華書局一九七七年版）卷九江夏使君叔席上贈史郎中作「昔放三湘去」。
〔三五〕地產玉泥可陶　「玉」，敷文閣本作「黄」。
〔三六〕潁川督西師　「潁」，原作「穎」，據明史卷一百二十九傅友德傳改。
〔三七〕娶蜀山氏女　原無「氏」字，據史記卷一五帝本紀、滇略（文淵閣四庫全書本）卷二勝略補。
〔三八〕王陽所歷九折阪也　「阪」，原作「坡」，據敷文閣本、漢書卷七十六王尊傳改。
〔三九〕「有長嶺弄棟八度之難」三句　「嶺」，原作「貧」；「弄棟」，原作「若採」；「楊母」，原作「陽毋」。水經注卷三十三江水載：「自蜀西度邛莋，其道至險，有弄棟八渡之難，揚母閣路之阻。」沈炳巽水經注集釋訂訛卷三十三江水：「漢志益州郡有弄棟縣，原本譌作『揀』。郡國志引華陽國志云：其道至險，有長嶺若棟八渡之難，楊母閣之峻。昔楊氏創造作閣，故名。」據此改。
〔四〇〕蜀且患鞭長之莫及矣　「鞭長」，原作「長鞭」，據敷文閣本乙改。
〔四一〕余弭節蓋度盤江　原無「蓋」字，據貴州通志（文淵閣四庫全書本，下同）卷三十七藝文補。「盤」，原作「槃」，據貴州通志卷三十七藝文改。
〔四二〕土人謂水漲時漂巨木撞舟　「巨木」，原作「篔」，據貴州通志卷三十七藝文改。
〔四三〕江源出吐蕃共龍川　「蕃」，原作「番」，「川」，原作「州」，據滇考（道光十四年台州叢書本，下同）卷下議開金沙江改。
〔四四〕受龍川江諸水　「江諸」，原作「諸江」，據滇考卷下改。
〔四五〕會理州　「理」，原作「禮」，據敷文閣本改。下同。
〔四六〕谷壁川　「谷壁」，原作「壁谷」，據滇考卷下乙改。
〔四七〕受尼溪大小紋溪諸水　「大小紋」，滇考卷下作「大汶小汶」。
〔四八〕達吉　「吉」，原作「古」，據雲南通志（文淵閣四庫全書本，下同）卷二十九之十一文改。
〔四九〕法干　原作「法法革干」，據敷文閣本、雲南通志卷二十九之十一文改。
〔五〇〕内土色有疊水　「色」，原作「革」，據敷文閣本、雲南通志卷二十九之十一文改。
〔五一〕抄答甸　「抄」，原作「折」，據敷文閣本、雲南通志卷二十九之十一文改。
〔五二〕猶溪赤水　「猶」，原作「楢」，據華陽國志（四部叢刊本）卷四南中志改。
〔五三〕氣與天通　「氣」，原作「勢」，據華陽國志卷四南中志改。
〔五四〕通滇蜀筋脈之會　「筋」，原作「觔」，據敷文閣本改。
〔五五〕猷之遠矣　「猷」，原作「猶」，據敷文閣本改。
〔五六〕瀾滄江與漾濞江　「漾」，原作「樣」，據敷文閣本改。

〔五七〕會川衛瀘沽河　「沽」，原作「古」，據敷文閣本改。下同。
〔五八〕水深廣而多瘴　「深」，原作「源」，據元史卷六十一地理四改。
〔五九〕冬夏常熱　「冬」，原作「春」，據元史卷六十一地理四改。
〔六〇〕滴濾部　前文金沙江考作「濟慮部」。
〔六一〕谷壁喟　前文金沙江考作「谷壁川」。
〔六二〕嗮化諸水　前文金沙江考作「鹵化」。
〔六三〕宜遠　前文金沙江考作「寧遠」。
〔六四〕越淇　前文金沙江考作「越溪」。
〔六五〕瀘湘　前文金沙江考作「瀘沽」。
〔六六〕泥淇　前文金沙江考作「尼溪」。
〔六七〕羅次　「次」，原作「末」，據明史卷四十六地理七、雲南通志卷二十九之十一文改。
〔六八〕俱系拖梢五板大船經過　「梢」，原作「稍」，據敷文閣本、雲南通志卷二十九之十一文改。
〔六九〕每見客人來販木　「來」，原作「採」，據雲南通志卷二十九之十一文改。
〔七〇〕俱是金沙江　「金」字原無，據濂溪堂本、敷文閣本、雲南通志卷二十九之十一文補。
〔七一〕俱自德昌下河　「自」，原作「是」，據雲南通志卷二十九之十一文改。
〔七二〕合用夫力工匠若干　「夫力工匠」，原作「功力夫匠」，據雲南通志卷二十九之十一文改。
〔七三〕定西嶺巡檢司土官李清字　「清」，土官底簿（文淵閣四庫全書本，下同）卷上作「青」。

〔七四〕楚場巡檢司土官楊波日　「楊波日」，土官底簿卷上作「納察」。

〔七五〕你甸巡檢司土官李義　「你」，原作「徐」，據土官底簿卷上、明會典（文淵閣四庫全書本）卷一百十四兵部九改。

〔七六〕金沙江巡檢司土官得力玉石　「玉石」，土官底簿卷上作「石玉」。

〔七七〕沿字顯道襲　「字」，據文意，似爲「至」字。

〔七八〕觀音山巡檢司土官王友　土官底簿卷上於「友」有「德」字。

〔七九〕土官木得　「得」，明史卷三百十四雲南土司二作「德」。

〔八〇〕土官儂郎恐　「恐」，明史卷三百十三雲南土司一、土官底簿卷上作「金」。

〔八一〕與兄那直率衆歸附　「直」，明史卷三百十三雲南土司一作「真」。

〔八二〕外夷整線來降　「夷」，明史卷三百十三雲南土司一作「部」。

雲南貴州交阯備録

志草論曰：孔子曰：「言忠信，行篤敬，雖蠻貊之邦行矣。」雲南在兩漢至唐開元，酋長安其土，郡縣治其人，今土、流並設之法，自漢世而已然矣。天寶以後，守長不法，恣肆誅求，遂起割據僭竊之禍。觀張喬斬奸猾長吏九十餘人，而三十六部盡降；諸葛孔明用其豪傑，而財賦足以給軍國；史萬歲受明珠，而隨服隨叛；梁毗一金不取，而酋長咸歸；李知古以重賦戮尸，張虔陀以淫虐被殺，鮮于仲通褊急而喪師，杜元穎高傲而致亂，然則御夷之道，顧不甚簡易乎？嗚呼！今之雲南，即漢、唐之雲南也；雲南之郡縣，即天下之郡縣也。用人者鑒漢、唐之得失，爲官擇人而不爲人擇地，不分中邊，不分遠邇，惟賢是用，誠得廉静老成如張喬、梁毗者而用於雲南，則億萬千年，永無南顧之憂矣。

舊志論曰：雲南徼外之夷，俱在黑水之南，是名僰夷。國朝撫夷之術，乃駕馭之良法，惜今不講久矣。麓川之叛也，初以小攻取得利，因大肆貪求，盛陳兵革，然猶在滇徼外，以夷攻夷，久而莫之禁也，則志驕氣盈，因之爲逆。嗚呼！萌蘖不剪，拱把其奈何？雖天兵南下，渠魁就俘，然斯民之塗炭已極矣。是後識治體之臣，鑒麓川之禍，修復舊典，以防其微，歲檄文武良吏，深入夷方，名曰撫夷，一以勘明奏獄，一以察識夷情，歸報重臣，以俟分別。故夷方雖遠，夷情叵測，然其動定音耗，可坐而致；即有小警，隨加策斷，不俟其大；翼弱鋤强，興廢繼絶，不待其聞。故夷官兢兢小心，其子孫得以永享佚樂，夷民得安於本業，而中國之民亦無戰伐之勞，乃聖王仁覆華夷之大猷也。今則不然，上以文具使下，下以故事應上，使不擇人，故夷不服，上不信下，故事不終。爲南中計，盍思其本原而調御之。

屬夷附貢道

自永昌出塞，南際大海，諸夷自相君長。本朝芟鋤梁、段，以武臨之，皆稽首而奉正朔，革其昭綱、昭録之舊稱，授以宣慰、宣撫之新號，葉文通于銀臺，象馬陳于闕廷，版章設于職方，綱紀之司屬在行省。夫自漢以來，侈輿圖之廣者，莫若李唐，乃姚、巂諸州，僅屬羈縻，而今按籍所載，不啻斥地數千里，折箠所使，並在邇封，此亦聲教之極盛哉！前志有西南夷司志，夫諸司隸行省，如滕、薛、郳之役宋焉，則阿瓦、江頭，吾南土也，奚剖以西南，而令自爲夷司耶？故更之曰

「屬夷」。其山川道里，風俗物産，亦不以列款龐雜，約其會歸情形。今昔不同者，則有永昌太守龍爲光所條列，就而增飾之。貢道聯絡諸夷，實爲要領。舊志志草兩論競爽，切中夷弊，皆仍其舊。至于大金沙江考載夷中水路頗詳，業見藝文〔二〕，可以互證。又滇略稱高廟惡諸夷數叛，賜之刀、曩、斧、罕四姓，今惟斧姓無存，其他相仍未替。編中未及，因附見之。

車里軍民宣慰使司

即古産里。商初伊尹令以象齒、短狗爲獻。周公作指南車導之歸，故名車里。元世祖命將兀良吉䚷伐交阯〔二〕，經其所部，悉降之。至元中，置徹里路軍民總管府，領六甸，後又請置耿凍路，耿當、孟弄二州。皇明洪武十七年，改置車里軍民府。十九年，改宣慰使司。永樂元年，其酋刀暹答内侵，虜我官吏，西平侯請討之，上命以理諭，暹答悔懼，還所虜及地，遣使入謝。至嘉靖間，附於緬。萬曆十一年，官兵擊緬，宣慰刀糯猛遣使貢象，進方物。兄居大車里，應緬使；弟居小車里，應漢使。其地東至落恐蠻界，南至波勒蠻界，西至八百宣慰司界，北至元江軍民府界，西北通孟璉長官司，繇者樂甸西南行十一日至其地。其山曰猛永，曰光山，其江曰沙木，曰九龍。其産鍮石、銅、木香、沉香。其差發徵黄金五十。民皆僰夷，性頗淳，額上刺一旗爲號，作樂以手拍羊皮長鼓，而間以銅鐃、銅鼓拍板。其鄉村飲宴，則擊大鼓，吹蘆笙，舞牌爲樂。

木邦軍民宣慰使司

舊名孟都，一名孟邦。相傳蜀漢時木鹿王苗裔。元至元二十六年，立木邦軍民總管府，領三甸。國初内附，改木邦府，後改木邦軍民宣慰使司，徵差發白金一千四百。永樂間，宣慰罕賓從征緬；正統中，罕盖從征麓川，俱以有功益其地，以故在六慰中分土最遠。萬曆十年，緬誘罕拔陷死，襲取木邦，拔子進忠内奔，罕虔勾緬，追進忠至姚關，焚順寧而去。十一年，官兵破緬于姚關，立進忠子欽。欽死，其叔罕[衤+盍]約暹羅攻緬〔三〕，緬恨之。萬曆三十三年，以三十萬衆圍其城，請救于我，不至，城陷，金牌、印信盡失。緬僞立猛密思禮領之。今惟猛波羅、猛猗諸寨爲我有耳。思禮憑恃瓦酋恐喝諸夷，近差其目海慶據控尾而求猛猗，又與召依坎換象，干戈相尋，炎炎有吞鎮康之意。其東爲孟定，南爲猛密，西爲緬甸，北爲芒市〔四〕。自姚關渡喳哩江十二程至其地。夷類數種，男子皆衣白，文身髡髮，摘髭鬚，修眉睫。婦人則白衣桶裙，耳帶金圈，手象鐲。其産響錫、胡椒。

八百大甸軍民宣慰使司

夷名景邁。世傳其酋有妻八百，各領一寨，因名八百媳婦國。元初征之，不能得志，後遣使招附。元統初，置八百等處宣慰司。皇明洪武二十四年，其酋來貢，乃立八百大甸軍民宣慰使司。東至車里宣慰使司界，南至波勒蠻界，西至大古喇界，北至孟艮府界〔五〕。自姚關東南行至其地五千程。有南格剌山，下有河。南屬八百，北屬車里，平川數千里，轄部廣遠。其産巨象、安息、白檀諸香。民皆僰夷，剌花樣于眉目間，見客則把手爲禮，好佛惡殺。一村一寺，每寺一塔，殆以萬計。有敵人侵之，不得已，一舉兵，得所讐而罷，名慈悲國。嘉靖間，爲緬所兼，刀氏避居景線，一名小八百。緬以其弟莽應龍住居景邁城，爲右臂。萬曆十五年，刀氏以文請兵恢復，議未許，今久爲緬有矣。

老撾軍民宣慰使司

其夷佩雕爪爲飾，俗呼撾家，即古越裳氏。自周以後，不通中國。皇明永樂二年，其酋備方物入貢，始置老撾軍民宣慰使司。東至水尾界，南至交阯界，西至八百界，北至車里宣慰使司界〔六〕。自司西北六十八程至布政司。其人衣服飲食類木邦，但性獷悍，身及眉目皆黥繡花。酋長一代止存一子承襲，絶不育女。居高樓，見人不下；部屬見之，所至有定地，名曰等限；使客亦然，設通事引之，以至其地。其國人稱至尊，必曰天旺，蓋春秋天王之意。其産海貝、犀牛、乳香、訶子。交阯黎利之變，陳天平實繇此道入于京師。嘉靖間，緬人破其東之纜掌，蓋老撾屬部地之最荒遠云。

孟養軍民宣慰使司

俗名迤西。有香柏城，與蠻莫同襟金沙江，孟養居其上流。南至抵馬撒，疆連西洋，北極吐蕃，西通天竺〔七〕，東南鄰于緬。山曰鬼窟，號稱險要，夷人據爲硬寨，小有瑕釁，則治兵相攻。其土下濕，夜寒，濱江爲竹樓以居，一日數浴。有碧瑱、琥珀、四足巨蟒，膽可解諸毒。其通中華，蓋昉于勝國。至元二十六年，始置雲遠路軍民總管府。皇明洪武十五年，改爲雲遠府，十七年，改孟養軍民宣慰使司〔八〕，年輸白金七百五十爲差發。正統間，宣慰刀玉賓敗于麓川思任，因内奔，故絶。後爲思潑所據，自上狀願爲差發民，靖遠伯許之，礱石金沙江上，曰：「石爛江枯，方許渡。」後雖冒金牌，終無印信，凡通文告，第稱守金沙江奴婢而已。萬曆八年，緬擒宣慰思個，幽死，據其地，舍目奔永昌。十二年，思義來歸。十三年，思威敗緬于密堵，殺緬目多曩長。十七年，思明子思遠貢象，進方物，欽賞金幣，授宣慰。十八年，緬報密堵之役，復攻孟養，遠率其子昏奔盞西，緬以曩烏住而據之。其後又有思轟者，送欵于我，與蠻莫思正結爲脣齒，共據長江以抗緬。三十年，緬追思正，轟率兵象倍道馳救之，至則我已殺正説緬矣。三十二年，緬復襲迤西，轟走死，緬以頭目思華據之。今華物故，妻怕氏領其地，又三年矣。緬中他目更番戍守，連年發其兵從征，素强悍不可縻云。轟之遺目曰放思祖，有衆千餘人，不敢歸，安插干崖。

緬甸軍民宣慰使司

蠻名阿瓦。元世祖至元中，繇吐番三討之，後于蒲甘緬王城，置邦牙等處宣慰使司〔九〕。皇明洪武二十九年，始歸附，立緬甸軍民宣慰使司。永樂間，遣翰林張洪使其地。正統間，宣慰莽剌劄縶叛夷思任、思機，獻于京師，益以地。嘉靖初，孟養思倫、猛密思真連兵侵緬，殺莽紀歲。緬目訴于朝，委官往勘，不聽，本司金牌信符，貯永昌府庫中。嘉靖中，紀歲枝子瑞體起洞吾，毒養父，有其地；以計滅得楞之弟兄〔一〇〕，遂雄據之；東破纜掌，即老撾。西取土啞，即暹羅。攻景邁，服車里，囚思個，陷罕拔，號召三宣，爲西南雄長，僞稱爲「金樓白象召法補元莽噠喇弄」。及瑞體死，應裏繼之。萬曆十一年，莽灼來歸，應裏怒，攻之，灼奔騰越。應裏以次子思斗莽肘者居之，而洞吾、猛別、雍會等處，悉授其弟姪守焉。其詳別具本末。其疆東至八百宣慰使司界，南至海，西至孟養界，北至猛密宣撫司界〔一一〕。自司東北三十八程至布政司，轉達於京師。其山曰小豹；江曰金沙，闊五里餘，水勢甚盛，緬人恃以爲險。其俗柔詐獷猂，有屋廬以居，象馬以乘，舟筏以濟。其文字，進上者用金葉寫之，次用紙，次用檳榔葉，謂之緬書。男子善浮水，綰髻於頂〔一二〕，用青白布纏之；婦人綰髻於後〔一三〕，不施脂粉。事佛敬僧，有大事則抱佛說誓，質之僧，然後決。其産象、犀、馬、椰子、白氎布、兜羅綿。樹類椶，高五六丈，結實如掌，土人以麴納罐中〔一四〕，以索懸罐于實下，劃實取汁，流于罐以爲酒，名曰樹頭酒；或不用麴，惟取汁熬爲白糖。其葉即貝葉，寫緬書用之。石油自石縫流出，臭惡而色黑，可塗毒瘡。古蹟有江頭城，至騰衝十五日；太公城在江頭城南，十日；馬來城在太公城南，八日；安正國城在馬來城南，五日；蒲甘緬王城在安正國城西南，五日：所謂緬中五城也。

孟定府

舊名景麻。元至順四年，立孟定路軍民總管府，領二甸，隸大理金齒等處宣慰使司。皇明洪武十五年，改置孟定府。正統間，麓夷叛，知府刁禄孟遠遁，失其地。木邦舍目罕葛從征麓川，有功，王靖遠令食其土，額徵差發六百兩。嘉靖間，木邦罕烈據地而奪其印，令舍人罕慶管食之，是爲耿馬，子粒歸木邦。萬曆十二年，官兵克耿馬，以罕葛之後合爲知府；十五年，頒以新印。合死，子榮嗣。榮死，弟貴嗣。自姚關南八日入其疆。東接雲州，南連孟璉界，西木邦，北鎮康州〔一五〕。土瘠人稀，有景杏土城、馬援營在焉。其阨要則喳哩江。其俗男子髡跣黑齒，衣白布，戴細竹絲帽，以金玉等寶飾其頂，遍插翠花翎毛之類，後垂紅纓；婦人出外戴大藤笠，狀類團牌而頂尖，身衣文繡，飾以珂貝。地産香櫞，視南安州産尤大。

孟艮府

蠻名孟揹。在姚關東南二千里。東爲車里界，南爲八百界，西爲木邦界，北爲孟璉界。自古與中國絶。永樂四年來歸，置孟艮府，編差發黄金六十兩〔一六〕，後爲木邦兼併。嘉靖間，附于緬，與景邁莽應龍相表裏，然亦未敢背漢云。其酋名怕詔，所居層樓，有妻數百人。晡候乘象出浴于江，浴畢，罽服羅拜，酋解約臂金鐲授者當夕。其官師曰「司禄」、「刀猛」，卒伍曰「皆岁」，出入以象，名曰「象馬」。兵革犀利，男女俱警捷。沃野千里，最稱殷富。地多虎，農者于樹杪結草樓以護禾。衣皆套項，鵝毛爲褥。雲南知府趙渾曾以撫夷入其地，酋長偃蹇，不以使命禮遇之，後無人至者。

南甸宣撫司

舊名南宋，在騰越南半箇山下。其山巔北霜雪恒有，南則炎瘴如蒸，蓋天限華、夷也。元至元二十六年，置南甸路軍民總管府，領三甸。皇明洪武十五年，改南甸府。永樂十二年，改南甸州。正統八年，其酋刀氏以麓川功，陞宣撫司，轄部有羅布司莊與小隴川，皆百夫長之分地。知事謝氏居曩宋，悶氏居盞西，屬部直抵金沙江，與迤西地方相牙錯。萬曆二十一年，軍門陳用賓檄知府漆文昌建關置堡於司之西北，今化爲烏有。宣撫刀落寧替襲於其子暨孫，皆死，世絶。今議刀落啓襲，同廖氏兼攝。其東至芒市界，南至隴川界，西至孟養界〔一七〕。幅員之廣，爲三宣冠。山曰丙弄，在司東十里，昔有僧自大理至此坐化，變形爲石，後經兵燬，止存其首，土人祀之。又東五里曰蠻干，土酋憑險阻，世居其上。又十里曰温泉，有層峯，多陰林，下有温泉。曰沙木籠，在司南一百里，上有關，立木爲栅，周圍一里。曰南牙，甚高，延袤一百餘里，官道經之，上有石梯，夷人據此爲險；又有清泉，下流入南牙江。川曰小梁河，源在騰衝，一出赤土山，一出緬箐山，至此合流，經南牙山西南，又曰南牙江，至干崖，爲安樂河，而合于大盈江。曰孟乃河，在司東南一百七十里，即騰越州龍川江之源。曰大盈江，自騰衝流至司境，過鎮西，入緬甸。俗與木邦同，結親用穀、茶二長筒，雞卵五七籠爲聘；客至，以穀、茶供奉，手拈而食之。産孔雀、叫雞、紅藤。額徵差發銀一百兩。停五十兩。

干崖宣撫司

繇騰越西南行二百里，踰黄連關，至其境。東北接南甸，西接隴川。有平川，衆岡棋置。其山曰雲晃，在司南一十五里，上有瀑布，流爲雲晃河。曰雲籠，在司東二十五里。曰白連，在司北六十里，中挺一峯，土官居其麓，下有白蓮池。曰剌朋，在司西一百餘里。其水曰雲晃河，在司治南，與雲籠河合，灌田千餘畝。曰安樂河，源出騰衝，經南甸，迤邐治北，折而西一百五十里，爲檳榔江，至北蘇蠻界，注金沙江，入於緬中。曰止西河，在司東北三十里，源出雲籠山，分流十五里，亦與雲籠河滙。境内甚熱，四時皆蠶，以其絲織五色土錦充貢。又有白氎布、白蓮花，竹鼬大如兔而肥。舊名干賴睒，元中統初内附。至元中，置鎮西路軍民總管府，領二甸。皇明洪武十五年，改爲鎮西府，後爲干崖長官司，額徵差發銀一百兩。正統間，以麓川功陞宣撫司。萬曆三十九年，刀定邊又以平叛功，加三品服色，世守其土。今恃强，有憑陵南甸之意。其副使刀思丙居盞達岡，同知劉漢佐居蠻灑岡，經歷廖氏居雷弄岡，今故絶，即其地爲回龍營，知事管奇勛居猛語岡。劉、管、廖皆華人，以功授者。盞達昔稱殷富，萬曆九年，爲緬攻掠一空而去，亦經建關築堡于布嶺，今不知何狀矣。

隴川宣撫司

舊爲麓川地，在芒市路東，其地曰大布芒，曰睒頭附賽，曰睒中彈吉，曰睒尾福禄培，皆僰夷所居。元中統初内附，至元十三年，置麓川路隸金齒等處宣撫司。皇明洪武十七年歸附，置麓川平緬宣慰司。正統三年，其土酋思任叛，大軍平之，革其司。十一年，置隴川宣撫司於隴把，與南甸、干崖合爲三宣，屏蔽永、騰，以夷目龔項領之，後内奔，安插曲靖，以多氏代〔一八〕。萬曆十一年，岳鳳勾緬篡其地。十二年，鳳、烏既俘〔一九〕，多思順當立以爲宣撫，多俺爲同知，居猛卯，多恭爲副使，管遮放。二十年，緬人窺等練至其地，思順奔猛卯，會官兵大戰於栗柴壩，追逐之。萬曆二十一年，巡撫陳用賓檄知府漆文昌築堡四關。三十五年，思順子安民叛，巡撫周嘉謨平之，以金牌畀多安靖，俟其長而授之印。又有多安邦者，安民之弟也，昔亦附緬，今寄居蠻莫，猶睥睨内地焉。其東至芒市，南至木邦，西至干崖，北至南甸。自司治東北二十六程至布政司，轉達于京師。有馬鞍山、靡梨山、羅木山，俱極高峻，夷人恃以爲險。又有湯泉，從石罅流出爲河，熱如沸湯。俗與南甸同。産大芋，長尺餘。又有孔雀、毫豬、紫膠、大藥、鮮子、鱗蛇、鸚鵡。差發額徵銀四百兩。停二百兩。

耿馬宣撫司

與孟定府同州〔二〇〕，隔喳哩江而居，孟定居其南，耿馬居其北。舊無宣撫，嘉靖間，木邦兼孟定，以罕慶食其地。慶子們罕弱不振，族舍罕虔四子皆獷悍，謀配四女於四州，遂附緬，奪其地。萬曆十一年，從緬逐罕進忠，破施甸；十一月，又勾緬犯姚關，官兵敗之於攀枝花。十二年正月，官兵擒虔父子，斬之，奏設宣撫司，以們罕爲宣撫。十五年，頒宣撫司印。今們罕物故，弟們罕金護印，屢奉貢來庭。近者木邦思禮時侵灣甸、鎮康，恃有罕金爲之聲援。天啓三年，緬攻猛乃、孟艮，罕金欲殺之，緬移兵將攻金，金不得已，以銀碗、大馬爲説，今猶相持未決。而逆虜第四子罕正居猛猛，恃孟璉爲其壻，時與罕金相搆，撫綏宜極講云。其東至威遠，南至孟璉，西至木邦，北至鎮康。自司治東二十一程至布政司，轉達於京師。有三尖山，昔罕虔之黨罕老聚衆負固于此，官兵平之。又有馬養山。風俗與孟定同。

猛密宣撫司

有磚城，無戍樓。産花果瓜蔬，與中國同。又有寶井、金鑛，估客雲集。南牙山峙之，摩勒、金沙二水環焉。山高田少，米穀騰貴。又多地羊鬼，爲行人祟。北距騰衝一千一百里，南通緬一千里。一繇木邦錫波入，一繇猛卯至猛廣入，一繇邦抗魯祖渡莫勒江過南牙而入，一繇蠻莫入。永樂間，木邦宣慰罕賓，以征八百、緬甸功，授以猛密十三處。成化間夷目思歪據寶井叛，木邦占奪其地，都御史程宗奏設猛密安撫司，授歪以安撫。嘉靖初，思奔、思混争立，緬殺奔立混，混德緬，遂以地附焉。萬曆十二年，混率司化、思恨、丙測齎僞印，改名思忠，來歸，遂陞爲宣撫。忠故。十六年，緬攻猛密，忠母罕烘弱不能支，率其孫思禮、思仁奔猛廣，而猛密失。十八年，緬復攻猛廣，罕烘、思禮奔隴川，思仁、丙測奔工回，而猛廣又失。二十年，仁以象、馬入隴川，爲宣撫多思順所拒，忿歸於緬，緬以思仁食其地。

蠻莫宣撫司

地在騰越西蠻哈山下，山如象鼻，行者累足。自布嶺三日至其地。田土饒衍，風俗與隴川、猛密同。東有等練山，環以那莫江，直走金沙，當緬人水陸之衝，實隴川右臂。舊爲猛密分地，後酋長稍强，擅而有之。萬曆初，土酋思恨與賊鳳相表裏，岳罕平，思恨懼而來歸，題授宣撫。尋叛附緬，其母罕送明順逆，返戈擊緬，勢孤不能居，遁去。適猛密頭目思化與思威敗緬于送速，緬逐之，入居其地。當事者嘉其爲緬敵而内附，遂畀以蠻莫而樹之。二十二年，緬大舉來襲，化奔隴川，巡撫陳用賓檄諸酋合師擊緬，緬宵遁。化死，子正嗣。二十九年，緬又潛師萬餘，繇間道攻正，正奔騰衝，緬兵過内地，挾取正首而去，僞立多罕，蠻莫遂爲多罕有。議者謂正爲我守户之犬，奔内地而不能逃死，有遺憾焉。三十二年，官兵討多罕，執之，立思正弟衎忠。緬又僞立思綫，衎忠不能支，奔干崖，當事者安插於猛卯，近復娶思綫女，又與盞達結爲姻親。議者懼其飽則颺去，宜預爲之防云。

威遠州

唐南詔銀生府之地，濮落雜蠻所居。大理時爲棘夷所有，男女勇健，走險如飛。其境内莫蒙寨有河，汲其水煉于炭火上，即爲細鹽。交易無秤斗，以篾簍計多寡而量之。又有南堆江、谷寶江，自遮遇甸流至州境下，流入于瀾滄。其鎮曰蒙樂山。東至元江，南至孟璉，西至孟定，北至鎮沅〔二一〕。自州治東北一十九程至布政司，轉達於京師。額徵差發銀四百兩。

灣甸州

蠻名細睒。在姚關東南七十里。東至順寧，南至鎮康，西至木邦〔二二〕。其地瘠薄，山高水迅。每六月瘴毒熾盛，水不可涉。有黑泉，色如黰漆，漲時鳥飛過之輒墜，夷以竿掛布浸而暴之，以拭盤盂，人食其物立死。有孟通山，產茗，穀雨前採之，勝于中國，但不能多致耳。又有芭蕉，實以當果。其人皆僰種。婦人貴者貫象牙筒于髻，長三寸許，插金鳳蛾，絡以金索，以紅氈帶束臂，纏頭白布，窄袖短衫，黑衣桶裙，不知鉛朱。自古不通中國。元中統初乃内附，屬鎮康路。明洪武十七年，置灣甸州，編户五里，鄰于木邦、順寧，日以侵削。萬曆十一年，知州景宗真率弟宗材，導罕虔入寇姚關。十一月，復大犯，宗真死于陣，擒宗材〔二三〕，斬之。以宗真子景從垂髫，姑存之，降爲州判官。後從討猛廷瑞有功，復陞知州。從死，叔景闊暫攝。今闊死，以從子承恩冠帶護印。其差發額徵銀一百五十兩。

鎮康州

蠻本名石睒。在灣甸東南。東至雲州，南至耿馬，西至木邦〔二四〕。有無量、烏木龍二山，木邦出入必經之。夷號黑僰，形惡色黑，以青白布爲衣，跣足荆棘中走如飛。男子出，婦人閉户静坐以待。遇有事，籤雞骨卜吉凶。病不服藥，專祭鬼。死則刳木爲棺，殯之墳上，植樹爲識。産水乳香、大藥、鮮子、蟒蛇膽。元中統中内附。至元十三年，立鎮康路軍民總管府，領甸三。皇明洪武十五年，改爲鎮康府。十七年，改爲州，編户六里。差發白金一百兩。亦爲木邦、順寧侵削。隆慶間，知州悶坎者，逆虔妻以女，因附虔歸緬。萬曆十一年，官兵敗緬，悶坎物故，其弟悶恩歸義，授以州事。恩死，子刀悶枳掌印管事，木邦思禮誘之歸緬，枳不從，遂令海慶取控尾據之，又欲取猛猝。天啓二年三月，木邦兵象據喳哩江，枳奔姚關，守備遣官撫之，木邦乃退。今勢亦削弱，恐終無以捍外侮也。

潞江安撫司

地在永昌騰越之間，南負高崙山，北臨潞江，官道出其中，寔咽喉也。民皆僰屬，地多瘴厲，夏秋之交爲酷。蠻名怒江甸。元至元間隸柔遠路。國朝洪武十五年内附，置長官司。永樂九年陞安撫司，以線氏領司事。今沿至線世禄。又有線廷舉者，司捕事，久死。

芒市長官司

舊名怒謀，又曰大枯睒、小枯睒。在永昌西南四百里。西至隴川，南至木邦，東至潞江〔二五〕。川原曠邈，田土富饒，而人稍脆弱。男子以酸石榴皮染齒使黑，婦人分髮直額〔二六〕，爲一髻垂于後，跣而衣皮，即唐書所稱茫施蠻也。西南有青石山，又有永貢、幹孟二山，皆高廣陡絶。夷酋所居，其水曰芒市河。麓川江出峨昌蠻，金沙江出青石山，皆流至緬地，合大盈江，曰大車江，自騰越流至司境，匯于緬中蒲干城。地産沙金、香橙、橄欖、芋、蔗，又多銀草。元中統初内附。至元十三年，立茫施路軍民總管府，領二甸。明洪武十五年置茫施府。正統元年改置芒市長官司。額徵差發銀一百兩。萬曆初，酋長放福與岳鳳聯婚。十一年，導緬寇松坡營，事覺，擒福正法，立舍目放緯領司事，轄于隴把。

孟璉長官司

繇姚關東南行十九程至其地〔二七〕，又七程至孟艮，其東爲車里，西爲木邦。部内有莫乃塲出草，世專其利，以致殷富。蠻名哈瓦，獷猂好劫。古不通中華。正統間平麓川，始來歸。萬曆間，酋長嫡嗣曰刀派真，有叔刀派漢，娶于車里，因以車里殺派真而奪其官。十二年，率車里來貢。十九年，又勸緬來貢。今派漢故，弟派金嗣。天啓二年三月，阿瓦破之會洞，我伐瓦，瓦乃退。其差發額銀二百兩。

茶山長官司

騰越州西北去可五日程，距高黎貢山。極高而寒，五穀不蒔。其人强獰喜鬬。土酋早姓，舊屬孟養。永樂三年，孟養糾上江刀猛永叛，夷目早章憤其不忠，遂不附。五年，詣闕下，賜印綬，早章爲茶山長官。十五年，章舉頭目早甕爲副。至早玉，授正長官。其北與麗江野人接境，近年副長官早大宸所部爲野人殺鹵無孑遺，奔入内地阿幸爲寓公，惟正長官早鄧所部尚存耳。其南至南甸，西至里麻。

里麻長官司

東與茶山接，西北皆野人。有整冬、温冬二山。部夷皆峨昌蠻，舊屬孟養。永樂三年，孟養叛，土酋早姓有拒賊功，六年，頒印，世授長官。萬曆中，刀思慶襲正長官早奔副之。今沿至刀思虎，爲野人所掠，盡棄其地，與把事李廷高奔赤石坪，副長官早堪信被殺，無噍類焉。

鈕兀長官司

蠻名也兀。自古不通中國。皇明宣德七年始歸附，置鈕兀長官司。其地東至元江軍民府界，南至車里宣慰司界，西至威遠州界，北至臨安府思陀甸長官司界。自司北一十六程至布政司，轉達於京師。民皆倭泥，類蒲蠻。男子綰髻於頂，白布纏頭；婦人白皙，盤頭露頂，以花布爲套頭，見人無拜禮。額徵差發銀四十兩。

貢道

上路　繇永昌過蒲縹，經屋牀山，箐險路狹，馬不得並行。過山至潞江，江外有高黎貢山，路亦頗險。山巔夷人，立柵爲砦，在三代爲徼外地。過騰衝衛西南行，至南甸、干崖、隴川三宣撫司。隴川有諸葛孔明寄箭山。隴川之外，一望數千里，絶無山谿。隴川十日至猛密，二日至寶井，又十日至緬甸，又十日至洞吾，又十日至擺古，莽酋居之，即古喇宣慰司。擺古，夷語也。

下路　繇景東歷者樂甸，行一日至鎮沅府，又行二日始達車里宣慰司之界。行二日至車里之普耳山，其山産茶；又有一山聳秀，名光山，有車里頭目居之。蜀漢孔明營壘在焉。又行二日至一大川原，廣可千里，其中養象，其山亦爲孔明寄箭處，又有孔明碑，苔泐不辨字矣。又行四日始至車里宣慰司，在九龍山之下，臨大江，亦名九龍江，即黑水之末流也。繇車里西南行八日，至八百媳婦宣慰司。又西南行一月，至老撾宣慰司。又西行十五六日，至西洋海岸，乃擺古莽酋之地也。

種人

史稱西南夷數十種，不著其名號。唐書南詔及兩爨蠻傳所載頗詳，李氏舊志取而附益之，作爨僰風俗，謂二種盡滇南夷類。然夷繁有徒，隱括未盡，又古今變殊，有名實刺謬，未免牽合附會者。包氏志草一舉而芟除之，豈謂語侏𠌯而習狉獉，皆陋劣不典，無足置筆，是象胥可無設，而圖王會者强解事也。兹旁索故府，有直指黄公所采民風圖，紀滇中諸夷甚詳。又雜取獻老所稱述，就舊志區分而詳覈之，其于柔服百蠻，或不爲駢拇枝指乎！

爨蠻

爨氏本安邑人，在晉時爲南寧太守，中國亂，遂王蠻中。今陸涼有爨王碑〔二八〕，云是楚令尹子文之後，受姓班氏，西漢末，食邑于爨，遂以爲氏，其後世爲鎮蠻校尉〔二九〕。晉時有爨深、爨瓚、爨震。隋爨翫作亂，史萬歲討平之。唐以爨歸王爲南寧州刺史，理石城，即今曲靖也。唐書「自曲州、靖州西南昆川〔三〇〕、曲軛、晉寧、喻獻、安寧，距龍和城〔三一〕，通謂之西爨白蠻；自彌鹿、升麻二川南至步頭，謂之東爨烏蠻。」蠻本以烏、白爲號，無姓氏，其稱爨者，從其酋長之姓耳。滇之初有白國王，則夷爲白人；其後有爨王，則爲爨，即今廣南夷爲儂人之類。爨蠻之名，相沿最久，其初種類甚多，有號盧鹿蠻者，今訛爲玀玀，凡黑水之内，依山谷險阻者皆是。名號差殊，言語嗜好，亦因之而異。大略寡則刀耕火種，衆則聚而爲盜。

男子椎結，摘去髭鬚，左右佩雙刀，喜鬬輕死。馬貴折尾，鞍無鞊，剜木爲鐙，狀如魚口，微容足趾。婦女披髮衣皂，貴者錦繡飾，賤者披羊皮，乘馬則並足横坐。室女耳穿大環，剪髮齊眉，裙不掩膝。

夫婦晝不相見，生子十歲，乃見其父。妻妾不相妬忌，嫁娶尚舅家，無可配者，方許别婚。

臘月爲春節，竪長竿，横設木，左右各坐一人，以互落爲戲。

病無醫藥，用夷巫禳之，巫號「大覡皤」，或曰「拜禡」，或曰「白馬」。取雛鷄雄者生刳，取其兩髀束之，細刮其皮骨有細竅，刺以竹簽，相其多寡向背順逆之形，其鷄骨竅各異，累百無雷同，以占吉凶。或取山間草，齊束而拈之，略如蓍法，其應如響。

有夷經，皆爨字，狀類蝌蚪。精者能知天象，斷陰晴，在酋長左右，凡疑必取決焉。

民間皆祭天，爲臺三階，亦白馬爲之禱。

酋長正妻曰「耐德」，非所生不得繼父位；若耐德無子，或有子早夭者，始及庶出及野合所生者；無嗣則立其妻女。死以豹皮裹屍而焚，葬其骨于山，非骨肉莫知其處。

多養死士[三二]，名曰「苴可」，厚贍之，每兵出，則苴可爲前鋒。軍無行伍紀律，戰則蹲身漸進三四步，乃揮標躍起。人挾三標，發其二，必中二人，其一則以擊刺不發也。又有勁弩毒矢，飲血即死，以射禽獸，去其射中之肉而食之。

部夷稱酋，必曰「撒頗」，夷言主人也，夷皆憨而戀主。諸酋果于殺戮，每殺人，止付二卒携持至野外，掘一坑，集其親知泣别，痛飲徹夜，昧爽乃斮其頭推坑中，復命，更使二卒勘之，乃許其家收葬。雖素暱者，欲殺則殺之，令出無敢居間丐死，其家人莫敢怨懟。

以用法嚴，故境内無盗。然其誅求無厭，每酋長有慶事，令頭目入村寨，計丁而派之。遊行所至，閤寨爲供張，無少長皆出羅拜馬前，鄰寨在數十里内者，皆以鷄黍餽。無以應誅求，往往潛出他境劫掠，所得酋長頭目私分之。官府檄下督責，則縛數人應命。舊志云：「爲盗賊皆土官有以致，官廉則盗自息。」信然也。

其種類附列于後。

白玀玀：男衣兩截衣，裹頭跣足。婦人耳帶銅環，披衣如袈裟，以革帶繫腰。喪無棺，縛以火麻，裹氈畀于竹椅，前導七人，擐甲冑，執鎗弩，四方射，名禁惡止殺，焚之于山。既焚，鳴金執旗，招其魂，以竹簽裹絮少許，置小篋籠，懸生者床間。祭以丑月念三日，插山榛三百枝于門，列篋籠地上，割燒豚，每籠各獻少許，侑以酒食，誦夷經，羅拜爲敬。婚姻惟其種類，以牛馬爲聘，及期，聚衆訌于女家，奪其女而歸。性貪惰淫湎，信鬼畜蠱，以手量裙邊，投麥于水，驗其沉浮，以當占卜。在雲南、澂江、臨安、永昌者，漸習王化，同于編氓。其在蒙自、定邊，尚稱頑梗。在曲靖者，于夷爲賤種。在江川、大理、姚安，皆稱撒馬都，大抵寡弱易治。

黑玀玀：男子挽髮，以布帶束之，耳帶圈墜一隻，披氈佩刀，時刻不釋。婦人頭蒙方尺青布，束于額上，短衣上披袈裟，桶裙結繡，上下回文，手象牙圈，跣足，頂帶紅緑珠，雜海貝琿璖，以多爲勝。在夷爲貴種，凡土官營長，皆其類也。土官服雖華，不脱夷習。土官婦纏頭綵繒，耳帶金銀大圈，服兩截雜色錦綺，以青段爲套頭，衣曳地尺許，背披黑羊皮，飾以金銀鈴索。各營長婦皆細衣短氈，青布套頭。其在曲靖者居深山，雖高岡磽隴，亦力耕之〔三三〕，種甜苦二蕎自贍；善畜馬，牧養蕃息；器皿用竹筐木盌；交易稱貸無書契，刻木而析之，各藏其半；市以丑戌日；葬貴者裹以皐比，賤者羊皮，焚諸野而棄其灰。在澂江者能爲乳酪，雜樵蘇鬻于市，腥穢侏儒，若鹿豕然。在安寧禄豐多負鹽于途，老者任華人二人之力，壯者任一牛之力。在碍嘉以蓑草爲衣，加于氈毳。大都性皆鷙悍，好攻掠，不能劫奪，則人弗以女妻之。全滇郡邑，所在爲祟，皆其徒，而武定、蕁甸，尤爲兇頑。鶴慶四十八村，又號海西子，亦其種，多暴。鋏索箐、賓川州赤石崖、螳螂古底，舊稱淵藪。萬曆初芟蕩以來，底今西偏寧帖，則用武之効也。

撒彌玀玀：男挽髮如髮，長衣短裩，布繫腰。婦短衫，五色短裳。滇池上諸州邑皆有之。拙于治生，無盗賊。居山者耕瘠土，販薪于市，終歲勤動；濱水者浮家捕魚，僅能自給。

撒完玀玀：居蒙自縣明月諸村，在黑、白二種之外。勤于耕作，捕食蟲豸及鼠類而甘之。

阿者玀玀：衣服大略與黑玀同，婚喪如白玀，但耳環獨大。在東偏則江川、通海諸邑有之，西則賓川有之。通海者婚以牛爲聘，壻親負女而歸。耕山捕獵，性好遷徙，則諸處略同耳。

魯屋玀玀：服飾大類黑玀，而又别爲一種。恃矛盾之利，性尤狰獰，好馳馬縱獵。獨臨安府魯郭村有之。

乾玀玀：昏嫁尚侈，諸種人所不及。喪以牛皮裹屍，束錦而衣之以薪。每食，插筯飯中，仰天而祝，以爲報本。好勇喜鬭，殺人償之以財。有讐怨，雖父子兄弟，推刃不顧。多不通華言，官府文書必書爨字于後，乃知遵信。其種類在曲靖、尋甸二郡。凡哨隘設兵，多以其種。歲終遍索鄉民鷄豚酒米，謂之年例。飽其欲，則一村無虞，不爾，輒勾東川夷劫掠。近歲武、尋大擾，爲鄉導者皆此曹也。食貨貴鹽、蒜，得少許，以爲上味。居深山者，或没齒不知作鹹焉。

妙玀玀：皆土酋官舍之裔，或稱火頭，或稱營長，或稱官奴，與黑、白諸種迥異。耳帶圈環〔三四〕，常服用梭羅布，婦女衣胸背粧花，前不掩脛，後長曳地〔三五〕，衣邊彎曲如旗尾〔三六〕，無襟帶，上作井口，自頭籠罩而下，桶帬細摺。種在阿迷州，爲諸種所敬憚。有喪則闔寨皆醵金爲助。

其在蒙化、麗江、鶴慶、騰越、楚雄、姚安、亦佐、新興、北勝、王弄山者，不著其種彙，止曰玀玀。所居茅舍，中堂作火爐，父子婦姑圍爐而卧。懼箠撻而不畏死。祭以羊豕，捶死不殺。姚安者性狡悍，好爲盜賊。新興者居昌明里，力田爲生。騰越者專資射獵。北勝又有號倮玀者，與四川建昌諸倮同類，純服氈毳，男女俱跣足，每至踏歌爲樂，則着皮履，男吹蘆笙，女衣緝衣，跳舞而歌，各有其拍。在順州又稱玀落蠻，男鵲帽襞積衣，婦三尖冠，以樵采耕藝爲事。在新化州又稱白脚玀玀，以白布束其脛，故名。

羅婺本武定種，古因以爲郡名。又稱羅武。元時羅武蠻羅僄百歲厄弱，子孫以氈裹送之深箐，後生尾，長一二寸，相傳三百歲。今俗又稱羅午。楚雄、姚安、永寧、羅次皆有之。男子髻束高頂，戴笠披氈，衣火草布；其草得于山中，緝而織之，粗惡而堅緻，或市之省城，爲囊槖以盛米貝。婦女辮髮兩綹垂肩上，雜以琿璖纓絡，方領黑衣，長裙跣足。居山林高阜，牧養爲業。有房屋，無床榻，以松葉藉地而卧。昏姻慶事，結松棚爲宴會。葬用火化。腰刀長槍，行住不釋，嗜酒酣鬭，狡猾難治。

摩察，黑玀之别類，在大理、蒙化，執木弓藥矢，遇鳥獸射無不獲。所逢必劫，遇强則拒。在武定一曰木察，稍習柔善，巢居深山，捕狐狸、松鼠而食之。

僰夷

種在黑水之外，今稱百夷，蓋聲相近而訛也。性耐暑熱，居多卑濕棘下，故从棘从人。滇之西南，曠遠緬平，濱海多濕，僰夷宅之。其種數十，風俗稍别，名號亦殊。

其俗稱宣慰曰昭華，言主人也。其官屬有叨孟、昭録、昭綱，遞相臣屬，叨孟總統政事，兼領軍民，多者數十萬，少不下數萬。昭録亦萬餘人，賞罰皆任其意。昭綱千人，遞減至十人。又有昭録，遇調遣統數千人以行。其近侍名立者，亦領數百户，皆聽其使令，食其賦，取用無制節。上下僭奢，微名薄職，輒縶鈒花金銀寶帶。

官民皆冠箬葉，纍金玉珠寶爲高頂〔三七〕，上懸小金鈴，遍插翠花翎毛，後垂紅纓。貴者衣紵絲綾錦，以金花金鈿飾之。以坐象爲貴，十數銀鏡爲絡，銀鈴銀釘爲緣。象鞍三面，以鐵爲欄，藉重裀，懸銅鈴鞍後。象奴一人，銅帽花裳，執長鈎制象，爲疾徐之節，招摇于道。

相見合掌爲敬，長于己者則跪拜，有所諭，則叩頭受之。雖貴爲叨孟，見宣慰莫敢仰視，凡有問對，則膝行而前，三步一拜，退亦如之。賤見貴，少見長，皆然。侍貴人之側，或過其前，必躬身而趨。

筵宴則貴人上坐，僚屬側役以次列坐于下。有客十人，則令十人舉盃，齊行十客之酒。酒初行，樂作，一人大呼一聲，衆人和之，如此者三。既就坐，先進飯，次具醪饌有差。食不用筯，每客一卒跪座側，持水瓶盥帨。凡物必祭而後食。

樂有三，曰僰夷樂、緬樂、車里樂。僰夷樂者，學漢人所作箏、笛、胡琴、響琖之類，而歌中國之曲。緬樂者，緬人所作排簫、琵琶之類，作則衆皆拍手而和。車里樂者，車里人所作，以羊皮爲三五長鼓，以手拍之，間以銅鐃、銅鼓、拍板，與中國僧道之樂無異。鄉村燕飲，則擊大鼓，吹蘆笙，舞牌爲樂。

無中國文字，小事則刻竹木爲契，如期不爽；大事書緬字爲檄，無文案。

城池因高山爲砦，無倉廩租賦。每秋冬遣親信往各甸，計房屋徵金銀，謂之取差發，每屋一楹，輸銀一兩，或二三兩。承使從者象馬動以千百計，恣其所取，而後輸于公家。

其法：殺人與姦者皆死，竊盜一家皆死，爲寇盜一村皆死。道不拾遺。

軍民無定籍，每三五人充軍一人。正軍謂之昔剌，猶中國言壯士。昔剌持兵器，餘負荷供饟，每二二十萬，戰者不滿十萬。師行，軍在前，酋長在中，餉饋在後，先進後退不一，而號令不紊。倚象爲聲勢，每戰，以繩自縛象上。悍而無謀，鋸桑爲弩〔三八〕，革爲胄，銅鐵雜革爲函。勝則驕惰争功，負則逃竄山谷。
驛路無郵傳，一里半里許搆一小草樓，五人守之，千里有報，聞在旦夕。公廨與民居無異，雖宣慰亦止竹樓數十間，上覆以茅，用陶瓦者，輒有火災。民間器皿，多以陶冶，孟艮等處，則有漆器甚精。
其酋用金銀、琿璖、琉璃等器，其下亦以金銀爲之。凡一頭目出，象馬兵戈及木榻、器皿、僕妾、財寶之類皆從，動輒數百人，隨處宴樂，小民苦之。
男貴女賤，雖小民視其妻如奴僕。耕織、貿易、傜役，皆婦人任之，非疾病，雖老不得少息。凡妻生子，貴者以水浴于家，賤者浴于河，三日後以子授其夫，耕織自若。頭目之妻百數，婢亦數百人，少者數十，庶民亦數十妻，無妬忌之嫌。舊俗不重處女，如江漢游女之習，及笄始禁足，今則此俗漸革矣。
孟定南甸，男長衫寬襦無裙，隴川、孟密、孟養，俱短衫小袖有裙。官民皆髡首黥足，有不髡，則酋長殺之；不黥足，衆皆嗤之曰婦人也。婦人綰獨髻，腦後以白布裹之，窄袖白布衫，皁布桶帬，貴者錦繡，白行纏跣足。
凡子弟有職名，則受父兄跪拜。
人死，用婦人祝于屍前，親鄰相聚少年百數人，飲酒作樂，歌舞達旦，謂之娛屍。婦人群聚，擊碓杵爲戲。數日而後葬，葬則親者一人，持火及刀前導，至葬所，以板數片瘞之。其人平生所用器皿、甲冑、戈盾，皆壞之，懸于墓側。是後絶無祭掃之禮。

其在禄豐、羅次、元謀者，男戴黑布帽，窄袖白衫，白布扁帽桶帬。好樓居，釜甑俱以陶瓦，釜深中而寬邊，狀類籜笠。俗尚奢侈，孟春作土主會，稱貸以炫其飾，倍出息償人不惜。又有鞦韆會，男女雜坐。信鬼好訟，見人多所忌諱。掘鼠炙蝦蟆，以敬賓客。葬有棺而少哀戚。

在越州衛者，號白脚僰夷，男婦俱短衣長裳，茜齒文身，戴笠跣足。

在江川、路南者，搆竹樓臨水而居，樓之下以畜牛馬。婦人耳帶大環。婚禮用太牢，祭以羊。知蠶桑，勤于耕織。性柔，畏法度，見人退讓。

在臨安者，男青白帨纏頭，着革履，衣有襞積；婦人白帨束髮，纏疊如仰螺。好鬼喜浴，極寒猶然。山居搆草樓。家人狎處，稍以帷帳間其卧具。喪，衣緋架木，置屍其上，弔者各散紅布一方，召拜禡誦夷經三日，以竹簞裹而舁之山。妻不更嫁，名曰鬼妻。其食糯黍、蜻蜓。

蒙自者插鷄尾笠端，出則捕獵，居則紡績。

阿迷者爲滇莊佃民〔三九〕，習同蒲人。

新化、納樓、溪處，大略皆同。

十八寨者性險好殺〔四〇〕，畜蠱餌毒，捕魚食鼠，焚骨而葬。

又有髡者，曰光頭百夷，蓋習車里之俗，額上黥刺月牙〔四二〕，所謂雕題也。見官府盤膝坐，舉手加額爲敬。男女先通而後娶。葬不復顧，或夢亡者，昧爽至塚上，設一石祝之，曰「勿使返也」。

在順寧者，冠玄而鋭其頂，珥環踏屨，好衣素。婚聘用牛，貧不能具者，傭女家三年。喪有棺斂，封藏以石。爲人佃作，道以柔勝。

在劍川者，言語侏㒧，所居瘴厲。棺如馬槽，以板爲之。以農業陶冶是務。懼訟信鬼，多爲姦盜。

在騰越者，火炙肉食，不求其熟，或取蜂槽而食之。習緬字，器用粗磁。

在鎮南者，男子短衣，婦桶裙跣足。婚禮夷歌侑飲。人死，令親者捉刀屍傍，晝夜守之，親朋以絮酒奠，捉刀人呼死者之名，灌諸口中，如是三日而葬。每村植樹以爲神。未月念四日，集衆燃炬，譁而賽神。所居在山之巔。

在姚安者，亦濱水好浴，腰繫竹籠，捕蟲魚動物入籠中爲醢。昏用牛羊，至女家，以水潑女足爲定。箨葉爲尖頂帽，擅土布羊毛之利。

在元江者，能爲鬼魅，以一帚繫衣後，即變形爲象、馬、猪、羊、猫、犬，立通衢，或直衝行人，稍畏避之，即爲所魅，入腹中，食其五臟，易之以土。昔有客言：曾卧病，醫無効，禱于大士，夢好女子于其脇下出一小兒，漸成老人，女子叱之乃去，病遂已。知者遇前物，以一手捉之，一手挺拳痛捶之，必還復爲人，奪其帚而縻之，哀求以家貲之半丐脱。食中多置毒藥，中之必不治。估客娶夷女者，欲出必問還期，或一二年，或三四年，女即以毒餌之，如期至，更以藥解救，亦無他，若不爾〔四二〕，必毒發而死，其所許還期，即死日也。與外人交易，爽約失信〔四三〕，及私竊其妻女者，必毒之。信實朴厚者，累出入亦無傷，其他身膏原野，不可計數。地産檳榔，種蒔如中國農桑，葩時殺犬灑血汗樹乃成實。估人出之，多厚利，故馳走如鶩。戰恃象馬火銃，然兵皆脆弱，不能衝陷，徵發買玀夷爲助。

白人

古白國之支流也。舊訛「僰」爲「白」，遂稱其一類，實不相通。滇郡及迤西諸郡，强半有之。習俗與華人不甚遠，上者能讀書，其他力田務本，或服役公府，庶幾一變至道者矣。

普特

以漁爲業。性耐寒，多無衣，以敗網蔽身。舟不盈丈，而炊爨牲畜資生之具咸備。又有泗水捕魚者，丹鬚蓬髮，竟日水中，與波俱起，口嚙手捉皆巨魚。滇池旁碧鷄山下，其類千餘，乘風揚帆，所居無定，名隸有司之籍，而徵呼徭役，多不能及，里胥恒代償之。

窩泥

或曰斡泥，男珥環跣足；婦花布衫，以紅白綿繩辮髮數綹，續海貝雜珠，盤旋爲螺髻，穿青黄珠，垂胸爲絡，裳無襞積，紅黑紗縷相間，雜飾其左右，既適人，則以藤束膝下爲識。娶婦數年無子則出之。喪無棺，弔者繫鑼鼓，摇鈴頭，插鷄尾跳舞，名曰洗鬼，忽泣忽飲。三日采松爲架，焚而葬其骨。祭用牛羊，揮扇環歌，拊掌踏足，以鉦鼓蘆笙爲樂〔四四〕。食無筯，以手摶飯。勤生嗇用，積貝一百二十索爲一窖，死則囑其子：「我生平藏貝若干矣，汝取某處窖中，餘留爲來生用。」臨安郡屬縣及左能寨、思陀、溪處、落恐諸長官司、景東、越州皆有之。磦嘉縣又曰和泥，男子剪髮齊眉，衣不掩脛。飲酒以一人吹蘆笙爲首，男女連手周旋跳舞爲樂。死以雌、雄鷄各一殉葬。阿迷州稱阿泥，鄧川州稱俄泥。

㹀鷄〔四五〕

蓬首椎結，標以鷄羽，形貌醜惡。婦女尤甚，挽髻如角向前，衣文繡，短不過腹項，垂纓絡飾其胸。遷徙無常，居多用竹屋，耕山食蕎麰，暇則射獵，捕食猿狙。佩利刀，負强弩毒矢，伺隙剽鹵〔四六〕，飄忽難禦。性狠惡，父子兄弟，怒則相殺。轄于寧州及王弄山，時爲祟迤東。

㒓喇〔四七〕

婚喪與玀玀同，而語言不通。蓬首跣足，衣無浣濯，卧具簟牛皮，覆以羊革氈衫。在寧州者强悍，專務摽掠；石屏州者良善畏法，爲編民。在王弄山者一名馬喇，首插鷄羽，紅經白緯衣，婦衣白，墾山種木綿爲業。

磨些

唐書稱「磨蠻些蠻」〔四八〕，與施、順二蠻，皆烏蠻種。居鐵橋、大婆、小婆、三探覽、昆池等川。今麗江之夷，總稱磨些，而北勝、順州、禄豐，亦皆有其類。俗不頮澤，自古已然。男子髮梳二縷，以繩纏之，耳戴緑珠；婦人布冠。好畜牛羊，産麝香、名馬。能製堅甲利刃，勇厲善騎射，挾短刀，以硨磲爲飾，少不如意，鳴鉦鼓相讐殺，婦女投塲和解，乃罷。俗儉約，飲食疏薄，歲暮競殺牛羊相邀請，一客不至，則爲深恥。正月五日，登山祭天。人死，以竹簣舁至山下，無貴賤皆焚之。

力些

惟雲龍州有之。男囚首跣足，衣麻布直撒，衣被以氈衫，以毳爲帶，束其腰；婦女裹白麻布衣。善用弩，發無虚矢，每令其婦負小木盾徑三四寸者前行，自後發弩，中其盾而婦無傷，以此制伏西番。

西番

永寧、北勝、蒗蕖，凡在金沙江北者皆是。辮髮雜以瑪瑙、銅珠爲綴，三年一櫛之。衣雜布革，腰束文花毳帶，披琵琶氈，富者至二三領，暑熱不去。住山腰，以板覆屋。俗尚勇力，善射。和酥酪于茶。有緬字經，以葉書之，祀神逐鬼，取而誦爲厭勝。性最暴悍，隨畜遷徙。又有野西番者，倏去倏來，尤不可制。

古宗

西番之别種。滇之西北，與吐番接壤，流入境内，麗江、鶴慶，皆間有之。男子辮髮百縷，披垂前後，經年不櫛沐，櫛必以牲祭；披長氈裳，以犛牛或羊尾織之。婦人青白磁珠與珅璖相雜，懸于首。其食生肉、蔓菁、麫稗。

怒人

男子髮用繩束，高七八寸，婦人結布于髮。其俗大抵剛狠好殺，餘與磨些同。惟麗江有之。

扯蘇

在楚雄郭雪山，居于山巔。無陶瓦，木片覆屋。耕山種莜麥。皮履布衣，器以木攊錫爲飾。新化州亦有之。又一種曰山蘇。

土人

在武定府境。男衣絮襖，腰束皮索，饑則緊縛之，繫刀弩；婦衣袈裟，上披羊皮氈毳。姻親多在姑舅間，以牛羊刀甲爲聘，新婦披髮見舅姑。性剛劣，不能華言。畏官府，無訟，有争者，告天煮沸湯，投物，以手捉之，屈則糜爛，直者無恙。耕田弋山，寅午戌日，入城交易。

土獠

其屬本在蜀、黔、西粤之交，流入滇，亦處處有之，而石屏、嶍峨、路南較夥。男子首裹青帨，服白麻衣，領上綴紅布一方；婦人冠紅巾，衣花繡胸背衣。性悍戾。嶍峨者樵蘇自給。路南者爲人佃種，屋廬與僰人同。新興者居西山之麓，服食昬喪，習同白玀，以孟冬朔日爲歲首。

蒲人

即古百濮。周書與微、盧、彭倶稱西人，春秋傳與巴、楚、鄧並爲南土。本在永昌西南徼外，訛「濮」爲「蒲」，有因以名其地者，若蒲缥、蒲甘之類是也〔四九〕。男裹青紅布于頭，繫青緑小緣繩，多爲貴，賤者則無之，衣花套長衣，膝下繫黑藤數遭。婦人挽髻腦後，頭帶青緑珠，以花布圍腰爲帬，上繫海貝十數圍，繫莎羅布于肩上。永昌、鳳溪、施甸及十五喧、二十八寨，皆其種。勤力耕鋤，徒跣登山，疾逾飛鳥。舊時有事，多資其力，今漸弱而貧矣。其流入新興、禄豐、阿迷、鎮南者，形質純黑，椎結跣足，套頭短衣，手銅鐲，耳銅圈，帶刀弩長牌，飾以絲漆，上插孔雀尾。婦女簪骨簪，以絲枲織袈裟短裳，緣以彩色。婚令女擇配，葬用莎羅布裹屍而焚之。不知荷擔，以竹簍負背上。或傍水居，不畏深淵，能浮以渡。在蒙自及教化三部、十八寨，皆號野蒲，桀驁甚諸夷。在景東者淳朴務農。在順寧沿蘭滄江居者，號普蠻，亦曰樸子蠻，性尤悍惡，嵩爲盜賊，不鞍而騎，徒跣短甲，不蔽頭膝，馳突迅疾，善用槍弩。男子以布二幅縫合掛身，無襟袂領緣。婦人織紅黑布搭于右肩，穿左脇而扱于胸，别以布一幅蔽腰。見人不知拜跪，寢無衾榻，拳屈而卧。

儂人

其種在廣南，習俗大略與僰夷同。其酋爲儂智高裔，部夷亦因號儂。樓居無几凳，席地而坐，脱履梯下而後登。甘犬嗜鼠。婦人衣短衣長裙，男子首裹青花帨，衣粗布如絺。長技在銃，蓋得之交阯者。刀盾槍甲，寢處不離，日事戰鬭。王弄山、教化三部亦有之，蓋廣南之流也。

沙人

習俗多同儂人，慓勁過之。在廣西者屬于瓏氏，在富州者屬于李氏、沈氏。維摩水下地遼闊，諸酋互争，以强力相兼併。又有青龍、六詔者，猙獰尤甚。地産美杉，生懸岩千丈間，伐之多無全材，其堅逾蜀産。羅平州亦有沙人，器用木，昏喪以牛爲禮。

羯些子

種出迤西、孟養，流入騰越。環眼烏喙〔五〇〕，耳帶大環，無衣，遮膝下布一幅。米肉不烹而食。勇健，執槍刃，敢戰，喊聲如吠犬。

峨昌

一名阿昌。性畏暑濕，好居高山，刀耕火種。形貌紫黑，婦女以紅藤爲腰飾。祭以犬，占用竹三十三根，略如筮法。嗜酒負擔，弗擇汙穢，覓禽獸蟲豸，皆生啖之，采野葛爲衣。無酋長，雜處山谷，聽土司役屬。今永昌羅古、羅板、羅明三寨，皆其種。父兄死則妻其母嫂。近有羅板寨百夫長早正死，其妻方艾，自矢不失節，遂餓而死，其俗漸革。

縹人

婦女以白布裹頭，短衫露其腹，以紅藤纏之，莎羅布爲裙，上短下長。男女同耕。

哈喇

男女色深黑，不知盥櫛。男子花布套衣，婦人紅黑藤纏腰數十圍。産子以竹兜盛之，負于背。又有古喇，男女色黑尤甚，種類略同。哈杜亦類哈喇，居山，言語不通，略似人形爾。

緬人

有數種，曰老緬，曰得楞子，曰阿瓦如、猛別、雍會、普漭、洞吾、擺古，皆其類，大抵各以其地得名。性貪利好鬬，食不用匙筯。交兵長于鳥銃，其火藥必得中國麥麪傅之，其發乃迅疾，且無聲，但其法秘不傳耳。俗好佛。男婦俱以布槃其首。色黑類哈喇。擺古最遠而强。

結些

以象牙爲大環，從耳尖穿至頰；以紅花布一丈許裹頭，而垂帶于後；衣半身衫，袒其右肩。

遮些

綰髮爲髻，男女皆貫耳佩環，性喜華彩，衣僅盤旋蔽體，飲食精潔。戰鬬長于弓矢，倚恃象銃，稍與緬同。孟養一帶，多其種類。

地羊鬼

短髮黄睛，性奸狡嗜利，出没不常，與人相讐。能用器物，行妖術，易其肝膽心腎爲木石，不救以死。又行蠱飲食中，如元江所爲。

野人

居無屋廬，夜宿于樹巔。赤髮黄睛。以樹皮爲衣，毛布掩其臍下，首戴骨圈，插鷄尾，纏紅藤。執鈎刀大刃，採捕禽獸，茹毛飲血，食蛇鼠。性至兇悍，登高涉險如飛，逢人即殺。在茶山、里麻之外，去騰越千餘里。無酋長約束，一二長官爲所戕賊，避之滇灘關内〔五二〕。舊志稱尋甸嵓谷野蠻，以木皮蔽其身，形貌醜惡，男少女多，持木弓以禦侵暴，不事農畝，採山中草木及動物而食，無器皿，以芭蕉葉藉之。今尋甸實無此種。考唐書稱閤羅鳳降尋傳蠻，「其西有裸蠻，亦曰野蠻，漫散山中，無君長」。「婦或十或五，共養一男子」。舊志或本于此。然尋傳與驃國同降閤羅鳳，驃國即緬也，而野蠻又在其西，其非尋甸可知。又粵西狼人居深山，食無釜甑，以竹節盛米，縛而焚之，竹爆而炊熟，採蜈蚣蛇虫雜食之，謂爲嘉饌，其餘與前略同。間有流入廣南者，豈先時亦流入尋甸，今屢用兵，其地遂無噍類乎？併記之。

喇記　其類在教化三部。

孔答　喇吾　比苴　菓葱　喇魯　俱在新化州。

阿成　在王弄山。

升菴集

牧誓「庸、蜀、羌、髳」。髳即叟也，音搜。史記西南夷傳：「自巂以東北，君長以十數，徙、筰都最大〔五二〕。」註：「徙及筰都，二國名也。」「徙音斯。」相如難蜀文「略斯、榆」，謂斯與楪榆也。此斯即西南夷之徙，玉篇作「鄎」，註：「狄國。」夏爲防風氏，周爲髳，漢之賨叟，地在蜀之邊。」今按髳也，徙也，斯也，叟也，鄎也，賨也，一種夷人，古今隨呼而易其名，因易其字爾。

牧誓「微、盧、彭、濮」。伊尹爲四方獻令，正南百濮。鄭語：楚蚡冒始啓濮〔五三〕。劉伯莊曰：「濮在楚西南。」左傳：「麇人率百濮伐楚。」通典有尾濮、木綿濮、文面濮、折腰濮、赤口濮、黑僰濮。爾雅：「南至於濮鉛。」周書王會篇：「濮人以丹砂。」註云：「西南之蠻，蓋濮人也，諸濮地與哀牢相接。」今按哀牢即永昌，濮人今名蒲蠻，其色黑，折腰、文面，是其飾也。「濮」與「蒲」字音相近而訛爾。

緬甸始末

緬爲滇病久矣。荷戈戍士，聚而糜餉，若陸海焉，逋邊儲于薊門，算圭田于弁流，又不足而履畝采山，騷然煩費，皆緬故之以也。故開府陳公用賓填滇十六年，所拮据惟西偏。是編多其事，中有功不蔽罪、得不償失者，不敢苟從同同，僭加筆削，俾成信史焉。噫！陳公盡力徼外，而賊起近郊，焦爛莫救，豈其忘近憂而弘遠略，蓋患常發于所忽類若此。今西南未息肩，而東北又甚焉，其堪此重弊乎？議者欲弭兵西南，顓事東北，而不能保耽耽者之不控掣我也。語曰：「雖有絲蔴，無棄菅蒯。」宜是編之存而勿削矣夫。

緬人，古朱波也。漢通西南夷後謂之撣，唐謂之驃，宋、元謂之緬。逮我明立爲緬甸宣慰司，自永昌西南，山川延邈，道理阻修，因名曰緬。

漢和帝永元九年正月〔五四〕，永昌徼外蠻及撣國王雍繇調遣重譯，奉珍寶，賜以金印紫綬，小君長皆加印綬錢帛。

安帝永寧元年，撣國復遣使朝賀，獻樂及幻人，能變化吐火、自支解、跳丸者。諫議大夫陳禪諫曰：「帝王之庭，不宜作此夷狄之樂，請勿觀。」帝不從，遂作樂，封繇調爲漢都尉。

唐德宗十七年〔五五〕，驃國王雍羌聞南詔歸唐，有内附心，遣其弟悉利移來朝，獻國樂凡十曲，與樂工三十五人。其曲皆演梵音經論詞意，每爲曲齊聲，一低一仰，未嘗不相對，凡五譯而至中國。

憲宗元和元年，驃國遣使貢方物。

文宗大和六年，南詔掠驃民，遷之拓東。

懿宗咸通三年，驃國遣使來貢。

宋徽宗崇寧四年，緬甸、崑崙、波斯等國進白象一群；明年，蒲甘入貢。

高宗紹興間，俱來貢。

元世祖至元五年，命愛魯絶緬甸道，擊之，斬首千餘級。

至正戊子，麓川路土官思可侵鄰境，命搭失把都魯爲帥討之〔五六〕，不克，賊乘勝遂併吞諸國；懼再伐之，乃遣子滿散入朝。其後叛服不常。

至洪武十六年，天兵南下，滿散之子思倫猶負固不服，總兵官傅友德、沐英遣部校郭均美往返招徠，方内附。

十七年，置平緬麓川軍民宣慰使司，授倫爲宣慰使，置太公府於江頭城南。

二十一年正月，思倫復叛，併吞孟定、孟艮、孟養、戛里，潛通東川、芒部、廣西等府，出他郎甸之摩沙勒，沐英遣都指揮甯正擊破之。賊復悉衆三十萬〔五七〕、象百隻，寇定邊，英率選鋒二萬擊之，迭戰而翼以砲銃，象奔，賊大敗，斬首三萬，生俘萬餘，獲象四十七隻。

二十二年，倫懼，進象、貢方物謝罪。

二十六年，緬酋南速來朝，貢於京師。

二十七年六月，始置緬甸宣慰司〔五八〕，以其長普剌浪爲宣慰，賜鈔錠羅綺各有差。二十九年，普剌浪遣使來告思倫侵境事，上命行人錢古訓、李思聰齎詔諭之，思倫懼，謝罪。

永樂元年十月，緬甸宣慰那羅塔遣使來朝，貢方物，詔定平緬、木邦、孟養、緬甸、八百、車里、老撾、大古喇、底馬撒、靖定十宣慰司。

三年四月，緬甸來貢方物；九月，始給平緬等宣慰各夷金牌信符、批文底簿，命中官楊瑄詔諭古喇、緬甸諸夷。七月，那羅塔復謝恩入貢。

四年，緬甸與孟養宣慰刀木旦讎殺，上聞，遣行人張洪持節往諭，至其境，諭以中國大禮，呼宣慰而下北面受勅，數其擅殺鄰境罪。那羅塔遣使乞宥，許之。

十五年，建緬甸館。

宣德五年六月，麓川思任及緬甸莽得喇，各遣使上言木邦罕門占據其地。上命黔國公沐晟、内官雲仙諭之退地。

八年，麓川思任屠騰衝，據潞江，自稱曰「法」。

正統四年，以黔國公沐晟、都督方政、沐昂往征，一軍皆覆，政陣亡，士民哀之。狀聞，晟自毒，廷議請棄麓川地，不報。

六年正月，命定西侯蔣貴、尚書王驥等率京營、川、湖、兩廣兵三十萬討之。十月，思任敗，父子乘舟走緬甸，驥班師。

七年，思任復出爲寇，再遣貴、驥率師以行。驥遣使諭緬甸酋卜剌浪送思任父子，卜剌浪不遣，驥乃進兵。緬甸使來索金幣土地，欲以重臣往取任，驥難之。時郭登請行，繇金沙入緬，不十日至其國，卜剌浪來會，頗驕蹇，登折之，緬氣阻，乃以董雅叩頭聽命，卜剌浪見登，亦稽首。

十二月，登至自緬，其國相緬剌劄以思任載登樓船來獻。時有疾登功者，乃議留登守沙壩，剌劄至貢章，不見登，遲疑不獻。驥謂貴曰：「此紿我過江，則絶我歸路也。」裨將陳儀自詫知天文，以爲熒惑犯輿鬼，緬可伐，欲以賞致緬，焚其舟。大戰一晝夜，我師敗績，剌劄竟持思任去。貴子雄追之，復敗，自刎，餘衆陷于江。

十年，侍郎楊寧、侯璡遣使許以孟養之地易思任，卜剌浪喜，乃獻思任首級，并妻子敗徒、板蹇等至軍門。驥以卜剌浪長子銀起莽爲宣撫，而思任二子思機、思卜皆遁居孟養。

十三年，復命驥并都督宫聚率師討之，破其鬼哭山，機、卜復遁入緬。師還，群夷復擁機幼子思禄叛。思禄言願立思氏，永徵差發，驥立石爲誓而許之，遂班師。

弘治元年正月，緬甸來貢，且言交阯侵其境。

二年，遣編修劉戩使交阯，諭罷其兵。

正德間，緬甸、孟養互争地，各遣使上聞。孟養以緬先報思任於朝廷也，故怨緬。嘉靖初，孟養頭目思倫糾木邦宣慰罕烈，發兵象擊緬甸，大破之，擄其宣慰莽紀歲并其妻子，殺掠無算，遂瓜分其地。時有齎金牌信符千户曹義，亦爲所殺。

七年，緬甸以殺掠占據情赴闕，上命鎮巡遣官往勘，乃以永昌府知府嚴時泰、衛指揮王訓往，諸夷不聽，又值安、鳳之變，不暇及緬事矣。

嘉靖十三年，以諸夷數與緬搆，乃添設永昌府同知，職專撫夷。

三十七年，木邦宣慰罕拔與隴川宣撫多士寧讐殺，遣指揮路九萬撫之，歸言今緬夷酋名瑞體，創霸擺古，有吞併之志云。擺古即古喇宣慰司也。隴川多士寧獲一緬僧，貌修偉，自云我緬甸宣慰莽紀歲幼子，昔避孟養、木邦之難，久寓占城、暹羅，今欲至中國見天皇帝，求復官職。士寧止之，不聽，遣人導至潞江濱，潛匿其船，以爲江闊無船不可渡，僧悵然而歸。

嘉靖三十三年，有馬革大部落號得楞子者，其酋名排來，兄弟争國搆兵，瑞體爲之和釋，兄弟感之，因奉瑞體爲長，讓居馬革。瑞體部署其衆，絶排來兄弟糧道歸路〔五九〕，皆不相救而死，遂盡有其地。又得緬僧，以異術佐霸其業，樹海岡七十自衛，衆服之，尊爲「金樓白象主莽𡃤喇」。「𡃤喇」者，華言「公道主人」也。時猛密酋思漢子思奔、思糯相争，奔訴瑞體，瑞體乘亂殺思奔，僞立思漢次子思琢，假途于琢，以掠孟養，即留夷目卓吉守之。未幾，卓吉爲莽婿猛乃酋别混所殺，瑞體破猛乃，執别混。

三十九年，總兵沐朝弼、巡撫游居敬上言瑞體侵軼鄰境，當預防内侵。時兵書楊博知緬事，悉覆如題議，自是滇始于蠻哈設兵，冬春防緬。

隆慶元年，藩司差指揮陳應繍、千户潘應爵買象于猛密，其酋思哲送二弁于瑞體。時瑞體方侵車里，以茨棘錮之，後勝回，乃遣還。

二年，木邦土舍罕拔遣使告襲職，有索賂者，以兵備遲疑對。夷使歸報拔，拔怒，與弟罕章集兵截旅途，經年不令漢人通。後乏鹽，求于瑞體，瑞體餽海鹽五千簦，益感緬而恚中國，遂携金寶象馬，詣瑞體致謝。瑞體見拔，歡甚，贈以寶帶、緬鐸、白象、罽錦、珍寶、香藥甚多，遣兵護之出疆，遂約爲父子。時有「官府只愛一張紙，打失地方二千里」之謡。

潞江安撫使線貴聞拔邀緬惠不貲，亦投瑞體，日津津洩中國之虚實，教以吞鄰内侵，瑞體割兩岡地與之。貴因遣使召隴川多士寧，士寧知順逆，乃宣天朝威德，聚米爲堆百餘，譬中國幅員之廣，如雲南其百一也，緬所轄特千一耳〔六〇〕，幸勿妄動，瑞體念頗寢。士寧歸，遇貴于江滸，責其負國啓釁。抵隴川，值指揮方謐率兵戍守蠻哈，士寧語謐曰：「亦知瑞體之策否？上策交罕拔，繇木邦衝順、蒙，走滄、洱；中策走木邦，背順、蒙，趨老姚，施甸可唾手取。永、騰、蠻哈區區之隘，可恃以拒緬乎？」謐默然。

士寧死，干崖宣撫刀怕舉亦死。罕拔與怕舉雖親而有隙，聞怕舉死，言于瑞體，請襲干崖，隴川無主，必聞風歸附，拔願爲前驅。瑞體卜于緬僧，欲從之。其子應裏悍而多智，言于瑞體曰：「隴川、干崖雖云無主，路遠難以徑取，俟有内隙，可一鼓下之。迤西思箇地廣兵强，爲我世讐，每欲乘我出襲我，倘我兵遠事隴川，彼以重兵順流南下，被禍非細。莫如稍助拔兵，聽其自取干崖，則成敗不在我。且迤西、木邦在我肘腋，若迤西不爲我有，安能出三宣内侵永、騰耶？」瑞體然之，借拔兵一萬，令拔取干、隴，乃自率兵侵迤西，屢爲思箇所敗，箇亦退保猛倫，相持不決。隴川目岳鳳見其主幼，陰欲據其地，乃齎重賄投拜瑞體爲父，導之内侵。瑞體因調緬兵萬餘爲疑兵，出入于緬甸、迤西疆上，牽制思箇，復檄罕拔兵會隴川。岳鳳亦集兵數千，屯麓川東岸，聲言捍緬，而陰治牛酒，先俟迎犒。蠻莫頭目思哲亦迎降之，瑞體納爲義子。

萬曆元年，拔及鳳屢導瑞體侵三宣，隴川首被禍，罕氏不支，懷印信，携二子多忠、多孝，二女及姪罕朝光潛奔永昌，當事者令罕氏挈印、子歸隴川。鳳見罕氏歸，遣書紿罕拔，謂罕氏携朝光往永昌者，爲争汝官耳，鳳請爲汝除罕氏、朝光以去禍根。拔甚喜，遣令罕章、罕難等率夷緬兵五千，夜襲隴川。罕氏聞變，挈二女走遁田中，賊斷罕氏右臂而死，朝光亦被殺，二女没于緬，多氏族屬，殘滅殆盡。印爲鳳得，又受緬鐸，遂據隴川。

三年，僞爲錦囊象函，書貝葉緬文，稱西南金樓白象主莽噠喇弄王書報天皇帝，地方無事云云。中皆詭情侮辭。鳳又與拔、哲定盟，必執思渾，下猛密，奉瑞體以拒中國。瑞體遣子應裏、喇鮪率衆二十萬，分戍隴、干間。

罕拔恃緬勢，召刀怕舉弟怕文曰：「汝嫂，我妹也，吾欲妻汝，并汝兄宣撫皆爲汝襲，可據干崖以臣緬。」怕文挾二子奔同知薛衛、守備李騰霄，言拔欲怕文背漢事緬、娶嫂滅姪無天理語，怕文世受國恩，焉肯從之，願與戰。次日方戰，緬兵大至，遂潰，奔永昌，姪怕宣寄食潞江，薛衛、騰霄避羅卜思莊。拔取干崖，即令罕氏收掌，且與緬鐸，令其臣緬；又召盞達副使刀思官、雷弄經歴廖元相，俱給以貝葉符，令佐罕氏守干崖，以防中國。

四年，緬大發兵攻迤西，失利敗退。先是金騰兵備副使許大琦每憤諸夷附緬，且恃緬恐中國，乃遣指揮侯度持檄招諭。至迤西，頭目思箇得檄，從違未決，乃刻木二，一書天皇帝號，一書莽瑞體號，率衆拜之，乃卜。及卜，則天皇帝者卓立几上，莽瑞體傾墮于地，繇是決意向中國。瑞體惡其倡諸夷向中國，且世讐也，故先兵之。思箇告急，適天琦已卒，署事者副使羅汝芳，詢之，乃厚犒來使，更給空頭劄付，約事成，官以世職，令先回以待我援；復陰募慣入夷緬商人，錫之金繒，令往緬地，默探其山川道理、兵馬糧儲；又檄近緬諸夷，説其向漢，依期援迤西。久之，諜者至，盡得緬情，乃檄調漢土兵馬赴援。十二月，師至騰越。思箇聞援兵將至，甚喜，潛令頭目烏禄剌送領兵萬餘，於阿瓦地絶緬糧道；方督大兵伏于戛撒險隘處，誘緬兵入，絶其歸路而坐困之；請令援兵自隴川邀其後，迤西兵衝其前；又令水兵開江中石閘，以衝潰緬舟。計定，緬兵果入戛撒，思箇堅壁不與戰，第令伏兵塞險隘，絶糧運，以俟中國援兵至，方首尾共擊之。久之，緬兵困久，饑甚，以撮金易合米，始屠象馬，既剥樹皮，掘草根，軍中疫作，死者山積。瑞體懼，請與思箇和，思箇不許，復遣使速援兵。時近緬諸夷，如景邁、猛翬諸酋，密受汝芳檄者，各調勁卒，俟期共擊。無何，有入賀行者，恐爲兵興阻，移書同事，合文止援，汝芳不聽。彼知汝芳意鋭，仍合揭于巡撫，以兵興禍連語怵之，乃馳檄亟止汝芳。汝芳接檄，憤恨投幘于地，大罵而罷。思箇困緬月餘，力亦疲，且援兵不至，遠近怏怏。岳鳳探知，乃集隴川夷兵二千，兼程拯緬，導之繇間道遁去。迤西知緬走，率衆追之，且追且殺，緬兵大敗，生還者十不一二。自是瑞體忿讐迤西，期必報之。一時士民以此爲大失機會，當路益抑談緬者。

五年，陳直指文燧按滇得邊報，鋭意上請經理，然與時見相牴牾，事亦寢。六年，遣使將迤西所俘瑞體兵象，侑以金幣諸物，還瑞體。使回，緬不稱謝。七年，永昌千户辛鳳奉使買象于猛密，其酋思混執鳳并軍伴舟送擺古，瑞體遣使持檳榔葉緬文遣伴鳳回，言于瑞體，復率兵象侵迤西。思箇因中國無援不支，敗奔騰越，中途爲奴郎都等執送瑞體，不屈遇害。瑞體盡據迤西，目民奔永昌，稍安置于内地。

八年，巡撫饒仁侃遣舌人李阿烏諭緬甸。阿烏至擺古，見瑞體，道皇帝威德，不侵緬地，瑞體唯唯。又語以蔣定西、王靖遠征麓川事，瑞體不語。阿烏又言罕岳假緬王擾漢地，瑞體佯應曰：「我不知也。」居旬日，趣阿烏還。

十年，岳鳳領緬兵襲破干崖，土婦罕氏降于緬。

是年瑞體死，子應裏嗣，尤狡譎險詐，善用兵，瑞體併鄰拓地，多其謀力。

是年，岳鳳執遮放頭目刀落恩送應裏，又嗾應裏殺罕拔。時拔有子名進忠，應裏欲併其地，遣弟應龍伐之。時木邦有孽子罕鳳，降于應裏；耿馬有舍人罕虔，與罕鳳謀擒進忠，共率兵從應龍，以灣甸州景宗真爲鄉導，追進忠。進忠倉皇挈妻子，絶喳哩江，奔内地，兵象從者不十一，餘悉俘于緬，應裏分其地以處他酋。應龍躡進忠，遂入姚關。

十一年正月朔，焚掠施甸，剖孕婦以卜，男寇永昌，女寇順寧，腹破得女，乃焚攻順寧府。二月，破猛淋寨，防守指揮吴繼勛、千户初維垣皆死之。

是冬，應裏攻盞達，副使刀思廷率兵拒不敵，遣使求救，不應，糧盡援絶，城破，屠之；思廷妻子族屬盡爲所擄，而干崖刀怕庚、雷弄廖元伯、南甸刀落憲、盞遠刀思定皆擄去。巡撫劉世曾、巡按董裕，會疏請兵將，以南京坐營中軍劉綎爲騰越遊擊，移武靖參將鄧子龍爲永昌參將，各提募兵五千，副以土兵。而應裏亦西會緬甸、孟養、猛密、蠻莫、隴川兵于猛卯，東會車里、八百、孟艮、木邦兵于猛炎，復併衆入犯姚關。子龍爲壘靜待，乃大破之于攀枝花地，斬宗真，計擒虔父子等，破其灣甸、耿馬地，時分守參政姜忻發指之力居多。遊擊劉綎率兵出隴川、猛密，直抵阿瓦。阿瓦頭目莽灼，瑞體族弟也，懼，遂糾猛密思忠、蠻莫思順攻殺緬使，詣綎請降稱欵。應裏聞灼來投，起兵破灼，灼内奔，行至曩朴寨，病死。先是灼有白象一，能決勝敗不爽，每出兵咸問之，瑞體嘗借以自隨，至應裏，假象不歸，且欲害灼，灼心寒，因綎招之即降。及灼死，應裏以子乃篤改名思斗莽肘者據守阿瓦。

綎以岳鳳有心計，欲厚結之，使爲用，當路者促綎，綎不得已，乃擒鳳及其子曩烏、目把莽糜、啞晏、得皮等，俘解京師。是時木邦罕鳳、迤西思義俱殺緬使，詣綎降，進忠亦集其餘衆來奔，乃豢進忠于内地。夷緬畏綎，望風内附者踵至。猛密安撫司土舍思混，遣弟思化送象，及獻緬僞印來降。初，綎許岳鳳以不死，故諸夷争降，後聞鳳就擒，猛密思忠懼，復率錫波思哥投應裏，竟死緬中。

迤西屬部有密堵、送速二城，皆瀕金沙，近阿瓦，久爲緬據。迤西酋長思威既欵塞，乃提兵至二城，其部目言願服緬，力不勝耳，今宜歸故主。

十四年，應裏徵二城兵，不應，應裏怒，攻破之，以多曩長、散鐸率兵屯守。

十五年，思威糾思化、思順各土兵，又求助于我，以復二城，遊擊劉天倖令募兵五百往助之。緬見，以爲漢兵大至，驚潰，威乘勝斬緬千餘人，并二城之從緬者，陣斬緬目多曩長，而散鐸奔阿瓦，威復二城。金騰兵備按察使李材謂功級多，宜上聞，事下蘇直指酇覆覈，謂功級非實，逮材、天倖等繫獄。

十六年十月，思順亦投緬。初朝命以思忠等歸義，以猛密思忠陞宣撫使，猛哈思化陞同知，蠻莫思順陞安撫使，如邊臣之議也。比欽頒符信至日，而思忠、思順等已復投緬，乃以忠母罕烘、順母罕送，各代子領該司印。

九月，應裏報猛廣之怨，兵加猛密，烘不能拒，率其孫思禮、思仁奔猛廣，而猛密失。思化、思豪奔蠻莫，順母送謂蠻莫係猛密轄地，見思化之來，憚而棄之與化〔六二〕，挈子思華奔騰越。時有加兵問罪思化之議，巡撫蕭彦密令撫夷同知漆文昌撫化，文昌單騎入化壘，化稽顙聽命，且云：「奴有助迤西殺緬賊功，今無所歸，願寄食于蠻莫。」從之。

十七年，孟養酋長思威死，其支子思明、子思遠進象及方物，朝廷令遠爲孟養酋長。

十八年，應裏報密堵、送速之怨，進兵孟養，遂破猛拱，遠與子思昏奔盞西。應裏僞署堵罕于孟養，甕罕于猛拱。十一月，緬破猛廣，罕烘、思禮與思忠妻甘線姑奔隴川，思仁奔雅益，丙測奔工回，猛廣亦失。

十九年，應裏率猛别、阿瓦，糾堵罕、甕罕兵象圍蠻莫，思化來告急。時鄧子龍方聽勘，奉檄率兵至羅卜思莊，緬聞之，退去，化復還蠻莫。

六月，應裏遣使等母海弄查齎貝葉緬文來求通，巡撫給榜文送緬使歸。

二十年，思仁、丙測叛，投緬。思仁，思錦子也，仁烝嫂甘線姑，因欲得之，時線姑隨罕烘、思禮寓隴川，仁自雅益率兵象犯隴川，擄線姑，宣撫多思順有備，弗克逞，且懼中國問罪，乃同丙測奔緬。應裏僞立仁于猛密，當事者移置罕烘、思禮于芒市。

六月，應裏遣使擺線谿迤西齎貝葉緬鐸招隴川、干崖、南甸諸土司，當道給緬使文告，令之還。

九月，應裏令阿瓦、迤西犯蠻莫，思化奔等練山。參將鄧子龍提兵營等練，緬兵屯遮遨，子龍發兵擊之，大戰于控哈，斬首百餘級，把總李朝、岳順戰死。緬退屯沙洲，我兵無船不能進，相持彌月，緬尋退去。

二十一年十二月，應裏以允墨僞食蠻莫，墨乃糾猛拱堵罕、孟養甕罕、猛密思仁兵，號三十萬，象百隻，以普坎、雍罕、直郎三鷲酋，率衆擁送允墨據蠻莫。及思化敗，入即立九大營，深溝高壘，爲久駐計。仍分道内犯，一入遮放、芒市，一入臘撒、蠻顙，一入杉木籠，並出隴川。多思順不敵，奔猛卯。

時巡撫陳用賓駐鎮永昌，聞賊大入等練、隴川，乃分部，以參將王一麟奪等練，中軍盧承爵出雷哈〔六二〕，都指揮錢中選、張先聲出蠻哈，守備張光蔭出打線〔六三〕，一麟擊其前，承爵、中選擊其左右。賊狡甚，始以羸者兵數人，飲馬江干而浴之，前鋒者擊而俘焉，以捷聞。居數日，又以一象、馬數匹來，我兵又擊而俘之，又以捷聞。緬兵退走，遂復蠻莫。我遂以賊爲易與，鼓行而前，不知賊兵潛伏營于崖箐，乘我兵過半，賊衆湧出，我兵被截。時寧州目把者義領兵在行間，挺身而前，衆寡不敵，後無援者，者義單騎欲旋，失道，陷泥中，爲賊所殺。前鋒既失利，後二營相繼退奔。監軍同知姚允升收殘軍，用百金買謀者，晝伏夜行，望等練諸山火光不息，徐偵之，蓋賊盡伐山木，火焚其山，乃知賊退還巢也，因以捷聞。

先是隴川多思順恨俺導緬殘隴川，乃糾思化并芒市多泰等擊俺，殺俺子多荒，俺益怨之，遂潛投木邦，因之歸緬。參將吴顯忠屢招諭之，不聽。

十二月，俺糾思仁、丙測，繇猛卯襲遮放，我兵戰却之，斬級百餘，丙測遁。是月，用賓建築關堡，興屯田以禦緬，緬知關堡之不利，數撓我興作。巡撫陳用賓修文告，遣閩人黄襲使暹羅，使與得楞内外夾擊緬。

多俺自遮放敗遁，不復歸猛卯，而投木邦，負嵎于曩義山，殺天馬、漢龍二關工役，繇便道將歸緬。文昌計授木邦罕欽，令擒之，謀頗露，俺欲奔擺古，欽追及于雷聳茂，并其子多烘、多曩面斬之，生擒其子多膽滿解滇。緬因俺死，遂寖寇我東路云。

二十四年二月，築平麓城于猛卯，大興屯田。先是邊事旁午，餉費不貲，即轉輸米石，運價至十金，而值不與焉，編氓鬻妻子，諸郡邑不支，故巡撫陳用賓鋭意興屯。然三宣之内，屬夷徭賦所出，餘田無多，阡陌膏腴，初議以營兵任屯，非營兵而願屯者亦聽。錙基取之汰兵之羨餉，又以餉值充糴，計石銀七錢，秋成照值入廩，計納公田一斗，二年小成，免其什一之賦，三年大成，始什一而賦之。然迄今亦以瘴惡，屯者不能耕，西偏諸兵糜公帑如故。

其後猛密思化死，其子思正猂而寡謀，屢樹怨于三宣，阿瓦乘採井之隙，擁衆十萬，修怨于思正，罕拔次子蘊以木邦兵從之，正入騰越，阿瓦直逼内地，兵備漆文昌殺正以説于緬。其後用賓所遣使人黄龔至暹羅，暹羅與龔要約，因發兵攻擺古，墟其地。是後屢爲暹羅、得楞所攻，疲于奔命，不復内犯矣。

詹英論征麓川狀略

嘗謂邊夷抗命，實天討不容；大將領兵，當神明是務。夫兵，凶器也，爲將者不能重其事，惟求己之利益，必其取勝而成功者難矣。

曩因麓川思任發背逆，天兵已嘗殄滅，賊子思機發又敢抗違朝命，皇上命將出師，往正其罪。何期總督等官，不體朝廷之心，苟安貪利，行李二三百擔，用夫五六百人，聲勢喧鬨，沿途勞擾，將帶紵絲絹匹，密散富熟之家，下網垂釣，狼貪漁取。有司土官，行李成隊，好馬雙擡，轉送別官，加倍索取，各處都司官見，潛將賄賂先行，所獲有餘，貪得無厭。故違祖訓，擅用閹刑，以進爲名，盡留自用，醜行遍揚於南詔，名節大壞於邊方。及至行軍，全無紀律，大軍一十五萬，俱從一日起程，路滑泥深，難爲士卒。且如運糧一事，又不設法轉輸，每軍一名，運米六斗，奔走往來，搬運催促，不得少停。如此之勞，何以養鋭？有因自縊而死，視之略不經心。嗟怨之聲，盈於道路，領命用兵者，豈當如是哉！指以馱糧，坐派所司一千餘馬〔六四〕，不知此馬何施？坐轎、臥轎、山轎，涼帳、暖帳、雨帳，左右贊襄官吏，百端阿承，罷困下人，無所控訴。比臨賊境，各不周慮，探其險易虛實，賊衆有無，輒至金沙江邊。賊人進抗猛烈，調令副總兵、參將等官，領兵攻圍不克，被賊用木石擂打，將駱都指揮等官軍殺死，俱將頂皮割去。賊子肆頑，不知何所，却將來降魚户誘繫，解作生擒。蓋因主將無謀，致有此患，損中國生靈，遺邊夷笑。計窮事拙，只得班師〔六五〕，已將地方分與木邦、緬甸，抗違之罪，付之無可奈何。

抑聞古之爲將者，與士卒同甘苦，故能成功，今不知此慮，欲希僥倖，豈將兵者之所爲哉？

切詳靖遠伯王驥，以布衣陞伯爵，子孫世襲有官，何乃忍此！總兵官宫聚，繇先代勳爵，累陞都督，掛印總戎，自合寢食不安，以除邊患。豈知此二人者，同流合汙，既無運籌帷幄之才，又無克勝破敵之智，玩法怙終，損兵失利，原其情犯，死有餘辜。昔唐玄宗時，南詔有警，御史李宓將兵十萬擊之，楊國忠隱其敗，更以捷聞。後范祖禹引管子之言「堂上遠於百里，堂下遠於千里，君門遠於萬里」，言壅蔽之害深也。皇上深居九重，豈知此情此弊。臣不避勢要威權，冒犯天顔，乞將王驥、宫聚等官，拏送法司，明正其罪；先差密切廉幹之官，前途盤閘各官行李，上解天怒，下慰士心〔六六〕。

何孟春復永昌府治疏巡撫〔六七〕

臣聞消變于未萌者，策之上；消變于將萌者，策之中；變成而後救，斯無策矣。切見雲南地方俱有諸夷，然西至大理，東至臨安，皆是府衛相參，事體有定則，賦役有常制，故民雖未富，猶得粗安。惟金齒一司，實古之哀牢郡，漢之永昌府，自胡元以上，皆爲府治。其後元務遠略，創立大理金齒等處宣慰使司都元帥府於銀生崖甸，其地在白夷蒙樂山下〔六八〕，去今金齒司南千餘里。其夷没後，金鑲二一齒而葬〔六九〕，故因得名，與永昌府絶無干涉。後元以其地不可守，改爲金齒衛，移入永昌府共治。元末道梗，流官多缺，止有土司通判在任。聖朝洪武十五年，於指揮王真處降附。十六年春，附近諸夷忿王真立衛鎮守不恤府，乃共推已退土官知府高公引麓川思可發夷兵數萬來攻，生擒王真，盡夷其城而去。本年十月，雲南指揮李觀請復立永昌府金齒衛，招撫安輯。十七年閏十月，朝廷降到永昌府印，又續發南京各處軍充實軍伍，府衛相參，軍民安堵。二十二年十二月，李觀病故，後指揮胡淵以舊城夷毁，改築新城，因欲自尊，假以民少糧不及俸爲名，于二十三年十二月初八日，奏革永昌府，改衛爲金齒軍民指揮使司，兼管軍民。彼時淵以築城有功，意在專制，又以指揮俱長單掌印，尚無考選軍政，可使世世專有此土。却將永昌府之民，併入永昌、金齒二千户所；尚有附府良民無編，立東、西、太和、六軍等里，徑屬本衛；原本府所屬施甸等縣，續立鎮夷等州，俱革爲長官司、百夫長等衙門；惟永平一縣乃古博南縣，民不可革，遂概隸指揮司統屬。

彼時淵恃有功，不欲與府頡頏，訖成私計。然親承屠城之慘，深結夷民之心，故需索少而糧差額輕，軍民和而調發事簡，又以府衛所有，專供一司，故夷民安，財用足。後來承之，盡意貪剥，近城寨分，已不如前。其後因麓川反叛，加以徵調，夷民漸困。及景泰末，都督毛勝因隨征麓川，知金齒司指揮供給甚多，遂營幹鎮守。有内臣見毛勝得利，遂接踵前來，繇是廣占夷田以爲官莊，大取夷財以供費用，然名目尚少，猶可支持。相承到今，日增月盛，典馬典軍，費以萬計，磕頭見面，亦要數千，過江、子粒等錢，無時得了，白米、馬料等户，無日不徵；加以跟官小人，百樣生事，害人積棍，一時縱横，取索椎髓剥肉，倡言不恤，夷民畏死，不敢不從。繇是强者爲盗，弱者遠逃，如近城鳳溪一長官司，今止數家，二代不襲可見矣。比之宣德、正統間，環城百里之夷民，十亡八九；比之成化、弘治初，二三百里之夷民，亦減六七。所不能逃者，赤身裸體，食草鋤山，氣息奄奄，死亡無數。而上下交征，略不爲異。如施甸夷民，害極欲變。

正德十年三月，城門曾晝閉矣，騰衝軍士逼於拜見。正德十一年，太監曾被攻矣。及今木邦起兵，奪占孟定府，又起兵入隴川，臨芒市，又起兵入灣甸州，其州去永昌所老姚寨僅四十里矣。即今孟養又起兵過金沙江，鑿山開道，繇茶山直抵騰衝。猛密又來要求宣慰矣。臣訪于耆老，皆言自平麓川後，今經八十年，並無夷人敢如此侵犯，良繇金、騰二司附近夷民，被害不過，各逃往彼處以訴其怨，彼各得招懷以益其强，既知二司之虚弊，又悉其貪殘。且又年年下番，哄誘寶石，月月設計，欺騙金銀，遂使遠夷生凌侮之心，興兵試作變之漸。若不早計，誠恐變生。蓋附近夷民爲二司藩籬，皆抱恨切骨，則藩籬撤矣；附郭軍民爲地方根本，皆疾首痛心，則根本病矣。藩籬根本皆隳，大變固應不遠。

臣叨授巡撫之寄，憂如焚灼，博采廣詢，共言惟是復府治，設流官，以撫安於内，則外變自息。及考之前數年，巡撫官固有憂先於臣，具本二三次陳奏矣。緣該部只照常行雲南鎮守衙門勘報，殊不知鎮守衙門，於近夷日取之財，必千必萬，於遠夷歲通之利，莫考莫稽，既圖利身，誰肯爲國？一承行勘，轉加唬嚇，聲言治其妄告，倒説爲伊解釋，各差官上寨逼要，不願復府結狀，更督令科派備禮，所以夷民則畏懼益深，蓄怨益切，二司則剥削愈肆，聲勢愈張，非徒無益於弭亂，更以促發其禍機。

今幸皇上入承大統，聖譽昭升，率土普天，更新視聽，延頸企踵，想望太平，臣用敢罄竭愚誠，冀消禍變。伏願聖明俯垂睿鑒，不惑羣議，斷自宸衷，免行鎮守衙門勘報，乞查前後奏詞，以察事機，將金齒司所屬永昌、金齒二千户所夷民，并附郭各里百姓，仍舊復立永昌軍民府統治。再乞勅吏部精選川、湖、貴州有守有爲進士出身知府一員，舉人出身通判一員，推官一員，經歷司經歷、照磨所照磨、司獄司司獄各一員，令其領印，作急到任。其所割歷州、縣、長官司，及合屬衙門，俱候知府到日，計度人民户籍多寡、地理遠近，照舊爲州爲縣爲長官等司，另行奏請，銓官降印。其騰衝司亦原係府治，後改爲騰越州、騰衝守禦千户所，彼時州隸永昌府，所隸金齒衛，後因比照金齒改爲軍民指揮使司，今其爲害，亦與金齒相同。若金齒復爲府衛，騰衝亦合復州，或爲府，將司改爲衛，軍民相參管理，其大小事例，亦比金齒次第舉行。若其公廨房屋，臣已訪得空閑官田房屋甚多，官至即備，並無勞費。如此則近便夷民可以自安，遠地夷心自然畏服，而變可坐消矣。

然不止潛消禍變於將來，又可廣垂利澤於永久。臣請略節陳之。原兩司皆是指揮、千百户等官，凡經收錢糧，皆先取以阿奉權勢，因而竊入私家花費，及至盤查，則認借充盤，隨後竊出花費，事發之後，監追至死，無處賠納。爲此守巡官無法可治，將金、騰官銀，多解大理府庫收貯。今復府治，則免貯庫於大理，既可省五日護送，又可以答應緊急，其利一也。

又凡承委撫夷，勘問詞訟，徵收錢糧，各一事不知，一字不識，凡地方詞訟錢糧，不能辦集。今復府治，則承委有人，諸事易辦，其利二也[七〇]。

又驛課巡司，缺官不報，各買求署掌，見今館驛，日日折乾二兩[七一]，而供應在外，税課徵商倍常，而課程無聞，災異常見，不申呈，吏員久役，不起送。今復府治，則官無虚曠，館驛可蘇，税課可減，商賈可通，災異可警，吏役可正，其利三也[七二]。

凡元宵烟火料絲燈，皆於操處出銀五十兩製造，永昌所却又遍行科派夷寨；春牛芒神，天下同制，今要多造兩頭承奉分派；夷民各壇祭祀，惟衣冠與祭有胙，今要賣補二倍[七三]，分送跟官、光棍、牢子等人。今復府治，則此費自絶，其利四也。

又金齒魚利，比之大理不及，然東湖各塘壩河池所出，市不缺賣[七四]，南北河道竹木之來，歲不缺入，而魚課之徵，抽分之利，通入私門。今復府治，則財用自足，其利五也。

往時官舍軍民之家，有不得已乘喪嫁娶者，皆在夜中，惟恐人覺；自今指揮等官，禀過官府，任行嫁娶，或父母喪後三五日，或半年，白晝嫁娶，鼓樂喧闐，誇示市廛，衆皆欣慕，納賄請求，以爲榮耀，人心全泯，風俗盡移。今復府治，則此弊可無，風俗還舊，其利六也。

夫能消禍變之大，創永久之利如此，適遇聖明在上，庶政維新又如此，儻又畏首畏尾，不一陳之，豈非天下後世之罪人哉？臣但恐欲專地方之權以取利，幸地方之變以邀功，曲加阻撓，臣請逐件折之。若曰永昌府係我太祖高皇帝時所革，只當遵守，不宜更復，則胡淵革府之時，府學亦革爲足食倉矣，何自正統以來，列聖又因臣下之請，復照府學事例，立學到今乎？若曰金、騰地接外夷，規畫已定，忽復府治，恐兵弱不能控守，則見今臨安接界於安南，比之諸夷之離金齒尤近，安南地盡於南海，比各夷之宣慰更强，以臨安府衛，顧足以控制强大之安南，而金齒不然，正以司治貪汙，是以起其欲變耳。若以永昌府衛相參，加以騰衝，有不能控制數宣慰司竄遠之夷乎？若曰民少，不勾僉一府之皂隸門庫，糧少，不勾供一府之官員俸糧，則查今隱占白米户之丁力，足勾一府之皂隸門庫，私納白米之石數，足勾一府官軍俸糧矣，何況三十寨之秋糧，各民里之賦役乎？若曰未嘗有例，緩求其宜，則見今雲南、大理、蒙化、景東、楚雄、臨安、曲靖，俱有府有衛，即其例矣。且内唯臨安、大理二府，土地民户，財産田畝，與金、騰等，其餘府分遠不及。況今夷民困極，大變將興，救焚拯溺，少或遲延，則禍亂必作，救之不及矣，豈容緩乎？

其餘區處細微，事務曲折，非本内可悉者，臣已悉與布、按二司官，晝夜計算，經畫停當，決可弭患於將萌，垂澤於永久。如或一有不效，臣甘萬死，以謝妄言之罪。伏望聖恩憫念，俯賜允從，則地方幸甚，生民幸甚！

蕭彥敷陳末議以備採擇疏

臣惟安民莫如省事，而事有所必不可省；爲治不在多言，而言有所必不可已。滇西南一都會也，先後諸臣之所經略，與邇者迤西事宜，按臣之所條陳，犁然具矣。惟是一二末議，有不得不上請者，謹開列以聞。

其一，議銀場以便責成。雲南礦課，取天地自然之利，以供經常之用，近自迤西多事，題留兵餉，抑又重矣。乃歷年以來，逋負過半，而大理爲甚，完者十一，負者十九。其負者又不皆遺之民也，有司之公用有之，委官之分利有之，硐頭之斂而爲己私者有之。上不在官，下不在民，弊也極矣。查得該省礦場，在臨安、澂江、元江、新化，則屬臨元守道；在鶴慶、大理、永昌，則屬金滄守道；在楚雄，則屬洱海守道。先年各分守官共駐會城，故以銀場專責臨元一道，而其相去遠者二千里，近亦七八百里。一人之身，勢不能遍歷，將托之委官，而委官類多末流，將責之郡縣，而郡縣又皆異屬。礦硐之盛衰，匿不以聞；錢糧之完欠，漫不加念；文移往來，束之高閣；促督嚴急，加以誶語；各分守道，又往往以侵官爲嫌，遠利爲幸，若秦越人之視肥瘠然者，則公家何賴焉？近該臨元道議詳極陳不便之狀。臣惟政繇俗革，事以時異，彼一時也，分守駐會城，則以總屬臨元爲便；此一時也，分守駐各道，則以分屬守道爲便。蓋總屬則勢有所不周，令有所不行；而硐民之利病，遠不及聞；礦脈之盛衰，遠不及驗；或增減失宜，則苦於輸納之難，豈獨病於官，且病於民。試舉而更之，豈獨便於官，且便於民，其相去甚懸。而或以爲銀場道領有專勅，各道亦領一勅乎？臣以爲專屬則一人轄一省，不可無勅；分屬則以各道轄各地，不必有勅。夫錢糧非守道分內事耶？銀場專勅，即照例繳進可也〔七五〕。

其二，議兵備以便調度。雲南設在極邊，四面皆夷，而錯居其中者華夷半之。無事彈壓，有事策應，蓋皆兵備道之責也。曲靖、臨安、瀾滄、金騰四道者，分布於陲，至密至當，無容議矣。獨瀾滄駐在洱海，管轄視他道獨廣，而武定軍民府寓焉。武定去瀾滄千餘里而遥，往返動以月計，而該府係初定之區，仍夷民之舊，較之他郡，大有徑庭，其官司關白則不便，其官軍調度則不便，其夷情傳報則不便，在平時且然，而一有緩急，後時失事，又所不免。語有之：「雖鞭之長，不及馬腹。」則武定之謂也。至於雲南府於四兵備，獨無所屬，臣等誠不知其繇。雲南係省會，而内之則六衛星列，外之則夷僰錯布，往者尋甸、武定之役，烽火達於近郊，省城且震動矣。無論往事，即如居恒武弁之哨守，城垣之修葺，泛焉屬之，泛焉應之，而各官軍亦且泛焉視其上，若於我無所統而有專統者；至操練器械，則操捕都司外，悉置之不問矣。語有之：「千人舉瓢，不如一人挈而走。」則雲南之謂也。查得武定去雲南不百里而近，莫若併將武定、雲南二府軍務，屬分巡安普道管理，即改曰兵巡道，如浙之温、台之例，庶武定近而易達，雲南專而有成，有改制之實，無增官之費，似亦計之得者。或者以分巡不得兼兵備，武定併屬曲靖爲便。夫曲靖較瀾滄則稍近，然何若安普近也？而雲南又安所屬之？不如併責之分巡安普道便。

其三，議除補以安疲民。聞之書曰：「三載考績，三考黜陟幽明。」分北三苗，大計吏也，而格苗因之，則吏之所係重哉。滇南土地遼闊，禁網不及周，故簡飭之難；夷玀錯居，易動難馴，故綏懷之難；土流並列，急則憤，寬則肆，故彈壓之難；一省之中，瘠者半，沃者半，瘠則易厭，沃則易淫，故堅貞之難。其寄命于縣令，宅生于刺史，較之中土尤甚。故滇夙號遠方，爲士人所不樂居，其除補兹方者，非以遷謫，則以劣考，則又以他途，蓋十而七矣。建議者亦嘗及之，該部亦既題覆，而除補之期，或當乏人之會，勢不得不遷就，故遠民之望，若黍苗仰膏雨而卒無以慰也。兹者大計届期，其掛吏議者當不少，而大比届期，科甲之英，其待用者當亦不少。請乞勅下吏部，今次滇南郡縣之缺，酌量緩急，分別煩簡，以十分爲率，甲補其四，貢途之年壯者補其二。彼其出身科甲，有遠大之望，自能展布四體，而遐方之民，亦且聳然新其觀聽而安其約束，莫敢有玩愒者，其效立致也。夫科甲之流，寧無以不肖終者乎？然十之二三耳；以遷謫以他途，又寧無以賢能終者乎？然十之二三耳。夫天下未有不能於彼而能於此，亦未有不潔於彼而潔於此者。臣以爲大計有疵之吏，果當議處，或降用，或降閑，令散處於宇内之僻地，如蓬麻然，而毋徒以遠方之民，待末路之輩也。朝廷不以遠方棄滇南，各守令自不以遠方視滇南，滇人之幸矣。

其四，議將領以資策應。雲南幅員，如曲靖、尋甸、臨安、澂江、廣西、廣南、霑益、羅平，皆東南境也，壤地錯列，如犬牙之相制；緩急互濟，如輔車之相倚。而霑平守備與臨元參將若鼎足焉，不相上下；若賓主焉，不相維係。霑平之利害，參將曰非吾屬也；臨安之利害，守備曰非吾事也。無事相抗，有事相推，非獨盩戾，且將衝決矣〔七六〕。近該按臣條議通省設二將四守備，而姚關受令騰衝，騰衝兼制順、蒙，迤西之勢，如指臂然。夫臨安之參將，可以騰衝例；霑平之守備，可以順、蒙例。以參將之權，可以統轄守備；以參將之名，可以震壓夷人。莫若照迤西事例，霑平守備併聽臨安參將節制，如霑平有警，則參將速爲應援，如臨安有警，則守備立聽調發，有逗遛觀望及故違節制者，照例參處。而居恒止於行文約束，一如臣等順、蒙之議，庶兩將之名正而氣脈通，兩將之兵合而聲勢壯，其於迤東不無小補矣。

其五，議襲替以慰夷心。國家以夷治夷，不盡統以漢官，授之冠帶，列之等級，然又嚴承襲之規，示大一統之義，所以制之甚詳。而奉行漸久，阻抑多方，夷心苦之，於是一議而寬其赴京之例，再議而蠲其冠帶之銀，所以體之又甚周。乃至于今而阻抑如故，有請襲四五年，而不具結者；有別生事端，反覆駁勘者；有憂讒畏譏，習爲規避者；有任憑吏書，遲速惟命者。下逮土巡檢、驛丞等官，率多貧難，無以饜吏胥之慾，有終身累世而不襲者。惟兹尺地，孰非王土？而此輩以不得襲之土舍，猶然管理地方，當事者慮其地方之無主也，抑或與之冠帶以聽其便。行之既久，土司且以承襲爲不足有無，而各土民亦且謂號爲土舍者，亦可一日而臨我也。將令甲不行於遐方，而進退不稟於朝命，此其所損者大也，損國體也。土司不勝憤，間或因而跳去，官司輒被之罪，亟問之。而土司官以其忿心乘其畏心，益逸而出於法之外，至於上干天憲，如曩之木邦、隴川者，見以爲不臣，而其始固亦承襲之留難激之也。夫獨一二土司乎哉？此其所關者重也，關夷情也。查得萬曆九年十一月内，該巡按雲南監察御史劉維題該兵部覆撫按衙門，各特設有司告襲文簿，登記年月，與布政司代奏年月，年終咨揭報部，行之未久，視若故紙。臣等查閲其累年不結者，不一而足，詰之，則曰土司不出見也，又或曰見催未報也。不知土司之不出，誰激之？而見催不報，又誰之愆哉？充吏書之囊橐，啓土司之攜貳，莫大於此。臣乞自今定議，凡土司告襲，行司而司不即行，罪在該司；布政司行道而道不即行，罪在道；該道行該府縣而該府縣不即結，則罪在該府縣。果於倫序無失，不必別生猜疑；果於夷心不拂，不必過爲搜求。儻有窒礙，即便申詳，非出告訐，不得駁勘。罪在司道，臣等會參；罪在府縣，司道官呈處。而又責令布政司於代奏本内，備開某土舍於某年月日告襲，某衙門於某年月日勘結，該司於某年月日代奏。如年月遲久，顯是留難，該部科即行參究。如是，庶稽覈密而責成嚴，該司懼查參之及己，自不得不急于奉行；該有司懼罪戾之逮身，自不得不急於勘結。上可以存國體，下可以安夷心，即雕題文身之輩，皆不侵不叛之臣矣。

其六，議正倫以杜夷釁。夷方之變，每起於土司；土司之争，每始於繼立。廣南之父子，富州之叔姪，其明鑑也。然此猶其可稽者也。如往者干崖之立刀怕瑄、怕文、怕潤輩，各持一議，而我遂無以折之，迄數年而不定。大都倫序不明，紀載不預，土司得以愛憎爲廢立，吏書得以賄賂爲高下，輕則文移告訐，重則干戈侵尋，率此之繇。臣觀雲南土官，除遠而孟養等司，又遠而車里等司外，其餘或雜處有司之中，或環居有司之側，或朝夕相接，或文移相關，固非各處一隅，不可方物者也。試著爲例，責成各兵備道，置簿二扇，一扇存道，凡各土官生有子息，令其報名在道，一切嫡庶少長之倫，手籍而記存之，毋委之吏書，記筆既，手取而謹貯之，毋雜之别案；其一扇，則登記送臣等衙門以存其籍。如是，譬之積兔在市而心志定矣。有告襲，取而按之耳；有告訐，取而折之耳。土司知其籍存在官，無所用其溺愛之計；夷民見其籍存在官，無所容其擁立之奸，似亦法之可行者也。夫人之情，其子之初生，未有不愛者，其報之未有不實者。何者？當其時，知既生之子，不知未生之子也。故倫序未有不明，而記報未有不實者，此或亦弭争之一策乎？

其七，議定疆以杜强暴。吴、楚之兵，起於争桑；虞、芮之訟，起於攘田，自古而然。況分土分民，在土司尤有一定之制者。邇年以來，强者以力，富者以財，取諸彼以與此，蓋不特一二然者。姑以麗江言之。麗江，古吐蕃之境〔七七〕，與鶴慶爲鄰。其地産金，不生五穀，彼其安然閑我要約而莫敢越者有以也。年來倍加厚值，日市劍川界内之夷田與其民田。夷與民狃於目前之利，而忘其世守之業，於是麗江之轄騣騣出疆界之外，而其他占而有之者不與焉。末大必折，尾大不掉，異日者能不費區畫哉？夫土司之疆，朝廷之分疆也，彼不得盈，此不得縮。請乞嚴爲限制，覆行臣等轉行通省兵備道，除既往外，自後夷司田土即大，不得聽其與軍民交易；其餘土司，務守一定之界，毋容吞噬之謀。如有越而買者，以侵疆罪之，如有越而賣者，以投獻罪之，庶幾大小相制而永永無患也，夫寧獨麗江而已。

其八，議旌别以風遠人。雲南一省，環處者皆夷，其冠帶而臨夷人者皆土官。土官良則夷民之福，而我亦無事；其不良則夷民之災，而我亦多事。夫土官豈異人哉？乃作奸扞罔者十六，非其性然也，我所以勸懲之者未備，而無以動其向化之心也。竊觀雲南土司，大半與有司並城而居，或接壤而處，慕名義，希恩澤，較之華人，不甚相遠。揚之則忻然以喜，抑之則艴然以慚，即有事犯，且悚然以懼，厭然以覆。繇斯以觀，則土司者，固賞可以勸，罰可以懲者。乃旌别不及，勸懲無聞，有善則不得爲善之利，有過則不蒙改過之文，夫是故愈趨愈下而不法者衆也。

臣等以爲土司之官，誠不宜以漢法繩，而擇其中有能約束夷民、安分奉公、卓然出類者，撫、按復命，量舉一二人，少則或一人而止；其有生事搆兵、至犯科、至亡等、昭然顯著者，撫按復命，間亦論奏一人，如過而不甚，即無之亦可。其舉者有賞，賞以金；俟三舉，則降勅旌之；五舉，則加服色旌之，如是而土司知所勸。其論者有戒，戒以文；俟至三，則罪罰以懲之；至五，則輕而降服色，重則革冠帶，許之立功自贖以警之，如是而土司知所懲。勸則趨，懲則避，譬之羈牛馬者，欛柄在我，而莫有不就吾之鞭策者，勢也。今之土司，撫、按官豈無旌别之行哉？出之撫、按，則彼視之以爲常，而出之朝廷，則彼得之以爲異。故旌别可議也，而不可數也，數則褻，故以復命爲期；旌别可行也，而不可多也，多則玩，故以一二人爲限。舉不可不當，而論不可不慎也，不慎不當，則彼且不服，故以當與慎爲準，此或亦鼓舞夷方之一策乎？

以上八議，極知爲西南剩語，然事關官守，非奉宸斷，不可以更故轍；事關夷情，非聆天言，不可以聳逖聽，故敢不避瑣瀆，會疏具題。

陳用賓陳言開採疏巡撫

臣用賓荷國厚恩，見陛下數年來爲國用不足，勞心焦思，恨不能爲陛下分憂共念，取金則解，取石則解，取象則解，大工興則濟工，東師興則濟餉，無一事敢拂聖意，即百姓輸將千愁萬苦之聲，臣等程督千艱萬難之狀，亦不敢聞，蓋慚無回天之力，而一意於終事之義也。但滇南民力竭矣，尚冀陛下垂慈，庶幾民有息肩之日。

乃今開採新命，其裨國用也甚微，其誤國用也甚大，不但大誤國用，而且大妨邊計，臣等不得不攄悃陳言。臣等之言，非敢方命，寔欲請命，求國用邊計兩者俱得，以便督行，惟陛下少垂察焉。蓋滇環向皆夷，非腹裏比，漢、土錯繡，赤子蛇龍雜居，不堪重賦，通省稅糧，不及中州一大縣之半。先臣奏開礦塲〔七八〕，益以鹽課，併奏留各部事例銀兩，充兵食之需，行之數十年矣。然其所入有限，所給無窮，一遇兵興，輒請四川、南京協濟。萬曆二十二年，蜀中當事奏討原借餉銀，奉旨雲南以後兵餉自處，不得再借。臣等長慮却顧，急爲自完，於山澤礦鹽未盡之利，督令各官盡行開挖煎驗，於舊額五萬二千七百二十二兩之外，增出三萬八百八十三兩，共計八萬三千六百餘兩，而官兵月餉，歲該一十二萬九千六百有零，入不彀出，臣等復於各處稅銀清之，又於兵之可緩者銷之。二十三年四月内，臣等具疏奏聞，其開挖礦塲與舊額新增之數，一一見於限兵處餉疏中，經户、兵二部議覆，奉有明旨允行矣。邇來礦脈漸衰，在在請閉，又新舊貢金給發幫貼二價，大約歲該六萬，與助工東餉，一切採石買象不急之需，俱難措處。臣等只得於兵食汰省，將各項通融，於礦鹽額課内支用，蓋至是山澤靡有遺利，而各塲無有不開之礦，亦無有無課之礦矣。

今千户張國臣奏内所稱朝陽洞、灰窯廠、沙木河、梁望山、中嘴洞、白松坡、陸涼州爛泥坑、表羅場、慕萊廠等處，胥係臣等督官開挖數内，即有一二未開，如灰窯廠，則見今議開以補各場消乏之數；如慕來廠，則在夷地，不可開矣。不則前日之所已閉者，若土民李拱極、江應秋等，乃平素革逐攪擾礦場之棍徒也。頃接邸報，奉有聖旨，允差尚膳監太監楊榮，督率原奏官民，前來會同臣等撫按，照例開採解進。綸綍一頒，臣等敢不遵奉，第前項廠洞，先已開採，定課入額，取與張國臣等再開進交，則雲南額課應否報罷？十三萬兵餉安出？貢金價值數萬安出？濟工濟餉及朝廷不急之需安出？此其煩聖慮者一。金礦臣等未之前聞，即貢金亦買自他省；若寶井出産寶石，則猛密、猛告地也，三十年前已折入緬，見爲思仁盤據。臣等議復，尚未有便，其地乃不毛煙瘴之墟，漢人入者十有九死，張國臣奏往開採，不知自己能率土民李拱極等往採乎？抑欲臣等聚數千之兵，與之偕往乎？國臣等無班超三十六人之雄，臣等未敢保其徑入，若欲臣等集兵，以威脅取，必開邊釁。此其煩聖慮者二。展轉思維，俱無一可。

臣等請爲陛下計，莫若將張國臣原奏歲解銀萬餘兩，就責任臣等撫按，督行各該府縣，畢智竭力，截長補短，於官四民六之例，稍爲酌議，歲輸内帑一萬之入；寶井俟臣等恢復猛密之日，令彼夷酋，任土作貢，雖未敢必，實爲至願。至於差遣官員，悉免入滇。如此，可仰副主上開採之意，而雲南貢金兵餉等項，亦可取給，内夷外夷之釁，永可坐消，策不尤得乎？倘陛下以成命難收，開採之使業已出京，乞勅令内臣楊榮前來，與臣等商議每歲解進程限，而原奏張國臣等撤回，免其開採，此於邊計猶未甚失。若以臣等謬言爲不足信，則此舉輸于陛下者能有幾何，其耗蠹滇省之礦利者不可勝計，必至上誤貢金，下釀邊患，兵困于無處之餉則兵變，夷争于垂涎之利則夷變，亡命之徒聚于中，狂逞之夷發于外，滇、雲不免多事，黔、蜀必至騷然，此時且必請内帑以靖邊疆，而何有於一萬之入哉？臣等職司封疆安危，願陛下以國用邊計兩者權衡，使歸於當也。

李本固安插思化疏 巡按

臣惟滇之所最苦者在兵，而兵之所必用者以緬。然中國何負於緬，緬亦何憾于中國，乃連歲驛騷，以至今日，遂蹂躪三宣，震驚騰、永，而志尤未已，則以思化爲兵端也。賴陛下威靈，撫鎮決策，諸文武効力，得驅逐歸巢，版章如故，六詔生靈，亦云幸甚。然使思化之處置不當，誠恐我之甲胄未解，而緬之象馬復來，年復一年，滇且坐敝。

夫滇南大勢，譬之一家，蒼、洱以東則爲堂奥，騰、永則其門户，三宣、蠻莫則其藩籬也。所貴乎藩籬者，謂其外禦賊寇，内固門庭，使爲主人者，得優游堂奥，以生聚其子姓，保有其貨財，斯協名實。若思化之爲藩籬，則溺其職矣。蓋緬中鮮鹽、茶、繒、帛、毛、纓諸物，勢必取于中國，往時曾遣人貿易，道經蠻莫，思化輒剽殺之，即近邊樵獵，亦略之以爲俘。故緬有深恨積怨于思化，欲得而甘心焉；又兼以報怨之思仁，從旁慫慂，彼緬安得不歲歲入乎？是啓釁挑禍也。及緬之入，又不能當，輒攜其妻孥，率其部落，棄蠻莫而遁，以仰哺於我，且殘食于三宣諸夷，緬亦隨其所在而追逐之，在等練則入等練，在隴川則入隴川，是引賊入户也。彼以窮來歸我，又我之屬夷也，勢不得不給銀米以贍助之，又不得不出兵力以庇翼之，即戰而勝，驅緬而歸我，亦不無損，況未必勝乎？故數年以來，芻糧之耗費者以數十萬計，士馬之亡失者以千百計，而小民之轉輸，數鍾致一石，驛遞之困苦，數家供一差，全滇蕭條，職誰之故？是在主人不得安其堂奥，育其子姓，保其貨財也。臣故曰：溺其職矣。

頃當緬賊宵遁之後，蠻莫收復之初，帶管金騰兵備道僉事胡時麟呈稱，轉行廣南知府漆文昌、撫夷同知龐一夔、監軍同知姚允升等會議，欲將思化安插潞江，給之牛粟，彼傲然不聽；又歷舉小隴川、羅卜思莊等處問之，亦復不聽。具禀該道，欲回蠻莫，且乞討水牛二三百隻，并三四月分養贍銀兩，遂自擁衆西歸。適漆文昌遇之干崖，問其徑出，曰：「我不肯舍蠻莫。」以大義責之，曰：「我暫住永、雅。」漆文昌等不得已，乃議就干崖借永、雅之地與居，不許擅歸蠻莫；除以前給過養贍犒賞銀五百兩外，再給以牛種銀五百兩，水牛免給，其月贍銀兩停止等因呈報。臣批其牘曰：「思化向爲兵端，使國家勞師費財，今又不聽議處，强住干崖，干崖之人奚罪焉？且此去蠻莫僅百里，誰敢禁其不歸？而復欲給銀五百兩，無乃不可乎？該道另議通詳。」乃該道未及另議，而思化已歸蠻莫矣，其驁驁難制又如此。上則方命，下則圮族，内樹禍本，外置盜媒，賊來則我當其難，賊去則彼享其饒，若驕子然，故滇人每謂思化、鄧子龍爲二患。

今龍雖去，思化猶存，則患未歇也，臣愚以爲不若另置之便。然好謂之，彼必不聽，臣又以爲不若制之以兵力便。蓋計思化之部落，盡老幼男婦，不滿一萬，其間能勝兵者不滿二千，而我騰、姚客土官兵，見有萬二千人，此其衆寡强弱，不啻倍蓰。彼且結怨於緬，失德於部落，離心於三宣諸夷，亦安敢有越厥志。誠能陳以利害，恫以兵威，置之潞江，或置之小隴川等處，即以蠻莫沃饒之壤，爲蠻哈等練關之堡，無事荷鋤以耕，有事則練堡以守，不煩開墾，便是新畬。不然，或以其地給附近干崖諸夷，即藉其名以爲戍，無不樂受，尤勝客兵。又不然，或空其地以爲榛莽，使賊入無所略，而去無所戀，靡不可者。並築關堡、開屯田諸策，一如近日撫臣會題奉欽依内事理，著實舉行，則斷屬夷挑釁之路，絶緬人私兵之端，樹天地自然之險，省芻粟轉運之勞，斯亦封疆之永利也。此後如緬欲欵，吾聽之，往來貿易，吾善遇之。彼既知我之有備，又將感我之不殺，行當效順，誰復稱兵？遲以數年，而銷兵減餉之説，始可次第舉矣。

然或有爲之説者曰：緬賊之來，蓋欲送允墨食蠻莫，其意不患在思化也。蠻莫去擺古四五千里，去阿瓦亦千五百里，所謂鞭長不及馬腹，即使爲緬所據，勢不得多留兵。彼允墨之衆，能有幾何？煙瘴初收之時，緬衆未來之際，乘虚取之，無異拉朽。越千里，置孤懸，即緬之計亦云左矣，況蠻莫彼未必能得乎？

又有爲之説者曰：吾處思化，是爲緬復讐，且示之弱也。思化爲我屬夷，我得而易置之，況思化之罪，有難以縷指數者。如先年竊殺緬夷數百，妄報首級三千，以誤李材，罪一；近年稱爲鄧子龍左手，與之挑釁生事，掩敗冒功，以誤鄧子龍，罪二；搆怨思仁，致思仁憤而投緬，罪三；剥削思華，使思華怒而降賊，罪四；搶掠南甸諸夷窖粟牛馬，衆叛親離，强梁不道，罪五。此其罪當不容誅，乃薄待以不死，别從安置，以行漢法耳，何緬讐之爲復？吾且建關屯田以制緬，亦何弱之可示哉？

周懋相條議兵食疏巡按

臣聞天下之患，發於遠者不足畏，發於近者爲可畏；發於我之所戒者不足畏，發於我之不戒者爲可畏；發於戒而有備者不足畏〔七九〕，發於戒而無備者爲可畏。滇西防緬，南虞交，然遠在三千里外，即有侵犯，驅之即已，非以其遠耶、戒耶、或有備耶？乃尋甸、武定，自安、鳳殄滅後，改土設流，民不見兵戈者四十餘年，邇者克舉首難，陷武定而肘腋殘，逼會城而腹心危，攻尋甸、破嵩、豐而肩臂傷，白骨撑野，赤燧漫天，内地之慘，百年未見，非以其近耶、不戒耶、無備耶？若復不戒，復無備，是後之視今，猶今之視昔也〔八〇〕。臣慨於中久矣〔八一〕，取其切要兵食可備善後者，條爲十事以聞。

其一，設武備以嚴防禦。夫兵不素練，不可以倉卒〔八二〕。滇之兵，自永、騰、順、雲、臨、元諸營外，餘郡並未設兵，遇警惟調土司兵勇，而土兵又多散處，號召難齊，往往坐視盜賊猖獗，束手而無計，苦無練兵故耳。今查武定所轄四十八馬，附近者猶得以文法羈束，其餘或分布江邊，或參錯江外，箐林深谷，陰巖峻嶺，既有險要可憑，而與江外諸夷結好連姻，武定之變，實始於斯。謂宜於環州、虚仁等處，設守備一員，兵五百名防守，外與會鹽守備聯絡隄防，内與郡城官兵鼎足屹峙，此以防之於境也。武定城池雖復，而無兵控守，與無城同，宜暫增兵千名，設遊擊駐鎮，虚仁、尋甸、欵莊三營，皆聽調度節制。尋甸與東川僅隔一山，孤城可虞，宜增兵五百名，設守備駐防。欵莊控普渡〔八三〕、東川咽喉，省城要害，宜擇指揮一員，提兵三百名守之。此以防兩郡也。其在會城，自廣西營兵百名外，應再增九百名，以軍門坐營中軍統之，與管操都司兼同衛軍操練，視武、甸爲左右臂，而會城居中運之，首尾相應，内外相聯，以消睥睨，俟反側盡安，方可漸議減撤也。

其二，清隱占以廣訓練。臣查全滇軍數，三分馬步旗軍一萬七千八百三十八名，數非少也。且勿論外郡，即會城六衛，實在請糧旗軍五千四百九十九名，汰革事故在外，軍非乏也。乃操不踰千，而夷寇臨城未有一軍登陴而守者，此無他，荷戈持戟，皆疲癃老弱之卒，而精鋭豪猾，冒厮役牢步之名。至其散糧也，在各衙門跟役，皆得循例告給，而城操各軍，隨大班支散者，多爲管屯各官，以兑支數軍空名與之，有終歲而不霑半菽者。勞逸相懸，苦樂頓異，毋怪乎私役愈衆，城操愈虚也。謂宜除堡軍扛擡走遞及分發哨守外，其應役者量留若干，其餘與馬軍盡入城操，年終更番，以均勞逸；自非護表等項公差，不許預告另給，以均苦樂。至臣衙門，無久駐省城之時，與撫鎮異，惟巡軍餘丁，應留巡守，以防册卷，餘聽都司臨期撥送，出巡外郡，照舊入操。在外衛所，聽駐劄各道，一體查發操練。庶尺籍不爲空名，糧餉不爲虚靡矣。

其三，復汰折以實行伍。兵制以三分入操，七分治屯，兵農相兼，善矣。滇中額有土軍，不支口糧，歲赴操守。往者金價無措，有謂軍多閟頂虚費，議行汰革，取口糧以充金價者。此權變之計耳。委官以多汰爲能，有汰老弱及户族，至舉衛所城操哨守之軍而半汰之。夫老不能逐隊，獨無子弟乎？弱不能追敵，不可俟其長乎？祖軍尺籍，即在萬里，人隔數代，勾單一至，甚有丁盡户絶，累及業主與甥壻者，又何論户族乎？查會城六衛，汰軍僅一百零十名，而在外衛所幾汰其半，豈汰之法可行於外衛所，而不可盡行於六衛耶？詰及城操無人，輒以汰軍對，已據汰軍告詞，及衛所申呈，批行查議，憚於違覆，第曰金價無措，成規難易而已。夫金價誠難處矣，今礦場量開，即目前未盡見課，而將來未必無資，何必撤見在行伍之人，奪其應得之糈以充之乎？折操之議，起自盧承爵，彼謂軍不赴操，操不以實，不若折操銀五錢，尤可濟急需耳。夫入操不以實，操官之過也，令之折銀，舉城操而廢之，不因噎而廢食乎？聞此時軍與官通，納不及半，故復汰軍，免土軍折銀，毋拘成心，憚更改，最急之務也。

其四，重兵備以修邊防。曲靖、臨安、瀾滄、金騰四兵道，設居四陲，而前撫臣蕭彦復議，將分巡安普道更駐兵巡，專理雲南、武定兩郡，以補四兵備之空，法至密矣。以臣所遍歷，有一可練可用之士乎？夫兵備，謂以兵爲備也，無兵安備？今宜令于所轄衛所軍士中，挑選精壯勇敢者，多或六七百，少不下三四百名，置之標下，選中軍統之，分營練習武藝，教演戰陣，衣甲器械必堅，聽於局料内動支製給，比照選鋒例，於故絶名糧老弱半糧内計處，以恤其情，無事更番下班，以均其勞，有事分營策應，以齊其力，操賞錢糧，酌議計處，第不許借爲吏書賞賚，以灰壯士勇敢之氣。行之一年，而兵威不振，漢、夷之心不懾，臣不信也。

其五，復北營以壯威武。省城教場，舊設北關之外，後移南關，當商民輻輳之地，況目前勢必增兵，此等烏合，與闤闠錯雜而居，能保其不横恣姦奪否？何則？地近而勢逼也。若復營房於北，有數利焉。城西北負山，民烟稀少，立營屯聚，可固城守，利一也。邵甸、小甸等處，皆爲夷賊出没要路，據險瞭拒，可扼賊衝，利二也。且其地廣衍，既便馳驅，而兵士得就其隙地，以借樵蘇〔八四〕，其利三也。與商賈居民不相混擾，絶奸宄搶奪之端，其利四也。此可定復營之永利矣。

其六，覈田畝以充儲稰。滇中屯糧，總三十八萬七千有奇，歲完六分，其中兑支、乾認、樂從、敷軍種種名色，皆列完數，猶有不可勝詰者。夫地非加縮也，應支之官軍非加多也，且故絶逃亡應除俸除糧者，無論如景東、瀾滄等衛之甚，即諸衛所亦消耗十之三四矣。乃田畝多而鑲不足，官軍減而食無餘，何也？巨奸豪猾餌誘於前，紈袴之子踵襲於後，以一歲所入浮於所出，支剩有餘，混稱拖欠，即參罰亦故事耳。今去萬曆十二年清丈弗遠，圖册具存，宜遴委覆覈，如某官故絶職田若干畝，某軍逃絶屯田若干畝，見在何處，何人頂種，改附有司徵收，仍總計逐年所入若干，所出若干，應餘若干，悉力清查綜理。其支放有餘者，變價解司，以充兵餉，屯伍官侵逋數多，及占爲私業者，重行參究示儆，庶田不淪没，而餉可漸充矣。

其七，嚴屯徵以飽軍腹。屯政之弊，百孔千瘡，其徵也既不可窮詰，其放也又難漫覈稽。其有城倉支矣，屯倉復支；本色支矣，折色又支者。有通同吏胥套押，挽印票混百石〔八五〕，如大理衛軍書王嘉慶等之爲者。屯田道駐劄省城，其在外衛所徵收數目，不過歲取完欠以備奏報，各道明知其弊而嫌於越俎，亦聽其自廢自理而已。謂宜以六衛屯糧徵比收放，責成屯道，在外衛所，聽各駐劄道查比徵收，官軍支放格册，該道印鈐逐月填註，季終報屯道，以備類覈。此非分屯田之權，實所以助屯政之成，則武弁不敢欺冒，而三軍且宿飽矣。

其八，寬文法以綏土夷。夷、玀、蒲、僰混處内地，種類雖殊，其嗜好，其椎髻左袵，其侏儒不通漢語、其工弓弩而習剽掠，其不習文字、木刻爲契同也。彼實逼處我郊坰之間，其改土設流者，即芟除既久，服習漸深，然其戀戀故主之心，有老死傳子孫而不能忘者。管旬通火，視爲利窟，指一科十，魚肉弗饜，奸商黠民，移居其寨，侵占田産，倍索利息，稍不當意，羅告摭詞，不才有司，乘之以上下其手，左右其袒。彼夷民畏城市如陷穽，見差役即魂銷，宿怨深怒，業結鬱而不可解矣。如武定之難，鳳鄭舉深憤管旬馬一龍、馬化龍等之侵奪，有司不爲伸理，遂假阿克爲鳳裔以惑故夷，一夫倡逆，而方百里内外，蠭起蟻附，此非激之使然哉！除武、尋所屬諸馬未叛及乞降者業已撫定外，一應改土設流郡邑，俱宜蕩宕文法，嚴禁科歛，平息争訟，劑量賦役，使夷民安我之約束。至土司統轄夷民，征調即赴，應寬其小過，叙其功勞，時其替襲，釋其株連，公其好惡，使有所慕而爲善。彼見其長之俛焉遵順也，不愈堅其向化之心哉？

其九，創鄰夷以絶邊釁。武、尋境界金沙江，江外通安、會里、黎溪、戈備等處則與武定境接，東川則與尋甸境接，在蜀爲屬體之毛，在滇爲剥膚之害。至七州諸夷，納叛賊質子，助兵入寇，飽欲而歸。東川禄哲等受叛賊重賄，提兵相助，圍尋甸郡城者再，此豈復知有法紀威靈哉〔八六〕！今鄭文久獻江外渠首，次第縛出，或可漸爲結局，而梟獍難馴，睥睨猶在。謂宜合兩省之力，擒首惡寘之法，使江外羣夷，弗敢復反，夫然後沿江郡邑，或有安枕之日也。

其十，重鹺司以足課額。雲南產鹽去處，僅有黑、白、安、五四提舉司，全滇兵餉，大半仰給於斯。邇來以援納途開，提舉官席不暇煖，額課多虧。夫以一銅臭子，捐千金貲，輒稱五品大夫，資格極矣。當事者又爲之計日而扣償，其途已窮，而萬里間關〔八七〕，其途更窮。上之人授之以索償之路，又限之以索償之期，於是取見面，勒常規，不顧正課盈虧，蓋其計畫無復之耳〔八八〕。四提舉每歲納選二員，歲僅二千金，所利公家甚微；而四井邇年以來，歲虧額以萬計，所苦遐方甚鉅。合無塞援納之途，仍照往制，於通判、知縣等官陞轉，彼其前途尚遠，人知愛惜，竈民無科索之擾，額課庶幾其充足乎。

以上十議，皆邊鄙之剩譚，惟是滇南事體，與他藩殊，積漸已成，偏重難挽，參差牴牾，即撫臣有不得盡行其法者，非仰藉天語叮嚀，曷繇使萬里遐荒食足兵强、遠至邇安乎？

鄧渼請允滇撫兼制東川疏巡按〔八九〕

竊照滇中四面皆夷，西鄰緬甸，南界交岡，皆悍夷也；東北接壤黔、蜀，一二土司皆服我冠裳，受我約束者。然緬甸尚有三宣爲我藩籬，而交岡以越在九長官司之外，亦未敢公然入犯。惟是蜀之東川，偪處武定、尋甸諸郡，僅隔一嶺，出没無時，朝發夕至，以故談滇事者，憂不在遠而在門庭之内矣。乃其酋長禄壽、禄哲兄弟，安忍無親，日尋干戈，而其部落以劫殺爲生，不事耕作。在蜀既以所轄遼遠，法紀易疎，在滇又以非我内屬，號令不行，目無漢法久矣。

往者鳳克、大理保之亂，陰相結約，遣助兵馬，罪已不可勝誅；賊既敗走，開門納叛，要挾重賂，方許解獻，按情定罪，不在逆克等下。止以大亂初平，諱尋兵端，幸稽天誅，不謂志氣愈驕，寇劫日甚。先是臣以三月盡入境，經過馬龍州地方，士民泣訴，以近日竜順成餘黨，搆引東川夷賊，入境抄害，該州軍民四十八屯，蓋無一得免者。前抵烏龍箐，則近日添設官兵一百營屯在焉，問之亦以防守川賊故也。然以衆寡不敵，俄而有報殺死客商者，有報拒傷官兵者。

臣聞之不勝切齒，批行該道查議間，旋據武定府呈據禄勸州申稱：近日東川土官禄壽與弟禄哲讐殺，禄哲管下地方小五竜與本州地名他頗相連。去年内有東川頭目阿希領兵百餘人至他頗，傳説你主阿克、鄭舉既死，地方無主，俱屬東川所管，三十七村每村索要牛馬各一頭，男婦一口，臨行仍放兵搶擄財畜一空。以後時常需索糧食。今年五月内，禄哲差戈宰仍領夷兵百餘，照前勒要牛馬人口，每村加要穀一二石不等，認立木刻，方行解散等因到府，據此合行申報。

又據尋甸府詳稱：本府界連蜀省東川、通安、黎溪、戈備等處，各酋長管轄犵夷，天性兇悍好殺，不事東作。尋甸七馬田地，與伊附近佃夷，蓄有收藏，盡爲所有。且四處流劫，任其去來，莫敢堵截。如省城鄰近，西則禄豐、羅次、禄脿、安寧、富民等處，牛欄、妙高、寺哨、龍院、三家等村，東則楊林、赤水鵬、左衛、者察各哨，及馬龍、木密、烏龍箐大路，屢被劫殺民商受害。蓋繇彼酋非我管轄，岐路繁多，若不議兼制，隱患有難顯言者等因。

又據武定府揭稱：本年十月二十四日，據禄勸州通事周國禮呈稱：東川土舍禄哲，縱令頭目戈宰、者果、者科，拖母統領賊兵數百越境，將他頗、五竜等處地方牛馬牲畜穀米人口，盡劫一空，見今不退等因。

又據分巡洱海道揭稱：本年十一月十六日未時，據百户荀紹儀報稱：奉文前去武定府四馬地方踏勘夷情，初七日到補知，探聽他頗事情，東川賊首者科、戈宰、沙哥等帶領妻子兵馬，約有三四百，下營五處，將他頗百姓牛馬穀稻，抄劫一空，往來搬運不息，百姓逃散。卑職勢孤，不敢前進。令張世安點兵護隨。十二日前至他頗，未牌時候，有賊徒三騎前來，與卑職打話，卑職當加詰責：到此何幹？近因爾等越境抄劫，百姓被害，錢糧失誤，通事周國禮報告府州，通詳上司差委查勘，除已往不究外，各宜速回，不然，定請官兵剿除，悔之不及。言畢，賊首三騎回至中途，衆賊出營，分兵三哨，到普已村。張世安見事不諧，恐傷卑職，奮勇趕退賊兵，至得塊莊。各賊勢衆，盡行出營救護，將張世安圍住，殺死家丁阿我、阿六等七人，著傷無數。世安對敵，親殺賊首那齋，射傷小兵三人。天晚黄昏，各自回營。卑職即令世安星夜護回，點兵防隘，又差小火頭阿俄催趕馬火頭阿雇，期早齊集鄉兵援救。自今賊仍劄住不散，口稱還要抄劫補知地方，百姓驚慌。卑職盡力守把，勢如騎虎，進退兩難等情到道。據此看得東川之寇自克、舉叛亂後，出没無時，立意叵測，除行武定府及防禦中軍李大諫率兵嚴加堵截外，干係地方賊情，合行揭報等因。

又據禄勸州申稱：十一月二十五日，據防守豬街哨官余秀禮禀稱：據上山德馬火頭者兒報：有東川逆賊數百，劫搶墨者村，射傷村民四人，率兵追至中途，斬獲賊級三顆，勢將蔓延等因。

各報到臣，除陸續批行查議及一面防禦外，該臣看得東川土官所以敢於稱亂，縱令部落蠶食我境内者，以前日藏納叛酋得志於我，狡焉思逞，賊衆强盛，一也。自恃隔屬，無復嚴憚，二也。窺我虚實，兵力不繼，三也。始猶竊伏林莽，今則跳梁村落矣；始猶嘯聚不常，今則屯據彌旬矣。即使我素無兵革之擾，猶不堪其戕賊，矧迺尋、武兩郡，新遭兵燹，瘡痍未起，流散未復，一二殘民拮据舊業，誅鋤荒穢，僅延殘喘，孽畜幾何，盡爲賊有，塲圃一空，饔飧無望，辟則尫羸病夫，復遭捶楚，言之傷心。

於斯時也，將分布營兵，阻其出入乎？而自尋至武，方六七百里間，蹊徑四通，於此防禦，於彼闌入，勢不能偏守也。將調集漢、土官兵，一鼓而剪之乎？計非旬日不能辦，聲息既露，鳥舉獸駭，兵聚則賊散，兵散而賊又復聚也，且奈之何？將贏糧除糗，深入其阻，一舉而殲乎？則林箐深密，重關峻嶺，彼逸我勞，有害無利，而此時兵餉匱竭，司庫如洗，又萬萬不能爲無米之炊也。將借助於鄰省，爲大創之舉乎？比聞蜀中連歲兵凶〔九〇〕，自治未遑，安暇及遠，又勢有不行。已將坐視而不爲之所乎？心則何忍。

以故臣與撫臣計之，惟有嚴督官兵，驅逐出境，稍紓目前之急，而不能終禁其將來也。縱收一路之勳，而不能盡塞其岐徑也。所恃者，獨有陛下之威靈耳。威之若何，則改勅滇撫兼制東川之議是已。前日撫臣已具疏請而未及其詳，部臣以事關兩省，始謀宜慎，故未即覆允。今地方事勢危急，撫臣既難於啓口，臣若復噤塞，匪惟負陛下，負地方，抑非樞臣之意矣。

臣竊以爲是説果行，有三利，亦有三不足疑，請借前箸籌之。新勅初宣，夷人喪膽，體統既正，窺伺潛銷，此利在滇者也。蜀道二千，鞭不及腹，借我近力，釋彼遠慮，此利在蜀者也。不費斗糧，不勞一卒，折衝樽俎，制勝無形，此利在兩省之邊民者也。議者或以此疆彼界，各不相踰，詢謀未周，慮成矛盾。不知東川乃不毛之地，鳥語侏離，梗我王化，向來隸蜀，僅同羈縻，此雖兼制，亦是虚聲，非割其疆土人民而歸之我也，於蜀無損，於滇有益，蜀撫臣公忠謀國，豈分封畛，旦夕入佐中樞，則滇人即吾人，而何嫌猜之有焉？此不足疑一也。或又以夷方土酋，利在安静，十羊九牧，慮生事端。不知東川在諸夷中，最稱桀黠難治，舊制蜀中雖設通判一員管府事，實未親履其地，土官專制自如，縱許滇省兼轄，猶虞犬羊猝難馴伏，邊吏苟以得免侵擾爲幸，寧復求多，此不足疑二也。或者又以各省直疆界相連，犬牙相制，一允所請，援例紛紛。不知東川與蜀隔絶，而距滇伊邇，其驕縱不道，又各土夷所未有者。異時黔撫以楚中協濟兵餉，隔屬不便查催，請得兼制湖南、湖北，卒蒙廷臣覆允，兼聽舉劾。況東川原無道府有司事權更置，而禍生肘腋，又不獨黔中之害而已。他省事體原殊，詎得比例瀆請，此不足疑三也。

滇省延袤二千里，土府居其十四，調停費力，又豈求益鄰境，自取多事？彈丸土司，即令取一與一，在蜀無所靳，而在滇亦無所利〔九二〕，況所請止節制乎？撫臣近日條議請增安普道勑，蓋亦不得已而爲此説。然道臣權輕，邊夷素不知司道爲何官，且同一兼制也，何分院道，而事體斷斷非撫臣不能彈壓者，若併增道勑，則尤稱便利矣。

周嘉謨隴川善後疏巡撫

據布政司呈金騰兵備道准本司照會，奉臣憲牌，仰司將隴川應立何人管理併善後事宜議妥速詳，依奉移行。又奉憲牌，據該道揭三宣全滇藩籬，隴川多安民背漢投緬，罪惡貫盈，天討殲之，遠邇稱慶，計三宣輔車相依，難缺署理，隴川廬舍已焚，田畝已荒，多安靖以稚弱之童署司務，能勝任否，不可不亟爲之計。衎忠父思化，蠻莫土同知也，思線乃蠻棍長官，原議與衎忠共管蠻莫，乃恃緬而奪之，致衎忠寄食干崖，脱我樊籠，必難拘束，又當預爲審處。猛卯孤懸天外，有警誰爲應援，議調衛軍戍守，道遥瘴發，孰肯捨性命而易升斗，議者徒成畫餅，又不可不亟爲圖者。營兵與土司雜處，自相凌轢，屯田皆土司故業，每每修郄，安民之逃，謂無所激不可，則調適其情，預防其漸，以消未形之禍亂，尤綢繆急務也。看得該道計慮，俱目前善後切務，合集衆思，庶便舉行。仰布政司同按、都二司、在省各道多方計議永久之圖，備移到道。

案據土舍多安靖首領姜宗孔等、舍目多安邊等呈稱：給賞多安靖冠帶，送回隴川，使逃散百姓來歸，庶地方不致空虚。又據干崖宣撫刀定邊稟：安靖年幼不更，勢孤難支，合將隴川地方印務，暫委多思譚署管，保禦外侮，招復内夷，使多安邦等不敢窺視，待安靖年長酌處。又據遮放土官多思譚夷文譯出，大略稱自始祖多歪悶起，至今多安民背叛，已蒙剿殺，乞還叔姪照繼祖宗事體料理等情。俱批行撫夷同知周九齡查議。今准前因，隨備行本官，并移行副總兵官董獻策，及各守備等官從長集議去後。今據該副總各官陸續議報到道。本道看得繼立之法，以長以功，侯王猶然，何論酋夷。多思順父子承襲已久，安民就戮，而舍目官屬猶戴安靖，靖之次兄多安邦業已投緬，即爲叛賊，思譚逐隊疆場，非有奇功，論長則宗系難辨，以功則不足受上賞，此時立多安靖復何疑？獨計童稚幼冲，資身無策，夷酋視强弱爲向背，思譚富强，諸酋退舍，人心之歸附日衆，彼何利於孺子，我於安靖欲擁兵護衛，不惟物力不繼，亦非守在四夷之義也。芒市長官司放廷臣，年比安靖更少，其叔放應職撫之，廷臣祇寄空名。思譚能爲應職，安靖亦可爲廷臣。今宜先給安靖冠帶，明送歸司，管宣撫事，而令思譚協理，限以十年退歸。解來宣撫司印，暫貯騰越州庫，俟安靖成立之日，給與掌管。思譚夷衆地狹，准於隴把江外灣腰樹等處安插，其地逼鄰邦杭，邦杭仍歸安靖，思譚不得私侵。干、南二司出印結，歃血而盟，毋致安靖失所，毋使屬官抱怨，斯可行也。不然，隴川之川原廣矣，務博而荒，寧以江外灣腰樹一帶地方盡給思譚，令彼屯守，另議幫安靖差發，毋混隴把内地，則可爲隴把保障，安靖亦免疑畏。

衎忠安於蠻灑，卧薪嘗膽，恢復蠻莫有日。然取蠻莫易，守蠻莫難，衎忠力足自立，而官兵亦未嘗置蠻莫於度外。猛卯已建城屯田，一旦俾與衎忠，似前人創而我弗能守，然屯亦終難久存，何也？孤懸瘴毒，病亡枕藉，以四五千帑金，而博四五千餉米，豈是勝算？如擇可立營基者，安插衎忠，荒田任彼開墾，干涉屯田，量輸差發，平麓驛丞督屯收租。又如撫夷周同知議，照舊納糧當差，另擇留一人約束，彼地夷民，獲守城垣，支收公米，則省兵汛防，而屯田尚未廢，衎忠又不失所，亦一策也。

杉木籠山有一夫當關之勢，我兵分班常劄此地，外控隴川，内護騰越，令各兵建葺營房，收積屯糗，有事易於進戰，無事亦不擾及内地，是又居内制外之一義也。

奉批布政司會同按、都二司覆議妥確通詳，又蒙巡按鄧御史批布政司會同按、都二司覆議，仍照撫院詳行。該右布政使劉之龍會按察使方萬山、提學副使黄琮、分巡安普副使王之機、署都指揮僉事梁時聘，議照邊陲夷服耆定之易，而綏柔處置數十百年無事爲難。多安民業已授首，封疆户口，無統則亂，多安靖之立，可少遲乎？但年少力孤，議者致厪後慮。然放應職撫放廷臣，見例可比，干、南鼎立印結，可保無他。則以多思譚撫多安靖，干、南二司出印保結，歃血爲盟，限以十年歸其故土；印付安靖，恐有倒持，貯騰越州，遇有文移請印，杜窺伺之奸，寓操縱之術。多思譚維持安靖，舉灣腰樹一帶，盡給屯守，幫納差發，不混隴把内地，可爲保障資也。

衔忠恢復蠻莫，事勢未能急圖，擇城外營基，暫爲安插，令其開墾荒田，作衣食計。倘屯田干涉，量有徵輸，在該道行撫夷廳另勘。杉木籠地屬要害，責將官分兵屯戍，廣裕蓄儲，以示居中制外。如此，則諸夷知天朝不利彈丸之地，而有繼絶之仁，孤立者有助，而環視者快心，嘉與一體之恩，而無跳梁之釁，藩籬既固，遐邇敉寧，蠢爾緬酋，可折箠使矣。

諸夷非樂於投緬，逆我顏行也。緬方眈眈虎視，各酋首鼠兩端，守備哨禦等官，或起邪謀，或幸多故，朘削而挑激之，殆若爲驅緬也者，而邊圉因以告急矣。竊意布恩信以鼓其心，計拯援以堅其守，善解釋以息其怒，戒誅求以防其去。屯田誠不可廢，必尋其利病，而規畫不妨變通；兵戍既議易置，必擇其阨塞，而間暇嚴爲修飭。目今討罪已捷，政行伍改觀之時，善後方圖，尤氈裘繫望之日，矧營中餽餉之費，亦甚不貲矣。帶甲操戈，弗能斥拓邊關，撻伐阿瓦，反至攜貳屬夷，不得聯臂指之形，以壯金湯之固，所以岳罕之後有多安民，竟大創。而其間動衆興師，綢繆補苴之策，良亦苦矣，是可不思前事哉！

通詳到臣，案照先准兵部咨本部議覆，内開隴川爲三宣之一，稱中國藩籬，宣慰之官豈容虛位，今安民已去，罕氏久攝，恐亦不便，相應勅令雲南撫鎮，一面先查應襲人員具奏，請給鑄印，行令接管，俟安民得否，再行定奪等因。題奉聖旨：「是。」多安民背叛投緬，地方官何以全無覺察？魯仲禮等俱革去冠帶，充爲事官，戴罪擒捕。其宣慰應襲人員，著撫鎮官查明奏請定奪。

仍著巡按御史將地方有無重大失事，從實勘報。欽此。」備准移咨欽遵在卷。

今據前因，該臣會同鎮守雲南總兵官征南將軍少保兼太子太保黔國公沐昌祚、巡按雲南監察御史鄧渼，議照隴川與南甸、干崖二宣撫，並峙爲三，作我騰、永藩籬，寔西南一隩區也。宣撫多安民背漢投緬，罪不容誅，固已上干天討，身膏斧鑕，西南半壁，稱蕩平矣，若不亟爲善後之圖，其何以垂永久之計？而所謂善後者，亦無俟別有更張，其惟議立應襲，收拾人心，目前最爲喫緊耳。自安民逃緬之後，已奉有議立明旨，節行司道勘議未報。頃該按臣巡歷永昌，廣詢輿情，及據道參諸臣屢有揭報，于時人心固已屬之多安靖，而安靖則安民親弟也。惟是安民一日未滅，必不能一日忘隴川，隴川之禍一日未除，而安靖一日亦未可議立，此事勢昭然可見者。乃今天厭元兇，安民一朝授首，固安靖圖存之日，而隴夷更生之會也。況興滅繼絶，王政所先，兄終弟及，倫序昭然。且其顧戀豢育之恩，絶無從逆之念，其情既有可原，復以大義滅親，遵令督率諸部夷同心討賊，其功又有足録。舉其祖父之故地而畀之，此揆之天理而順，質之人情而安，萬萬無足疑者。第其年尚幼冲，勢頗孤弱，是以司道諸臣僉謀，有多思譚協立之議。多思譚者，亦安民族屬也，世授隴川土同知，住居遮放，兵力頗强，人心附焉。説者謂夷情視强弱爲向背，即立思譚爲隴川長，藉其强盛之力，足以捍外敵而固吾圉，是亦一説。但夷性雖犬羊乎，信義亦其所重，思譚雖奉有討賊立功之令，實未有擒斬自效之功，驟而與之，名義謂何？無乃啓它日憑陵之漸乎？固非法紀之所宜，亦非夷情之所安也。似惟定立安靖，給與冠帶，管宣撫司事，而多思譚仍以宣撫土同知爲之協理，則於名分既正，夷情亦安，其斯爲不易之定論乎？惟是思譚部落頗衆，土地稍狹，而江外閒曠之田，如所謂灣腰樹等處，頗稱遼闊，量以給之，俾得資爲膳養，幫納差發，因而輔助安靖，比於芒市放應職撫放廷臣事例，待安靖長成，限年退還，彼自無詞。如其撫育有功，即割以畀之，亦不爲濫。又責成南、干爲之保結，務俾思譚永無侵軼之患，安靖得保故土之安。其隴川印信，暫貯騰越州，聽候明旨，頒給安靖掌管，如或司道所議，稍需歲月，待安靖能自立，方行頒給，庶可杜覬覦而消釁孽，未必非保乂之長策也。

至於衎忠寓居蠻灑有年，蓋爲思線占據蠻莫之故，數年以來，度彼之兵力，既不足以支思線，而我兵僅守汛地，又無深入防護之理，則權宜安插於猛卯城外屯營之所，其説似亦可行。況閒田任其開墾，屯田照納糧差，則於屯政爲不廢。且其兵力强盛，足以懾服多太、多安邦諸夷，更於城守爲有裨。俟其力足以當蠻莫一面，無防官兵保護，然後徐圖恢復，庶幾有濟。況每歲省我數百金之餉，而鎮遠營兵，亦可漸撤，利害得失，不犁然可睹乎？

騰營兵分防隴川，其來已久，第此中瘴烟，難於久處，且夷兵溷雜，不能一無騷動，前轍可鑒也。杉木籠既稱險隘，且鮮瘴癘，則以本營之兵，移建營房於兹，分班戍守，内可以固騰、永之藩籬，外可以爲隴川之策應，且足杜騷擾而愜夷情，似亦計之得者。然須多安靖還隴之後，夷民歸耕樂業而後可。此在臣等相機酙酌，可以徑行。而屯田一議，則又未可以一時之利害，負前人經略之苦心，亦容臣等從容集議，俱無煩廟堂過慮者也。

雖然，臣等猶有説焉。三宣諸夷，僻在一隅，盤據數千里，部落數萬衆，豈我勢力所能服哉？惟在馭之得其道耳。西南距會城二三千里，臣等雖有控制之權，而鞭長不及馬腹；即道臣遠駐永昌，轄地頗遥，亦未必盡能聯絡諸夷之心；而參將、守備衙門，則辟之郡守縣令也。若能詰我戎兵，示以不可犯之威，曲加撫綏，結以不忍離之德，凡一切誅求煩擾之苦，悉爲禁絶，而諸夷有不懾威懷德，永堅一心，作我藩籬者，未之有也。多安民懼而逃，逃而開此大釁，煩我師旅，謂非守備魯仲禮一人激之乎？此其人死有餘辜，可爲後來殷鑒。方今新任將領偏裨，俱經該道選擇而使，一時頗稱得人，臣等未嘗不以此丁寧告戒之也。若不立爲激勸之法，久之未免復踵前弊，而疆埸之間無寧日矣。合無於騰、永一路，比照九邊防秋大閲事例，或年終，或三年，聽撫、按通查各將領偏裨，有能飭戎繕器、足食强兵、廉明武勇、俾諸夷安堵、邊鄙無驚者，列其賢狀，上請紀録，計其俸資，分别陞賞；不肖著聞者，即從重論劾究治，無少假貸。至于該道及撫夷同知等官，又爲諸將領表率，責任尤重。此須該部加意擇人任使，仍聽撫、按遵照歲報季報事例，查其安邊實政，具揭報部，以憑黜陟。庶人心愈益奮勵，而邊釁不萌，地方其永賴矣。

周嘉謨莊田册疏

看得鎮握兵符，世守兹土，禄俸之外，聽置莊田，國家所爲優待也。查十六年册稅糧田地，共八千三十一頃三十七畝，共稅糧二千四百一十九石，不爲不多矣。推而上之，西平入滇，尚未有此，其後歲積代累，乃及此數。以其時萬里之勛，非常之眷，豈不能厚自封殖，而顧儉於今，其忠君愛民，不猶有可想者乎？

自十六年來，迨兹僅二十四年，又復增加於舊，環滇封内，莫非總莊，有更僕難悉數者。於是乎鎮不得不委之參隨，分之大小管莊、火頭、佃長，正徵之外有雜派，雜徵之外有亡名，虐𦦙所加，不至骨見髓乾不止。嗟嗟，此固朝廷二百餘年所休養漢夷、出諸鳥言卉服而歸版圖者也。飢寒既迫，相率寇盗，抑何憚而不爲？拔木塞源，非盡鎮莊而屬有司，則燎原滔天之勢，殆日尋干戈，地塗肝腦，雖有智者，不能爲滇計已。

幸兩院會題，聖明俞旨，司道郡邑，奉以從事，竭半年之力而始犁然。稱欽賜者，仍從免科，以廣皇仁于亡窮；寬投獻者，姑不例遣，止令認納差糧，以開法網于大宥；新墾置者，一體齊民，亦弗盡依會典，以昭作貢于任土。且有司徵解，其體統崇也；户免魚肉，其輸將樂也。有參隨莊佃向所侵漁，鎮弗及知而坐受怨謗者，今悉徵納，其收入實也。行之一二年，官民相得，糧粒不逋，將榛莽之區胥成沃壤，夷僰之種悉爲良民，綠林之釁自消，素封之瑕不起。寧獸編糧差者，止照民間則例起科，而小民亦得均霑一分之賜〔九二〕。蓋賦役均平，惠澤溥徧，皆以廣朝廷浩蕩之恩也。惟是參隨人等無名之科派，下鄉之騷擾，莊民平日敢怒而不敢言者，不得不通行裁革，以蘇民困，絕盜源，是則莊民踊躍歡呼，而參隨人等不無觖望者，似亦不暇顧矣。矧其中有鎮臣徒負虛名，未得實惠，利歸於下，怨歸於上者，今一旦盡數清出，其所利於鎮臣尤多乎？若夫嚴督有司，及時徵解，毋得逋負，使鎮臣藉爲口實；災傷並議減免，收納必須公平，毋得偏累，使莊民永有依歸，則又臣等撫、按、司、道之責，無煩廟堂過慮者矣。

緬甸在雲南西南金沙江外，其北爲孟養，其東北爲麓川，其東南爲木邦，其南爲八百大甸，其西爲大古剌。國初以緬甸、孟養、木邦、古剌各爲宣慰司，統領土夷，而緬甸地獨大，所領有孟艮府，干崖、隴川二宣撫司，灣甸、鎮康二州，芒市、孟璉二長官司。東至木邦，南至南海，西至戛里，北至麓川，周迴數千里。其酋莽姓，每世及襲替，請命于朝，得命，乃敢涖其官。近因襲替，爲需求所苦，漸有異志。有莽應裏者〔九三〕，遂自立，僭稱帝號，署官列職，號召各土夷安撫等司，受命其國，爲之易置柔綏〔九四〕。各土夷樂其近而畏我之遠，樂其寬而憚我之嚴，翕然從之，無復有赴闕請命者矣。有廣西人陳安者，初爲郡吏，亡命入緬，應裏信任之，署爲丞相，教以侵略疆土之計。應裏有子二人，俱稱驍勇，詭計百出，而岳鳳者羽翼其間，常領夷目逾金沙江，掠我内地。孟養、麓川、木邦三宣慰司酋長，觀望畏縮，不敢捍禦，滇中大震。國家用師征討，不得要領，朝野以爲憂。萬曆甲申間，僅僅擒一岳鳳，獻捷于朝而止。應裏之僭竊，付之度外不問矣。國家二百年幅員，遂失一陬，有識者爲之浩歎。范守己曲洧新聞。

穀山筆麈

高皇帝衆建藩國，封二十四王，且半天下。惟吴、越不以封，以其膏腴；閩、廣、滇、僰不以封，以其險遠，慮至深也。然事有便利，不可不變通者。即如雲南一省，上古所不臣，自入版圖，即以西平世守，黔寧之烈，民吏畏服，二百餘年來，聲教浹暨，可謂便矣。然沐氏盤據既久，人心頗附，漸有跋扈之志。如朝弼兇殘不道，自干法紀，朝廷索二婦人至，二十年而不得非。今上英明，縛而付之法吏，不幾唐之中葉哉？夫沐氏强則尾大不掉，朝廷之法不伸；沐氏衰則屏輸不固，朝廷之威不振，皆非長計也。莫如建一親王，開府其地，將鎮守之兵改爲護衛，使得統兵御吏，與國初諸王等。黔國以下，悉聽節制，内可以裁沐氏不共之心，下可以堅滇人嚮化之志，即使僰滇之路，聲教有梗，雲南猶國家有也。假如交趾未棄時建一藩國，使得握兵御吏，毋與内諸侯同，其人以爲有王，不復生心，而交南長爲國家有矣，孰與捐之夷狄乎？故元混一，華夏、六詔、西域皆王其子弟。厥後元帝北逃，梁王保有雲南，蜀夏既平，乃入王化。其在西方者，亦竟不得剪除，則封以爲王，哈密是也。此非其已效耶？或曰：王而握兵，不有江右之慮耶？此不達地勢者也。寧濠據江漢之上游，謂之建瓴而下，滇南處一隅之絶徼，謂之仰面而攻，安有仰面而攻可以取勝者耶？且夫萬里遐荒之徼，而欲與中國争衡，則公孫不國於白帝，尉陀不帝於南海矣。或曰：炎荒遐裔之區，以王親子弟，不幾於竄耶？此又不然。夫閩、廣、滇、貴，皆膏腴樂土，百物所生，而齊、魯、燕、趙之地，有不及也，其視山、陝邊郡，苦樂又相懸絶。試取山、陝邊郡一府宗室頗少者遷之滇南，有不樂就者耶？嗟夫，天下無事而爲迂恢之談，人必笑以爲狂；且言干時禁，動慮後患，誰肯倡不急之議以駭衆聽？姑記之以備一策耳。

貴州總輿圖記

貴州雖列職方，其先固西南荒徼也。莊蹻之略地，有同假道；唐蒙之持節，大類鑿空。即其後或兼隸，或分隸〔九五〕，享王日至，名位漸加，要亦覊縻勿絶而已。至于明而符竹始分，迨我朝而規制乃備。自貴陽而上，若安順，若威寧，爲府者三；自貴陽而下，若平越，若都勻，若鎮遠，若思南，若石阡，若思州，若銅仁，若黎平，爲府者八。所轄州屬十有二，縣二十有六，裒然與十五國同封而並治，遂爲西南一都會焉。于稽其地，銅岩、舞溪阻其東，赤虺、蟒山控其西，盤江、闗嶺扼其南，西望、烏江限其北。懸車束馬，碎踝穿蹄，一以爲太行，一以爲孟門，行路之難，稱天險矣。然險可用不可恃。可用者，一夫守之，千人自廢也；不可恃者，廩無隔歲之儲，帑無宿貯之金也。幅員非不寥廓，要皆割截補湊而後成。崇岡沓嶂，蟠互而争雄；卉服椎髻，偪處而肆暴。非無水也，舟楫魚鹽之利不聞；非無土也，金錫絲枲之饒不與。田多石而草易宅，民屢屠而户久凋。城郭雖在，百堵猶未盡興；學校雖修，弦誦猶未盡溥。備多則兵防難撤，道衝則驛遞難施。喜則人而怒則獸，官司之法有時不得行；春苦旱而秋苦霖，補助之術有所不及濟。是以延袤雖千百餘里，寔不及中州一大縣。錙銖絲粟曾無裨于上供〔九六〕，歲糜金錢數十萬，亦何賴有此黔哉〔九七〕！然而地有所必争〔九八〕，昔人欲棄之而不可，則以其肘腋咽喉乎四省也。議者欲東割沅、靖，西割思、田，北割遵義以益之，究亦同于畫餅。比者裁衛併府，又取偏鎮二衛歸于黔，事權一而統制專。披圖啓籙，漸有可觀矣。

疆域

州有九而犍爲、越雋、牂牁。蓋自漢武，犍爲隷蜀，越雋隷滇，黔僅得牂牁地。明割粵、楚、蜀之地以益之，四履所至不下千有餘里，地非狹也，而土田磽确〔九九〕，户口寥落，故不免同于甌脱焉。惟生聚講于十年，遊曠儆于旦暮，則地不待闢而自足，民不待招而日衆。有黔雖小，亦可以國矣。

貴州布政使司

貴州疆域居天下之西南。省城東至湖廣辰州府界五百四十里，西至雲南曲靖府界五百五十里，南至廣西泗城州界二百二十里，北至四川遵義府界一百五十里。廣一千九十里，袤三百七十里。由省城七千六百七十里達于京師。

貴陽府

即省城。東一百一十里至平越府界，西一百三十里至安順府清鎮縣界，南二百二十里至廣西泗城州界，北一百五十里至四川遵義府界。東西廣一百四十里，南北袤三百七十里。由府治七千六百七十里達于京師。

新貴縣。附郭東至貴筑縣界十五里，西至清鎮縣界一百二十里，南至貴筑縣界三十里，北至開州界一百十里。

貴筑縣。附郭東至龍里縣界八十里，西至廣順州界四十里，南至龍里縣界九十里，北至開州界八十里。

定番州。在府南一百里。東至貴定縣界七十里，西至鎮寧州界二百里，南至泗城州界一百二十里，北至廣順州界十五里。

廣順州。在府西南一百一十里。東至普定縣界十里，西至安順府界二十里，南至定番州界四十里，北至鎮寧州界五里。

開州。在府東一百二十里。東至新貴縣界八十里，西至修文縣界三十里，南至貴筑縣界四十里，北至遵義府界五十里。

龍里縣。在府東五十里。東至貴定縣界三十里，西至貴筑縣界三十里，南至新貴縣界二十里，北至新貴縣界三十里。

貴定縣。在府東一百一十里。東至都匀府界二十里，西至龍里縣界三十里，南至都匀府界九十里，北至平越府界三十里。

修文縣。在府北五十里。東至開州界六十里，南至貴筑縣界二十里，西至黔西州界五十里，北至黔西州界十里。

安順府

在省城西一百八十里。東一百四十里至貴陽府界，西四百里至雲南南寧縣界，南一百里至廣西泗城州界，北五十里至平遠州界。東西廣五百四十里，南北袤一百五十里。由府治七千八百一十五里達于京師。

普定縣。附郭東至安平縣界六十里，西至鎮寧州界四十五里，南至鎮寧州界六十里，北至平遠州界五十里。

鎮寧州。在府西五十五里。東至廣順州界一百二十里，西至普定縣界三十里，南至永寧州界二十里，北至修文縣界七十五里。

永寧州。在府西一百四十五里。東至鎮寧州界五十里，西至安南縣界四十里，南至廣西土司界七十五里，北至普安縣界二十五里。

普安州。在府西三百二十五里。東至羅平州界二百五十里，西至霑益州界一百二十里，南至安籠界二百里，北至普安縣界五十里。

安南縣。在府西二百里。東至永寧州界三十里，西至普安縣界三十里，南至廣西泗城州界一百五十里，北至永寧州界三十里。

普安縣。在府西二百六十里。東至安南縣界三十里，西至普安州界二十里，南至普安州界三十里，北至平遠州界五十里。

安平縣。在府東六十里。東至清鎮縣界四十五里，西至普定縣界三十里，南至廣順州界四十里，北至清鎮縣界四十里。

清鎮縣。在府東一百二十里。東至貴筑縣界二十里，西至黔西州界九十里，南至安平縣界三十五里，北至貴筑縣界二十里。

平越府

在省城東一百七十里。東一百五十里至鎮遠府施秉縣界，西一百六十里至貴陽府開州界，南六十里至都匀府都匀縣界，北三百六十里至思南府婺川縣界。東西廣三百一十里，南北袤四百二十里。由府治七千五百里達于京師。

平越縣。附郭東至清平縣界四十里，西至貴定縣界四十里，南至都匀縣界六十里，北至甕安縣界四十里。

黄平州。在府東一百二十里。東至施秉縣界二十五里，西至湄潭縣界一百二十里，南至清平縣界三十五里，北至施秉縣界二十八里。

甕安縣。在府北六十里。東至黄平州界四十里，西至開州界六十里，南至平越縣界三十里，北至黄平州界三十里。

餘慶縣。在府東北一百四十里。東至施秉縣界一百里，西至瓮安縣界七十里，南至黄平州界三十里，北至石阡府界一百三十里。

湄潭縣。在府北二百二十里。東至餘慶縣界四十里，西至遵義府界一百里，南至甕安縣界一百三十里，北至龍泉縣界六十里。

都匀府

在省城東南三百里。東七十里至生苗大肚坡界，西一百二十里至貴陽府貴定縣界，南三百五十里至廣西南丹州界，北一百里至平越府平越縣界。東西廣一百九十里，南北袤四百五十里。由府治七千五百六十里達于京師。

都匀縣。附郭東至清平縣界六十里，西至貴定縣界五十里，南至獨山州界五十里，北至平越縣界十五里。

麻哈州。在府北五十里。東至大肚坡界七十里，西至貴定縣界六十里，南至都匀縣界三十里，北至平越縣界三十里。

獨山州。在府西南一百二十里。東至黎平府界一百二十里，西至都匀縣界三十里，南至南丹州界一百三十里，北至都匀縣界五十里。

清平縣。在府東北一百一十里。東至大肚坡界七十里，西至平越縣界二十里，南至平越縣界二十里，北至黄平州界二十里。

鎮遠府

在省城東四百一十里。東八十里至湖廣清浪衛界，西九十里至平越府屬黄平州治界，南六十里至生苗三木孔界，北一百八十里至銅仁府界。東西廣一百七十里，南北袤二百四十里。由府治七千三百六十里達于京師。

鎮遠縣。附郭東至清浪衛界八十里，西至施秉縣界六十里，南至邛水司界七十里，北至石阡府界二百里。

施秉縣。在府西南六十里。東至邛水司界九十里，西至餘慶縣界三十里，南至黄平州界三十里，北至鎮遠縣界六十里。

思南府

在省城東北六百里。東一百里至銅仁府界〔一〇〇〕，西一百里至四川遵義府界，南四十里至石阡府界，北五百里至四川彭水縣界。東西廣五百里，南北袤五百四十里。由府治七千三百九十五里達于京師。

安化縣。附郭東至印江縣界二十里，西至龍泉縣界六十里，南至石阡府界六十里，北至婺川縣界一百二十里。

婺川縣。在府西四百里。東至四川彭水縣界四百里，西至湄潭縣界二百里，南至安化縣界七十里，北至四川遵義府界五百里。

印江縣。在府南四十里。東至浪溪司界十里，西至安化縣界二十里，南至銅仁府界一百里，北至沿河司界一百二十里。

石阡府

在省城東北四百八十里。東八十里至銅仁府界，西三百六十里至四川遵義府界，南十五里至鎮遠府界，北五十里至思南府界。東西廣四百四十里，南北袤六十五里。由府治七千三百八十里達于京師。

龍泉縣。在府西二百五十里。東至安化縣界三十里，西至湄潭縣界三十里，南至餘慶縣界五十里，北至婺川縣界五十里。

思州府

在省城東五百一十里。東九十里至湖廣沅州界，西一百里至鎮遠府界，南三百里至黎平府界，北一百二十里至銅仁府界。東西廣二百四十五里，南北袤二百六十里。由府治七千三百八十里達于京師。

銅仁府

在省城東五百二十里。東二十里至思州府界，西一百二十里至四川酉陽司界，南一百二十里至思州府界，北二百里至湖廣辰州府界。東西廣一百四十里，南北袤三百二十里。自府治七千二百里達于京師。

銅仁縣。（附郭東至思州府界二十里，西至酉陽司界一百二十里，南至思州府界一百二十里，北至湖廣界二百里。）

黎平府

在省城東南一千里。東二百一十里至湖廣靖州界，西一百八十里至古舟司界，南三百里至湖廣通道縣界，北一百五十里至湖廣銅鼓衛界。東西廣三百九十里，南北袤四百五十里。由府治七千里達于京師。

永從縣。在府南六十里。東至洪州司界二十里，西至八舟司界二十里，南至生苗界八十里，北至洪州司界十里。

威寧府

在省城西北五百三十里。東三百七十里至四川界，西二百一十五里至四川東川土府界，南二百八十里至貴陽府新貴縣界，北一百九十里至四川鎮雄土府界。東西廣五百八十五里，南北袤四百七十里。由府治八千二百里達于京師。

大定州。在府南三百五十里。東至黔西州界一百四十里，西至威寧府界二百九十里，南至平越州界八十里，北至畢節縣界六十里。

黔西州在府東南四百四十里。東至修文縣界六十里，西至大定州界三十里，南至平遠州界五十里，北至四川遵義府界一百五十里。

平遠州。在府東南四百九十里。東至新貴縣界一百里，西至安順府鎮寧州界九十里，南至普安、安南界一百五十里，北至大定州六歸河界六十里。

畢節縣。在府東二百六十五里。東至永寧縣界一百八十里，西至威寧府界九十五里，南至大定州界二十里，北至鎮雄土府界九十里。

永寧縣。在府東三百七十里。東至畢節縣界一百里，西至四川興文、長寧縣界俱一百二十里，南至四川敘永廳界五十里，北至四川敘永廳界二十里。

形勢

貴州布政司

居天下之西南，東阻五溪，西控六詔，南連百粤，北距三巴。綏服要區，坤維重鎮。舊志。山經水緯，内藩楚、蜀，外控蠻荒。謝東山志。上則盤江旋繞，下則溎溪阻深。層巒叠嶂，巨鎮雄藩。沈思充志。窮地之險，極天之峻。一人荷戟，萬夫趦趄。周廷用記。關雄虎踞，路繞羊腸。天府金城，可戰可守。固滇、楚之鎖鑰，亦蜀、粤之藩屏。

貴陽府

富水遶前，貴山擁後，複嶺四塞，西南都會。舊志。據荆楚之上游，爲滇南之門户。一統志。筆峰拔地，天馬騰空。西關雄峙，五行得令。

新貴縣。附郭。

貴筑縣。附郭。

定番州。四水交流，八番拱衛。

廣順州。山連普里，壤接泗城。

開州。據清江之險，以控蠻夷。

貴定縣。四山排戟，一水拖藍。

龍里縣。負山阻溪，入省咽喉。

修文縣。帶山阻河，西土要衝。

安順府

西南衝劇，彝、漢襟喉。舊志。土厚水深，川瀠峰列。一統志。輻輳逶迤，扼塞强固。邊鄙都會，滇、黔要區。舊志。

普安縣。附郭。

鎮寧州。岡嶺崔嵬，河溪環遶。

永寧州。盤江襟帶，金城獨鎮，百蠻天塹，足雄諸部。

普安州。據險立城，外控六詔，内制諸蠻部。

普安縣。萬山中闢，車馬争途。

安南縣。盤江劃地，峻嶺刺天。

安平縣。崇岡沃壤，地當衝要，山擁村墟，水環郊郭。

清鎮縣。逖澄西扼，爐嶺北蟠。

平越府

邊方衝要之地，苗蠻叢聚之墟。一統志。北距三百滂，東枕七盤坡。舊志。馬鬃嶺扼其要害，羊腸河設其險阻。舊志。南臨天馬，北負群峰，東起疊翠，西湧仙泉。

平越縣。附郭。

黄平州。重岡疊湧，二水環流，東峙飛雲，西雄鼓角。

甕平縣。西連甕水，南達黄平，東峙飛雲，西雄鼓角。

餘慶縣。上連草塘，下接偏橋，鎮遠帶其左，黄平列其右。

湄潭縣。西扼湄潭，北抵龍泉，上達烏江，下至岑黄。

都匀府

控扼要荒，壤僻而險。一統志。據桂、象之喉，引川、播之腋。横岡虎伏，小澗龍迴。四面環苗，孤城自衛。粤以西之唇齒，黔以南之藩籬。舊志。

都匀縣。附郭。

麻哈州。玉屏當其北，天馬聳其南。

獨山州。四際平曠，孤峯屹立。

清平縣。秀峰列戟，平疇交風。

鎮遠府

溪河旋繞，山岩森列。一統志。白崖東枕，碧峰西峙。舊志。崇岡複嶺，城堡羅環。長江大河，舟楫通利。辰、沅上游，滇、黔門户。

鎮遠縣。附郭。

施秉縣。途起羊腸，地鄰苗穴，山水清曠，黔、楚襟喉。

思南府

牂牁要路，唐書。控彝咽喉之墟〔一〇二〕。郡志。山川險阻，文獻通考。上接烏江，下通蜀、楚，舟楫往來，商賈鱗集。本志。嶺嶠綿亘，溪澗潆紆。田秋記。秀聳三山，洲分二水。本志。

安化縣。附郭。

印江縣。聖登聳北，筆架揖西，南水遶村，東岡叠秀。

婺川縣。江城固比金城，豐樂險如天塹，蜀、楚交會，牂牁要衝。

石阡府

負山枕江，黔中要地。廣輿記。林巒環抱，水石清幽。舊志。南通鎮遠，北距思南，一統志。與黔、思犬牙相錯。方輿勝覽。

龍泉縣。東達石阡，西向湄潭，北接遵義，南枕婺川。

思州府

重山環抱，兩溪交縈。舊志。城郭再闢，保障足恃。巡按毛在記。東連沅、靖，西抵涪、渝，扼槃瓠之襟喉，作湖湘之犄角。舊志。

銅仁府

九龍分秀，三江滙流〔一〇二〕。天馬、雙貴峙其陽，翀鳳、半月亘其陰。風氣會萃〔一〇三〕。府志。

黎平府

山接蠶叢，江通雲夢。舊志。東聯錦水，西接牂牁，控扼苗蠻，黔中要郡。一統志。

五龍蜒蜿，二澗盤紆。藏百蠻之窟穴，通一線之羊腸。襟帶靖、沅，屏障楚、粵，一統志。山谿險峻，黔東奧區。廣輿記。

永從縣。蒼嶺峙前，赤溪遶後，屹立一城，控扼諸洞。

威寧府

前臨可渡，後倚烏蒙〔一〇四〕。岡阜盤旋，山崖險扼。襟帶二湖，平連海甸。羊腸小逕，十倍蜀道。一統志。控引滇、蜀，統制羅、施，雖在西隅，寔當要害。

黔西州。河繞鴨池，山盤鬼箐。據水西之要害〔一〇五〕，爲貴筑之屏藩。

大定州。東接巴、蜀，西接滇雲。高山大川，險阻扼塞。
平遠州。鳳凰山亘其南，墨續山峙其北，東遶簸朵河，西臨墮極水。
畢節縣。東峙木稀，西帶七星，控制彝羅，滇、岷通道。
永寧縣。西引三渝，南控六詔，關塞嚴密，水陸交通。

牂牁江解

提學鄭旻

牂牁江跡始見唐蒙，漢武因通道夜郎置郡。近羅念菴作廣輿圖，謂烏撒七星關水即牂牁江源，折流爲盤江，經泗城州稱右江，達泗城〔一〇六〕，會番禺，入海。圖解有齟齬處，然大要卓然得之，顧質之人〔一〇七〕，鮮有能識者。

余弭節蓋度盤江，江廣僅百步。自貴竹入滇，路未有不濟盤江行者。沿江上下，絕擊汰之跡，水勢批巖滃汩，土人謂水漲時，漂巨木撞舟〔一〇八〕，峭壁箐嵐，人跡罕入。下流至打罕，聯泗城界，舟船始通焉。比余歷普安，斜出霑益，趨烏撒衛校士，抵烏撒普德歸驛。驛門對可渡河，牁、可聲相近。河之南，霑益境也；河之北，烏撒境也。驛抵衛城八十里，詢之候吏云：「河水在西百里，注壑而出，從此而東，盤江乃此水之注也。」越衛城北二百餘里，有七星關河，本城李守備者頗老練，詢之云：「七星關水源出芒部界，濱城海子有一股通之，縈漩水西境，會可度水，爲盤江。第山水峭險，狨猱叢居，以是人無因而至。」總前二説，固未晰知牂牁江所在，而牂牁江爲盤江，則躍然無可疑者。

按遷史：始楚威王時，使將軍莊蹻將兵循江上，略巴、蜀、黔中以西。蹻至滇，地肥饒數千里，以兵威定屬楚，欲歸報。會秦擊奪巴、黔中郡，道塞不通，因還，以其衆王滇。牂牁江者，蹻兵滅夜郎椓船處也。高戎本古夜郎國，今自瀘戎入滇，路未有不由七星、可渡行者。當唐蒙風喻南越也，越人食蒙蜀枸醬，蒙因蹤跡之夜郎〔一〇九〕，臨牂牁江。南越以財物役屬之，以彊漢巴蜀之饒，固可賂誘夜郎爲置吏，浮師牂牁江，出越之不意，制越之奇也〔一一〇〕。武帝由是拜蒙爲中郎將，將千人，食重萬餘人，從巴蜀筰關入，遂見夜郎侯多同，蒙厚賜，喻以威德，約爲置吏。夜郎旁小邑皆貪漢繒，以爲漢道險，終不能有，乃且聽蒙約束。還報，以爲犍爲郡，發巴蜀卒治道，自僰道指牂牁江。是時通西南夷道，戍轉相饟。數歲，道不通，西南夷又數反，發兵興擊費耗，於是罷西夷，獨置南夷、夜郎兩縣，稍令犍爲自保就〔一一一〕。至唐時，因以播州之珍州爲夜郎。後人止知珍州之爲夜郎，不知古夜郎從高戎直通甌駱，地方數千里也。蒙初至夜郎，多同問蒙曰：「漢孰與我廣大？」以道不通，故各自爲一州主，不知漢廣大。今人泥區區之珍州爲漢夜郎，又窘步旁蹊谷，疑指牂牁江，其亦昧莊生秋水之見矣。

然當漢四道伐南越也，使馳義侯因巴蜀罪人，發夜郎兵，下牂牁江，咸會番禺。乃今盤江灘瀨獰惡，虛無人行，豈古今時異勢殊耶？抑當治道時，二歲費剷夷之力，師過不無罾筏盤剥之苦〔一一二〕。至打罕，乃得沛乘舟檝，故兵遲至而南越已平耶？載考八校回軍時，即擊滅曾反殺漢使者頭蘭，遂平南夷，置牂牁郡，則自烏撒逶迤而南皆其地。舊載雲南廣西府，亦牂牁羈縻屬也；泗城以北，如都勻等處，皆牂牁界内矣。是時邛、筰、冉駹君長，聞南夷得漢賜過厚，皆求置吏，比南夷，乃使司馬相如往賓之。於是闢隘斥南至牂牁爲徼，則越嶲等郡界接芒部也。然則牂牁江之源委，其亦昭然矣。

夫山川經絡，化工神運，余嘗因是而求之。自岷山之陽至於衡山，蜿蟺虬蹤，從衡迤南，五嶺皆嵂崒東蟠。五嶺者，漢入南越有五道，衡西北山峻矗然，非無可梯，正以夷荒非通道之所耳。以此見牂牁膠戾之山，巋然爲神州之拱臂也。荒徼山蹊，以地圖察其阨要，不過數寸，其間相去數百千里〔一一三〕，生長其地者，尚未能習其險易也。唐蒙浮舟牂牁之策，誠爲鑿空，初時臣民驚疑，蠻夷煽動，然勞師殫貨，卒置郡如堵，雖來喜功之譏，自是華夷一統，亦足徵武帝善任成功矣。

按正義曰：今瀘江南岸協州、曲州、木郎國、廣西府，乃牂牁羈縻屬也。有水入泗城，稱南盤江却踵訛指爲牂牁江，厥舛尤甚。

沿革解

沈思充

黔于古始，非異域也，入我版圖，所從來矣。鴻濛不可得考，帝高陽氏化至交趾、流沙，遠跨黔西南之外。唐、虞命官勑治，時釐有苗。有苗氏者，縉雲氏之後也。時則有三危之戮，徂征之命。禹貢所紀，尤大彰明。雍、梁之境，西南皆據黑水。黑水之流，導自三危，入于南海。漢武開滇、嶲，其地即有古黑水祠，而滇之蘭蒼江，流入南海。黔之牂牁江，通粤番禺，亦入南海。天下諸水，多歸一界入東海，滇、黔獨有別流，其單言南海以此。非神禹足跡遍歷，胸中具一堪輿，何能揭若指掌哉？黔博靈之山有古象祠，夷人世祀之，莫知其始，斯亦有虞格苗之一徵也。殷湯代夏，而氐、羌來享來王。其中衰也，鬼方再梗，故高宗伐之。周興，越雉旅獒，獻自西南重譯，安在區區靡莫内地哉？迨其季秦、楚之强也，迭據而役屬之，垂數百年。莊蹻之入滇也，略地黔中，直略之耳，秦遂置郡焉。彼其時黔之人，第知有秦、楚也。而漢高起豐、沛，誅秦艾楚，其竊據而未入漢也固宜，惟時與中國絶者垂百年。而武帝復通夜郎，是恢復，非鑿空也。武帝好大，故侈其説，西南夷皆置郡，名益州，以爲九州之外復益一州，而不知即禹貢雍、梁境内地也。黔於禹貢爲梁州之境，殷爲鬼方，周爲髳、微、羌、巢之類，漢爲牂牁郡，而迤西稍入犍爲，迤南稍入益州，迤東稍入武陵。自漢以來，代多羈縻，未有若我國家收之幅員之內，一視之而樹之屏者。此我太祖再造區宇，紹統古先帝王，而非求多也。今日之黔，東則楚，西則滇，北則川，南則粤，是腹心而喉咽也。或者不深惟祖宗用變之初意，猥以其地之瘠、道之險，而蠻夷視之，過矣。

升菴集

漢有牂牁郡，字一作「⿰冋弋⿰哥弋」，其字從弋。弋，杙也，繫船木也。説文與漢書注舊解如此。牂牁，今貴州地也，其江水迅疾，難于濟渡，立兩杙於兩岸，中以繩絙之，舟人循繩而渡。予過其地，見盤江與崇安江皆然，因悟古人制字之義。郭忠恕佩觿集云：「⿰爿弋、⿰哥弋從戈，謬之甚矣。」

康熙四年五月，平西王吴三桂奏水西已平，擬將隴䏶、的都、朵你、阿架四則溪設爲一府，建府治于比喇；將法戈、火著、木胯、架勒四則溪設爲一府，建府治于大方；將以著、則窩、川所三則溪設爲一府，建府治于水西城，各領以流官知府，悉隸貴州布政使司。儻後地廣人多，三府難治，或應再爲添設。其應設官員，除原設分巡畢節道，原以控制土司，今水西已平，應將該道改爲整飭三府，分巡貴寧道，兼管永寧、赤畢等衛，駐劄比喇外，其三府，臣謹擬府各設知府一員、通判一員、經歷一員、司獄一員、儒學教授一員〔一一四〕，内比喇一府，再設推官一員，承理三府刑名。今臣暫委總兵官劉之復駐劄大方，總兵官李如碧駐劄水西，併委安順鎮標中軍游擊劉學正、原任元江府知府劉勇駐劄比喇，令各招撫土人，及早還家理業。

十一月，以比喇爲平遠府，大方爲大定府，水西爲黔西府。

六年三月，改烏撒土府爲咸寧府，又于雲南設開化府。

十年十二月，貴州巡撫曹申吉奏：龍里一衛，舊設貴陽府廳官一員，分理民事。後裁廳歸府，而驛遞全責衛官，今宜改衛爲縣，而以龍里廳舊管之民賦與該衛見任之地丁，悉歸管理。又清平原係衛縣並設，後裁縣留衛，而縣土丁賦則歸併麻哈州管理。今議裁衛設縣，而以清平縣原管之民賦，與該衛見在之地丁，悉歸管理。又平越衛與平越府同城，普定衛與安順府同城，都匀衛與都匀府同城。今宜裁去三衛，改設三縣，即將該衛之屯地屯丁，編爲三縣土民，爲三府附郭之邑。又安莊衛與鎮寧州同城，黄平所與黄平州同城，新城所與普安縣同城，皆屯賦無多，軍丁亦少。今宜竟裁三衛所，歸併鎮寧、黄平、普安三州縣。從之，設龍里、清平、平越、普定、都匀五縣。

議處銅苗疏略

少卿周弘祖

自有苗患以來，其譚制馭良策者，不過曰撫，曰剿，曰戰，此皆似是而實未中事機者，何也？嘉靖二十四年，賊勢猖獗，布政使石簡親詣銅仁招撫，給以魚鹽，犒以花紅牛酒，渠魁龍許保給以冠帶，幼苗選充生員，賊所需索無不應付，如奉驕子。糧犒入手，即出虜劫，未及一年，勢愈驕蹇，動言得糧，未肯聽招，此則撫之未可之明驗也。二十七年撤兵之後，調土、漢兵五千五百名守銅仁，又調酉陽土兵一千守小橋，平茶長官司土兵一千守毛口，凱里司土兵龍必昇等一千守地架，甫及數月，道路險遠，糧運不給，土兵擅自撤散，龍必昇亦爲賊所衝潰，小橋、毛口相繼陷没。夫兵多則苦于乏糧，兵少又不足分布，控扼賊路，則賊所必攻，聚于府城，則緩急難應，此則守之無益之明驗也。張總制亦嘗鋭意用師矣，其後印江、石阡，相繼破滅。我聚而入，彼散而逃，我撤而回，彼衝而出，彼守其逸，我當其勞，彼之乘我有餘，我之備彼不足。況山箐險阻，賊勢悍勁，今之將帥，有能隻身深入，如韓王之擒方臘者乎？此又用兵之未可也。

愚意謂此苗與廣西猺、獞不同，原有土官管轄，原有印信文册，原有舊額錢糧。先年之禍起于土官，其後湖廣鎮、筸二司聽撫之苗，俱各認其土官，求爲之主，免於誅殺。如筸子坪之苗，亦請其土官田興爵至寨，封牛灑酒，妻子羅拜，情願起立衙門，復還舊治。蓋田興爵者，往以事繫辰州獄，此時苗尚未叛也，私相語曰：「吾父母官久禁，當救之。」鳩銀入城，買囑吏禁，以大食器舁之出獄。後興爵求索無厭，淫苗妻子，群苗方怒而叛之，及後聽撫，又尋其故主，則苗豈無統而不可約束者哉？至於銅仁，事勢頗異。該府原是改土爲流，無屬縣，以長官司爲屬，禍雖由於長官衰弱，不能鈐束各苗，亦從前有司不能撫綏所致。然二司苗不盡叛也。且如錢糧一事，叛苗不納，以逋欠責之見户，逃亡責之土官，平頭長官至掣印以逃。而二司逃民散在清浪、平溪、思州、馬口、黄道、施溪等處，無慮數千，傭賃饑殍，願歸本土。若蠲其逋負，于中選强壯者爲兵，量給之食，聚爲屯堡，舊村舊田，漸次經理，其利倍于客兵，而各叛苗亦可馴服矣，兹非處苗之正法乎？嘗聞楊僉憲云：「苗地縱横不過百五十里，苗不及數千，而敢屢拒官軍，荼毒生民，數年無如之何者，奸民投住，土官交通，盡之矣。有奸民爲之耳目，故出則必有所獲；有土官爲之窩容，故敗則必有所歸。」知乎此，則可以論苗矣。

參處安酋疏

巡撫江東之

爲土司納賄樞要，遂至蔑法無君，懇乞聖明查究長惡原由，以清治本，以消亂萌事。

臣奉勅巡撫貴州，未任之先，已識貴州漢少夷多，餉寡兵微，土酋驁驁，憲法陵夷，其來久矣。及臣到任，宣慰安疆臣、宋承恩來見，臣詰問兩人向所奏事情，其一係宋承恩與教官熊夢祥争禮，曾經提學道僉事沈思充處分，已心平無異説矣。因安疆臣聽奸撥置，欲騙其洪邊莊田及巴香馬頭地，故代爲申奏。其一辯復貴竹司，臣詰之曰：「貴竹司改新貴縣，隆慶二年初議，陸年屬貴陽府，往牒俱在，會典可證。汝父安國亨不言於查議之初，汝乃言於三十年制定之後，何也？」安疆臣曰：「疆臣年幼未知，諸宗目知之。」明日帶宗目百人跪於庭，臣諭之曰：「汝輩敢謂貴竹司之改縣，爲皇上變亂祖制也！洪武年間，止壹宣慰司，有布政使司，自永樂十一年始，汝將謂成祖皇帝爲變亂祖制乎？程番十七長官司之改府，自成化七年始；都勻、邦水長官司之改府，自弘治十七年始；凱里安撫司之改屬衛，自嘉靖九年始，汝又將謂累朝皇帝皆變亂祖制乎？貴省府衛并州縣，俱係土司改置，其子孫爲流官，各奉法無越志，汝欲廢新貴縣，將舉貴州而胥爲夷也。我皇上聖德當陽，國家氣運方盛，安得妄興此念！」諸宗目曰：「不敢。」惟稱安國貞當令上班。臣曰：「此爾夷家事，須静聽處分，無擅興兵甲。」諸宗目唯唯而退。

當初奏之時，兵部尚書石星有敬君之心，體國之念，當折之曰：「前王所制即爲律，後王所行即爲令。新貴縣名，今皇上所命，貴州縣治，不獨改一貴竹司。明旨一日之未下，則新貴縣治一日之猶存，新貴縣之人户錢糧，歸天子之版圖，誰敢得而霸徵之？新貴縣之縣丞、主簿，爲天子之命官，誰敢得而更置之？」即可以落奸人之膽而寢其邪謀矣。奈何石星之言曰：「該屬貴陽府者，方屬貴陽府，該還土司者，還歸土司。」又曰：「考其創設之規，及今日削弱之狀。」復疏止於陸語，無一字非爲安疆臣計也。是以諸宗目心服臣之言，實則倚石星之勢。

陛下未嘗有棄新貴縣之心，安疆臣已成其奪新貴縣之謀，撑殺其人丁，霸徵其差銀。縣丞宋顯印隨居大方，安疆臣喜而藏之，雖拜牌拜表而不出；主簿甯國梁願效忠天朝，安疆臣以爲恨，伏兵二千於省城之外，欲伺其出而殺之。舊年誘致玖司而挾之以兵，遂揑向承祖等中文以欺侮天聽，且謂高皇帝爲之震怒，天地爲之昏慘。文移肆無忌憚，不知有法，不知有君。近日據威清道副使林喬楠、畢節道僉事方萬策報稱：安疆臣興兵數萬，砍折安邦父屍，掘其居地三尺，大掠一百五十餘寨，流毒安順、鎮寧二州，殺傷良民，焚燬官廨，俱有實證。臣遣官禁諭，依前對臣之言曰：「疆臣年幼不知，且身羈採木。」其狡猾閃爍如此。非安疆臣之能，皆陳恩教之也。

安疆臣所居，横亘數百里，玀兵數拾萬，其祖宗自漢、唐、宋、元以至今日，所遺金銀，堆積如山岳。國家所未有之富，闔省土司所未有之强，海内皆知之。石星憐其削弱，臣不知其何心矣！陳恩、王嘉猷等初謀以爲幼主安静，則彼享其富，吾輩何利，於是倡恢復之言以順適其欲，彼將不惜結納之費，而可以坐分其有。如先時安國亨結首相張居正，得其畫容供奉，撫按莫不凛凛。今石尚書有路可通，因而得復拾司，從此可圖伯業。安疆臣遂遣走京捷士，多齎金銀，未必盡輸石星之家，所求於石星之復疏者，已大慊安疆臣之願。陳恩因此稱首相，拜軍師，石星遂蒙不韙之名。夫砥礪名行者，不以利污義，如土司楊燧賄僉事梁銓，則揭之臣，所以明不污；安疆臣賄副使林喬楠，則揭於通衢以拒之。石星曾二臣之不若乎？臣之所不敢信也。三年以前，安疆臣猶知敬慎，自石星復本之後，遂謂石尚書許我恢復，大張惡焰，是以貴州萬口，莫不指石星之復疏而唾罵之，臣不能爲石星解也。

安疆臣欲復貴竹司也，便欲棄新貴縣以狥之，使鎮遠、思南等司皆欲復其故也，將盡棄一省以狥之乎？陳恩不過假虎之狐狸，安疆臣一當場之傀儡，石星負節氣，登樞筦，乃陳恩之不若。陳恩欲爲安疆臣闢土地，石星則欲陛下蹙土地矣；陳恩欲爲安疆臣增户口，石星則欲爲陛下損户口矣；陳恩欲用夷變夏而改流爲土，石星不能用夏變夷而改土爲流。石星納安疆臣之賄，欲改易會典以增其拾司之全，不念皇朝一統之盛，而自削版圖，忍使有無縣之省。由其謀不足以尊君，而每至於辱君；才不能以禦亂，而常至於釀亂。西南之夷從此多事，臣不曰陳恩、王嘉猷，而曰石星也。

大抵夷司之於流官有二端：非納賄以結其歡，則以激變挾之，若臣彼不敢以賄至，恐以爲激。臣謂馭安疆臣無難事，有三策焉：初不法，則念安疆臣之年幼，許其自新，即陳恩、王嘉猷不遽加誅，苟能改行從善，則録其輔導之功，而宥其撥置之罪可也。再不法，則照先年處安國亨故事，革其冠帶，責令縛獻奸徒，不得以死屍抵塞，俟其懲創而後復之可也。三不法，則撫、按廉其惡狀，開具奏聞，率三省之兵以攻其外，調各土司忠義之兵以攻其内，裂其土地而分之，絶其世爵可也。今安疆臣未奉明旨，遽霸新貴縣，臣欲審安疆臣，又稱年幼不知，取其回文，徒增陳恩一番誑詘；行布、按二司拘陳恩、王嘉猷面審建縣始末以便題復，以完考成，安疆臣藏匿不發。先按臣及彼〔一一五〕，安疆臣不服考察，今不服臣查勘，皆恃石星而爲之。石星之誤國家，豈鮮眇哉！

臣與石星素厚，今日之事，寧負石星，不敢負陛下，故據實陳之。伏乞勅下兵部，令石星有則痛加省改，無則益篤忠貞，察夷情之二端，採愚臣之三策。安疆臣雖係初犯，慘惡異常，當酌議停妥，上請聖裁，勿文前疏之過，以長土酋之惡。從此天子之餘威遠振，疆臣之亂萌潛消，庶幾哉石星失之東隅，收之桑榆也。再照藩封爲天潢之派，來京之使尚不敢頻，安疆臣恃其富强，選一番捷士，無月不走輦轂之下，志將何爲？更勅下五城御史，并錦衣衛官校，嚴行緝拏，是亦塞官邪之竇，示簾遠之尊矣〔一一六〕。

萬曆二十五年五月内，該都察院題覆，奉聖旨：「是。着巡按御史審究具奏。欽此。」注一

議處烏撒疏

巡撫江東之

爲逆犯投降，國體既正，懇乞聖明斷立後以靖夷方，專責成以杜後患事。

臣聞無所解於心者，父子之親；無所逃於天地者，君臣之義。臣請以君臣之義責阿備之要君，以正今日之罪；以父子之親責安紹慶之庇子，以杜後日之亂，願陛下俯垂察焉。

夫安雲龍爲烏撒土知府，禄墨之子，安紹慶其親弟也，安效良其親姪也，倫序甚明，詳見川、雲撫臣疏中，無俟臣贅。咀舊，一名安雲翱，爲安雲龍堂弟，名位素卑，諸目不服，其父且自言之，是咀舊之不能立也明矣。安國正謀殺安雲龍，其妻隴氏遂與安國正爲夫婦，勢必殺親子以媚姦夫，真夷狄而犬彘也。使隴氏尚在，國正有子，難免篡逆之誅，況遺腹未必真乎，是官保之不當立也又明矣。咀舊不能立，官保不可立，繼雲龍而爲之後者，舍安效良將奚之？爲阿備者，指隴氏之苟合，發其以妻謀夫之罪；舉安雲龍之親派，正其以侄繼伯之倫，明白申訴，豈非義舉。乃聯結霑益州而擅興兵甲，抱擁安效良而坐據鹽倉，以防求爲可倣，以君命爲可挾，是臣之所不甘也。人孰不欲其子之富貴，謂安紹慶獨無，非人情矣，乃謹然諾於雲南，謀干戈於貴筑，陰與阿備爲一，陽與父子爲二。陸歲嬰孩，非安紹慶託之於阿備，抑阿備竊之而逃乎？是臣之所不解也。臣於履任之初，即行畢節道僉事方萬策，檄諭安紹慶縛獻阿備；不蚤自爲計，阿備所犯之罪，異日皆安效良之罪，奈何以身犯叛逆而欲要君命之榮也？不數日，四川撫臣譚希思移咨到臣，亦責安紹慶縛獻阿備，與臣不約而同矣。

臣檄行貴寧道參議來經濟、威清道副使林喬楠、畢節道僉事方萬策，同四川都司淡章，往烏撒地方，查勘阿備等夷情。今據三道回申：十二月初十日，安效良率阿備并海濟等百餘人投見，北面望闕，行五叩頭禮畢，三道責之以兩圍鎮城、屢劫官道，阿備以爲讎口所誣〔一一七〕；責以初籛箕夾殺死隴胤等而遍地横屍，烏撒額糧升合不納而一軍枵腹，阿備俛首無辭，但稱從今洗心投降，願完納錢糧，輸辦館馬。其雲翱與效良爲叔侄，撫院請立爲答應知府，衆夷已立爲耆老管事，男婦數百名口，隨雲翱官屋居住，效良不敢加害等語在卷。據其投降情狀，其心尚雄，其言頗遜，若重處阿備，殺降爲不祥；舍安效良而議國正之後，長淫篡之風爲不義。是以川、雲撫臣請定效良之立，致有今日阿備之降，不動聲色而潛消亂萌，二臣之有功於國家大矣。

臣因阿備之降，而後議效良之繼，僅能爲朝廷存體面。非因二臣於先，臣將無以成之於後，是則臣之罪也。臣猶有懼心焉。安紹慶有需益矣，有鹽倉矣，又有烏撒府矣，土地日廣，兵甲日多，土夷之賄交勢合者日益盛。使阿備暫斂戢於效良未繼之先，益猖狂於效良既繼之後，不但鎮雄之舊人無噍類，且烏撒之軍民無寧期。四川遠在二千里外，誰能挽西江之水以救涸轍之魚？雲南惟見安紹慶之恭順，不見貴州之蹂躪，將談笑視之，不震於躬，遑恤震於其鄰哉？臣竊謂慈父之於幼子，痛癢相關，則安紹慶之於阿備，肝膽相照。阿備既爲安效良出死力，安紹慶必能制阿備之死命。以阿備之鷙驁而前倨後恭，無非爲安效良謀也，則皆安紹慶意也。嚴阿備之羈紲，而慎終如始，非孺子能也，則尤安紹慶責也。於阿備責之以不治〔一一八〕，出自陛下宥過之仁，非臣所敢必；於安效良繼其所當繼，出自陛下繼絶之恩，非臣所敢與。臣一念犬馬之誠，惟願陛下矜憐荒徼之殘民，俯賜禁暴之嚴旨。繼子既定，罪有攸歸。安效良十五歲以前，阿備弄兵，罪在安紹慶；安效良十五歲以後，阿備弄兵，責在安效良。阿備能改而先以兵加之者，罪在起釁之家；阿備不悛而復以兵助之者，罪在濟惡之人。阿備得從末減，酋長敢有效尤，或以忿兵，或以貪兵，侵擾蒼赤者，不得援例，治以不赦之罪，容臣等分别輕重，奏請降削。如以其祖功不可泯，選其族之賢者而更置之，庶幾國有天威，人無越志，雖夷方共知有君臣之義，不敢一逞以試法；雖安紹慶亦得以全父子之親，不致兩敗以傷恩。軍民幸甚，地方幸甚。

萬曆二十五年二月十五日，該兵部題覆，奉聖旨：「是。」

屯田議

提學謝東山

貴州各衛旗軍上糧屯田，俱各八畝，會計口食，則總旗十六畝，小旗十四畝，軍人一十畝，皆得計其子粒之輸，以充月糧之入。故旗軍缺一名，則一名之分田有在；屯田遺一分，則一分之花利猶存。往以逃亡者雖缺，而解發者當補，故遂忽而置之；及今逃亡益多，解發益寡，而遺田益衆，管屯人等遂有歲收常貨以致家成鉅積者矣。侵占田土，律有明禁，侵漁之盜，可不亟懲？合無通將貴州合屬逃故屯糧旗軍遺下無糧口食分田，悉數清查，果有山水湮塞，無憑開墾，量行減免，餘皆召佃于人，歲收其入，貯該衛倉廒，以備荒歉處濟，聽令于内照數支給。而無田窮丁，分毫不許浪派。新軍解伍，倘有派撥，隨扣減其見剩之數，立爲定規，登之册籍。責令布政司隨時稽考，如有占悋不發侵玩如故者，即行從重參究。庶幾人知遵守，弊可永清，而邊屯軍伍，有一舉兩濟之利矣。

議處五開疏略

湖廣巡撫陳省

一、議兼郡轄以馭軍民。查得楚中各府衛同城者，凡衛官賢否，官舍襲替，官軍俸糧屯糧完欠，皆聽府官填勘覈催，以故事體維繫。惟黎平府與五開衛同城則不然。蓋府屬貴州，衛屬湖廣，不相干涉，以故款頭人等每相犯侮，非一朝一夕之故矣。夫以兩省府、衛同處一城，本以防範，合無俯照臣領勅諭統轄該府事例，亦聽辰沅兵備道統轄五開衛，官員賢否，官舍襲替，官軍俸糧，俱經該府填註勘結，查覈督催，呈詳該道轉詳，方准施行，辰州府不得干與。凡事干軍民者，仍與參將協心秉公查處，不許自分彼此。如此，庶府、衛聯屬，文武並飭。

一、議移參將以便彈壓。查得守備之駐五開，品秩未崇，人心玩視，參將則體貌稍隆，威權自振。合無行令本參，聽其帶領募兵，移駐五開衛，凡各邊衛一應事宜，悉聽料理，俾彼宣布威令以輯衆心，奮揚威武以懾衆志。事干軍民者，與黎平府掌印官協心計議，共圖保障之方，永消鴛鴦之釁，庶地方可獲敉寧矣。

一、議改通判以司糧餉。夫糧餉乃官軍所資以爲命者，必支放以時，斯軍士得霑實惠。今查五開等衛邊餉，皆解沅州，專令辰州府邊糧通判駐劄該州管理支放。各衛請給，則自衛歷靖而抵沅；該道給發，則自沅歷靖而抵衛，山闕險峻，道理迢遞。合無將通判移駐靖州，而以五開、銅鼓等衛之近靖州者應支糧餉，改貯該州，專聽本官催督給散，每雙月各衛請發格眼簿，照式開填明白，送道轉發本官，查覈見在官軍的數，呈詳批允。行州支出餉銀，鑿分零碎包封，本官親詣各衛會同掌印官唱名給散。其五開一衛，仍要會同黎平府掌印官查覈，公同支放，永爲定規。如此，庶官軍俸糧常充，永免跋涉之勞，可戢侵漁之弊矣。

一、議重事權以便制馭。照得黎平府與五開衛同城，事體關涉，合無將黎平改爲軍民府，換給印信，以五開衛所軍舍聽其專制，俾有司軍衛，咸爲一體，地方庶永輯寧。再照楚省湖北及郴、桂地方，屬之貴州、南贛兼制，該道府州縣官員賢否，同聽甄別舉刺。今黎平府既屬辰沅兵備道統轄，而五開衛又屬該府專制，多相關涉，似應比照前例，將該府屬官員賢否，亦聽臣等一體甄别舉劾勸懲。庶邊方之臣，賢者知所奮勵，而不肖者亦知警畏矣。

一、議酌調遣以免騷擾。照得永順、保靖二司，先年浙直倭寇擾攘，當事議調其兵征剿，繼此一遇有急，動輒思調二司土兵。即臣向未親臨其地，亦以二司謂足恃力，乃今則見有大謬不然者。緣二司徒有虚名，原無實兵，如遇奉文調取，則於鎮溪等司轉募，每兵一名，給與二錢銀簪一枝，取數以應，出門即有行糧，沿途又有犒賞，官府之費既已不貲。乃苗民之性，鷙鶩難馴，沿途劫掠生事，莫敢誰何。且俾苗夷深入腹裏，習見舉措虚實，致萌輕視之心，起垂涎之念，此則決不容復踵往轍者也。合無今後各省，凡有寇攘，不許議調二司土兵。如貴苗煽亂，勢至猖獗，聽該省撫臣會臣衙門題報，聽臣調發見募精兵策應；再不足用，則調取鎮溪等所勇悍慣戰之兵，互相夾剿，其永、保之兵，亦不輕擅調取，致滋擾害。

募勇守城議

思州知府蔡懋昭

本府設在萬山之中，溪洞深阻，南與邛水、天柱相接，北與烏羅、提省相聯，中多谿徑，皆係生苗出没其間。自正統十四年被奸糾引苗賊入陷，以後爲苗所窺，間嘗竊發，受害頻仍，良由武備弛而兵力寡也。查得洪武二十五年，設有思州守禦千户所，而千户以土人爲之。至洪熙元年，革去千百户，改爲正副長官，守禦遂廢。後因殘破，又議調平、清、偏、鎮四衛官軍，共一百六十九員名，赴府防守。至萬曆元年，復又撤去。今雖召募獞兵一百二十名，每名月給銀一錢八分，米三斗，把守關隘，然亦生苗等耳，非久安長治之術也。舊額土兵一百二十名，每名月給銀四錢五分，以充守禦，然皆柔懦不堪，惟供看門、提鈴、更夫、吹手等役，而無衣甲武勇之具，以此因循怠玩，屢遭失事。合無比照各府事規，量募壯勇藝能之兵五六十名，月給工食銀玖錢，專令習熟烏銃快鎗弓弩長技，以壯武備。庶平居有足制勝，聞警不致張皇，城社人心均有利賴矣。

烏撒衛志

嘉靖十三年，巡按御史王杏條陳軍民利病一欵，嚴替襲以杜亂階。貴州各府司土官，不由出身正路，亦無考校功能，但以先人舊勞，世授其官，得之亦甚易矣。惟於承襲之際，有司查勘其宗枝來歷，保稱無礙，然後取具供結，申之藩省，轉行各該守道，就近查勘無礙，然後呈請撫、按查實，行令起送赴部，覆查審勘相同，然後題授官職，仍令親自叩頭謝恩。若是，則土官各知感激，皆曰是官實朝廷親授，我必將思前日之難而且戒且懼〔一一九〕，其於子孫，亦勤世教，以期不累於保送，於綏德之中，寓以懷威之意，此良法也。嘉靖六年，巡撫熊一英奏開納粟冠帶辦事之例，累累虛銜，襲行真僞莫辨。豈知官職所以取信於夷民者，以有該部憑劄也，不給憑劄而可以授官，是銓註之權不由部司，而襲授之徵止憑冠帶，凌僭之端，自此始矣。近如土舍宋亶、于駐、石顯榮等潛據囤寨，冠裳峨博，蓋其始也援例冠帶，其中也私自冠帶，其究也僭據地方，皆自納粟之例啓之耳。今後不許再開此例，庶國法昭明，舊典復而土官自潛消其不軌之心矣。

洪武十五年，征南將軍潁川侯傅友德以烏撒、烏蒙、芒部、東川四府地近四川〔一二〇〕，奏改隸四川布政使司，從之。

嘉靖七年，兵部尚書伍文定以四川宣慰司嫡子楊友、楊愛互争地方，歷三十餘年，訟牘未絶，奏將愛見管地方分置凱里安撫司，改屬貴州，從之。

劾　聞天下有道，守在四夷，乃若涣其群，斷其臂，而少其力，又馭夷之微權也。本衛地方，接連雲南通省，皆古西南夷地。今中國所以能通雲南，享彼貢賦之利者，以有貴州東西兩路耳。洪武間，以西路烏撒、烏蒙、東川、芒部四軍民府，及東路普安州俱屬雲南，蓋未之深思耳。何也？東路普安州之盤江，西路烏撒府之七星關河，皆入滇門户，洪流巨浸，誠一夫當關、萬夫莫開之險，萬一雲南有變，據此二險，是無雲南矣。傅潁川有見於此，奏以四府改隸四川。永樂間，又以普安州改隸貴州，是撤雲南之藩籬，啓其門户，以延中國使節冠蓋矣。此守在四夷之一大端也。原其爲謨，豈直一世二世之計哉！弘治、正德間，四川播州土酋楊友、楊愛兄弟因争土搆兵，歷三十餘年，奏牘未結。至嘉靖間，兵部尚書伍文定奏將楊愛分管地方凱里等處增置凱里安撫司，改隸貴州，是又涣其群、斷其臂而少其力之意也。此其爲謨，將不在傅潁川伯仲間耶？此尤經略者之所當知也。

〔交趾建制〕

永樂五年六月，改交阯龍興府爲鎮蠻府注二，建興府爲建平府，天長府爲奉化府，新興府爲新安府；國威州爲威蠻州，宣光州爲宣化州，上福州爲福安州，安邦州爲靖安州，日南州爲南靖州，布政州爲政平州，明靈州爲南靈州；龍眼縣爲清遠縣，安世縣爲清安縣，應天縣爲應平縣，山明縣爲山定縣，上福縣爲保福縣，龍潭縣爲清潭縣，丹鳳縣爲丹山縣，龍拔縣爲隴拔縣，天施縣爲施化縣，古戰縣爲古平縣，統兵縣爲統寧縣，佛誓縣爲善誓縣，天本縣爲安本縣，獨立縣爲平立縣，黎家縣爲黎平縣，御天縣爲新化縣，費家縣爲古費縣，安邦縣爲同安縣，安興縣爲安和縣，茶龍縣爲茶清縣，杜家縣爲古杜縣，上路縣爲路平縣，上福縣爲福康縣，布政縣爲政和縣，鄧家縣爲古鄧縣，左布縣爲左平縣，世榮縣爲士榮縣，餘仍其舊。

定交阯所隸州縣：交州、北江、諒江、三江、建平、新安、建昌、奉化、清化、鎮蠻、諒山、新平、演州、乂安、順化，總十五府。

以威蠻、福安、三帶、慈廉、利仁五州隸交州府。本府親領東關、慈廉二縣，威蠻州領山定、清威、應平、大堂四縣，福安州領保福、芙蕾、清潭三縣，三帶州領扶隆、安朗、扶寧、安樂、立石、元郎六縣，慈廉州領丹山、石室二縣，利仁州領清廉、平陸、古榜、古者、古禮、利仁六縣。

以嘉林、武寧、北江三州隸北江府。本府親領超類、嘉林二縣，嘉林州領安定、細江、善才三縣，武寧州領仙遊、武寧、東岸、慈山、安豐五縣，北江州領新福、善誓、安越三縣。

以諒江、南策、上洪三州隸諒江府。本府親領清遠、古勇、鳳山、那岸、陸那五縣，諒江州領清安、安寧、古隴、保禄四縣，南策州領青林、至靈、平河三縣，上洪州領唐濠、唐安、多錦三縣。

以洮江、宣江、沱江三州隸三江府。洮江州領山圍、麻溪、清波、夏華四縣，宣江州領東欄、西欄、虎巖三縣，沱江州領隴拔、古農二縣。

以長安州隸建平府。本府親領懿安、安本、平立、大灣、望瀛五縣，長安州領威遠、安謨、安寧、黎平四縣。

以東潮、靖安、下洪三州隸新安府。本府親領峽山、太平、多翼、阿瑰、西關五縣，東潮州領東潮、古費、安老、水棠四縣，靖安州領同安、支封、安立、安和、新安、大瀆、萬寧、雲屯八縣，下洪州領長津、四岐、同利、清沔四縣。

以快州隸建昌府。本府親領俸田、建昌、布、真利四縣，快州領仙呂、施化、東結、芙蓉、永涸五縣。

以美禄、膠水、西真、順爲四縣，隸奉化府。

以清化、愛、九真三州隸清化府。本府親領古縢、古弘、東山、古雷、永寧、安定、梁江七縣，清化州領俄樂、細江、安樂、磊江四縣，愛州領河中、純寧、宋江、支俄四縣，九真州領古平、結悅、緣覺、農貢四縣。

以新化、廷河、古蘭、神溪四縣隸鎮蠻府。

七源、上文、下文、萬崖、廣源、上思、朗七州隸諒山府。本府親領新安、如敖、丹巴、丘溫、鎮夷、淵董七縣，七源州領水浪、琴、脱、容、披、平六縣，上文州領林蘭、慶遠、庫三縣。

以政平、南靈二州隸新平府，本府親領福康、衙儀、知見三縣，政平州領政和、古鄧、從質三縣，南靈州領丹裔、左平、夜度三縣。

以演州隸演州府，演州領千久、芙蓉、芙蕾、瓊林四縣。

以南靖、驩二州隸乂安府。本府親領衙儀、丕禄、古杜、支羅、真福、土油、偈江、土黄八縣，南靖州領河黄、磐石、河華、奇羅四縣，驩州領石塘、東岸、路平、沙南四縣。

以順、化二州隸順化府。順州領巴閬、利調、安仁三縣，化州領利蓬、士榮、乍令、茶偈、思容、蒲苔、蒲浪七縣。

改太原等五鎮爲太原、宣化、嘉興歸化、廣威五州，直隸布政司。

太原州領富良、司農、武禮、洞喜、永通、宣化、弄石、大慈、安定、感化、太原十一縣。

宣化州領曠、當道、文安、平原、底江、收物、大蠻、楊、乙九縣。

嘉興州領籠、蒙、四忙三縣。

歸化州領安立、文盤、文振、水尾四縣。

廣威州領麻籠、美良二縣。

設交阯布政司永盈庫。

交州府醫學僧綱司、瀘江驛、豐盈庫、永豐倉。

建平府永盈庫、常豐倉。

三江府豐濟倉。

嘉林州儒學。

交州、北江、諒江、建平四府稅課司。

福安、三帶、慈廉、利仁、嘉林、武寧、北江、宣化八州稅課局。

應平、大堂、山定、清威、武寧、細江、善才、武寧〔一二〕、東岸、青林、至靈、平河、古勇、清安、太平、多翼、河瑰、西關、長津、同利二十縣稅課局。

多錦縣之麻浪、保祿縣之下昌、唐濠縣之金縷、唐安縣之司王、峽山縣之峽山五稅課局。北江府并三帶州之長江、慈廉州之上古、利仁州之養頑、宣化州之長江、慈廉縣之兵神、大堂縣之江潭、山定縣之山定、清威縣之清威、唐安縣之涇哈、清遠縣之翁羅、安謨縣之安謨海口、東結縣之車栗口、膠水縣之圓光、古勇縣之粉池、平河縣之涷美、安老縣之古齋塲、支封縣之阿蹋社，四岐縣之四岐社、域箇、婁社、安定社河泊所，凡二十一。

慈廉縣之婆加、應平縣之三汊河、大堂縣之三江口、塲津橋、芙蕾縣之河魯口、唐江橋、扶隆縣之江口鎮、扶寧縣之園山鎮、立石縣之車朗鎮、丹山縣之喝江口、清廉縣之涇蜍、平陸縣之寧江、古榜縣之泡橋、永江口、嘉林縣之三江口、汊上究蘭、青林縣之平灘江口、至靈縣之古法渡、平河縣之多魚海口、堆海口、安鋪江口、多錦縣之阿牢江口、山圍縣之陳舍、麻溪縣之花原山、夏華縣之蕩灰、東欄縣之古雷江口、西欄縣之軒關、虎巖縣之三峽江口、隴拔縣之費舍、古農縣之灑舍、懿安縣之路沛江、大灣縣之大安海口、安寧縣之山水江、黎平縣之生蘗山江、安謨縣之神投海門、太平縣之唵江多閤涇口、多翼縣之粟江、河瑰縣之支隆渡、西關縣之支來莊、東潮州之天廖江屯山、古費縣之扶帶杜海口、安老縣之安老海口、多混海口、同安縣之同安海口、支封縣之多俚社海口、安和縣之小白藤海口、長津縣之波了社、四岐縣之域箇婁隊、油江隊、祝水隊、同利縣之多弋、俸田縣之俸田、建昌縣之黃江口、真利縣之海門、東結縣之車栗口、美禄縣之寧江口、西真縣之蔕江口、順爲縣之阿江口、會江口、膠水縣之添福海口、膠海口、收物縣之石恩鄉、大蠻縣之北果橋、當道縣之蘭社、文安縣之渭隆江口、平原縣之北衢、底江縣之錫山鎮巡檢司，凡六十七。

清廉縣之姜橋、保福縣之保福、嘉林縣之嘉林、武寧縣之市橋、平陸縣之永安、黎平縣之生藥、保禄縣之芹站馬驛，凡七。

交州府之瀘江、武寧縣之市橋、保禄縣之芹站，及雞陵、丘温遞運所，凡五。

石室縣僧會司。

交阯鹽課提舉司。

廣兹、大黄二塲鹽課司。

改雞陵關爲鎮夷關。

癸巳，設交阯交州左右等衛指揮使司，勑總兵官新城侯張輔等及兵部尚書劉儁曰：「交阯城中立交州左、右、中三衛；富良江北，立交州前衛；昌江、丘温各立衛；市橋、隘留關各立守禦千户所，市橋以兩所守之。」

七月，交阯總兵官新城侯張輔等奏請于清化立衛，從之。

十一月丙寅，設交阯三江、清化、乂安、新平、順化五衛，及演州、南靖二守禦千户所。

十二月己丑，交阯總兵官新城侯張輔等奏請於原設七衛之外，再撥官軍五千六百人，設交州後衛；又請設鎮夷、諒山二衛，及增設十五千户所，該用官軍二萬二千七百有奇，悉從之。

六年正月戊辰，設交阯太原、嘉興、廣威、天關、望江、臨安、新寧七鎮金場局，各置大使二員，副使四員。又選授知州、知縣二十一員，每鎮三員，提督鬧辦。又以知府二員總督，令禮部鑄印給之。設交阯雲屯市舶提舉司，置提舉、副提舉各一員。二月己丑，交阯按察司僉事劉有年言：「交阯舊設諸州，多不親民，而於附郭置縣理民事，請如內地以州管民，而革去附郭縣。」從之。增置交州左衛之中左、中右二千户所，并交州中、右、前三衛，及昌江衛之中、左千户所，清化衛之中右、中中、中、前中、後水軍五千户所，三江衛之中、前、後三千户所。甲辰，設交阯按察司之山南、山北、海東、海西四道分司。

六月新城侯張輔言：「交阯平定，開設諸衙門，朝廷遣使及諸司奏報，皆須驛傳，宜於廣西桂林、柳州、南寧、太平等府，增設水馬驛一十九。自桂林府東江驛，至思明府憑祥縣新舊馬驛，共三十有一，其驛道遠者宜設中站。南寧府至龍州等驛，水道差遠，宜增驛舟，并置遞運所。」又言交阯舊太原等五鎮，已改爲州，餘天關等十三鎮未改。上命所司悉准行之。

己丑，吏部尚書蹇義等同六部尚書奏：新城侯張輔等平定交阯，建設軍民衙門總四百七十有二：都司、布政司、按察司各一，衛十，千户所二，府十五，州四十一，縣二百八，市舶提舉司一，巡檢司百，税課司局等衙門九十二；置城池十二所，安撫人民三百一十二萬有奇。

是月，築交阯都司及清化衛城。交阯前、後、昌江、丘温等衛，市橋、隘留關等千户所，各置排柵。

九月己卯，陞交阯太原州爲太原府，宣化州爲宣化府。

改宣化州税課局爲税課司。設太原府税課司。

革威蠻州之山定縣、福安州之保福縣、三帶州之扶隆縣、利仁州之清廉縣、慈廉州之丹山縣、嘉林州之安定縣、武寧州之仙遊縣、北江州之新福縣、諒江州之清安縣、南策州之青林縣、上洪州之唐濠縣、洮江州之山圍縣、宣江州之東欄縣、沱江州之隴拔縣、長安州之威遠縣、東潮州之東潮縣、靖安州之同安縣、下洪州之長津縣，以其地各入本州。

改扶隆縣之江口鎮巡檢司隸三帶州，清廉縣之涇蜍巡檢司、姜橋馬驛隸利仁州，丹山縣之喝江口巡檢司隸慈廉州，保福縣之保福驛隸福安州，山定縣之税課局及山定河泊所隸威蠻州，清安縣之税課局隸諒江州，青林縣之税課局及平灘江口巡檢司隸南策州，唐濠縣之金縷税課局隸上洪州，山圍縣之陳舍巡檢司隸洮江州，東欄縣之古雷江口巡檢司隸宣江州，隴拔縣之費舍巡檢司隸沱江州，東潮縣之天廖江屯山巡檢司隸東潮州，同安縣之同安海口巡檢司隸靖安州，長津縣之税課局及波了社巡檢司隸下洪州。

設北江府常儲倉、新安府常積倉、諒江府常益倉，各置大使、副使一員。

庚子，設交阯各州縣巡檢司三十七所。

清化府二十六，巴龍關、𡒃洛關、堯山關隷古雷縣，巴禮涇口隷永寧縣，箇勾歷關、巴凜關、瓮册關隷磊江縣，險石關、清都鎮隷安樂縣，蒲巴鄰關、絹槐關隷細江縣，㐌下關、玉局關、涓忙關、俄樂關隷俄樂縣，靈長海口、靈長渠口隷河中縣，支俄渠口隷支俄縣，典史海門隷九真州，濠渠口、沉渠口、隊隈隷結悦縣，布衛海口隷緣覺縣，要翁關、立關、黑關隷農貢縣。

諒江府一：三江口，隷清遠縣。

三江府一：洞淋砦，隷夏華縣。

北江府二：石神，隷嘉林州；小江橋，隷東岸縣。

建平府二：巴辣口屯，隷安本縣；虎河隊江口，隷安謨縣。

建昌府一：三江口，隷芙蓉縣。

宣化府一：關濠，隷曠縣。

廣威州三：多隘、可凜，隷本州；八圭，隷美良縣。

置交州後衛、三江衛二經歷司，經歷各一員。

增置雲屯市舶提舉司，提舉、吏目各一員。

設新平、順化二市舶提舉司，雲屯、新平、順化三抽分場，宣化府銀場局。司置提舉一員、副提舉二員；場、局置大使各二員、副使各四員。

七年正月甲子，設交阯清化府之廣儲倉、丘温縣之丘温倉、雞陵縣之鎮夷倉、磊江縣之牛鼻關、古弘縣之會潮海口、支俄縣之支隆海口、神投海口、緣覺縣之天甲海口、廷河縣之徑農江口、古蘭縣之綴口、大全江口、雞陵縣之鎮夷關、淵縣之坡壘關、水浪縣之博花江口、應平縣之寧橋、雲屯縣之雲屯、快州之阿魯口十四巡檢司。

交阯鹽課提舉司之安老、安和、支封、同安四場鹽課司。

永寧縣之屢柳、宋江縣之可屢二馬驛。

丘温縣之丘温、董縣之董站、雞陵縣之淹瀲三驛。

水浪縣之税課局。

乙丑，併交阯上文州之庫縣入本州，慶遠縣入枉蘭縣，七源州之披縣入本州，容縣入脱縣，平縣入水浪縣。

九月乙酉，設交阯諒山、北江、建平三府，及歸化、南策二州，并雞陵、董淵、黎平、武寧、保禄、平陸七縣。

醫學。

鹽課提舉司之支俄、長羅、丹夾三場鹽課司。

歸化州税課局。

石廩關巡檢司。

以交阯太原鎮金場局隸太原府，嘉興鎮金場局隸嘉興州，廣威鎮金場局隸廣威州。初設太原等七鎮金場局，未定管屬，至是布政司言：天關等四鎮蠻人寇亂，道梗不通，太原等三鎮金場局已行開設，宜各有所隸。故有是命。

八年七月己卯，設交阯奉化、清化二府稅課司。

諒江、三江、清化三府并快州之醫學。

北江府之市橋倉，諒江府之芹站倉，奉化府之廣積倉，三江府之豐盈倉。

三帶州之長江、歸化州之石廩、安立縣之茂阿、朱貴、文盤縣之忙梡、文振縣之文盤、甘棠、水尾縣之水尾、巴羅九馬驛。

三江府之三江、洮江州之陳舍、夏華縣之夏華三水驛。

清化府之古刀鎮、安謨縣之安謨海口、小安海口、大汪海口、安寧縣之毡蓬江口、峽山縣之椰園屯、太平縣之太平海門、水棠縣之都埋社、萬寧縣之阿葛屯、同利縣之爭江屯、廣源州之寨麻十一巡檢司。

愛州之椿市、古弘縣之大拜市，及七源、歸化二州，文盤、文振、麻籠三縣七稅課局。

併愛州之支俄縣、九真州古平縣、清化州之細江縣各入本州。

其支俄縣之支隆海口、神投海口、支俄渠口、細江縣之蒲巴鄰關、絹槐關五巡檢司，各隷本州。

十二月己亥，設交阯三帶州之長江、安樂縣之安樂、沱沱州之江口、麻籠縣之真那社四巡檢司。北江府之常盈庫。

九年四月癸卯，改交阯諒山府雞陵縣爲鎮夷縣，雞陵遞運所爲鎮夷遞運所。

丘温縣之丘温倉隷本府，七源州之坡壘關巡檢司隷淵縣，水浪縣之博花江口巡檢司隷七源州。

上思朗州爲上思郎州，下思朗州爲下思郎州，古滕縣爲古藤縣。

以瘴癘徙交阯鎮夷關於松嶺高爽之地。

五月丁卯，設交阯鹽課提舉局之通濟鹽倉，諒江府古隴縣之小關巡檢司。

八月辛丑，徙交阯昌江衛於昌江橋。立諒江府治及市橋守禦千户所於塔山。

乙卯，併交阯靖安州之大瀆縣入新安縣。

十一月己巳，設交阯寧化州，領赤土、車來二縣，直隷布政司。

設武禮縣之平隆巡檢司、新安府之廣盈庫。

十年五月乙酉，設交阯大蠻縣之北峪溪、籠縣之谷册二巡檢司。

六月丁丑，設交阯諒江州次五社巡檢司。

七月癸巳，設交阯政平州之瀰淪海門、瓊林縣之芹海門二巡檢司。

九月乙酉，設交阯永通縣之那奴材巡檢司、古隴縣之小關驛。

十一年六月乙亥，置交阯廣威州澄册、敬册二巡檢司。

十二年三月庚子，設交阯升、華、思、義四州，俱隸升華府，在化州以南，統黎江等十一縣。蓋黎賊所取占城之地，而以阮帥、胡具、鄧景異、鄧鎔爲守，及帥等叛，占城仍遣人守之。至是叛賊就擒，總兵官英國公張輔同黔國公沐晟計議，復建四州，承制授降人阮蕘、楊夢松、范公議、阮儉爲知州，胡交、張原注、武征、范昉爲同知，仍以書報占城王，使知建置之故，備其事來聞。皇太子從之。

六月庚戌，置交阯乂安、新平、順化三衛，演州守禦千户所、乂安衛南靖守禦千户所。時總兵官英國公張輔以四府與老撾、占城、暹鑾接境，土地廣遠，夷民繁夥，宜有控制，同黔國公沐晟議，請於各府置衛所，籍土軍，以土官指揮千户理其事，仍請給印信。皇太子從之。

十二月庚寅，設交阯寧化州瑰縣巡檢司。

十三年四月壬申，設交阯演州府之葵州、乂安府之茶籠、玉麻二州。

定升華府之升、華、思、義四州所隸縣。升州領黎江、都和、安備三縣。華州領萬安、具熙、禮悌三縣。思州領持平、白烏二縣。義州領義純、鵝杯、溪綿三縣。

五月甲辰，設交阯三江府稅課司，沱江、東潮二州并清波、麻溪、夏華三縣五稅課局。太原府廣積庫。利仁縣之涇豫江，上思郎州之通廣，新化縣之司岡、江口、楊舍社三巡檢司。革諒山府水浪縣稅課局。

八月丙戌，徙交阯新安府治於鎮夷衛城内，改南策州并至靈縣隸之。以多翼、太平二縣隸鎮蠻府。初南策、至靈隸諒江，多翼、太平隸新安，至是交阯布政司言：南策、至靈近新安，多翼、太平近鎮蠻，改隸爲便。鎮夷衛正在南策、至靈之地，宜移新安府治於鎮夷城内爲便。上悉從之。

丁亥，併交阯清化府之古弘縣入古藤縣。愛州之河中、統寧二縣、九真州之緣覺、結悦二縣各入本州。諒山府之新安縣入丹巴縣，如敖縣入丘温縣，董縣入鎮夷縣。七源州之水浪縣入本州，琴縣入淵縣。上文州之杯蘭縣入本州。新平府之知見縣分隸衙儀、福康二縣。政平州之古鄧、從質、政和三縣、南靈州之丹裔縣各入本州，夜度縣入左平縣。利仁州之古禮縣入本州，古榜縣入平陸縣，古者縣入利仁縣。三帶州之元郎縣入扶寧縣。威靈州之太堂縣入本州。鎮蠻府之新化縣入廷河縣，神溪縣入古蘭縣。靖安州之安立縣入安和縣，西關縣入太平縣，河瑰縣入多翼縣。武寧州之安豐、武寧二縣，北江州之安越縣，南靖州之河黄縣，驩州之沙南縣各入本州，路平縣入衙儀縣。建平府之平立縣入安本縣。長安州之安謨縣入安寧縣。建昌府之俸田縣入建昌縣。快州之施化縣、宣江州之虎岩縣各入本州。諒江府之古勇縣入清遠縣。革演州府，以千冬縣入演州，併演州之芙蓉縣入瓊林縣。

革威蠻、利仁、福安、南策、諒江、嘉林、沱江、七源八州，應平、清威、太堂、古勇、平河、太平、河瑰、多翼、西關、同利、武寧、善才、細江、麻溪、清波、夏華、文盤、文振、麻籠十九縣，及上洪州之金縷、愛州之椿市、多錦縣之麻浪、唐安縣之司王、保禄縣之下昌、古杜縣之大拜市税課局。其宣化府之長江、威蠻州之山定、利仁州之養頑、慈廉州之上古、慈廉縣之兵神、清威縣之清威、太堂縣之江潭、清遠縣之翁羅、古勇縣之粉池、唐安縣之涇咍、平河縣之凍美河、四岐縣之安定社、四岐社、域箇婁社、安老縣之古齋場、支封縣之阿躡社、膠水縣之圓光、安謨縣之安謨海口河泊所，同安、支俄、長羅三場鹽課司，太平縣之唵江口、結悦縣之沉渠口二巡檢司，三帶州倉，並革之。

十四年二月辛巳，設交阯順爲縣之僕江口、水尾縣之清水江，寧陽醫學、僧綱、道紀等司。交州、北江、建平、諒江、奉化、建昌、鎮蠻、新安、化州之鷄江口三巡檢司。

五月丙午，設交阯府、州、縣儒學，及陰、清化、三江、太原、宣化十二府，歸化、寧化、三帶、慈廉、福安、武寧、北江、長安、諒江、上洪、快、清化、愛、東潮、下洪、南策、洮江、沱江、宣江一十九州，慈廉、石室、平陸、安樂、立石、扶寧、清潭、芙蕾、嘉林、超類、慈山、東岸、善誓、細江、善才、大灣、望瀛、清遠、鳳山、平河、保禄、安寧、古隴、唐安、西真、膠水、真利、布、建昌、芙蓉、東結、永涸、太平、水棠、古費、安老、同利、清沔、至靈、安定、梁江、麻溪、清波、夏華、西欄、安定、司農、永通、洞喜、武禮、當道、文安、曠、楊底江、乙、平原、收物、蒙、麻籠、安立六十一縣儒學。

諒江、建昌、鎮蠻、新安、三江、太原六府，歸化、福安、慈廉、北江、武寧、嘉林、諒江、上洪、快、東潮、下洪、南策、沱江、萬崖十四州，石室、應平、善才、安寧、平河、保禄、安寧、唐安、多錦、真利、布、芙蓉、東結、峽山、水棠、古費、安老、至靈、麻溪、清波、夏華、古農、當道、楊底江、平原二十六縣陰陽學。

建昌、鎮蠻、新安、太原、宣化五府，嘉興、三帶、威蠻、北江、嘉林、諒江、上洪、東潮、下洪、洮江、沱江、宣江十二州，麻籠、安立、水尾、蒙清、威、應平、細江、善才、望瀛、大灣、清遠、平河、唐安、多錦、安寧、古隴、順爲、太平、真利、布、芙蓉、東結、永涸、安老、水棠、清沔、麻溪、清波、夏華、古農、收物三十一縣醫學。

新安、清化、太原三府僧綱司。嘉興、廣威、歸化、北江、長安、諒江、上洪、快、東潮、下洪、靖安、九真、洮江、沱江、宣江、七源十六州。

僧正司。慈廉、扶寧、安樂、立石、石室、清威、清潭、芙蕾、嘉林、超類、慈山、東岸、善誓、細江、善才、大灣、望瀛、安本、平河、保禄、安寧、唐安、多錦、順爲、西真、美禄、真利、布、建昌、芙蓉、東結、多翼、古蘭、廷河、太平、峽山、水棠、古費、四岐、同利、清沔、至靈、安定、東山、梁江、麻溪、清波、夏華、古農、富良、安定、當道、曠楊、收物、美良五十六縣僧會司。

建昌、鎮蠻、新安、清化、太原、宣化六府道紀司。歸化、福安、利仁、慈廉、武寧、北江、嘉林、長安、上洪、快、東潮、下洪、南策、洮江、沱江十五州道正司。慈廉、立石、清潭、清威、嘉林、超類、慈山、東岸、善誓、善才、望瀛、安本、黎平、平河、保禄、唐安、美禄、西真、芙蓉、東結、太平、水棠、古費、安老、四岐、清沔、至靈、麻溪、清波、夏華、安定、當道、文安、曠乙、大蠻、收物三十七縣道會司。

庚戌，交阯總兵官英國公張輔言：自廣東欽州天涯驛經猫尾港至涌淪、佛淘，從萬寧縣抵交阯，多由水道，陸行止二百九十一里，比丘温故路近七驛，宜設水馬驛傳以便往來。從之。於是設廣東欽州之防城、佛淘二水驛，寧越、涌淪二遞運，佛淘巡檢司，靈山縣之龍門、安遷二馬驛，安河、格木二遞運所，交阯靖安州之同安水驛、同安遞運所，萬寧縣之萬寧水驛、萬寧遞運所，新安縣之新安、安和縣之安和、東潮州之東潮三水驛，至靈縣之平灘水驛、平灘遞運所，慈山縣之慈山水驛。改交阯嘉林縣嘉林馬驛、交州府瀘江馬驛、廣東欽州天涯馬驛俱爲水馬驛。廣西横州州門水驛隸南寧府。

設交阯新安守禦千户所。

七月己亥，復設交阯演州望江鎮、乂安府臨安鎮二金場局。先是以蠻人弗靖，罷二局，至是寇平，復置。

十月戊辰，設交阯安樂縣之臯、農貢縣之永通、董縣之董站三馬驛。

十五年正月庚戌，改交阯前演州府之葵州隸清化府。

閏五月，設北閑守禦千户所於交阯歸化州，隸雲南都司。

設交阯東潮等州、縣巡檢司。東潮州之古葦江、下墓翁、支封縣之阿躡社、四岐縣之但江、善才縣之箇齋江口、平河縣之麻牢江、峽山縣之涇河高、靖安縣之户陳、安和縣之大隴、東潮縣之新安社、淡水江、水棠縣之竹洞社、同利縣之婆移江、布縣之語江口、演州之羊變社、偈江縣之可椤江、古社縣之三汊江、思容縣之婆門社、親安縣之脱門海口。

其演州之偈江、古社、思容、新安四縣民少，如所設弓兵不能及數，命於衛所土軍内撥補。

六月丙戌，改交阯建昌府永涸縣隸本府。初永涸縣隸快州，以本縣言去府近於州故也。

九月丙寅，設交阯乂安府廣積庫，衙儀縣丹哈海門巡檢司，鹽課提舉司之博濟、廣濟、遠濟、安濟、演濟五鹽倉，南界、真福、千冬三塲鹽課司。

十六年正月己卯，設交阯新安府之太平橋、鎮蠻府之海潮江、建平府之大安海口、清化府之巴禮三江、演州之千冬、乂安府之明市、奇羅凡七批驗鹽引所，各置大使一員。

八月己卯，改隸交阯所屬巡檢司馬驛遞運所。先是併省各府、州、縣，而其所屬衙門尚未釐正，至是改交州府大堂縣之三江口及埸津橋二巡檢司隸威蠻州。利仁州古榜縣之泡橋、永江口二巡檢司隸平陸縣。武寧州武寧縣之市橋馬驛及遞運所、宣江州虎巖縣之三岐江口巡檢司各隸本州。長安州安謨縣之神投海門、安謨海口、小安海口、虎河隊江口四巡檢司隸安寧縣。新安府河瑰縣之支隆渡巡檢司隸鎮蠻府多翼縣。新安府西關縣之支來莊巡檢司隸鎮蠻府太平縣。鎮蠻府新化縣之司罡江口楊舍社巡檢司隸廷河縣，神溪縣之古刀鎮巡檢司隸古蘭縣。建昌府俸田縣之俸田巡檢司隸建昌縣。諒山府董縣之董站驛隸鎮夷縣。清化府古弘縣之會潮海口巡檢司隸古藤縣。愛州河中縣之靈長海口、靈長渠口二巡檢司隸本州，緣覺縣之天甲海口、布衛海口二巡檢司，及結悦縣之濠渠口、隊隈二巡檢司隸九真州。

十一月癸亥，置交阯丘温衛。

十七年三月癸酉，設交阯諒山府及七源、廣源、上文、下文、萬崖、上思郎、下思郎、九真、嘉興、廣威十州，多翼、古蘭、丘温、鎮夷、丹巴、脱淵、大蠻、宣化、富良、弄石、大慈、感化、永寧、宋江、俄樂、安樂十七縣儒學。

宣化府陰陽學、僧綱司。

廣威州陰陽學、醫學、道正司。

萬崖州僧正司。

太平、鎮夷二縣陰陽學。

太原縣醫學、僧會司、道會司。

古蘭縣醫學、道會司。

多翼、洞喜二縣陰陽學、醫學、道會司。

乂安府常豐倉、新平府常平倉、建昌府廣平倉。

四月壬午，改交阯文振縣之甘棠驛隸文盤縣。

八月丙申，設交阯諒山府之七源鎮及三江府之歸化鎮、宣化府之宣光鎮金場局，局置大使二員、副使四員。

九月丙辰，併交阯化州之利蓬、思蓉二縣入士榮縣，乍令、蒲浪、蒲苔三縣入化州。順州之利調、安仁、不蘭、巴閬四縣入順州。新平府之福康縣入衙儀縣。南靈州之左平縣入本州。乂安府之支羅、土油二縣入衙儀縣，土黄縣入古社縣，真福縣入驩州，偈江縣入石塘縣。南靖州之盤石縣入本州，奇羅縣入河華縣。驩州之東岸縣入本州。清化府之安定縣入永寧縣，梁江縣入古雷縣，東山縣入古藤縣。清化州之安樂縣入本州，磊江縣入俄樂縣。愛州之宋江縣、九真州之農貢縣各入本州。諒山府之下文州入上文州，下思郎州入上思郎州。七源州之脱縣入淵縣。宣化府之文安縣入曠縣，乙縣入底江縣。太原府之司農縣入安定縣，洞喜縣入富良縣，太慈縣入宣化縣。諒江府之鳳山縣、諒江州之安寧縣入清遠縣，那岸縣入陸那縣。諒江州之保禄、古隴二縣入本州。上洪州之多錦、唐安二縣入本州。建平府之望瀛、太灣二縣入懿安縣。長安州之黎平縣入本州。建昌府之布縣入建昌縣。快州之芙蓉縣入本州，東結縣入永涸縣。新安府之至靈縣入南策縣。東潮州之水棠縣、下洪州之四岐縣各入本州。清沔縣入同利縣。靖安州之支封縣入安和縣，雲屯縣入靖安州。三江府洮江州之清波縣入本州，麻溪縣入夏華縣。沱江州之古農縣、宣江州之西欄縣各入本州。交州府福安州之清潭縣入東關縣，芙蓄縣入福安州。三帶州之安朗縣入安樂縣，扶寧縣入立石縣。威蠻州之清威縣、利仁州之利仁縣各入本州。北江府之超類縣、武寧州之東岸縣並入嘉林縣，慈山縣入武寧州。嘉林州之細江、善才二縣、北江州之善誓縣、廣威州之美良縣、歸化州之安立縣、嘉興州之蒙、籠二縣、寧化州之赤土、瑰二縣、演州之茶清縣各入本州。

革鎮蠻府爲鎮蠻州，以所隸古蘭、廷河二縣併入本州，多翼縣入太平縣。奉化府爲奉化州，以所隸美禄、順爲二縣併入本州，西州縣入膠水縣。革諒山府之鎮夷倉、諒江府芹站倉、奉化府廣積倉、北江府東岸縣税課司。

二十二年九月癸巳，掌交阯布政司事工部尚書黄福奏請設北江州三江口、丕禄縣明市社二巡檢司。從之。

宣德元年四月己巳，設交阯諒山府隘留關、董站二巡檢司，隘留關舊爲小關堡，董站舊爲董站堡，俱以土兵土民守之。因諒山府言其山箐險要，請罷堡，置巡檢司，改民兵爲弓兵，故置之。

大學衍義補

交阯本秦漢以來中國郡縣之地，五代時爲劉隱所并。至宋初始封爲郡王，然猶授中國官爵勳階，如所謂特進檢校太尉静海軍節度觀察等使，及賜號推誠順化功臣，皆如内地之臣，未始以國稱也。其後封南平王，奏章文移，猶稱安南道。孝宗時始封以王，稱國，而天下因以高麗、真臘視之，不復知其爲中國之郡縣矣。李氏傳八世，陳氏傳十二世，至日煃，爲黎季犛所簒。季犛上表，竄姓名爲胡一元，子蒼易名奝，詐稱陳氏絶嗣，奝爲甥，求權署國事，我太宗皇帝從其請。逾年，陳氏孫名添平者始遁至京，愬其實，季犛乃表請迎添平還國。朝廷不逆其詐，遣使送添平歸，抵其境，季犛伏兵殺之，并及使者。事聞，太宗徧告于天地神祇，聲罪致討，遣征夷將軍朱能等征之。能道卒，命副將張輔總其兵，生禽季犛及其子蒼澄，獻俘京師。詔求陳氏遺裔立之，國人咸稱季犛殺之盡，無可繼承者，僉請復古郡縣，遂如今制，立交阯都、布、按三司，及各府、州、縣、衛、所諸司，一如内地。其後有黎利者，乃其夷中之夷也[一二三]，中官庇之，遂致猖肆，上表請立陳氏後。宣宗皇帝謂此皇祖意也，遂聽之，即棄其地，俾復爲國。

嗚呼，自秦并百郡，交阯之地已與南海、桂林同入中國。漢武立嶺南九郡，而九真、日南、交阯與焉。在唐中葉，江南之人仕中國，顯者猶少，而愛州人姜公輔已仕中朝，爲學士、宰相，與中州之士相頡頏矣。奈何世歷五代，爲土豪所據，宋興不能討之，遂使兹地淪於夷狄之域，而爲侏離藍縷之俗，三百餘年，而不得與南海、桂林等六郡，班班然衣冠禮樂，以爲聲名文物之鄉，一何不幸哉！其間宋人雖一逐其王，元人雖再入其國都，而終不能有。

我太祖皇帝開國之初，陳氏首先納欵，太祖著之祖訓，不許後人伐其國。陳氏爲賊犛所戕，太宗皇帝體高皇之意，不絶陳氏之嗣，遣使送還其國，賊犛乃殺之，并及使者；不得已，興師平之，求陳氏後不可得，乃用漢、唐故事，復立郡縣。而守臣不謹，遂至夷獠復肆。而黎利者，以求得陳氏後爲辭。宣宗皇帝體文皇之心，俾復繼陳氏之絶，不逆黎利之詐，遂爲所蔽。群臣屢請興兵討之，章皇帝念聖祖之垂訓，因置不問，而九真、日南之域，秦、漢以來之遺民，既得見天日，而又淪於幽谷之中，何其重不幸哉！

竊惟今日疆域，遠過有宋，並于唐，而不及漢者，以失嶺外此三郡也。幸而得之，而又失之，似若可惜，然守祖宗之訓，而不愆不忘，此繼述之大孝、守成之大體也。所可惜者，一方之民重不幸耳。

安南疆域，在秦、漢爲三郡地，今其地，東起廣東之欽州，迤西歷廣西之左江，至雲南之臨安、元江爲界。欽以東，海道與之對境，欽之西，乃南寧府界。南寧之東南，思明府所屬上思州、忠州、上、下石西諸州，太平府所屬龍英、太平、安平、上、下凍諸州，皆與之接境，而龍州乃其所必由之路，而憑祥縣則其要害也。鎮安府所屬有歸順及下雷峒，亦與之接境。二峒迤西，則雲南界矣。臨安之阿迷州、左能寨等九長官司，皆其近界，元江有水路通之，而蒙自縣則其所必由之路也。其道路在廣西，則由太平府歷龍州及憑祥縣，抵其諒山府，至其所稱東都者，可七日程。在廣東，則自欽州西南，一日至其永安州，由玉山等處，至其東都，可五日程。在雲南，則由臨安府經蒙自縣河底之蓮花灘，至其東都，可四五日程。此中國與交南邊境之大略也。

夷情論曰：安南、占城本漢郡也，故言語文字猶通乎中國，真臘以西則皆扶南騍國所屬也。自漢時憍陳如以天竺婆羅門主之，其名見於四十二章經。明帝遣郎中蔡愔、秦景使天竺求得之，此佛經入中國之始。婆羅門，華言僧也。佛與菩薩偏袒右肩，其爲騍國之俗可知矣。男證果曰佛，女證果曰菩薩。按可談云：「樂府有菩薩蠻，不知何物。」及在廣州，見呼番婦爲菩薩蠻，乃知觀世音以女證果，故云爾。夫天竺，釋迦之所自生也，佛法行於東、西二洋，善者若赤土瞿曇氏，惡者若羅刹鬼國，化而讋之，有幻術焉。達摩西來，傳至慧能，三鼓入室，密授衣鉢，行至庾嶺，有奪之者提掇不動是也。至今番僧猶傳其術，雖倭奴亦事佛而任僧。其謂根塵寂静，心地清涼，見得本性，自然極樂者。薦紳喜之，多棄孔、顔博約之教，而求徑焉。殊不知此乃勦吾人入洗心盡性之説〔一二三〕，而易其詞耳，豈有番夷海寇所習言語文字，反妙於中國者哉？達磨西來，不通中國言語文字，而謂楞伽四卷可以印心，其言五法、三自性、八識、二無我，反爲支離。又達磨傳至六祖，有禪宗金剛經。是時房融知南銓，寓廣州，番僧持楞嚴梵本就寺譯出而筆授之，增入菩提諸義，士夫亦喜觀之。白蓮教去其繁文，止歌演其呪，以焚香聚衆，稱孔雀明王，其流禍憯矣。又圓覺經云：「一者理障礙正知見，二者事障續諸生死。」亦爲陽儒陰釋者所宗。潮人林大欽作性日照空萬障説，而披猖慆淫以死。近又有立息心火以延國脈之説，詈孔子「四十不惑」爲頑皮者，與其徒拍柱打拳以爲樂。言之無文，動不以禮，一至於此！故羅整庵詩有句云：「不是皇天分付定，中華那復有衣冠。」李文鳳氏欲討安南不貢之罪，嗟乎，其寇内訌久矣！

【原注】

注一　二十六年四月，巡按應朝卿題覆：奉聖旨：「是。陳恩等着該撫、按官責令安疆臣解發勘結，若再庇護，參來重處。新貴久已設縣，不必再勘。餘依擬。欽此。」

注二　交趾地東西相距一千七百六十里，南北相距二千八百里。

【校勘記】

〔一〕業見藝文　「藝」，原作「秇」，據文意改。

〔二〕元世祖命將兀良吉解伐交趾　「兀良吉解」，明史卷三百十五雲南土司三作「烏蘭濟達」。

〔三〕其叔罕𧝞約暹羅攻緬　「𧝞」，原作「⿱艹𧝞」，據明史卷三百十五雲南土司三改。

〔四〕「其東爲孟定」以下四句　讀史方輿紀要卷一百十九雲南七（中華書局二〇〇五年版，下同）載：「木邦軍民宣慰使司東至八百大甸宣慰使司界，南至速克剌蠻界，西至緬甸宣慰使司界，北至芒市長官司界。」

〔五〕「東至車里」以下四句　敷文閣本旁有小注：「南、西二至與紀要異。」讀史方輿紀要卷一百十九雲南七載：「八百大甸軍民宣慰使司東至老撾宣慰使司界，南至波勒蠻界，西至木邦宣慰使司界，北至孟艮府界。」

〔六〕「東至水尾界」以下四句　敷文閣本旁有小注：「南、北、西至與紀要異。」讀史方輿紀要卷一百十九雲南七載：「老撾軍民宣慰使司東至交趾水尾州界，南亦至交趾界，西至寧縣界，北至車裏宣慰使司界。」

〔七〕「南至抵馬撒」以下四句　讀史方輿紀要卷一百十九雲南七載：「孟養軍民宣慰使司東至金沙江，南緬甸宣慰使司界，西至大古喇宣慰使司界，北至干崖宣撫司界。」

〔八〕改孟養軍民宣慰使司　明史卷三百十五雲南土司三載：「成祖即位，改雲遠府爲孟養府，以土官刀木旦爲知府。永樂元年，刀木旦遣人貢方物及金銀器，賜賚遣歸。二年，改陞軍民宣慰使司。」

〔九〕置邦牙等處宣慰使司　「邦」，原作「邪」，據敷文閣本、元史卷九十一百官志八改。

〔一〇〕以計滅得楞之弟兄　「得楞」，明史卷三百十五雲南土司三作「古喇」。

〔一一〕「其疆東至八百」以下四句　敷文閣本旁有小注：「東、西、北三界與紀要異。」讀史方輿紀要卷一百十九雲南七載：「緬甸軍民宣慰使司東至木邦宣慰使司界，南至南海，西至戛里界，北至隴川宣撫司界。」

〔一二〕綰髻於頂　「於頂」，原作「頂前」，據滇略卷九夷略改。

〔一三〕綰髻於後　「於後」，原作「頂後」，據滇略卷九夷略改。

〔一四〕土人以麯納罐中　「麯」，元明事類鈔（文淵閣四庫全書本）卷三十六樹木門作「麵」。

〔一五〕「東接雲州」以下四句　敷文閣本旁有小注：「東、西二至與紀要異。」讀史方輿紀要卷一百十九雲南七載：「孟定禦夷府東至威遠州界，南至孟璉長官司界，西至隴川宣撫司界，北至鎮康州界。」

〔一六〕編差發黄金六十兩　「六十」，原作「十六」，據明史卷三百十三雲南土司一乙改。

〔一七〕「其東至芒市界」以下四句　敷文閣本旁有小注：「東、西二至與紀要異。又脱『北至永昌府騰越州界』句。」讀史方輿紀要卷一百十九雲南七載：「南甸宣撫司東至永昌府潞江安撫司界，南至隴川宣撫司界，西至干崖宣撫司界，北至永昌府騰越州界。」

〔一八〕多氏　「氏」，原作「民」，據敷文閣本、滇考卷下改。

〔一九〕鳳烏既俘　「烏」，原作「鳥」。下文緬甸始末萬曆十一年載：鳳，岳鳳；烏，鳳子曩烏。據此改。

〔二〇〕與孟定府同州　「州」，原作「川」，據讀史方輿紀要卷一百十九雲南七改。

〔二一〕「東至元江」以下四句　讀史方輿紀要卷一百十九雲南七載：「威遠禦夷州東至新化州界，南至孟璉長官司界，西至孟定府界，北至景東府界。」

〔二二〕「東至順寧」以下三句　敷文閣本旁有小注：「東、西至與紀要異，北至亦脱。四至須依紀要。」讀史方輿紀要卷一百十九雲南七載：「灣甸禦夷州東至雲州界，南至鎮康州界，西至永昌施甸長官司界，北至順寧府界。」

〔二三〕擒宗材　「宗」，原作「真」，據上文、濂溪堂本、敷文閣本改。

〔二四〕「東至雲州」以下三句　讀史方輿紀要卷一百十九雲南七載：「鎮康禦夷州東至孟璉長官司界，南至孟定府界，西至永昌府潞江安撫司界，北至雲州界。」

〔二五〕「西至隴川」以下三句　讀史方輿紀要卷一百十九雲南七載：「芒市禦夷長官司東至鎮康州界，西、南至隴川宣撫司界，北至永昌府潞江安撫司界。」

〔二六〕婦人分髮直額　「額」，原作「頞」，據滇略卷九夷略改。

〔二七〕「谿姚關東南行」以下四句　讀史方輿紀要卷一百十九雲南七載：「孟璉長官司東至車裏宣慰司界，南至孟艮府界，西至木邦宣慰司界，北至威遠州界。」

〔二八〕今陸涼有爨王碑　「陸」，原作「六」，據敷文閣本、滇略卷九夷略改。

〔二九〕其後世爲鎮蠻校尉　「校」，原作「較」，據敷文閣本改。

〔三〇〕昆川　「川」，敷文閣本、滇考卷上作「州」。蠻書卷四名類第四（琳琅秘室叢書本）亦作「川」。

〔三一〕距龍和城　「距」，蠻書卷四名類第四作「至」。

〔三二〕多養死士　「死」，滇略卷九夷略作「義」。

〔三三〕亦力耕之　「力」，敷文閣本、雲南通志卷二十四土司作「刀」。

〔三四〕耳帶圈環　「耳帶」，原作「珥」，據雲南通志卷二十四土司改。

〔三五〕後長曳地　「長」，原作「常」，據雲南通志卷二十四土司改。

〔三六〕衣邊彎曲如旗尾　「彎」，原作「灣」，據敷文閣本改。

〔三七〕纍金玉珠寶爲高頂　「珠」，原作「諸」，據雲南通志卷二十四土司改。

〔三八〕鋸桑爲弩　「鋸」，原作「鉅」，據雲南通志卷二十四土司改。

〔三九〕阿迷者爲滇莊佃民　「滇」，原作「鎮」，據雲南通志卷二十四土司改。

〔四〇〕性險好殺　「險」，原作「儉」，據敷文閣本、雲南通志卷二十四土司改。

〔四一〕額上鯨刺月牙　「額」，原作「頞」，據敷文閣本、雲南通志卷二十四土司改。

〔四二〕若不爾　「若」，原作「苦」，據敷文閣本、雲南通志卷二十四土司改。

〔四三〕爽約失信　「爽」，原作「償」，據雲南通志卷二十四土司改。

〔四四〕以鋥鼓蘆笙爲樂　「笙」，原作「生」，據濂溪堂本、敷文閣本、雲南通志卷二十四土司改。

〔四五〕牳鷄　敷文閣本作「栂𤢿」，雲南通志卷二十四土司作「拇鷄」。

〔四六〕伺隙剽鹵　「伺」，原作「向」，據敷文閣本、雲南通志卷二十四土司改。

〔四七〕樸喇　敷文閣本、滇略卷九夷略作「撲喇」。

〔四八〕唐書稱磨蠻些蠻　舊唐書卷一百九十七南蠻傳「磨」下無「蠻」字。

〔四九〕若蒲縹蒲甘之類是也　「甘」，原作「干」，據敷文閣本、雲南通志卷二十四土司改。

〔五〇〕環眼烏喙　「喙」，原作「啄」，據敷文閣本、雲南通志卷二十四土司改。

〔五一〕避之滇攤關内　「滇攤關」，雲南通志卷二十四土司作「鎮淮關」。

〔五二〕「史記西南夷傳」以下四句　案：引語出自漢書卷九十五西南夷傳，非史記。「徙」，原作「斯」，據此改，下同。

〔五三〕鄭語楚蚡冒始啓濮　「語楚」，原作「楚語」，據升菴集卷四十八史類改。

〔五四〕漢和帝永元九年正月　「九」，原作「五」，據後漢書卷四和殤帝紀改。
〔五五〕唐德宗十七年　「七」，原作「八」，據新唐書卷二十二禮樂志改。
〔五六〕命搭失把都魯爲帥討之　「搭失把都魯」，滇考卷下作「達實巴圖爾」。
〔五七〕賊復悉衆三十萬　「十」，原作「千」，據國朝獻徵録卷五（萬曆曼山館刻本）改。
〔五八〕始置緬甸宣慰司　「緬甸宣慰司」，明史卷三百十五雲南土司三作「緬中宣慰使司」。
〔五九〕絶排來兄弟糧道歸路　「排」，原作「棑」，據敷文閣本、滇考卷下改。
〔六〇〕緬所轄特千一耳　「緬」，原作「發」，據滇考卷下改。
〔六一〕憚而棄之與化　「憚」，原作「撣」，據濂溪堂本、敷文閣本改。
〔六二〕中軍盧承爵出雷哈　「哈」，原作「吟」，據雲南通志卷十六下師旅考、滇考卷下改。
〔六三〕守備張光蔭出打線　「蔭」，原作「胤」，據雲南通志卷十六下師旅考、滇考卷下改。
〔六四〕坐派所司一千餘馬　「所」，雲南通志卷二十九之三奏疏作「有」。
〔六五〕只得班師　「只得」，原作「衹」，據雲南通志卷二十九之三奏疏改。
〔六六〕下慰士心　「慰」，原作「滿」，據雲南通志卷二十九之三奏疏改。
〔六七〕復永昌府治疏　何文簡奏議（文淵閣四庫全書本，下同）卷七作「裁革冗員疏」。
〔六八〕地在白夷蒙樂山下　「白」，原作「伯」，據雲南通志卷二十九之三奏疏改。
〔六九〕金鑲二齒而葬　「鑲」，原作「箱」，據雲南通志卷二十九之三奏疏改。
〔七〇〕其利二也　何文簡奏議卷七下有以下一段文字：「又所轄永平，以文職縣治爲軍衛統屬，人情不便。且又設有學校生徒，彼提調官乃一蠢然武夫，豈能作興士類？今復府治，則府縣相承，有司體統各得其宜，金齒司學仍爲府學，士類亦各有所觀感，其利三也。」

〔七一〕日日折乾二兩　「折」，原作「打」，據雲南通志卷二十九之三奏疏、何文簡奏議卷七改。

〔七二〕其利三也　「三」，何文簡奏議卷七作「四」，下依次類推。

〔七三〕今要賣補二倍　「賣」，原作「買」，據雲南通志卷二十九之三奏疏、何文簡奏議卷七改。

〔七四〕市不缺賣　「賣」，原作「買」，據雲南通志卷二十九之三奏疏、何文簡奏議卷七改。

〔七五〕即照例繳進可也　「照」，原作「炤」，據敷文閣本改。

〔七六〕且將衝決矣　「衝」，原作「衡」，據敷文閣本改。

〔七七〕古吐蕃之境　「吐蕃」，原作「土番」，據敷文閣本改。

〔七八〕先臣奏開礦場　「場」，雲南通志卷二十九之三奏疏作「廠」。下同。

〔七九〕發於我之不戒者爲可畏發於戒而有備者不足畏　原無此二十字，據雲南通志卷二十九之三奏疏補。

〔八〇〕猶今之視昔也　「猶」，原作「又」，據雲南通志卷二十九之三奏疏改。

〔八一〕臣慨於中久矣　「慨」，原作「概」，據雲南通志卷二十九之三奏疏改。

〔八二〕不可以倉卒　「倉」，原作「應」，據雲南通志卷二十九之三奏疏改。

〔八三〕設守備駐防款莊控普渡　「駐防款莊控」，雲南通志卷二十九之三奏疏作「防控」。

〔八四〕以借樵蘇　「借」，原作「備」，「蘇」，原作「蔬」，據雲南通志卷二十九之三奏疏改。

〔八五〕挽印票混百石　「挽」，雲南通志卷二十九之三奏疏作「捏」。

〔八六〕豈復知有法紀威靈哉　「法紀」，原作「紀法」，據雲南通志卷二十九之三奏疏乙改。
〔八七〕而萬里間關　「間」，原作「艱」，據敷文閣本、雲南通志卷二十九之三奏疏改。
〔八八〕蓋其計畫無復之耳　「之」，雲南通志卷二十九之三奏疏作「出」。
〔八九〕鄧渼　「渼」，續文獻通考卷二百四十一四夷考作「漾」。明史卷三百十一四川土司一校記：「原作漾。」
〔九〇〕比聞蜀中連歲兵凶　「比」，原作「如」，據雲南通志卷二十九之三奏疏改。
〔九一〕而在滇亦無所利　原無「所」字，據雲南通志卷二十九之三奏疏補。
〔九二〕而小民亦得均霑一分之賜　原本「亦」下有「不」字，據敷文閣本刪。
〔九三〕有莽應裏者　「裏」，原作「履」，據敷文閣本改。
〔九四〕爲之易置柔綏　「柔」，原作「揉」，據敷文閣本改。
〔九五〕即其後或兼録　「後」，原作「役」，據濂溪堂本、敷文閣本改。
〔九六〕錙銖絲粟曾無裨于上　「錙」，原作「鎦」，據濂溪堂本、敷文閣本改。
〔九七〕亦何賴有此黔哉　原無「有」字，據濂溪堂本、敷文閣本補。
〔九八〕然而地有所必争　「地」下原有「方」字，據濂溪堂本、敷文閣本删。
〔九九〕而土地磽确　「磽确」，原作「确磽」，據敷文閣本乙改。
〔一〇〇〕東一百里至銅仁府界　「至」字原在「界」字後，據濂溪堂本、敷文閣本改。
〔一〇一〕控彝咽喉之墟　「彝」下原「洛」字，據貴州通志（文淵閣四庫全書本）卷四地理删。
〔一〇二〕三江滙流　「滙」，原作「瀝」，據貴州通志卷四地理改。

〔一〇三〕風氣會萃　貴州通志卷四地理於此句上有「形勝完美」四字。

〔一〇四〕後倚烏蒙　「蒙」，原作「門」，據貴州通志卷四地理改。

〔一〇五〕據水西之要害　「水西」，原作「新疆」，據貴州通志卷四地理改。

〔一〇六〕達泗城　原無「城」字，據貴州通志卷三十七藝文補。

〔一〇七〕顧質之人　原無「人」字，據貴州通志卷三十七藝文補。

〔一〇八〕漂巨木撞舟　「巨木」，原作「筰」，據貴州通志卷三十七藝文改。

〔一〇九〕蒙因蹤跡之夜郎　「之」，原作「知」，據貴州通志卷三十七藝文改。

〔一一〇〕制越之奇也　「越」，原作「滅」，據貴州通志卷三十七藝文改。

〔一一一〕稍令犍爲自保就　「保」，原作「葆」，據貴州通志卷三十七藝文改。

〔一一二〕師過不無罌筏盤剥之苦　「罌」，原作「甖」，據貴州通志卷三十七藝文改。

〔一一三〕其間相去數百千里　「其」，原作「而」，據貴州通志卷三十七藝文改。

〔一一四〕儒學教授一員　「一」，原作「乙」，據濂溪堂本、敷文閣本改。

〔一一五〕先按臣及彼　「彼」，原作「瓜」，據敷文閣本改。

〔一一六〕示簾遠之尊矣　「簾」，疑爲「廉」字。

〔一一七〕阿備以爲雠口所誣　「所」，原作「妝」，據敷文閣本改。

〔一一八〕於阿備責之以不治　「責」，原作「治」，據敷文閣本改。

〔一一九〕而且戒且懼　「懼」，原作「阻」，據敷文閣本改。

〔一二〇〕「征南將軍潁川侯」句　「潁」，原作「穎」，據明史卷一百二十九傅友德傳改。下同。

〔一二一〕武寧　與上文「武寧」重複，當有誤。

〔一二二〕乃其夷中之夷也　大學衍義補（海南書局一九三一年重版丘濬進呈、陳仁錫評閱本）卷一百五十三馭外蕃無此語。日知録卷三十一交趾作「乃彼中么麽小丑耳」。圖書編（文淵閣四庫全書本）卷五十一安南總論與原本同。

〔一二三〕不知此乃勦吾人入洗心盡性之説　「勦吾人」，原作「吾人勦」，據敷文閣本乙改。

交阯西南夷備録

安南國

古交趾也。南方夷人足趾開拆，兩足並立，足則相交，故名。自漢武開郡謫戍，其人百骸與華無異。帝顓頊時，南至于交趾，莫不砥厲。帝堯時申命羲叔宅南交。周成王時，交趾南有越裳氏，重三譯而來朝，越裳即九真也。

秦以交趾隸象郡。漢初屬南越，武帝平之，置交趾、九真、日南三郡，兼置交趾刺史，治羸婁〔一〕。羸，音蓮；婁，音柳。光武中興，交趾、九真置守，任延、錫光。教其畊種，制爲冠履，始知婚娶，漸立學校。建武十六年，女子徵側反，馬援討平之，立銅柱爲界。相傳在欽州古森洞上有援誓云：「銅柱折，交趾滅。」交人過其下，必擲土石培壅之。抵思明府南，又日南郡西，亦植二銅柱。

獻帝建安中改爲交州。吳孫權分交州爲廣州，而徙交州治龍編。交州記：縣西有仙山，上有石室，下有勾漏縣，數百里有三江，築城時有龍見，故以名縣。晉、宋、齊、梁、陳、隋並因之。

唐初改安南都護府，屬嶺南道，安南之名始此。交趾郡爲交州，分武峨州、粤州、芝州，九真郡爲愛州，分福禄州、長州，日南郡爲驩州，分峯州、陸州、湯州，又有禺州、巖州，凡一十二州。後改静海軍，分屬嶺南西道。

五季梁貞明中爲土豪曲承美所據，送款于梁，得節度使。時南漢擅命嶺表，遣將李知順一作克鄘。伐承美，執之，乃并有其地。已上詳見事紀。尋爲愛州將楊延藝所據，南漢署爲交趾節度使，傳子紹洪。後州將吴昌岌奪之，傳其弟昌文。

宋乾德初，昌文死，吴處玶等争立，管内大亂，有丁部領者平之，自稱大勝王〔二〕，私署其子璉爲節度使，聞南漢平，上表内附。八年，詔封部領爲交趾郡王，璉爲節度安南都護，自此始爲番夷矣。

後部領及璉死，璉弟璿立，尚幼，大校黎桓篡之。丁氏傳世共十一年。太平興國五年，詔劉澄、賈湜、王僎爲水路兵馬部署，自廣州路入討桓，破之于白藤江口。轉運使侯仁寶率軍先進，澄等逗迴花步，桓詐降，以誘仁寶，遂爲所害，轉運使許仲宣馳奏，遂班師。澄病死，詔戮湜等而贈仁寶工部侍郎。桓上表謝罪，雍熙二年入貢，以桓爲安南都護充静海軍節度使；四年，封交趾郡王。黎氏有交趾自此始。至道元年，寇欽州如洪鎮。

景德元年，桓卒，中子龍鉞立，爲其弟龍廷所篡。其從兄明護率其下千餘人奔廉州乞討，詔不許，令廣州優加資給。四年，龍廷入貢，遂得紹封。

大中祥符元年，大校李公蘊逐之，自稱留後。黎氏傳世共二十年。詔以公蘊爲節度使，封南平王。卒，子德政嗣。德政卒，子日尊嗣。嘉祐四年，寇欽州思稟管。五年，與甲峒賊寇邕州，詔安撫使余靖討之，靖遣諜誘占城國，廣南西路兵甲趨交趾，日尊上表待罪。熙寧二年，表言占城國久缺貢，臣親帥兵討之，虜其王。遂僭稱大越皇帝，追尊公蘊爲太祖皇帝，改元寶象，又改神武。五年，卒，傳子乾德。

知桂州劉彝聽偏校言，以爲安南可取，大治戈船，遏絶表疏。熙寧八年冬，遂分三道入寇，一自欽州，一自廣府，一自崑崙關，連陷欽、廉二州，遣招討使郭逵討之。九年十二月，逵破蠻決里隘，次富良江，敗其精兵，殺其王子洪真。乾德懼，遣使奉表詣軍門納款，乞修職貢，還所奪州縣。詔諭俟盡還省界，即賜以廣源州。乾德初約歸欽、廉、邕三州官吏千人，久之纔送民二百二十一口，男子年十五以上皆刺額曰「天子兵」，二十以上曰「投南朝」，婦人刺左手曰「官客」，以舟載之而泥其户牖，中設燈燭，日行一二十里則止，而僞作更鼓以報，凡數月乃至，蓋紿示海道之遠也。然廣源舊隸邕管羈縻，本非交趾所有，吾民遭其荼毒，反益地與之。

乾德卒，子陽煥立。陽煥卒，子天祚立。淳熙元年二月，進封天祚爲安南國王，安南之爲國自此始。天祚子龍翰，龍翰子昊旵，皆紹封。昊旵卒，無子，女昭盛主國事〔三〕。李氏八世，共二百二十二年。

紹定三年，昭盛避位于夫陳日煚。四年，詔封日煚爲安南國王。景定三年，表乞世襲，詔以日煛爲太王，而其子威晃紹封。威晃一名光昺，始立詭名以欺中國矣。

是時元世祖既平雲南，遂遣師入取廣西道，光昺上表奉貢，中統二年，封爲安南國王。至元十四年卒，子日烜不請命自立，世祖遣人召之入覲，光昺不行。明年再召，以疾辭，止令其叔遺愛代覲。世祖怒封遺愛爲王，以兵千人送之就國，安南弗納，遺愛懼，夜逃去。二十一年冬，命鎮南王脱懽、平章阿里海牙征之〔四〕，進兵臨境，日烜拒敵，潰走。

二十二年，日烜僭稱大越皇帝，襲其父名威晃，父子同名，猶林邑陽邁也。傳位于其子日燇，自稱太上皇。按：李、陳相承，皆僭大號，光昺改元紹隆，日燇改紹寶。其弟益稷歸順，入見，復封益稷爲安南國王。

二十四年大發兵討之，命脱懽及平章奥魯赤統師送益稷，平定其國，水陸分道，合雲南兵進。萬户張文虎等運糧十七萬石，瓊州路安撫使陳仲達等出兵船以從。日烜遣使入貢，師次思明，由海道經玉山、雙門、安邦口，遇其舟師，斬首四千餘級，生擒百餘人，凡十七戰，皆捷。張文虎次屯山，遇其舟師，擊之，多寡不敵，乃沉米于海，趨瓊州，餘糧船亦多漂至瓊，士卒與船糧亡失者十一。脱懽以諸軍度富良江，敗其守城兵，日烜與其子棄城走入海島。

二十五年，師次天長海口，不知其所往，引兵還交趾城，諸將破其諸寨，至三江口而糧船不至，乃還。諜知日烜及其子分兵三十餘萬守女兒關及丘急嶺，連亘百餘里，以遏歸師。脱懽遂由單已縣趨盠州間道以出思明州，命愛魯引兵還雲南，奥魯赤以諸軍北還。日烜遣使謝罪，二十七年卒。日燇遣使入貢，詔諭來朝，日燇不從，又議征之，會兵湖廣行省，益稷與焉。會世祖殂，成宗命罷征。日燇遣使上表慰國哀并獻方物，願爲藩臣，自是貢獻不絶，後封爲安南王。

至大四年，世子日奞遣使奉表來朝，尋入寇廣西，俾湖廣行省發兵討之。泰定三年，世子日爌遣使入貢。至順三年，世子日焯遣使入貢。皆不稱王，懼討也。按：陳天平自稱日烜之孫、天明之子，蓋有名天明者。傳至日煃。

本朝洪武元年冬，上遣漢陽知府易齊賫詔往諭安南。詔曰：昔帝王之治天下，凡日月所照，無有遠近，一視同仁，故中國尊安，四方得所，非有意于臣服之也。自元政不綱〔五〕，天下兵争者十有七年，四方遐遠，信好不通。朕肇基江左，掃群雄，定華夏，臣民推戴，已主中國，建國號曰大明，改元洪武。頃者克平元都，疆宇大同，已承正統方輿，遠邇相安于無事，以享太平之福。惟爾四夷君長酋帥等，遐遠未聞，故兹詔示，想宜知悉。

二年，日煃遣使入貢請封，遣翰林侍讀學士張以寧、典薄牛諒往封日煃爲安南國王，賜駝紐塗金銀印。十月至其界，而日煃先卒，其從子日熞嗣，遣使告哀且請封。上自製文，遣翰林編修王廉充弔祭使，吏部主事林唐臣充頒封使，封日熞爲安南國王，併取前使張以寧等所護印及賜物畀之。廉既行，又詔以漢伏波將軍馬援昔討交趾立銅柱爲表以鎮服蠻夷，其功甚大，命廉就祭之。

三年秋八月，廉等至安南，日焜與陪臣出迎於郊，奉御製文於彩輿迎入，別設日煃靈位，使者南面宣之，日焜率其臣再拜俯伏以聽，成禮而退。翌日，唐臣等捧詔印授之，日焜率其臣北面跪受。初交人惟以長揖爲敬，至是始行稽首頓首禮。自表謝後，歲常入貢，謹修臣職。國初設鎮南關于憑祥，弘治己未，安南陪臣黎彦俊與憑祥知州李廣寧奏争貢路，欲專由龍州，不允。日焜尋爲其伯叔明所篡。五年二月，叔明遣使入貢，却之。七年，叔明遣使奉表謝罪，貢方物，且請封。詔叔明且以前王印視事。尋表稱年老，以弟煓代祝事，許之。八年六月，煓遣使請朝貢期，詔三年一朝貢，若王立則世見。

十一年正月，遣使告煓卒，弟煒代。十二年冬十二月，煒入貢，詔諭與占城平。諭安南國王陳煒伯陳叔明曰：朕聞春秋諸侯之國，皆自喪其福，然後相繼而滅亡者，云何？蓋由逆君命而禍黜黎故。天鑒若是，有不能逃其禍也。使當時諸侯，惟天王之命是從，豈不同周之固邪？何期舍長久富貴而貪高位，致富貴若草杪之朝露〔六〕。賢不云乎，「毋爲禍首，毋爲福先」。爾叔明自臨事以來，國中多故，民數流離，此果爾兄弟慕福而若是邪？抑民有愆而致是邪？然既往者不可諫，豈不知來者之尚可追。易不云乎，「積善之家，必有餘慶；積不善之家，必有餘殃。」斯言若行，則天意可回矣。且天地之廣，長民者衆，若邦有道，國封疆勿外求，則永爲世福；若越境而殃他民，則福命未可保也。爾安南與占城忿争將十年矣，是非彼此，朕所不知，其怨未消，而讐未解，將如之何？爾叔明如聽朕命，息兵養民，以承天鑒，後必有無窮之福。若否朕命而必爲，又恐如春秋之國自取滅亡也。古人有云：「以道佐人主者，不以兵强天下。」何者？殺伐之事好還，故知者不爲也。爾如鑒春秋之失，毋蹈往轍，豈不美乎？宜悉朕意，毋有忽。十三年，叔明屢遣使入貢方物，詔戒諭之。

二十一年冬十二月庚午，煒爲其國相黎季犛幽于城外大陽坊，尋弑之，立叔明子日焜主國事，大柄皆出季犛。

二十九年二月，遣使以叔明死告哀，上以叔明篡弑得國，諭禮部臣曰：「叔明懷姦挾詐，殘滅其主，不義如此，庸可與乎？若遣使弔慰，是撫亂臣而與賊子也，異日四夷聞之，狂謀踵發，亦非中國撫外夷之道也。爾禮部咨其國知之。」

三十二年，革除建文元年。季犛弑其主日焜而立其子顒，未幾，復弑顒而立其幼子㝥，尋復弑之，大殺陳氏宗室而奪其位。季犛更姓名曰胡一元，其子蒼更曰胡奃，自謂舜裔胡公滿之後，改國號曰大虞。改元元聖。季犛僭稱太上皇，奃爲大虞皇帝。陳氏十二世，共一百七十年。

永樂元年夏四月，遣使奉表賀即位，具奏稱陳氏之甥，爲衆所推，權理國事，乞賜封爵。遣行人楊渤往察之。閏十一月，奃遣使隨渤入朝，進其陪臣耆老奏章，謂實陳氏外孫，遂封爲安南國王。奃僭號如故，改元紹成。

二年八月，陳氏舊陪臣裴伯耆潛入京師，奏季犛父子弑主篡位，乞復立陳氏子孫。未幾，老撾宣慰司亦送日烜孫陳天平至。上憐而納之，命有司賜居第，月給廩餼。十二月，安南賀正旦使至，上命禮部出天平示之，使者識其故王孫也，皆錯愕下拜，有感泣者。伯耆在列，亦責使者以大義，皆惶恐不能對。

三年春正月，遣使賫勑責之，奎上表謝罪。上使行人往諭奎，迎還天平，以君事之，當建爾上公，封以大郡。奎奏請迎還如命。四年春正月，廣西總兵官征南將軍都督同知韓觀受勑選兵五千，左副將軍都督僉事黄中等將之，待天平至，送之還安南。三月送天平將至芹站，伏發劫天平，殺之。時大理寺卿薛嵓謫廣西，中舉以輔行，亦自經死。

四月報至，上大怒，發兵討之。七月戊子朔，遣使祭告岳鎮海瀆之神，遂命成國公朱能爲征夷將軍，充總兵官，西平侯沐晟、新城侯張輔副之，有黄中俾立功贖罪。時賊得志，改元開大。九月，師出龍州，能以病薨。冬十月，輔等率師至隘留關，大破之，賊皆散走。輔傳檄數其大罪二十，求陳氏子孫，復其王爵。兵自芹站以西，至北江府新福縣，諜知沐晟軍至白䳍，遣將往會，沿江築城樹栅，相連亘九百餘里，盡發江北諸府州民守之。朱能訃聞，上命輔充總兵官，勑曰：「大將軍開平王常遇春、偏將軍岐陽王李文忠等率師北征，而開平王卒于柳河川，岐陽王率諸將掃蕩殘胡，終建大勳。爾等宜取法前人，殄除逆賊。」仍調兩廣、江、浙、荆、閩兵八萬從征。師至多邦城，輔攻西南，晟攻東南，賊接戰，驅象當前，以畫獅蒙馬，翼以神機銃，象傷于銃箭，皆退走，突城長驅而進，遂克之，賊蹈藉及被殺死者不可勝計。于是循富良江南下，破其東都，賊棄城遁，乃駐軍城東南，招輯撫納，日以萬計，皆給榜使復業。左、右參將李彬、陳旭擊西都城，賊逃入海，於是三江路、宣江、洮江等州縣次第來降。是年擢慿祥知縣李昇子慶清仍故父職，以伺察賊情。

永樂五年正月，輔合兵自往江濟軍，襲籌江柵，破之，又攻萬劫江普賴山，斬賊首三萬七千三百九十級，獲賊將殺之，餘黨潰散，盡得其船，仍使降人陳封招撫諒江、東潮等處人民，使皆安業，于是郡邑聞風相繼降附。得諜報，季犛及其子澄等聚舟於黄江，遂水陸並進，至木丸江，賊舟膠淺，遂大敗，殺賊將阮仁子等，斬首萬餘級，生擒賊將百餘人，皆斬之。三月甲子，南策州人莫邃等同北江等府縣耆老千百二十人詣軍門，言陳氏子孫被黎賊殺盡，無可繼承，願復古郡縣，即日遣人馳奏上聞。追賊敗之于富良江，生擒僞工部尚書阮希周，斬將軍□射及將卒數萬人，江水爲赤。乘勝長驅至黄江，□□無算。黎賊父子以數小舟遁去，僞吏部尚書范元覽等及將兵來降。五月己未，我師至自南州出奇羅海口，生擒黎季犛，後擒其子澄於海口山中。乙丑，安南土人武如卿等於永盎海口高望山獲僞大虞國王黎蒼、僞太子芮及其子孫弟侄，僞梁國王黎澂等，并賊將僞柱國東山鄉侯胡杜等，安南平。

壬午，平安南捷奏至，群臣稱賀，上曰：「此誠天地宗社之靈，將士用命所致，朕何有焉？」群臣復以開設三司郡縣，請降詔行之。六月癸未朔，詔天下以安南平，立交阯都、布、按三司及軍民衙門，設官分理；境内高年碩德，有司即加禮待；窮民無依者，立養濟院以存卹之；有懷才抱德可用之士，有司以禮敦遣至京，量才於本土叙用。仍降勅褒諭輔等休息士馬，俟天氣清肅，即班師。復勅輔等曰：「得所奏陳氏實已絶嗣，郡縣不可無統，請設三司撫治軍民，今皆如所請。」

立交阯都指揮使司，以都督僉事呂毅掌司事，黄中爲副，再選能幹都指揮二人副之。布政司、按察司以尚書黄福兼掌之，前工部侍郎張顯宗、福建布政司左參政王平爲左、右布政使；前河南布政司左參政劉本、右參政劉昱爲左、右參政；前江西按察使周觀政、安南歸附人裴伯耆爲左、右參議；前河南按察使阮友彰、按察副使楊直爲按察副使，前太平府知府劉有年爲按察僉事。別選辦事官發去，可於府、州、縣等衙門官内任用，仍具名來聞，不足者別令吏部銓註。今遣印信付爾給授之。改大理寺卿陳洽爲吏部左侍郎，遣郎中張宗周等以吏部勘合二千道付之，令其與新城侯張輔、西平侯沐晟、兵部尚書劉儁量才給與，勘合授職。

開設十五府：交州府領州五縣二十三，本府領東關、慈廉二縣，威蠻州領山定、清威、應平、大堂四縣，福安州領保福、芙蕾、清潭三縣，三帶州領扶隆、安郎、扶寧、安樂、立石、元郎六縣，慈廉州領丹山、石室二縣，利仁州領清廉、平陸、占榜、古者、古禮、利仁六縣。北江府領州三縣七，本府領超類、嘉林二縣，嘉林州領安定、細江、善才三縣，武寧州領仙遊、武寧、東岸、慈山、安豐五縣，北江州領新福、善誓、安越三縣。諒江府領州三縣十五，本府領清遠、古勇、鳳山、那岸、陸那五縣，諒江州領清安、安寧、古隴、保禄四縣，南策州領青林、至靈、平河三縣，上洪州領庚濠、唐安、多錦三縣。三江府領州三縣九〔七〕，洮江州領山圍、麻溪、清波、夏華四縣，宣江州領東欄、西欄、虎巖三縣，沲江州領隴拔、古農二縣。建平府領州一縣九，本府領懿安、安本、平立、大灣、望瀛五縣，長安州領威遠、安謨、安寧、黎平四縣。新安府領州三縣二十一，本府領峽山、太平、多翼、阿瑰、西關五縣，東潮州領東潮、古費、安老、水棠四縣，靖安州領同安、支封、安立、安和、新安、大瀆、萬寧、雲屯八縣，下洪州領長津、四岐、同利、清汙四縣。建昌府領州一縣九，本府領俸田、建昌、布真、利四縣，快州領仙呂、施化、東結、芙蓉、永涸五縣。奉化府領縣四，美祿、膠水、西真、順爲四縣。清化府領州三縣十九，本府領古滕、古弘、東山、古雷、永寧、安定、梁江七縣，清化州領俄樂、細江、安樂、磊江四縣，愛州領河中、統寧、宋江、支俄四縣，九真州領古平、結悦、緣覺、農真四縣。鎮蠻府領縣四，新化、廷河、古蘭、神溪四縣。諒山府領州七縣十六，本府領新安、如敖、丹巴、丘温、鎮夷、淵、董七縣，七源州領水浪、琴、脱、容、披、平六縣，上文州領杯蘭、慶遠、庫三縣，餘下文、萬崖、廣源、上思朗、下思朗五州無縣。新平府領州二縣九，本府領福康、衙儀、知見三縣，政平州領政和、古鄧、從質三縣，南靈州領丹裔、左平、夜度三縣。乂安府領州二縣十二，本府領衙儀、丕祿、古杜、支羅、真福、士油、渴江、土黄八縣，南靖州領河黄、盤石、河華、奇羅四縣。順化府領州二縣十，順州領巴閬、利調、安仁三縣，化州領利蓬、七榮、乍令、茶偈、思容、蒲苔、蒲浪七縣。太原府領縣十一。領富良、司農、武禮、洞喜、永通、宣化、弄石、大慈、安定、感化、太原十一縣。以演州，領千冬、芙蓉、芙蓾、瓊林四縣。宣化州，領曠、當道、文安、平原、底、收物、大蠻、楊、乙九縣。嘉興州，領籠縣、蒙縣、四忙三縣。歸化州，領安立、文盤、文振、水尾四縣。廣威州，領麻籠、美良二縣。直隸布政司。後又設升華府領州四縣十一。十二年三月以黎賊所取占城之地，設升華府，領升、華、思、義四州，升州領黎江、都和、安備三縣，華州領萬安、真熙、愷悌三縣，思州領持平、白烏二縣，義州領義純、鵝杯、溪錦三縣。其餘衛所大率與府、州、縣兼設云。

九月乙卯，輔等遣都督僉事柳升賫露布獻俘至京，上御奉天門受之，文武羣臣皆侍。兵部侍郎方賓讀露布畢，以季犛及子蒼、僞將相胡杜等悉付獄，而赦其子孫澄、芮等，命有司給衣食。

蓋入交趾有三道：一由廣東，伏波以來，水軍皆由之，自欽州南大海揚帆，一日至西南岸，即交州潮陽鎮。尚書黄福議：交趾萬寧縣接雲屯海口，并連廣東欽州，地方最爲險要，如將欽州千户所添軍立衛，或撥彼處衙所官軍，或撥彼處附近有司民兵（八），以充其數内，摘一所于萬寧等處設立（九），以控靖地方，以通廣東水路便益。嘉靖中知府張岳訪得廣東海道自廉州冠山前海發舟，北風順利，一二日可抵交之海東府。若沿海岸以行，則烏雷嶺一日至白龍尾，白龍尾二日至玉山門，又一日至萬寧州，萬寧二日至廟山（一〇），廟山三日至海東府。海東二日至經熟社，有石堤，陳氏所築遏元兵者，又一日至白藤江口（一一），過天寮巡司，南至安陽海口，又南至多魚海口（一二），各有支港以入交州。自白藤而入，則經水旁、東潮二縣（一三），至海陽府，復經至靈縣，過黄徑、平灘等江。其自安陽海口而入，則經安陽縣，至海陽府，亦至黄徑等江，由南策上洪之北境以入。其自塗山而入，則取古齋，又取宜陽縣，經安老縣之北，至平河縣，經南策上洪之南境以入。其自多魚海口而入，則由安老、新明二縣至四岐，遡洪江，至快州，經鹹子關以入。多魚南爲太平海口，其路由太平、新興二府，亦經快州鹹子關口，由富良江以入。此海道之大略也。蓋自欽州天涯驛（一四），經猫尾港七站至。若由萬寧抵交趾，陸行止二百九十一里。宋設砦二，鹿井砦在州西南，控象鼻沙大水口，入海通交州水路；三村砦在州東南，控寶蛤灣至海口水路（一五），東南轉海，至雷州遞角場。州西南邊有水口六（一六）：譚家水口、黄標水口、藏涌水口、西陽水口、大灣水口、大亭水口。並入海之路，皆置卒守焉。一由廣西，至宋始開。廣西路亦分爲三：由憑祥州入者，由鎮南關一日至文淵州；由思明府入丘温者，過摩天嶺，一日至思陵州（一七）；由龍州入者，一日至平西隘。一由雲南，至元始開。雲南路分爲二：由蒙自縣者經蓮花灘入交之石瀧；由河陽隘者，循洮江左岸，十日至平原州，然皆山逕難行。張輔發兵憑祥，沐晟則從蒙自以抵白鶴縣，皆不循伏波故道者，用夾攻之策以決勝也。論功行賞，進封輔爲英國公，晟爲黔國公。

六年，輔、晟等旋師。六月丁亥，至京獻交阯地圖，東西相距一千七百六十里，南北相距二千八百里。上嘉勞宴賞有差。

八月乙酉，都、布、按三司奏逆賊簡定聚作亂，僭號改元興慶。命晟爲征夷將軍，由雲南往征之，十二月戰于生厥河，敗績。七年春正月，命輔爲征虜副將軍，率廣西等衛兵四萬，會晟行事。廣東都指揮花英、程瑒，初以畏避獲罪，至是宥死從征。時簡定稱僞上皇，别立陳季擴爲僞皇，改元重光。謂爲陳氏之後。六月，輔進兵慈廉等州，大破之。十一月，獲賊首簡定，遂班師，仍奏留花英等聽沐晟調用。

八年十二月，陳季擴請降復反。九年春正月，復命輔討之，令户部全支將士俸糧。十二年三月，始獲季擴于老撾，併阮師等械送京師，餘黨悉平。

十三年十月，交趾叛寇陳月湖糾合清化磊江蠻作亂，適輔兵至捕賊，敗走，追至天關鎮赤上縣，擒之，械京而誅其黨。十一月，勅輔還京。

十五年二月，命豐城侯李彬佩征夷將軍印，充總兵官鎮交趾。時鎮守中官馬騏貪黷誅求，盜賊蠭起。閏五月，獲陸那縣賊人阮貞等，奏請於本境狥衆，俾人知警懼，從之。冬十月，又捕獲楊進等，悉斬以狥。

十六年春正月甲寅，清化府俄樂縣土官巡檢黎利叛，僭稱平定大王，彬遣兵討之，不克，布政司右參政土人莫邃與賊戰，死，令其子嵩襲職食禄而不任事。

十七年八月，乂安府土官知府潘僚亦以馬騏非理凌虐，遂反，集紅衣賊千餘人迎敵，官軍破之，僚等逃入老撾。十二月，安老縣妖僧范玉聚衆作亂，僭稱羅平王，改元永寧。彬大敗擒之。

二十年正月，彬卒。七月，仁宗即位，遣中官山壽賫勑諭黎利，赦其罪以爲清化知府，利不從，遁入老撾，復還寧化州。召馬騏還。洪熙初復往交趾閘辦金銀珠香，上止之。會宫車晏駕，竟往爲叛賊潘僚、黎利請降。

宣德元年春二月，命總兵官黔國公沐晟等捕利于雲南邊界，詔發廣東馬步軍赴交趾，仍諭黎利、潘僚來歸，悉宥其罪，復其職役。夏四月，命成山侯王通佩征夷將軍印，充總兵官討利。五月丙申，詔赦交趾，利攻乂安城，勢益盛。九月，王通帥師至交趾，賊黎善三道攻城，尚書陳洽死之。十月，通進兵擊賊，大敗。十二月癸亥，遂傳檄棄清化等州地與利。乙酉，以賊猖獗，命安遠侯柳升佩征虜副將軍印由廣西，沐晟佩征南將軍印由雲南討之，調廣東兵從征。二年二月，利攻交趾城，通出兵與戰，敗之，其衆奔潰，諸將請乘勢過江擊之，賊必成擒。通猶豫，經三日不出兵。賊覘知通怯，復集餘衆四出攻掠。四月，陷昌江城，知府劉子輔等死之。戊辰，利復攻交趾城，通斂兵不出，利致書與通請和，通遂遣人同利進表及方物。

九月乙未，柳升師至隘留關，利具書詣軍門，罷兵息民，立陳氏之後主其地，升等受書不啓封，遣人奏聞。時賊列栅拒守，升連破之，直抵鎮夷關，如入無人之境。時左副總兵保定伯梁銘、參贊軍事尚書李慶皆病，郎中史安、主事陳鏞見升辭色皆驕，以璽書戒諭，當防賊設伏，慶强起言之，升不爲備。前至倒馬坡，獨與數百十騎先馳，渡橋陷泥淖中，後隊阻不得進，伏兵四起，升中鏢死于是。右參將都督崔聚斂兵飭隊。是日梁銘病死，明日李慶亦死。又明日聚率兵進至昌江，賊大驅象以助勢，兵隊遂亂，聚被擒，賊大呼降者不殺，官軍或死或奔散，竟無降者。安、鏞是日皆死。賊百計强聚降，終不屈，遂殺之。

冬十月戊寅，成山侯王通大集軍民官吏出下哨河，立壇與黎利盟誓，約退師，遂宴利，且遺利金織文綺表裏，利亦奉重寶爲謝。庚辰，沐晟師至水尾縣之高寨，賊于水陸拒守，道梗不通，晟乃督兵造舟，遣人分哨逐程而進。

壬午，行在鴻臚寺進利與柳升書，言求得陳氏之後曰暠者，實安南王暊三世嫡孫，竄身老撾蓋二十年，乞循太宗皇帝繼絶之明詔，使陳氏既滅而復續，一國之人蒙戴天恩於無窮也。癸未，黎利遣人進表及方物，隨王通人至。上曰：「論者不達止戈之義，必謂與之不武，朕亦奚恤人言，其與之。」十一月乙酉朔，命行禮部左侍郎李琦、工部右侍郎羅汝敬爲正使，右通政黄驥鴻、臚寺卿徐永達爲副使，賫詔往諭前安南王陳氏子孫，令頭目耆老具實來聞，即遣使册封，朝貢仍遵洪武舊制。總兵官王通等即率官軍各回原衛所，交趾都布按三司、衛所府州縣官吏旗軍人等，各帶家屬回還鎮守，公差内官内使悉皆回京。

癸丑，參贊機務工部尚書黄福聞柳升死，奔還，至支積關，交人送之出境，遂至廣西龍州。

三年二月，召沐晟還。閏四月戊申，王通還至京師，文武羣臣劾奏通及弋謙、馬騏等違命擅與賊和、棄城旋師之罪。命府部法司等官同鞫之，悉下錦衣獄，籍没其家。

五月壬子朔，李琦等還。黎利遣人奉表謝恩，且言陳氏孫暠於今年正月初十日卒，陳氏子孫並絶，國人推利謹守其國，以俟朝命。

四年春二月，羅汝敬等還，黎利及耆老遣頭目貢方物并代身金人，尋入貢方物。

六年夏五月，利復陳情謝罪，貢方物。六月，遣行在禮部右侍郎章敞、右通政徐琦往命利權署安南國事。利即僭號稱制，建東、西二都，僞東都在交州府富良江之南，即古龍編城，漢置交趾郡，唐置安南都護府，皆在此。其外大羅城乃唐所築，古嬴婁縣地也。僞西都在清華府，乃古九真郡治之地。分十三道，嘗陷雲南臨安之寧遠州亦併屬焉。分寧遠爲七州。乃置百官，設學校，以經義詩賦取士。分其國爲十三道，每道設承政司、憲察司、總兵使司，倣中國都、布、按三司也。曰山南承政管十一府，曰京北承政管四府，曰山西承政管六府，曰海陽承政管四府，曰安邦承政管一府，曰諒山承政管一府，曰太原承政管三府，曰明光承政管一府，曰諒化承政管二府，曰清華承政管四府，曰乂安承政管八府，曰順化承政管三府，曰廣南承政管三府。欲示其土地之廣，强分析爲郡縣，其實一承政不能及中國一府，或自舊縣升爲府，如慈山、沲仁之類，或承政只管一府，如安邦、諒江之類。於舊名多有更改，割裂猥多，不能盡記。學校之士皆名爲生徒，循元制以經義、詩賦取士，詩用七言律。

宣德八年，利卒。李文鳳越嶠序録：利僭號改元順天，竊位六年，死僞謚太祖。九年十月，命利子麟仍權署安南國事。正統元年六月，詔封麟爲安南國王，賜塗金銀印。七年十一月，卒。黎龍僞名麟，自是皆有二名，蓋其國習于欺誕，自宋、元陳威晃已然，不獨今也。僭號九年，改元者二：紹平六年，大寶三年，僞謚太宗。

八年，麟子基隆以名濬紹封。天順元年六月，奏乞賜衮冕如朝鮮國王例，上不許。實録名濬。

三年十月，庶兄宜民弑之而自立，四年以名琮紹封，國人誅之。基隆僞名濬，僭號十七年，改元者二：太利十一年，延寧六年，僞謚仁宗。宜民僞名琮，封諒山王，僭號僅九閲月，誅，改元天興，降封厲德侯。

四年四月，基隆弟思誠嗣，六年九月紹封，弘治十年二月卒。思誠，麟第四子也，僞名灝，僭號三十八年，改元者二：光順十年，洪德二十八年，僞謚聖宗。

子鏳嗣，十二年紹封，十七年五月卒。鏳僞名鏳暉，僭號七年，改元景統，僞謚憲宗。

長子漧嗣，十二月卒。弟瀠嗣，正德二年紹封。四年十一月，阮种弑之，立其弟阮伯勝，國人黎廣等討平之，立思誠孫賙(一八)。漧僞名敬，僭號甫七閲月，未及請封，改元泰貞而未紀年，僞謚肅宗。瀠僞名誼，寵任母黨阮伯勝兄弟，恣行威虐，屠戮宗親，鴆殺祖母，國人詛怨，种等怙寵專權，漸不可制。正德四年十一月二十六日，逼濬自殺，國人討种等誅之。濬僭號四年，改元端慶，降稱厲愍王，僞謚威穆帝。賙七年紹封。

十一年夏四月，社堂燒香官陳暠與子昺、昇作亂，弑賙自立，僭號，仍稱大虞，改元天應。自詭爲陳氏後。賙臣都力士莫登庸叛，降暠，尋復與黎氏大臣阮弘裕起兵攻暠，敗走，獲其子昺及其黨陳璲等，誅之。暠與昇奔諒山，據長慶、太原、清都三府。登庸與其臣共立賙子譓。思誠第五子鐨，僞名据，生子瀅，僞名賙。濬被弑，無子，國人立賙，僞謚父鐨爲德宗。既紹封，恣行不道，爲陳暠所弑，僭號八年，改元洪順，降稱靈隱王，後僞謚襄翼帝。

十二年，譓請封，因國亂不果行。以登庸有興復功，僞封武川伯，總水步諸營，兵柄既在掌握，潛畜異志。

十三年，黎氏臣鄭綏以登庸不臣，譓擁虛位，乃立其族子酉榜，攻其都城，譓出奔。登庸率兵攻綏，綏敗走，登庸捕酉榜，殺之，逼納譓母，乃迎譓歸國。

十四年，登庸自稱爲太傅仁國公。十六年八月，登庸率兵攻陳暠，暠敗走死。

嘉靖元年，登庸自稱安興王，謀弑譓。譓母潛告譓，乃與其臣杜温潤間行得脱，居於清華。登庸立其庶弟懬。

四年六月，譓遣使間道來貢并求封，爲登庸所阻。

六年三月己卯，登庸使其國人范嘉謨僞作懬禪文，遂篡其位，改元明德，立子方瀛爲僞皇太子，尋弑廮。

九年春正月丁酉，登庸禪位于方瀛，自稱太上皇，退居都齋海陽，爲方瀛外援，擅作大誥五十九條。方瀛僭稱大號如故，改元大正。

秋九月，黎譓卒於清華。譓實名椅，僞封錦江王，㵯之子，思誠之曾孫也。初封沱江王，賙育爲己子。椅立，僞謚其父㵯爲哲宗。嘉靖元年出奔清華。僭號六年，改元光治。被逐後以憂卒。或曰登庸襲虜以歸，鴆殺之注一。僞謚恭皇帝。黎氏傳十世，歷一百十年。

十五年閏十二月己未，譓子寧差頭目鄭惟㦖泛海至京，歷奏登庸僭逆之罪。寧實名樘，嘉靖九年譓死於清華，故臣立之，僭改元元和。十二年，登庸攻清華，寧奔廣南境占城界，音問不通，故臣復立其弟憲以拒登庸，僭改元光照。十五年六月，廉知寧所在，憲偕討賊將軍僞福興侯鄭惟㦗等迎寧歸清華。惟㦗者，惟㦖之弟也，蓋志在復讐，以續黎祀，而竟滅亡矣。

十六年春二月，命咸寧侯仇鸞佩征蠻將軍印，充總兵官，總督軍務，改太子賓客工部尚書毛伯温爲兵部尚書兼都察院右都御史，參贊軍務。尋以黎寧所奏未審真僞，且令地方官員從宜撫剿。

夏五月辛卯，召提督兩廣兵部侍郎潘旦還南京，佐理部事，以巡撫山東右僉都御史蔡經爲兵部右侍郎，兼右僉都御史代之。先是旦疏，謂莫氏奸雄之賊，黎氏亦逆利之裔，律之以中國之法，固皆非所宜立；處之以夷狄之道，則元昊可爵，不義可侯，而黎利可王也。二氏紛争，兵甲未息，皆欲假天朝名號以爲之主。彼既未定，我誰適從？蓋其意欲静以觀變也。尚書毛伯温恐其忤己，故奏易之。尋勅兩廣、雲南調集兵糧。

十七年六月，蔡經奏言水陸進兵，其路有六，計兵姑以三十萬爲率，以一年爲期，合用糧餉已該一百六十二萬石，而造舟買馬犒勞器械諸費，又大約用銀七十三萬餘兩。

十八年七月，莫方瀛上表乞降。

十九年春正月庚午，方瀛卒，登庸以其子福海嗣。方瀛少爲縣庠生，知書，頗有籌略。嘉靖十八年秋，自將襲叛人巴廣，殺之，歸而病死。登庸立其孫福海，僭號改元光華。三月，仇鸞、毛伯温至廣東省城，移檄諭之，尋與蔡經督兵往南寧。冬十月，召鸞還京，以鎮守總兵官安遠侯柳珣代之。冬十一月己未，登庸面縛素衣繫組，降于鎮南關，歸欽州澌凛、古森、丫葛、金勒四峒。其侄莫文明代賫登庸降本至京，言黎寧實阮淦之子。詔收安南國王印，以登庸爲安南都統使司都統使。

二十一年六月，登庸卒，勅諭以莫福海襲職。

二十二年六月，福海遣使表謝，自是來貢不絶。

二十五年五月，福海卒，其子宏瀷幼，國内争襲交兵。先是登庸以石室人阮敬爲義子，僞封西寧侯，敬復以方瀛次子敬典爲婿，通於方瀛妻武氏，因得耑兵柄。福海卒，宏瀷方五歲，敬挾宏瀷自恣，登庸次子正中與文明避于都齋，其同輩阮如桂、范子儀諸人亦各還田里。既而阮敬以兵侵海陽，遂逼都齋。莫正中、阮如桂諸人共集兵禦之，不勝，遂各奔散。或云登庸、福海之死，皆敬鴆殺之也。

二十六年三月，有黑石殞于廣州懷遠驛。時安南莫正中、莫文明、莫福山率其家屬百餘人避難至欽州投訴，解赴軍門。提督侍郎張岳、總兵平江伯陳圭奏發韶州、肇慶、清遠安插，給米有差。石殞于驛者三，中斷爲六，占者曰外夷分崩離析之象也。七月，軍門解送欽州投訴安南國人莫正中及其從弟莫文明等至驛，軍門收其行李銀兩而封固之，使人護送暫居于此，然後安插。此隕石之兆也。

二十七年，安南范子儀、范子流等率衆寇欽州，官兵執誅之。子儀、子流僞稱侯伯副參等號，率舟師擁衆至欽州，詐稱宏瀷已卒，以迎莫正中嗣職爲名，圍城劫村，殺傷官兵。提督侍郎歐陽必進奏改福建指揮俞大猷于廣東都司，督調漢、達土兵一萬員名禦之，生擒范子流，俘斬一千二百名顆。子儀乘風遁還，既而宏瀷擒之，函首軍門。廉州知府胡鰲立平安南逆黨碑。

二十八年，安南莫敬典討子儀餘黨，盡誅之，護送宏瀷至鎮南關，勘明奏令襲職。

三十年，以宏瀷襲安南都統使。宏瀷襲職後在阮敬掌握中，屢爲登庸臣黎伯驪所攻，出奔海陽，自是不能赴關領職，而貢使亦不能行矣。

李文鳳月山叢談：莫登庸其先不知何許人，或云本廣州東莞縣蛋民，其父流寓安南海陽路宜陽縣古齋社，社長名之曰萍，蓋無定跡之義，戲語也。萍生登庸及撅，父子以漁爲業。登庸有勇力，黎瀠以爲都力士，信任之。正德十一年，從陳暠作亂，弒瀠；暠敗，登庸復降；暠死，登庸復襲殺其子昇，潛謀不軌，譓不能制〔一九〕。尋逼納譓母，矯命自封，以至篡國，而終爲義子阮敬所鴆。天道豈無知者哉？莫文明告變，則敬之弒逆明矣。黎民故臣如武文淵，居交岡地，近蓮花灘，據上流，擁强兵，福海嘗以兵五萬攻之，大敗而歸。若雲南師出討敬，以文淵爲先鋒鄉導，我師爲殿，順流東下，直抵龍編，勢如破竹耳。昔毛伯温上疏，謂黎寧無是人，欲截去愚越嶠序録黎樫僞名寧之説。後愚承乏臨、元，得武氏牌文〔二〇〕，仍稱元和十四年，詢知寧尚在彼廣南境上，則亦可爲阮氏立一敵也。包茅不入，王法必討，夫兵豈患不足哉？廣西可得十二萬，又取湖廣土兵六萬、各衛兵四萬、江西、廣、閩召募八萬，即可得三十萬，雲南兵五萬，武文淵亦可得五萬，共四十萬衆，當横行越裳之地，敵不足平矣。罪人既得之後，詔分析其地，以畀有功，如交趾故城仍以莫氏爲都統，使武文淵有功，即以爲清化路宣撫，黎寧若存，亦量割地授之，其餘分授，比之麓川、老撾等例。我中國一無所私焉，務使犬牙相制，大小適均，都統與宣撫、知府各不相轄，使各得自選其屬，三年朝貢，各得專達，則人人喜于得地得官，必當恭事中國矣。

疆域東至海三百二十里，西至雲南老撾宣慰司界五百六十里，南至占城國界一千九百里，北至廣西思明府憑祥縣界四百里，自其國至南京七千七百二十里，至京師一萬一千一百六十五里。一統志。宋武經總要：「交趾路自州西南陸行，取馬援路，至瀼州二百七十里，又二百四十里至禄州，又二百里至交州。天寶以前，陸行凡二十驛。一説南渡鬱江，西南行經羈縻五州至交州，約六百里。安南城西至愛州界小黄江口四百十六里〔二一〕，至長州界靖江鎮百五十里，西北至峯州界論江口，水路百五十里，東至朱鳶界小黄江口五百五十里〔二二〕，北至武定江二百五十里。太平興國中伐交州，命蘭州團練使孫全興帥三將兵由邕州路進師。」宋人所紀未得其要領，不如一統志據舊版籍之得其真也，故特書于此。

按洪武六年春正月，廣州衛指揮僉事楊景討平海北諸盜，令雷州衛千户王清等追捕逋賊羅已終於潘浦，乃會海南官軍追已終于烏雷門；十二月討已終於欽州，得安南報，乃還。或報已終逃往交阯，楊景即命王清同海南千户周旺、汪滿等捕之，獲賊從黄三舍等五百八十三人，又獲廉州府石頭昆城大廉賊沈三秀等四人，隨據頭目李福等獲已終同伴叛首僞千户蘇稱高等四人。及雷州衛僉事朱宣武、欽州沿海巡檢昌庸具報於龍門七十二徑等處捕獲已終賊伴，云已終先于三月二日爲賊所殺，賊衆潰散；并安南國雲屯海鎮經略史闕報相同，景乃率原部舟師還衛。雲屯海鎮在交阯新安府雲屯縣之雲屯山，在大海中，番貫舟舶多萃于此，永樂中置市舶提舉司。其山摩空直聳，兩山對峙，一水中通。自海南黎母山發船，西行水程九百里至海寶山；自海寶北行，水程三百里取鷄唱門入雲屯鎮；就此鎮轉入新安府，或往安邦州。

永樂七年八月，廣東巡海副總兵指揮李珪奏：交趾賊船至欽州魚洪村，劫掠百姓，燒燬房屋，官軍追至交阯萬寧縣海上，遇賊船二十餘艘，官軍奮擊，敗之，殺賊及溺死者無算，獲藤步船一艘，梟賊首于海上，械送賊首范牙、阮邊等并家屬男女至京，命法司鞫治如律。是時我兵全勝，彼方敗滅，尚肆劫掠，由此觀之，欽州乃彼此寇賊往來之衝，龍門江諸要地不可以不防也。莫登庸入鎮南關時，翁萬達暗使畫工圖其形貌，桶巾大面，似有福者。毛伯温嘗出以示人，廣東左方伯楊銓後對人云：「此必僞爲彼，登庸安肯來？」蓋夷情詭詐，大氐類此。

安南貢獻方物有：金銀器皿、熏衣香、降真香、沉香、速香、木香、黑線香、白絹、犀角、象牙、紙扇，舶使常至廣州。唐土貢金銀、玳瑁、辟龜、皮蕉、檳榔、鮫革、蚺蛇膽、翠羽、藤器、白蠟、豆蔻、紗絁、孔雀尾、金薄、黄屑、象齒、犀角。宋土貢紬絹、紋縑、七寶裝交椅、銀盤、異獸、馴犀、馴象、金珠、沈水香、良馬、金銀、香物。

占城國

古越裳氏界，本秦象郡林邑縣地，漢爲象林縣，屬日南郡。其地西去廣州二千五百里，東濱滄海，西際徐狼，今爪哇。南接扶南，今真臘。北連九德。今安南。東西五百里而贏，南北千里。城去海百二十里，去日南界四百餘里，其郎湖浦口有秦象郡，墟城猶存。其南界水，步道二百餘里，有西屠夷，亦稱王，馬援因植二銅柱以表漢界。馬援北還，留遺兵十餘家居壽泠岸南，而對銅柱，悉姓馬，至隋有三百餘户。交州以其流寓，號曰「馬流」，言語衣服，尚與華同。山川移易，銅柱今復在海中，馬流人常識其處。林邑記：「建武十九年，馬援樹兩銅柱于象林南界，與西屠國分漢之南疆。」又云：「銅柱山周十里，形如倚蓋，西跨重巖，東臨大海。」屈璆道里記〔二三〕：「林邑大浦口，有五銅柱焉。」按水經注言銅柱在林邑，不言在欽江，疑銅柱在欽者，唐馬總所植。

漢末大亂，功曹子區連殺縣令，自號爲王，謂之林邑國。吳時通使。赤烏十一年，交州取其區粟，大戰于灣浦。數世後其王無嗣，外甥范熊代立，傳子逸。晉建興中，夷奴范文教逸制造城池、宮室、兵陣、器械，王愛信之。咸康二年，逸死，文篡位，都典沖，去海岸四十里。水經註：林邑城西南角，高山長嶺，連接天鄣，嶺北接澗，大源淮水出郍郍遠界，三重長洲〔二四〕，隱山繞西，衛北迴東，其嶺南開澗；小源淮水出松根界上山壑流，隱山繞南，曲街迴東，合淮流以注典沖。其城西南際山〔二五〕，東北瞰水〔二六〕，重塹流浦〔二七〕，周遶城下；東南塹外，因傍薄城，東西橫長，南北縱狹，北邊西端，迴折曲入。城周圍八里一百步，甎城二丈，上起甎墻一丈，開方隙孔，甎上倚板〔二八〕，板上層閣，閣上架屋，屋上構樓，高者六七丈，下者四五丈。飛觀鴟尾，迎風拂雲，緑山瞰水，騫翥嵬粤，但制造壯拙耳。

時交州刺史姜莊使所親監日南郡，並貪殘，臺遣夏侯覽爲太守，尤侵刻。文貪日南肥沃，欲略有之，至是因民之怨，襲殺覽，以其屍祭天。交州刺史朱藩遣督護戍日南，文復滅之，進寇九德郡，害吏民十八九。

永和五年，文死，子佛立，猶屯日南。七年，交州刺史楊平、九真太守灌邃討佛，走之，佛乃請降。

隆安三年，佛孫胡達復寇日南、九真諸郡，無歲不至。殺傷甚多，交州遂至虛弱。

至其孫文敵爲扶南王子當根純所殺，大臣范諸農平其亂，自立爲王。諸農死，子陽邁立。陽邁死，子咄立，復名曰陽邁。

宋元嘉二十年，使振武將軍宗慤與交州刺史檀和之討之，語在和之傳。其後遣使朝貢。齊、梁、陳時或不賓服。

隋遣大將軍劉方及欽州刺史甯長真伐之，語在事紀。其王梵志遣使謝罪，於是朝貢不絶。

唐貞觀中，其王頭黎死，子鎮龍被弑，國人更立頭黎女爲王，國人不服，立頭黎姑之子諸葛地爲王，妻以女，其國乃定。

至德後以國在環州界，更號環王，王所居曰占城，又以占城名之。

元和三年犯安南，時楊於陵爲嶺南節度使，遣兵擊走之。白居易草制：「勑於陵：省所賀安南破環王國賊帥李樂山等三萬人者，具悉〔二九〕。蠻夷犯疆〔三〇〕，方鎮致討，兇徒喪敗，荒徼清平。卿素蘊忠誠，又連封壤，疾既同于山藪，勢益壯于輔車。想聞捷書，當倍慰愜，載省所賀，深見乃懷。」安南都護張舟責其朝獻不至，執僞都統，斬首三萬級，虜其王子，獲戰象舠鎧。

黄巢亂後，嶺海多虞，史亦絶書。五季周顯德五年，其王釋利因德漫遣使朝貢，表以貝多葉書之，始自稱占城國云。

宋建隆二年，其王釋利因陀盤遣使朝貢。

開寶五年，其王波美税褐印茶遣使蒲訶散朝貢，即前二次所遣者也。

太平興國二年，其王波美税陽布印茶遣使李牌來貢。

六年，交州黎桓上言欲以占城俘來獻，太宗令廣州止其俘，存撫之，給衣服資糧，遣還占城，詔諭其王。

七年，遣使乘象入貢，詔留象廣州畜養之。

八年，伐交趾，水陸象馬數萬，黎桓擊走之，俘斬千計。

雍熙二年，其王施利陀盤吳日歡遣使獻方物，且訴爲交州所侵掠。

三年，其王劉繼宗遣使李朝仙來貢。儋州上言占城人蒲羅遏爲交州所逼，率其族百口來附。

四年秋，廣州上言雷恩州闕送占城夷人百五十餘口來歸，分隸南海、清遠縣。

端拱元年，廣州又言占城夷人忽宣等族三百餘人來附。

淳化元年，新王楊陀排自稱新坐佛逝國，遣使來貢，訴爲交州所攻。上賜黎桓詔，令各守境，尋賜其王白馬、兵器，諸番聞之，不敢侵侮。

至道元年，上表謝恩，併獻方物，且言本國流民三百，散居南海，蒙旨放還，今猶有在廣州者。舊有進奉夷人羅常占見駐廣州，乞隨其舶船歸國。上從之，復賜白馬二，遂爲常制。

咸平二年，嗣王楊晉俱毗茶室離入貢，再至，乃詢知其避交人奔於佛逝，去舊都七百里。

大中祥符三年，嗣王施離霞離鼻麻底得金毛獅子於三佛齊。四年來獻。

天禧二年，嗣王尸嘿排摩惵遣使入貢，言國人詣廣州，或風漂船至石塘，即累歲不達矣。石塘在崖州海面七百里外，下陷八九尺者也。

天聖七年，奉表進鳳。

八年，嗣王陽補孤施離皮入貢。

慶曆元年，廣東商人邵保見軍賊鄂鄰百餘人在占城。命轉運司選使臣賫詔書、器幣賜其王，購鄰致闕下，餘黨令就戮之。

明年十一月，其王刑卜施離值星霞弗遣使獻馴象。

嘉祐元年，其使蒲息陁琶貢方物，還至太平州，沉失行橐。明年正月，詔廣州賜銀千兩。

七年，其王施里律茶盤麻常修武備以禦交趾，由廣東路入貢，請賜白馬，從之。

熙寧元年，其王楊卜尸利律陀般摩提婆入貢，乞市驛馬，令於廣州買騾以歸。

建炎三年〔三二〕，其王楊卜麻疊入貢。

紹興二十五年，子鄒時闌巴嗣封。

乾道三年，子鄒亞娜嗣，掠大食國方物來貢，爲大食所訴，遂不議其封。

七年，閩人有浮海之吉陽軍者，風飄至占城，見其國與真臘乘象以戰，無大勝負，乃説王，教以騎射，王大悦，具舟送之吉陽，市馬得數十匹歸，戰大捷。明年，復來瓊州，拒之，憤怒大掠而歸，知吉陽軍林寶慈奏聞。

淳熙二年，嚴馬禁不得售外番。

三年，占城歸所掠生口，惟存八十三人，求通商，不許。

四年，占城以舟師襲真臘，入其國都。

慶元五年，真臘大舉伐占城以復讐，殺戮殆盡，俘其主以歸，國遂亡，其地悉歸真臘，因名占臘云。其後國王或曰真臘人也，又曰占城，恢復無可據者。

今其國近瓊州，順風一日可至，建都臨海，曰新洲港，所居屋宇，門墻俱甃以灰甎，雕鏤堅木爲猛獸狀，外周磚垣爲城，以兵甲藥鏃刀鏢守之。

元至元十五年，既滅宋，遣人至占城，還言其主失里咱牙信合八剌哈迭瓦有内附意，詔封占城郡王。

十七年，其王保寶旦拏囉耶邛南詓占把地囉耶遣使貢方物，奉表降。

十九年，以其國主孛由補剌者吾既内屬，即其地立省，而其子補的負固不服，遣兵征之。自廣州航海至占城港，港口北連海，海旁有小港五，通其國人。州東南止山，西旁木城，官軍依海岸屯駐，占城兵治木城，四面約二十餘里，起樓棚，立回回三梢砲百餘座，又木城西十里建行宫。分遣瓊州安撫使陳仲達等三道攻之，以萬人建旗鼓出。木城拒戰，乘象者數十，亦分三隊迎敵，矢石交下。自卯至酉，賊敗北，官軍入木城，合擊之，殺溺死者數千人。其王與其臣逃入山，使報答者來求降，官軍復駐城外。既歸，款然終無順志。

本朝洪武元年，其王阿答阿者遣使入貢。

二年春二月辛未，遣行人吴用賜以璽書。曰：「今年二月四日，虎都蠻奉虎、象至，王之誠意，朕已具悉。然都蠻未至，朕之使已在途矣。朕之遣使，正欲報王知之。曩者我中國爲胡人竊據百年，遂使夷狄布滿四方，廢我中國之彝倫。朕既以發兵討之，垂二十年，芟夷既平，朕主中國，天下乂安〔三二〕，恐番夷未知，故遣使以報詣國。不期王之使者先至，誠意至篤，朕甚嘉焉。今以大統曆一本、織金綺紗羅絹五十匹，專人送使者歸，且諭王以道。能奉若天道，使占城之人安于生業，王亦永保禄位，福及子孫。上帝寔鑒之，王其勉圖勿怠。」

十三年九月，遣使入賀萬壽聖節，諭其勿與安南交兵。

永樂元年，遣使告諭即位。六月，其王占巴的賴遣使奉金葉表文來朝貢方物，且言安南侵掠，請降勑戒諭者再。上遣行人蔣賓興、王樞使往其國〔三三〕，賜以絨綿織金文綺紗羅，而勑安南胡奃，令其息兵修好，尋賜鈔幣并賜勑諭。曰：王復奏安南侵擾等事，已再勑責胡奃，王亦以修德務善以保國人。如奃冥頑不悛，曲在于彼，朝廷自有處置。

四年七月，勑廣東都指揮司選精兵六百人，以能幹千百户領之，具器甲糗糧，由海道往占城，會合軍馬。八月，遣内官馬彬等賫勑諭以伐安南，賜以鍍金銀印及紗帽、金帶、黄金百兩、白金五百兩、織金文綺衣二襲，并綿綺紗羅等物，占巴的賴遂出兵助征。復遣太監王貴通賫勑往勞之，賜白金三百兩、綵幣二十表裏。

五年五月，奏言克取安南所侵地，獻俘貢方物謝恩。詔嘉奬之。

六年十月，遣其孫舍揚該奉表貢象及方物謝恩。比還，賜真金印及黄金百兩、白金五百兩、錦綺紗羅五十匹、綵絹百匹，且賜勅嘉勞之。

七年八月，遣使奉表謝恩，貢犀、象等物。

八年九月，復遣使濟標等貢象并金銀、器物。仍遣馬彬送濟標還國，就賫勅以文幣賜之。

十三年四月，遣其孫舍阿那沙等奉表貢方物。

冬十一月，兵部尚書陳洽言初討黎賊及陳季擴之時，占城國王雖聽命出兵來助，然實懷二心，圖唇齒相依，徘徊觀望，逗期不進；及進至化州，乃大肆虜掠，以金帛戰象資季擴，季擴亦以黎蒼之女遺之，復納季擴之舅陳翁挺及鄧鎔之弟鍛等男女三萬餘人；又侵奪升華府所隸四州十一縣地，驅掠人民，厥罪季擴一等爾。夫有罪必討，請發兵征之。上以交趾既平，民方安業，不忍窮遠夷，但遣使賫勅諭占巴的賴。曰：爾久罹安南荼毒，屢請發兵除害。朕既命師平之，郡縣其地，爾賴以安，當思感德守分，用保爵土。若陰蓄二心，悖違天道，不撫下人，不歸侵地，安南覆轍在前，爾其鑒之。自是屢貢，惟十一年遣行人往勞，餘如番夷常例。

十五年，侵據升華府。

傳至摩訶賁，由景泰末死，其弟盤羅悦天順初遣使入貢請封，遣給事中江彤、行人劉寅之齎勅往封之，諭其砥厲臣節，賜以綵幣而已。盤羅悦遣使奉表入貢，即遣其使逋沙婆利賫勅并賜綵幣。自是屢爲安南所侵，財用兵力日以衰耗。

成化中，其王爲安南兵所逼，徙居赤坎邦都郎，遣使請封，而安南陪臣據其國都，使臣馮义等誤封之。嗣王古來航海奔至廣州投訴，表文以來朝爲辭，督府屠滽委參議姜英勘實，護送至京。時安南納其叛將而助之虐，爲申言古來不當嗣，於是古來留廣州，力辯其冤。滽從僉議，謂册印有古來名，宜奏聞，畀諸古來，遂移文諭安南，數其不能卹鄰之義，折其奸萌，道之順逆，安南聽從，不敢肆其兇狡。乃選官軍二千，令東莞南頭商人張宣領之，護送古來至新洲港，得反其國。

弘治十八年，古來卒，沙古卜洛嗣。

正德五年，詔遣給事中李貫、行人劉廷瑞賫勑册往封爲占城國王。十二年來朝貢。震澤紀聞：吳惠字孟仁，東吳人，年二十運餉至京，途中日歌古詩，或言于縣令，令奇之，召爲弟子員，舉永樂甲辰進士，洞庭有進士自惠始。授行人，喜言事，奉命使占城，還至七州洋，大風，舟幾覆。正使給事舒某泣不知所爲，惠爲文以祭祝融與天妃之神，俄而開霽。還陞桂林守。義寧峒蠻楊氏結苗人爲亂，藩、臬議進兵征之，公止之曰：「義寧吾屬，吾往撫之，不從，用兵未晚。」乃肩輿從十餘人，入其峒。山石攢峭如劍戟，猺人騰躍如飛，聞太守至，奔告于其酋，出迓。惠諭之曰：「吾若屬父母也，宜聽吾語。」衆唯唯。惠因爲陳逆順禍福，楊泣下，留數日，歷觀諸屯形勢，以數千人衛出境，歸報罷兵。明年，武岡州盜起，宣言推義寧峒主爲帥，藩、臬咸尤惠，惠曰：「吾當任其咎。」乃遣人至義寧，群猺從山巔望見惠使，即遥拜言不敢反狀，且求雪武岡之誣，盜計遂沮。迄惠在郡，無敢騷竊者。天順三年十月，陞廣東右參政，支正三品俸，卒。惠別有日記，略云：正統六年七月奉使占城，立嗣王。十二月某日發東莞，次日過烏猪洋，又次日過七州洋，瞭見銅鼓山，次至獨猪洋，見大周山，次至交趾洋，有巨洲横截海中，怪石廉利，風横，舟礙之即糜碎，舟人不勝恐，須臾風急，過之，次日至占城外羅洋校杯墅口。廿九日王遣頭目迎詔，寶船象駕，笳鼓填咽，旌麾晻靄，氈衣椎髻，前後奔馳。至行宫設宴，王乘象迓於國門，戴金花冠，纏纓絡，環帳列戈戟，以群象爲衛。既宣詔，王稽首受命。上元夜王請賞烟火，爇沉香，燃火樹，盛陳樂舞。五月六日回洋，十五日瞭見廣海諸山，遂收南門以還廣東。其國臘月猶暑，民多裸袒，士著苧衣；南阡稻熟，北秧猶青；其樹多檳榔、紅蕉、椰子；其人極弱，夜鼓八更爲節。

嘉靖二十一年再至。男日抵齋。

按占城之先，本林邑一縣，屬日南郡。漢末迄晉，侵郡地，范文攻旁國并之。永和三年攻陷日南，遂據其地，告交州刺史朱蕃以求日南北鄙横山爲界。後九真太守討佛，走之，追至其國。時五月立表，日在表北，影在表南九寸一分，自北影之南，故開北户以向日。此大較也。郡名日南，蓋治于此，疑吴、晋以後所置日南郡乃其屬縣。其後侵暴諸郡，兼并旁國，疆域日大，延袤至三千里，或曰千里。蓋乍强乍弱，不可定也。要之實有日南郡三之二，非復舊縣矣，漢書所謂日南徼外者，蓋日南徼内則皆漢地也。

占城貢獻方物有象、象牙、犀、犀角、孔雀、孔雀尾、橘皮、抹身香、龍腦、熏衣香、金銀香、奇南香、土降香、檀香、柏木香、燒碎香、花梨木、烏木、蘇木、花藤香、蕪蔓番沙、紅印花布、油紅綿布、白綿布、烏綿布、圓壁花布、花紅邊縵、雜色縵、番花手巾帕、兜羅錦被、洗白布泥。使回，令於廣東布政司管待。

真臘國

在占城西南，自占城順風三晝夜可到，或云半月。西南去林邑三千餘里，水步道通。一曰吉蔑，又名甘孛智。本扶南屬國。東距車渠，西有朱波，唐書作「驃」。北近九真，南瀕海，距廣州十日程。其王姓刹利，日漸强盛。隋時始通中國。傳至伊金那，貞觀初遂并扶南而有之。唐人虬髯客傳謂兼并扶南，疑爲寓言。扶南即狼朧躶國。九真郡水東南流逕船官口，「下注大浦之東湖」。「潮水日夜長七、八尺，從此以西，朔望并潮，一上七日，水長丈六、七，七日後，日夜分爲再潮，水長一、二尺」，四時高下一定，「水無盈縮。是爲海運」〔三四〕。兼各象浦，一曰象水也〔三五〕。是爲徼外之夷，皆躶身，男以竹筒掩體，女以樹葉蔽形，雖習俗，猶恥無蔽。惟依暝夜與人交市，闇中齅金，便知好惡，明朝曉視，皆如其言。蓋自徼外皆然，不獨扶南。

其先，女子爲王，號曰「葉柳」。柳音聊，即葉調國。其南有激國人名混潰來伐，葉柳降之，遂以爲妻。惡其躶，教着貫頭，國内效之；男子着橫幅，今干縵也〔三六〕。

其後天竺僧憍陳如有其國，教國人事天神，每旦誦經呪，故易世既久，真臘重僧云。民色甚黑，號爲「崑崙」，婦女多有白者。生女九歲，請僧誦經作梵法，去其童身，點其額爲吉利，名曰「陣毯」〔三七〕，十歲即嫁。

城周圍可二十里，郭下二萬餘家，石濠廣二十餘丈。餘城三十所，各有數千家。王宮及官舍皆面東，城門上有石佛頭五，飾其中者以金。當國中有金塔、金橋。王宮在其北，近門周圍可五六里，其正室瓦用鉛。凡歲時一會，則羅列玉猿、孔雀、白象、犀牛於前，名曰百塔州，金盤金碗盛食，諺云「富貴真臘」也。永徽初并有鳩密、富那、迦乍、武令、僧高等國。神龍以後國分爲二，其南近海，號水真臘，其北多山阜，號陸真臘，後復合而爲一，迄宋通貢不絶。及滅占城，號爲占臘，役參半。真里、登流眉、道明、蒲甘等國爲屬國所領。聚落六十餘，地方七千餘里。元元貞中遣使招諭之，乃始臣服。見永嘉周達觀真臘風土記。

本朝洪武初，國王忽兒那遣其臣奈亦吉郎等表獻方物。

二十年七月，行人唐敬還自真臘，其國王遣使貢象五十九隻、香六萬斤。自是朝貢不絶。永樂改元，遣使詔諭即位，至其國，氣候常熱，田穀歲熟，煮海爲鹽，風俗富饒。男女椎髻，穿短衫，圍梢布，非復躶國矣。其所屬國猶有躶者，見有衣服人即笑之。法有劓、刖、刺、配，犯盜則斷手足。其民殺中國人則償命，中國人殺其民則罰金，無金賣身贖罪。

二年八月，國王參烈婆毘牙遣陪臣奈職等九人朝貢方物，賜鈔幣表裏。初，中官往使真臘，將歸，有從行軍三人遁，索之不得，國王以其國中三人從中官歸補伍。至是禮部引見，上曰：「中國人自遁，何預彼事而責償？且得此三人，語言不通，風俗不諳，吾焉用之？況其皆自有家，寧樂處此？爾禮部給之衣食，予道里費，遣還真臘。」尚書李至剛等言：「臣意中國人必非遁於彼者，或爲彼所匿，則此三人亦不當遣。」上曰：「不用逆詐，爲君但推天地之心待人可也。」

三年，參烈婆毘牙死，命序班王孜往祭之，封其長子參烈昭平牙爲王，賜之綵幣等物。

十七年三月，參烈昭平牙遣使奉金鏤表文，貢馴象方物。

按真臘疆域一統志：東際海，西接蒲甘，南連加囉希，北抵占城國。似與古不同。真臘貢獻方物：象、象牙、蘇木、胡椒、黄蠟、犀角、烏木、黄花木、土降香、寶石、孔雀翎。使回，令于廣東布政司管待。

爪哇國

古訶陵也，一曰闍婆，又名莆家龍，在真臘之南，海中洲上。舊唐書：「東與婆利，西與墮婆登，北與真臘接，南臨大海。」宋史：「東至海一月，汎海半月至崑崙國；西至海四十五日；南至海三日，汎海五日至大食國；北至海四日；西北汎海十五日至渤泥國，又十五日至三佛齊國，又七日至古邏國〔三八〕，又七日至柴歷亭〔三九〕，抵交趾，達廣州。」其屬國有蘇吉丹、打板、打綱底等國。木爲城，有文字，知星曆。夏至立八尺表，景在表南二尺四寸。

宋元嘉九年始通中國，後絶。

至唐貞觀二十一年，與墮和羅、墮婆登皆遣使入貢。天寶中自闍婆遷于婆露伽斯城。

宋淳化三年，其王穆羅茶遣使朝貢。

元時始稱爪哇。世祖大舉兵征之，不克，後命將史弼破其國，擒酋長以歸，尋放還。

本朝洪武二年三月，遣行人吴用賜爪哇國王璽書，曰：「中國正統，胡人竊據百有餘年，綱常既隳，冠履倒置。朕是以起兵討之，垂二十年，海内悉定。朕奉天命，已主中國，恐遐邇未聞，故專報王知之，使者已行。聞王國人捏只集丁前奉使于元，還至福建而元亡，因來居京師。朕念其久離爪哇，必深懷念，今復遣人送還，頒去大統曆一本。王其知正朔所在，必能奉若天道，俾爪哇之民安于生理，王亦永保禄位，福及子孫。其勉圖之，勿怠。」

三年，其王昔里八達剌遣使朝貢，納元所授宣勅二道，封爲國王。

八年二月，令三物齊、爪哇山川之神附祭於廣東山川之次。先是禮部尚書牛諒言：京都既罷祭天下山川，其四夷山川，亦非天子所當躬祀。乃命别議其禮以聞。至是中書及禮部奏以外夷山川附祭于各省，如廣西則宜附祭安南、占城、真臘、暹羅、鎖里，廣東則宜附祭三佛齊、爪哇，福建則宜附祭日本、琉球、渤泥，遼東則宜附祭高麗，陝西則宜附祭甘肅朶甘、烏思藏，京城更不須祭。又言各省山川與風雲雷雨既居中南向(四〇)，其外夷山川神位宜分東西同壇共祀(四一)。上可其奏，命中書頒行之，將祭，則遣官一人往監其祀。

十三年十月，其王八達那巴那務遣其使阿烈彝烈時奉金葉表入貢，使者留月餘遣還，因詔諭其國主曰：「聖人之治天下，四海内外皆爲赤子，所以廣一視同仁之心。朕君主華夷，撫御之道，遠邇無間。爾邦僻居海島，頃常遣使中國，雖云修貢，寔則慕利，朕皆推誠以禮待焉。前者三佛齊國王遣使奉表來請印綬，朕嘉其慕義，遣使賜之，所以懷柔遠人爾。奈何設爲奸計，誘使者而殺害之，豈爾恃險遠，故敢肆侮如是與？今使者來，本欲拘留，以其父母妻子之戀，夷夏則一，朕推此心，特命歸國。爾國王當省己自脩，端秉誠敬，毋蹈前非，干怒中國，則可以守富貴，其或不然，自致殃咎，悔將無及。」

三十年，諸番阻絶，無商旅，以三佛齊爲爪哇屬國，命禮部移文暹羅，轉達爪哇知之。後分爲東、西二國。

永樂元年九月，西王都馬板遣使奉表朝賀即位，貢五色鸚鵡、孔雀及方物，賜鈔并襲衣文綺表裏。

二年十月，東王孛令達哈遣朝貢方物，且奏請印章，命鑄鍍金銀印賜之，并賜鈔幣。

三年，西王都馬板遣使奉表貢方物，時其傍近㻶里日、夏羅治、金猫里三國各遣使以方物同來朝貢，俱賜文綺襲衣。

四年三月，西王復來貢珍珠、珊瑚、空青等物。三月，東王遣使貢馬，俱賜錢鈔及幣有差。

四年閏七月，西王遣使朝貢，且言東王不當立，已擊滅之。降詔切責。

五年上表請罪，願償黄金六萬兩，復立孛令達哈之子。從之。

六年十二月，都馬板遣使獻黄金萬兩謝罪，禮部臣言所償金尚負五萬兩，宜下法司治之。上曰：「朕於遠人，欲其畏罪而已，豈利其金耶？今既能知過，所負金悉免之。」仍遣使賫勅諭意，并賜之鈔幣。

八年十二月，都馬板遣使上表，貢馬及方物。

十一年九月，遣使來貢，及還，勑諭都馬板。曰：前内官吴賓等還，言恭事朝廷，禮待勑使，有加無替。比聞王以滿剌加國索舊港之地而懷疑懼，朕推誠待人，若果許之，必有勑諭。今既無朝廷勑書，王何疑焉？下人浮言，慎勿聽之。今賜王文綺紗羅，至可領也。

十三年，更名楊惟西沙，遣使謝恩。

十六年、十九年皆貢，而東王久不至，蓋已爲所并矣。

天順四年八月，其王都馬班遣使奉表朝貢方物，賜宴賞賚之，仍命其使賫勑并綵幣表裏歸，賜其王及妃。自是不可考。

按爪哇疆域一統志：東抵古女人國，西抵三佛齊國，南抵古大食國，北界占城國。自占城起程，順風二十晝夜可至其國。地廣人稀，甲兵藥銃，爲東洋諸番之雄。佛書所云鬼國，即此地也。其港口入去馬頭曰新村，屋店連行爲市，買賣商旅最衆。三佛齊爲其所并，名舊港，以别于新村。

爪哇貢獻方物：胡椒、華茇、蘇木、黄蠟、烏爹泥、金剛子、烏木、番紅土、薔薇露、奇南香、檀香、麻藤香、速香、降香、木香、乳香、龍腦、血竭、肉豆蔻、白豆蔻、藤竭、阿魏、蘆薈、没藥、大楓子、丁皮、番木鼈子〔四二〕、悶蟲藥、碗石、華澄茄、烏香、寶石、珍珠、錫、西洋鐵、鐵鎗、摺鐵刀、苾布、油紅布、孔雀、火鷄、鸚鵡、玳瑁、孔雀尾、翠毛、鶴頂、犀角、象牙、龜筒、黄熟香、安息香。使回，令于廣東布政司管待。

三佛齊國

古干陀利也，在占城之南，相距五日程。居真臘、爪哇之間，所管十五州。其屬國有單馬令、凌牙斯、蓬豐、登牙儂、細蘭等國。其王號「詹卑」，其人多姓蒲。

梁天監元年入貢，後絶。

唐天祐初，始通中國。

宋建隆初，其王悉利胡大霞里遣使朝貢。

淳化三年冬，廣州上言其使蒲押陀黎前年來貢，自京回，聞本國爲闍婆所侵，即爪哇。住南海一年。今春乘船至占城，偶風信不利，復還，乞降詔諭本國，從之。

熙寧十年，使大首領地華伽囉來，以爲保順慕化大將軍。入見，以金蓮花貯珍珠、龍腦撒殿。

元豐中，使至者再，廣州受其貢獻方物，表入言俟報，乃護至闕下。廣州舊志：治平中，地華伽囉遣使至囉囉入貢，遇大風，船幾覆，至囉囉，禱于天，有老翁見雲端。風浪息時，值儂寇燬廣州天慶觀，老君像在瓦礫中，至囉囉覩之，即向所見者也。及還，以告，地華加囉即遣思離沙文詣廣購材，鳩工重建。落成，請道士羅盈之爲住持，阿德順爲監臨，施錢十萬，置山田于番禺黽塘，以充常住；鑄大鍾，覆以樓，費錢四十萬；又施田四十萬，增置田于清遠蓮塘莊。明年，地華伽囉殁，剪其爪髮送道士，葬之黽塘，至今祭焉。

南渡後入貢不絶。

本朝洪武二年二月，遣行人趙述使其國。四年，趙述還，國王馬哈剌札八剌卜遣使隨述奉金字表文來朝貢，賜大統曆及織金紗羅文綺。

六年，復遣使賀正旦，并貢方物。

八年，復遣使從招諭。拂菻國朝使來貢。

九年，其王卒，遣使奉表乞紹封，請印綬，命鑄駝鈕鍍金銀印賜之。十月，詔封其嗣子麻那者巫里爲三佛齊國王。詔略曰：朕自混一區宇，嘗遣使詔諭諸番，爾三佛齊國王怛麻沙那阿者即稱臣入貢于有年。今秋使者賫表至，知怛麻沙那阿者薨逝，爾那麻者巫里以嫡子當嗣王位，不敢擅立，請命于朝，可謂賢矣。朕嘉爾誠，是用遣使賜以三佛齊國王之印。爾當善撫邦民，永爲多福。

三十年六月，以胡惟庸謀亂，乃生間諜，紿我使臣，命禮部移文暹羅，達于爪哇，俾責戒焉。

三十年六月，禮部奏諸番國使臣，客旅不通。上曰：「洪武初海外諸番與中國往來，使臣不絶，商賈便之。近者安南、占城、真臘、暹羅、爪哇、大琉球、三佛齊、渤泥、彭亨、百花、蘇門答剌、西洋、邦哈剌等凡三十國。以胡惟庸謀亂，三佛齊乃生間諜，給我使臣至彼。爪哇國王聞知其事，戒飭三佛齊禮送還朝廷〔四三〕，是後使臣商旅阻絶，諸國王之意，遂爾不通。惟安南、占城、真臘、暹羅、大琉球自入貢以來，至今來庭。大琉球王與其宰臣皆遣子弟入我中國受學。凡諸番國使臣來者，皆以禮待之。我待諸番國之意不薄，但未知諸國之心若何？今欲遣使諭爪哇國，恐三佛齊中途阻之。聞三佛齊係爪哇統屬，爾禮部備述朕意，移文暹羅國王，令遣人轉達爪哇知之。」於是禮部咨暹羅王曰：「自有天地以來，即有君臣上下之分，且有中國四夷之禮，自古皆然。我朝混一之初，海外諸番莫不來庭。豈意胡惟庸造亂，三佛齊乃生間諜，給我信使，肆行巧詐。彼豈不知大琉球王與其宰臣皆遣子弟入我中國受學，皇上賜寒暑之衣，有疾則命醫胗之，皇上之心，仁義兼盡矣。皇上一以仁義待諸番國，何三佛齊諸國背大恩而失君臣之禮，據有一蕞之土，欲與中國抗衡。儻皇上震怒，使一偏將，將十萬衆越海問罪，如覆手耳，何不思之甚乎？皇上嘗曰：『安南、占城、真臘、暹羅、大琉球皆修臣職，惟三佛齊梗我聲教。夫智者憂未然，勇者能從義，彼三佛齊以蕞爾之國，而持奸于中國之中，可謂不畏禍者矣。』爾暹羅國王猶守臣職，我皇上眷愛如此，可轉達爪哇，俾以大義，告于三佛齊。三佛齊係爪哇統屬，其言彼必信，或能改過從善，則與諸國咸禮遇之如初，勿自疑也。」其後爲爪哇所廢，以其地爲舊港，仍立頭目以司市易。

永樂三年正月，遣行人譚勝受、千户楊信等往舊港，招撫廣東逃民梁道明。勝受，南海人。洪武癸酉鄉貢進士，爲臨桂縣丞。永樂元年二月壬子，以政最召爲監察御史，後以事降行人。至是遣勝受及千户楊信等往舊港招撫南海逃民梁道明等，以勝受乃其同鄉故也。時道明挈家居于彼者累年，廣東、福建軍民從之者至數千人，推道明爲首。指揮孫鉉嘗使海南諸番，遇道明子及二奴，挾與俱來，奏聞，遂遣勝受等偕二奴賚勅往招諭之。十一月，勝受等還，以道明及鄭伯可等來朝貢方物，賜道明等襲衣及鈔百五十錠、文綺十二、表裏絹七十二匹，其副頭目施進卿遂代領其衆。上以勝受奏事稱旨，擢浙江按察使。

五年九月，太監鄭和使西洋諸國，還至舊港，遇海賊陳祖義等，遣人招諭之。祖義等詐降，潛謀要劫，和覺之，整兵隄備。祖義兵至，與戰，大敗之，殺其黨五千餘人，擒祖義等，械送京師，悉斬于市。諸番聞之，莫不讋服。

是年，舊港頭目施進卿遣壻丘彦誠朝貢，詔設舊港宣慰使司，命進卿爲宣慰使，賜印誥、冠帶、文綺、紗羅，後卒。二十一年，子濟孫遣彦誠請襲，且言印爲火所燬，遂命濟孫襲宣慰使，賜紗帽、鈒金花帶織金文綺襲衣、銀印，令中官鄭和賫往賜之。自是朝貢不絶。

按舊港不復爲國，轄于爪哇，順風八晝夜可至。由港口入其地，土沃倍于他壤，民故富饒。俗囂好嬉，水戰甚慣。其朝貢自廣東以達京師。

三佛齊貢獻方物：黑熊、火雞、孔雀、五色鸚鵡、諸香、兜羅綿被、苾布、白獺、龜筒、胡椒、肉豆蔻、番油子、米腦。洪武中使回，於廣東布政司管待。永樂後改宣慰使司，罕至廣州。

暹羅國

本暹與羅斛二國地，古赤土及婆羅刹也。在占城極南，北直廉州，循海北岸連於交趾。暹國土瘠，不宜耕藝，羅斛土田平衍而多稼，暹人歲仰給之。

隋大業三年，屯田主事常駿等自南海郡乘舟使赤土至今訛傳爲赤眉。遺種，後改曰暹。

元元貞初，暹人嘗遣使入貢。至正間，暹始降于羅斛而合爲一國。

本朝洪武初，暹羅斛國王參烈昭昆牙遣使朝貢，進金葉表。詔賜大統曆。

七年三月，暹羅斛國使臣沙里拔來朝貢方物，自言本國令其同奈思里儕剌悉識替入貢，去年八月，舟次烏諸洋〔四四〕，遭風壞舟，漂至海南，達本處官司，收獲漂餘蘇木、降香、兜羅錦等物來獻。省臣以奏。上怪其無表狀，詭言舟覆而方物乃有存者，疑必番商也，命却之，詔中書禮部曰：「古者中國諸侯於天子，比年一小聘，三年一大聘；九州之外番邦遠國，則每世一朝，其所貢方物不過表誠敬而已。高麗稍近中國，頗有文物禮樂，與他番異，是以命依三年一聘之禮，彼若就每世一見，亦從其意。其他遠國，如占城、安南、西洋瑣里、爪哇、浡泥、三佛齊、暹羅斛、真臘等處新附國土，入貢既頻，勞費甚大，朕不欲也。令遵古典而行，不必頻煩，其移文使諸國知之。」後其子參列實昆牙嗯哩多囉祿紹封〔四五〕。

九年九月，其王遣子昭祿群膺奉表貢象及方物，賜詔褒諭。諭暹國王詔：「君國子民，非上天之明命，后土之洪恩，曷能若是？華夷雖間，樂天之樂，率土皆然。若爲人上，能體上帝好生之德，協和人神，則祿給世世無間矣。爾哆囉祿自嗣王位以來，内脩齊家之道，外造睦鄰之方，況數遣使中國，稱臣入貢，以方今時王言之，其哆囉祿可謂賢德矣，豈不名播諸番。今年秋貢象至朝，朕遣使往諭，特賜暹國之印及衣一襲。爾當善撫邦民，永爲多福。故茲詔諭，想宜知悉。」

二十年七月，暹羅斛國貢胡椒一萬斤、蘇木十萬斤。

二十八年十二月，詔遣内使趙達、宋福等使暹羅斛國，祭故王參列實昆牙思哩哆囉祿，賜嗣王蘇門邦王昭祿群膺文綺四匹、羅四匹、氁絲布四十匹，王妃文綺四匹、羅四匹、氁絲布十二匹，勅諭之。曰：「朕即位以來，命使出疆，周于四維，歷邦國，足履其境者三十六，聲聞于耳者三十一，風殊俗異，大國十有八，小國百四十九，較之于今，暹羅爲最近。邇者使至，知爾先王已逝，王紹先王之緒，有道於家邦，臣民歡懌。茲特遣人祭已故者，慶王紹位，有道勅至。其罔失法度，罔淫于樂，以光前烈，其敬之哉！」

永樂元年，遣使朝貢，賀即位，自是其國止稱暹羅國。

二年，其王昭祿群膺哆囉諦剌遣使坤文琨表貢方物，遣内官李興等賚勅勞之，并賜文綺鈔帛。

四年二月，復遣使奈必表貢方物，詔賜古今列女傳；且乞量衡爲中國式，從之。

七年正月，遣使奉儀物致祭仁孝皇后，命中宫官以告几筵。九月，復遣使坤文琨等表貢方物，賜鈔幣遣之。時南海人何八觀等流移海島，遂入暹羅，至是因文琨歸，上令諭其國王遣八觀等還，毋納逋逃，以取罪戾，并賜其王金織紵絲紗羅絨錦。

八年，遣使貢馬及方物，并送中國流移人還，賜勑勞之，并賜綵幣。

十年十二月，復來朝貢。

十三年五月，昭禄群膺哆囉諦剌卒，其子三賴波磨剌札的賴紹封〔四六〕。

十七年十月，遣使諭暹羅國王，俾與滿剌加平。勑諭三賴波磨剌札的賴曰：「朕祗膺天命，君主華夷，體天地好生之心，爲治一視同仁，無間彼此。王能敬天事大，修職奉貢，朕心所嘉，蓋非一日。比者滿剌加國王亦思罕答兒沙嗣立，能繼乃父之志，躬率妻子詣闕朝貢，其事大之誠，與王無異。然聞王無故欲加之兵。夫兵者凶器，兩兵相鬬，勢必俱傷，故好兵非仁者之心。況滿剌加國王既已内屬，則爲朝廷之臣，彼如有過，當申理於朝廷，不務出此，而輒加兵，是不有朝廷矣。此必非王之意，或者王左右假王之名弄兵以逞私忿，王宜深思，勿爲所惑。輯睦鄰國，無相侵越，並受其福，豈有窮哉，王其留意焉。」

十八年四月，遣使入貢方物，賜之鈔幣，仍遣中官楊敏等護送還國，仍賜其王錦綺紗羅等物。

十九年三月，遣使奈懷等六十人貢方物，謝侵滿剌加國之罪，賜鈔幣有差。

十九年七月，復入貢。

二十一年三月，遣使坤梅貢方物，賜之鈔幣。

洪熙、宣德以後，入貢猶如常期。

正統、景泰間，貢或不常。

成化迄今，大率六年一貢。

近惟嘉靖三十二年八月，遣使坤隨離等貢白象及方物。白象已斃，遣象牙一枝，長八寸，首尾廂金起花，牙首大五寸七分，廂石榴子十顆；中廂珍珠十顆、寶石四顆；尾大二寸〔四七〕，廂金剛鑽一顆。金盒内貯白象尾毛爲證。又象牙一十九枝，共三百五十斤；烏木三十七株，共二千六百斤，樹香六百斤，藤黄四百八十斤，大楓子五百八十斤，紫梗三百斤，速香二十一株，共六百五十斤，木香三十斤，白豆蔻六十斤，胡椒八百一十斤，蘇木一萬四千二百斤。

三十七年八月，遣使坤應命等貢方物。象牙三百斤，樹香六百五十斤，藤黄一百五十斤，速香三百一十斤，白豆蔻三十斤，蘇木一萬三千二百斤，胡椒四百五十斤，烏木三千八百斤，大楓子五百斤。其眡舊獻，頗似不同。

按赤土疆域，正與暹羅同，東波羅剌國，西婆羅娑國，南訶羅旦國，北距大海，地方數千里。隋時常駿自南海郡水行晝夜二旬，每值便風，至焦石山而過，東南泊陵伽鉢拔多洲，西與林邑相對，上有神祠焉。又南行至師子石，自是島嶼連接。又行二三日，西望見狼牙須國之山。於是南達雞龍島，至於赤土之界。林邑，今占城。星槎勝覽云：「自占城順風十晝夜，可至是也。」

暹羅貢獻方物：象、象牙、犀角、孔雀尾、翠毛、龜筒、六足龜、寶石、珊瑚、金戒指〔四八〕、片腦、米腦、糠腦、腦油、腦柴、檀香、速香、安息香、黄熟香、降真香、羅斛香、乳香、樹香、木香、烏香、丁香、阿魏、薔薇水、丁皮、琬石、紫梗、藤竭、藤黄、硫黄、没藥、烏爹泥、肉豆蔻、胡椒、白豆蔻、華撥、蘇木、烏木、大楓子、苾布、油紅布、白纏頭布、紅撒哈剌布、紅地紋節智布〔四九〕、紅杜花頭布、紅邊白暗花布、乍蓮花布〔五〇〕、烏邊葱白暗花布、細棋子花布、織人象花文打布、西洋布、織花紅絲打布、剪絨絲雜色紅花被面、織雜絲竹布、紅花絲手巾、織人象雜色紅花絲縵〔五一〕。使回，令於廣東布政司管待。

滿剌加國

古哥羅富沙也。漢時嘗通中國，後爲頓遜所羈屬，頓遜在海崎山上，地方千里，城去海十里。有五王，並羈屬扶南。去扶南可三千里，東界通交州，即古哥羅富沙也，其西界接天竺徼外諸國。其國城接闍婆，故又名大闍婆，今稱重迦羅，東有吉里地悶。故其處舊不稱國。自舊港順風八晝夜可至其國。傍海，山孤，人少，受羈屬於暹羅，每歲輸金四十兩爲税。

本朝永樂三年，其王西利八兒速剌遣使奉金葉表文來朝貢。

十年，命中使太監鄭和等統官兵二萬七千餘人〔五二〕，駕海船四十八艘，往諸番夷開讀賞賜。

詔封爲滿剌加國王，賜銀印、冠帶、袍服，且建碑立界，暹羅始不敢侵擾。

九年七月，嗣王拜里迷蘇剌率其妻子及陪臣五百四十餘人來朝，上聞之，念其輕去鄉土，跋涉海道，即遣中官海壽、禮部郎中黄裳等往宴勞之，復命有司供張會同館。既至，奉表入見，并獻方物。上御奉天門宴勞之，别宴王妃及陪臣等，仍命光禄寺日給牲牢上尊，命禮部賜王金繡龍衣二襲、麒麟衣一襲，及金銀、器皿、帷幔、裀褥，賜王妃八兒迷速里及其子侄、陪臣、傔從文綺紗羅襲衣有差。及出，就會同館復賜宴焉。八月，賜其王金相玉帶、儀仗鞍馬，并賜王妃冠服。九月，拜里迷蘇剌辭歸，錫宴于奉天門，别宴王妃、陪臣等，賜勅勞王，厚賜之并及其妻子、陪臣。勅曰："王涉海數萬里至京師，坦然無虞，蓋王之忠誠，神明所祐。朕與王相見甚驩，固當且留，但國人在望，宜往慰之。今天氣向寒，順風南帆，實維厥時。王途中善飲食，善調護，以副朕睠念之懷。今賜王金相玉帶一、儀仗一副、鞍馬二匹、黄金百兩、白金五百兩、鈔四十萬貫、銅錢二千六百貫、錦綺紗羅三百匹、絹千匹、渾金文綺二、金織通袖膝襴二，王其受之。又賜王妃冠服一副、白金二百兩、鈔五千貫、錦綺紗羅絹六十匹、金織文綺紗羅衣四襲，賜王子姪冠帶，其陪臣等各賜白金、鈔錢、綵幣有差。"復命禮部宴餞于龍江驛，仍賜宴于龍潭驛。

十二年，國王母來，宴賜如王妃。

二十二年三月〔五三〕，其王西哩麻哈剌率其妃及頭目來朝貢方物，以父殁新嗣位故也。

宣德八年〔五四〕，國王復來。

天順三年，國王無答佛哪沙卒，其子蘇丹茫速沙請命，復遣使册封。自建國以來，朝貢至今不絶。

按滿剌加疆域在占城國南，其朝貢自廣東以達京師。滿剌加貢獻方物：番小厮、犀角、象牙、玳瑁、鶴頂、鸚鵡、黑熊、白麂、鎖袱、金母鶴頂、金廂戒指、撒哈剌、白苾布、薑黄布、撒都細布、西洋布、花縵、片腦、梔子花、薔薇露、沉香、乳香、黄速香、金銀香、降真香、紫檀香、丁香、烏木、蘇木、大楓子、番錫、番鹽。使回，令於廣東布政司管待。

蘇門答剌國

古大食也，一曰須文達那，自滿剌加順風九晝一夜可至。其西去一晝夜程，有龍涎嶼，獨峙南巫里洋之中，每至春間，群龍交戲于上，遺涎，則國人駕獨木舟採之以爲香，一斤值其國金錢一百九十二枚，准中國銅錢九千文。星槎勝覽：採之或遇風波，則人俱下海，一手附舟旁，一手捍水而得至岸。其龍涎初若脂膠，黑黄色，頗有魚腥氣，久則或大塊，或大魚腹中刺出若斗大，亦覺魚腥，焚之清香可愛。貨于蘇門答剌之市，官秤一兩，用彼國金錢十二枚，一斤則一百九十二枚也。遊宦紀聞：諸香中龍涎最貴重，廣州市不下五六十千，乃番中禁榷之物，出大食國。近海傍常有雲氣出艸山間，即知有龍睡其下，土人更相守之，俟雲散，則知龍已去，往觀，必得龍涎。入香合和，能收斂腦麝清氣，雖經數十年，香味仍在。得其真者，和香焚之，則翠烟浮空，結而不散。或言涎沫有三品，一曰汎水，二曰滲沙，三曰魚食。汎水則輕浮水面，善水者伺龍出没，隨而取之。滲沙則凝積多年，氣味盡滲于沙中。魚食則化糞散于沙磧，惟沉水者可入香用。嘉靖二十四年三月，司禮監傳奉聖諭：「你部裏作速訪賣沉香一千斤、紫色降真香三千斤、龍涎香一百斤，即日來用。」就令在京訪買，已得沉香、降香進訖，尚有龍涎香出示，京城採買未得，奏行浙江等十三省及各沿海番舶等處收買。本年八月，户部文移到司，又奉撫、按牌案行催，再照前香每斤給銀一千二百兩。三十四年，巡撫鈞牌發浮梁縣商人汪弘等到司責差，綱紀何處德領同前去番舶訪買，陸續得香共十一兩，差官千户朱世威於本年十月送驗，會本進，奉聖旨：「既驗不同，姑且收入，今後務以真香進用。欽此。」欽遵行司，又據見監廣州府斬罪犯人馬那別的等告送龍涎香一兩三錢，褐黑色，及有密地都密地山夷屬採有褐白色六兩，各夷説稱褐黑色者採在水，褐白色者採在山。又據密地都周鳴和等送香辨驗，真正共一十七兩二錢五分，責差千户張鸞三十五年八月送驗，會本起進，奉聖旨：「這香内辨是真，留用。欽此。」

洪武間遣使奉金葉表貢馬并方物。國名須文達那。

永樂三年，酋長宰奴里阿必丁隨中官尹慶朝貢，封爲蘇門答剌國王，給印及誥。

五年，嗣王鎖丹罕阿必鎮遣使阿里來朝，并貢方物。

宣德六年，復來貢。十年，復請封其子爲王。

初，太監鄭和奉使至蘇門答剌，僞王蘇幹剌方謀殺宰奴里阿必丁以奪其位，且怨使臣賜不及己，領兵數萬，邀擊官軍，和率衆及其國兵與戰，蘇幹剌敗走，追至喃勃國，并其妻子俘之以歸。永樂十三年九月獻于行在，以大逆不道伏誅，諸番震服。

按大食疆域在占城之西洋中，南接目連所居賓童龍國，東北接雪山、葱嶺，皆佛境也，西北與大秦相鄰，爲其統屬。宋初與占城通貢南唐，遂達于宋。淳化四年，舶主蒲希密得廣州蕃長寄書招諭，遂至南海，以老病不能詣闕，乃以方物來獻。其表有曰：「涉歷龍王之宫，瞻望天帝之境，庶遵玄化，以慰宿心。今則雖届五羊之城，猶賒雙鳳之闕。」則是射利寓廣。今色目蒲姓者，是其裔也。後與賓童龍國使來朝入貢。陸路由沙州恐爲西人鈔略，乃詔自今取海路由廣州至京師。自是朝貢不絶。熙寧中，其使辛押陁羅乞統察蕃長司公事，詔廣州裁度；又進銀錢助修廣州城，不許，歸國被誅。見蘇黄門龍川略志。其後分部領爲勿斯離、弼琶、囉勿跋等國。蘇門答剌則出龍涎香者也，布那姑兒則産硫黄者也。又有層檀國，在南海，傍城距海二十里，熙寧四年始入貢，順風行百六十日，經勿巡、古林、三佛齊國，乃至廣州，多産香藥，其風俗語音與大食同。

蘇門答剌貢獻方物：馬、犀牛、龍涎香、撒哈剌、梭眼布〔五五〕、寶石、木香、丁香、降真香、沉速香、胡椒、蘇木、錫、水晶、瑪瑙、番刀、番弓、石青、回回青、硫黄。使回，令于廣東布政司管待。

錫蘭山國

古狼牙修也〔五六〕，自蘇門答剌順風十二晝夜可至其國。地廣人稠，貨物多聚亞於爪哇。中有高山，上産鵶鶻寶石，每遇大雨衝流山下沙中，拾取之。隋常駿至林邑極西望見焉。番語謂高山爲「錫蘭」，因名。相傳釋迦從翠藍嶼來，嶼在龍涎西北五晝夜程。登此山，猶存足跡。山下有寺，中貯釋迦涅槃真身側卧及舍利子。狼牙脩國，梁時通焉，在南海中。其界東西三十日，南北二十日。行北去廣州二萬四千里，恐即此國。

本朝永樂七年，詔諭其王亞烈苦奈兒，遣太監鄭和等賫詔勅、金銀、供器、綵粧、織金、寶幡布施于寺，及建石碑，賞賜國王頭目有差。亞烈苦奈兒負固不恭，謀害舟師，和即潛備，先發制之，使衆銜枚疾走，夜半聞砲，則奮擊而入，生擒其王。永樂九年，歸獻闕下。上命擇其支屬賢者立之。禮部言：「詢其國人，皆謂耶巴乃那賢。」十年九月，遂遣使賫詔及誥印封之。誥曰：「朕統承先皇帝鴻業，撫馭華夷，嘉與萬方，同臻至治。錫蘭山亞烈苦奈兒近處海島，素蓄禍心，毒虐下人，結怨鄰境。朕嘗遣使詔諭諸番國，至錫蘭山，其亞列苦奈兒敢違天道，傲慢弗恭，逞其兇逆，謀殺朝使。天厭其惡，遄被擒俘。朕念國中軍民，皆朕赤子，命簡賢能，爲之統屬。爾耶巴乃那脩德好善，爲衆所推，今特封爾爲錫蘭山國王。於戲！惟誠敬可以立身，惟仁厚可以撫衆，惟忠可以事上，惟信可以睦鄰。爾其欽承朕命，永崇天道，無怠無驕，暨子孫世享無疆之福。欽哉。」時羣臣皆請誅亞烈苦奈兒，上曰：「蠻夷，禽獸耳，不足深誅。」遂赦之，亦遣歸。時國人立不剌葛麻巴思剌查爲王，詔諭使遜位。

十四年十一月，偕占城、爪哇、滿剌加、蘇門答剌、南巫里、沙里灣泥、彭亨、古里、木骨都束、溜山洋、喃勃利、卜剌哇、阿丹、麻林、剌撒、忽魯謨斯、柯枝諸國及舊港宣慰司，各遣使貢馬及犀、象、方物，遣鄭和等賫勑及錦綺、紗羅、綵絹等物偕往，賜各國王。正統十年，國王遣使耶把剌謨的里啞等來朝貢方物。天順三年，其王葛力生夏剌昔利把交剌惹復遣使來貢。

按錫蘭山疆域在西洋，與柯枝國對峙，南以別羅里爲界。自別羅里南去順風七晝夜可至溜山洋國，十晝夜可至古里國，二十一晝夜可至卜剌哇國。柯枝接大、小葛蘭二國，山連赤土〔五七〕。自小葛蘭順風二十晝夜可至木骨都東國〔五八〕。自古里順風十晝夜可至忽魯謨斯國，二十晝夜可至剌撒國，二十二晝夜可至阿丹國。又自忽魯謨斯四十晝夜可至天方國，乃西洋之盡處也。天方舊名天堂，又名西域，有回回曆，宣德中朝貢。

錫蘭山貢獻方物：象、寶石、珊瑚、水晶、金戒指、撒哈剌、乳香、木香、土檀香、没藥、西洋細布、藤竭、蘆薈〔五九〕、硫黄、烏木、胡椒、碗石。使回，令於廣東布政司管待。

佛朗機國

在爪哇南，古無可考，舊志：婆利國在廣州東南海中洲上，去廣州三月程。其王姓憍陳如，隋大業中遣使入貢。

又投和國在眞臘之南，自廣州西南水行百日可至其地。正相對古之狼徐鬼國，分東西二洲，皆能食人，爪哇之先鬼啖人肉，即此國也。佛朗機亦與相對云。永樂十年九月，喃勃利國王馬哈麻沙遣使貢物，或亦婆利之更名。但皆疑似，無他證據，姑附于此。業不通中國。

正德十二年，駕大舶突至廣州澳口，銃聲如雷，以進貢請封爲名。右布政使兼按察副使吳廷舉許其進貢，撫、按查無會典舊例，不行，遂退泊東莞南頭，徑自蓋房樹柵，恃火銃以自固。有至部者，不行跪禮，朝見欲位先諸夷。御史丘道隆、阿鰲前後具奏，皆言其殘逆稱雄，逐其國主。似是喃勃利逆臣。先年潛遣火者亞三假充滿剌加國遣禮使臣，風飄到澳，往來窺伺，熟我道途，略買小兒，烹而食之。近日滿剌加國王奏其奪國讐殺等情。屠掠之禍，漸不可長，宜即驅逐，嚴禁私通；仍將所造房屋城寨盡行拆毀，重加究治買賣工匠人等以私通外夷之罪。詔皆從之，誅其首惡火者亞三等，命撫、按檄守巡備倭官軍驅其餘黨出境。海道副使汪鋐帥兵至，猶據險逆戰，商人鑿舟用策，乃悉擒之，餘皆遯去。月山叢談：佛朗機國在爪哇國之南，二國用銃形製同，但佛朗機銃大，爪哇銃小。國人用之甚精，小者可擊雀，中國人用之，稍不戒，則擊去數指，或斷一掌一臂。銃制須長，若短則去不遠；穴須圓滑，若有歪邪滯礙，則彈發不正。惟東莞人造之與番制同，餘造者往往短而無用。嘉靖初，佛朗機國遣使來貢，初至，行使皆金錢，後乃覺之。其人好食小兒云，在其國惟國王得食之，臣僚以下不能得也。至是潛市十餘歲小兒食之，每一兒市金錢百文，廣之惡少掠小兒競趨之，所食無算。其法以巨鑊煎滚沸湯，以鐵籠盛小兒置之鑊上，蒸之出汗盡，乃取出用鐵刷刷去苦皮，其兒猶活，乃殺而剖其腹，去腸胃，蒸食之。居二三年，兒被掠益衆，遠近患之。海道汪鋐以兵逐之，不肯去，反用銃擊敗我兵，由是人望而畏之，不敢近。或獻計使善水者入水，鑿沉其舟，盡擒之。汪鋐由此薦用，後爲南贛巡撫，以進甘露召入，總都憲事，久之轉吏部尚書。會北虜吉囊入寇，鋐建議請頒佛朗機銃于邊鎮，凡城鎮闕隘墩臺缺口皆用此以禦寇。詔從其議，下所司施行，至今三邊賴其用。然鋐奏疏詞語諄復可厭，兵部郎中吴縉雲卿見而笑之，鋐聞之怒，黜爲銅仁府知府。或戲之曰：「君被一佛朗機打到銅仁府。」

嘉靖中，黨類更番往來，私船雜諸夷中爲交易，首領人皆高鼻白皙，廣人能辨識之。遊魚洲諸快艇，多掠小口往賣之，三山、疊滘、背底水等鄉村，以至諸澳，拐誘惡少日繁有徒，甚至官軍商紀亦與交通云。

廣州船舶往諸番，出虎頭門，始入大洋，分東西二路，東洋差近，周歲即回舶，有鶴頂、龜筒、玳瑁等物。西洋差遠。兩歲一回舶，有象牙、犀角、珍珠、胡椒等物。宋於中路置巡海水師營壘，在海東、西二口，闊二百八十丈，至屯門山二百里，治舠魚入海戰艦。其地南至大海四十里，東至惠州四百二十里，西至端州二百四十里，南至恩州七百五十里，北至韶州二百五十里。今爲東莞縣南頭城。東南海路二百里至屯門山，水皆淺，日可行五十里。乃順帆風西行二日至九州石，又南二日至象石，一作用東風西南行七日至九乳螺州。又西南行三日至占不勞山，在占城東二百里海中，占城投罪人於此。又南二日至陵山，星槎勝覽作靈山，其山峻而方，有泉下繞如帶，甚甜，民居星散，結網爲業。皆占城境也。陸行至賓童國一月程，東去麻逸國二日程。一名摩逸，去浡泥三十日程。太平興國七年載：寶貨至廣州，今名麻逸凍。水行一日至東、西竺崑崙洋，唐書作門毒國。又一日行至古苴國〔六〇〕，則真臘也，王號「苴屈」。又半日行至奔陀浪洲，自古臘西五十程至丹眉流國，其國東北至廣州一百三十五程。又二日行至軍突弄山；又五日行至海硤，番人謂之「質」，南北百里，北岸則羅越國，一名羅斛，今爲暹羅。南岸則佛逝國；占城屬國。又東水行四五日至訶陵國，今爪哇。南中洲之最大者；又西出硤，三日至葛葛僧祇國，在佛逝西北隅之別島，國人多鈔，暴，乘船者多畏之。疑此即婆利。其北岸則阿羅國〔六一〕，一名阿羅陀，今滿剌加。阿羅西則阿谷羅國〔六二〕。一名阿羅單。又從葛葛僧祇四五日行至婆露國，一名阿魯。又六日行至婆那國一名須文達那。伽藍洲；一名翠藍嶼。又北四日行至師子國，在西洋之西鄰，多師子，故名。昌黎詩：「貨通師子國。」疑即大秦也。其北岸距南天竺大岸百里。自伽藍洲行二十日至榜葛剌國，則西天竺也，一曰西印度，乃釋伽得道之所；海口有察地港，番商於此抽分云。天竺之西千五百里，有注輦國，至宋大中祥符八年，其王羅茶羅乍始遣使入貢。其使言離本國舟行七十七日，歷郍勿丹山、娑里西蘭山，至古羅國；以古羅山得名。又行七十一日，歷加八山、占不勞山、舟寶龍山，至三佛齊國；又行十八日，度蠻山水口，歷天竺山，至賓頭狼山之東西王母塚〔六三〕，距舟所將百里；又行二十日，度羊山、九星山〔六四〕，至廣州之琵琶洲，離本國凡千一百五十日，至廣州焉。今按天方國有四方寺。宋史：注輦國有四城佛寺。但注輦入朝貢真珠，以珠撒殿，與天方獅子、麒麟不同。或云天方即師子國，不可知也。

雷州控入海水路，東至海三十里，西至海一百五十里，南至海一百七十里，北至化州一百六十里海路。從海州東北陸行二十五里抵譚源，泛海至羅場，接吳川縣通江水。從吳川上水至化州三日程〔六五〕，自化州下水至海口四日程。從州東至海三十里渡海，抵化州界，地名硇洲，入思廣州，通閩、浙；從州東南陸行一百四十五里抵海，至諸番國；從州南陸行一百七十四里至遞角場，抵南海〔六六〕，泛海一程可至瓊州；從州西陸行一百五十里泛海，水路至安南諸番國。故諸番舶雖東洋、琉球等國，被風漂多至瓊州。瓊州東至海一百二十里，其南崖州，去海益近云。

黄帝時，南夷乘白鹿來獻鬯及褐裘。唐堯南撫交趾，三苗來賓。虞舜時僬僥氏來貢没羽〔六七〕，蠻夷率服。禹貢：甸服之外侯服，侯服之外「五百里綏服，四面皆分二等。三百里揆文教，接于侯服則使諸侯揆文教以治之，非全無武備也，以文爲教。二百里奮武衛」；接于要服則使諸侯奮武衛以治之，非全無文事也，以武爲主。綏服之外「五百里要服，四面皆分二等。三百里夷，夷謂東西南北之外夷也。北則冀州，「島夷皮服」；東則青州，「嵎夷既略」，萊夷「檿絲」，徐州淮夷，「蠙珠暨魚」；南則揚州，「島夷卉服」；西則梁州，「和夷底績。」二百里蔡」；蔡，放也。左傳曰：蔡，蔡叔，放罪人于夷境，如後世安置及安插之類，輕于流者也。要服之外「五百里荒服，四面皆分二等。三百里蠻，八蠻謂天竺、咳首、僬僥、跛踵、穿胸、儋耳、狗軹〔六八〕、旁春。二百里流」。流如水之去而不返也。後世罪人有長流者，視蔡爲重。

夏成五服，外薄四海，南海魚革、珠璣、大貝。商伊尹正四方獻令：正東越、漚髩髮文身，漚、越文身斷髮，東吳亦如之，故曰正東。今以魚皮之鞞、蛟瞂、利劍爲獻；鞞，刀削也。瞂與盾同。蛟謂鮫魚皮也。以飾劍口。正南甌、鄧、桂國、損子產、里、百濮、九菌，六者南蠻之別名也。甌與漚同，甌駱也。鄧，曼姓，荊南蠻峒也。桂林八樹在番禺東。損子產謂食首產子蠻也。里，音黎，今呼爲俚人。百濮見左傳。九菌未詳。今以珠璣、瑇瑁、象齒、文犀、翠羽、菌鶴、矩狗爲獻；璣似珠而小。菌鶴可用爲旌翳。矩狗，狗之善者也。正西昆侖、狗國、枳已、闟耳、貫胸、雕題、漆齒，禹貢織皮昆侖，今西洋之達葱嶺。狗，國，犬戎也。枳，與軹同，疑八蠻中之狗軹也。闟耳，即離耳也。貫胸，其人胸有竅。雕題，自南而居西洋者。漆齒，一名黑齒國。令以丹青、白旄、紕罽、龍角、神龜爲獻；丹青謂南海曾丹青于。西海有文旄。氐有紕罽，毛衣也。龜、龍亦出西海。正北空同、大夏、莎車、代、翟、匈奴、樓煩、月氏，此皆西北胡虜，並見史記、兩漢書，今韃靼、回回、色目之屬。令以橐駞、白玉、野馬、騊駼、駃騠、良弓爲獻，物產在北者見史傳。湯曰「善」。

成周王會甌人蟬蛇今臨海、永嘉，即東甌也，可見蟬蛇不出南越。於越納，納，貢也，泛言凡物皆有于越，自浙至江右皆是。且甌文蜃，今廣西駱越之地。伊尹朝獻已正東漚，則甌人也，又正南甌則駱越也。漚、甌通用。文蜃，大蛤也。共人玄貝，吳越之蠻曰共人。玄，黑也。貝，海大蟲也，今之海肥。海陽大蟹，海水之陽，今產蝤蛑之地，蓋潮州以東八閩也。自深桂，自深，南蠻名。桂，今出桂州、韶州。會稽以鼉，鼉皮可以冠鼓。蠻揚之翟，揚州之蠻。翟，山鷄也。倉吾翡翠，翡翠者，所以取羽。倉吾，今蒼梧也。翡翠，鳥羽青而有黃。南人致衆者皆北嚮。南，南越也，五嶺之南至海爲楊粵，今廣東地。

漢時朱崖南有都元、諶離〔六九〕、甘都盧、黄支等國，近者十餘日，遠至四五月程。其俗略與朱崖相類，其州境廣大，户口蕃滋，多異物。漢武帝時常遣應募人與其使俱入海，市明珠、璧、琉璃、奇石、異物，賫黄金、雜繒而往。所至國皆廩食爲耦，蠻夷賈船轉送致之。外夷珍貨流入中國始此。市舶録：劉向曰：獨檣舶深五十餘肘，三木舶深十五餘肘〔七〇〕。西域以肘爲度。

後漢光武時，交趾、日南徼外蠻來貢，馬援建銅柱。後西屠夷亦改國名哥羅，屬于扶南，自是各國名屢易矣。日南、象林蠻屢叛復降，而區憐一作區連。竟據林邑，以象林之邑名。背違中國習俗文字，漸與婆羅門同，而佛書遂至。

桓帝時，扶南之西天竺、大秦等國，皆由海南重譯貢獻，而賈胡自此充斥於楊粵矣。其貢瑇瑁、象齒、古貝、樹名，其葉盛時如鵝毳，抽以績紡，作布潔白。沉水香、土人破斷，積以歲年，朽爛而心節獨在，置水則沉，故曰沉香，不沉者曰棧香。琥珀，松脂入地千年乃成。獸則馴象、玄犀、猩猩之屬，多不可殫紀。

吴孫權遣宣化從事朱應、中郎康泰使諸番國，其所經及傳聞則有數百國。泰立記傳，謂之扶南，土俗曰蒲盧中，曰優鈸，曰横趹，曰諸薄，曰比攎〔七一〕，曰濱郁專，曰烏文，曰斯調，曰林陽，曰馬五洲，曰薄歎洲，曰躭蘭洲，曰巨延洲。其後歷代更變，非復舊名矣。

晉武帝平吴，林邑、扶南入貢。之後曰牟奴〔七二〕，曰模盧〔七三〕，曰末利〔七四〕，曰禅離〔七五〕，曰蒲都〔七六〕，曰繩余〔七七〕，曰沙樓，曰蒲林，皆昔所未聞也。

宋、齊至者，師子、毗加梨、干陀利、闍婆、蒲黄、阿羅陀、阿羅單、婆皇、狼牙、脩槃槃、頓遜等益有十餘國。

梁武帝時，婆利丹丹毗騫始通。毗騫王身長三丈，頸長三尺，自古以來不死，知神聖未然之事，其子孫則生死如常人。

隋使通赤土、致羅刹。其國在婆利之東，其人極陋，朱髮黑身，獸牙鷹爪，蓋佛書所謂長身金剛、夜叉、羅刹，即此物也。他若投和、邊斗之屬，貢于隋者益多。其負大氐金寶、香藥等物，亦有獻佛牙舍利者，皆奉婆羅門之教故也。

唐始置市舶使，以嶺南帥臣監領之，設市區令，蠻夷來貢者爲市，稍收利入官。凡舟之來，最大者爲獨檣舶，能載一千婆蘭；胡人謂三百斤爲一婆蘭。次曰牛頭舶，比獨檣得三之一；又次曰三木舶，曰料河舶，遞得三之一。貞觀十七年，詔三路舶司，番商販到龍腦、沉香、丁香、白豆蔻四色，並抽解一分。武后時都督路元叡冒取番酋貨舶，酋不勝忿，殺之。

開元初，市舶使周慶立與波斯僧造奇巧以進，劾罷，又罷遣使者之南海求珠翠者。開元四年，有胡人上言海南多珠翠奇寶，可往營致，因言市舶之利，又欲往師子國求靈藥及善醫之嫗，寘之宮掖。上命監察御史楊範臣與胡人偕往求之，範臣從容奏曰：「陛下前年焚珠玉錦綉，示不復用，今所求者，何以異于所焚者乎？彼市舶與商賈争利，殆非王者之體。胡藥之性，中國多不能知，況于胡嫗，豈宜寘之宮掖？夫御史，天子耳目之官，必有軍國大事，臣雖觸冒炎瘴〔七八〕，死不敢辭。此特胡人眩惑求媚，無益聖德，竊恐非陛下之意，願熟思之。」上遽自引咎慰諭而罷之。後於廣州設結好使，每番舶至，則審事宜以聞。文苑英華：裴次元奏廣州結好使事由奉詔書謝恩狀：「右臣伏奉某月日手詔，令臣速具前件官本末事由聞奏，臣去月日謹具某官歸本道事以聞。某月日奏官至，伏奉某月日手詔，所奏某官尋赴廣州事宜，具詳本末，想宜知悉者。臣伏以綸綍下於紫霄，明命光於滄海，榮深感極，寵洽心驚，周章失圖，懽惕交集〔七九〕。顧臣鄙劣，忝寄藩維，無補涓埃，累更涼燠，矧茲地遠，敢望恩加。日月照臨之明，無幽不燭；乾坤生成之德，在物莫遺。豈期奏報常儀，特降詔書慰撫，事逾等列，喜邁恒情〔八〇〕。伏以軒墀一違，歲序三變，謬職愧深于星琯，荷恩思拜于彤庭；厠清列于班行，戢冠劍而何日。守炎荒之遐服，甘瘴癘以嬰身；懷死節之丹誠，願生還于絳闕。每承存諭之命，更切攀戀之心。臣不勝感恩歡躍屏營之至。」

是時諸番多所更改，林邑號環王，而陸真臘亦號文單，皆嘗犯邊。元和中，安南都護張舟擊敗之，乃復銅柱以正疆埸，於是貢琛溢于王府。其後節度使馬總又鑄二柱以繼之。

貞元時，波斯、古羅二國入貢，多珍物。節度使王處休奏宣威德撫，令市易常供外一無所取，乃爲使院圖表進，其言有曰：「海門之外，隱若敵國，資忠履信，貽厥將來。」時稱得體。其後以軍興漸加市稅，太和中，文宗下詔除之。

宋開寶四年，置市舶司於廣州，以知州兼使，通判兼判官。淳化二年，始立抽解二分。凡諸番之在南海者並通貨，以金、錫、緡金易其犀、象、珊瑚、琥珀、珠琲、鑌鐵、鼊皮、瑇瑁、瑪瑙、車渠、水精、番布、烏樠、蘇木、胡椒、香藥等物〔八一〕。太宗置榷務于京師，詔諸番貨至廣州，非出官庫者無得私相貿易。其後又詔非珍奇物皆聽市，後又詔他貨之良者亦聽市其半。大抵海舶至，征其什一而給其餘價直，歲入以數十鉅萬計，縣官經費有助焉。

太平興國三年，李昌齡知廣州，廣有海舶之饒，昌齡不能以廉自守，淳化二年代還。昌齡上言：「廣州市舶每歲商舶至，官盡增價買之，良苦相雜，少利。自今請擇其良者，如價給之，苦者恣其賣勿禁。」

熙寧中，廣州市舶歲課虧折，或以爲市易司擾之，故令提舉究詰以聞，於是務官呂邈以闌取番物劾免。後以言者罷杭、明市舶諸司，皆隸廣州。

元豐三年，中書言廣舶已修定條約，宜選官推行，詔廣東以轉運使孫迥罷帥臣兼領。

大觀元年〔八二〕，復置浙、廣、福建三路市舶提舉官。杭、明仍復置司，又增一司于泉州。

三年，番商欲往他郡者，從舶司給券，毋雜禁物，其防船兵仗給之，如詣諸國法〔八三〕。船舶司鬻所市物，毋得過二分，官吏市者有禁。

政和四年，詔廣南市舶司歲貢珍珠、犀角、象齒。

建炎元年，詔市舶多以無用之物枉費國用，取悅權近〔八四〕，自今有以篤耨香、指環、瑪瑙、猫兒眼睛之類博買前來，及有虧番商者，重治其罪，皆寘于法；惟賜臣寮象笏、犀帶〔八五〕，選可者量令輸送〔八六〕。舊法：番物分麤、細二色，龍腦、珍珠之類皆爲細色，十分抽一，後又博買四分；麤色十分抽二，又博買四分。抽買既多，商人多匿其細者弗實。舊法：細色以五千兩爲一綱，麤色以萬斤爲一綱，每逢一綱則有脚乘贍家錢一千餘緡。其後部運者詭以象、犀、紫礦之類，以昌脚乘，而舊日一綱至分爲三十三綱，多費脚乘家贍錢三千餘貫。

紹興二十七年，詔廣南經略市舶司察番商假托入貢。

隆興初，臣寮以象齒、珠犀比他貨最重，請十分抽一，罷博買。

乾道初，臣寮又言福建、廣南皆有市舶，物貨浩瀚，置官提舉實宜。乾道七年，詔麤色貨物以二萬斤爲一綱，加耗六百斤，依舊支破水脚錢一千六百六十二貫有奇。南渡後經費困乏，一切倚辦海舶，歲入固不少，然金、銀、銅、鐵、錢幣亦用是漏泄外境，而錢之泄尤甚，法禁雖嚴，姦乃愈密，其弊卒不可禁。

淳熙二年，詔廣州市舶除榷貨外，他貨之良者止市其半。

元世祖嘗立提舉司，尋罷。至英宗至治中〔八七〕，遣使榷廣東番貨，乃復立之，聽海商貿易，歸徵其稅。

順帝元統六年〔八八〕，罷廣東提舉二司。至正二年，復立廣東提舉司，申嚴市舶之禁。三年，聽海商貿易，歸徵其稅。濯纓亭筆記：宋末沈敬之逃占城，乞兵興復，占城以國小辭。敬之效秦庭之哭而不得歸，占城賓之而不臣。敬之竟憂憤發病卒。其王作詩挽之曰：「慟哭江南老鉅卿，春風揾淚爲傷情。無端天下編年月，致使人間有死生。萬疊白雲遮故國，一抔黃土蓋香名。英魂好逐東流去，莫向邊隅怨不平。」夫占城以島夷知重節義如此。及元主中國，四夷抗拒，雖屢征不貢，倭奴猶曰：「汝夷也，我亦夷也，何貢之有？」我朝龍興，歸順恐後，夷狄有君，信哉！

本朝除元亂，大一統，諸番例當三年一貢，世見來王，許以互市，立市舶提舉司，以主諸番入貢。舊制：應入貢番，先給與符簿，凡使至三司與合符驗〔八九〕，視其表文方物無僞，乃津送入京。若國王、王妃、陪臣等附至貨物，抽其十分之五，其餘官給之直。暹羅、爪哇二國免抽。其番商私賫貨物入爲易市者，舟至水次，悉封籍之，抽其十二，乃聽貿易。然閩、廣姦民，往往有椎髻耳環，効番衣服聲音，入其舶，中導之爲奸，因緣鈔暴，傍海甚苦之。舊志：凡東洋交易，多用絲紵，倭國尤爲兇狠，商人畏之，回易隺頂等物。西洋交易多用廣貨，回易胡椒等物。其貴細者，往往滿舶。若暹羅産蘇木，地悶産檀香，其餘香貨，各國皆有之。若沉香，有黄沉、烏角沉，至貴者蠟沉，削之則卷，嚼之則柔，皆樹枯其根所結，惟奇南木乃沉之生結者。犀角有烏犀、花犀、通天犀、復通犀。花犀者，白地黑花。通天犀，黑地白花。復通犀，則通天犀白花中復有黑花。此皆希世之貴也。鶴頂、龜筒、玳瑁，見說可合焉。犀角不苟合，故公服以玉與犀爲帶，貴其不苟合之義也。

洪武三年五月，遣使頒科舉詔于安南、占城，以其通中國文字也。諸番莫不畏威懷德，自是朝貢不絶，亦有不及期而貢獻者。

永樂改元，遣使四出招諭，諸番貢獻畢至，奇貨重寶，前所未有，乃命内臣監鎮市舶〔九〇〕，設公館于城南水濱，後改建于郡西仙湖。今爲分守道。

三年九月，大理寺少卿聞良輔初爲湖廣副使，坐事降行人，至是奉使西南諸番，暹羅、爪哇，以至西洋古里諸國。還京奏事稱旨，擢廣東按察使。内臣侯顯、鄭和等偕行人往返，番王皆厚禮之。

四年六月，廣東布政司奏每歲海外番夷入貢方物，水路以舟楫運載，惟南雄至南安限隔梅嶺，舟楫不通，自今請用民力接運。上曰：「爲君務養民，今番貢無定期，而農民少暇日，假令自春至秋，番夷入貢不絶，皆役民接運，豈不妨其農事？自今番夷入貢，如值農務之時，其方物並于南雄收貯，俟十一月農隙，却令運赴南安。著爲令。」復顧侍臣曰：「民不失其養，雖勞之，鮮怨；民失所養，雖休之，不德。」

八月，置懷遠驛于廣州城蜆子步，創房一百二十間以居番人，隸市舶提舉司。然内官總貨，提舉官吏惟領簿而已。有當由福建而被風漂舟至者，如渤泥、本闍婆屬國，在西南大海中，去爪哇四十五日程，去三佛齊四十日程，去占城三十日程。永樂四年，其王遐旺來朝。流求，在東洋大海中，當建安郡東，水行五日而至。隋大業中，遣將率兵自義安浮海擊之。義安，今潮州也。洪武中分大、小琉球，朝貢甚恭。官生常入太學受業。每加收卹。他若喃勃利新附諸國，亦有隨舶至廣州者。

正統十年，按察副使章格巡視海道，時流求使臣蔡璇等率數人以方物買賣鄰國，風漂至香山港，守備當以海寇，欲戮之以爲功，格不可，爲之辯奏，還其貲而遣之，番夷頌德。近年流求客商有漂至瓊州者，送至廣城，僉事經彥宋加意存卹，遠人感之。

成化、弘治之世，貢獻至者日夥，有司惟容其番使入見，餘皆留停于驛，往來設燕管待，方許入城。衣服詭異，亦有帽金珠、衣朝霞者，老稚咸競觀之。椒木、銅鼓、戒指、寶石溢于庫，市番貨甚賤，貧民承令博買，多致富。

正德十二年，西海夷人佛朗機亦稱朝貢，突入東莞縣，火銃迅烈，震駭遠邇，殘掠甚至炙食少兒。海道奉命誅逐，乃出境。自是海船悉行禁止，例應入貢諸番，亦鮮有至者。貢船乃往漳、泉，廣城市貿蕭然，非舊制矣。於是兩廣巡撫都御史林富稽祖訓，遵會典，奏上得允，於是番船乃通焉。臣惟巡撫之職，莫先于爲民興利而除害。凡上有益於朝廷，下有益于生人者〔九二〕利也；上有損于朝廷，下有損于生人者，害也。今以除害爲名，併一切之利禁絶之，使軍國無所資，忘祖宗成憲，且失遠人之心，則廣之市舶是也。謹按明皇祖訓，安南、真臘、暹羅、占城、蘇門答剌、西洋、爪哇、彭亨、白花、三佛齊、浡泥諸國，俱許朝貢，惟内帶行商多行譎詐，則暫却之，其後輒通。又按大明會典，凡安南、滿剌加諸國來朝貢者，使回，俱令于廣東布政司管待。見今設有市舶提舉司，又勅内臣一員以督之，所以送迎往來，懋遷有無，柔遠人而宣威德也。至正德十二年，有佛朗機夷人突入東莞縣界，時布政使吳廷舉許其朝貢，爲之奏聞，此則不考成憲之過也。厥後獷狡，章聞朝廷，准御史丘道隆等奏，即行撫、按令海道官軍驅逐出境，誅其首惡火者亞三等，餘黨聞風懾遁。有司自是將安南、滿剌加諸番舶，盡行阻絶，皆往漳州府海面地方私自駐劄，於是利歸于閩，而廣之市井蕭然矣。夫佛朗機素不通中國，驅而絶之宜也。祖訓、會典所載諸國，素恭順，與中國通者也，朝貢貿易盡阻絶之，則是因噎而廢食也。况市舶官吏，公設于廣東者，反不如漳州私通之無禁，則國家成憲果安在哉？以臣籌之，中國之利鹽鐵爲大，山川水𤎖，仡仡終歲，僅充常額，一有水旱，勸民納粟，猶懼不蒇。舊規番舶朝貢之外，抽解俱有則例，足供御用，此其利之大者一也。除抽解外，即充軍餉，今兩廣用兵連年，庫藏日耗，藉此可以充羡而備不虞，此其利之大者二也。廣西一省，全仰給於廣東，今小有徵發，即措辦不前，雖折俸椒木，久以缺乏，科擾于民，計所不免。查得舊番舶通時，公私饒給，在庫番貨，旬月可得銀兩數萬，此其爲利之大者三也。貿易舊例，有司擇其良者，如價給之，其次資民買賣，故小民持一錢之貨，即得握椒展轉交易，可以自肥。廣東舊稱富庶，良以此耳，此其爲利之大者四也。助國給軍，既有賴焉，而在官在民，又無不給，是因民之所利而利之者也，非所謂開利孔爲民罪梯也。議者或病外夷闖境之爲虞，則臣又籌之。暹羅、真臘、爪哇、三佛齊等國，洪武初首貢方物，臣服至今。永樂時淳泥入朝，没齒感德。成化間占城被篡，繼絶蒙恩。南方蠻夷，大抵寬柔，乃其常性，百餘年來，未有敢爲盗寇者。近時佛朗機來自西海，其小爲肆侮，夫有所召之也。見今番舶之在漳、閩者，亦未聞小有驚動，則是決不敢爲害，亦章章明矣，況久阻忽通，又足以得其驩心乎？臣請于洋澳要害去處，及東莞縣南頭等地面，遞年令海道副使及備倭都指揮督率官軍嚴加巡察，凡舶之來出于祖訓、會典之所載者，密詗得真，許其照舊駐劄；其祖訓、會典之所不載，如佛朗機者，即驅出境，如敢拒抗不服，即督發官軍擒捕。而凡所謂喇嗒番賊必誅，權要之私通、小民之誘子女下海者必禁。一有疎虞，則官軍必罪。如此則不惟足興一方之利，而王者無外之道，亦在是矣。伏望皇上特勅該部熟議，將臣所陳利害，逐一參究。如果可行，乞行福建、廣東省，令番舶之私自駐劄者盡行逐去；其有朝貢表文者，許往廣州洋澳去處，俟候官司處置。如此庶懷柔有方，而公私兩便矣。**灣泊有定所**，布政司案：查得遞年暹羅國并該國管下甘蒲、石□、坤州與滿剌加、順塔、占城各國夷船，或灣泊新寧、廣海、望峒，或新會、奇潭、香山、浪白、蠔鏡、十字門，或東莞、雞栖、屯門、虎頭門等處，海澳灣泊不一。**抽分有則例**，布政司案：查得正統年間，以迄弘治，節年俱無抽分，惟正德四年，該鎮巡等官都御史陳金等題，要將暹羅、滿剌加國并吉闡國夷船貨物，俱以十分抽三；該户部議將貴細解京，粗重變賣，留備軍餉。至正德五年，巡撫兩廣都御史林廷選題議各項貨物着變賣存留本處，以備軍餉之用。正德十二年，巡撫兩廣都御史陳金會勘副使吴廷舉奏，欲或倣宋朝十分抽二，或依近日事例十分抽三，貴細解京，粗重變賣，收備軍餉。題議只許十分抽二，本年内占城國進貢，將附搭貨物照依前例抽分。至正德十六年，滿剌加國奏佛朗機奪國及進貢詐僞議，禮部議行鎮巡等官遣發出境。嘉靖五年，又該姚都御史奏稱暹羅國進貢，將陪貢附搭貨物十分抽二，以備軍餉，方物解京。嘉靖六年，該國副使坤思悦者米的利等奏稱正船並無抽分，該禮部查得會典内該國例不抽分，行回將原抽貨物退還變賣，修船歸國，遵行到今。**俸糧折色，椒木兼支**。布政司案：查得遞年止係都、布、按三司文武官員，及在省文職官吏，本司備行廣豐庫，于庫貯抽回胡椒、蘇木，計算各名下折色俸銀，每一兩内除八錢，折蘇木一百斤，尚餘二錢，折椒五斤八兩八錢八分，其餘衛所武職官吏，與夫境外各屬，則無折支椒木之例。

嘉靖中革去市舶内臣，舶至澳，遣知縣有廉幹者往舶抽盤，提舉司官吏亦無所預。

【原注】

注一　麃實名椿，爲登庸所立，改元繞元。登庸篡位後鴆殺之。

【校勘記】

〔一〕治贏婁　「贏婁」，原作「羸陵」，據宋書卷三十八州郡志四、鄭開陽雜著卷六安南考（南京國學圖書館一九三二年影印本，下同）改。

〔二〕自稱大勝王　「勝」，原作「滕」，據宋史卷四百八十八外國四、宋史紀事本末卷二交州之變（中華書局一九七七年版）改。

〔三〕女昭盛主國事　「盛」，宋史卷四百八十八外國四作「聖」。

〔四〕「命鎮南王脱懽」句　「脱懽」，元史卷二百九安南傳作「托歡」，「阿里海牙」作「阿爾哈雅」。

〔五〕自元政不綱　「不」，原作「失」，據明集禮（文淵閣四庫全書本）卷三十二賓禮三改。

〔六〕「致富貴若草杪之朝露」，「若」，原作「筦」，「杪」，原作「秒」，據全明文（上海古籍出版社一九九二年版）卷二諭安南國王陳煒伯陳叔明詔改。

〔七〕三江府領州三縣九　「九」，原作「七」。按小字注實有九縣，因改。

〔八〕或撥彼處附近有司民兵 「撥」，原作「垛」，據敷文閣本改。
〔九〕摘一所于萬寧等處設立 「萬」，原作「南」，據明文衡卷（文淵閣四庫全書本）二十七黄福奉總兵官英國公書改。
〔一〇〕萬寧二日至廟山 「二」，鄭開陽雜著卷六安南考作「一」。
〔一一〕又一日至白藤江口 「江」，鄭開陽雜著卷六安南考作「海」。
〔一二〕又南至多魚海口 「魚」，鄭開陽雜著卷六安南考作「漁」。
〔一三〕則經水旁東潮二縣 「旁」，鄭開陽雜著卷六安南考作「棠」。
〔一四〕蓋自欽州天涯驛 「驛」，嶺外代答（中國古代風俗一，黑龍江人民出版社二〇〇四年版）卷一地理門、粵閩巡視紀略（文淵閣四庫全書本，下同）卷一作「亭」。
〔一五〕控寶蛤灣至海口水路 粵閩巡視紀略卷一無「至」字。
〔一六〕州西南邊有水口六 粵閩巡視紀略卷一「州」上有「欽」字。
〔一七〕一日至思陵州 「思」，原作「恩」，據粵閩巡視紀略卷一改。
〔一八〕立思誠孫賙 「賙」，原作「睭」，據明史卷二百張岳傳改。
〔一九〕謕不能制 「謕」，原作「椅」，據上文、敷文閣本改。下同。
〔二〇〕得武氏牌文 「牌」，敷文閣本作「碑」。
〔二一〕「安南城西」句 「十六」，武經總要（文淵閣四庫全書本，下同）前集卷二十一廣南西路作「六十」。
〔二二〕「東至朱鳶界」句 「朱」，原作「宋」，據武經總要前集卷二十一廣南西路改。
〔二三〕屈璆道里記 「璆」，原作「膠」，據太平寰宇記（中華書局二〇〇七年版）卷一百六十九嶺南道十三、卷一百七十六南蠻改。
〔二四〕三重長洲　「三」，原作「二」，據水經注卷三十六温水改。
〔二五〕其城西南際山　「際」，原作「除」，據水經注卷三十六温水改。
〔二六〕東北瞰水　「水」，原作「山」，據水經注卷三十六温水改。
〔二七〕重壍流浦　「重」，原作「童」，據水經注卷三十六温水改。
〔二八〕甎上倚板　原無「甎」字，據水經注卷三十六温水案：「近刻脱『甎』字。」據此補。
〔二九〕具悉　「具」，原作「其」，據濂溪堂本、敷文閣本、白居易全集（上海古籍出版社一九九九年版）卷五十六與於陵詔改。
〔三〇〕蠻夷犯疆　原本「蠻」上有「卿」字，據白居易全集卷五十六與於陵詔改。
〔三一〕建炎三年　「三」，原作「二」，據宋史卷四百八十九外國五改。
〔三二〕天下乂安　「乂」，原作「不」，據東西洋考（中華書局一九八一年版，下同）卷十一明賜占城王璽書改。
〔三三〕「上遣行人蔣賓興」句　原無「興」字，據明史卷三百二十四外國五補。
〔三四〕是爲海運　「爲」，原作「曰」，水經注卷三十六温水案：「『爲』，近刻作『曰』。」據此改。
〔三五〕「兼各象浦」二句　水經注卷三十六温水作：「亦曰象水也，又兼象浦之名。」
〔三六〕今干縵也　「縵」，原作「漫」，據梁書五十四諸夷傳改。
〔三七〕名曰陣毯　「毯」，原作「琰」，據濂溪堂本、敷文閣本、東西洋考（中華書局一九八一年版）卷三柬埔寨、真臘風土記室女改。

〔三八〕又七日至古暹國　「古」，原作「暹」，據宋史卷四百八十九外國五改。

〔三九〕又七日至柴歷亭　「七」，原作「十」，據宋史卷四百八十九外國五改。宋史「歷」作「曆」。

〔四〇〕「又言各省」句　五禮通考（文淵閣四庫全書本，下同）卷四十八吉禮「又」下有「從禮官」三字。

〔四一〕其外夷山川神位宜分東西同壇共祀　五禮通考卷四十八吉禮「西」下有「向」字。

〔四二〕番木鼈子　「木」，原作「皮」，據明會典（中華書局一九八九年版）卷一百六朝貢二改。

〔四三〕戒飭三佛齊禮送還朝廷　「飭」，原作「餙」，據敷文閣本、明史卷三百二十四外國五改。

〔四四〕次烏諸洋　明史卷三百二十四外國五「諸」作「豬」。

〔四五〕其子參烈實昆牙　嗯哩多囉祿紹封　明史卷三百二十四外國五「實」作「寶」，「牙」作「邪」，「多」作「哆」。

〔四六〕其子三賴波磨剌札的賴紹封　明史卷三百二十四外國五「波」下有「羅」字。「剌札」，原作「札剌」，據明史及下文改。

〔四七〕尾大二寸　「二」，原作「□」，據東西洋考卷二暹羅改。

〔四八〕金戒指　「戒」，原作「界」，據明會典卷一百六朝貢二改。

〔四九〕紅地紋節智布　「紋」，原作「絞」，據禮部志稿（文淵閣四庫全書本，下同）卷三十五主客司職掌改。

〔五〇〕乍蓮花布　「蓮」，原作「連」，據禮部志稿卷三十五主客司職掌改。

〔五一〕織人象雜色紅花絲縵　「花」，原作「文」，據禮部志稿卷三十五主客司職掌改。

〔五二〕「十年命中使太監鄭和等」句　「中」，原作「正」，據東西洋考卷四麻六甲改。該書「十」作「七」。

〔五三〕二十二年三月　下「二」字原無，據明史卷三百二十五外國六、東西洋考卷四麻六甲補。

〔五四〕宣德八年　「八」，原作「九」，據明史卷三百二十五外國六改。東西洋考卷四麻六甲亦作「九」。
〔五五〕梭眼布　「眼」，原作「眠」，據明會典卷一百七朝貢三改。
〔五六〕古狼牙修也　「修」，原作「須」，據下文及明史卷三百二十六外國七改。
〔五七〕山連赤土　「土」，原作「上」，據圖書編卷五十一改。
〔五八〕可至木骨都束國　「束」，原作「東」，據明史卷三百二十六外國七改。
〔五九〕蘆薈　原作「盧會」，據明會典卷一百七朝貢三改。
〔六〇〕又一日行至古苴國　「苴」，新唐書卷四十三下地理志作「笡」。
〔六一〕其北岸則阿羅國　「阿」，新唐書卷四十三下地理志作「箇」。
〔六二〕阿羅西則阿谷羅國　下「阿」，新唐書卷四十三下地理志作「哥」。
〔六三〕至賓頭狼山之東西王母塚　「東」，原作「黄」，據宋史卷四百八十九外國五改。
〔六四〕度羊山九星山　「星」，原作「昆」，據宋史卷四百八十九外國五改。
〔六五〕「從海州東北陸行」至「化州三日程」　原作夾註，據武經總要前集卷二十一廣南西路改爲正文。
〔六六〕抵南海　「南海」，原作「海南」，據敷文閣本、武經總要前集卷二十一廣南西路改。
〔六七〕虞舜時僬僥氏來貢没羽　據竹書紀年校補（聚學軒叢書，廣陵書社二〇〇九年版）載：「（帝堯）二十九年春，僬僥氏來貢没羽。」「（帝舜）九年，西王母來朝。」
〔六八〕狗軛　「狗」，原作「拘」，據濂溪堂本、敷文閣本、廣東通志卷五十七嶺蠻志改。
〔六九〕諶離　「諶」，原作「湛」，據漢書卷二十八下地理志八下改。

〔七〇〕三木舶深十五餘肘　「十五」，海録碎事（中華書局二〇〇二年版）卷十二市舶門作「四十」。該書前無「劉向曰」三字。

〔七一〕比攎　原作「北櫨」，據説郛卷六十下康泰扶南土俗改。

〔七二〕牟奴　「奴」，原作「羅」，據晉書卷九十七四夷傳改。

〔七三〕模盧　「模」，原作「横」，據晉書卷九十七四夷傳改。

〔七四〕末利　「末」，原作「未」，據晉書卷九十七四夷傳改。

〔七五〕裨離　「裨」，原作「卑」，據晉書卷九十七四夷傳改。

〔七六〕蒲都　「蒲」，原作「滿」，據晉書卷九十七四夷傳改。

〔七七〕繩余　「繩」，原作「纆」，據晉書卷九十七四夷傳改。

〔七八〕臣雖觸冒炎瘴　「炎」，原作「災」，據資治通鑑卷二百十一唐紀二十七改。

〔七九〕懽惕交集　「惕」，原作「暢」，據文苑英華（中華書局一九八二年版）卷六百三十裴次元奏廣州結好使事由奉詔書謝恩狀改。

〔八〇〕喜邁恒情　「邁」，原作「萬」，據敷文閣本改。

〔八一〕「以金錫緡金」句　「金錫緡金」，宋史卷一百八十六食貨志作「金銀緡錢鉛錫」。

〔八二〕大觀元年　「大」，原作「文」，據宋史卷一百六十七職官志改。

〔八三〕如詣諸國法　原無「詣」字，據宋史卷一百八十六食貨志補。

〔八四〕取悦權近　「悦」，原作「税」，據文獻通考卷二十市糴考改。

〔八五〕惟賜臣寮象笏犀帶　「臣」，原作「巨」，據濂溪堂本、敷文閣本、宋史卷一百八十六食貨志十八改。

〔八六〕選可者量令輸送　原無「選」字，據宋史卷一百八十六食貨志十八補。

〔八七〕至英宗至治中　「至治」，原作「治平六年」，據廣東通志卷五十八外番志改。

〔八八〕順帝元統六年　「六」，廣東通志卷五十八外番志作「元」。

〔八九〕凡使至三司與合符驗　「使至」，原作「及圭」，據廣東通志卷五十八外番志改。原無「驗」字，據廣東通志卷五十八外番志補。敷文閣本「圭」作「至」。

〔九〇〕乃命内臣監鎮市舶　原闕「舶」字，據廣東通志卷五十八外番志補。

〔九一〕下有益于生人者　「生人」，敷文閣本作「民生」。下同。

九邊四夷備録

遼東論

周弘祖

遼東爲燕京左臂，三面瀕夷，一面阻海，山海關限隔内外，亦形勝之區也。歷代郡縣其地，國朝盡改置衛，而獨於遼陽、開元設安樂、自在二州，以處内附夷人。其外附者，東北則建州、毛憐、女直等衛，西北則朵顔、福餘、泰寧三衛，分地世官，互市通貢。該鎮總計馬步官軍九萬九千八百七十五員名，馬九百九匹，子粒二十六萬一千四百六十七石，歲運銀一十八萬五千二十四兩，米一十二萬四千六十六石，草二百四十萬五千二百一十一束，豆七萬五千二百二十九石六斗。天津海道止可達於廣寧迤西一帶，其金、復、海等處，仍以登、萊海道爲徑。

遼東夷情與諸鎮異，許氏云云矣。大意謂東北諸夷屋居火食，射獵非其所優；西北諸夷既在羈縻之屬，竊發頻多，終不敢顯然大舉。要在隨時安輯，先事申嚴，俾恩威并著，足制其心，斯計之上；而俘斬論功，則第二義也。豈知夷運亦有盛衰乎？今適值東夷運衰耳。如對盧者，足智多謀，坐摧唐甲；劾里鉢阿骨打者，沉毅勇鷙，健鬭無前，皆遼以東産也。即北狄如此輩者，指可幾屈哉？蓋白山聳秀，渤海瀠洄，鴨緑混同，左右遞相持護，山川融結，其生尤物宜矣。乃若規三岔以通上谷之徑，控金、海以擅魚鹽之饒，東據開元以爲襟，然必整理威遠、青陽，而開元之藩籬益固；北據廣寧以爲吭，然必措置臨潢、鎮静，而廣寧之形勢益張。經斯鎮者，幸無以東夷之弱而易之也。至於山海一線之關，我塞彼不可來，彼塞我亦難往。中原多事，遼東其自爲一區乎？公孫康可覩矣。

薊州論

薊，燕京左輔也，古會州地。國初即其地封寧藩，設大寧都司營州等衛，與宣府、遼東，東西並建，以爲外邊。靖難後，兀良哈部落内附，乃改封寧王於南昌，徙大寧都司於保定，散置營州等衛於順天之境，而以大寧全地與之，授官置衛，令其每年朝貢二次，每次衛各百人，往來互市，永爲藩籬，即朶顔、大寧、福餘是也。自此宣、遼隔越，聲援斷絶矣。正統以前，夷心畏服，地方寧謐。土木之變，頗聞三衛爲也先嚮道，乃命都御史鄒來學經略之。正德以來，部落既蕃，朶顔獨盛，結親迤北，累肆内侵，參將陳乾、魏祥，前後重兵陷没。嘉靖二十九年，復道虜入，直逼京都，始議添設總督軍門，駐劄薊州。總計馬步官軍七萬八千六百二十一員名，糧四十六萬八百石，荳六萬七千五百石，子粒米麥一萬三千七百七十八石六斗，布絹折鈔銀二萬兩〔二〕，綿布一十二萬一千六百餘匹，綿花絨六萬六千三百斤，草四十萬三千束。

開平陷入虜庭，大寧徙之三衛，天子自爲藩籬矣。在今日邊情，惟薊鎮爲急，規復舊疆，未敢卒言，乃若築垣固封，列兵扼險，雖過計不爲迂，過力不爲勞，過勞不爲損也。何也？所關至重也。今計其制禦之勢，大略有四焉：以冷水口爲一路，自山海關抵太平寨，而以建昌爲適中之地；以古北口爲一路，自馬蘭峪抵石嶺塘，而以密雲爲適中之地；以昌平爲一路，自渤海所抵鎮邊城，即以昌平爲適中之地；以紫荆、倒馬爲一路，自沿河口抵故關，而以易州爲適中之地。顧此關口均云要害，而古北口爲尤要。何也？蓋冷水、馬蘭，有重岡叠嶂以爲天險；紫荆、倒馬，有漁陽、上谷以爲外藩。古北口一帶，沙淤水漫，平夷曠邈，萬騎馳驟，縱横無防。然總之亦有險可據也。虜若自黄榆川而來，則必由潮河川；自磚朵子而來，則必由黄家寨；自黑谷關而來，則必由三箇嶺。顧此三處者，兩山夾峙，真我兵之戰地也〔三〕。過此不守，使賊入平原曠野，則欲戰不能、欲守不得矣。乃若陜卒入衛，始自庚戌，今歲額焉憊甚矣，括其資以募土著，不兩宜乎？當事者竟默而不言，豈以國事爲家事者哉？

宣府論

宣府，漢上谷郡。國初設開平衛，置八驛，東則涼亭、沈河、賽峰、黄厓，直接大寧，西則桓州、威虜、明安、隰寧，直接獨石。文皇三犂虜庭，皆自開平、興和、萬全出入。自大寧淪失之後，興和亦廢，而開平失援難守。宣德中，迺衛獨石，棄地蓋三百餘里。土木之變，獨石八城皆没，雖旋收復，然氣勢日微，宣府特重矣。總計本鎮馬步官軍一十二萬六千三百九十五員名〔三〕，馬六萬六千九百八十四，屯糧六萬二千三百零二石，地糧三萬一百五十三石〔四〕，種糧一十一萬五千八百八十六石，驛傳糧一萬四千三百三十三石，稻糧徵米一千一百七十九石，草二十二萬六千七百七十一束〔五〕。

宣府自東路之西海治，迤邐而西，歷北、中二路，抵西路之西陽河，爲大同界；大同東路之東陽河，迤邐而西，歷中、北二路，抵西路之丫角山，爲山西界；自山西之老營堡，迤邐而西，歷水泉、偏頭、保德州，爲黄河界，計一千九百二十里有奇，皆逼臨虜巢，所謂外險也。又老營堡轉南，迤邐而東，歷寧武、鴈門、北樓，抵平刑關，又迤邐而南而東，爲保定界；歷龍泉、紫荆、倒馬之吴王口、插箭嶺、浮圖峪、沿河口，又東北爲順天界；歷高岸、白羊，抵居庸而止，計二千五百里有奇〔六〕，皆峻山層岡，所謂内險也。兩險截然，固天之所以限華夷者。奈何邇者夷虜結陣長驅，遠掠汾、沁，全晉爲眚，邊議日興，豈其險固不足恃耶？良由法紀日弛，防範日懈，故有險與無險同。夫設險云者，因地利而紀之以人力也。内倚諸關，外增崇垣，百萬綿堞，北之金湯。任宣府者不責以戰而責以守，其不能乎？

大同論

大同，古雲中地，川原平衍，故多大舉之寇。西則平虜、威遠，中則左衛、右衛，皆稱要害，蓋虜南犯應、朔諸城必窺之路也；東則天城、陽和，爲虜入順、聖諸處之衝，而平虜西連老營，與偏關近，直逼黄河焦家坪、娘娘灘、羊圈子等處，皆套虜渡口，往來蹂躪，無虚日焉。總計該鎮馬步官軍、舍餘土兵，共五萬四千一百五十四員名；糧料、布花、屯糧、屯草，及京運年例，通共銀七十七萬五千一百八十八兩七錢五分。屯糧一十二萬七千七百二十一石，每石折銀八錢；屯草一十七萬六千四百一十一束，青草三十七萬二百一十束，每束折銀三分；年例銀七萬兩，例鹽七萬引，馬四萬六千九百四十四匹。山西起運夏秋二税糧料二十九萬一千四百七十五石，每石折銀四錢〔七〕；夏秋税糧折布一十八萬三千五百匹〔八〕，綿花絨八萬斤；草二百四十四萬四千八百五十束，每束折銀八分。河南起運小麥九萬六千石，每石折銀四錢。

唐築受降城，守在河外，漢用主父偃之策，據河爲守。國初棄置豐州，獨衛東勝，已失四面之險。逮正統以後，又復棄去東勝，大同藩籬日薄矣。且自五堡激變，撫驕軍悍卒如撫嬰兒，啼則與果，稍刺刺作聲，以軟語提携之，無復上下名分〔九〕，大同之紀綱日墜。況山川平夷曠邈，在在可通，北虜竊穴套中，時時竊發，則今日之大同，稱難守焉。若夫尋漢、唐之故跡，未敢輕言，復東勝之舊封，亦難卒辦。而補偏救弊之政，其在陽和、天城一路者，不宜專守陽和、天城，而宜分據瓦窯、永嘉、白羊、鵓鴿之險；其在左、右二衛一路者，不宜專守左、右二衛，而宜分據黑山、華皮溝、牛心、兔毛河之險；其在平虜、老營一路者，不宜專守平虜、老營，宜分據黄家山、井坪、紅門之險。乃若偏頭、寧武、鴈門三關，語其地則寧武據兩關之中，當華夷之要，爲東西之應援，實陽方、義井之門户，外接八角堡，内維岢嵐〔一〇〕，故設總府以臨之，居中調度，良有意焉。偏頭四逼黄河，與套虜僅隔水〔一一〕。蓋自渾脱飛渡以來，警報不息，然山澗崎嶇，難於大舉。老營東接平虜，至大同邊不遠，使東西聯絡，築邊固塞，且屯且守，則丫角墩而南，陽房口而東，烏用是紛紛也？舍門户而理堂室，誠不得已焉耳。鴈門當廣武、朔州、馬邑大川之衝，通忻、代、崞諸郡縣之路，虜從左、右衛而入，勢當首犯。東越廣武，則北樓、平刑皆爲虜衝；西越白草溝，則夾柳、鵰窠莫非要守，鴈門警備，於是爲急矣。

嗟乎，百孔千瘡之鎮，必得豪傑者專任之，明罰勑法，不猛不寬，漸而待之，庶有濟乎！

榆林論

榆林舊治在綏德，秦爲上郡，歷漢、隋、唐皆爲邊鎮，宋没西夏。元季章孔興據守，國朝定陝西，孔興北遁，設綏德衛，屯兵數萬守之，撥千户所，屯治榆林。成化八年，都御史余子俊廣開榆林城垣，增置三十六營堡，邊牆起黄甫川〔一二〕，西至定邊營，長亘千二百餘里，横絶河套之口。該鎮官軍四萬九千二百五十員名，馬二萬四千四百四十六匹，糧料一十八萬九千七百二十八石，民糧三千九百石，草八十八萬一千二百六十束。

余肅敏城築榆林，世多侈其績，而引以爲罪者亦間有焉。在許論則云：「襟吭既據，内地遂安。」在王越則云：「虜賊大舉，或由榆林東雙山堡入寇綏德，或由榆林西南定邊花馬池入寇固原。榆林之兵，其在東也，則以無險而不能守；其在西南也，則以路遠而不能援；其在綏德舊鎮也，則以兵寡而不能禦，則移鎮榆林者，未見其爲利也。」二氏皆以籌邊久著聲稱者〔一三〕，是非安所折衷哉？大抵移鎮榆林，包收米脂、魚河三百里膏腴之地，且東連牛心之堡，可便應援，西截河套之衝，可便耕牧，千三百里樹藝樵採圍獵之利，我軍民得擅而有之，是以地方豐庶，稱雄鎮焉。自虜據套以來，我軍之耕牧絶矣；耕牧絶，則轉輸艱矣；轉輸艱，則士伍耗矣。是榆林受病之原，乃在於失河套之初，而不在於移鎮榆林之日也。榆林之軍不患不勇敢善戰也，患其枵腹不得一飽，而復來「米珠草桂」之謡也。許氏謂陝州有河可通綏德，若計沿河郡縣，改徵本色，悉以輸之，榆林其少蘇乎？此今日之急務也。乃若亂蜂墩、野猪峽，是直衝魚河之徑，虜自此出，軍駐兵魚河〔一四〕，斷榆林、綏德爲兩矣。又東自定邊營，西抵寧夏東黄河岸横城堡三百里〔一五〕，中多平漫沙漠，虜賊大舉，多由此入。經斯鎮者，其留意焉！

寧夏論

寧夏亦朔方地，賀蘭山環其西北，黄河襟其東南，爲關陝重鎮。衛城西南一百四十里有峽山峽口，兩山相夾，黄河經其中，誠塞北一勝槩也。成化前，虜患多在西河，自虜據套以來，河東三百里，更爲敵衝。築墻畫守，始于巡撫徐廷璋，而花馬池一帶邊墻，皆總制楊一清、王瓊、唐龍增築。本鎮馬步官軍三萬七百八十七員名，馬四千一百八十四，糧米二十萬七千五百五十七石，民糧四千六百九十石，草一百三十六萬一千五百束。

國初撤受降而衛東勝，以當一面之險，後又撤東勝以就延、綏，則以一面之地當千里之衝。遂使河套沃壤，棄爲虜巢，深山大河，勢固在彼，寧夏外險〔一六〕，反在河南，而花馬池一帶，適其利涉之境，遊騎往來，無日無之，宜乎延、寧、固、靖，終歲不得以少休也。兹者復守東勝，因河爲界，東接大同，西接寧夏，使河套方千里之地，歸我耕牧，開屯四百萬頃，歲省内地轉輸，誠爲上策，顧力有未能，未敢議及。姑以目前言之，以平虜爲一路，而其險在鹽山、新興、靈武等處；以寧夏爲一路，而其險在赤水、寧化、玉泉、馬砲泉等處；以中衛爲一路，而其險在東園堡、桑遠堡、舊安寨等處；以花馬池爲一路，而其險在定邊營、楊柳堡、清水、興武、鐵柱泉、靈州等處，而靈州爲尤要。蓋靈州北臨廣套，西控大河，實寧夏之喉襟，中原之門户。靈州不守，則寧夏隔爲外境，環、固勢孤無援，無環、固，則無陝矣。此今日寧夏防禦控制之大略也。通計四路之虜情言之，花馬池爲最急，寧夏次之，平虜、中衛又次之，何也？平虜徙自鎮遠，失地百里，民利雖促，阨塞可憑；中衛偏在西隅，寧夏四百餘里，然塹山堙谷，有險足恃，分閫參遊，氣勢自別，地狹易守，責以中材，亦足辦矣；寧夏當賀蘭之衝，乃前山後山諸賊出入之徑，趙瑛、周尚文素著威名，亦曾敗績此山之下，顧今將領較二子何如哉？花馬與套虜爲鄰，沿河三百里，盡爲敵衝，是故虜窺平、固，則直犯花馬；掠環、慶，則由花馬之東；入靈州，則清水營一帶是其徑矣。築墻畫守，可禦零賊，如大舉河套，虜騎長驅，陝西用兵，無解甲息肩期矣。

又聞先總制秦紘建議，於延、寧交界，築邊塹一道，東起饒陽至徐斌水三百餘里，又西南至靖虜黄河岸六百五十餘里，通共延袤一千餘里，而地里甚遠，且清沙峴一帶，多浮沙疏土，變遷不常。地里遠，則兵分勢寡，哨守疏闊；變遷不常，則隨築隨塌，忽濬忽塞。以故節年套虜，多由青沙峴深入，安會之禍，爲鑒不遠，是舊邊之未足恃也。青沙峴以北，紅寺堡以南，周環曠阻殆數百里，水泉四五十處，草木繁茂。虜每入寇，必休息飯馬，安留旬日，呼爲小河套，萬一得志，巢穴可不慮哉？且土地沃饒，引水灌田，昔時阡陌宛然尚在，今不獲耕牧，坐失大利。雖設有紅寺堡一座，勢在孤懸，汲水甚遠，外高内下，四面受敵，外有梁家泉，虜每據水頭駐守，攻圍城堡。今以地形較之，自徐斌水舊邊外起，至鳴沙州止，共一百三十九里，比之舊邊，至靖虜黄河六百五十里者，止當六分之一，誠得其要害，守其捷徑，扼喉當關，非若迂遠之難守也；且山岩溝塹，天造地設，爲力甚易，又且堅固，可圖永久，非若沙磧之易壞也。此邊既成，所云水泉四五十處，盡括在内，胡人不得南下而牧馬，所云沃饒阡陌盡得耕墾，不下萬餘頃，招集軍民耕牧，可獲大利。是舊守在内六百餘里迂遠之難，今守在外一百二十里要隘之近；舊守浮沙疏土之不足恃，今守深溝高壘之可久，利害較然矣。

又聞寧夏瀕河當虜衝，冰合受敵，至夏始寧，故名。今虜居套中，朝夕窺伺，終歲無寧刻矣。

甘肅論

甘肅，即漢武所開河西四郡以斷匈奴右臂者。蘭州爲金城郡，過河而西，歷紅城子、莊浪鎮、羌古浪〔一七〕，六百里，至涼州，爲武威郡；涼州之西，歷永昌，四百餘里，至甘州，爲張掖郡；甘州之西，歷高臺、鎮夷，四百餘里，至肅州，爲酒泉郡；肅州西出嘉峪關，爲沙、瓜、赤金、苦峪，至哈密等處，皆燉煌郡地。洪武五年，馮勝下西河，乃以嘉峪關爲限，遂棄燉煌焉。自莊浪岐而南三百餘里，爲西寧衛，古湟中地；自涼州岐而北二百餘里，爲鎮番衛，古姑臧地。山丹、甘肅馬步官軍三萬三千八百九十四員名，馬八千九十一匹〔一八〕，糧六萬五千七百九十七石，民運本折糧布銀一十萬七千三百九十五兩一錢二分，鹽糧二萬六千八百一十四石八斗，草一百一十萬一千八十九束〔一九〕，年例銀四萬。莊浪漢土馬步并招募官軍加一萬八百五十六員名，馬三千四百六十七匹，糧料二萬三千九百一十三石，民運糧銀三萬一千九百九十一兩二錢，兼支銀四千四百四兩四錢，鹽糧一萬四千四百四十九石三斗，鹽糧銀四千六百五十兩，草二十八萬六千一百九十四束，布一萬一千一百八匹，棉花四千一百六十五斤。涼州馬步官軍一萬八百五十八員名，馬二千五百二匹，糧料四萬五千五百二十三石七斗四升，民運本折糧銀四萬一千三百九兩三錢，鹽糧一萬六千四百八十三石九斗二升，草四十一萬五千一百八十六束，年例銀三萬〔二〇〕，兼支銀三十三兩三錢七分，布一萬九千九百六十四匹，棉花八千四十五斤。

甘肅一線之路，孤懸河外幾二千里，西控西域，南隔羌戎，北遮胡虜，經制頗難。紅城當莊浪、西寧之中，可便策應，而苦水、黑山是其外護。鎮番爲涼州、永昌門户，六壩、紅紗，又鎮番要害，而長草湖一帶，尤爲入寇之衝，其地雖有險可據，但遠在涼州三百里之外，四面受敵，尤極孤危，且溥於鹽利，華夷賴之，恐爲必争之地。甘州，祁連、臙脂二山在焉，乃匈奴要地也，漢時失此山，嘗歌曰：「亡我祁連，使我六畜不蕃；亡我臙脂〔二一〕，使我婦女無姿。」國朝設行都司於甘州，而以肅州爲甘州門户，城西六十里築嘉峪關，爲肅州藩籬。關外有羈縻六鎮，即哈密、赤斤、安定等衛是也。後哈密、赤斤陷於吐蕃〔二二〕，安定破於海賊，而甘肅之門户單、藩籬薄矣。許氏云：「北虜倏去倏來，南番坐守之夷耳，惟吐魯番自兩犯甘肅之後〔二三〕，荼毒日滋〔二四〕，漸不可長。」豈知死命亦嘗在我也，何也？閉關絶貢，欲茶不得，五日渴疾不汗，死矣。當事者操其柄而善應之，不弛不猛，庶幾其有瘳乎？

内關論

龍泉、紫荆、倒馬、故關，此畿輔内邊關也，俱屬保定提督。馬步官軍一萬三千七百六十三員名，子粒米二千六十石，新增折色銀三百五十兩，餘丁三百三十名，馬四百二十二匹。

元人攻燕，勁騎搗居庸，北拊其背；大軍出紫荆口，南扼其吭。今宣、大、鴈門、蔚、朔等關，雖爲畿輔外藩，然降城、高關、東勝未復〔二五〕，外藩關鎮僅可自支，則内關亦未可恃以爲安也。蓋嘗通論四關之險：龍泉爲上，倒馬次之，紫荆、故關又次之；通論四關之勢：則紫荆爲急，倒馬次之，龍泉、故關又次之。獨論紫荆、倒馬之勢，紫荆雖負山臨河，不足以據一關之樞，西則白石口極爲平漫，堪馳十輛〔二六〕，東則馬水口外臨廣谷，内無完城，且相去紫荆四百里，倉卒有警，應援不及；倒馬則落路、吴王二口〔二七〕，均當要害，又切近茨溝等村。故今所憂者，不在紫荆正關，而在馬水、白石〔二八〕，不在倒馬正關，而在落路、吴王也。

三衛論

三衛即兀良哈，夷種也，在烏龍江南，漁陽塞北，春秋時山戎地，秦遼西北境，漢爲奚酋所據，東漢征走匿松漠間，後魏復還，號庫莫奚，服屬契丹，爲大寧路。户四萬六千，口四十四萬八千。

國初割錦、義、建、利諸州隸遼東，設都司於惠州，領營、興、會二十餘衛所〔二九〕，即北平行都司也。洪武十四年，封皇子權大寧，爲寧王。二十二年，分兀良哈爲三衛於横水之北，曰朵顔，曰福餘，曰大寧〔三〇〕，處降胡，以脱魯忽察兒、海撒男奚、阿失里爲三衛指揮使同知〔三一〕，並邊爲我藩籬。靖難初，首劫大寧兵，及招兀良哈諸酋，率部落從，有功，遂以大寧畀三衛，寧王移封南昌，徙行都司於保定，爲大寧都司。令三衛歲二貢，衛百人。東起廣寧屯，歷喜峯，近宣府，爲朵顔；自黄泥窪逾瀋陽、鐵嶺，至開原，爲福餘；由錦、義渡遼河，至白雲山，爲大寧，皆逐水草，無恒居。三衛朵顔最强，分地最險。永樂中，最親附。宣德中，入漁陽塞，上率諸軍出喜峯關，敗諸虜於寬河，誅其大酋，自是稍馴順。正統中又叛，侵盗東北諸關寨，索鹽米而已，以故喜峯、密雲間有都指揮，或都督鎮守，驗夷貢。己巳，福餘、大寧結也先爲嚮導〔三二〕，朵顔獨據險不從；也先至，不能入寨，不得利，大掠福餘、大寧人畜去。勅都御史鄒來學經略，已而設太監參將，又設總兵。景泰四年，守臣言兀良哈貢使往來不絶，爲尾刺間諜〔三三〕，詔自後役至，伴一二三人入京，餘不得輒入關。成化四年，與北虜毛里孩通，侵天城，遣都督李鐸禦之。十二年，通乩加思蘭，謀寇遼東，勅邊臣備之，然亦未敢大爲寇盗。弘治中守臣楊友、張瓊燒荒出塞掩殺，邊釁遂起。正德中，部落既蕃，陽順陰逆，屢肆侵盗。朵顔都督花當求添貢，其子把兒孫深入擄掠，動稱結親迤北。革蘭台者，花當孫也，花當長子革列孛羅早死，其弟把兒孫驍勇。十年，把兒孫入馬蘭谷塞，殺參將陳乾，遣都督桂勇討之，把兒孫遣扯禿等來言，請入貢，且獻馬贖殺乾罪，我亦幸無事，遂奏虜退班師。未幾入寇，參將魏祥全軍覆没，時把兒孫較勇，屢謀奪嫡，諸酋惡之，不相附，尋亦死。花當種人皆附革蘭台，遲之，來請嗣番官，邊臣以爲言，下兵部，令譯部落，後復許貢。革蘭台仍入寇漁陽，諸小關皆殘破。

廢東勝，則大同、寧夏不爲援；廢大寧，則遼東、宣府不爲援；以榆林援大同、寧夏，則偏頭關、花馬池等處所以孤危；以朵顏三衛代大寧，則喜峯、古北口、黄花鎮等處所以單薄。

興和論

興和，在萬全都司野狐嶺之外，其地遠望若高阜，至則又是平地，乃陰山之脊，地甚寒。過鳳凰山之西南，有沙城，又渡數岡，即至興和。元號爲中都地，宜牧馬，可樹稻麥。宣德棄興和，退守龍門，虜遂踰野狐嶺，直過宣府。其開平所轄興、恒諸州，最宜田牧，亦自宣德棄去，徙入獨石。

國家定鼎幽燕，宣府是其北輔，過野狐嶺，便爲狄境。然則棄興和，退守龍門，棄開平，徙入獨石者，豈得無罪？今日所以圖議收復以爲宣府之蔽，而奠神京萬載之安者，可容緩哉？或以爲宜令獨石、龍門、赤城、雲州諸軍，出攻開平、桓州、興州，仍以萬全、懷安等衛之兵，由宣平、德勝，踰野狐嶺，潛掠興和、中都，直抵哈剌罕，西傍橐駞之山，阻陟澗之險。俟獨石諸軍殄定興、桓之辰〔三四〕，然後畢出，徑搗雙泉海，與獨石諸軍共會開平，則兩軍合勢，威振無極，東北諸胡定矣。其開平之間，有玻璃谷之要；興和之間，有哈剌罕之險。哈剌罕者，即五雲關也。關内諸山，古稱陰山之脊，深塹澗壑，宛然天成。嗚呼！守玻璃以衛開平〔三五〕，戍五雲以固興和，大興耕牧以息轉輸，勿貪邊功以富守關之卒，則東北永以不聳，萬全勢重而燕京益壯矣。嗚呼！審時度勢，比德量力，將無待耶？

降城論

初朔方與突厥以河爲界，河北有拂雲祠，突厥犯邊，必禱祠下。適默啜悉兵西擊突騎施，張仁愿上言請乘虚取漠南地〔三六〕，於河北築三受降城，絶虜南寇路。唐休璟以爲兩漢以來皆守河南，築城虜腹中，終爲所有，不便。仁愿固請，從之。因請留歲滿戍卒助工，咸陽兵二百人逃歸，仁愿擒之，盡斬城下，軍中股慄，役者盡力，六旬而三城就。東城，漢雲中郡地；中、西城，漢五原郡地，相距各四百餘里，并據要津；又於牛頭朝那山北〔三七〕，置烽堠千八百所。自是突厥不敢度山獵牧，減鎮兵數萬。此唐人渡河置城以保河南也。

夫河南之地，沃野千里，其爲中國利甚厚，故古人重之。然其始全於趙武靈，而失之楚、漢之兵争，繼收復于漢武，而失之晋、魏之雲擾。夫破義渠，開上郡者，秦也，而陰山、高闕之塞就，則河南之要領無虞；徙豪傑實新秦者，高帝也，而朔方、金城之郡置，則匈奴之右臂斯斷。是二君者，其謀淵，其力勤，其功大，河南之地，值此可謂有遭矣。然楚、漢之兵争，而匈奴遂南；晋、魏之胡亂，而赫連竊據。豈非地里近胡，隔遠中夏，守之者難防，伺之者易入，闚之者曠時，而淪之者不終朝哉？逮夫隋城大利，唐樹思摩，其於要荒，愈不之講。仁愿此舉，壯志勃興，渡河置城，古跡頓復。夫扞堅者獸全，籬固者蔬茂，屯河外之戍以迎戰，謹沿河之燧以屯田，無事則河南之耕足以供三城之需，有事則三城之戍足以爲河南之守，可謂策之上也。論者疑其舍險不據，置城虜中，而不知兵事有進，機不容髮，退處河南，則長河與虜共之，一有警備，屯耕俱廢，已爲守之下筴矣，况進取耶？

雖然，仁愿此舉，有三可乘焉：默啜敗亡之餘，植根未深，晚歲昏悖，部衆解體，此其勢可乘也；西攻騎施，悉衆以往，曾不留守，以虞我師，此其時可乘也；唐自太宗以來，威震四夷，總管出塞，捷奏日聞，瀚海、燕然，都護布列，此其力可乘也。合三可乘，而重之以仁愿之知兵好謀，馭軍有法，版築興而役不稽期，逋逃戮而朝無異議，故能尋秦、漢之遠踪，建朐衍之長策，三城之就如一日也。雖然，開元欵塞，復處河南；元和置城，遂移天德，則在唐人已不能繼其武矣。嗚呼，豈易言哉！

安定論

洪武七年，有安定王遣使貢鎧甲刀劍，遂賜以織金文綺四匹，仍詔其酋長立爲四部，各賜以印，曰阿端、阿真、苦先、帖里。謹按安定與瓜、沙、赤斤蒙古、曲先、海西等處，皆古燉煌地，内沙州爲要。蓋其州有玉門，東倚三危，北望蒲昌，去哈密、土魯番尚八百餘里。嘉靖中安定爲海賊所陷。

漢用主父偃、張騫之計，於西河據二關而列四郡〔三八〕。我朝鑒其遠戍勞民，以邊地封付番酋，沙州徙於嘉峪。逮後戎虜猖熾，關、隴騷然，幸彼此猜疑，結連未固。我若以甘州之兵東臨罕東，又由罕東西略安定，而夾以西寧、赤刀之兵以臨沙州，而肅州屯堡之衆亦奔赴之，則東西合勢，而玉關、陽關可復。由是内開四郡之屯，外和西域之虜〔三九〕，則關、隴安枕，幽、并永奠矣。

考唐時安西、北庭之費〔四〇〕，俱取足於玉門關、陽關、柘關。外渡白馬河，西入俱毗羅阿謎城，以至思渾河、沙城，及于闐之大石城。又赤山、碎卜、賀臘、碎葉之西，有朱國、新城、頓建、阿史不來、俱蘭、税建、怛羅斯〔四一〕、史德、龜兹、達幹、疏勒、水城、段蘆、岐山、赤河、坎城、蘭城〔四二〕、胡弩、固城、吉良城、郅支、滿演、渡洲、盤陀、葦關、皮山、姑墨〔四三〕、焉耆、於術、榆林、龍泉、東夷僻、西夷僻、赤岸、安西，凡四十處。唐時置有城鎮，今皆爲番部落矣。陽關外，若蒲昌、伊盾、石城、弩支、時勒、井渡、且未〔四四〕、潘仙、悉利支、井勿遮、移祉、彭懷、東蘭，凡一十三處，亦番落也。玉門西去哈密尚八百里，其哈密、火州諸處，古有羅護、赤停、赤谷、長泉、龍泉、蜀山，凡六部。其南平、安昌、礌石、銀山、盤山、張三新城、柳岑、金沙七屯二部，俱屬土番。其瀚海、清海、神山、沙鉢、馮洛、耶勒、俱六、輪臺、張堡、烏宰、清鎮、葉河、黑水、東林、西林、弓月〔四五〕、蟄失密、伊麗，凡一十八處，唐時城堡衙署，今悉爲諸番衛帳焉。總計西域諸部，内外形便，赤停當其衝，羅護扼其要，哈密、火州、碎葉、龜兹、北庭、安西爲六十都會，今皆失於戎虜而不可復矣。尚得豪傑通敏之人，久任而責成之，練兵積粟，期以十載，搜掠河套、海西，以復降城、玉門舊塞，然後守關息民，大通互市，久之起例抽分以供戍卒，是不煩内地寸兵斗糧，而可以坐守邊關，豈特唐人能享其利而我不能哉！

哈密論

哈密在甘肅西一千二百里，漢西域、唐伊州地。武帝置河西四郡，又出玉門關通西域，置都護，以絶北虜、西番之交，當時謂之絶匈奴右臂，則今日之哈密云。成祖封元遺孽脱脱爲忠順王，賜金印，主哈密，凡西域入貢，悉道哈密譯上之。成化九年，忠順無嗣，王母理國事，土魯番阿力陷哈密，擄王母、金印去。二十年，立其國都督罕慎。弘治元年，阿力子黑麻復陷之，殺罕慎。四年，以城、金印來歸。五年，立元裔陝巴。六年，黑麻復擄陝巴金印去。八年，兵書馬文昇聞撫夷指揮楊翥熟知哈密道路夷情，遂命同肅州副總兵彭清，由南山捷徑至罕東，調蕃兵兼程往襲，會守臣皆帥兵往，師行不速，事泄，至則牙木蘭遁去，彭清追勦之，斬首六十級，復哈密空城。九年，阿黑麻復襲破哈密，遣彭澤經略之，澤以綵幣銀器誘獻城印，未幾，復叛入寇。十年，以陝巴金印來歸。十七年，哈密頭目力克合辛往土魯番，迎取阿黑麻次子真帖木兒來主哈密，陝巴知之，走瓜州，尋送陝巴至哈密。正德元年，陝巴卒，子拜牙襲。八年，哈密人來告拜牙不善主國，拜牙懼，奔土魯番。十一年，土魯番令火者他只丁牙木蘭來據哈密，且侵入嘉峪關。嘉靖三年，統衆入關，抵甘州。十一年，又以城印來歸，表辭頗驕嫚，多所挾求。兵書胡世寧建議：忠順王速擅并牙郎已自歸土魯番，雖還哈密，亦其屬夷，其他裔族，無可立者。回回米馬兒黑木之族，以其同種類，亦歸之。畏兀兒、哈喇灰二族，入居肅州已久，欲驅之出不可也。然則哈密將安興復哉？縱使有忠順王嫡派應立之人〔四六〕，朝廷與之金印，助之兵糧，誰爲守？不過一二年，即爲所擄奪也。不如閉嘉峪關，置哈密不問，不必再辱皇命，究詰城印，以中彼要索之計。如彼不肆侵擾，則許其通貢，或復爲寇，閉關絶之。尚書桂萼議亦同。朝廷從，自是不復言興復哈密云。

漢武之通西域也，自世祖閉關之後，無善策焉。我朝置嘉峪，限封建，爵哈密，樹藩籬，蓋觀其順逆之勢而通閉之，樞在我也。自夫邊城寡策（四七），哈密失守，土番入據之後，甘肅之事日煩矣。興復之計，議論無已，復之不便，棄之亦不便，何也？土番專據之勢已成，生聚教訓，屹然亦巨部也，納貢互市，覊縻之術，全鎮藉用爲休，乃欲勒兵遠舉，得乎？縱使欵塞而來，歸我城池，彼肯輕棄如脱哉？賈胡無厭之求不已，則執詞以逞，陝巴之萌孽又著矣。故以爲復之不便。哈密者，唐伊州故地，屯田舊都，非若珠崖之可捐也。國家一統之盛，珠崖盡入編户，而謂伊州外之爲可乎？天下有道，守在四夷。封哈密，封朵顔，一也，所以扼虜之吭而拊其背。哈密棄矣，遂以嘉峪爲寇門，單弱無援，而謂甘肅之孤懸爲無虞、黄河爲可恃乎？此不可棄之明驗也。故以爲棄之不便。

然則可遂已乎？曰：外户不閉，堂奥可窺；唇之亡也，惟齒之寒。不然，徙海寇歸哈密乎？一策也。不然，徙帖木哥歸沙州乎？亦一策也。或曰：窮虜可役，徙海寇便也。曰：海寇者，套虜之讐也，遺孽餘喘，又嬰以土蕃之獷悍，而謂其不北走臙脂，南走祁連，不可得也。矧夫饑則求附，飽則颺去，顧乃資望風欲逞之羽翼哉？徙海寇不便。或又曰：徙海寇，徙帖木哥一也。巢穴既成，勢難摇動，懷土重遷，情也。徙帖木哥亦未便也。曰：帖木哥，罕東藩達，内徙白城，沙州其故土也。完城沃壤，土蕃以耕獲之利，垂涎久矣，爲帖木哥者，豈能一日忘情哉？一也。近聞彼種有登石關兒望沙州，則欷歔慟哭而去，是其桑梓在念，水木本源，孰謂犬羊無人心哉？二也。番酋日事讎殺，漸覺衰弱，況又邀竊市貢，我制其命，而帖木哥之力亦足與之抗，三也。海寇依附四夷，議昬議援，而彼族有紅帽兒者，相與觭角，則其所念在彼，所避在此，昭然矣，四也。内徙迄今方二十年，其故老猶存，召而諭之，給以糧餉，假之聲援，則其墳墓、廬舍、田園，舊思勃然矣。若曰事體重大，遲回十數年之後，則壯者老，老者死，後來冷落鄉關之念，機會斷不可圖，五也。故以爲徙帖木哥便。帖木哥徙矣，銷内變，植外禦，控吐番，捍肅鎮，則沙州形勝，西陲之扼塞在焉，又何以哈密爲哉？

主事陳綰與遼東撫巡諸公書

夫遼東之荒極矣，弊關切近，觸目劌心，愧不能上鄭俠之圖〔四八〕，亦嘗抱鄰父之憂，而竊爲議之矣。

今之所謂救荒者，非請發内帑乎？非悉發官廩乎？非勸借富民乎？夫請發内帑，則大工鼎興，司農每每告匱，年例之外，恐不能多發矣。悉發官廩，則遼之廩庾，所積者幾何？勸借富民，則自霖雨壞蓋藏，達虜掠屯堡，富者轉而爲貧矣。今之所恃以濟遼人之急者，惟關西糴買一節耳，然薊、永一帶，歲本不登，加以沿邊糴買軍餉，則其所以資遼東者，誠所謂以升合之水救涸魚也。近以薊、永少米，而遼人糴買者多，則有商販之徒，轉市山東之粟，自天津等處下船，徑抵豐臺鎮。遼人有力者從此轉搬，無力者止赴山海，攜數十百文而覓升斗於商販人之手。夫米價本已騰貴，加以轉展接買，大者驢馱車輦，小者背負手提，盤桓中途，計車脚之費，浮於米直，然亦止可達廣寧以西耳。遼陽以東，不惟隔三岔河，而平陸溝渠，車牛莫達，其所仰給者，惟金、復等處及黄山一帶些須之産，而關西之米，踰河而東者絶少。夫轉輸不通，糴買無從，則米價日增，貧民雖月散數金，不過鎰爲銖用，無益也。説者以爲海禁少寬，使天津、直沽之船不抵豐臺鎮，而得抵三岔河，則不惟廣寧以西可濟，而遼陽以東豈至踣斃如今日哉？夫救荒如救焚溺，論事若持權衡，海禁固不可弛，然與活遼東千萬人旦夕之命者孰重？夫從權以濟一時之急，而年豐之日，禁復如故，是從權以活千萬人之命，而禁復在也，庸何傷？

夫遼鎮之所以隸山東者，本以通海道也。成化以前，禁例未行，凡文移之往來，花布鈔錠之解送，皆取海上捷徑，故有無得以相通，緩急得以相濟。自禁例一行，而公私船隻盡廢，究其所以，不過杜絶逃軍之路，又或以爲泛海恐引外夷也。夫欲絶逃軍，亦惟嚴爲盤禁已耳。若倭夷自劉江望海堝之捷，其不至遼東者且百餘年，就慮其至，不過遠哨望、謹烽火而已。即如江南時有倭寇，豈能使江海之間不行隻艘乎？此所謂失火之家，不火食之計也。嗚呼，使遼境而常時和年豐、道路無梗也則可，萬一山海、寧前咽喉一線之地少有阻隔，則遼境不爲孤懸絶域乎？即今虜窺衢路，轉輸萬難，則咽喉之不塞者，直一間耳，其可不爲寒心哉！

且登、萊二府，去金、復等州，不浹日而近。考之會典，正統年間，登州衛猶存海船三十餘隻，自海道既廢，船亦無存。夫登、萊阻山依海，商賈不行，其地有羨粟而無厚售，設若少寬其禁，使金、復之人得以泛海貿易〔四九〕，則一葦航之，而遼陽以東皆可獲濟，其與廣寧以西輦輸關內之粟者，勞逸奚啻十倍也！誠欲設爲防範，則嘉靖二十一年，撫、按嘗奏添邊備僉事駐金州矣，今建議復添，亦無不可。不然，則專責守備等官，時爲督察，當亦不至於滋奸而長弊。就使有之，較諸今日脱巾枵腹，恐恐然慮蕭墻之變者，利害不有間乎？夫斗米六百錢〔五〇〕，人相食不顧，此其時何如時也？而猶泄泄然守懲噎之過計，忘燎眉之急圖，愚竊以爲過矣。夫惟仁人君子，切痌瘝之念而不惑於拘攣之議，當必有以處此者，生其曷容贅哉？

遼鎮通海議

郭造卿

嗟夫，謀國者之難也！有志者事竟成，亦在學識何如。蓋山海、居庸二關，稱口外以居謫戍，防關一也，有難易焉。居庸不得入關，逃之草地而已。遼防爲難者，北于屬夷，東于高麗，而又渡海歸内地，故不設州縣；編民一以衛所制之者，萬户管千，千户管百，節制易明，逃絶可稽也，故不加有司，設巡檢，恃其衛所以束伍耳。自束伍漸廢，則逋島越海者多矣。初巡檢之設于內有司地者，自山海關而西南有樂亭之新橋，迤南滄州之長蘆一帶〔五一〕，至于東萊，碁置星羅，凡逃軍逃囚，及出百里，無引必獲，逋島越海者而能入內地否耶？且船有定規，渡海雙桅千料，非官不得造，而民漁不得渡，其防倭出海等哨又嚴，此自廣寧以至廣東，沿海萬里皆然也。然遼東雖爲口外，實與山東爲一省，可嚴禁其往來、阻絶其生理乎？故因運花布而造船百隻，借此以通貿易，使之公私兩便耳。夫君行令，臣行意。違禁下海者罪，令也；附官船往返者，意也。識能達此，乃爲知務。不然，花布幾何，而用船百隻哉？劉兵備議花布用折色從關起解者，其未知存羊之意乎？惟陳苑馬之議爲優，若可破倭患逃軍之説也。然倭患未可爲永絶，今且未暇論之。欲絶逃軍，須復巡檢遼岸，税法雖詳，內地或失之疎，船既通而禁弛，則何岸不可登哉？

故爲今策，先由官造或千料海船五隻，或四百料鑽風十隻，往必由旅順官驗文引而始準，至必由登州官驗文引而始準，無文引者、獲有文引而不歸者，罪及于其所給，以慎通行之端。海禁既通，則遼易爲生，山東沿海之人且有逃入遼者矣。即遼之餘丁自足以補伍，何待於清勾而禁其逃亡哉？不一二十年間，或造三十如正統，或造百隻如洪武。內地巡檢悉復其舊，即民船編號亦可以通行，而帆檣雲集日盛，雖倭患亦可備也。惜今之陳言者，不學古而入官耳，初制不知，率意妄引，廟堂尋例，亦弗深考，拘攣廢閣，良可深喟。夫借花布爲名折色由海而解，彼豈不樂于一日夕之程，而乃由數千里之闊哉？復之有名，造之自官，則登州都司設之可也，不設亦可也，惟巡檢不復舊，則無所不逋焉。鎮内恐虛，則徵咽而廢，不久復禁矣，其能雲集日盛而如閩、浙、廣海乎？故復巡檢之制，雖迂而且微，其關係遼海，實非細務也。

若欲使船永通而不廢，又有若迂而大者，繼此十餘年即可以復行，則士子應試是矣。國初渡海登科者，遼鎮于山東，瓊府于廣東也。瓊無陸路，至今如故，遼于嘉靖十年奏改從順天者，海道既塞，陸路懸遠，往返六千餘里，裹糧挾策爲難。初以京闈解額有拘，乃與德州衛屬順天者對易，人情事體兩便。今海道如通，則應試如舊，其海不遠于瓊崖，士子有不樂從乎？遼人登科者少，而酌歷登之數，增山東試額之外，偶贏不踰額，不足勿取盈可也。花布既由此解，科舉又從此行，則海道永可無廢，皆陳言所未及者。

昔古北沿邊橋議起于不肖，而戚都護游閩、越，故知其必可成。今欲通此道，亦惟海濱人知之。若復山東之應試例似瓊海，又何疑乎？况舊制之廢未幾，豈遠于情事哉？

薊鎮火藥議

郭造卿

薊鎮經畫臺墻規制，俱出于戚少保，但東路有慊耳。彼時當道者不與之同謀，後雖稍易，未能盡如其畫耳。今惟改其失險，補其未備，不至于多費，而零賊可防也。若備通川，大舉水口，大者既橋，小者次第而繕，十年不輟，斯畢矣。其守邊之具雖設，既備而不得當虜，未試之用，孰卜其堅瑕？若最得力者，惟銃爲神威，在敵臺隍塹間，當之則無不轟烈，恐用不如法及不適宜耳。其剳營所恃，有車可發虎蹲等砲。然此初製，因譚襄敏誤解偏箱爲單面，少保曲就而成之，後則改之爲難，今亦不必廢之。但如其法，爲老營而藏人馬糗糧，夜鳴刁斗爲衛，亦有足之城也。若以追逐決戰，何所須之？故近改爲兩輪輕車，凡五十餘輛，而專用手銃，推挽五六人，然而渡水踰嶺，尚不利于險隘，置在南兵營，或可爲步兵出奇用耳。

若鳥嘴等銃，人可挾而發，一發甫畢，諸矢畢集，施倭則宜，禦虜或格。歷試而等必爲戰具，惟百子銃可以常用。舊制其筒尚短，出不甚遠，無力耳。今倘從新妙製，益精其技，亦制虜之勝算也。蓋虜所恃弓矢，我不能當，然矢雖如雨，可以善避，惟茲一發，避之罔措，加之以百蔑不亂矣，一也。彼鏑齊鳴，其響不震，鏃雖至利，氣不辟易。此則烟障其目，而聲鼓其耳，焇衝其口鼻，鋒穿其骨肉，矧雖鐵石，無不糜爛，二也。兵不用多，惟選其精，則手握一子，可當鳥嘴一人，千銃齊發，當萬不啻矣；且節制易明，聯校不雜，三也。兼此而用，惟有火箭，輕而易携，巧捷其架，射高及遠，從天而下，仰首瞬目之不暇，臂指其何所施乎？必無所不防，則無所不寡，雖有百萬之衆，亦無不撓亂，四也。他之爲利，未暇枚舉，求切務加意者，則在所以用之耳。

夫用之以步，使齊立爲壘，彼不能撼，亦可必恃。但人初習，未嘗經虜，介胄則重而難行，無蔽實難于進止。用之于馬上，則我騎遇虜，馬多驚避而奔回，人反爲其所累，且手動摇，難以準持藥于眼而不精，擎身于掌而不固，或至于自傷，況兼顧轡勒而手力不專，即馬奔騰而前，亦無施之矣。故必用單輪輕車，急，一人可舉前皮盾以爲正箱，兩旁如翼即爲偏箱，行而則合，止而則開，必巧其製度，或可摺疊，或可舒斂，如元人之法。酌量以開銃孔，上即火箭之架，是堅韌而且輕，一人即可以將之，而四銃手協往。兼火箭百枝，未陣而加一人挽之于箭而易行，交鋒則一人把之于後而直立，四人更番而發，每發並偶，火箭間之，而待乎再裝。是一車可蔽五人，即束伍之法也。十車爲一隊，而隊長則快騎以便其調度；十隊爲一局，局總則小戎兼良馬以百而備乎前追，奇伏于是乎出焉；十局爲一部，部將則元戎兼良馬以千而備乎後繼，輜重于是乎在焉。合二將爲萬人而統之以大將，如是而十萬則統之以元帥，加之以良馬錯出其中，即可横行匈奴，犁庭掃穴可也。行則驅大車之先，止則環大車之外，如馬隆之用鹿角入虜地而藉以爲營。蓋鹿角之于車，猶火箭之于銃也，列方圓隨機而應以伺賊之至，必不動爲主，則手精而足堅，志固而膽壯矣。虜雖有冒頓之令、樓煩之藝，騎射無所施，不避我千步之外乎？不犯則守，乘機而動，犯則齊發。彼既敗北，而後騎兵蹂之，銃車隨而至。彼以其矢，我以其銃，彼以其馬，我以其車，彼止則我進，彼進則我止，彼長無所恃，我短不必用，以守則無慮，以戰則無敵，此百勝之陣、萬全之策也。

今人未覩其利，惟先計其費，即與之計，其省亦多矣。蓋車一，今可爲十，即加以十銃及火藥、火箭，不過一馬價直，芻料之資及其上鞍轡介胄之類耳。惟專心致志，精巧畢萃，則虺隤之馬可減，而不至于歲豢；老弱之卒可汰，而不容于歲蠹；冗敝之器可簡，而不煩于歲繕。積其餉以待乏，可使壯士無不飽；縮其工以善用，可使選鋒無不鋭，一轉移之間，實撙節之方。今姑陳其大略，如車編砲編成，則如視諸掌，可抵掌而談矣。

河套

雍人曰：河套舊名析支、渠搜，又名新秦中，又名朔方郡地。其週迴六七千里，其土肥饒，可耕桑。三面阻河，虜難入寇而我易防守，故自古帝王及我皇明皆保有其地，以内安外攘而執其要也。百十年來乃失之，使胡虜巢穴其中，譬之門庭之内容狐鼠焉，如之何其不乘墉穴壁而耗所蓄也？封疆大臣，誠能昭吾明德以壓服其心，脩吾武備以掃除其衆，則經綸之學，可于此而顯行，由是以紹即叙之烈，亦庶幾焉耳。故詳圖其地于前，備説其事于後，末以管見附焉。

河套地沿革略

唐虞爲析支、渠搜地，今考寧夏東北，河水遇山，析爲二枝處，有析枝城。水經曰：「河自朔方東轉，經渠搜縣故城北。」蓋近朔方之地。書曰：「織皮：崑崘、析支、渠搜，西戎即叙。」是也。

周爲朔方地。詩云：「天子命我，城彼朔方。」是也。

春秋爲羌戎所居。

秦爲縣四十四，號新秦中。始皇三十三年，命蒙恬斥逐匈奴，收河南地，以陰山爲塞，築四十四縣城，徙臨河謫戍以充實之。築邊因山險谷谿繕補，起臨洮，至遼東萬餘里。恬嘗居上郡以統治之。王恢曰：「累石爲城，樹榆爲塞，匈奴不敢飲馬于河。」應劭曰：「新秦者，始皇遣蒙恬得其河南造陽之北地千里甚好，乃爲築城郭，募内郡貧民以充實之，謂之新秦中。後秦亂，其地没入匈奴。」

漢爲朔方郡。武帝元朔二年，遣衛青取河南地，主父偃言河南地肥饒，外阻河，請城之，省轉戍，廣中國，滅胡之本也。上用偃計，立爲朔方郡，募民徙者十萬口，復繕蒙恬所築塞，因河爲固，領縣十，曰三封、朔方、脩都、臨河、呼遒、窳渾、渠搜、沃野、廣牧、臨戎。其後霍去病擊敗匈奴，昆邪王殺休屠王降漢〔五二〕，自是隴西、北地、河西胡寇益少〔五三〕，減北地以西戍卒半。四年，置南都尉治。元狩二年，山東大水，徙其貧民于關西、朔方、新秦中七十餘萬口，皆仰給縣官，使者分護，費以億計。

東漢亦因之，領城六，曰臨戎、三封、朔方、沃壄、廣牧、大城。

晉亦爲朔方郡。後晉亂，姚興以赫連勃勃爲安北將軍，鎮朔方，僭稱天王，築城建都于此。

後周爲朔州。周武帝自河曲、靈夏有蕃戎部落，立朔州以統之。

隋置勝州、榆林郡。煬帝築長城，東至紫河，西距榆林。車駕幸榆林，突厥啓民可汗來朝于此地。隋疆域北至五原，北境惟至于河。

唐爲朔方軍經略軍〔五四〕。太宗貞觀四年，李靖破突厥于陰山，張寶相禽之。通典曰：「太宗納温彦博議，置餘種于河南、朔方之地。」綱目云：處突厥降衆，東自幽州，西至靈州。柴紹亦破匈奴，奪得河南之地，因置州郡以領之。高宗調露元年，以降突厥置魯州、麗州、含州、塞州、依州、契州，以唐人爲刺史，謂之六胡州。武后長安四年，並爲匡、長二州。中宗神龍二年，置蘭池都督府，分六州爲縣。玄宗十年，復置魯州、麗州、塞州。十年，遷胡人于河南及江淮間。二十六年，還所遷胡户，置宥州。宥州本漢三封縣地，及延思等縣。天寶中，改寧朔郡，後寄理于經略軍。憲宗元和十五年，復置宥州於長澤縣，隸夏綏銀節度使。唐末拓拔思恭鎮是州，討黄巢有功，賜姓李，有銀、夏、綏、宥、静五州之地。

宋太宗太平興國中，李繼捧納國，復爲王土，後陷于趙德明。真宗時，有唐龍鎮，地居險峻，東至黄河二十里，河之東曰東躔，河之西曰西躔，騎兵所不能及。蕃部有來、義二族，嘗持兩端，事契丹及夏國。後爲契丹所破，二族來歸，朝廷憫其窮而欵塞優容之。仁宗景祐中，爲夏所併。今廢，在河套。

元滅夏，宥州廢。至元八年，立西夏中興等路行尚書省以隸之〔五五〕。

皇明洪武初，撥綏德衛千户劉寵屯榆林莊，莊北由河套直至黄河千有餘里。正統中，虜入河套擾邊，特勅右府都督王楨鎮守，始奏築榆林城及沿邊塞堡墩基以控制之。成化七年，巡撫王鋭奏置榆林衛。八年，巡撫余子俊奏築大邊城，東自延綏黄甫川，北距河，西至寧夏紅山堡下，至黄河四十里。弘治間，總制秦紘築二邊城，北爲河套，東自黄甫川，南距河，西過乾澗，又西過徐斌水，又西過青沙峴，又西過靖虜衛，又西北至花兒岔。乃後大邊城西紅山横城堡側，虜數入，總制楊一清西距河，東接大邊，築新城，凡四十餘里。後大邊城内清水至定邊營一帶，虜復數入，總制王瓊西距乾澗、乾溝〔五六〕，北過定邊，又西過花馬池北，又西過興武營，北接新邊城，築二百三十餘里。後花馬、定邊營所地鹻城惡，虜復數入，總制唐龍中改築城四十餘里。後乾澗、乾溝虜復數入，總制劉天和北起乾溝，西過乾澗〔五七〕，接二邊，築六十餘里，總三百里許，號新大邊城。總制楊守禮初修邊墻四十里，以北皆爲河套地。

河環套地序略

按水經：河水北經富平縣故城西〔五八〕。富平，即今寧夏。又北，薄骨律鎮城。城在河渚上，赫連果城也，在靈州東北。又逕典農城東。世謂之胡城，又北逕上河城東，世謂之漢城。薛瓚曰：「上河在富平縣。」即此。馮參爲典農都尉，屯此以事農。又東北逕廉縣故城東。王莽時爲西河亭。又東北逕渾懷障西。地理志曰：「渾懷都尉，治塞外者也。後魏太和初〔五九〕，三齊平，徙歷下民居此，去北城三百里。」又東北歷石崖山西。去北城五百里。又北過朔方臨戎縣西。又北有枝渠。枝渠東注以溉田。又北屈而爲南河出焉。河自靈州北行，至此始折而東向矣。又屈而東流爲北河。河分流，析枝城在此。東逕高闕南。史記：趙武靈王襲胡，自代並陰山下，至高闕爲塞。山下有長城，其山中斷，望若闕焉。古今常置重捍以防塞道。漢元朔四年，衛青敗右賢王于高闕，即此處也。又自臨河縣東逕陽山南，與南河合。南河上承西河〔六〇〕，東逕臨戎縣故城北，又東逕臨河縣南，又東逕廣牧縣故城北，又東逕都尉治，逕流二百里許，始相合矣。漢書注曰：「陽山在河北。」史記曰：秦使蒙恬擊胡，渡河取高闕，據陽山。即此。又南逕馬陰山西。又東南逕朔方縣故城東北。詩所謂「城彼朔方」是也。漢元朔二年，衛青取河南地爲朔方郡，使校尉蘇建築朔方城，即此。又自朔方東轉，逕渠搜縣故城北。地理志曰：「朔方有渠搜縣，中部都尉治，王莽之溝搜亭也。」又東逕稒陽城南〔六一〕。其城南面長河，北背連山，秦始皇逐匈奴，並河上以東屬之陶山，築亭障爲河上寨。徐廣曰：「陶山在五原北。」又東過臨沃縣南。王莽之振武也。又東流，石門水南注之，枝津出〔六二〕。石門水上承大河于臨沃縣，東流，北溉田，南北二十五里。又東逕塞泉城南。又東過雲中楨陵縣南〔六三〕，沙南縣北，從縣東屈而南，過沙陵縣西。河自高闕東行至此，始折而南流。又屈而南流，白渠水注之。水出塞外，西注沙陵湖。又有芒湖水，南逕鍾山，山即陰山，東西千餘里，單于之苑囿也。自孝武出師攘之漠北，匈奴失陰山，過之，未嘗不哭。又南過赤城東。又南過定襄桐過縣西。河水於二縣之間，有君子濟，漢桓帝幸榆中、代地，洛陽大賈賫金隨帝後行，夜迷失道，以金與津長，津長封還之。卒，其子尋求父喪，發塚舉尸，資費一無所損，以金悉以與之，津長亦不受。事聞，帝曰：「君子也。」即名其津焉。濟在雲中城西南二百餘里。又東過西河圁陽縣東。西河郡，漢武帝元朔四年置，王莽改曰歸新。圁水出上郡白上縣圁谷，東逕其縣南。地理志曰：「圁水出西河郡，東入河。」又南，諸次之水入焉。水出上郡諸次山，東逕榆林塞，世又謂之榆林山，即漢書所謂「榆溪舊塞」者也。自此迤南，河入陝西葭州地矣。

河套地廣袤略

河套東至山西偏頭關地界〔六四〕，西至寧夏鎮地界，東西二千餘里；南自邊墻，北至黃河，遠者八九百里、六七百里，近者二三百里，惟黃甫川稍近。川南焦家坪，兩岸夾山，冰先合後泮；及娘娘灘、羊圈子渡口，交冬冰堅。故胡虜率其衆，或自坪，或灘，或渡口以入套。元史河源附録朱思本曰：「自洮水與河合，又東北流過達旦地，凡八百餘里；過豐州西受降城，折而東流，過達旦地、古天德軍、中受降城、東受降城，凡七百餘里；折而正南流，過大同路，又西南入陝西榆林衛境。然河源東北流，所歷皆西番地，至蘭州，凡四千五百餘里，始入中國。又東北自寧夏過達旦地，凡二千五百餘里，始入河東境内也。」

河套山川

犁元山。在東古城南。牛心山。在黄羊城東。海子山。在石堖山城東。駱駝山。麥垛山。在省嵬城東北。月兒海子。在牛心山東北。紅鹽池。在蓮花城東南。長鹽池。在蓮花城西。北海子。在白城子東。佛堂寺溝。在鴛鴦湖東。鴛鴦湖。在佛堂寺西。啞把湖。在駱駝山東。卯孩水。在派三，俱北入于河。紫河。後世謂之紫河汊地。石崖山。山文有戰馬之狀。陽山。在河北。馬陰山。在河東北。

河套古蹟

富平故城。在省嵬城西北。鄆懷鄣。在忻都城東北。朔方臨戎縣故城。在啞把湖北。臨河縣故城。在高闕東。河目縣故城。在河南。朔方郡城。在河南。渠搜縣故城。在朔方郡城東。西安縣故城。在渠搜縣東。河陰縣故城。在西安縣東。沙南縣故城。在河陰縣東。唐龍鎮。在勝州境，東至黄河二十里。洪門鎮。夏州地。唐邠寧節度使張獻甫築洪門鎮城，置兵以防番寇。宋太宗雍熙中廢夏州，其地屬趙德明，號洪州。石堡鎮。在本延州西邊鎮塞。宋仁宗至道中陷于元昊，號龍州。東古城。在犁元山北。金宿城。在犁元山西北。石牌樓。在沙嶺兒東。連城。在沙嶺兒西。東勝州。在河北。武花城。在沙壕西。尅留運城。在武花城西北。紅城子。在月兒海東南。黃羊城。在牛心山西北。林州城。在黃羊城西北。古城子。在海子山東。石瑶川城。在海子山西。蓮花城。在紅鹽池西北。白城子。在北海子西。交城子。在白城子西。狄青牢。在佛堂寺東。佛堂寺。在鴛鴦湖東。乂罕腦兒城。在駱駝山西。忻都城。在乂罕腦兒城西。舊花馬池。在忻都城西北。峯城兒。在舊花馬池西。省嵬城。在麥垛山西北。雞鹿塞。在朔方盛渾縣西北。

河套物產

鐵出麥垛山。鹽出長鹽池。紅鹽出紅鹽池。良馬出紫河。隋時貢獻。酥油草牛馬食之肥壯。

按河套之地，大河外環，此天地設險以界華夷之所。虞、夏叙貢，未嘗外焉。自是以來，凡中國盛時，咸有其地。我皇祖時亦然，嘗設立將士，阻河以守，蓋因天地之險，帝王之軌，防外虞，靖中夏也。後委之，俾胡虜巢穴于內，因而侵犯我鄙，幾無寧歲，失矣。昔秦取其地，募內郡貧民充實其中，然政教不聞，故卒没入匈奴。漢武時復取其地，立朔方郡縣，募民徙者十萬口；及山東大水，徙其貧民于中者又七十餘萬口，自是隴西、北地、河西胡寇益少。然當其時，皆仰給縣官，使者分護，費以億計，其後政教未聞，亦終没入匈奴。今内郡民十室九貧，有無産有家之民，有無家有身之民，豐歲尚多缺食，稍值饑饉，則易於爲亂，故白蓮、赤眉之徒，一唱輒和者如蟻。往歲流賊横行海内，頃假虜屢蠢山西，皆此輩也。保釐大臣誠請旨招募，并諸鑛洞壯士，悉收蓄之，稍加訓練，皆精兵也。夫然後授以妻室，以漸自南而北，按周官井田之法，給以斯地，凡爲邑爲丘爲甸，悉如周制，但洫澮稍深廣之。其廬舍爲堡，久之食裕，做西戎雕房之式爲之可也。其始授田，給費半載，若種黍時授田，給以四月之費可也。農暇則訓以孝弟忠信之道，師律戰陣之法。如是三年，可使有勇知方；十年，則岐周之政可復，匈奴將喙息遯逃不暇，又何侵犯之足虞哉？然此特大略而已，若夫大綱小紀舉而張之，以合時宜，以不失先王之軌，以盡經綸之道，則在當路君子云。

西域

雍人曰：西域，自古内屬之國也。其民皆城郭宫室而居，耕而食，織而衣，非若匈奴遷徙無常，水草是逐，不耕不織，射獵爲生，盗竊爲心者比也，故其人猶可施以政教焉。燉煌亦西域地也，方政教行時，其賢才輩出，與三輔無異，可以西戎言耶？蓋人之心性本同，使所業又同，政教又同，則其賢才之出，何獨不然？若夫匈奴與我謀食既殊，其心必異，殆猶矢人與函人然，亦胡能同之哉？是故先王嘗外之。于西戎則施以政教，此即叙之績所由底也。今考燉煌即沙州衛地，哈密去沙州僅三百里，故亦燉煌地。此外諸域，舊稱哈密地圖，其極邊又有巡檢公署，及漢人村落屋廬數處，是昔嘗内屬之域也，故悉圖而志之，以俟政教君子思繼即叙之烈者，其有所稽焉。

西域土地内屬略

西域瓜、沙、赤斤、哈密諸衛，古流沙、三危地，餘皆荒服，總三十六國，皆在匈奴之西，烏孫南。南北有大山，中央有河，東西六千餘里。東則接漢玉門、陽關，西則限以葱嶺。諸國大率土著，有城郭田畜。

唐虞時率教興事，禹貢所謂「西戎即叙」者是也。

三代盛時咸賓服，貢其方物。周書紀「西旅底貢厥獒」，亦其一也。其後方物不至。

漢武帝時，張騫使西域，始復通中國。其後霍去病擊破匈奴右地，降渾邪休屠王，及李廣利伐大宛之後，西域多遣使貢獻。於是東自燉煌，西至鹽澤，往往起亭障。宣帝始命鄭吉都護南北兩道，於是徙屯田于北胥鞬〔六五〕，披莎車之地〔六六〕。元帝置戊己二校尉，屯田于車師前王庭，自酋長將相至侯王，俱佩漢印綬，而康居、大月氏〔六七〕、安息、罽賓、烏戈之屬，皆以絶遠不在數中。其來貢獻，則相與報，不督録總領也。至王莽時，四邊擾亂，與中國遂絶，並復没屬匈奴。

後漢明帝命將北征匈奴，取吾廬地，置宜禾都尉以屯田，遂通西域于闐諸國；明年復置戊己校尉。章帝不欲疲敝中國以事夷狄，乃迎還戊己校尉，不復遣都護，復罷屯田，匈奴因遣兵守伊吾地。和帝永元初，竇憲大破匈奴，掩擊伊吾，破之。三年，班超遂定西域。因以超爲都護，居龜茲，復置戊己校尉，於是五十餘國悉納質内屬，其條支、安息諸國，至于海濱，四萬里外，皆重譯貢獻。及班超被徵，以任尚爲都護，尚性嚴急，過于苛細。安帝初，西域盡叛，詔罷都護。自此遂棄西域，北匈奴即復收屬諸國，共爲邊患。燉煌太守曹宗請出兵進取，不許。自是但令置護西域副校尉，居燉煌，羈縻而已。順帝永建初，班超子勇復擊降焉耆，于是龜茲、疏勒、于闐、莎車十七國皆來服從，而烏孫、葱嶺以西遂絶。六年，帝以伊吾舊膏腴之地，傍近西域，匈奴資之以爲鈔暴，復令開設屯田如永元時事，置伊吾司馬一人。

自魏及晉中原多故，西域朝貢，不過三數國焉。

後魏太武時，董琬使西域還，且言其地爲三域；自葱嶺以東、流沙以西爲一域，姑墨以南、月氏以北爲一域〔六八〕，兩海之間、水澤以南爲一域。三域之内，諸小渠長蓋以百數。其出西域更有四道：自玉門、流沙西行二千里至鄯善，爲一道；自玉門度流沙，北行二千二百里至車師，爲一道；從莎車西行一百里至葱嶺西，千三百里至伽部，爲一道；自莎車西南五百里至葱嶺，西千三百里〔六九〕，至波路，爲一道焉。於是貢獻者十有六國。

隋煬帝大業中，相率而來朝四十餘國，帝因置西戎校尉以應接之。自燉煌西出玉門、陽關，涉鄯善，北通伊吾千里；自伊吾北通車師前部高昌壁千二百里；自高昌壁北通車師後部金蒲城五百里〔七〇〕，此其西域之門户内地，故漢戊己校尉更互屯焉。伊吾地宜五穀、桑麻、葡萄，又柳中皆膏腴之地，故漢帝與匈奴争車師、伊吾以制西域。至隋，有商胡雜居，勝兵千餘人，附于鐵勒，人甚驍悍，厥田良沃。隋末内屬，置伊吾郡。屬天下亂，又臣突厥。

唐貞觀四年，以頡利破滅，遂舉其屬七城來降，因列其地爲西伊州，同於編户。厥後武威軍總管王孝傑大破吐蕃，復龜茲、于闐、疎勒、碎葉四鎮。自是諸國朝貢，侔于前代矣。

宋景祐初，爲夏元昊所陷，盡失河西之地。

元太祖滅夏，仍于燉煌故地置沙州路總管府，而以瓜州隸焉。至於西北諸國，如阿里麻里，即唐所謂北庭者，遣皇子北平王鎮之。別失八里諸國，置新站三十，而授八撒察里虎符，掌別失八里、畏兀城子里軍站事，置元帥府以總之。太宗甲午年，命諸王拔都征西域欽察，破之，括其户口。至元七年，詔遣劉好禮爲吉利吉思、撼合納、謙州、益蘭州等處斷事官，即于此州修倉庫，置傳舍，以爲治所。而西北諸國，無不臣服矣。

及我皇明初革元命，一統寰宇。洪武五年，宋國公馮勝兵至河西，元守臣掠人民遁入沙漠，遂掠至嘉峪關，而置甘肅等衛。洪武、永樂中，因關外諸番内附，復置沙州、哈密、赤斤、罕東、阿端、曲先、安定、苦峪等衛，授以指揮等官，俱給誥印，羈縻不絶，使爲甘肅藩蔽。後因諸番入貢者衆，皆取道哈密，乃即其地，封元之遺孽脱脱者爲忠順王，賜以金印，使爲西域襟喉。凡夷使入貢者，悉令哈密譯語以聞，而西域諸國之虚實向背，悉賴以傳報。由是諸番唇齒之勢成，而華夷内外之力合，邊境寧謐，餘八十年。哈密之人凡三種：曰回回，曰畏兀兒，曰哈剌灰，皆務耕織，不尚戰鬭，脱脱善撫之，國殷富。成化九年，土魯番速檀阿力王侵哈密，虜王母、金印以去，哈密三種皆逃來甘州，朝廷慮其變，移置苦峪、赤斤等處。成化十四年，速檀阿力王死〔七一〕，其子速檀阿黑麻立〔七二〕。守臣謂其國易主，請乘間封王遣之。二十年，乃選哈密王母外甥畏兀種都督罕慎者，封爲忠順王，遣使送入哈密。弘治元年，阿黑麻詐執罕慎殺之，朝廷璽書切責。四年，乃以城池金印來歸，守臣具聞，復求忠順子孫安定王姪名陜巴者。五年，封爲忠順王，遣使護送之國。六年，阿黑麻復虜陜巴、金印以去，遂據哈密地，轉掠罕東等衛，詐稱精兵一萬，欲取甘州城以居。朝廷乃遣左僉都御史許進巡撫甘肅以經略之，於是購誘奄克孛剌、拜迭力迷失諸番族，將協力進取。阿黑麻頭目牙蘭聞風遁去，阿黑麻聞之，乃怨牙蘭而歸罪諸夷教誘者。弘治丁巳，遂以陜巴、金印來歸，且遣使入貢，上許之，降勅與阿黑麻，令滌慮自新，而差官護送陝巴及苦峪人入國。於是哈密復興，番衛底定，邊關無警，西域咸通。是後哈密地率爲土魯番占據，我師至則爲哈密，暫定師返，輒復據之云。

正德間，番人寓亦虎先與其甥米黑兒馬黑麻以貢獻事，誣陷甘肅文武大臣入獄。時錢寧、江彬用事，二夷人者，或享大官之饌于刑部，或從乘輿餕珍膳于會同館中，或同僕臣卧起，而大臣則桎梏幽囚而已。時禮部主客主事有梁焯者，廣東人也，每以法約束二夷，二夷謂人曰：「天顔可即，主事乃顧不可即耶？」二夷或馳馬于市，或入朝就審，嘗睥睨朝臣有若無之狀。嘉靖初，乃移就陝西獄訊鞫，蓋始就大辟焉。

西域土地人物略

嘉峪關西八十里爲大草灘。其北廣而多草。灘西四十里爲回回墓。以地有回回三大冢，故名。迤北爲鉢和寺，寺西五十里爲柴城兒。墓西二十里爲扇馬城〔七三〕。中有二水北流。城西三里爲三顆樹。以地有三樹，故名。樹西三十里爲赤斤城〔七四〕。即我皇明所設赤斤衛處也。迤南二十里爲小赤斤。赤斤西百五十里爲苦峪城。即我皇明所設苦峪衛處也，東有河城，中有三墩〔七五〕。迤北五十里爲王子莊。苦峪西二十里爲古墩子。墩西有塔。墩西六十里爲阿丹城。西北有河，河北爲羽即戎卜隆吉兒〔七六〕。阿丹西南三十里爲哈剌兀速城。其西北爲叉班城，哈剌兀速、叉班間有河。哈剌兀速西南百里爲瓜州城。瓜州西六十里爲西阿丹城。其叉班西南五十里爲卜隆吉兒城，卜隆吉兒西南□□□□〔七七〕，會于西阿丹。叉班之西、卜隆吉兒之北，其□□□□力〔七八〕，爲提乾卜剌察提兒、卜剌額尖乜、大羽□□〔七九〕，□□路爲□赤贍求〔八〇〕，爲垣力〔八一〕，爲哈喇哈剌灰。又□□□□西阿丹城〔八二〕，西爲兀兀兒禿，爲牙兒小剌陳〔八三〕，□□□□剌〔八四〕，迤北爲王子莊，樹西北爲哈剌灰，爲召□□□〔八五〕、□失虎都〔八六〕，爲俄偏肖，爲阿亦〔八七〕，爲卜兒邦，爲哈卜兒葛，爲賽罕。西阿丹西二百里爲沙州城。即我皇明所設沙州衛處，古所謂流沙地也。城西爲虎木哥城，爲答失虎都，爲牙卜剌，爲哈失卜剌，西北爲阿子罕，爲阿赤，爲引只克，爲哈密頭墩，爲羽木脱云〔八八〕，爲乞兒把赤，爲克兒革乜思。沙州西三百里爲哈密城。城東有河，河上有橋，有水磨。城北三十里爲速卜哈剌灰，南三十里爲畏兀兒把力。哈密西十里爲阿思打納城。城北五十里有卜古兒，卜古兒西五十里至阿打納城，又西爲也帖木兒〔八九〕，又西五十里爲剌木城，又西有把兒海□〔九〇〕，□□□□把兒山〔九一〕，西又有雙山兒，有□鉢和寺城。城西五十里至哈剌帖乩，其西北爲剌木城，剌木至哈剌帖乩□十里〔九二〕。自哈剌帖乩而西，有察黑兒，有川中雙泉城，入西百里有中中泉，又西百里有雙泉兒墩。阿思打納西爲把兒思闊，又西爲脱合城兒，又西爲北昌，又西爲魯珍城兒。城南有剌上，有蘆菱芋墩，有懶真城，有半截土墩，有巴思闊山。魯珍北爲羊黑城兒，又西五十里爲哈剌火者，又西五十里爲我答剌城。城西百里爲土魯番。回回種，田産各色果品樹木。西北有委魯母。土魯番西二百里爲俺石城兒，城南有俺鼻城兒，北有撒剌池。又西五十里爲蘇巴失，北有免真城兒。又西二百里爲昆迷失。其南有白山兒，其山東至俺鼻城，行六日，其北有池，有昌都剌城。昆迷失西二百里爲阿剌木，又西百里爲叉力失城。叉力南有他林河。叉力失西百里爲哈剌哈失鐵城，其南□卜城兒〔九三〕、扯力昌城，北有苦他巴城兒、黑松林河。又西百里爲瀼巴泉，又西百里爲黑水泉。泉北有察力失城、丁城、兒泉、兒河，其南爲扯力昌城。泉西百里爲雙山兒城，又西百里爲獨樹城兒。城北有兀馬河及撒力瀼巴河，西有一晝夜川。獨樹西百里爲察力察井，井北有火炎山。又西二百里爲淤泥泉。泉南爲蕘列牙城兒，其城東至扯力昌城，行八程。泉西百里爲察兀的河。其河南北俱與山相接。河西百里爲榻子河。其河亦南北。與山相接。榻子河西十里爲古克兀城，城北有雅思雅阿城，南有滂池。又百里爲苦先城，又西百里爲西牙河城。城北有雙山關，有阿思馬力城，西北有迤西闊海子，西有沙的郎哈，西南有花蛇河，南有赤剌店。西牙河西三百里爲阿黑馬力城。城西南百里爲土力苦扯城。其城東至擺城四十里。土力苦扯西北百里爲阿速城。三城相連，周環山水。阿速西二百里爲阿亦地里城，城北有也列河，南有阿丹城，西有泉。又西百里爲克力賓城，城南有二回回墓及黑玉河，北有石店子。又西百里爲乾泉，又西百里至大井。井南有三簗城。大井西二百里爲北長店子，其南有乾羊城兒，北有石城兒。又西二百里爲土臺泉。其地土臺上有一泉，故名。其南有拾木石干城。泉西二百里爲桐河，其南爲牙力干城，北又有石城。又西五十里爲石子泉。泉西爲把力站，南爲店子井，北爲養泥城兒。其城東至石城，行八程。泉西二百里爲河西丁城。城南有鎖河城兒，東南有海子。河西丁北二百里爲亦的哈馬城。城西南爲哈失哈力城。城西五十里爲失哈力城，其南有米兒阿都剌城，其西有河，有民運。民運南爲也力灰，爲黑沙納思，爲哈扎，民運北爲黑失哈城。又西爲尚力，又西三百里爲我撒剌，其西南爲討墩巴失，西北爲賽蘭城。又西五百里爲土剌城，其城形圓，四外屋廬羅之，中有王子一人住，回回不纏頭，帶白羊毛帽，不種田，喫魚羊肉馬乳。又西七百里爲牙思城。有纏頭回回，出羚羊角帖角皮〔九四〕。牙思西四百里爲也失卜。其南有巴速兒，有打下你俺的速，北有他失干城。也失卜西三百里爲亦爾乞咱打班，其南有大熱水泉、黑冰泉，有亦可速巴，北有黑石城，有賽蘭城。又西二百里爲亦乞咱打班，又西爲把力干城，城南爲哈剌界，爲阿必打納思、乞亦咱、撒剌思、咱力沙、亦乞咱力。又西五百里爲俺的干城，城北有馬兒黑納。又西七百里爲我失城，城南有懶闊，有馬答剌撒，有火者阿力，東有郎努古力。又西三百里至馬都城。其城引水七派，灌于其中。南有高山，北有沙兒黑納。馬都西南五十里至砍的把丹。其西有咱力都，有罕都，有撒力赤剌牙。砍的把丹北三百里爲黑寫歪，其西北爲虎帖城，虎帖西四百里至阿懶答。又西三百里至阿力砍打思，其南有兀魯雨尊，有阿拜即力姐民[九五]，有雨六七[九六]，有水磨。其西北三百里爲阿懶答，阿懶答西北爲阿速脱。又西爲亦卜剌城，其四面俱水，出沙糖。其南有答黑答奔，有的火者，有昆都思，有剌巴的末兒咱亦卜剌，有哈兒斤，有哈沙打，有户倫城，有速兒哈，有盼黑的，其北有鐵門關，有克力干城，有把黑里城，有失巴力城，有俺的灰城。又西爲黑樓城，至赤戲旦黑豬黑答蘭城兒四百里，出獅子、西馬、哈剌苦木、金銀、寶石、綾錦、各色果品、青紅、綿花、白紙，種田。其南有巴巴沙忽，有赤戲黑豬黑答蘭城兒，有剌巴的剌阿力阿城，東北有馬力城。又西爲阿倫城，城東有失黑山河。又西爲火者阿都阿剌黑鑾城，城南有失黑山，西北有剌叭的城。又西爲阿力伯。有纏頭回回。其南有阿剌都伯，有失黑，有阿力店子。阿力伯西爲雜民城。城南有阿思民。雜民西五百里爲普哈城，有回回，種田，出果品，養蠶。撒馬罕克在城住。其南有剌巴子火馬里麻撒力瓦思，北有卜剌撒瓦剌思，有克力干城。又西五百里爲撒馬兒罕城，有纏頭回回，出獅子、哈剌苦木、大騾子、寶石、金銀、鑌鐵、魚牙、把刀、帖角皮，養蠶，出瑣瑣、葡萄、各色果木、撒黑剌、綿花、銀鼠、青鼠、豹皮、剪絨單。其北有阿力城，有望日樓。又西五百里爲失剌思城，有纏頭回回，種田。又西三百里爲高山，其南有山，北有馬士力，西北有撒子城兒。撒子城西北爲把黑打帖。又西爲把答山城，出青金石。其南爲西河城，北爲阿沙巴力。又西一千五百里爲怯迷城，有王子外邊住，有四族番漢，出金子、金鋼鑽。其南有牙兒打兒，有阿巴的納都。又西爲新旦城，有纏頭回回，種田，出各樣果品。其南有巴答力山城，有回回，種田。有阿力伯城，有回回，出金子、寶物。又西四百里爲孛思旦城。有回回，種田，養蠶，出各樣果品。其南爲阿力阿伯城，中有回回；爲俺的灰城，中有纏頭回回，出五穀，又爲黑者沙平城兒。孛思旦西五百里爲亦思他剌八城。有纏頭回回，種田，出稻米，養蠶。其南爲盻的干城，出鑌鐵、獅子、哈剌；又爲巴巴沙葱城；又爲户倫城，有回回，種田，出葡萄；又爲剌巴的咱兒、答及剌叭的迷城兒、剌巴的打爾斤。亦思他剌八西六百里爲失剌思城，有纏頭回回，出魚牙把刀，有院，有樂人，有各色果品，有長流水。又西行五日至亦思城，有纏頭回回，屬帖乱列思管，出瑣幅各色綾段、好手巾、花氊子、阿味（九七）、阿芙蓉。其南爲阿巴的納都打剌木用城、馬失卜城、剌巴的扯帖兒瀼都兒城、剌巴的米納牙。其西北俱大川，路行十餘日。又西八百里爲鎖力旦城。有纏頭回回，種田，出黑狐子。其南爲苦蘭城，有回回，種田，出稻米。其北爲亦的城。鎖力旦西爲阿即民城，四面環以屋廬，有小王子，屬帖乱列思管。出鑌鐵、黄羊、木梳、各色果品、阿味。又西爲帖乱列思城。有王子，纏頭，種田，出各樣花氊。東至阿力旦城，行六日。其東南爲頞力城兒，其東北爲紐札城兒。又西行四箇月爲苦思旦城，有纏頭回回，種田，出各樣樹木。其東南爲也爾的，其西有水磨。又西爲沙密城。有纏頭回回，出各色果品、瑣瑣、葡萄、哈剌骨馬。又西行一箇月至把黑旦城，其城引水七派灌其中，有回回一千家，出獅子、哈剌苦木、金線豹、三梭花布、手巾。其南爲大土城，北爲陝西斤城。又西爲也的納城。有纏頭回回一百，不出産物，種田。又西百里至飯店兒。又西行六程至天方國。其城二重，有出家回回，在城住，餘皆進城禮拜。其南有架子井，北有阿思納城、天方國。西行十五程爲迷乱力城。有纏頭回回，種田。又西至牙瞞城。有髮黑回回，出瑪瑙、琥珀、犀、羊、布、各色綿花。又西爲文谷魯城，俱漢兒人，蓬頭帶帽兒，種旱田，出珊瑚樹、眼鏡石，上有七樣花草。城東有河，舟楫以渡。又西爲阿都民城，有回回，種旱田，出花手巾、各色果品。又西爲也勤朵思城，其城四隅環以屋廬，周迴有水，水有舟楫。俱漢兒人，蓬頭帶帽兒，種稻田。出撒黑刺鑌鐵刀、各樣果品。又西爲撒黑四塞，其城二重，俱漢兒人，蓬頭帶帽兒。出烏木、銀木、白紫垣木、各樣藥材。又西爲哈利迷城，有纏頭回回，多養羊馬，種旱田。有水磨，出黄葡萄及各色果品。又西爲阿的納城，屬魯迷城管，有回回，種糜子，出綿花。又西爲菲即城，其城二重，有王子，俱漢兒人，剪踪被髮帶帽兒。種稻田，養蠶，織金蟒龍撒黑刺剪絨氈，出金子、黑石、珍珠。又西爲安各魯城，有纏頭回回，種旱田，出瑣服各樣三梭旱子⿰羊周⿰羊呂羊毛織褐子〔九八〕，出大瑣瑣葡萄。城西距山，山上有巡檢司。又西爲可台城，有纏頭回回，種旱田，出白綿花、夏布，山下出西天紅花。城西有河□〔九九〕，有二水磨。又西爲孛羅撒城，有回回，種旱田，出各樣果品。又西有海，中有船，載千人，糧飯可用三箇月，備用盔甲什物。又西爲魯迷城。其城二重，有自立王子，有纏頭回回及漢兒人，有通事。種旱田，不出物產。東至孛羅撒一千二百里。

紀行

張參議耀卿

歲丁未夏六月初吉，赴召北上，發自鎮陽，信宿過中山，時積陰不雨，有頃開霽，西望恒山之絶頂，所謂神峯者。聳拔若青蓋然，自餘諸峯，歷歷可數。因顧謂同侶曰：「吾輩此行，其速返乎？此退之衡山之祥也。」

翌日出保塞，過徐河橋，西望琅山，森若劍戟，而蔥翠可挹。已而由良門、定興抵涿郡，東望樓桑蜀先主廟；經良鄉，度瀘溝橋，以達于燕。

居旬日而行，北過雙塔堡、新店驛，入南口，度居庸關；出關之北口則西行，經榆林驛、雷家店，及於懷來縣。縣之東有橋，中横木，而上下皆石；橋之西有居人聚落，而縣郭蕪没。西過鷄鳴山之陽，有邸店曰平輿，其巔建僧舍焉。循山之西而北，沿桑乾河以上，河有石橋，由橋而西，乃德興府道也。北過一邸，曰定防水，經石梯子，至宣德州。復西北行，過沙嶺子口及宣平縣驛，出得勝口，抵扼胡嶺下，有驛曰孛落。自是以北諸驛，皆蒙古部族所分主也，每驛各以主者之名名之。

由嶺而上，則東北行，始見毳幕氊車，逐水草畜牧而已，非復中原之風土也。尋過撫州，惟荒城在焉。

北入昌州，居民僅百家，中有廨舍，乃國王所建也；亦有倉廩，隸州之鹽司。州之東有鹽池，周廣可百里，土人謂之狗泊，以其形似故也。州之北行百餘里，有故壘隱然，連亘山谷。壘南有小廢城，問之居者，云此前朝所築堡障也。城有戍者之所居。

自堡障行四驛，始入沙陀。際陀所及，無塊石寸壤，遠而望之，若岡陵丘阜，然既至，則皆積沙也。所宜之木，榆、柳而已，又皆樗散而叢生。其水盡鹹鹵也。

凡經六驛而出陀，復西北行一驛，過魚兒泊。泊有二焉，周廣百餘里，中有陸道達于南北。泊之東涯，有公主離宮之外垣，高丈餘，方廣二里許，中建寢殿，夾以二室，背以龜軒，旁列兩廡，前峙眺樓，登之頗快目力。宮之東有民匠雜居，稍成聚落，中有一樓，榜曰「迎暉」。

自泊之西北行四驛，有長城頹址，望之綿延不盡，亦前朝所築之外堡也。自外堡行一十五驛，抵一河，深廣約什滹沱之三，北語云翕陸連，漢言驢駒河也。夾岸多叢柳，其水東注，甚湍猛。居人云中有魚，長可三四尺，春、夏及秋捕之，皆不能得，至冬可鑿冰而捕也。瀕河之民，雜以蕃、漢，稍有屋室，皆以土冒之，亦頗有種藝，麻、麥而已。河之北有大山曰窟速，吾漢言黑山也。自一舍外望之，黯然若有茂林者；迫而視之，皆蒼石也，蓋常有陰靄之氣覆其上焉。

自黑山之陽西南行九驛，復臨一河，深廣加翕陸連三之一，魚之大若前狀〔一〇〇〕，捕法亦如之。其水始西流，深急不可涉，北語云渾獨刺，漢言兔兒也。遵河而西行一驛，有契丹所築故城，可方三里，背山面水，自是水北流矣。

由故城西北行三驛，過畢里紇都，乃弓匠積養之地。又經一驛，過大澤泊，周廣約六七十里，水極澄澈，北語謂吾悮竭腦兒。

自泊之南而西，分道入和林城，相去約百餘里。泊之正西有小故城，亦契丹所築也。由城四望，地甚平曠，可百里，外皆有山，山之陰多松林，瀕水則青楊叢柳而已，中即和林川也。居人多事耕稼，悉引水灌之，間亦有蔬圃。時孟秋下旬，麻麥皆槁〔一〇二〕，問之田者，云已三霜矣。

由川之西北行一驛，過馬頭山，居者云上有大馬首，故名之。自馬頭山之陰轉而復西南行，過忽蘭赤斤，乃奉部曲民匠種藝之所。有水曰塌米河，注之東北。又經一驛，過石堠。石堠在驛道旁，高五尺許，下周四十餘步，正方而隅，巍然特立于平地，形甚奇峻，遥望之若大堠然，由是名焉。

自堠之西南行三驛，過一河，曰唐古，以其源出于西夏故也。其水亦東北流。水之西有峻嶺，嶺之石皆鐵如也；嶺陰多松林，其陽帳殿在焉，乃避夏之所也。

迨中秋後始啓行，東由驛道過石堠子，至忽蘭赤斤，山名，以其形似紅耳也。東北迤邐入陀山。自是且行且止，行不過一舍，止不過信宿，所過無名山大川，不可殫紀。

至重九日，王師麾下會于大牙帳，灑白馬湩，修時祀也。其什器皆用樺木〔一〇三〕，不以金銀爲飾，尚質也。

十月中旬，方至一山崦間避冬，林木甚盛，水皆堅凝，人競積薪儲水，以爲禦寒之計。其服非毳革則不可，食則以羶肉爲常，粒米爲珍。比歲除日，輒遷帳易地，以爲賀正之所，日大宴所部於帳前，自王以下皆衣純白裘，三日後方詣大牙帳致賀禮也。

正月晦，復西南行，二月中旬至忽蘭赤斤，東行及馬頭山而止，趁春水飛放故也。

四月九日，率麾下復會于大牙帳，灑白馬湩、什器亦如之。每歲惟重九、四月九，凡致祭者再，其餘節則否。

自是日始回，復由驛道西南往避夏所也。大率遇夏則就高寒之地，至冬則趨陽暖薪木易得之處以避之，過以往，則今日行而明日留，逐水草便畜牧而已。此風土之所宜，習俗之大略也。

僕自始至迨歸，遊于王庭者凡十閱月，每遇燕見，必以禮接之，至於供帳、衾褥、衣服、食飲、藥餌，無一不致其曲，則眷顧之誠可知矣。自度衰朽不才，其何以得此哉？原王之意，出於好善忘勢，爲吾天子之道而設，抑欲以致天下之賢士也。德輝何足以當之？後必有賢于隗者至焉。因紀行李之本末，故備識之。

戊申夏六月望日，太原張德輝謹識。

王惲汎海小録

日本蓋倭之別種，惡其名不雅，乃改今號。其國在洋海之東，所屬州六十有八，居近日出，故曰日本。國王一姓，宋雍熙中已傳六十四世，中多女主，今所立某氏云。

大元至元九年，上遣祕監趙良弼通好而國，次對馬島，拒而不納。十七年己卯冬十一月，我師東伐。明年夏四月，次合浦縣西岸，入海東行，約二百里過拒濟島，又千三百里至吐剌忽苫，倭俗呼島爲「苫」，又二千七百里抵對馬島，又六百里踰一岐島，又四百里入容浦口，又二百七十里至三神山。其山峻削，羣峰環繞，海心望之，鬱然爲碧芙蓉也；上無雜木，惟梅、竹、靈藥，松、檜、杪羅等樹；其俗多徐姓者，自云皆君房之後。君房，徐福字。海中諸嶼，此最秀麗，方廣十洲記所謂海東北岸扶桑、蓬丘、瀛洲，周方千里者也。又説洋中之物，莫鉅於魚，其背鬣矗然山立，彌亘不盡，所經海波，兩坼不合者數日。

又東行二百里，艤志賀島下，與日本兵遇。彼大勢結陣不動，旋出千人，逆戰數十合者，凡兩月，我師既捷，轉戰而前，呼聲勇氣，海山震盪，所殺獲十餘萬人，擒太宰藤原、少卿弟宗資，蓋前宋時朝獻僧裔然後也。兵仗有弓刀甲，而無戈矛，騎兵結束殊精，甲往往以黃金爲之，絡珠琲者甚衆，刀製長極犀鋭，洞物而過，但弓以木爲之，矢雖長不能遠。人則勇敢，視死不畏。自志賀東岸前去太宰府三百里，捷則一舍而近，自此皆陸地，無事舟楫。若大兵長驅，足成破竹之舉，惜哉！志賀西岸不百里，有島曰毗蘭，俗呼爲髑髏，即我大軍連泊遇風處也，大小船艦多爲波浪揃觸而碎，唯句麗船堅得全，遂班師西還。是年八月五日也。

往返凡十月。省大帥欣都、副察灰、次李都帥牢山、次宋降將范殿帥文虎，總二十三，南一十三。隋、唐以來，出師之盛，未之見也。

日本

日本，古倭奴國。天御中主都筑紫，號大倭王。傳二十三世〔一〇三〕，彦瀲尊第四子神武天皇，自筑紫入都太和州强原宫，仍以倭爲號。迄漢桓、靈，倭奴作亂，歷年無主。有一女子名卑彌呼，年長不嫁，以妖惑衆，乃共立爲王。在位數年，死，宗男嗣，國人不服，更相誅殺，立卑彌呼宗女，國遂定。逮唐咸亨初〔一〇四〕，賀平高麗，稍遂夏音，惡其名不善，乃更號日本，蓋取近日始升之義。

以疆域言之：東南大海中依山島爲居，西南皆距海，東北隅隔以大山，廣袤四面各數千里。東北山外歷毛人國、文身國，約七千餘里；南到侏儒國，約四千餘里；西循一支，正北望躭羅，渡百濟，到樂浪，約一萬二千里。以州郡言之：所都有山城、太和、河内、和泉〔一〇五〕、攝津五州，共統五十三郡，故曰五畿。畿外所部東海道有伊賀、伊勢等十四州〔一〇六〕，共統一百一十六郡；南海道有伊紀、談路、河波、讃耆、伊豫、土佐六州，共統四十八郡；西海道有豐前、豐後、筑前、筑後、肥前、肥後、日向、大隅、薩摩九州，共統九十三郡；北陸道有若狹、越前、加賀、能登、越中、越後、佐渡七州，共統三十郡；東山道有通江〔一〇七〕、美濃、飛驒〔一〇八〕、信濃、上野〔一〇九〕、下野、陸奥〔一一〇〕、出羽八州，共統一百三十二郡；小陽道有播麽〔一一一〕、美作、備前、備中、備後、安藝、周防、長門八州，共統六十九郡；山陰道有丹波、丹彼、徂馬、因幡〔一一二〕、伯耆、出雲、石見、隱伎八州〔一一三〕，共統五十二郡，故曰七道。又有一伎島、對馬島、多褹島，各統二郡，故曰三島。其屬國有五十餘，如新羅、百濟，皆屬焉。

洪武四年，國王良懷遣僧祖來朝貢〔一一四〕。七年，復來，以無表文，却其貢〔一一五〕，僧人發陝西、四川各寺居住，著爲訓，絶不與通。三十五年，復來，詔定爲期十年一貢。成祖嗣位，國王皆受册封，或三年，或五年，貢無定期。正德四年，南海道刺史右京兆大夫細川高國强請勘合〔一一六〕，遣使宋素卿貢〔一一七〕。正德六年，西海道刺史左京兆大夫大内藝興强請勘合，遣使省佐貢。嘉靖二年，各道争貢，國王又值嗣立幼冲，不能制，大内藝興遣使宋設謙道，細川高國遣使瑞佐、宋素卿交貢，舟泊寧波港，互相詆毁，宋設謙道等讐殺宋素卿伴從，追至紹興，地方騷動。二十七年起，益肆猖獗，閩、廣、浙、直徧受其患。

倭奴鄰三韓而國，故名韓中倭，後自惡其名，更號日本。在東南大海中，依山島而居，地方數千里。

爲畿五：曰山城，曰大和，曰河内，曰和泉，曰攝津。共統五十三郡。

爲道七：曰東海，有伊賀、伊勢、志摩、尾張、三河、遠江、駿河、伊豆〔一一八〕、甲斐〔一一九〕、相模、武藏、安房、上總、下總、常陸十五州，共統一百六十郡。曰南海，有伊紀、淡路、河波、讚耆、伊豫、土佐〔一二〇〕六州，共統四十八郡。曰西海，有筑前、筑後、豐前、豐後、肥前、肥後、日向、大隅、薩摩九州，共統九十三郡。曰東山，有通江〔一二一〕、美濃、飛驒〔一二二〕、信濃、上野、下野、陸奥〔一二三〕、出羽八州，共統一百二十二郡。曰北陸，有若狹〔一二四〕、越前、越後、加賀、能登〔一二五〕、越中、佐渡七州，共統三十郡。曰小陽〔一二六〕，有播磨〔一二七〕、美作、備前、備後、備中、安藝、周防、長門八州，共統六十九郡。曰山陰。有丹波、丹彼〔一二八〕、徂馬、因幡、伯耆、出雲、石見、隱伎八州，共統五十二郡。

爲島三：曰伊岐，曰對馬，曰多褹。各統二郡。總計三千七百七十二都〔一二九〕，四百一十四驛，八十八萬三百二十九課丁。

土產：白珠、青玉、金、銀、銅、鐵、瑪瑙、硫黄、丹土、野馬、山鼠諸物。

大倭王以王爲姓，歷世不易，初號天御中主，居筑紫日向宮〔一三〇〕；其子號天村雲尊〔一三一〕，自後皆以尊爲號。傳世二十三，至彦瀲尊第四子，號神武天皇，徙大和州橿原宮〔一三二〕。傳至守平天皇，凡四十一世。自後世次皆不可考。復徙山城國。

文武僚吏皆世其官，有德、仁、義、禮、智、信大小十二等，及軍尼、伊尼翼諸名〔一三三〕，後各道分置刺史。

王以天爲兄，日爲弟，黎明聽政，日出而罷，云「委我弟也」，其誕妄若此。

用法率尚嚴急，果於殺戮，或戕剥肢體。

其初刻木結繩以紀事，魏、晉以後，得五經、佛教於中國，於是緇衣、沙門之屬，傳習文字。其俗男子髠額文身，短衣無袖，以袴裹束，衣肩背處繪染草木花蟲之狀，以別尊卑，履無絇組，以底之長短別貴賤。女子被髮跣足，衣如幃幔，從頭頸貫之。居無城郭，惟國王處以樓觀，其餘富者屋版，貧者履茅。不識拜起之節，以蹲踞爲恭，搓手爲悦。分器而食，或用籩豆。性極貪鄙，詭譎好兵，行以刀劍自隨。不知嫁娶，男女相悦即爲夫婦。渡海，則令一人齋戒不櫛沐，謂之「持衰」，不利，輒殺之。

元世祖至元中，以舟師征之，敗績。終元之世，竟不入貢。

我太祖高皇帝統一寰宇，薄海之外，罔不臣僕，惟倭奴未至。洪武二年，遣使臣趙秩招之，泛海至析木崖，入其國。倭王良懷對使者曰：「昔蒙古以戎狄蒞華，而以小國視我，使趙姓者誅我以好語，初不知其覘國也。今天子帝華，使亦姓趙，得非蒙古之雲仍乎？亦將誅我以好語而襲我耶？」秩曰：「今天子聖神文武，明燭八表，生華帝華，非蒙古比。我非蒙古使後，汝若背逆，即殺我，禍不旋踵矣。」王屈服，乃更禮秩，遣夷僧十人隨秩入貢。

是年三月，寇蘇州之崇明，太倉守禦指揮翁德督舟師剿捕，遇於海門之上幫，斬獲甚衆。五月，復寇温州中界山、永嘉玉環諸處。

五年，太祖謂廷臣曰：「東夷固非北胡腹心之患，亦猶蚊虻警寤，自覺不寧。」與誠意伯劉基等議，其俗尚禪教，宜遣高僧説之歸順。乃選明州天寧寺僧祖闡、南京瓦罐寺僧無逸，往使日本，宣諭敕旨。隨遣夷僧來，獻馬匹、盔鎧、鎗刀、瑪瑙、硫黄、帖金扇諸物。

七年，倭賊至近海，靖海侯吴禎督率舟師，追勦至琉球洋，多所斬獲，俘送京師。

十二年，來貢，驗無表文，發雲南、川、陝安插。

明年，復來貢，亦無表文，仍發安插。

又明年，來貢，驗有前年來貢人船名籍，檄至京師，錫宴遣歸。

十五年，使臣歸廷用來貢，備倭指揮林賢，交通樞密使胡惟庸，計擒遣還夷使，誣爲寇盜，私其貨物。中書省舉奏其罪，流賢日本。

十六年六月，夷船一十八隻寇金鄉小濩寨，官兵敵却之。

明年，胡惟庸僞差廬州人李旺充宣使以還林賢，率倭兵四百餘人，與僧如瑶來獻巨燭，中藏火藥兵器，圖謀亂逆。比至，惟庸被誅，朝廷治其逆黨，處賢極刑，夷兵發雲南守禦，降詔切責倭國君臣。詔曰：曩宋失馭，中土受殃，金、元入主二百餘年，移風易俗，華夏腥膻，凡有志君子，孰不興忿？及元將終，英雄鼎峙，聲教紛然。時朕控弦三十萬，礪刃以觀，未幾，命大將軍律九伐之征〔一二四〕，不逾五載，戡定中原。蠢爾東夷，君臣非道，四擾鄰邦，前年浮辭生釁，今年人來否真實，非疑其然，而往問果較勝負於必然，實構隙於妄誕。於戲！渺居滄溟，罔知帝賜，傲慢不恭，縱民爲非，將必殃乎？故兹詔諭，想宜知悉。」仍著訓典曰：「日本雖朝實詐，暗通姦臣胡惟庸謀爲不軌，故絶之。」命信國公湯和經略沿海，設防備倭，和於東南邊海，悉爲展拓城池，增置衛所、巡司、關隘、寨堡、臺堠。尤嚴下海通番之禁。

二十六年八月，夷船一隻寇小尖亭。

明年二月，夷船九隻寇小尖亭。

三十四年九月，夷船六隻寇蒲岐所、茅硯山、永東、黄花諸處。

成祖文皇帝永樂二年四月，夷船一十一隻寇穿山，百户馬興死之〔一三五〕，尋寇蘇、松諸處。

是年，上命太監鄭和統督樓船水軍十萬，招諭海外諸番。日本首先納款，擒獻犯邊倭賊二十餘人。倭賊即治以彼國之法，盡蒸殺之。時銅甑猶存，爐竈遺趾在蘆頭堰。降敕褒獎曰：「爾雖身在外海，實心朝廷，古之東王，未有賢於君者。」給勘合百道，定以十年一貢，船止二隻，人止二百，違例則以寇論。」制限進貢方物：馬、鎧、硫黄、貼金扇、牛皮、鎗、盔、蘇木、塗金裝彩屏風、劍、洒金厨子、洒金手箱、洒金木銚角盥、刀、洒金文臺、描金粉匣、描金筆匣、水晶數珠、抹金提銅銚、瑪瑙。隨命俞士吉充都御史，賫金印錦誥，賜倭王，勅其國鎮山爲壽安山，御製碑文，勒石其上。

四年，平江伯陳瑄督領海運，與倭寇值於沙門島，追至朝鮮洋，盡焚其舟，斬獲無算。

九年以後，貢者僅一再至，而其寇松門、寇沙園諸處者不絶。如十九年犯遼東之馬雄島〔一三六〕，爲總兵劉江盡殲於望海堝。是年五月望日，倭賊二千餘人登犯馬雄島。總兵劉江乃犒士秣馬，令百户江隆帥壯士焚毁賊舟〔一三七〕，以斷歸路；指揮徐剛伏兵山下，戒曰：「見旗舉砲響則起。」明日，賊逼望海堝下，江披髮當先，執旗麾伏兵張翌而進。賊奔櫻桃園空堡中，官兵圍之。有欲奮攻者，江弗許，令開西壁縱之，仍分兩翌夾攻，悉擒斬之。及還，諸將請曰：「公臨敵安閒，惟飽士馬，披髮衝陣，圍而復縱，何也？」江曰：「窮寇遠來，必飢且勞，我以飽逸待之，此爲治力。賊陣有似長蛇，我以真武勢壓勝之，雖所以愚士卒之耳目，亦足以壯我軍之氣。賊入堡而縱，此『圍師必闕』之法也。」衆皆悦服。捷聞於朝，進江伯爵，將士陞賞有差。二十二年，寇象山，縣丞宋真持竿擊賊而死，教諭蔡海罵賊而死。蓋其罔懷帝賜，狡譎不情，固其常也。

宣宗朝，入貢踰額，復增定格例，船毋過三隻，人毋過三百，刀劍毋過三千把。

八年，倭王源道義卒，遣使弔祭。

十年，嗣王上表謝恩。

正統四年五月，夷船四十餘隻夜入大嵩港，襲破所城，轉寇昌國，亦陷其城。時備倭等官以失機被刑者三十六人，惟爵谿所官兵擒獲賊首一名畢善慶，誅之。

七年，夷船九隻，使人千餘來貢，朝廷責其越例，然以遠人慕化，亦包容之。

八年六月，寇海寧、乍浦諸處。十月，復寇壯士所。

景泰六年，寇健跳，官軍城守不得入。

天順二年，遣使來貢。

成化二年，賊舟僞貢，備倭都指揮張翥帥舟師逐之。

十一年，遣使周瑋來貢，敕諭倭王：「自後宜恪遵宣德中事例。」一

弘治八年，來貢。

正德四年，遣使宋素卿來貢，請祀孔子儀制，朝議弗許。素卿者，即鄞人朱縞，其家鬻于夷商湯四五郎，越境亡去，至是充使入貢，重賂逆瑾，蔽覆其事。蓋縞在倭國，僞稱宗室苗裔，傾險取寵，輔庶奪嫡，争貢要利，實爲釁始。

嘉靖二年四月，夷船三隻，譯稱西海道大内誼興國，遣使宗設謙道入貢。越數日，夷船一隻，使人百餘，復稱南海道細川高國，遣使瑞佐、宋素卿入貢，導至寧波江下。時市舶太監賴恩私素卿重賄，坐之宗設之上，且貢船後至，先與盤發，遂致兩夷仇殺，毒流廛市。宗設之黨追素卿，直抵紹興城下，不及，還至餘姚，遂縶寧波衛指揮袁璡，越關而遁。時備倭都指揮劉錦追賊，戰没于海。定海衛掌印指揮李震，與知縣鄭餘慶，同心濟變，一日數警，而城以無患。賊有漂入朝鮮者，國王李懌擒獲中林望、古多羅，械送京師。發浙江按察司，與素卿監禁候旨，法司勘處者凡數十次，而夷因竟死於獄。倭奴自此懼罪逋誅，不敢欵關者十餘歲。

十七年五月，夷船三隻，使僧石鼎、周良來貢，求還前所遺貨，法司諭以事已經亂，貨應入官，且無從索之，良等沮不敢言。朝廷復申十年一貢之例，責令送還正德以前勘合，更給新者，

遵照入貢。

二十三年四月，使僧釋壽光等百五十人來貢，驗無表文，且以非期却之。

二十六年四月，夷船四隻，使臣周良等四百餘人來貢，仍以非期發外海嶴山停泊一年，期至方許入貢。

先是福建繫囚李七、許二等百餘人，逸獄下海，勾引番倭，結巢於霩衢之雙嶼，出没爲患。上命巡撫都御史朱紈，調發福建掌印都指揮盧鏜，統督舟師，擣其巢穴，俘斬溺死者數百。有蟠眉須黑番鬼倭奴，俱在獲中。餘黨遁至福建之浯嶼，鏜復勦平之，命指揮李興帥兵發木石塞雙嶼，賊舟不得復入。然窟穴雖除，而東南弗靖，徽、歙姦民王直、即王五峯。徐惟學，即徐碧溪。先以鹽商折閱，投入賊夥；繼而竄身倭國，招集夷商，聯舟而來，棲泊島嶼，潛與内地姦民交通貿易，而鄞人毛烈即毛海峯。質充假子。時廣東海賊陳四盼等亦來劫擾，王直用計擒殺，叩關獻捷，乞通互市，官司弗許。壬子二月，直令倭夷突入定海關奪船，福建捕盗王端士帥兵敵却之。直移泊金塘之烈港，去定海水程數十里而近，亡命之徒從附日衆，自是夷航遍海，爲患孔棘。

是年四月，賊攻游仙寨，百户秦彪戰死；已而寇温州，尋破台州黄巖縣，東南震動。巡按御史林應箕告急于朝，朝議設巡撫都御史提督軍務，兼制閩、浙，而各設參將統帥兵衆。於時巡撫都御史王忬，命參將湯克寬捕斬賊首鄧老等。六月，賊陷霩衢城。

癸丑四月，賊薄省城，指揮吴懋宣率僧兵禦之于赭山，力戰，死之。賊陷昌國城，百户陳表持兵相拒，斃賊數人，死之。觀海衛指揮張四維追賊於崎頭洋，斬首五十級。夷舟漸至直隸登劫，皆依烈港之賊爲窩堵。參將俞大猷以舟師擣之，弗利。賊亦尋遁至別島，鼓扇餘兇，逞其毒螫。是月，賊復攻陷臨山城。

六月，賊復寇嘉興，寇海鹽、澉浦、乍浦，寇直隸上海、吴淞、嘉定、青村、南滙、金山衛，寇蘇州，寇崑山、太倉、崇明，或聚或散，徧於川陸。凡浙、直之地，所經村落都市，昔稱人物夥繁、積聚殷富者，蕩爲丘墟，而柘林、八團諸處，胥作巢穴矣。時官兵進剿屢衄，參將湯克寬督率邳兵，戰於葉謝港，斬首五十餘級；海道副使李文進、參將俞大猷，督率都司劉恩至、指揮張四維、郭杰、百户鄧城等兵船，追賊于蓮花洋。

甲寅二月，參將盧鏜與賊戰於史家浜，盡焚賊舟，斬獲無算。

三月，都司劉恩至、指揮張四維，督舟師追賊至三岳山，斬首二十級，尋與指揮潘亨會兵追勦，生擒三十餘徒。賊由赭山、錢塘至曹娥，涉三江、瀝海、餘姚，直走定海縣之王家團，復有盤據普陀山〔一三八〕，焚劫海鹽龍王塘、乍浦長沙灣、嘉興、嘉善縣諸處。盧鏜與把總指揮劉隆、潘鼎，邀擊于石墪洋，斬首二百餘級。是月，賊攻崑山城，又攻蘇州城，又攻松江城。

九月，賊奔蕭山縣，分寇臨山、瀝海、上虞縣，又攻嘉興城。官兵與戰于孟家堰，指揮李元律、千户薛綱、宋應蘭死之。賊走嘉善縣，參將張淙、張鈇、都司周應禎、指揮王堯相、楊永昌等，分兵追斬各有差。賊徒四十餘突至百家山，百户趙軒瑜戰死。賊寇沈家河、智扣山、黄灣諸處，都司周應禎戰死。

六月，賊寇蒲門壯士所，指揮王希禹率兵追斬四十級。

七月，賊舟遁出金山洋，指揮任錦要擊於銅礁，俘斬三十餘級。

十月，夷船三隻突入松門關，薄于霊門，台州知府宋治，與把總劉堂、太平縣知縣方輅，率兵襲焚其舟，擊斬有差。

十一月，賊徒二百餘人登自海門港，直趨台州、仙居、新昌、嵊縣，屯於紹興柯橋村。署海道副使陳應魁同俞大猷，率會稽縣典史吴成器，帥兵勦除之。復有賊衆二千餘人，焚劫嘉善縣，廣西領兵百户賴榮華戰死。

乙卯四月，賊寇常熟，僉事任環帥湖廣土兵戰却之。先是劇賊徐惟學即徐碧溪。以其姪海即明山和尚。質於大隅州夷，貸銀數萬兩，而惟學竟没於廣東之南嶴，爲守備指揮黑孟陽所殺。其後夷索故所貸於海，令取償於寇掠。至是海乃偕夷首新五郎，聚舟結黨而來，衆數萬，寇南畿、浙西諸路。至乍浦，巡按御史胡宗憲令人載藥酒誘賊，賊中毒死者過半。餘衆數千擁至王江涇，宗憲督盧鏜與總兵俞大猷，統浙、直、狼、土等兵大戰，悉擒斬之，聚屍三千，封京觀，更名其地爲滅倭涇。賊復一支走崇德以向省城，總督尚書張經督兵追擊之，而麻陽土酋保其前所殺賊得獲珍貨，戰乃不力，重以不得地利，大致挫衄，經坐重譴。賊復寇常熟，知縣王鈇與致仕參政錢泮率兵禦之，被害。賊復寇無錫，寇宜興，官兵敵却之。已復攻圍江陰，連月不解，知縣錢錞死之。賊復寇唐行鎮，游擊將軍周璠迎敵，死之。別有賊九十三人，自錢倉白沙灣入奉化仇村，經金峩突、七里店，敵殺寧波衛百户葉紳；由甬東走定海崇丘鄉，復折而趨鄞江橋，歷小溪樟村，敵殺寧波衛千户韓綱；走通明壩，渡曹娥，時御史錢鯨以便道南還，適與之值，遂遇害。已而過蕭山，渡錢塘，入富陽，嚴州，寇徽州之績溪縣，盧鏜先以勁兵出油口溪扼之；賊奔太平府，渡采石江，道南京外郛，京營把總朱襄、蔣陞戰死；官兵追捕，殲于蘇州之木瀆。復有賊千餘，由掘泥山登，犯觀海、慈谿、龍山、定海縣諸處。

六月，復有賊數千，自柘林走海寧，直抵杭州北關外，屯聚劫掠。賊自觀海開洋者，備倭都指揮王沛、督帥把總閔溶、張四維、李興等兵船，要擊于霍山洋，悉衝沉之。

先是巡按御史胡宗憲具奏，遣使諭其國王以弭邊患。是年八月，朝廷以宗憲有才略，可大任，遂進都御史，提督軍務。復與工部侍郎趙文華合奏申前事，報可，乃令福、浙藩司檄宣德意，生員蔣洲、陳可願充市舶提舉以往。

九月，賊徒二百餘人登據舟山之謝浦，復有賊數百由海門登，劫仙居、黃巖；官兵追之，賊奔奉化，走鄞江橋，出四明山，據紹興之龕山。胡宗憲親督盧鏜、處州梁高山等兵擊斬之。

十一月，賊衆二千餘乘舟遁出南滙口，復有攻犯温州、瑞安者，守備都指揮劉隆戰死；隨流劫仙居、天台，至嵊縣清風嶺，胡宗憲督容美兵盡殲之。又有福建流賊，由台、温至寧海，抵奉化之楓嶺，敵殺慈谿縣領兵主簿畢清、義士杜文明，與象山流賊合夥，突過四明山，攻犯上虞，渡蟶浦港，寇蕭山縣，壁于錢清。胡宗憲督兵備副使許東望等統麻陽土兵進勦，斬首五百餘級，盡擒之。餘孽復由諸暨出東陽、臨海，至太平、蒲岐巡檢司，得舟而遁。

丙辰二月，使夷生員陳可願偕毛烈及夷商松柴門、善妙等七百餘人，乘舟進泊於馬墓港，自言直抵倭島，遍諭豐州、馬肥、前平、飛蘭諸島，悉已禁止寇掠。然無稽之語，漫不足信，開市之議，私相許諾，納欵請罪之表未至，而福、浙、直隸沿海告警者踵接。

據華人自日本來者云：大倭王懦弱不制，諸島各擁强争據，王直所竄即西海道，有豐前、豐後、筑前、筑後、肥前、肥後、薩摩、日向、大隅九州。其所稱曰前平，曰馬肥，曰飛蘭，曰花脚踏，曰鳥淵，曰太村津、何馬屈沙、他家是、卒之毛兒、沉馬、美美、空居止、通明、巨甲、廟里、日高諸處，皆筑、肥、豐州之地，總轄于豐後州王。大隅州懸隔一海，亦爲聽命。山口王居日向、薩摩之間，亦漸併于豐州王矣。九州入大倭王畿甸。越斷港而東，水陸之程邁于旬月，舟行而西，止五六日，而已入我浙、直界矣。天朝頒賜勘合，貯肥後州，亦有貯山陽道周防州者。各道入貢，必納貲請取勘合而行。頻年寇邊，實九州島夷也。

時徐海久據柘林，是年二月，將寇南京、浙西諸路，出嘉興，至皂林，遇遊擊將軍宗禮，帥驍騎五千人突之，殺賊無算；明日復戰，死之。賊攻圍巡撫阮鶚于桐鄉，窘甚。時胡宗憲新受總督軍務兵部左侍郎之命，舊兵不滿千人，度其勢未可驅殄，乃用計稍啗賊，至四月下旬，圍始得解。賊乃別遣夷船二十三隻、賊衆二千六百，登劫嗚鶴塲；夷船八隻、賊衆千餘，登劫臨山、三江。越數日，兩賊合攻觀海、龍山城，突入慈谿縣治，焚劫慘毒，長吏負印而走，縉紳齒刃死者，則副使王鎔、知府錢涣也。賊出文亭港欲窺郡城，盧鏜帥兵乘輕舠，沿江上下，用鳥嘴銃擊賊，賊疑，退屯海口，後至者則拾其遺貨。

是月，賊衆五百餘，由福建莆田之廣頭登岸，流劫而西，入據仙居縣。時阮鶚始出桐鄉圍中，胡宗憲行鶚統督兵備副使許東望、參將盧鏜、台州知府譚綸、指揮伍維統等進勦，盡殲賊於仙居，而宗憲自以身獨當海，乃數遣死士入海營中爲反間，令自縛其黨陳東等八十餘人，而海自以身乞降，佯許之，計徵兵且至，乃與工部尚書趙文華密謀進勦，大殲于沈家莊，海遂自溺，得其屍。新五郎帥餘黨乘舟遁至烈港，參將盧鏜要擊之，俘斬三百餘，新五郎與麻葉等囚至京師，獻俘告廟，剉屍梟示。上命儒臣紀頌功德云。

賊據定海丘家洋，阮鶚與俞大猷、盧鏜合兵圍守數日，賊甚窘，而我兵不戒，遂夜潰圍，踰桃花嶺，渡李溪，走鄞之西鄉，由元貞橋走奉化、寧海，與官兵戰于台州之兩頭門，把總范指揮死之，遂從寧海走温州，至福建，得舟而遁。謝浦之賊移據吴家山，自秋及冬，屢攻弗克，胡宗憲發桑植、麻寮兵三千，檄張四維歲除乘雪夜襲破其巢，悉斬之。

丁巳正月，賊衆數千登自福建之三沙，徧掠沿海，至寧德縣，備倭都指揮劉炌死焉，時領兵指揮千百户陣亡者二十八人。

三月，賊衆復千餘，與三沙賊合，搶劫洪塘，焚毁新造戰船一百餘隻。

四月，賊寇通州海門縣，突流揚州廟灣港，盧鏜追擊，衝沉其五舟，斬首四十餘級。賊出安東縣，復依船爲巢，池河守禦劉顯擊破之，斬首百餘級，餘黨遁去。復有賊舟漂至沈家門，約百餘人，胡宗憲遣朱尚禮誘至定海關，悉斬之。

七月，生員蔣洲與倭酋德陽左衛門、善妙松柴門等五十餘人，乘舟進泊舟山，胡宗憲上其事于朝。

九月，王直、毛烈、葉碧川等亦偕夷商水手千餘，乘舟進泊岑港，毛烈自詣軍門乞降，求市。胡宗憲令烈還舟候旨，檄俞大猷統督浙、直兵船爲戰備；檄盧鏜至舟山撫諭，宣布威德。直進退無據，遂就執。

戊午三月，毛烈帥其夷兵與松柴門等合巢于岑港山，四出劫掠，總兵俞大猷統督參將戚繼光、張四維、劉顯、丁僅等兵圍之，久而弗克。賊舟繼自豐州島來者爲烈應援，宗憲督張四維以舟師擊於韭山洋，斬首百有奇。其一支壁於朱家□，環而攻之，俘獲三百有奇，自是岑港之賊絶援矣。時賊有寇温州者，其郡致仕僉事王德帥鄉兵禦之，殺賊數人；次日，復領兵出戰，德陷賊伏而死。其他寇楚門，寇台州，寇樂清、臨海、仙居及象山之交綰者，衆至萬五千人。時惟台州民兵前後俘斬數百而已。

六月，岑港之賊毁其故巢，遁於柯梅山，官兵攻圍，至十一月，復乘舟夜遁，張參將追及於鎮下門，衝沉其一舟，斬首二十餘級。烈遁至浯嶼，復移於南嶴，轉而東奔。

己未三月，倭賊千餘登犯象山、金井頭諸處，海道副使譚綸督兵剿之，斬首百餘級。賊流至寧海，與先犯桃渚、海門、黄巖諸賊相合，總督胡宗憲復檄譚綸同參將戚繼光帥兵追剿，賊趨新河所，復奔太平之南灣山，官兵斬首七百餘級。又賊一枝據寧海之石馬林，譚綸同副使劉存德、參將牛天賜，又奉總督之檄剿平之。復有夷船大寇揚州、通、泰諸處。

四月，夷船二十餘隻、賊徒二千餘人，漂至三爿沙，副總兵盧鏜督帥遊擊楊尚英等兵船擊斬百三十級，餘孽移據三沙，官兵前後斬獲二十級。

七月，遁至江北，復寇廟灣、蒙李諸處，總督胡宗憲、都御史李遂督發參將曹克新、都司何本源等兵，悉剿平之。

十二月，法司奏讞王直罪逆，遂即誅，梟首定海關。

太倉使往日本針路見渡海方程及海道針經。

太倉港口開船，用單乙針，一更，船平。更者，每一晝夜分爲十更，以焚香枝數爲度。以木片投海中，人從船面行，驗風迅緩，定更多寡，可知船至某山洋界。

吴淞江用單乙針及乙卯針，一更，平。

寶山到南滙嘴用乙辰針，出港口，打水六七丈，沙泥地，是正路，三更，見茶山。茶山水深十八托，一云行一百六十里，正與此合。

自此用坤申及丁未針，行三更，船直至大、小七山、灘山，在東北邊。

灘山下水深七八托，用單丁針及丁午針，三更，船至霍山。

霍山用單午針，至西後門。

西後門用巽巳針，三更，船至茅山。

茅山用辰巳針，取廟州門，船從門下行過，取升羅嶼。廟州門水深急流。

升羅嶼用丁未針，經崎頭山，出雙嶼港。升羅、崎頭俱可泊船。崎頭水深九托。

雙嶼港用丙午針，三更，船至孝順洋及亂礁洋。雙嶼港口水流急。孝順洋水深十三托，泥地。

亂礁洋水深八九托，取九山以行。九山西邊有礁，打水行船，宜仔細。一云亂礁洋水深六托，泥地。

九山用單卯針，二十七更，過洋，至日本港口。打水七八托，泥地，南邊泊船。

又有從烏沙門開洋，七日即到日本。

若陳錢山至日本，用艮針。

福建使往日本針路

梅花東外山開船，用單辰針、乙辰針，或用辰巽針，十更，船取小琉球。

小琉球套北過船，見鷄籠嶼及梅花瓶、彭嘉山。

彭嘉山北邊過船，遇正南風用乙卯針，或用單卯針，或用單乙針，西南風用單卯針，東南風用乙卯針，十更船，取釣魚嶼。

釣魚嶼北邊過，十更船，南風用單卯針，東南風用單卯針，或用乙卯針，四更，船至黄麻嶼。

黄麻嶼北邊過船，便是赤嶼，五更，船南風用甲卯針，東南風用單卯針，西南風用單甲針，或用單乙針，十更，船至赤坎嶼。

赤坎嶼北邊過船，南風用單卯及甲寅針，西南風用艮寅針，東南風用甲卯針，十五更，船至古米山。

古米山北邊過船，有礁，宜知畏避。南風用單卯針及用甲寅針，五更，船至馬齒山。馬齒山南風用甲卯或甲寅針，五更，船至大琉球。大琉球那霸港泊船。土官把守港口，船至此用單卯及甲寅針，行二更，進那霸內港，以入琉球國中。

那霸港外開船，用單子針，四更，船取離倚嶼外過船；南風用單癸針，三更，船取熱壁山以行。

熱壁山南風用單癸針，四更，船取硫黃山。

硫黃山南風用丑癸針，五更，船取田嘉山；又南風用丑癸針〔一三九〕，三更半，船取夢加刺山；南風用單癸針及丑癸針，三更，船取大羅山。

大羅山用單癸針，二更半，船取萬者，通七島山西邊過船。

萬者通七島山，用單寅針，五更，船取野顧七山，島內各叫兵之妙是麻山嶼。野顧山用巽寅針，二更半，船旦午山〔一四〇〕；用艮寅針，四更，船取亞甫山。一云野顧山對面行六十里，有小礁四五箇，最畏避；在北邊過船，用艮寅，方行一百五十里，至旦午山；用艮寅，方行二百四十里〔一四一〕，至亞甫山。

亞甫山在平港口，其水望東流，甚急。離此山用艮寅針，十更，船取亞慈理美妙；若不見此山，用單艮針，二更船；又艮寅針，五更，船取沿灣奴、一云沿渡奴。烏佳眉山、沿渡奴。

烏佳眉山用單癸針，三更船；若船開時用單子針，一更，船至而是麻山。

而是麻山南邊有沉礁，名套礁。一云名佐沉長礁。東北邊過船，用單丑針，一更，船是正路；却用單子針，四更，船取大門山中。

大門山傍西邊門過船，用單丑針，二更，船取兵褌山港。

兵褌港循本港，直入日本國都。

日本論

周弘祖

倭人在東海之中，新羅國之東南，本名倭，後自醜其類，改日本云。左右小島五十餘，皆自名其國，而臣附之。其國東西五月、西南三月行，並無城郭，聯木柵居之，風土與新羅、百濟類。

自山東文登縣成山衛絶海，入匏蘆河以入新羅，歷大鎮七，真峴三(一四二)，遂抵百濟之熊津及嘉林、任存二城。此城猶百濟水陸之衝，通此二城，則日本之右臂斷矣。夫新羅、百濟、日本，國於東南，民物豐阜，金銀羨積，好閩、浙糖菓(一四三)、青衣、麻葛、絲羅段絹，川、廣藥材、銅鍋鼎銚。又酷慕鬼神，每招約朝鮮，嘗以六月間登萊州定海縣之落迦山，賽祭觀音，以邀冥福。若減邊海條禁，以遂商賈貿遷，仍寬分利以致其來，平價值以息其争，惇誠信以固其意，則利盡東海，墩堡無煙，歲抽其税，不可勝言。上可以益國家之賦，下可以寬東海之征，沿邊征倭官兵〔一四四〕，永以坐嘯矣。行之數年，海民慣熟，因類汲引，可達福餘。

福餘，東北番衛也，與朶顔、大寧、建州四衛互相表裏，爲遼東、薊門之警。陸路遠未可通，惟自成山徑抵新羅，轉達穢貊、沃阻、福餘，可以規制朶顔，收復大寧，以爲京師陵寢磐石之固〔一四五〕，未可視爲末務而不講也。唐置勃海、高麗之使，遼有大寧、通吴之軍，已先爲之矣。東胡弓馬偏長，而不敢行舟，南方便舟如使馬，而疾於步鬪。異日有事大寧，薊門、遼左，疲其東西，南方舟師，直搗福餘，所謂迅雷不及瞑目，疾雷不及掩耳者。況取利於市舶，民力不費；資勢于新羅、百濟，兵卒精强，何所拘泥而不早圖耶？

琉球

琉球一島，僻在海外，如黑子彈丸耳。然自我明之興，其奉貢唯謹，則來貢來王之同也〔一四六〕。今上丙子，琉球以嗣封請，上命户科左給事中蕭崇業、行人謝杰持節册以往。杰，吴航人也，歸言琉球有日本館，群聚數百人，待封使之舟，轉與爲市，其人出入挾利刃，琉球心懾之，疑不可嚮邇云。越辛卯，又以嗣封請，于時倭犯朝鮮，海氛弗靖，議令琉球自齎詔册以歸，使臣罷勿遣。更十餘年，朝鮮師解，琉球堅以往例陳乞，上嘉其爲不叛之臣，復許之。甲辰，命兵科左給事中夏子陽、行人王士禎又持節册以往〔一四七〕。丙午冬，子陽竣事還，私向余言：日本近千人露刃而市，琉球行且折於日本矣。且使臣入彼國，若不聞焉，其所以事天朝至淺鮮也，操縱伸縮，惟是諸陪臣與吾之通事，表裏爲姦，區區兩使臣，威所不能加，法所不能禁也。倘異時者再啣命涉滄溟，其辱國彌甚，君其識之。余聞給舍言，愴然有感于心，乃今數年，日本狡焉啓疆，而琉球之君爲虜、臣爲僕矣。且陽借脩貢之途，以陰行假道之計，撤我藩籬，窺我虚實，日引月長，將何以固吾圉乎？玉關之謝，抑其末耳。詩曰：「肇允彼桃蟲，拚飛惟鳥。」當事者勿泄泄焉而視之若桃蟲然，則幾矣。

【校勘記】

〔一〕布絹折鈔銀二萬兩　原無「兩」字，據圖書編卷四十四薊鎮建置補。

〔二〕真我兵之戰地也　「戰」，原作「占」，據敷文閣本、明經世文編（崇禎平露堂刻本，下同）卷二百七十五楊襄毅公奏疏陳時弊度虜情以保萬世治安疏改。

〔三〕總計本鎮馬步官軍一十二萬六千三百九十五員名　「五」，圖書編卷四十五宣府總序作「二」。

〔四〕地糧三萬一百五十三石　圖書編卷四十五宣府總序於「三萬」下有「九千」二字。

〔五〕草二十二萬六千七百七十一束　「七」，圖書編卷四十五宣府總序作「九」。

〔六〕計二千五百里有奇　「百」，明史卷一百九十八翁萬達傳作「十」。

〔七〕每石折銀四錢　「四錢」，皇明九邊考（嘉靖刻本，下同）卷五大同鎮、圖書編卷四十六大同總敘作「一兩」。

〔八〕夏秋税糧折布一十八萬三千五百匹　「三」，皇明九邊考卷五大同鎮、圖書編卷四十六大同總敘作「二」。

〔九〕無復上下名分　原無「名」字，據明政統宗附卷大同總論補。

〔一〇〕内維岢嵐　明政統宗附卷大同總論於「嵐」下有「州」字。

〔一一〕與套虜僅隔水　明政統宗附卷大同總論於「隔」下有「河」字。

〔一二〕邊牆起黄甫川　原無「黄」字，據明史卷九十一兵志三、明政統宗附卷榆林總論補。

〔一三〕二氏皆以籌邊久著聲稱者　「二」，原作「一」，據濂溪堂本、敷文閣本、明政統宗附卷榆林總論改。

〔一四〕軍駐兵魚河　原闕「兵魚河」三字，據明政統宗附卷榆林總論、陝西通志卷三十五兵防二（文淵閣四庫全書史部十一地理類，下同）補。

〔一五〕「西抵寧夏東黄河岸」句　原闕「抵寧夏東黄」五字，據明政統宗附卷榆林總論、陝西通志卷三十五兵防二補。

〔一六〕寧夏外險　「寧」，原作「靈」，據敷文閣本、明史卷二百六十五楊一清傳、明政統宗附卷寧夏總論改。

〔一七〕莊浪鎮羌古浪　原作「羌浪鎮」，據皇明九邊考卷九甘肅鎮改。

〔一八〕馬八千九十一匹　「九十一」，圖書編卷四十七甘肅作「七百五十一」。

〔一九〕草一百一十萬一千八十九束　圖書編卷四十七甘肅於「一千」下有「四百」二字。

〔二〇〕年例銀三萬　「三」，圖書編卷四十七甘肅作「二」。

〔二一〕亡我臙脂　「臙脂」，元和郡縣志卷四十隴右道下、太平寰宇記卷一百五十二隴右道作「焉支」。

〔二二〕後哈密赤斤陷於吐蕃　「吐蕃」，原作「土番」，據明政統宗附卷甘肅圖說改。

〔二三〕惟吐魯番自兩犯甘肅之後　「吐」，原作「土」，據明政統宗附卷甘肅圖說改。

〔二四〕荼毒日滋　「滋」，原作「滌」，據明政統宗附卷甘肅圖說改。皇明九邊考卷九甘肅鎮作「累肆荼毒」。

〔二五〕然降城高關東勝未復　蓬窗日録（嘉靖四十四年刻本，下同）卷三畿輔屏蔽「關」作「闕」，又於「東勝」下有「險要」二字。

〔二六〕堪馳十輛　「輛」，原作「兩」，據明經世文編卷二百七十五楊襄毅公奏疏議修要害嚴防守以固邊疆疏改。

〔二七〕則落路吴王二口　「落」，原作「客」，據明經世文編卷二百七十五楊襄毅公奏疏議修要害嚴防守以固邊疆疏、四鎮三關志（嘉靖四年刻本）卷七制疏考改。下同。

〔二八〕而在馬水白石　「馬水」，原作「水馬」，據明經世文編卷二百七十五楊襄毅公奏疏議修要害嚴防守以固邊疆疏、四鎮三關志卷七制疏考改。

〔二九〕領營興會二十餘衛所　「二」，原作「三」，據四鎮三關志卷十夷部考、明史紀事本末卷二十設立三衛改。

〔三〇〕曰大寧　「大」，明史卷三百二十八外國九作「泰」。

〔三一〕阿失里爲三衛指揮使同知　四鎮三關志卷十夷部考、昌平山水記（清遂初堂刻本）卷下於「阿」下有「札」字。

〔三二〕福餘大寧結也先爲嚮導　「嚮導」，原作「鄉道」，據敷文閣本、明政統宗附卷三衛總論改。

〔三三〕爲尾剌間諜　「尾」，明史卷三百二十八外國九作「瓦」。

〔三四〕俟獨石諸軍殄定興桓之辰　「辰」，明政統宗卷九宣德三年作「衆」。

〔三五〕守玻璃以衛開平　「璃」，原作「瓈」，據上文、敷文閣本、明政統宗卷九宣德三年改。

〔三六〕乘虚取漠南地　「漠」，原作「幕」，據新唐書卷一百十一張仁愿傳改。

〔三七〕又於牛頭朝那山北　「山北」，原作「北山」，據新唐書卷一百十一張仁愿傳改。

〔三八〕於西河據二關而列四郡　「西河」，蓬窗日録卷二安定作「河西」。

〔三九〕外和西域之虜　「西」，原作「陽」，據蓬窗日録卷二安定改。

〔四〇〕考唐時安西北庭之費　「安西」，原作「西安」，據新唐書卷五玄宗本紀改。

〔四一〕怛羅斯　「怛」，原作「怚」，據敷文閣本、蓬窗日録卷二安定、讀史方輿紀要（中華書局二〇〇五年版，下同）卷六十五陝西十四改。

〔四二〕蘭城　「蘭」，原作「闌」，據敷文閣本、蓬窗日録卷二安定、讀史方輿紀要卷六十五陝西十四改。

〔四三〕姑墨　「墨」，原作「黑」，據敷文閣本、蓬窗日録卷二安定、讀史方輿紀要卷六十五陝西十四改。

〔四四〕且末　「且」，原作「尚」，據敷文閣本、蓬窗日録卷二安定、讀史方輿紀要卷六十五陝西十四改。

〔四五〕弓月　原作「月弓」，據敷文閣本、蓬窗日録卷二安定、讀史方輿紀要卷六十五陝西十四改。

〔四六〕縱使有忠順王嫡派應立之人　「縱」，原作「總」，據鴻猷録（嘉靖四十四年刻本）卷十三興復哈密改。

〔四七〕自夫邊城寡策　「城」，蓬窗日録卷二哈密議作「臣」。

〔四八〕上鄭俠之圖　「上」，原作「止」，據濂溪堂本、敷文閣本、盛京通志（文淵閣四庫全書本，下同）卷一百十二歷朝藝文四改。

〔四九〕得以泛海貿易　「貿」，原作「懋」，據敷文閣本、盛京通志卷一百十二歷朝藝文四改。

〔五〇〕夫斗米六百錢　「百」，原作「七」，據盛京通志卷一百十二歷朝藝文四改。

〔五一〕迤南滄州之長蘆一帶　「蘆」，原作「瀘」，據敷文閣本改。

〔五二〕昆邪王殺休屠王降漢　原作「休屠王殺昆邪王降漢」，據漢書卷九十四上匈奴傳上改。

〔五三〕河西胡寇益少　「胡」，原作「湖」，據史記卷一百十匈奴列傳改。

〔五四〕唐爲朔方軍經略軍　廿二史考異唐書（上海古籍出版社二〇〇四年版）卷四地理志一：「靈州有朔方軍經略軍，當云朔方經略軍，多一軍字。」

〔五五〕立西夏等路行尚書省以隸之　原無「路行」二字，據元史卷六十一地理三補。

〔五六〕總制王瓊西距乾澗乾溝　「西」，原作「南」，據存研樓文集卷十一河套志序、清經世文編卷八十兵政十一河套志序（光緒十二年思補樓重校本）改。

〔五七〕西過乾澗　「西」，原作「南」，據存研樓文集卷十一河套志序、清經世文編卷八十兵政十一河套志序改。

〔五八〕河水北經富平縣故城西　「北」，原作「東」，據水經注卷三河水改。

〔五九〕後魏太和初　原作「大和後魏初」，據水經注卷三河水改。

〔六〇〕南河上承西河　「南河」，原作「河南」，據水經注卷三河水改。

〔六一〕又東逕稒陽城南　「稒」，原作「副」，據敷文閣本、水經注卷三河水改。

〔六二〕石門水南注之枝津出　水經注卷三河水作「河水又東，枝津出焉。河水又東流，石門水南注之」。

〔六三〕又東過雲中楨陵縣南　「楨」，原作「稹」，據敷文閣本、水經注卷三河水改。

〔六四〕河套東至山西偏頭關地界　「關」，原作「門」，據敷文閣本、圖書編卷四十六河套地廣袤略改。

〔六五〕於是徙屯田于北胥鞬　「鞬」，原作「韃」，據漢書卷九十六上西域傳上改。

〔六六〕披莎車之地　「披」，原作「校」，據漢書卷九十六上西域傳上改。

〔六七〕大月氏　「氏」，原作「氐」，據漢書卷九十六下西域傳下改。

〔六八〕月氏以北爲一域　「氏」，原作「氐」，據通典（中華書局一九八四年版）卷一百九十一邊防七西戎三改。

〔六九〕西千三百里　通典卷一百九十一邊防七西戎三「西」下有「南」字。

〔七〇〕自高昌壁北通車師後部金蒲城五百里　「金蒲城」，原作「全滿城」，據通典卷一百九十一邊防七西戎三改。

〔七一〕速檀阿力王死　「速」，原作「鎖」，據上、下文改。

〔七二〕其子速檀阿黑麻立　「黑」，原作「力」，據明史卷三百二十九西域一及下文改。

〔七三〕墓西二十里爲扇馬城　「二」，秦邊紀略（乾隆鈔本）作「四」。

〔七四〕樹西三十里爲赤斤城　「三」，秦邊紀略作「五」。

〔七五〕中有三墩　「三」，秦邊紀略作「二」。

〔七六〕河北爲羽即戎卜隆吉兒　「羽即戎」，秦邊紀略作「刺即戍」。

〔七七〕卜隆吉兒西南□□□□　□□□□，秦邊紀略作「入中垣爾」。

〔七八〕其□□□□力　□□□□，秦邊紀略作「南路爲恒」。

〔七九〕大羽□□　□□，秦邊紀略作「大温」。

〔八〇〕□□路爲□赤贍求　□□，秦邊紀略作「其北」。「贍求」，同上作「蟾水」。

〔八一〕爲垣力　「垣」，秦邊紀略作「桓」。
〔八二〕又□□□西阿丹城　□□□□，秦邊紀略作「爲哈剌灰」。
〔八三〕爲牙兒小剌陳　「小」，秦邊紀略作「卜」。
〔八四〕□□□□剌　□□□□，秦邊紀略作「爲答失卜」。
〔八五〕爲召□□□　□□□，秦邊紀略作「温虎都」。
〔八六〕□失虎都　□，秦邊紀略作「乩」。
〔八七〕爲阿亦　「亦」，秦邊紀略作「赤」。
〔八八〕爲羽木脱云　「羽」，秦邊紀略作「喇」。
〔八九〕又西爲也帖木兒　「也」，秦邊紀略作「乜」。
〔九〇〕又西有把兒海□　□，秦邊紀略作「子」。
〔九一〕□□□把兒山　□□□□，秦邊紀略作「雙山簽」。
〔九二〕剌木至哈剌帖乩□十里　□，秦邊紀略作「亦五」。
〔九三〕其南□卜城兒　□，秦邊紀略作「格」。
〔九四〕出羚羊角帖角皮　「羚」，原作「菱」，據秦邊紀略改。
〔九五〕有阿拜即力姐民　「姐民」，秦邊紀略作「妞氏」。
〔九六〕有雨六七　「雨六七」，秦邊紀略作「西六也」。
〔九七〕阿味　「味」，秦邊紀略作「魏」。

〔九八〕出瑣服各樣三梭早子䍴羖羊毛織褐子　秦邊紀略「服」作「幅」，「早」作「緞」，「織」作「網」，「褐」作「羯」。

〔九九〕城西有河□　「河□」，秦邊紀略作「可河」。

〔一〇〇〕魚之大若前狀　「前狀」，原作「水之」，據秋澗集（文淵閣四庫全書本，下同）卷一百紀行改。

〔一〇一〕麻麥皆槁　「麻」，原作「縻」，據敷文閣本、秋澗集卷一百紀行改。

〔一〇二〕其什器借用樺木　「樺木」，原作「木樺」，據秋澗集卷一百紀行改。

〔一〇三〕傳二十三世　「二」，原作「三」，據宋史卷四百九十一外國七日本傳、日本考略沿革略（清得月簃叢書本）改。

〔一〇四〕逮唐咸亨初　「亨」，原作「淳」，據明史卷三百二十二外國三日本傳改。

〔一〇五〕和泉　「泉」，原作「景」，據宋史卷四百九十一外國七日本傳、文獻通考卷三百二十四四裔考改。

〔一〇六〕「畿外所部東海道」句　「等」下原有「六」字，據宋史卷四百九十一外國七日本傳刪。

〔一〇七〕東山道有通江　「東山」，原作「山東」，據宋史卷四百九十一外國七日本傳、文獻通考卷三百二十四四裔考改。

〔一〇八〕飛驒　原無「飛」字，據敷文閣本、宋史卷四百九十一外國七日本傳、文獻通考卷三百二十四四裔考補。

〔一〇九〕上野　「上」，原作「濃」，據敷文閣本、宋史卷四百九十一外國七日本傳、文獻通考卷三百二十四四裔考改。

〔一一〇〕陸奥　「奥」，原作「器」，據宋史卷四百九十一外國七日本傳、文獻通考卷三百二十四四裔考改。

〔一一一〕小陽道有播麽　「小」，原作「山」，「麽」，原作「摩」，據宋史卷四百九十一外國七日本傳、文獻通考卷三百二十四四裔考改。

〔一一二〕因幡　「幡」，原作「轓」，據宋史卷四百九十一外國七日本傳、文獻通考卷三百二十四四裔考改。

〔一一三〕隱伎八州　「隱」，原作「穩」，據宋史卷四百九十一外國七日本傳、文獻通考卷三百二十四四裔考改。

〔一一四〕國王良懷遣僧祖來朝貢　原無「來」字，據明史卷三百二十二外國三日本傳補。

〔一一五〕却其貢　「却」下原有「之」字，據日本考略沿革略删。

〔一一六〕「南海道刺史右京兆大夫細川高國」句　「國」，明史紀事本末卷五十五沿海倭亂、東西洋考卷六外紀考均作「貢」。

〔一一七〕遣使宋素卿貢　「素」，原作「御」，據明史卷三百二十二外國三日本傳及下文改。

〔一一八〕伊豆　「豆」，原作「頭」，據宋史卷四百九十一外國七日本傳改。

〔一一九〕甲斐　「斐」，原作「裴」，據宋史卷四百九十一外國七日本傳改。

〔一二〇〕土佐　「土」，原作「伊」，據敷文閣本、宋史卷四百九十一外國七日本傳改。

〔一二一〕通江　「通」，原作「近」，據宋史卷四百九十一外國七日本傳改。

〔一二二〕飛驒　「驒」，原作「彈」，據敷文閣本、宋史卷四百九十一外國七日本傳改。

〔一二三〕陸奥　「奥」，原作「嚣」，據宋史卷四百九十一外國七日本傳改。

〔一二四〕若狹　「狹」，原作「佐」，據宋史卷四百九十一外國七日本傳改。

〔一二五〕能登　「登」，原作「澄」，據宋史卷四百九十一外國七日本傳改。

〔一二六〕曰小陽　「小」，原作「山」，據宋史卷四百九十一外國七日本傳改。

〔一二七〕播麽　原作「幡摩」，據宋史卷四百九十一外國七日本傳改。

〔一二八〕丹彼　「彼」，原作「後」，據宋史卷四百九十一外國七日本傳改。
〔一二九〕總計三千七百七十二都　下「七」，原作「一」，據宋史卷四百九十一外國七日本傳改。
〔一三〇〕居筑紫日向宮　原作「居日向筑紫宮」，據宋史卷四百九十一外國七日本傳改。
〔一三一〕其子號天村雲尊　「天村」，原作「人材」，據宋史卷四百九十一外國七日本傳改。
〔一三二〕徙大和州橿原宮　「橿」，原作「擅」，據宋史卷四百九十一外國七日本傳改。
〔一三三〕及軍尼伊尼翼諸名　「伊」下原有「足」字，據隋書卷八十一倭國傳、日本考略制度略删。
〔一三四〕命大將軍律九伐之征　「律」，原作「肆」，據全明文卷二諭日本國王詔、東西洋考卷十一藝文考改。
〔一三五〕百户馬興死之　「馬」下原有「飛」字，據籌海圖編（文淵閣四庫全書本，下同）卷五浙江倭變記删。
〔一三六〕如十九年犯遼東之馬雄島　「九」，原作「七」，據明史卷三百二十二外國三日本傳、明史紀事本末卷五十五沿海倭亂改。
〔一三七〕「令百户江隆」句　「江」，原作「姜」，據明通鑑卷十七永樂十七年、明史紀事本末卷五十五沿海倭亂改。
〔一三八〕復有盤據普陀山　「普」，原作「補」，據西湖二集（崇禎刊本）卷三十四胡少保平倭戰功改。
〔一三九〕又南風用丑癸針　原無「針」字，據海防纂要（萬曆四十一年刻本）卷二補。
〔一四〇〕旦午山　原作「但尔山」，據籌海圖編卷二、海防纂要卷二改。
〔一四一〕方行二百四十里　「二」，原作「一」，據籌海圖編卷二、海防纂要卷二改。
〔一四二〕真硯三　「硯」，原作「現」，據蓬窗日録卷二日本規制改。
〔一四三〕好閩浙糖菓　「浙」，原作「廣」，據蓬窗日録卷二日本規制改。

〔一四四〕沿邊征倭官兵　「邊征」，蓬窗日録卷二日本規制作「海防」。

〔一四五〕京師陵寢磬石之固　「磬」，原作「盤」，據敷文閣本、蓬窗日録卷二日本規制改。

〔一四六〕則來貢來王之同也　「貢」，原作「享」，「同」，原作「國」，據國榷（中華書局二〇〇五年版，下同）卷八十「萬曆三十四年九月癸未琉球入貢」條改。

〔一四七〕行人王士禎又持節册以往　「禎」，原作「楨」，據國榷卷八十「萬曆三十四年九月癸未琉球入貢」條改。

附録

題跋例言

錢大昕跋

亭林先生博學通儒，所譔述行世者皆有關於世道風俗，非僅以該洽見長。唯天下郡國利病書未有槧本，外間傳寫，以意分析，失其元第，然猶珍爲枕中之祕。頃蕘圃孝廉購得傳是樓舊藏本册四册，識是先生手蹟，蠅頭小楷，密比行間，想見昔賢用心專勤，不肯假手鈔胥，故能卓然成一家言也。蕘圃其善藏之。

壬子十月廿四日，竹汀居士錢大昕題。

乙卯春，再閱於讀未見書齋，其中仍不無出自鈔胥手者，而朱筆校改，皆先生手定。予向所題識，未免犕疏，□題年月兼以自訟。大昕又記。

黄丕烈跋

崑山顧亭林先生著作富矣，予所見椠本，惟左傳杜解補正、九經誤字、石經考、金石文字記、音學五書、吴才老韵補正、日知録、譎觚十事、昌平山水記、山東考古録、京東考古録、救文格論、雜著、詩集、文集數餘種而已。其傳寫行世者，自天下郡國利病書外不多見。間讀其文集，有天下郡國利病書序、肇域志序，竊疑兩書何以一存一佚，書之顯晦，殆有幸有不幸耶？乾隆己酉九秋，友人張秋塘以天下郡國利病書原稿示余，共三十四册，蠅頭小楷，密綴行間；楮墨具有古氣。秋塘謂余曰：「此亭林真蹟也，盍寶之？」余留閱一夕，至山東省，見卷首部頁不全，書中文義亦有殘闕，遂掩卷就寢而罷。明晨，秋塘索書甚急，因還之。然余猶不忍舍是書也，往晤秋塘，秋塘備還是書原委，云是傳是樓舊物，而徐後歸諸顧，顧後歸諸王，此書迺得自王蓮涇家。蓋蓮涇素藏書，而健菴係亭林之甥，其爲原稿無疑，即有殘闕，安知非即亭林序中所云「亂後多有散佚」者乎？重詢是書，已歸蔣春皋處，余方悔前此之不即歸之也。閲歲至壬子春，有五柳居書友携是書來，余且驚且喜，叩其故，知以古帖從春皋易得。方悟人各有所好，春皋所好在古帖，而是書不甚惜；予所好在古書，而是書得復來，遂以白鏹數十金易之。是書本數與蘇州府志藝文門所引子衍生曰「今傳寫本三十四册」之説相合，每本旁有小數，自一至三十四，惟缺第十四本，兹之强分十五爲十四者，定係後人僞作。每本部頁標某省或某府字樣，序次先後起自北直，而蘇、松、常、鎮、江寧、廬州、安慶、鳳、寧、徽、淮、徐、揚、河南、山東、山西、陝西、四川、浙江、江西、湖廣、福建、廣東、廣西、雲南、貴州、交阯、西南夷、九邊四夷而止。他省不分府，南直獨分者，蓋亭林籍隸南直，紀載加詳與？省、府有上中下之别，恐卷帙繁重，故分之也。每本有「備録」字，始猶未得其解。覆案肇域志序有云：「本行不盡，則注之旁，旁又不盡，則别爲一集曰備録。」則此書與肇域志相出入，亦未可知，否則如利病書序所云「有得即録，共成四十餘帙，一爲輿地之記，一爲利病之書」，兩書本合而存之與？至於府志載是書爲一百卷，而外間傳寫本又强分一百二十卷，今觀原稿並無卷次，則分卷之説俱不足信。且各省先後，傳寫本不復如原稿次第，故取對多所不同。即所缺之第十四本，或居十三本河南省之後，而所缺在河南；或居十五本山東省之前，而所缺在山東，皆不得而知之也。今十五本從「新店淺」云云起，決非完書。取傳寫本相對，山東省有起處數頁，河南省亦於起處多兩頁，余爲録入，非敢僞爲也，亦補其所當補耳。他若每本部頁悉仍其舊，至某省某府以及「備録」二字，其爲亭林手書與否，任人以字蹟辨之可也。本數多寡，已分三十四爲六十，有原稿部頁别之，仍可弗亂。噫！古來地理書何限，地理書之不全而仍寶於世者又何限。後魏酈道元之水經注、唐李吉甫之元和郡縣志、宋樂史之太平寰宇記、王存之元豐九域志、元岳璘所修之一統志，皆是也，何嘗必求其全也哉。向使如外間傳寫之本，强分卷數，以託於全，幾如無縫天衣，已失廬山面目，殊不思亭林自序中原以爲初稿未即成完書也，烏乎可？余今得是書，以還亭林之舊觀，以正俗本之訛謬。余有之，抑豈惟余之幸邪，敢不寶而藏之，以俟後之能讀是書能用是書者。

乾隆歲在元黓困敦陽月上弦前一日聽松軒主人書。

徐攡芸跋

天下郡國利病書係國朝顧亭林先生所輯，收羅極廣，斟酌盡善，蘇州府志言之詳矣，已收入欽定四庫全書内。但此書向未付梓，流傳於前者悉皆抄本，余無從購覓，心竊誌之。壬戌之秋，錫山楊南池表兄過訪，道及同邑虞君錫綸家藏此書原本，間亦解人抄録。余喜可償夙願，即托南池購録一部。自秋徂冬，至□臈始將全書畀余。翻閱一過，惜乎卷帙浩繁，鈔胥非出一手，字迹美惡，瑜瑕不掩，亥豕魯魚之誤，更難僕數，罣漏處亦復不少。倘得善本校讎，斯爲全璧。有志焉而未逮，當以俟異日。因裝訂成帙，聊記數語於卷末。時在嘉慶八年歲次癸亥仲春花朝前一日。平江徐搨芸識。

清烏絲欄鈔本

丁晏跋

是書辛酉歲次冬得之於高郵王氏，計一百二十卷，附小傳一卷。卷中夾有條批，校正精確，疑出伯申手筆，獲之狂喜。山陽老民丁晏記。

清烏絲欄鈔本

龍萬育跋

崑山顧亭林先生著作最夥，而經濟實學，莫切於天下郡國利病一書。原序云：「歷覽二十一史，以及天下郡縣志書，一代名公文集，間及章奏文册之類，有得即録，共成四十帙。」雖云初稿，而先生哀集是編，可謂勞矣。惜未鏤板，傳寫多訛。育學問譾陋，未能一一更正，且苦卷帙繁多，難以就正四方博學。曾於嘉慶十四年用聚珍板排印，閲春秋一，易得書一百二十部，非敢以訛傳訛，竊以博雅君子閲之，詳加釐訂，則亥豕魯魚之疵，得此而止，先生經濟之書，亦得彰明於世。惟前印之書早完，僅存校正底本，確知願有此書者不少。自揣無力，不能付梓，特就家居重復排印，以冀廣播，第其中仍不免有未盡善者，倘荷垂教，俾成完璧，是則育之所仰望者也。

時道光十年歲次庚寅仲春月，成都夔堂龍萬育謹跋。

王頌文跋

亭林纂天下郡國利病書，世多傳鈔本，此則爲先生手注原稿，計三十四册，徐氏傳是樓藏本。健庵尚書，亭林甥也。乾隆時，吴縣黄蕘圃孝廉得之，釐訂闕失，襯紙分裝爲六十册。光緒之季，方君惟一與頌文見此書於郡城吴君訥士書齋，相與驚奇，以爲幸遇。越年，亭林崇祀孔廟，惟一復謁訥士，述鄉人意，欲乞得此書，以紀念亭林。吴君慨然許諾，迺奉書歸藏亭林祠。及圖書館成，遂移庋其中。

此稿首册書「崇禎十二年己卯纂輯」，其他但書某省某府，南直隸紀述較多，故以府名。或書「備録」二字，皆先生手蹟。全書三千零六十三葉，多經朱墨校點，有旁注，有增輯，蠅頭細楷，先生手注者近三百葉。序文紀年爲壬寅七月望日，「康熙元年」四字，細審墨蹟，行間欹斜，疑後人添注，故撤出未印。

亭林原序云："其書本不先定義例，故不分卷。"今坊刻分爲一百二十卷，南直隸各郡併爲江南省，雖釐訂而無竄改，然已非廬山真面目矣。

蕘圃得此書時，已佚第十四册，謂所闕當在河南、山東間。見跋語。今影印本書，編定目次，仍依原稿書面册數，第十四册則書「原闕」，存其真耳。此書原裝六十册，今並年譜改爲五十册，其間原稿本有一册分裝二三册者，葉數仍連續之。

王頌文識。

張元濟跋

知崑山縣事彭君百川暨邑人士王君頌文、潘君鳴鳳，欲以其縣立圖書館所藏鄉賢顧亭林先生天下郡國利病書手稾傳播於世，畀商務印書館印行。余既爲之編定，乃謹書其後曰：

作者往矣，明社屋矣。立說於數百年前，而燭照數計一一印證於數百年之後，嗚呼，何其憂之深而慮之遠也！亭林身嬰亡國之痛，所言萬端，而其所再三致意者不過數事，曰兵防，曰賦役，曰水利而已。敵國外患，姦宄竊發，以守其國不可無防。防之於外則門户洞開，不可無以遏之；防之於内則伏莽徧地，不可無以靖之。欲盡其道，責在於兵，有兵不可以無養，養之之責，又在於民。無事之時，所衣所食，民供之；有事，徵調輸輓之勞，屯紮之需，又吾民任之。有國者既不能不增此數十百萬之民，用之於安内攘外之途，自更不能不重取吾民數百千萬之財，以贍此不稼不穡之輩，曰吾將以禦外侮也，吾將以戡内亂也，而民又何辭？然果有未雨綢繆之計，先足食而後足兵，則生事稍裕，供億雖繁，抑猶不至於顛躓。我國自古訖今，所業惟農，可耕之土本已不廣，所恃者又僅數千年前之農事知識，偶遇天災，無術自救。賴有溝洫之制，防患未然，薄有收穫，聊以卒歲。若水旱之象既成，且屢見不一見，則民且救死之不暇，又奚能効力而輸，將彫瘵之極，有不堪設想者矣。

亭林是書始於崇禎己卯，蓋親見夫東北、邊防日就廢弛，清兵崛起，取瀋陽，圍寧遠，克永平、灤州，而遵化，而昌平，而高陽，遂至於濟南，深入二千餘里，下畿内山東七十餘城；孔有德、耿仲明、尚可喜、祖大壽等乘機叛國，納土降附，稽首敵庭，惟恐或後；流賊如高迎祥、羅汝才、李自成、張獻忠、馬守應、賀一龍、賀錦、劉希堯、藺養成、劉國能之徒，竄突於陝、甘、四川、湖廣、河南、山西、山東、江、淮近畿境内，旋起旋伏，撲滅無期，土崩瓦解，四方鼎沸。知兵防之不可不嚴，故於沿邊如北直隸之四鎮三關、山西大同、陝西鞏昌、洮、岷之堡塞，沿海如浙江之海防圖，寧波府志海防書，福建之海防總論，廣東惠、潮、高、廉、雷、瓊之關寨營隘則備録之。又親見夫國用不足，苛征暴斂，如遼餉，如勦餉，如助餉，如練餉，如官莊，如榷水陸衝要，如增關稅田賦，如遣使督直省逋賦，民生日艱，掊克日甚，凍餒逃亡，流爲寇盜。知賦役之不可不慎，故於江、浙租税最重之區，如松江府志之田賦，海鹽縣志之食貨，於征額最鉅之鹽課，如山西解州之池鹽，四川之井鹽，南直、浙江之場鹽則詳述之。又親見夫崇禎改元而後，或久旱，或大水，或蝗，史不絶書，而黄河決口於曹縣，於睢寧，於徐州，於原武，於建義，於孟津，於淮安，於沛縣，下民昏墊，殆無寧日，室家離散，餓莩載塗。知水利之不可不修，故於河患最甚之區，如河南、山東之河工，於長江上游衆流匯集之地，如荆州、鄖陽、襄陽、承天、常德諸府之隄防則歷紀之。

明之君臣生於其間，大局敗壞已至不可收拾，即翻然醒悟，亦無能爲，亭林豈不知之？而所以諄諄於此者，無非欲詔示後世，使凡有國有家者，知此數事，推而至於其他莅民之事，得其道則利，失其道則病，利則其民奮而國隨之以興，病則其民悴而國隨之以亡。爲政之術，古今不必同出一途，而爲禍爲福，終莫能逃此因果之律。果能曉然於利病之所在，而講求其趨避之方，轉貧弱而爲富强，康樂和親之盛，何在不可幾及？不然，未有不蹈亡明之覆轍者也。讀是書者，其能悚然而思，惕然而興，而無負亭林之瘏口曉音乎！

中華民國二十五年三月海鹽張元濟。

四部叢刊三編天下郡國利病書編印例言

一、本書爲未成之稿，原不分卷，四庫總目一百卷，坊刻一百二十卷，黄氏題詞謂俱不足信，並據原書面葉所標某省、府，決爲原分三十四册，第十四册已佚。今即遵用原編册數，其原闕者亦仍其舊。

二、原編册數未有次第，黄氏定爲起自北直，而蘇、松、常、鎮、江寧、廬州、安慶、鳳、寧、徽、淮、徐、揚、河南、山東、山西、陝西、四川、浙江、江西、湖廣、福建、廣東、廣西、雲南、貴州、交阯、西南夷、九邊四夷而止。今即從之，以第先後。

三、原編册數，厚薄不均，且第十四册已闕，循是分册數必間斷，殊有未宜。後人析爲六十册，裝本亦嫌過薄。今併附注及亭林年譜，編爲五十册，冀稍匀整，非於原編册數，有所變更也。

四、原本山東、河南二省起處各闕數葉，黄氏就傳寫本各爲補録。今江西省篇帙獨少，與傳寫本、刻本相對，闕形勝、水利二篇。雲南省亦闕形勝一篇。貴州省闕總輿圖記、疆域二篇。今悉據傳寫本景補，亦黄氏「非敢僞爲」、「補所當補」意也。

五、顧氏自序言有得即録，故每篇多自爲起訖，書非原裝，凌亂尤甚。例如北直隸遼鎮形勢當與昌鎮形勝相接者，原編乃誤隔十五葉；湖廣省有宫殿名稱一篇，當屬於承天府者，原編乃誤置全省圖經之下葉旁。編注號碼必後人改裝時所爲，未敢認爲原定次第，故均略爲訂正。

六、原稿隨手撮録，紙有餘幅，亦往往厠入他文。並非同出一書，而性質又不相合者，茲均别爲一葉，但仍以類相從，不令先後歧錯。

七、顧氏手稿多作蠅頭小楷，密行細字，驟視幾難辨析，今攝照概加展放。排比時原行過長者，析一行爲數行；過短者，併數行爲一行。

八、校注之字，或在行間，或在上下闌外。其爲添補遺漏，塗改訛誤，或於文義必須加入始能明曉者，仍以原字或展放之字留於原位；其在闌外者，則移至行間適當之地。其爲補充事實，訂正疑異者，無論文字多寡，概作附注，即於行間原位或其適當之地，旁標注幾字樣，另印附注一册，以免擁擠，兼便對觀。

九、附注編號，每原編一册各爲起訖，並記明所在葉數。

十、校注之字，亦有非顧氏手書者，編印附注不敢强爲分别。黄氏謂某省、某府以及備録二字，其爲亭林手書與否，任人以字蹟辨之，吾於校注亦云。

十一、校注之字，大小原不一致，攝照更見參差。附注或用原字，或用展放之字，且緝自各册，排列成行，尤爲錯落不齊，閲者鑒之。

十二、原稿塗改甚多，除改筆加蓋字身，致攝照後點畫模胡難於辨認者，間就所改修正外，其餘悉仍原式，以存真相。

書目著録

四庫全書總目

天下郡國利病書一百二十卷 兩江總督採進本

國朝顧炎武撰。炎武有左傳杜解補正，已著録。是書蓋雜取天下府、州、縣志書及歷代奏疏、文集並明代實録，輯録成編。其中採掇舊文，同異兼收，間有矛盾之處，編次亦絶無體例，蓋未成之稿本也。

卷七十二史部二十八地理類存目一

清通志

天下郡國利病書一百二十卷

顧炎武撰。

卷一百藝文略

清文獻通考

卷二百二十三經籍考十三

天下郡國利病書一百二十卷

顧炎武撰，炎武，見經類。

鄭堂讀書記補逸

周中孚

郡國利病書一百二十卷　寫本

國朝顧炎武撰。履貫見經部春秋類。四庫全書存目作天下郡國利病書。是本無「天下」二字，蓋傳寫有不同也。亭林在明季時，採摭二十一史、明代實録、天下府、州、縣誌及諸家奏疏、文集之類，凡有關於輿地與夫利病者，録成是編。首爲輿地山川總論、司府州縣衛所同名，次爲兩京十三司，又次爲邊備、河套、西域、交趾、海外諸國，而所入貢互市終焉。卷帙浩繁，入國朝後，多有散佚，乃重加增補。然自序稱其書「本不曾先定義例，又多往代之言，地勢民風與今不合。年老善忘，不能一一刊正，姑存之以待後之君子斟酌去取」。蓋未經訂定之稿本，故同異兼收，矛盾不免。若專爲郡國利病而言，則以此編而折中於昭代官修諸書，亦有助於經濟也。其自序作於康熙壬寅，時亭林年甫五十，而曰「年老善忘」，何歟？

卷十一

宋元舊本書經眼録

莫友芝

天下郡國利病書 稿本

國朝顧炎武撰，乃鈔集志乘史傳未成之稿。道光間，成都龍萬育得其副本刊之，凡百二十卷。此其元本也。同治丁卯九月客蘇城，有持興化人家藏來售，因獲觀之，皆細行雜鈔，不出一手，以朱筆校改誤字。其每件後時有零星小件，則行書密行增入，無誤字。然則朱改及行書，或亭林筆也。末有黄丕烈跋云：乾隆己酉九秋，友人張秋塘以天下郡國利病書原稿示余，共三十四册，曰：「此亭林真蹟也。」余留閲，至山東省，見卷首葉不全，書中文義亦有殘闕，還之。往晤秋塘，云是書是傳是樓舊物，後歸顧歸王，此乃得自王蓮涇家。其殘闕者，安知非即亭林序所云「亂後多有散佚」者乎？時書已歸蔣春皐，余甚悔前此之不即收也。壬子秋，有五柳居書友攜是書來，亟以數十金易之。是書本數與蘇州府志藝文門載傳寫本三十四册之説相合，每本旁有小數一至三十四，唯缺第十四本。今之强分十五爲十四者，定係後人僞作。每本部葉標某省或某府字樣，次序先後，起自北直，而蘇、松、常、鎮、江寧、廬州、安慶、鳳、寧、徽、淮、徐、揚、河南、山東、山西、陝西、四川、浙江、江西、湖廣、福建、廣東、廣西、雲南、貴州、交阯、西南夷、九邊四夷而止。他省不分府，南直獨分者，亭林籍南直，紀載加詳故也。每本有「備録」字。案肇域志序有云：「本行不盡則注之旁，旁又不盡則別爲一集，曰備録。」則此書與肇域志相出入，否則如利病書序所云：「有得即録，共成四十餘帙，一爲輿地之記，一爲利病之書。」兩書本合而存之與？至府志載是書爲一百卷，而外間傳寫又分一百二十卷。今觀原稿並無卷次，則分卷之説俱不足信。且各省先後，傳寫本不復如原稿次第。即所缺之第十四本，或居十三本河南省之後，而缺在河南；或居十五本山東省之前，而所缺在山東，皆不得而知之也。今十五本從「新店淺」云云起，決非完書。傳寫本山東省有起處數葉，河南省亦於起處多兩葉，余爲録入。其本數已分三十四爲六十，有原稿部葉別之，仍可弗亂。

藏園訂補郘亭知見傳本書目　卷三

莫友芝

天下郡國利病書 一百二十卷

國朝顧炎武撰。嘉慶間成都龍萬育活字版校印，尋刻板，與方輿紀要並行。其稿今存輿化某氏，蓋未成之書。○顧氏又有肇域志若干卷，亦採掇而未貫串之稿，今存杭州許氏。

卷五下史部十一地理類

張之洞

書目答問

天下郡國利病書一百二十卷

顧炎武。活字版本，不善。

范希曾

史目

書目答問補正

天下郡國利病書一百二十卷

顧炎武。活字版本，不善。湖北新刻本。【補】廣州局本

丁仁

卷五

八千卷樓書目

天下郡國利病書一百二十卷

國朝顧炎武撰。抄本。刊本。

卷六史部

清史稿

志一百二十八藝文二

天下郡國利病書一百二十卷

顧炎武撰。

藏園群書經眼録

傅增湘

明季郡國利病全書一百二十卷，明顧炎武撰。

清乾隆時吴郡人士所寫。內有顧蒓手寫一册，翰墨工雅。餘卷亦多署寫者姓名，字亦雅麗。（余藏）

卷五史部三地理類